太平天国革命运动

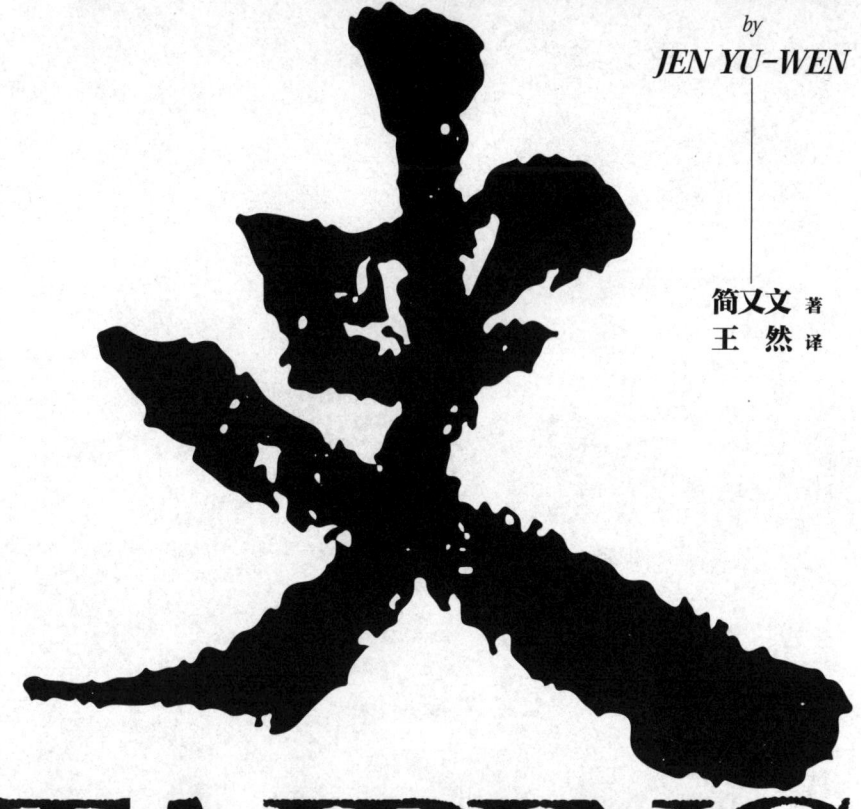

by
JEN YU-WEN

简又文 著
王　然 译

THE TAIPING
REVOLUTIONARY
MOVEMENT

九州出版社
JIUZHOUPRESS

谨以此书纪念我的妻子杨玉仙（1898—1958），
她为我的太平天国史研究工作提供了最有价值的协助，
有生之年却未能见证我的代表作问世。

序

　　1851—1866年在中国大地上发生的太平天国革命运动，是中国历史上最为激烈壮绝的事件之一。太平天国的领袖们从广西境内脆弱不堪的临时基地出发，带领着逐渐壮大的队伍辗转北上，经湖南入武汉，然后组织了规模巨大的舰队，沿长江而下直捣南京，并最终于1853年将其确立为新王朝的首都。从那之后，太平军与清军鏖战中原十余载。他们所抱持的是一个至大的目标：控制中国，进而根据太平天国的理想改变中国。他们的理想糅合了《旧约》基督教思想、平等主义、清教思想以及自己的创造性发挥。他们的剑锋不仅与此前的无数次起义一样指向居于统治地位的王朝，而且更直接指向了当时基本的阶层分化和社会结构。从这个层面来说，太平天国运动确实具有革命的性质。

　　所有试图描述太平天国历史的学者，都必须克服两个重大难题。其中之一，是针对任何革命运动的史学研究都常常遇到的，无论其描述对象发生的时间与地点如何；而另一个，则与传统中国的社会组织与价值取向更紧密地相关。第一个问题与预定课题的讨论范围相关。对于史学家而言，经过一定程度的研究，对某一革命运动的主要因素进行总结与探讨，并得出一个结论，这不是什么难事；或者，通过对某个具体选定的课题深入处理、分析，见微知著，从而完成一篇专题报告，这也不会太费工夫。真正的考验在于理剧剸繁，在关于一场社会运动各个方面的浩如烟海的细节中，条分缕析，在脑中组织并描述这些细节，使它们在叙述中不仅各尽其用，还能切实地互相联系起来，从而对这一运动的整体完成重新构建。这并不是简单的时间、精力和技巧层面上的问题，必须有超人的毅力，才能把四处隐匿的材料收集起来。革命军通常过于繁忙，甚至不能读写，因而少有记录，而当时的清廷官员也不愿过多地传播有关革命的言论。

此外，中国官方史学的操作实践使问题变得更加复杂：每一个朝代都编写自己的历史，并销毁关于对其发起挑战的起义的记录，将其政权的合法性推及永久。许多其他国家的统治者也曾根据自身的利益，杜撰或者篡改历史记录；但是中国的统治者在类似的任务中，依靠的是训练有素的士大夫阶层的聪明才智，以及对国家史馆中大量既往资料的借鉴。因此，很多时候历史资料被彻底地改写，且其内部又相互吻合，这使得对史料的重新评估成为一项艰巨的任务。

简又文教授致力于太平天国研究已逾五十载，对其细节及整体的把握，使他可以完成一部关于这场运动的全史。通过对细碎史料的艰辛搜集，他得以从太平军的角度重建对这场运动的叙述，第一次把其中的现实因素与人的因素结合起来，使我们可以在很大程度上了解太平军领袖们的行动与动机。在梳理所有现有资料的同时，他还搜集了运动时期的手稿和宣传单，建立了自己的收藏，并亲自参访运动故地，以便从地形、地势的角度分析运动的发展。他还在不断了解太平天国技术与工艺的同时，收集了大量的太平天国手工艺品，其中包括印章、拓本、钱币，甚至还有一块铜制名牌。简而言之，他的著作为后辈学者的研究提供了大量的资料。

读者面前的英文版是对简又文教授中文版多卷本太平天国研究著作的精编[①]，是他与芮玛丽（Mary C. Wright）教授合作六年最终完成的。芮玛丽教授参与这项工作，是因为她一直以来都希望非历史专业的读者能有这样一本关于太平天国运动的著作，与当时的其他著作相比可以提供更广阔的视野，从而既可以帮助我们进一步了解中国，又对我们分析这场革命运动大有助益。遗憾的是，芮玛丽教授猝然离世，未及向西方大众亲自介绍并

---

① 对此有兴趣并对中文有一定了解的读者，可以参考每节的注释，参阅简又文原书。

评价简又文教授的著作。

简又文教授的著作有许多出色、独到的方面值得我们特别强调，例如他对太平天国政府结构、经济组织及其神学体系的分析。在此，我仅举出四处我认为尤其有意义的地方，每一处都与战争的某个方面相关，而综合起来，它们就可以向我们展示简又文教授学术研究的广阔视角。我选中的四处包括：对紫荆山地区的运动发展早期的分析、1854—1856年的湘鄂战役、从军事史角度着眼的太平军主要战略错误分析、1856年天京兄弟阋墙的战斗。

中国的历史文献中对起义的兴起有许多记载，但大多数时候，我们对起义究竟为何能够兴起这一点却知之甚少。简又文教授深入地研究了太平军政权的根本基础，做出了令人信服的解释。他指出，太平天国运动在其早期的1850年年底到1851年年初取得的胜利，得益于他们精心细致的运筹准备：他们的征兵政策审慎而严谨，获得了重要的地方氏族的理解，巧妙地利用了客家人与当地人紧张的关系，建立了隐蔽的兵工厂并藏匿和储存了大量武器。太平军的领导人甚至事无巨细地提前着手印制登记表、行军手册以及建造营地的指南。所有这些都作为革命运动进程的一部分，与教义宣传及竭尽全力确立"天王"统治层级系统一起，并行不悖。简又文指出，所有这些准备活动都受到了地理和历史条件的影响，尤其是受到地形条件（他对于当地地形的仔细考察在这里就显得尤为重要）、地方武装及民兵团练势力、与地方士绅阶层的关系，以及官员不作为、未施行干预等条件的影响。

湘鄂战役（太平军所有主要战役在本书中都有详尽的介绍）与曾国藩有关，因而其细节就变得格外引人注意。大多数历史学家虽然着重强调曾国藩在19世纪60年代取得的巨大胜利，但并未对其背景做出考察。本书着眼于"湘军"组织的早期运筹，向我们指出曾国藩当时所面临的巨大困境，以及他是如何多次险遭倾覆，又转危为安的。曾国藩所要承受的不仅仅是其新军遭受军事失败的打击，还要直面部下羞愧不堪的面容、朝廷的冷面斥责，以及在战斗中失去最为信赖的部将等痛苦。当他的水师遭受重创后，他兴建船厂、招募工人、募集资金等种种在组织建设上做出的努力也似乎要随之付诸东流。因此，他自然会时而陷入绝望，之后也很自然地对太平军穷追猛打——毕竟，他们让他吃尽了苦头。

简又文教授的史学素养，使他可以从日常军事行动及长期的战略目标两个方面考察太平军的军事行动。这使他可以在一定程度上，对太平军在何时何地犯下了主要的战略错误进行权威的判断。他主要讨论了以下几点：1853年6月攻取武汉之后未直接北上闪击京师，而是沿长江东下的战略错误；1853年袭取南京之后同时发动西征和北伐两场战役的战略错误；未能捣毁清军邻近诸大营，进而占领上海的战略失败；1857年韦俊弃守武汉，1861年李秀成未能再度占领武汉，及其随即犯下的放弃安徽、加强浙江防备的战略错误。以这些为代表的诸多战略错误，带领读者一次次地检索并考察中国的地图，提醒他们不能忘记这场斗争的广泛性与复杂性。

最后，1856年天京发生喋血内讧，杨秀清和石达开全家以及韦昌辉均受难被戮，其中的细节使我们能深入理解太平天国的政权。这些细节向我们展示了在天京的革命军中潜在的紧张关系，而姿态高高在上、超然于物外的洪秀全却未能进行缓解与调和。我怀疑，在最初的诛杀之后不断扩大的杀戮狂潮，是一种潜在痛苦的外在表现；发起革命和在其上升阶段加入革命是一回事，而在被包围的困境中如何保持革命的动力和能量，则是截然不同的另一件事。

当然，太平军不仅顽强地坚持到了1864年，甚至在1856年之后的某些时候，他们几乎彻底恢复了革命肇始时的精力与能量，这足以印证太平军的勇敢与对信念的忠诚和执着。尤为值得注意的是洪仁玕在军事层面所扮演的角色，尽管他通常都是作为一个富有远见的"现代化"改革者的角色被学者们提及和讨论。1860年太平军佯攻浙江，并突然回师天京，击溃清军和春、张国梁部，这似乎都是洪仁玕做出的谋划。相当讽刺的是，正是因为他取得了彻底的胜利，才迫使清廷最终放手任由曾国藩自由行动。

太平天国的故事充满了矛盾和惊喜，而简又文教授巧妙地利用了这些矛盾和惊喜。这的确是一本热情洋溢、充满个人情感的书，而作者在其中持有一定的立场也着实无可指摘。他来自广东，不满清朝统治，无法（也不想）掩饰自己对洪秀全的同情（胜过对曾国藩的同情）。同样，从本书的标题开始，作者就强调他所描述的是一场革命运动，他并不想被划为坚持认为太平天国运动是"叛乱"的学者。这样的立场自然会使简又文教授在一些问题上采取与主流认识不同的态度。我特别要指出的是他关于三合会众（他认为他们确实是叛乱者）扰乱太平天国革命热情、太平军中女性角色，以及太平军领袖对军中农民兵勇的态度转变这些问题的论述。

他把太平军视作革命者，因此清军便成了反对革命的角色。因此，他对清军的讨论重点不是清廷的意识形态，而是清军的军事战略、资费搜集、兵员招募、对外结盟，以及对投降的太平军和一般民众的大肆屠杀。至于对清廷镇压起义的思想方针的讨论，我们可以参考芮玛丽关于同治中兴的著作。[①]通过该著作，我们可以了解清廷依照儒家思想制定的镇压起义、节用养民的政策。当然，这些政策非常简单而僵化，但至少其初衷是满怀和善并且符合国家利益的。

因此，简又文与芮玛丽二位的著作可以一并阅读，互相平衡，互为延展。二者结合，便可以帮助我们不断加深对1850—1874年这段历史的了解。同治时期的统治者们囿困于历史的语境之中，在他们利国远虑的背后，我们能听到无数人尖锐愤怒的呼号，他们在追求一个不同的摆脱困境的方法，而后者的呼号也越发响亮。

史景迁
于耶鲁大学

[①] The Last Stand of Chinese Conservatism: The T'ung-Chih Restoration, 1862-1874, Stanford, 1957.（译者注：此书中文版见芮玛丽《同治中兴：中国保守主义的最后抵抗》，中国社会科学出版社，2002年。）

前 言

我最早开始对太平天国革命运动产生兴趣是在1918年或1919年，当时我身为芝加哥大学的研究生，正在准备毕业论文的题目。1921年，当我在阅读西方的相关文献时，家父病重，我不得不返回中国。因此，我转而阅读中国的文献，对这一课题了解愈深，很快就意识到在我面前展开的这个广阔的研究领域，正是我毕生的学术和智力创造的目标。

1924—1926年，我在北平（今北京）的燕京大学获得一份教职，从而有机会根据我所收集的官方、半官方和私家史料，开始编撰一部太平天国的历史。可是很快，这便成为一项显而易见的徒劳无用的工作，皆因我意识到关于这场革命的清廷官方资料多有篡改讹误，这些资料完全无法作为一部信史的基础。于是，我烧毁了已有十万余字的手稿，开始了无尽又痛苦的、随时随地收集太平天国相关材料的经年累月的过程。

我得到了许多朋友无私的帮助，其中包括洪氏族人，他们在我寻访洪秀全故里村落时为我提供了莫大的帮助。就这样，我的收藏逐渐扩大，到了1935年，我关于这个课题的第一部著作完稿，其中包含我个人的研究以及一些外文资料的译文，题为《太平天国杂记》。为了加快我的搜寻和研究，我在上海创办了文史类期刊《逸经》，它很好地完成了鼓励读者找寻太平天国的相关材料并邮寄给我，以资出版的基本任务。抗日战争爆发后，我移居香港，当时我已经收集了许多珍贵稀有的中西方文献、太平天国同时期人士未发表的手稿、一些报纸和杂志的报道、图像和照片，以及数量可观的太平军自身的资料，其中包括官方文件、印章、审核表格、硬币及其他器物（还有很多已无法获得或无法移动的石碑等物的拓本）。资料的搜集虽然中断，但这反而为我仔细研究、辨析手头材料的真伪提供了难得的机会。几年间，我不断撰写一系列的文章，完成了著作中的一些章节，并且创办了另一份期刊《大风》。

1941年，日军占领香港，我返回中国大陆，并有幸得到广西省政府的协助，对太平天国运动发源并取得最初阶段性胜利的十三个县做了全面的田野调查。此行发掘出了不少当时尚不为人所知的，仍在许多太平军第二代、第三代子孙中流传的故事和史实。同时，我也对起义时期的地理和文化环境有了难能可贵的深入了解，并且搜集了许多未发表的手稿、文献和其他重要史料。我的第二本书《金田之游及其他》于1944年出版，书中汇报了此行的发现；一年之后，我将这些材料与在香港时期写好的章节进行汇总，发表了我的第三本书《太平军广西首义史》。

此后的五年间，我在广东的老家，一边继续进行太平天国史的研究，一边在政府中从事文化和教育工作。1949年我返回香港之后，才开始把主要的精力放在将我自己的资料与他人的资料结合整理，最终形成一部太平天国通史的工作上。1953年，香港大学东方文化研究院聘用我为研究员，1959年我又成为该院荣誉研究员，得益于此，我才能最终完成两部三卷本的著作，即1958年出版的《太平天国典制通考》及1962年出版的《太平天国全史》。此后我以中文撰写并发表的关于太平天国研究的著作，除一些论文外，还有1967年出版的《洪秀全载记》及1968年出版的《太平天国与中国文化》。

本书为单卷本，为西方读者编撰，其成书得到了已故芮玛丽教授的鼓励和支持，由耶鲁大学东亚研究会资助。这既是一部缩编简史，同时也是一部全新的资料汇编。作为一部缩编简史，它汇聚了我毕生对太平天国革命运动研究的核心成果，是从我全部过往著述中提取要点，再根据我最新的发现做出调整，并在编辑和出版方的全力协助下得以完成的。作为新的资料汇编，本书试图以短小的篇幅，系统地描述事件和相关组织的结构，虽然缺少了我更大部头作品中常会出现的扩展与议论，但是仍保留了足够多的可以被证实的史料细节，足以使读者自行得出一个大体的结论。

中国传统史学有三种不同的写作形式：根据历史事件发生的时间顺序进行记述的编年体，根据事件发生的先后从始至终逐一记述的纪事本末体，以及根据重要人物分别编撰其传记并集结成史的纪传体。三种形式在本书中均有所体现。首先，从洪秀全出生至整个运动的失败，本书尊重其基本的时间延续性。当主要的战役或事件同时发生时，则采用第二种形式，对每一个事件从头至尾分别加以记述。至于第三种形式，在双方领袖人物登场之时，本书对其身世背景都会做相应的介绍。而对太平天国的组织及其在非军事领域取得的成就，则配合与之最为相关的事件、地区或人物，分别做出介绍和描述。

由于缺乏可信的史料，研究太平天国的学者曾在数十年间踯躅不前。而如今，第一手和第二手资料大量涌现，这种变化使得去伪存真、融会结合的任务变得异常艰巨，是今后相当长的时期内史学家们所面临的难题。在学者们刚刚开始协力合作的现阶段，我们不可能期待一部太平天国史中不存在任何错误，甚至重要的事实性错误也可能在其中出现。本书自然也不例外。但我有信心的是，本书将迄今为止经我悉心研究的最完善的结果呈现了出来。为了力求完美，我邀请了以下学者帮我订正错误，弥补疏漏。

以下众多中外友人与学者在过去的年月中，都为我提供了各种形式的帮助，使本书能将太平天国研究推向新的高峰。我对他们每一个人都深怀感激之情，但因篇幅限制，无法全面地向他们的每一项贡献致以谢意。但是，有许多人直接参与了本书的准备工作，我希望在此向他们表示衷心的感谢。

首先是香港亚洲基金会的代表们、本项目的协理赞助人，他们慷慨地为我提供了前往耶鲁大学开始撰写书稿的旅费。

芮沃寿（Authur F. Wright）、约翰·霍尔（John W. Hall）、傅汉思（Hans H. Frankel）、休·帕特里克（Hugh T. Patrick）四位教授作为耶鲁大学东亚研究会轮值主席，在本项目艰苦漫长的研究过程中给予了指导，他们帮我安排了1964年9月至1965年5月的研究助理职位，并且均出于关切之心，帮助本项目顺利完成。

耶鲁大学的史景迁（Jonathan D. Spence）教授帮助编辑了文献索引，并撰写了序言，为本书增光添彩。

香港岭南书院院长路考活（Howard G. Rhoads）教授通读了全文，提出了许多宝贵意见。

伦敦大学亚非学院的柯文楠（Charles Curwen）教授细致地检查了终稿，以防有疏误遗漏。

加拿大约克大学历史系的陈志让博士及香港九龙华仁书院的陈纶绪神父帮助我获得了许多通常难以入手的重要史料。

布朗大学图书管理员戴维·乔纳（David A. Jonah）博士及语言学系的詹姆斯·雷恩（James J. Wrenn）博士帮助安排了布朗大学嘉德纳中文藏书馆中珍版书籍的复印。

美国国会图书馆的常石道雄博士于1964—1965年我在耶鲁居住期间担任耶鲁大学东亚图书馆馆长，协助我使用馆内设施，并帮我寻找珍贵文献。

耶鲁大学东亚图书馆现任馆长金子英生先生热心帮忙制作了书中我本人收藏文物的图示。

夏威夷大学的史蒂芬·乌哈利（Stephen Uhalley）教授时为香港亚洲基金会执行代表，他第一个读完本书手稿，并在本书成书的各个阶段均给予我不断的鼓励和支持。

新不列颠中康涅狄格州立大学的理查德·威廉姆斯（Richard A. Williams）教授及纽黑文昆尼皮亚克大学的罗纳德·海佛曼（Ronald Heiferman）教授，时为耶鲁大学中国历史研究生，在我完成初稿时担任我的私人助理。

艾伯丁·威廉姆斯（Albertine Williams）、多莱西·里德（Dorothy Reed）、伊丽莎白·祖克曼（Elizabeth Zuckerman）、埃塞尔·欣贝格（Ethel Himberg）四位女士以她们专业的技巧与热心，帮我录入了手稿。

香港制图师李经汉（音）先生帮我重新绘制了精美的地图。

耶鲁大学图书馆的吴雯艳（音）女士帮我细致地检查了手稿中的汉语罗马音拼写。

耶鲁大学出版社的玛丽安·尼尔·艾什（Marian Neal Ash）女士就出版细节，给了我很多精确实用的建议。

耶鲁大学的阿德里安娜·萨达德（Adrienne Suddard）小姐以高超的编辑技巧，使我的手稿变成现在这样通顺的终稿，而其中所有我的发现、结论和信念坚持都未受丝毫的影响。她还不断地就文本提出启发性的改进意见，并给我很多鼓励。

最后，我要特别向已故的耶鲁大学芮玛丽教授表示感谢，她帮助这个项目不断地前进和提高，并为最终的成书做出了艰苦的努力。

本书刊行的所有得益，我都必须与以上诸位以及其他所有朋友和同事共享，在成书的各个阶段，我都得到了他们的帮助。但是本书中如有虚假与谬误，我本人将独自承担所有的责任。

简又文
1972年1月于香港九龙

目　录

序 ··· 史景迁　1

前　言 ··· 6

第一部分
革命开端

第一章　历史背景 ··· 3

第二章　天王的崛起（1814—1847年）················· 11

第三章　筹划和准备（1847—1850年）················· 31

第四章　金田起义（1850—1851年）····················· 51

第五章　猛虎出笼（1851—1852年）····················· 69

第六章　从湖南到南京（1852—1853年）············· 89

第七章　占领南京（1853年）······························ 107

第八章　太平天国的组织形式和革命理想············ 127

第二部分
南征北战

第九章　北伐战史（1853—1855年）…………… 157

第十章　西征军战史（上）（1853—1856年）…………… 181

第十一章　西征军战史（中）（1854年）…………… 199

第十二章　西征军战史（下）（1854—1856年）…………… 219

第十三章　中央战区（1853—1856年）…………… 241

第十四章　兄弟阋墙（1856—1863年）…………… 261

第十五章　长江流域的战争（1856—1859年）…………… 293

第十六章　洪仁玕的崛起（1859—1860年）…………… 319

第十七章　东征战史（1860年）…………… 343

第十八章　安庆之战…………… 365

第三部分
天国衰亡

第十九章　由浙江向上海（1861—1862年）……………… 393

第二十章　二次北伐（1861—1868年）…………………… 421

第二十一章　浙江失守（1862—1864年）………………… 435

第二十二章　苏福陷落（1862—1864年）………………… 449

第二十三章　天国覆亡（1862—1866年）………………… 469

大事年表……………………………………………………… 499

参考文献……………………………………………………… 519

出版后记……………………………………………………… 547

第一部分

革命开端

第一章

历史背景

位于中国南部的广东省，作为太平天国革命运动的摇篮，在之前的几个世纪里似乎一直游离于中国历史的边缘。相较于中部和北部的许多省份，汉人向广东地区的迁徙要迟滞许多：移居至其东北部海岸地区潮州附近的人大多数来自福建省，而中西部地区的则多从北方移居而来。来到这一地区之后，汉人开始与当地的越人（即壮族）融合通婚，将传统的中国文化扩展到这一省份；并且吸收当地的语言和习俗，逐渐形成了别具特色的粤方言和粤文化。这种方言和文化，至今在除粤东外的广东其他地区仍然是主流文化。[①]

而这种在历史和文化上与中原省份的差别，因长期受当地亚热带气候的影响，而变得更加明显。这个紧邻南海的中国最南省份的居民，被认为是冲动而耿直、无常且易怒的。在中国北方长期居住过的约翰·杜威（John Dewey）到达广州之后，便不无意外地注意到了这种文化差别，也意识到当地居民与拉丁人在气质上的相似性。[②]他们迫于地理和气候条件，努力工作以求生存；广东的居民从中获得了作为事业先驱所应具备的品质。他们变

---

① 参见拙著《太平天国全史》（以下简称《全史》）第一卷第45—48页，了解更详细的广东地方史。
② 约翰·杜威在半个世纪之前的这场讲演或已无据可考，但笔者当时亲耳聆听，未曾淡忘。

得更加热爱冒险，精力旺盛、独立自主。正是在广东这片土地上，南宋时期的蒙古人和南明时期的满人，都曾经遭遇过最为激烈顽强和英勇无畏的抵抗。

反清情绪的政治和文化源头

随着1644年满人攻陷北京以及明思宗（崇祯帝）的自尽，一些南方的省份试图复辟明王朝。前三次这样的尝试包括：福王朱由崧政权（弘光朝，1644年建立于南京）、唐王朱聿键政权（隆武朝，1645年建立于福州）以及朱聿键的弟弟朱聿𨮁的政权（绍武朝，1646年建立于广州），但是它们很快就被八旗部队和忠于满人的汉人军队镇压并消灭了。绍武建政仅仅两个月之后，清军在广东的总指挥官李成栋便率军冲入广州城，朱聿𨮁和许多支持绍武政权的文人及百姓均殉难于是役。但也是在这一年，有了复辟明王朝的第四次尝试。这一次是桂王朱由榔在广州北面的肇庆建立的永历政权。他的支持者上至知名的广州文人，下至许多在各地组织起来的粤人部队。在随后与李成栋部队的交锋中壮烈殉国的烈士里，陈子壮、陈邦彦和张家玉三人最为有名，他们被并称为"岭南三忠"，永为纪念。朱由榔不久便败退广西，他后来曾短暂地夺回广东的控制权，而他之前的敌人则在与清军的战斗中败亡。最后，他的复辟企图在建政十五年之后彻底失败。①

被满人占领前后，广东还有许多其他的抗争形式：无数粤人冒着生命危险骚扰八旗兵丁，散播反清诗歌，以及参加底层群众的秘密反清结社天地会（三合会）。满人对这种广泛的反清情绪进行了无情的暴力镇压，使百姓愈加痛苦。1650年清军重新占领广州后，对那些拒绝服从剃发令、改从满族风俗的百姓进行了大规模屠杀，至少七十万人惨死于街道之上，还有许多人逃入六脉渠，却遭逢连绵暴雨，溺死其中。这场大屠杀的伤亡与惨烈，虽扬州十日、嘉定三屠，都不足与之相较。

另外，康熙朝前期，广东许多沿海地区强制性的人口迁移，也造成了

---

① 岭南三忠之中的陈子壮有一个漂亮的小妾广州人张氏，被李成栋收在自家。张氏不久殉情自杀，这深深地感动了李成栋，并最终导致他与满人决裂，投降在广东的朱由榔。

民间的苦痛。当时，台湾岛仍然被郑成功（国姓爷）的后人占据。从那里来的舰队经常流窜到福建和广东的沿海村落进行补给并收集情报。为了杜绝此类情况，清廷发布"迁海令"，命令所有这些村落向内陆迁移约五十里。村民们对这项命令屈意顺从，并且拖延执行，清政府很快便派出了军队和下级官僚强制迁移，而他们则在残忍无情地督导的同时索要贿赂，攫取民财。①

广州城则由一支八旗军队驻防，他们强占了广州旧城，把所有汉人驱赶到外围的新城。腐败现象虽非满人独有，却在整个清政府中都非常普遍，而在情势尚未安定的广东和广西似乎尤为猖獗，这主要是因为两地的百姓在北京完全没有可以求助的对象。非常重要的是，相较于满人的残暴和镇压，这种腐败在更大的程度上刺激了太平天国起义的发生。

满人对汉人的统治还有着颇为不同的另一面，即对文人阶层的掌控。清朝的统治时间比蒙古人长两倍，或许也要比他们高明两倍。这种出乎意料的差别正得益于中国的士绅阶层与其他阶层之间的疏离和隔阂，这是与后者之中正逐渐形成的更为致命的革命形式同时产生的。满人怀疑文人们都是难以掌控的潜在叛乱者，是真正煽动暴动的人，于是便通过从残酷刑罚到细微辩据的各种手段迫使他们就范。在刑典中最令人生畏的刑罚便是要处死叛乱的首犯，并株连其九族。有时文人仅仅因为诗行措辞的原因，就要被重判并施以这种刑罚；几件这样的判例就足以震慑大部分文人，至少能够防止他们进一步公然鼓吹革命。在这种政策施行两百年以后，公开声称反清的文人便寥寥无几了。

满人统治者还施行从长期来看又更加有效的策略，便是对儒家精神的接受和改造。②与之前的明王朝相同，满人承续了被称为"理学"的宋代社会和道德哲学学派，并把程颐，特别是朱熹尊为正统的儒学宗师。二者的教义包含对所谓"理"的内在原则以及名为"三纲"的伦理体系的解释，以臣子对君王、孩子对父亲、妻子对丈夫的绝对服从为基础，从而实现基本的社会

---

① 麦应荣《广州五县迁海事略》（笔者收藏的《广东文物》第二卷）、萧一山《清代通史》（第一版）第一卷第59节。
② 参见拙著《太平天国典制通考》（以下简称《通考》）第三卷2043—2049页对此问题的详尽讨论。

和谐。以上这些和其他一些补足性的道德原则一起被奉为"礼教"或者"名教",被视为"天经地义"的万物之基础。在满人的统治下,礼教逐渐成为清朝统治的理论基础。从孔子的《春秋》起就被广泛接受的传统精神也被削弱。满人坚持主张,试图推翻那些接受中国传统文化并巩固正统道德体系的外族统治者,从道德层面而言是站不住脚的。我们必须注意的一点是,经过这种改造后的儒家精神,全无孔孟主张的"仁"与"义"的人文精神,是一种与传统儒家的质的分离。而这种出于统治目的对儒家精神的选择性借鉴,汉武帝时期便早有先例。

那些一方面受到这种伪儒学精神的蛊惑,另一方面又被满人的恐怖手段所震怖,变得忠顺服从的文人,也因为如此得来的在声名和钱财上的酬赏,而与清政府越走越近。以文人为代表的士绅阶层脱离普通民众,高高在上,一旦出现反叛和动乱,便会成为当地官员忠诚而可信赖的盟友。

曾国藩也许是当时最为著名的忠于正统的儒家学者,他便是这一阶层及其反对革命的道德规范的代表。儒家文人也曾非常相似地蛰伏于蒙古人的统治之下。从那时起直至清代,只有那些不愚忠于儒家教条的人能够起身反对外族统治者:历史上便有佛教徒和回民起义、瑶族和台湾少数民族起义,以及白莲教和在理教起义。① 后来前赴后继领导革命的洪秀全与孙中山都是基督徒,这一点似乎并不只是巧合。

太平天国运动的三个特征

从1866年太平天国运动最终失败时起,它便成为东西方史学家都特别关注的课题。各种对其起始和发展的学说解释令人眼花缭乱。② 我对此课题毕生的研究,是基于经过证实的真实历史事件,并以大量既有和新发现的历史材料为佐证的。通过对太平天国运动长期的潜心研究,我认为,太平天国运动具有三个互相关联的特征,而理解运动的关键,就在于认识并全

---

① 明太祖朱元璋在推翻元朝统治之前就曾是佛家僧人。明朝建政之后首次反抗外族的起义是白莲教起义。
② 中国学者对太平天国运动的解释,请参见施友中《非马克思主义学者对太平天国的阐释》,*FEQ* 第10期(1951年)第248—257页;中国学者一般认为,太平天国运动是一场产生于阶级斗争的反封建的农民革命,参见拙文《太平天国的马克思主义解读》,*International Associations of Asia: Second Biennial Conference Proceedings*,第745—777页。

面考察这三个特征。

促成太平天国起义的第一个，也是最显而易见的要素，就是其宗教性。从偶然地接触到基督教开始，洪秀全从信仰中发展出了自己一生的事业，即以基督之名统治中国，完成消灭一切异教偶像，并在对唯一真神的敬仰中团结人民的神圣事业。尽管满人也有相似的君权天授的主张，但洪秀全却大胆地努力在世俗世界中实现属于神的王国；并且因为对神的热忱，毫不畏惧牺牲自己和亲族的性命。在很短的时间内，这种新宗教的信奉者从寥寥数人发展成了一支庞大的、立志推翻清朝统治的革命军队。这支太平军始终坚信基督教上帝的真实存在、他所应许的王权以及他的绝对权力：恪守十诫，日日敬拜；他们的宣言、文件、宣传册、书籍、公报和通信中充满了典型的基督教风格的措辞和用法；他们在与外国使团的交涉中一贯秉持的基本原则，即是对上帝为父、世人皆兄弟的坚定信仰。[1]洪秀全本人与其他太平天国领袖一直坚持基督信仰，至死不渝。忽略、低估太平天国运动的宗教本质和它的基督教理想，或者如其他一些史家将其宗教性归结为无奈的权宜之计，都是错误地理解了太平天国运动的这一本质。[2]

太平天国运动的第二个本质特点是其民族特征。对长期不满清朝政策的广东普通民众而言，这一点更加具有感染力。除了保持自己的语言、服饰、信仰和习俗，满人甚至将自己与汉人进一步区分开来，不许满汉通婚，并禁止汉人出任部分高阶官职。在所有官方文件的印鉴和硬币上与汉文并行的满文，更是无时无刻不在提醒人们不忘满人统治者的傲慢。这为反清的太平天国革命吹响了一声嘹亮的集结号。罗伯特·斯皮尔（Robert E. Speer）在他的观察记录中这样间接地写道："除去其宗教性，一种在全中国范围内非常普遍的对满人统治的强烈不满，也是这场运动的特征。"[3]

横扫中国的太平天国运动，其宏大的政治目标为极度痛苦中的广大民众提供了慰藉与补偿，这是太平天国运动的第三个特征。一位刚刚从美国归来的年轻学生认为，这场撕裂了其祖国的革命的诱因便是满族统治者的

---

[1] 根据吟唎在《太平天国：太平革命史》第二卷529页中引用的一份驻宁波英使公报，直至1862年，太平军仍然坚持主张对上帝和基督的绝对信仰与依靠。
[2] 部分史家错误地认为，太平天国利用其宗教立场欺骗、迷惑其可能的信众。
[3] 参见罗伯特·斯皮尔《传教士与现代历史》第一卷第45页。

腐败和他们对百姓的剥削。①为了纠正这种暴行，太平天国勾画了一幅彻底改革中国社会、经济、政治和军事体制的蓝图。太平天国运动独特而又激进的一面，便是其大胆的折中路线：这一路线结合了以周代社会和军事管理体系为代表的古典文化体制，以及西方在科学、技术、经济和社会保障方面创新的菁华。这一点将太平天国的革命者和他们之前的起义者们彻底区别开来。太平天国的这一蓝图经常借《圣经·新约》中的词句被概括为"新天新地"（《启示录》21:1）；虽然它刚被贯彻执行不久，太平天国运动就失败了，但是这一理想像它在西方国家一样，在中华大地上生根发芽。1861年志愿投靠太平军的原英国海军军官呤唎（Augustus F. Lindley），在回到英国后曾这样写道：

> 我永不应忘记那种高尚、开明且富有爱国情怀的伟大愿景，它吸引着他们去传播圣经，捣毁偶像，把满人彻底赶走并建立一个完整统一的国家；并且和西方基督教国家成为兄弟之国，把欧洲的科技和生产引入中国。这似乎是他们一贯的原则和决心。②

假说与评价

从1851年第一次军事冲突开始，到1866年最终的失败，太平天国运动短短十五年的历史似乎和它在中国历史上的重要性不相称。造成这种认识的原因之一在于历史学者都曾遇到过的一个难题，即平衡事件的现实、直接影响与间接影响。如果太平天国运动最终成功，其影响将如何？对于揭示太平天国革命运动真正的重要性而言，如何公正客观地回答这个问题或许具有指导性的意义。

当时的中国经历了两百余年的清朝统治，屡弱而颓废；而西方列强正值在远东帝国主义扩张的高峰，中国在其面前毫无还手之力。值此之际，在中国南部出现了一股活跃的力量，时刻准备推翻腐朽的清朝统治，并通

---

① 参见容闳《容闳自传：我在中国和美国的生活》第119页。容闳是在美国耶鲁大学修学后返回中国的第一位留学生，他在游历中国南北之后，于1861年到访过太平天国治下的苏州。
② 参见呤唎书第一卷第74页。

过对国家生活各个层面的改革，使之重焕活力。如果他们的革命成功并随之推行了改革，中国社会可能在以下五个方面发生根本性的变化。首先，基督教将从革命信条变为国家宗教。这将使广大民众建立一种崭新的精神生活，并且消灭腐朽败坏的社会习俗及所有迷信活动。其次，作为民族复兴的一部分，西方思想将被引进，这会促进科学和工业的发展，并最终使中国甚至能够先于日本转型成一个现代国家。①第三，将仿效西方模式，并强调基督教的慈爱精神和"四海之内皆兄弟"的信念，太平天国可以建立并施行彻底的新社会福利政策，并对广大民众产生深远的影响。第四，随着革命的成功，对于内政和外交事务，新的国家目标将会逐渐形成。第五，国人将不必忍受随后数十年间自己的国家被征服和剥削的屈辱。

从国际的角度而言，中国可能在抵御西方世界的同时，成长为实力强大而人口众多的世界秩序的维护者，这会使过去百年的历史变得迥然不同。事实上，西方列强的获利，得益于一个毫无防御之力的中国；如果他们认为太平天国只是一场毫无成效的运动，他们还会站在满人的立场上满怀投机之心地干预这场运动吗？

但是，假想中的太平天国运动胜利的影响，与这场运动在现实中对中国历史巨大而深远的影响相较，并没有引起历史学家足够的兴趣。太平天国运动固然可以被归纳在始于元代的反抗非汉族统治的传统之中，但是其引发的是一场长达十五年的血雨腥风的斗争，其彻底的毁灭性史无前例，在运动所波及的十九个省份造成了数百万人的死亡。②除了人员伤亡，这场运动还对雕刻、绘画和书法艺术珍品、书籍以及其他不计其数的艺术和工艺品造成了无可挽回的破坏。这场运动还破坏房屋、摧毁城市、扰乱贸易、干扰航运，造成了不可估量的经济损失。运动对整个中国，尤其是长江下游地区造成的破坏，在许多年后仍然清晰可见。

---

① 日本明治天皇于1867年登基。
② 根据曾国藩的奏折，在本部十八省和西康地区共有六百余座城市被占领。卫三畏(Samuel W. Williams)在《中国总论》第二卷中说：据在上海的外国人统计，运动期间共有两千万人死亡。其他的统计数字有高达五千万的。数目最高的是陈恭禄的《中国近代史》第一卷第217页出现的一亿人或者约三分之一的中国人口。至今尚无准确的伤亡统计。但是，太平天国运动所导致的中国一些地区的人口减少，在何炳棣《中国人口研究》(剑桥，1959年)第238—247页有所提及："太平天国运动完全可以被称为世界史上规模最大的内战。它的残酷和破坏程度，在史料中也鲜有同伦。"

很多专著对太平天国运动的政治影响进行了研究。学者们依各自所处时代的不同，指出了从有限的治权去中央化，更多的汉族官僚进入中央掌权，到逐渐放弃传统的部队编制体系（绿营），以如湘军和淮军等私人组织的武装负担保护国家的军事责任这一过程。[①] 除此之外，中国社会还出现了许多后天国革命时期社会萧条的纯经济表征。

从历史的角度而言，太平天国留下来的最重要的遗产，也许使它可以被称为 1911 年辛亥革命的先兆。太平天国运动之后的中国，从以北京为中心的中央集权统治转变成各地相对独立、军阀四起的态势；混乱的金融系统以及迫于内战压力而与列强签订的"不平等条约"所带来的对国家经济的削弱，使革命性的民族主义精神不断高涨，也使革命者们充满紧迫感。这些都为后来的革命奠定了基础。当然，最重要的就是太平天国运动对后辈革命者们的启发作用。

中华民国的建立者孙中山从小就全神贯注地倾听村落里年老的太平天国亲历者讲述的故事，了解了那些英雄史诗般的战斗传说，使他坚定信心，树立了推翻满族统治，完成太平天国运动未竟事业的宏大目标。这不仅仅是他儿时的梦想，孙中山最终把它变成了一位年轻革命者的切实活动：他宣称自己是洪秀全的继承人，并且热情地欢迎当时仍然健在的太平军老兵加入他组织的第一个革命团体——兴中会。[②] 他闲时热衷于向人讲述太平天国的故事；有证据表明，民国革命的其他参与者也都备受太平天国历史的吸引和鼓舞。[③] 不难看出，孙中山提出的最高政策理念"三民主义"，除了后来的"民主主义"和"民生主义"，"民族主义"这一条便是对太平天国精神的重新阐释。

[①] 曾国藩、左宗棠和李鸿章手下的将军以及他们的继任者，在全国各地都获得了军事力量，进而转变为地方军阀，对国家造成了致命伤害。原属于李鸿章淮军系统的袁世凯，他的许多部属最终成为割据军阀（多属于直系和皖系）。后来，这些军阀内讧式的战争再一次对中国造成了严重的伤害。
[②] 罗家伦，《国父年谱》（第二版），台北，1959 年。
[③] 请参阅拙文《五十年来太平天国史之研究》，《香港大学五十周年纪念论文集》（香港大学，1964 年），第 243—246 页。

第二章

天王的崛起

（1814—1847年）

太平天国革命运动的精神领袖、天王洪秀全，在满人入主中原一百七十年之后的1814年1月1日，出生于广东省花县西北约二十里外的一个小村庄。[①]他出生后不久，全家便搬到同县的官禄㘵村居住。官禄㘵村在广东省省府广州北面约百里外，当时居住着来自四大宗族的约四百人，其中洪秀全的宗族是最大的，有近三百人。村子里几乎所有人都是贫穷却勤劳的农民，质朴勤俭的生活使他们很难在文化上获得成功。

村里的四大宗族均属客家，即在数世纪之前移居广东的来自中国北方的汉人。广东的其他汉人，尤其是那些祖先更早从北方移居而来的汉人，把他们称作"客人"或者"客家"，正如广东的客家人移居到毗邻的广西之后，被当地汉人称为"来人"一样。但是，客家人与原居此地的汉人之间的区别，并不仅仅是因为他们移居来的时间更加靠后。首先，各地的客家人均保持着自己的北方方言。第二，因为客家人是后来者，他们不得不居住在山区或者土地贫瘠的地区，从在贫瘠土地上的努力劳作中，锻炼出了勤

[①] 洪秀全出生的确切日期，在很长一段时期里都存在争议，中外文献共给出了九种不同的日期。笔者根据新的文献资料，确定了本文提出的日期，这一说法也得到了包括太平天国史大家罗尔纲在内的大部分中国学者的认同。关于相关文献的具体讨论及结论，参见《全史》第一卷第2—5页。

劳坚韧的开拓者的品格。女人也因为要在地里劳作，而没有缠足的陋习。第三，客家人与当地居民之间常有口角并且长期不和，经常因为琐碎小事产生纠纷，因此他们经常被认为是爱计较、好争辩的人。客家人也以勇敢著称，他们无论男女都是打游击战的好手，尤其是那些住在广西境内，与并不友善的壮族和瑶族部落毗邻的客家人。第四，客家人基于语言、习俗和共同防御的需要而形成了一种团结精神，一种客家宗族之间同宗兄弟的情谊。

我们在这里提到客家人的特殊性是极有必要的。他们的祖先深受中原战乱之苦，举家南迁，而他们也公然表露出对清朝统治者的厌恶，表达了坚定的反抗精神。可能与其他汉人不同，直到洪秀全时，客家人仍然不断地反抗满族的统治。太平军早期在广西征募的士兵中，也不出意外地以客家人为主。1911年最终推翻清朝统治的辛亥革命，也于国民军中的客家人借力颇多。①

洪氏家族

洪秀全的祖先中有很多非常显赫的政治家和文人，南宋（1127—1279）初年，洪氏家族曾经有八十多人出任朝廷官吏。②正是这个家族的一支后来向南迁徙到广东，最终定居在花县境内。③

洪秀全的父亲洪镜扬是家族移居花县后的第十五代，他是一位公认的公正贤能的长者，被邻近的村落推举为首领。洪镜扬掌管公共府库，主理地方事务，深得民人信赖，并因其公正诚实的作风而备受尊重。④他与第一任妻子王氏育有五子，依出生顺序分别为：长男洪仁发、次男洪仁达、长女洪辛英、三男洪火秀（即洪秀全）及次女洪宣娇。洪火秀在结婚的时候改

---

① 罗香林《国父家世源流考》中经过对孙中山家世的仔细研究得出结论，认为孙中山祖上为客家人。
② 许多中国史料认为，洪秀全本姓朱、郑或者焦，后来改姓洪。笔者收集了足够的证据，可以否定上述说法，并确认"洪"确为历史上洪秀全本来的姓氏。这些证据中包括洪秀全祖祠牌位上的刻字，及其族谱的记录。见《全史》第一卷第5—7页。
③ 韩山明，《洪秀全的异象和广西叛乱的起源》，第2页。
④ 韩山明书第3页；另见洪氏族谱，载于笔者于《逸经》1936年第2期上发表的文章《游洪秀全故乡所得到的太平天国新史料》（以下简称《新史料》）。

名为洪仁坤，后又因梦入幻境而改名为洪秀全（详情参见后续章节）。①洪镜扬在正妻去世之后续弦，第二任妻子李氏未育子嗣。②

少年和学堂时代

　　洪家在村子里既不算贫穷也不算富有，家里有几亩稻田，还养了几只鸡和几头猪。洪家的每个人都要参与日常劳作；而作为年龄较小的男孩，洪秀全主要负责放牧水牛。因为有机会能和在田野中放牧水牛的其他牧童一起玩耍，这项劳动因而变得相对轻松。在孩子们简单的游戏中，洪秀全经常处于领导地位并且发号施令。因为脾性暴躁，洪秀全还经常对敢于违背命令的人饱以老拳。③

　　虽然负担沉重，但是洪家并未疏忽对幼子的教育。虚岁七岁的时候，洪秀全进入村里的私塾读书，并且很快成为一个聪明勤奋、强于记诵的学生。④通过五六年在村子周边不同学校的学习，洪秀全已经记住并掌握了儒家主要经典和其他一些次要的文献，而且显示出了撰文写作的天赋。他在校外的大部分时间，也长期自修研读中国历史书籍和其他文献。这给他的老师、亲属和村子里的人留下了深刻的印象，每个人都认为洪秀全能够在科举考试中取得成功，为村子争得荣誉，并且光耀祖宗门第。他们在各种小事情上帮助和鼓励洪秀全：老师曾免除他的学费，亲戚们偶尔会为洪家提供一些物质上的帮助。父母对洪秀全溢于言表的关爱和引以为傲的感情，也时刻激励着洪秀全。父亲十分乐见自己最小的儿子能够有光明的未来，所有当面夸赞洪秀全的人，他都会高兴地将其请回家中招待茶饭。⑤

---

① 关于各个名字的来源和意义，见《全史》第一卷第5—7页。关于由笔者发现的前两个名字的特别资料，见《逸经》1936年第2期上的拙文《新史料》。
② 《新史料》，另见《全史》第一卷第12—15页引用的洪仁玕状。
③ 根据从洪秀全族人处亲自寻访得来的信息，见《全史》第一卷第16—17页。
④ 《新史料》，根据中国的记岁法，出生时为一岁，次年为两岁，以此类推。本书中提及的人物年龄均按照此法计算。1819年，即嘉庆二十四年，洪秀全按照中国记岁法为七岁，但按照西方记岁法则为五岁多。同样，洪秀全生于嘉庆十八年，即公历1813年。因此，我用1813年作为洪秀全出生之年，以免不必要的误解。（作者在前文第11页采纳的观点是洪秀全生于1814年1月1日。——编者）
⑤ 韩山明书第5页、洪仁玕状。

科举考试

像那个时代所有其他年轻的士子一样,洪秀全非常希望能够通过科举考试,获得可以使他当官发财的功名。十三岁时,洪秀全在地方考试(县试、府试)中考取第一名,被选为童生,准备参加更高的学历考试。十六岁时他满怀信心,前往广州参加最低等级学历身份(秀才、生员)的考试(院试)。

当发现自己的名字没有出现在秀才生员的名单中的时候,洪秀全的失望不难想象。他的父亲也没有能力继续支持他的学业,便让他回来参与家中的农务。村中的许多人也为洪秀全的不幸境遇一直感到遗憾。直到第二年的某天,洪秀全的一个家境富裕的同学不经意地问他是否愿意陪自己去外地(可能是广州)读一年书,洪秀全高兴地接受了这个邀请。一年后,当十八岁的洪秀全再次回到这个村子时,村里的长老邀请他在村子的学校做教书先生。

在接下来的几年中,洪秀全坚持不懈地准备再次参加院试。他的第二次尝试是在1836年(道光十六年),当时他二十四岁,结果和第一次一样。第二次失败的打击同样巨大,但是洪秀全选择留在广州。在此期间发生了两件事,足以改变洪秀全的命运和整个中国的历史:一是洪秀全开始认识到中国传统中的理想主义因素,二是他开始接触基督教。

洪秀全在广州聆听了当时的儒学大师朱次琦的讲学,从此找到了看待中国传统的全新角度。朱次琦是鸿儒大家,长于讲授公羊学和《礼记》中的《礼运·大同篇》,并从中归结出他对中国文化的自豪感以及对广泛的社会改革的赞同与支持。洪秀全后来的革命思想,尤其是社会和道德层面的思想,都受到了朱次琦的深刻影响。[①]

[①] 广东当地人普遍相信,洪秀全在某一时期是朱次琦的学生,经过对此问题的仔细研究,我更倾向于认为这种说法颇可信。关于这一点更多的讨论,请参见《通考》第三卷第1576—1577页,及《全史》第一卷第1页及第18页。朱次琦对其时代影响巨大,这一点不容置疑。在他晚年时常拜访受教的康有为和孙中山,都深受《礼运·大同篇》的社会理想之影响,而这一点也可以说是中国近代政治和社会改革最为重要的哲学思想源头。

与基督教的接触

也许第二件事对洪秀全的影响更为巨大。某日走出考场的时候，洪秀全发现了两个人。其中一人是一名外国传教士，另一个是他的中国翻译，他们在街上聚集行人，传经布道。听了片刻之后，洪秀全走上前去向他们提问。他们回答了洪秀全的问题，并鼓励他说，他最终可以登上最高的阶层。洪秀全第二天也去参加了布道活动，并且拿取了一些传教士向听众们分发的宣传册。①

这些在多年之后将对洪秀全的生活产生巨大影响的宣传册，全是由梁发编写的。他是中国历史上第二位华人天主教徒，同时也是第一位华人牧师。梁发还印行过自己翻译的圣经中译本以及许多基督教题材的宣传材料。他因此结识了前辈传教士马礼逊（Robert Morrison），并经其介绍，与另一名早期传教士米怜（William Milne）一同去马六甲学习。1815年，米怜在马六甲为梁发施洗。1823年，在返回广州一年之后，梁发被任命为马礼逊的助手。他把自己对传播福音的热情释放在不断印行并免费发放基督教宣传册上，特别是在科举考试期间，应试考生更是成为他宣传的重点对象。他的传教活动最终招致了地方官僚的打压，1834年冬天，梁发不得不离开广州到马六甲避难，把继续分发基督教宣传册的任务交给了其他人。②

洪秀全得到的那套宣传册名为《劝世良言》，刊行于1832年，共有九卷。洪秀全在回乡继续教书之后，只是随便看了两眼，就把这套从广州带回的九卷小册束之高阁了。

---

① 许多西方学者认为，为这些宣传册做翻译的人是梁发，但是这意味着，通常认为的事件发生的时间即1834年或1835年是不正确的，因为1836年之前，梁发是不在广州的。经过对此问题详尽的研究，我认为宣传册的译者不可能是梁发，而此事发生的时间毫无疑问是在1836年。实际上，这位中文译者的名字至今仍然是个谜。至于这个外国的传教士，根据欧赫勒（William Oehler）《太平运动》中所说为史蒂芬（Edwin Stephens），他是耶鲁大学的毕业生，于1832年来到广州。笔者梳理了已知当时在广州工作的所有欧洲和美国的传教士，并排除因各种各样的原因不可能为洪秀全宣讲的人，最终得到了这一结论。史蒂芬是所剩的唯一可能的人选。关于更全面的论述，参见《通考》第三卷第1594—1614页。

② 他的全名是梁发，梁阿发是教士们称呼他的小名。马礼逊和梁发的作品，在《通考》第三卷1580—1585页及《全史》第一卷第20—21页均有讨论。

精神打击

1837年春天,二十五岁的洪秀全第三次赴广州参加科举考试,这一次他仍未能考取功名。强烈的失望感使他突然开始怀疑并否定自己。"我感觉很不好",他不得不雇两名轿夫把自己抬回老家,到家之后也很长时间卧床不起。他的脑中开始充满奇怪的幻象。他想到了死亡,并与双亲做了这样的诀别:

> 哦,我的父母,我是这样地不孝,不能报偿你们的关爱。我将永不能得到一份功名,光耀你们的门楣。①

然后他就像已经死去一样,失去了所有的力量,也不再支配自己的身体,只是躺在床上,意识在有无之间徘徊。但他的思维却是活跃的,那个奇怪的幻象越发清晰,韩山明(Theodore Hamberg)这样记录洪秀全在多年之后回忆起这个奇怪的幻象:

> 当他刚刚闭上眼睛时,他看到一条龙、一只老虎和一只鸡走进他的房来。之后便看见许多人抬着轿子,敲锣打鼓地向他而来。他们请他上轿,然后把他抬走。洪秀全惊异非常,不知何德何能受此荣耀,更不知该如何是好。不久他来到了一处瑰丽光明的地方,左右两旁站满了才情高尚的男女,他们满怀愉悦向他致敬。他起身离轿,一位老妇人带他来到河边,对他说:"你满身污秽,为何要与那些人为伍而作践自身?我现在要使你洁净。"在清洗完毕之后,古风犹存、德行高尚的人们围拢上来,洪秀全识得有许多先贤也在其中。他们簇拥着洪秀全进入一个大房间,在那里他们用刀切开他的身体,将心脏与其他内脏取出,并换上红色的、新鲜的脏器。一切完毕之后,伤口随即愈合,毫无痕迹。洪秀全在这个房间的四壁之上发现了许多石板,上面刻着劝善良言。洪秀全便将它们逐一阅览。此后,他们进入了一个

---

① 韩山明书第9页。

更大的房间，那里的美丽与光辉更是非言辞所能表达。这个房间里，一位留着金色胡须、穿着黑袍的德高望重的长者，神色庄严，端坐高堂。他看见洪秀全，一边流着眼泪一边说："这世间所有的人，由我所造，依我而生；食我之食，衣我之衣。其中却无一人，能记念我、尊敬我。更有甚者，以我的牺牲祭拜妖魔；他们故意违抗我的意志，激起我的怒火。你可不像他们一样。"于是，长者赐予洪秀全一柄宝剑，命令他剪除妖魔，却要宽恕他的兄弟姊妹；还赐予他一方印玺，使他可以战胜恶灵；另外还给他一颗黄色的果实叫他食用。洪秀全吃掉果实，觉得甘甜可口。当洪秀全从老者手中接收了这些象征着忠诚的馈赠之后，他马上敦促房内的所有人返回岗位，履行长者分给他们的职责。有些人这样回答他："我们确实忘记了他分配给我们的职责。"还有人说："我们为什么要尊敬他？我们与朋友一起饮酒作乐，岂不快哉？"由于这些人不为所动的铁石心肠，洪秀全便声泪俱下地不断告诫。长者对他说："鼓起勇气行你的事，我会在万难时刻助你周全。"随后，长者又重新回到那种神色庄严的状态，说道："洪秀全堪当此任。"他拉着洪秀全走出房间，并让他向下看去，对他说："看这世间的人们！他们心中是无尽的乖戾奸邪。"洪秀全向下看去，见世间道德沦丧，罪孽横生，他不忍直视，哑口无言。[①]

韩山明接着解释道：

洪秀全的病症以及这种幻象大约持续了四十多天。在这些幻象中，他时常会遇见一个被他称作"兄长"的中年男人，他随洪秀全一起巡游四极，并帮助他斩奸除恶。[②]

洪秀全的怪异行为让他的亲戚家人害怕他是被鬼魂或者恶灵附体，他们便找了个驱魔师来到家里，为洪秀全施法驱魔。这遭到了洪秀全的激烈

---
① 韩山明书第9—11页。
② 同前注第11页。

反对，最后驱魔师悻悻离去。当洪秀全终于从这场恍惚失心的幻象中走出来后，他整理好自己的情感思绪，走到父亲的面前，这样说道："那天上高贵的长者已有明令，世间之人都应追随我，所有的财富也都将归我所有。"惊讶费解的洪家人并不知道，洪秀全所罹患的确实是一种名为"梦醒状态"的严重的精神性癔症，其症状通常包括像洪秀全这样的幻象妄想以及愿望满足。研究过洪秀全病例的一位心理学家做过这样的总结：

> 洪秀全的这种"谵妄乱语"或者"梦醒状态"，是一种典型的极度欣悦的状态。它的内容混杂着中国传统的和基督教的意识，而它的意义则在于一种完全的愿望满足，以及一种对所有人生失意的克服与超越。他在虚妄的梦境中构建了一个完全属于自己的世界，不仅如此，他还把这个梦境表现到现实中来。他已无法区分梦境中的意象和现实的体验，因为他的那种奇幻梦境已经被他投射到现实环境之中……当这种自闭（逃离现实）将近完成的时候，他的表现就像在做梦的正常人一样……梦醒状态大多数时候由纯精神性诱因引起，并由于强烈情感波动而变得越发严重……精神性诱因从本质上讲通常是歇斯底里的，当梦醒状态与患者的现实困难和迫切需求，例如愿望满足或者既往痛苦经历的反复出现这些诱因，建立起或多或少的可使人理解的联系的时候（这种状态则为之更甚）。①

毫无疑问，他的诊断非常切合所有文献中对洪秀全的症状、病情和持续影响的描述。② 至于所谓的精神性诱因，对于洪秀全的病症而言，可以归结为他在科举考试中的屡次失败。在帝制时代的中国，年轻士子一生的命运都由科举考试决定，鲜有例外。通过科举考试意味着不断取得功名，从而获得官职和荣誉。在科举考试中成功的人可以轻松地选择，或者入仕为

---

① 叶宝明于《远东季刊》1954年第13期第298页发表的《太平天国运动领袖洪秀全的心理病态》。关于梦醒状态在近代精神病学中的应用解释，为叶博士在私人信件中向笔者提供。见《通考》第三卷第1630—1633页。
② 最早的、最为可信的对洪秀全精神病态的描述，是韩山明基于洪仁玕的描述做出的。至于其他的说法，都公布较晚，也都因其作者的宗教或政治立场的不同，而产生了扭曲和误解。见《全史》第一卷第22—34页。

官，逐级晋升，荣耀乡里，光宗耀祖，或者退隐归田，成为乡绅，享受这一阶层传统的社会、政治等许多方面的优越待遇，以及垄断经济机会、聚敛财富的诸多特权。而未能考取功名的科举失败者，深知前途渺茫，往往变得心灰意冷。年轻的洪秀全天生自恃颇高，这种心灰意冷于是演变成了绝望和精神崩溃。

实际上，在洪秀全梦醒状态中愿望满足的幻象与科举考试失败给他带来的种种打击之间，确实存在着明确得令人悲惋的联系。他的那个以自己为主角的"故事"，可以被解读为他回乡之路的某种延续，而他坐着同一顶轿子飞升进入天堂。那位穿着黑袍、长着金色胡须的老者（从而不可能是中国人）或许是前一年他在广州的路边遇见的传教士在他梦中的化身，虽然洪秀全后来才越发相信那个传教士和当时在他身旁的中年华人翻译，这两个高贵的形象正是上帝和耶稣基督的化身。① 他被指派为世界的最高统治者，并被赋予斩妖除魔的神力，也许反映了传教士当初安慰他时所说的，他可以登上最高阶层的那句话。这句话在这个绝望的年轻考生的心里一直萦绕不去。幻象中洪秀全所受的象征他权威的印玺，象征和代表着他得到的那些宣传册。而洪秀全随后发出的敦促命令，在形式和内容上都是对传教士街头布道的单纯模仿。洪秀全后来对孔子的反感愤怒以及他主张力行的偶像破坏活动，也非常明显地可以追溯到他从布道者和那些宣传册中得来的印象，因为除了外来的像基督教这样的影响因素，在那个时代，在那个儒学传统和偶像崇拜统治下的国家，没有什么能够激发洪秀全这样的想法。洪秀全在那四十天内所经历的幻象中的种种细节，没有什么是现代的精神病学所无法解释的。在任何关于这些幻象的历史资料中，也绝不存在任何证据显示洪秀全恣意编造了这些幻象，欺骗无知的信众，确立自己在革命中的领导地位。②

洪秀全在病愈之后发生了巨大的变化。首先，他把从幻象中上天的权

---

① 太平天国的文献《王长次兄亲目亲耳共证福音书》中的另一份阐述中说，老者身形高大壮硕。金色的胡子意味着他是个外国人，而当时广州的传教士都身着明式黑袍。
② 中国史学家常把中国历史上起义和暴动中显而易见的超自然因素和迷信因素降格为自然因素，许多研究太平天国运动的史家也基于此怀疑洪秀全看到幻象一事的真实性。关于这个问题，笔者的详尽分析请参阅《通考》第三卷第1614—1646页。

威那里获得的成王使命看作终生的事业。洪秀全作诗赞美自己为全中国的统治者。为了把他的父亲和其他家族成员彻底神秘化，某一日，他用红色的墨写下了"天王大道君王全"七个字。意识到自己新的使命后，他把自己的名字正式改为"洪秀全"，保留了原来名字中的"秀"字，并且加上了个"全"字，认为"全"字由"人"和"王"两个字组成，有"人之王"的意味。他还改换了一副新的行为方式：行事变得稳重严谨，走路注意步幅姿态。最重要的一点是为了准备领导将来的革命运动，洪秀全看待事物的观点变得强硬而严肃，充满了对自身特殊使命矢志不渝的信仰。这种毫不妥协的决心，正是将来他可以驱策太平兵勇艰苦奋战、至死不休的原因之一。[①]

两个关键的决定

病愈之后，洪秀全继续在本村和周边的村庄里做教书先生，就这样过去了六七年。关于那场大病和那个病中的幻象的记忆，也逐渐变得模糊。就连科举考试给他带来的痛苦，也随着时间慢慢地变弱。1843年（道光二十三年）春天，洪秀全打算为考取秀才做第四次尝试，这也是他最后一次参加科举考试。而面对第四次考试的失败，洪秀全现在已不是绝望，而是彻底被激怒了。在从广州返乡的船上，洪秀全咒骂了考官，还作了一首诗来排解心中的愤怒。诗中还揭示了他要领导一场推翻满人统治的革命的决心。回到家之后，洪秀全仍然极为恼怒，继续愤怒地谴责着清朝政府以及所有满族官僚，他把自己的书扔到地上，大声说："让我来主持考试，为国家取人才，而不是为满人找奴仆。"洪秀全这样的气愤的确符合当时的情境，但是现在也许没有人能意识到，此刻也正是太平天国革命运动肇始之时。[②]

1843年夏天，洪秀全正在他继母出生的村庄里做教书先生，表兄李敬芳来家里看他。李敬芳在书架上发现了洪秀全在广东从传教士手中得到的那些宣传册，马上就向洪秀全借阅。通读之后，他对宣传册中那些不同于寻常认识的内容显得异常着迷。见到他如此，洪秀全也开始阅读这些被他

---

① 韩山明书第13—14页。
② 关于科举考试的成败与否对洪秀全那个时代学子的重大影响的详尽讨论，见《全史》第一卷第37—43页。

久束高阁的宣传册,他忽然意识到这才是理解他那个奇怪幻象的关键所在。激动和兴奋之余,洪秀全现在确信那幻象中德高望重的长者就是上帝,而那个中年男人就是耶稣基督。六年前所见的幻象现在又一幕幕地出现在他的脑海,并且一个一个地都因与宣传册中所描述的事件高度对应而被赋予了新的解读。韩山明总结说,洪秀全"感觉像是从一场大梦中醒来,他找到了一条能够实现的通往天堂的道路,一个永生与无限快乐的希望,并为之欣喜若狂"。

洪秀全和李敬芳很快便受洗了。两人就宣传册的内容和其中关于受洗必要性的告诫进行过几次长时间的讨论,之后他们决定为自己施洗。于是,兄弟二人向上帝祷告,立下"不敬拜偶像,不行奸邪,并敬受天命"的神圣誓言,然后口念"净化所有之前的罪恶,脱离旧人,重获新生",同时把水泼洒在自己的头顶。①

洪秀全宗教知识的来源

那些宣传册对洪秀全的宗教信仰以及后来太平天国的基督信仰和教务组织,都有着深远而不可估量的影响。② 至少在最开始的时候,这些宣传册是洪秀全能够接触到的仅有的基督教文献,而这些宣传册的内容揭示了上帝和基督的真实性,因此在总体上应该得到尊重、信任和遵守。这些内容还印证了洪秀全所见的幻象以及他受上帝指命为王之说并非为他杜撰,也许这一点对于洪秀全而言也有着同样重要的意义。韩山明是这样引述洪秀全的:

> 这些书显然是依上天的旨意降受于我,以印证我之前的经历。如果我未经之前的病恙就接受这些书,我就不敢相信它们,并以我一己之力,反抗整个世间的旧俗。如果我只是生病,却没有得到这些书,

---

① 叶博士将洪秀全的受洗看作前后长达六年的宗教经历,即以其看见幻象为开端,直到他阅读宣传册为止。叶宝明文第302页。另见韩山明书第19页。
② 这些宣传册被印刷并附在《梁发传》(香港基督教文艺出版社,1963年)之后。至于笔者对这些宣传册的评判,见《通考》第三卷第1664—1694页。另见邓嗣禹《太平天国起义史编纂》第1—5页。

我便没有足够的证据证明那些幻象的真实性,那些幻象也许会仅仅被当作生病时的胡思乱想。①

洪秀全这种对那些宣传册权威性毫无怀疑的信仰,之后转变成了太平军士兵间的一种共识:他们的天王从"天书"之命,统治中国。洪秀全在同时期的另一次谈话中这样描述这种信仰:

> 我在上帝的驾前亲受他的命令,上天的意志一直与我同在。虽然我将因此经历灾难、困境与苦痛,但我决心奉命而行。若我不遵从上天的命令,便会勾起上帝的怒火。这些书里的内容不正是别的书上所记的真理中最基本的那些吗?②

这些宣传册确实介绍了一些基本的基督教教义:敬拜唯一的上帝,通过耶稣基督得到救赎,尊重圣经,良善而道德高尚的生活的必要性等。但是,宣传册的作者梁发并不是受过专业培训的神学家,他在撰写这些宣传册时也并未试图完整而全面地介绍基督教神学。他对圣经经文的选择摘录、内容主题的随意编排以及行文说教的风格,都很明显地突出了其传播福音的目的。也许是糅合了梁发自己的解读偏好以及马礼逊和米怜对他特别的教导,梁发在宣传册中并未充分阐释,甚至彻底忽略了基督教教义中许多非常重要的方面,例如上帝为父、基督的一生、三位一体、圣餐、寓言故事的含义以及爱的至上美德等话题。梁发宣传册的重点在于揭露当时普遍流行的封建迷信以及各种偶像崇拜的邪恶性,这也正反映了早期在中国的传教士活动的主流方向。上帝在其中并没有被描述为《新约》中的那位慈爱天父,而是被刻画成《旧约》中那个易怒而善妒的上帝,那个摧毁城池、以死亡惩戒违法罪人的耶和华。

洪秀全花了大量的时间和精力研究这些宣传册,由于没有其他的资料和指导,他只能通过灵感来理解其中许多晦涩的段落。这些晦涩的部分,

---

① 韩山明书第21页。
② 韩山明书第22页。

既反映了跨文化解读经文在哲学层面上固有的困难，同时也因为梁发所引用的是马礼逊所译的第一版中文圣经，而明显变得更难于理解。马礼逊初学中文，并未掌握撰写精巧的中文文章的复杂技巧，他翻译的经文时常拗口难通，有的时候甚至让人无法理解。而洪秀全则全盘接收了马礼逊的这种奇怪的措辞和令人讶异的语法，并把这些当作证据，证明这些宣传册的神圣来源，他甚至把它们和那些神秘的上古经卷相提并论。与此同时，洪秀全还试着通过自己的奇思妙想完善一些有歧义的段落，这常常使这些段落的意思变得与原文大相径庭。洪秀全如此悟得的"基督教教义"之后备受外国传教士的批判诟病，也就并不奇怪了。

不过，洪秀全显得并不在乎他人说他是异端的指责。许多传教士坚持不懈地努力，希望能够改正洪秀全在认识上的错误。他们提供了其他的基督教文献以及更好的圣经译本，来帮助洪秀全认识更为正统的观点。但没有什么能让洪秀全有所改变，他依旧坚定地坚持自己对那些宣传册的理解，只是某些地方根据他后来宗教思想的发展做出了一些非常细小的调整。事实上，洪秀全从那些宣传册中提炼出的两条重要训诫——敬拜唯一的上帝以及高道德标准生活的必要性——都最终成为太平天国革命运动的法条（我们将在第八章中详细论述），并且使太平军士兵因彻底的偶像破坏主义和禁欲的道德主义而闻名。

福音传道

对宣传册的研究以及受洗这两件事，立刻使洪秀全从之前的愤怒中解脱出来，他非常欣慰，并决心投入到这项伟大的新事业中去。他面前的任务是创制一种新的社会秩序，以完成他受上帝指命为王而身负的神圣使命。

一开始，洪秀全和他的表兄很快地砸毁了表兄家祭拜的全部偶像，以及洪秀全所在私塾供奉孔子神位的神圣祭坛。满怀激情的洪秀全返回故乡，向村民们传播新的信仰，很快就吸收了他的远房表弟冯云山和堂弟洪仁玕。[①] 这两个人都受过很好的教育，和洪秀全一样，也都科考失败，在私

---

① 李滨《中兴别记》第一卷第2丁右中说，冯云山本名"涣"，后来改叫"云山"，但没有其他史料支持这一说法。

塾教书。两个人也和洪秀全一样，通过皈依新的信仰找到了新的人生意义：冯云山较洪秀全年岁略小，他将成为革命运动初期的主要谋划者，而比洪秀全小九岁的洪仁玕则是将来太平天国的主要负责人。

在受洗后，三个人来到附近的一条小溪边，作为一种仪式，将自己的身体清洗干净。洪秀全接着就说服家人、族人和邻居全都改变了信仰，并且破坏了家里供奉的偶像。冯云山和洪仁玕的传教热情也逐渐增长，但是洪秀全和他的两位助手在邻近的村庄遇到了不小的阻力。洪仁玕因为移走私塾里的孔子牌位，遭到全村非议以及长兄的一顿毒打，被打得衣衫寸裂。

然而，有一点变得越来越明显，那就是洪秀全的传教方式被他自己火爆的脾气和偏狭的性格染上了暴戾的色彩。只要有人拒绝接受他传播的新信仰，就会遭到他的苛评，甚至是直接的诅咒。这种战斗性在现实中也有着实在的象征，洪秀全回到他的表兄李敬芳的村子后，二人都会佩戴一把特制的"斩妖剑"。洪秀全在这一时期所作的文字材料中已经展现出对威压和武力的依赖，这也是将来太平天国革命运动的一个显著特征。①

第一次广西之行②

1844年的早些时候，洪秀全第二次在本村教书后不久，他激进的传教方式再一次引发了人生中一次新的危机。村民们对他那种傲慢生硬的教化全村、捣毁偶像的做法一直隐而未发的不满，逐渐地转变成了公愤。洪秀全的那一小群信众、村里的长老和部族领袖，也一个接着一个地表达了对新信仰的反对。在中国农历新年，长老们按照惯例请村里受教育程度最高、书法最好的洪秀全和洪仁玕在红色的纸上为地方神明撰写楹联的时候，他们之间的矛盾彻底公开化了。两位一神论者断然拒绝了长老们的要求，在随后而来的喧哗争吵中，双方都声色俱厉，村里房屋的墙上一时贴满了互相攻讦的诗作。洪秀全怒气当头，砸毁了世代供奉在学校的孔子牌位。对此感到震惊和愤怒的长老们立刻解除了洪秀全的教职，和村民们一起攻击洪秀全这种无法被原谅的错误行为，并讥笑讽刺他的宗教信仰。面对同时

---

① 对洪秀全及其助手早期传道用的文字资料的全面描述，见《全史》第一卷第60—63页。
② 本节为《全史》第一卷第63—68页之概述。

失去工作和荣誉的莫大屈辱，洪秀全便与冯云山和洪仁玕商议。他们一致的意见是附近的村落已经无法久留。他们终于体会到梁发的宣传册中引用的上帝"没有先知在自己的家乡被人悦纳"这句话的含义，三个基督徒决定接受他们早已注定的命运，遵从上天的命令，踏上流亡之旅。

1844年春，洪秀全在忠实的表弟冯云山及两名族人的陪同下，乔装成文具游商，离开了村子。当时年仅二十二岁的洪仁玕因为年龄太小，被家族长老扣留了下来，他在那之后离家去邻近的一个叫作清远的地方做私塾先生，在那里再度开始了他的传教活动。洪秀全一行就这样开始了长达两个月的徒步西行之旅，在经历许多困难之后到达了毗邻的广西省。在这段漫长又艰难的旅途中，冯云山的族人退出返乡，但是洪、冯二人顽强地坚持西行，最终到达了他们的目的地——广西贵县。

这是他们的第一次广西之行，而广西后来成为太平军的主要根据地。我们可以相信，洪秀全和冯云山此时正在积极谋划着推翻清朝统治，并以此为基础建立一个基督教的王国。而他们西行广西的目的，便是为发动起义的准备工作寻找一片适合的土地。

在贵县的活动[①]

贵县是广西东南部的一个富庶地区，主要的居民都由广东迁居至此，但同时也居住着大量的客家人和壮族人。洪秀全和冯云山拜会的王氏家族就是客家人，住在县城东北六十多里的地方。王氏家族中有五兄弟是洪秀全的近房表亲。落脚之后，洪秀全和冯云山立刻开始向说同样方言的客家人传教布道。

在贵县停留的三个月时间使洪秀全确信，虽然贵县非常适合传教，但是这里交通便利，往来的外地人较多，不适合作为酝酿大型革命活动的秘密基地。此外，洪秀全感觉王氏五兄弟必定不会支持，随时可能反水。带着这样失望的心情，洪秀全决定返回广东。

就在这个时候，五兄弟中长兄之子王为正因为一起微小而不实的狱讼

[①] 本节为《全史》第一卷第68—71页之概述。

蒙冤入狱，王氏家族向洪秀全请求帮助。面对对方诚心的恳请，洪秀全不忍推却，于是就改变了计划，让冯云山独自返回广东，自己则留下来尽己所能帮助王为正洗刷冤屈。洪秀全写了一份有力的辩护状呈交县令，王为正入狱仅一个月就被无罪开释。王氏家族对此欣悦非常，由王为正带头，全家人都接受了洪秀全宣扬的新教。出于对洪秀全救命之恩的感激，王为正成了一名信念坚定的教徒和洪秀全宗教事务的助手，他之后也为太平天国运动牺牲。在冬天将近的时候，洪秀全终于启程返回广东，他对自己在贵县七个月的工作感到满意，那里现在已经有超过一百名信徒。

回乡之后

洪秀全从广西回到家乡后，不安地发现冯云山居然还没有回来。当冯的母亲、妻子和几个儿子向他询问冯云山是不是出了什么事的时候，洪秀全只能回答说冯云山几个月前就独自启程返乡了。但是他们当面的询问和背地里的指责，都让洪秀全困惑地觉得冯云山返乡途中的安全应该由他来负责。

他在返乡后的两年间（1845—1846）过得非常孤独，堂弟洪仁玕仍然在邻近的清远县教书，而村子里也没有人能让洪秀全表露他对革命的热情。过去的经历似乎给了他新的勇气，洪秀全重新开始了他的传教工作。即便如此，长老与村民还是注意到，在经历了很多情况和困难之后，洪秀全的脾性和他对人的态度变得更为温和，所以他们恢复了洪秀全的教职，洪秀全的生活也重新有了保障。闲暇的时候，洪秀全潜心文案，这也是他一生的喜好。根据后来刊行的太平天国官方资料，洪秀全在这个时期的作品包括五幅楹联、五首赞美诗、颂歌、词作以及两篇长文，水平也都不让同侪。[①]

洪秀全的早期宗教观和革命观

洪秀全这一时期的作品有助于我们了解他日后的宗教和社会政治理论的来源，证实梁发的宣传册对他的巨大影响。洪秀全重申了梁发所解释的

---

① 这些文学作品均转录于《全史》第一卷第82—95页。

基督教基础教义,并和梁发一样,试图在传统的中国儒家道德教训与基督教的伦理系统之间建立联系。洪秀全的出发点即"人是上帝之子,人人皆兄弟"。因为具有绝高的重要性和超越一切动物的尊严,人须要时刻戒慎,立正德行,成为一个戒绝了所有罪恶的想法和行为,践行所有中国古代经典中所描述的道德准则的"君子"。需要注意的是,在把西方的"对错"和东方的"正邪"两组概念联系起来界定道德与否的同时,洪秀全在这些早期作品中向调和东西方的道德准则迈出了历史性的一步。

洪秀全的社会理想同样源于他对"人人皆兄弟"这一信条的坚信。在这一信条中,全世界所有的国家都是同一大家庭的成员。从国际间的关系到省、县、区、乡、镇、村以至于家族之间的关系,最重要的原则不应是互相仇视,而应是相爱相携。用洪秀全自己的话说,最基本的原则是"大量"。如果有这样的准则,理想的社会就会实现,天下之人就可以尽享太平。公平和正义的世界就将取代满是相互侮辱、相互压迫和暴力的世界。这种高尚的理想社会,代表了一种基督教教义和借由古代经典《礼记·礼运·大同篇》所表现出来的儒家理想的结合。这也可以被视作洪秀全熟悉中国经典与历史的佐证。

洪仁玕曾在休假时探访洪秀全并记录下了许多他们之间的对话,通过这些记录,我们也可以更深刻地理解洪秀全在这一时期的观点。在某次对话中,洪秀全解说道:

> 堂弟啊,你所生之地,被满人统治着,五亿人民被几百万人所奴役。这是莫大的耻辱。而且,每年数以亿计的钱财被浪费在鸦片上,还有几百万的民脂民膏被用在官僚阶层的花草和脂粉上,年复一年,至今已经二百余年。如此一来,中国的富人怎么可能不变穷?穷人怎么可能不犯法?犯法的人怎么可能不被送往伊犁、黑龙江和吉林成为奴隶?[①]

---

① 本段节选自《英杰归真》,转录于萧一山《太平天国丛书》第十卷第5丁左至第6丁右。

还有一次，洪秀全是这样说的：

> 上帝将世界分成诸多王国，并用大洋作为它们的边界，就像老父把财产分割给自己的儿子们。而他们每一个人都要遵从父亲的意愿，安静地经营自己的财产。现在这些满人为什么要抢夺他们兄弟姊妹的财产？[1]

洪秀全对基督兄弟之国的理想以及对自己使命的理解，通过下面这段谈话更是非常清楚地表达了出来：

> 如果上帝要帮助我夺回我们自己的财产，我便应该告诉所有的国家，应当谨守自己的所有，不要互相伤害，互相抢夺。我们应就基督的真理和智慧互通有无，在交往中遵守规矩，行为得体。我们共同服侍同一位天父，共同遵从同一位天兄，即这个世界的救世主的教诲。从我的灵魂被带入天堂以来，这便是我全心所愿的。[2]

目前很难确认究竟是在何时何地，洪秀全的脑中是如何萌发出这一思想的。他所处的社会环境肯定起了不小的作用，当时的广东人和客家人大多是受到三合会影响的贫穷阶层的人，他们中间存在着十分普遍的反满情绪。然而，第四次科举考试失败才最终点燃洪秀全的怒火，使他从一个渴望追求政府荣誉和权力的士子，转变为一名矢志推翻满人统治的革命家。而且，直到洪秀全再次读完那些宣传册，彻底改信基督之后，那种上帝授予他王权，以及上帝命他斩妖除魔、推翻满人的意识才变得清晰而坚定。虽然革命的时间和地点还未确定，但是洪秀全的革命意识显然已经发展到了一个关键的节点，宗教元素与民族及政治观点相融合，形成了作为他毕生事业的这场宗教性、民族性和政治性革命运动的理论基础。

---

[1] 韩山明书第29页。
[2] 韩山明书第30页。

访问罗孝全[①]

洪秀全最终成为太平天国革命运动领袖的最后一步始于1847年3月中旬,当时他在广州与洪仁玕一起拜访了美南浸信会的传教士罗孝全(Issachar J. Roberts)。罗孝全是在得知洪秀全奇怪的幻象以及他的传教热情之后邀请他来广州的。当洪秀全把幻象同自己的亲身经历联系起来的时候,罗孝全从好奇转而变得惊异,于是便建议他的两位客人多留些时日,更多地了解基督教教义,学习圣经。洪秀全和洪仁玕于是便在传教团里开始认真地研读基督教文献,参加服侍,考察教团的组织管理,吸收了很多将来在太平天国运动中实行的基督教实践活动的具体细节。直到一个月后,他们的盘缠用光才离开。

罗孝全派了两位教徒陪同他们返乡,以便近距离地考察洪秀全的品行。两位密探对洪秀全品行的反馈颇佳,罗孝全便决定为洪秀全施洗,并任命他为助手。洪秀全于是返回广州,但是不久就发现罗孝全的另外两名助手因为害怕洪秀全这样大有前途的新晋取代自己的地位而设计陷害他。他们的做法是劝说洪秀全向罗孝全申请每月五元的津贴,一直手头拮据的洪秀全毫不怀疑地就去申请了。这使罗孝全误以为洪秀全和别人一样也是为了物质利益才宣称信仰基督的人,他在显然未做任何调查的情况下,就放弃了为洪秀全施洗并对他进行进一步培训的想法。洪秀全最终也意识到事情的真相,但是如密迪乐(Thomas T. Meadows)在这件事上对洪秀全的褒赞所言,洪秀全从未因为这场误解而对罗孝全心怀怨恨。[②]

对于洪秀全而言,固然对失去罗孝全的资助满是失望,但是对他而言更重要的是通过探访罗孝全而得到的能够全面接受基督教教育的满足感。这是他第一次有机会通读包括《新约》和《旧约》在内的全本圣经,是麦都思(Walter H. Medhurst)和郭士立(Karl F. A. Gützlaff)的译本。他还有机会接触并熟悉不同教团的传教士们所制作的宣传单页和宣传册,这为他之后刊行天国的宣传册奠定了良好的基础。洪秀全对其他一些传教士,尤其

---

① 本节为《全史》第一卷第99—102页及《通考》第三卷第1711—1720页之概述。
② 密迪乐,《中国人及其叛乱》,第88页注。

是那些专于教育和医药的传教士也有颇深的印象,虽然他经历了鸦片战争后的抗英斗争并亲眼见到英军入侵广州,但是那些传教士在中国的教务活动中展现出来的博爱和自我牺牲,使洪秀全一直坚信那个所有外国人永远都应被视作兄弟的信念。[1]洪秀全还从唱诗、带祷、讲道和查经等公众性的敬拜活动中习得了不少非常实用的知识,这些知识都将在洪秀全自己的组织中以各种各样的形式得到贯彻实行。在教义的层面上,洪秀全借用了郭士立"皇上帝"的术语,而且太平天国的文献几乎原样不动地借鉴了赞美诗和十诫的内容。[2]归根结底,洪秀全的偶像破坏思想由于传教士强调对偶像崇拜宣战,而得到了进一步的肯定和巩固。所有的一切似乎都在暗示洪秀全所见幻象的真实性,并催促着洪秀全尽快履行上帝赋予他的使命。

但是,罗孝全不再热心于对洪秀全的教导。洪秀全再次抵达广州两个月后,他用光了所有的盘缠,于是决定离开。洪秀全在教会的第一个好朋友借给了他一共一百文的一小笔钱,虽然这笔早期的借款至今也未还清,但是洪秀全用这笔钱在1847年7月21日(道光二十七年六月初十)出发前往广西。这一次的目的是寻找他失踪的表弟冯云山。[3]

---

[1] 密迪乐书第87页、麦都思发表于1853年9月3日《北华捷报》第162节关于太平十诫的评论。
[2] 濮友真(E. P. Boardman),《基督教对太平天国意识形态的影响》,第72页。
[3] 王元琛,《圣道东来考》,第11页。

第三章

筹划和准备
（1847—1850年）

洪秀全沿着西江的北岸徒步而行。这第二次前往广西的旅程才刚刚开始，洪秀全就突然遇到一伙强盗，全身财物除了衣物之外被洗劫一空。他身无分文，满心绝望，向当地的县官求助。县官十分同情这位落魄的旅行者，便给了他四百文钱。这笔钱似乎足够支持他徒步走到广西，但是走了不远，洪秀全就决定雇船沿河而上，每日少进一餐以贴补船资。结果洪秀全遭遇劫匪的经历以及他去广西布道的计划打动了四位为他撑船的船夫，他们不仅邀请洪秀全一起吃饭，船长还坚持免去了送他去梧州的费用。更为慷慨的是，船员们还一同拼凑了六百文钱交到洪秀全的手上，以便他能够用这些钱继续他的徒步旅程。

在最终到达贵县后，洪秀全去了他的表亲王家。在那里他得到了一个好消息，冯云山不仅安然无恙，还在前一年回来的时候说，他在隔壁的桂平县传教获得了极大的成功。洪秀全非常高兴，仅在王家待了几天就带着表弟的儿子王为正出发前往桂平。在一个坐落在紫荆山上的小村子里，洪秀全终于见到了阔别三年的冯云山。当时是 1847 年盛夏。①

---

① 关于本段内容的详细记载，见太平天国出版物《太平天日》第 28 丁左至第 31 丁左，《全史》第一卷第 103—106 页也有概述。

冯云山几年间的工作

冯云山非常想告诉洪秀全这几年中发生的所有事情，他开始向洪秀全解释说，在离开贵县东行前往广州后不久，他在路上遇到了几个做杂工的老朋友，便陪同他们来到了桂平县。由于他仍然想为革命寻找一个基地，于是便在桂平的一个张姓杂工的家中居住了一个月，然后和张一起北上寻找工作。由于在工友们推荐的城镇没有找到工作，冯、张二人便毅然继续北上，落脚在紫荆山脚下一座村庄中张家的米店里。冯云山感到绝望，他开始接受任何种类的工作，甚至包括帮人搬运泥土或者捡拾猪和水牛的粪便卖作肥料这样卑贱的苦工。

次年，即1845年，冯云山继续艰苦地北上，进入山区，在这里他十分偶然地得到了漫无目的的旅行中难得的休憩。冯云山从未忘却心中的目标，他每到一处，便在当地向他的工友传教（在桂平时便说服十人信教），并随时为未来做着打算。但是显然，他被苦工消磨的生活成为他活动的巨大障碍。有一天，冯云山为一位有钱的地主曾槐英收割田地，冯云山把两捆稻禾放在曾家门口，坐下来避暑。他忽然因自己的凄惨境遇而悲伤满怀，就借用儒家经典抒发不志之情。这恰巧被曾槐英听到了（更有可能是他在故意偷听），他走出屋来看是哪个劳工能够吟咏这样精美绝伦的诗句。冯云山见引起了东家的注意，便把自己描述为一位满腹经纶的才子，不幸落魄于此，孤身在外，囊中羞涩，无法返乡，不得已而屈做苦力，以为营生。曾槐英本就宅心仁厚，又尊敬才学，非常同情冯云山的遭遇，就提出要每日和冯见面相谈。这位劳工的文学天赋、超伦的口才，以及显而易见的优良品性，都让曾槐英印象深刻；到这一年年底的时候，曾槐英已经与冯云山成为朋友，并邀请冯到他家居住，等待年后让他在村里的学校供职。就这样，一个小小的苦力摇身一变，成了村里最富裕的财主的座上宾。

可是很快，冯云山就有了一个更好的机遇。快到新年的时候，一个叫曾玉珍的人来看望同族的曾槐英。来访者是邻近的大冲村的财主，正在为自己的儿子和侄子寻找一位教书先生。他很快就相中了冯云山。在一番商量之后，曾玉珍聘请冯云山到自己在大冲所办的私塾做先生。就这样，

1846年春天，冯云山开始了在曾玉珍家居住的时光，并在那里履行教职。①

此时的冯云山收入稳定，而他的工作只是教最多十来个孩子最基础的课程，并不需要花费太多的时间。因此，冯云山开始热情地开展他的传教和革命活动，他相信大冲会成为革命肇始阶段绝佳的活动基地。冯云山不畏辛劳地逐村走访，有时更是进入深山，向所有听众传播这种新的信仰。他的热情、雄辩和真诚，为他在各地都赢得了许多信徒。他的信众中包括大量山里的居民，也包括他的雇主和东道主曾玉珍一家。

冯云山为自己所获的成功而深受鼓舞，他更加积极和系统地开展工作，把新的信众编组成一个叫作"拜上帝会"的组织——这个时候的冯云山还不了解"基督教会"和"教堂"的概念。这个组织有一套严格的法规，规定着信众的信条和日常行为。冯云山还组织最能干、最有热情的男女信众辅助自己的工作，包括抄写宣传册（他们并没有印刷设备）、离开山区到广西东南部城镇传教布道等。随着这种新宗教运动在以说广东话和客家方言的居民为主的西江流域的不断发展和壮大，各地都出现了拜上帝会的分会，每个分会由一个在当地有影响力又值得信任的信徒领导，他们直接向冯云山汇报，冯云山则是山区组织的主要领导者。存在于山区的拜上帝会组织在整个革命运动中一直充当着中枢的角色。②

对"洪先生"的忠诚

用两年时间建立了一个信众超过三百人的充满活力的组织，冯云山成绩斐然，不过他更大的功绩是使这三百多名拜上帝会信徒热忱地接纳洪秀全作为他们至高的精神领袖。冯云山向他的追随者们灌输了对上帝和基督的共同信仰以及一套共同遵守的道德规范，但是他从未在任何活动中试图抹杀或者无视那个从未出现过的这场运动的创始者。在冯云山说教的核心，总是会出现洪秀全升入天堂、接受圣命的故事。

这个故事还意外地得到了另外一个热心信徒的见证和支持。这个名叫

---

① 此为笔者个人之发现，记录于《金田之游及其他》（以下简称《金田之游》）第22—24页及《全史》第一卷第71—73页。
② 参见《全史》第一卷第73—77页。

杨云娇的妇人（其夫萧朝贵是将来太平天国的西王）宣称，自己在1837年（也就是洪秀全看见幻象的那一年）患一场重病的时候曾被带入天堂。那时，一个德高望重的人向她揭示，十年之后会有人从东方而来，教人们信仰上帝，届时所有的人都应遵从这位先生。整整十年之后，拜上帝会的领袖洪秀全的到来完全印证了妇人的话。

洪秀全在庄重的氛围中受到信众们的欢迎，他显然对此感到非常高兴。他在这里至高无上的地位，很快就为他带来了信众们忠诚和顺从的热忱宣誓。为了表达对洪秀全的尊重，人们开始称呼他们的新领袖为"洪先生"。

洪秀全还受到曾玉珍的邀请，成为其座上宾，和冯云山住在一起。如果想把拜上帝会发展成为一个革命组织，他们还有很多事情要做。在叫王为正返回贵县之后，二人便以新的热情开始招收更多信徒。在这段时间里，洪秀全经常神秘地消失几天，以便前往更远的村落传教。

在接下来的几个月中，拜上帝会组织的快速发展令人欣喜，但同时也大大增加了与地方官僚和士绅产生摩擦的可能性。因此，洪秀全在夏末的时候便向北进入深山地区，与一个名叫卢六的虔诚信徒一起隐居。这种预防措施让组织的最高领导得到保护，免于宗教和政治上敌人的干扰，同时使冯云山获得更大的自由，能像之前一样领导组织的日常活动。

紫荆山

现在，我们也许应该提一下冯云山精心挑选的这个革命根据地的一些特别之处。紫荆山是附近十八座高峰的统称，地处桂平县西北，在一片南北狭长、贯穿数县的茂密丛林的南端。这片区域的山坡上零散地分布着许多村庄，共有两三百户家庭和数千人口。其中世居于此的瑶族（许多早期外国学者将其误认作苗族）居住于北部，客家人则定居在南部。这些山民烧制木炭，砍伐树木，制作木制器皿，也从事一些农业活动。客家人也是能征善战之辈。由于与客家人说同一方言，冯云山和洪秀全在客家人中并无特别的异乡之感，可以毫不困难地劝说和发展大量这些未曾开化、质朴单纯的山民放弃他们的迷信，改从新的信仰。

能够吸纳很多热爱战斗的战士这一点本身，就是冯云山选择紫荆山地区作为革命根据地的重要原因，但更主要的原因则在于这一带的地形。这一区域只有两条主要的山路可以进入：一条从东面的武宣县来，另一条从北面的桂平县金田村来。两条路交会于一个小集镇，从那里则仅有一条狭窄难行的道路向北深入山区。三条道路险峻异常，易于防守。此地与外界隔绝，即便在和平时期，官府的活动都受到严重影响。这使得紫荆山地区为革命的准备工作提供了理想的条件。

这一地区的主要缺点在于粮食、食盐和用于武装大量部队的军需物资的紧缺。因此冯云山和洪秀全意识到，紫荆山地区并不适合作为革命运动未来的中枢，但是当作为革命做准备的基地，则显然优势大于劣势。①

革命之前的拜上帝会

拜上帝会在广西东南和广东西南地区的分会网络逐渐形成，但这并未过多地引起地方官僚士绅和其他村民的注意。官僚士绅对是否干预这种显然是新宗教的运动犹豫不决，而村民们则对此抱持容忍的态度。其中也有一些缓和因素的作用。与中国历史上大多数起义运动不同，拜上帝会是通过某个个人或者家庭接受新的宗教教条的方式得到发展的，而不是通过吸纳原本遵从家族政治头目的整个家族或遵从于村庄领导的全体村民而扩大的。拜上帝会很少在某个村庄或地区得到全体村民或居民的信仰，这麻痹了那些可能会对其急速增多的信众怀有戒心的人。②

在平静的表面下难掩的是拜上帝会势力的不断发展。一开始信众主要是农民和低级工匠，现在其他阶层的成员出现了，包括富商、艺术家、地主和士人，他们的加入大大增加了革命运动的威望和潜力。与此同时，拜上帝会在组织结构上的发展对其未来也有着同等重要的意义。从仅有一百人的小股到有数千人的大分会，组织的每一个分支机构都有一名头目，他们与冯云山保持着密切的沟通。他们中有许多是由冯云山指派的，其他的则是分会的成员自行选举而来，也有少数一些是其头目先自行成立了拜上

---

① 《太平天国起义调查报告》(广西省太平天国文史调查团编，以下简称《起义调查报告》)第5—6页。另见《全史》第一卷第78—79页。
② 据李秀成状，通常每个村落都会有几家加入拜上帝会。

帝会组织，后来才被吸纳进来的。通过这些分会的头目，冯云山与洪秀全着意培养提携那些或是有才华，或是有财力，或是有影响力的信徒，并小心谨慎地向这些少数的精英透露他们的革命抱负。那些通过这种手段巧妙地被纳入组织核心的成员，最终都成为革命运动的中流砥柱。至于财政基础，革命运动在理论上是通过向信众收取小额会费的方式获取资金的，但实际上，革命所需的资金，尤其是耗资巨大的军事准备活动展开之后，都是由有财力的信徒慷慨捐赠而来的。

宗教因素贯穿这场革命的始终，是其不可否认的特征。在革命的早期阶段，它就具体地体现在基于梁发宣传册的福音传道，及洪秀全在广东通过观察罗孝全主持的浸信会活动而设计出来的简单形式的集会敬拜。韩山明是这样描述拜上帝会的宗教传统的：

> 当广西的信众集合起来进行宗教敬拜的时候，男女信众总是分席而坐。他们习惯于通过吟唱赞美诗来赞美上帝。通常还会有一场讲演，或是宣扬上帝的仁慈，或是描述基督的功绩；他们劝诫信众要对自己的罪恶心生忏悔，要戒绝偶像崇拜，还要用真诚的心服侍上帝。如果有人宣称尊信教条，并表示愿意成为被认可的信徒，他们不会借鉴基督教教义中任何或是简单或是复杂的准备规定，也不借鉴之前学习的仪式方面的指导介绍，而是按照下面的方式进行洗礼。也许是根据中国式的直观理解，他们在桌上放置三杯茶和两根点燃的蜡烛，再准备一份手写忏悔罪行的信，上面记录着受洗者的姓名，由他们不断咏诵，然后焚烧。这象征着将它进献给上帝。然后他们便问受洗者，是否承诺"不再崇拜邪灵，不行恶事，并遵守神圣的戒律"。在这种忏悔仪式之后，受洗者跪在地上，施洗者从装满清水的大盆中盛取一小杯水，倾倒在他们每一个人的头上，同时受洗者口中还会念道："洗刷所有的前罪，丢掉旧我，迎来新生。"站起来后，他们通常会喝掉事先准备的茶，并用水清洗胸前和心口，以示净化内心。他们还有在河水中进行私人洗礼的传统。这种仪式也包含对罪恶的忏悔和祈求原谅的祷告等部分。那些受洗过的教徒，都会被教授新的祈祷内容，在

每日早晚和每顿饭前进行祷告。遇到婚丧，或庆祝诸如春节等节日的时候，他们还会献上牺牲，献祭的牲口在礼毕之后由众教徒分享而食。

在进行祷告时，他们在屋内向光线照进来的门的方向一致跪倒闭目，由一人代表全体在场教徒进行祷告。①

他们福音传教的宣传口号是"敬拜上帝"。李秀成在他的《自述》中写道："若世人肯拜上帝者无灾，不拜上帝者，蛇虎伤人。"拜上帝会最为独特的特征，也是最吸引当代外国观察家们注意的特征，就是他们在所有对教徒的讲道训诫中那种公开的对道德性的强调。②他们的"天条"是对基督十诫的严格而准确的本土化改造，不仅严禁通奸、不孝、杀人和盗窃，还禁止一切妖蛊、巫术、赌博、贪财、酗酒、争吵私斗（和其他信徒）以及吸烟（包括烟草和鸦片）。违反者将受到拜上帝会的严厉惩罚。这种纪律体系是拜上帝会可以把无数信众转化成遵守纪律、誓死忠诚、众志一心的革命军，成为可以称为中国历史上战斗力最强的军队的主要因素之一。③

反抗的序曲

太平天国的历史处处印刻着洪秀全个人的性格特征，其中拜上帝会激进的偶像破坏主义就是早期的例证之一。从一开始，洪秀全就采取威压或者劝导的方式让人转信新的信仰，把那些拒绝改变信仰的人视为敌人。同样，洪秀全认为激进地捣毁所有的偶像，也是他引领世界敬拜上帝的神圣使命的一部分。这种偶像破坏有时通过批评偶像崇拜者的诗歌来表现，但更多的时候则体现在直接用暴力的方式捣毁偶像上。随着洪秀全和冯云山势力的增长，他们便更沉迷于这种暴力的捣毁。小股的教徒开始不断地去更远的地方，破坏那里的偶像、庙宇和圣坛，还有一些更加不守规矩的年

---

① 韩山明，《洪秀全的异象》，第35—36页。
② 很多外国观察家将太平天国与清教徒进行了比较。丁韪良写给美国司法部部长顾盛（Caleb Cushing）的第二封信（发表于1856年6月7日《北华捷报》第306期）及吟唎《太平天国》第一卷第89页所引香港圣公会会督施美夫（George Smith）文均为其例。
③ 一个比较相近的例子是东汉道士张角领导的黄巾起义，但黄巾起义相较于太平天国运动，仍然缺少宗教凝聚力和严格的风纪。

轻信徒干脆开始骚扰那些不信教的人。

民众对他们这种对旧信仰的亵渎行为反响不一。许多村民对拜上帝会的信徒通过挑战偶像的神圣所展现出来的勇气感到畏惧和叹服，在看到他们的亵渎行为并未遭到报应后，很多人也加入了拜上帝会。[1]但是，大多数村民仍然执迷于旧的迷信，仅仅把他们的行为看作狂暴的异教徒对自身保护神的严重侵犯。之前洪秀全本村的村民对他抱持的那种敌意，可想而知地随之而来。这种敌意逐渐演变成了村民和破坏偶像的信徒之间零星发生的摩擦。而这些信徒正日益变得像是一队队团结在一起向既有秩序宣战的士兵。[2]洪秀全和冯云山想必对信徒中这种自发成长的战斗精神满怀欣慰。

但是，随着拜上帝会基本战斗实力逐渐清晰地显现，反对势力也形成了自己的核心，即士绅阶层。这一阶层由乡绅学者和退休官僚组成，他们在整个太平天国运动期间一直都是坚定的反对力量。其中的原因并不难理清。首先，作为纯理论派的儒家学者，士绅阶层把对帝王的忠诚视为首要的品德，实际上站在了革命者的对立面。其次，作为学者和教授儒家主要原则的教师，士绅阶层认为自己肩负着维系中国儒家思想传承的特殊使命。因此，士绅阶层坚定彻底地反对一切不正统的教条，无论是中国的还是外国的。但讽刺的是，他们却纷纷支持被清朝立为正统的宋代新儒家学说，这让他们所坚持的儒家精神显得脆弱不堪。最后，士绅阶层已经受到裹挟，成为满族统治者事实上的俘虏。从科举功名、经济特权到以乡绅的身份组建民兵镇压盗匪的军事权力，他们一生的事业都仰仗朝廷的成全。任何对现状的挑战与威胁，即是对他们个人以及阶层共同利益的挑战与威胁。[3]

冯云山被捕以及"科炭"

拜上帝会与士绅阶层成员之间第一次真正意义上的冲突，是王作新逮捕冯云山的事件。王作新家资富庶，有秀才的功名，而且是一族之长，还

---

[1] 加入太平天国的第二次热潮出现在1853年太平军占领南京之后，晏玛太（Matthew T. Yates）在1876年于上海做的一次关于太平天国的演讲中首先提及了这一点。笔者的译文见《太平天国杂记》（以下简称《杂记》）第78页。
[2] 《全史》第一卷第115—119页。
[3] 关于清廷对乡绅阶层操控的讨论，见第一章。

掌握着一支地方民兵,这使得他成为当地最有影响力的人物。他曾经前往桂平县衙状告洪秀全与冯云山寻衅滋事,暗中结社,但诉告无果。于是1847年冬,当某个小村落的偶像被捣毁之后,王作新便命令地方团练将冯云山逮捕。但是此后不久,卢六便带领一大伙信徒赶到,以武力将冯云山解救。王作新对此异常愤怒,亲自带领自己的团练民兵深入山区,将冯云山和卢六一并抓走,由团练拘留,等待县衙的审理。

在这场具有历史意义的审理中,被押的冯云山被指控以异端巫术妖言惑众,煽动叛乱。冯云山则呈上了一份手写的状书,反诉王作新抢劫勒索。王作新出示了一些拜上帝会分发的具有煽动性的宗教和其他材料作为证物,而冯云山则冷静地转移话题,他表现得楚楚可怜,反问县令,像他这样一个单纯的七八个乡村孩童的教师如何能够发动叛乱。[①]县令于是决定暂缓判决。

由于不想让这两个生事之徒无罪开释,王作新便采取了行贿的手段,两人最终被关进了监狱。数月之后,卢六在经历了难以忍受的折磨之后死于狱中,成为太平天国运动的第一位牺牲者。[②]

1848年春天,新的县令到任。于是冯云山便向县令的上级提出了强力的上诉,要求解除对他的指控。在这份请愿中,冯云山写道,由于敬拜上帝是中国本土的传统礼教,而且两广总督已经准许人们宗教信仰的自由,因此他并未犯有任何罪行,应当依法无罪释放。这位官员急切地想要维护在他治下的表面的和平稳定(当时的政治情形请参阅第四章中的论述),便要求县官调查此案,暗示他将犯人释放。

与此同时,卢六在狱中惨死的消息传播开来,在悲伤和惊愕之中,拜上帝会的信徒们开始集资,准备在冯云山也遭此厄运之前把他赎出来。由于这笔用于行贿县官及其手下的钱来自山民烧炭的微薄收入,这些钱之后被称作"科炭",所有出资者也都被授予了特殊的头衔。

巧合的是,冯云山其实很快就将要被释放。冯云山向县官提出的感情

---

① 关于此案的详细描述,及双方呈递的供诉状,可见李滨《中兴别记》第一卷第6丁右至第7丁右。另见《全史》第一卷第119—125页。
② 在攻占南京后举行的庆祝活动中,洪秀全追封卢六为王,以纪念他为太平天国事业献身。

诚挚的辩解，几乎已经让他做出释放的决定，此时又逢上级命令到达。也许是抱着一种终于解决了棘手麻烦的解脱心情，县官释放了冯云山，并指派了两名衙役将他押解遣返回广东。

在广东期间的小插曲

在到达广东之前，冯云山就充分利用自己的巧嘴滑舌，哄骗押解他的两名衙役掉头，转而前往紫荆山地区，并在那里为他们施洗，加入拜上帝会。教徒们为领袖的归来欢欣鼓舞，他们举办了盛大的感谢天恩和为他接风洗尘的仪式，但是冯云山失望地发现洪秀全并不在其中。冯云山在狱中花费了好几个月的时间，精心策划了起事的计划以及建立新王朝的各项步骤，他迫不及待地想与洪秀全交换想法。此后的一段时间，洪、冯二人始终都在寻找对方，却总是错过，彼此不能相见。这也算是一段让人感到挫折的小插曲。

在冯云山被捕时，洪秀全正在贵县他的侄子家做客（也正因此，他才逃过了被抓捕的命运）。得知冯云山被捕的消息后，他立刻动身赶往紫荆山地区，看看如何能够解救冯云山。有一个办法是向驻在广州的两广总督提出个人请愿，于是洪秀全长途跋涉奔赴广州，却发现总督在他抵达的十多天前已经离开了。这位长途劳顿却又意志坚定的旅行者于是便转头返回紫荆山，这个时候他还不知道冯云山已经被释放。冯云山认为，自己最有可能在他们的家乡，即广州以北五十里外的官禄埗，遇到洪秀全。但是当他到达那里的时候，村民告诉他洪秀全最近并未回村。冯云山总觉得洪秀全早晚会出现，便在官禄埗等候。洪秀全此时则第三次进入广西，直奔紫荆山，在那里得知冯云山已被释放并且已出发去广州找他。当洪秀全来到官禄埗最终找到冯云山的时候，已经是这一年的早秋。

因为有许多要谈论和商讨的事务，冯云山和洪秀全在初冬的时候仍然待在家里，用洪秀全从罗孝全那里得来的全本圣经向村民们传教，并暗中为即将到来的起义做着周密的规划。与此同时，他们还必须处理一些家族事务。在这个冬天，洪秀全七十三岁的老父亡故，按照老人遗愿，遗体不遵当时的普遍风俗，而是按照基督教礼仪，由洪秀全亲手安葬。洪秀全也确实没有遵从传统葬仪，面对为什么不遵照满人的剃发蓄辫规定的质疑，他总是回答说他早已预料到父亲的去世。

洪秀全还花了一些时间陪伴他的妻子，一位赖姓客家妇人。洪秀全的第一次婚姻是他大约二十岁时迎娶的另一位赖姓氏族的姑娘，他们本育有二女。但是在幼子生产之时，母子双亡。1849年，在洪秀全返回紫荆山的几个月后，他得到了自己的第二任妻子为他产下一子的喜讯。这个孩子被取名为天贵（后来改作天贵福），他便是将来的幼天王，成为太平天国的继承者。[1]

结义七兄弟

岁月匆匆，从洪秀全和冯云山前往广西寻找革命基地算起，已经整整过去五年了。1849年夏天，他们已非常清楚，开始行动的时机已经成熟了。拜上帝会的教徒们已经发展成为一支拥有万余人的武装力量，在这一地区，他们唯一的对手就只有由乡绅控制的团练和民兵组织了。把这股力量转换为一个革命组织，就只剩下明确建立军事和政治纪律，以及为这些虔敬忠诚的信徒提供武装了。

洪秀全和冯云山知道，运动需要值得信赖的高层指挥官，他们从一开始便一直注意在信徒中寻找拥有领导才能的人。现在，他们选中了另外四个人，作为这场革命的中流砥柱：

杨秀清是客家人，较洪秀全年幼。他出身于紫荆山区一处村落的一户极度贫困的家庭。这个村落离冯云山之前的那位雇主曾玉珍家有八里，而杨秀清与曾玉珍也是亲戚关系。杨秀清从小便成了孤儿，由他的叔父养大，平常帮助家里从事农务以及烧炭营生。由于没有条件上学，除了几个非常简单的字，杨秀清并不会读写。但是他天生的聪慧和机智则显露无遗。因为是曾玉珍的娘家叔父，杨秀清每到曾玉珍家时，都备受主人礼遇。而当洪秀全和冯云山在曾玉珍家见到他时，他已经是当地农民和劳工最敬重的领袖。洪、冯二人认为，杨秀清是天生的军事指挥官和战略家，他们便邀

---

[1] 《全史》第一卷第126—128页。关于洪秀全拒绝剃发的原因，见韩山明书第40页。

他加入拜上帝会，并且向他透露他们准备革命的秘密计划。实际上杨秀清一族全部加入了拜上帝会，这大大增加了组织在这一地区农民和劳工中的声望。杨秀清的加入在早期为运动带来了无法估量的收益，但是由于色欲、贪婪，以及对权力无厌的追求，他也最终成为导致革命失败的重要一环。

萧朝贵的祖上可能也是客家人，出生在武宣县，但是生活在离杨秀清的村落不远的另一个村子。他还娶了杨秀清的近亲杨云娇（杨云娇经历的幻象见前文）。萧朝贵靠务农和贩卖柴薪勉强为生，但是也像他的亲戚杨秀清一样，成为地方山民有力的领导者，并且积极地和他的父兄一起加入了拜上帝会。[1] 萧朝贵有口皆碑的勇武强健，使他被选定为太平天国的军事领导人。

韦昌辉出身于山区南部的金田村，他家在这一地区属于最为富庶的家族。韦家拥有大量的稻田，并且和其他广西富户一样，还拥有一家当铺。但是，韦家因为有壮族血统而被其他邻族轻视。这种通婚无论多么体面，都会被人看扁。韦昌辉就是在对这种偏见的憎恨中长大的。在经过学校学习和一些军事方面的训练后，韦昌辉成为当地县衙的一名低级差役。因为他是衙门的公务人员，他便没有机会参加科举获得功名。[2] 几年之后，韦昌辉辞去差役，帮助打点家务，决定给自己的老父亲买取一份功名，通过这种方法来提高家族的声望。他让人把这个花大价钱买来的小功名刻在一块红色的木制匾额上，悬挂在房屋的门口，并且大排筵宴，请来了很多宾客为他的父亲贺寿。一些地方的乡绅见到这个小小的衙门差役居然厚颜无耻地买取功名，觉得可以借机向韦昌辉敲诈钱财，就纠集一众无赖抢走了匾额，勒索赎金。绝望之下，韦昌辉向当地唯一一个不惧怕与乡绅和他们控制的团练发生冲突的组织求助，这就是紫荆山的拜上帝会。冯云山了解情况后马上表示同情，并和韦昌辉一起与勒索者进行协调谈判。但是他们得到的仅仅是对方的讥笑和侮辱。随后，韦昌辉动员了一伙信徒，夺走了紫荆山地区所有乡绅存储的谷梁。这一行动为革命活动带来了巨大的收益：

---

[1] 在太平天国运动级别最高的八位领袖中，只有萧朝贵在《天情道理书》（第15丁左）中被列作农民。因为是出自太平天国自身的文献，因此这一信息当为真实，虽然很多中国史料都认为萧朝贵和杨秀清一样，都是烧炭人。
[2] 清代法规对哪些人有条件享受政府的荣誉与待遇有严格的规定，有四类人被排除在外：戏子、老鸨和妓院杂役、衙门差役和一般士兵（他们可以依上级的举荐而晋升军衔）。

不仅获得了大量的粮草物资，而且使有数百人之众的韦昌辉一族全部加入了拜上帝会，同时他们还带来了可观的财产。

对太平天国功过参半的石达开，是一位仁慈的统治者和天才的军事家。1849年，年仅十九岁的他已经因为宽宏大量、高尚的品格以及非同寻常的学识而远近闻名。石达开的家族在贵县也是有名的富庶家族，他家是客家人，虽然石达开可能也有壮族的血统。[1] 他在儒家经典、历史和文学方面都受过良好的教育，但是科举考试失利，于是便和兄长们一起帮助打理家族产业。1847年，洪秀全听说了关于这个年轻士子的充满赞扬的报告，便前往他家拜访，从此对石达开有了兴趣。石达开对洪秀全也印象深刻。一年之后，在一次部族冲突中，客家人被当地人打败，石达开带领全家加入拜上帝会寻求保护。石达开一家的加入为运动助力颇多，他们带来了超过一百万两白银的巨额钱财。

这四个人被接纳到运动的核心领导层，并按照神圣的中国传统，与洪、冯二人结拜为兄弟。非同寻常的是，他们把耶稣基督也加进来算作第七个，即王长兄。基督之后就被称为"王长兄"，在兄弟中排行第一。剩下的六人按照年龄排序，洪秀全排行第二，冯云山排第三，杨秀清排第四，萧朝贵排第五，韦昌辉排第六，石达开排第七。六兄弟从此就像是有血缘关系一样团结在一起，在未来的太平天国的文书中，这六人的姓氏都以同样的尊仪书写记录。

这六人组成的领导集团宣誓坚定地推翻清朝统治，并建立一个基于基督教教义的新王国，他们肩负使命，享有指导太平革命军和治理即将建立的新王国的全部权力。通过正式的选举，洪秀全被其他几位兄弟一致推选为运动的最高领导者和即将建立的新王国的天王。[2]

中间领导层

在这六人最高领导集团之下，是由出身不同却拥有对运动至关重要的技艺和能力的信徒组成的中间领导层。为了了解这一领导层的代表性特征，

---

[1] 《起义调查报告》第75页。
[2] 石达开状。

下面简要地介绍其中一些比较知名的人士。

秦日纲（原名秦日昌）是桂平县人，他虽然没有受过教育，却具有卓越的军事领导才能。他曾在地方民兵组织中服役，因为一些事故，很不光彩地被民兵解雇。之后他在桂平靠采矿为生。他天生粗犷野蛮，暴力无理，但是在拜上帝会却有了虔敬忠诚、勇武过人的一面，因此他成为太平天国的名将。因为深受洪秀全的喜欢，他在领导层中排名第七。

胡以晄在太平天国领导序列中排名第八，出身于平南地区的地主家庭，据说他还是武秀才（通过科举武试的童试后被授予的功名）。他家在平南和桂平都拥有土地，在一次前往桂平催收地租的时候，胡以晄路遇一伙当地居民围困了洪秀全和冯云山。胡以晄因在这些人中颇有威望，很轻易就打发了这些人，从而与洪、冯二人结下了友谊。随后，胡以晄改宗入教，并且把家族财产中自己的部分交予了拜上帝会。

除此之外，还有必要在这里提一下另外三位未来太平天国的主要领导者。其中一个是蒙得恩。他是平南的地方领袖，可能还是个地主，从一开始他就是洪秀全最虔诚的信徒。另外一个是黄玉昆。他是一位讼师，也是拜上帝会在桂平县白沙镇的头目。他的女儿后来嫁给了石达开。第三个是陈承瑢，他是藤县的地方领袖，可能也是个地主。他举家加入了拜上帝会，其中就包括他当时十四岁的侄子陈玉成。后者被誉为太平军最优秀的将领，并且被封为英王。

在纯军事层面上，比较著名的还有陆川（一说武缘）的李开芳。他本是军官出身，后来在新的革命军中成为主要的军事将领。太平军攻占南京后，他作为北伐军的统帅率军北上，剑指京师。此外还有林凤祥。他本是从广东潮州流落到桂平的散勇，加入拜上帝会后，最终成为太平天国北伐军的副总指挥。吉文元、朱锡锟、黄益芸、曾立昌和许宗扬这五位北伐军的副总指挥，在起义初期均属于这个领导阶层。另外值得一提的是太平天国的老将军，来自广东惠州的曾天养，他精于军事战术，并且因在从南京顺长江而上征讨湖北的无数战斗中的英勇和无畏，而在太平天国历史上占据了独特的地位。

还有一些洪秀全和冯云山的忠实信徒，在太平天国运动中肩负并完成了许多更为专业化的技术工作。广西的吴可忆和广东花县的周胜坤本来是富庶的财主和当铺掌柜，他们先在太平军中，建国后则在政府中负责天国的圣库。原本是广西富商的余廷樟，则管理后勤粮草。这三个人都为太平天国运动捐献了他们所有的财产。

拜上帝会地方组织中的书记员，原本负责诸如编纂宗教文献、草拟宣传单页和规约纪律之类的工作，后来他们很多都被任命为太平天国的史官，或者被安排从事需要相应的文学素养的工作。在这些虔诚的文吏中具有代表性的，有来自象州的卢贤拔和何震川，二人都是有名的学者，何震川还考取过功名。除此之外，还有桂平出身的原私塾先生曾水源和他的侄子曾钊扬，同样是桂平人的黄再兴，以及广西博白人黄启芳。

广西人宾福寿不仅是个忠实的信徒，还是一名出色的木匠，一直为运动精诚奉献，后来他被任命为南京太平宫殿的主要设计师。李俊昌则是为太平军以及后来天国政府工作的医师中的代表人物。广东高州的凌十八和他的兄弟，也是原本是本乡的领袖，后来积极参与太平天国运动的典型人物。

虽然以上这些是太平天国革命者中很少一部分我们尚知道姓名的人，但是他们足以说明参与者广泛的出身背景。[①] 在运动早期，领导层中缺乏农民代表这个现象，一方面可以归结为农民阶层因为被束缚在土地上而产生的传统上的对政治漠不关心，另一方面也是由于他们没有接受过教育，使他们不具备领导运动的能力。拜上帝会本来预备成为，而且事实上也确实成为这场革命运动的核心，农民阶层之后才成群加入运动，成为一般的士兵。除了出于对新运动的宗教和政治目标的个人感情，我们很难确切地指出，是什么把这些出身迥异的地主、士子、私塾先生、兵士以及卑贱的烧炭人团结在拜上帝会的周围。

太平军的军事组织系统

在太平天国运动军事总动员开始的很早之前，冯云山就在卢贤拔的帮

---

① 《全史》第一卷第131—162页记录了约两百位太平军领袖的传记及相关文献。关于太平军领导层的详细讨论，见拙文《太平天国的马克思主义解读》第767页及《通考》第51—52页。

助下准备并实施了一整套的军事组织系统。① 这是一套依照周代所构想的军事管理制度的理想模式而设计的系统，虽然受到后世的很多非议，却是使得太平军运转灵活又有力量的主要内在原因之一。著名的清军总指挥曾国藩就表达过类似的想法。他在其他所有方面都瞧不起太平天国运动，唯独在这一点上公开地赞赏。②

太平军基本军事单位的组织架构

头衔	组织单位	统辖编制
军帅（军长）	军（13,155人）	五名师帅率领前、后、中、右、左五营
师帅（师长）	师（2630人）	五名旅帅率领前、后、中、右、左五旅
旅帅（旅长）	旅（旅或营，525人）	五名卒长率领一、二、三、四、五五卒
卒长（连长）	卒（连，104人）	四名两司马率领东、西、南、北四两
两司马（排长）	两（排，25人）	五名伍长，各有名号
伍长（下士）	伍（小队，4人）	四名圣兵，各有名号

* 引自《全史》第一卷第164页，并据太平天国官方文献《太平军目》编制。

冯云山和卢贤拔设计的这个组织架构的核心部分，就是把军作为一个不变的基本单位。把如此大规模的作战人员编组为一个正式的单位有许多好处，其中之一就是在任何一支具体的太平军部队人员数目发生巨大变化的情况下，都能保持总体上的灵活性。例如，新征召的士兵都被编入新组建的军，也会安排一位新的军帅来指挥这支新军。每一位军帅在自己的军衔前面都会依编制加上一个数字，数字前则是按太平天国传统重新排序的中国传统的五行（火、水、木、金、土）之一。例如系统中可以有火三十四

---

① 这一认定主要基于：（一）《贼情汇纂》第一卷冯云山传中说，所有的军事号令均出自冯云山与卢贤拔；（二）李秀成状中赞赏冯为整个革命计划的总设计师；（三）经过筛选，只有包括洪秀全在内的七名最高领袖具有必需的技术知识并掌握军政实务，其中就包括冯云山。被清军俘虏的洪大全在其供状中说，是他自己设立了太平军的组织系统，这一点毫无根据，因为洪大全是在金田起义后很久才加入到运动中来的。关于此人还需注意的是，洪大全的供状大部分章节都被认为是清廷伪造的。见罗尔纲《太平天国史丛考》之《洪大全考》第30—41页，及《全史》第一卷第343页。
② 关于曾国藩及其他人的评价，见《全史》第一卷第168页。

军帅或者水一零六军帅。从理论上说，这套编制系统可以允许太平军的力量扩展到无穷大。

在军帅之上还有许多层级的高阶官员，其中的一部分依层级高低如下所列：

天王：拥有绝对权力，统辖太平天国运动宗教、军事和民政的最高领袖

五位主将：各领一军，包括中军主将杨秀清、前军主将萧朝贵、后军主将冯云山、右军主将韦昌辉和左军主将石达开

二十四丞相

三十六检点

七十二指挥

一百将军

侍卫（御林侍卫）若干，直属天王

总制若干

监军若干

最后提到的监军，是太平天国军事组织系统显著的特征，是一个独立的战略指挥职务。军帅仅有管理和训练所属部队的权力。在战时，他配属部队的指挥权则掌握在由指挥总部派遣至战区指挥行动的监军手中，监军节制军帅。当多支军队共同作战时（即有多位军帅时），则指派一位总制协调战役全局。如此依次递升直至五位主将，他们掌管全部的太平军事力量，并直接向天王汇报。

从军帅到两司马，每一级基本军事单位的每一位指挥官，都有一面属于自己的旗帜（共六百五十六面），这些旗帜是经过特殊装饰的充满个人性质的军旗，通过不同的大小、颜色和题字来代表不同的等级。金字塔层级式的旗帜在行军途中摇摆飘动，形成遮天蔽日的景象。当太平军出现在战场上时，那种"彩旗飘动迷人眼"的壮丽景象可想而知。[1]

---

[1]《全史》第一卷第165—167页。

为起义所做的准备已经进展到了下一阶段。入伍志愿表、战斗队形图绘指导手册、一系列营地建造指南、行军纪律等经秘密印刷后分发众人，此外还有一套共有六十二条的严格军规。为了便于描述，这六十二条被称作"天令"的军规可以被归纳为以下十项：（一）绝对遵守"天条"，即太平天国版本的"十诫"，再加上诸如周日礼拜、每日敬祷、吟诵赞美诗等戒律；（二）绝对遵守军事命令；（三）人际关系和谐团结；（四）对革命事业绝对忠诚，背信逃亡、畏死投降、暗中资敌者斩；（五）战斗勇猛；（六）正直诚实，特别强调要将所有财产上交圣库；（七）戒绝一切邪恶的行为，包括吸食烟草或鸦片、谋杀（斩妖除魔除外）、饮酒、赌博、懒惰、投机倒把、贪污受贿、迷信邪教等；（八）人道对待一般平民，禁止屠杀娼妓、奸淫、劫持奴隶、掠夺民财、强买强卖、暴虐对待劳工以及纵火等；（九）熟记关于营寨设置、前进撤退、攻击防守、战略防御、点名训练以及巡逻保卫等事项的条规；（十）遵守另行颁印的宣传册所规定的对待同侪和长官的礼节。[①]

所有违反军规的人，将依照情节严重程度，被处以下面六种刑罚中的一种：砍头、火刑、五马分尸（大多数时候用于处置叛徒）、戴枷示众、竹杖鞭笞以及降级处分。[②]

最后的准备

直到起义的准备阶段，洪秀全在金钱和粮草上都没有遇到短缺的情况。金钱方面的充足，是因为许多信徒捐献了他们所有的家财。至于粮草，韦昌辉家和胡以晄家捐出了大量的稻米，这些稻米足够相当数量的军队使用数月。另外，由于紫荆山地区土地肥沃，从邻近的地区购买稻谷也并不困难。

真正的问题是如何得到武器和弹药。秘密地把一支庞大的队伍武装起来，是一个主要的难题。如果公开地收购如此大量的武器，无论价格如何，显然都会有相当的风险，因此这方面的准备只能以秘密的手段进行。这一时期，韦昌辉家在附近的江口镇开设了一处买卖，开始以制造农具的名义，

[①] 太平军规载于《贼情汇纂》第八卷，军规原册复件见《全史》第三卷第二十二章附录插图四。
[②] 《全史》第一卷第167—168页。本节概述之太平军规，基于信实的太平天国出版物《太平条规》而来，《太平条规》又包含《定营规条》和《行营规矩》两部分。

以各种途径收购铁矿。收购的粗料被运往他们在本村的大屋之内,由工匠和一些热情的信徒夜以继日地锻造成各式各样的作战兵器。他们还养了一大群鹅,用鹅的叫声掩盖制造刀、剑、矛等兵器时在铁砧上击打锤炼的声音。忠诚的山民信徒们不断地出入,秘密地带来木炭和木材,并把锻造好的兵器一捆一捆地借着夜色运送到村外犀牛岭的一处池塘。这个池塘被巧妙地运用为武器库,他们把武器沉入池中,之后再依需要打捞出来。

起义者们的巧智同样体现在武器的制造上。例如,据称他们有一种自行设计的土炮,是把松树的大树干切成小段,挖空中心,并在小段两头加上铁箍而制成。这种土炮虽然射击一两次即告报废,但是当在一头点火后,另一头可以散射出威力相当大的铅弹弹幕。而火药则采用由灰泥中提取出来的硝石制成,这种技术在整个太平天国运动时期一直得到采用。他们还仿照瑶族的猎枪,制造了一种粗糙却足以应用于实战的步枪。此外,他们还准备了旗帜、军服以及其他的随身军用工具。就这样,在韦昌辉的家中,起义所需的物资和装备就都准备妥当了。①

杨秀清的梦

与起义的物质准备同时进行的,是拜上帝会对信徒们精神上的动员,信徒们对他们的最高宗教领袖的忠诚,被巧妙地转化为无限的革命热情。洪秀全的教务经历,以及他那个非常符合中国古典传说的领受"天书"的故事被不断地讲述,因而在信徒的心目中便产生了洪秀全就是唯一"真主"的信念,他受上帝的指派取代清朝皇帝,成为统治中国的天王。这种变化可以从他们训诫信徒的口号中得到总结,口号要求他们敬拜上帝,并为新的王国奋斗。

洪秀全在宗教上的至高地位,对起义的成功至关重要,但同样重要的一个事实是,洪秀全这个时候已经不经意地培养了一个可能的篡权者。这种变化萌发于洪秀全和冯云山长期不在紫荆山地区的那个时期,当时领导拜上帝会工作的是各个分支机构的头目。这一时期,拜上帝会就像一艘没

---

① 《全史》第一卷第168—170页及《金田之游》第45—46页。

有舵手的船一样摇摆退步，变成了从事迷信活动的组织。杨秀清和萧朝贵趁管理层空虚的时机，不断培养自己的势力。杨秀清在二人中更具野心，他告诉众人，在1848年早春的某一天，上帝降临世间，附体在他身上，让他作为上帝的代言人，同时给他救治病患的神力，可以把信徒身上的病症转移到自己身上。杨秀清就这样狡猾地把基督救赎人罪的形象和民间宗教中流行的灵媒形象结合在自己的身上。像这种神灵附身、借助人口说话兆示的迷信，在当时的中国（尤其是两广地区）相当流行，各地都有灵媒通过这种方式帮助人们和先祖以及过世的亲人沟通，然后收取小额的报酬。

在杨秀清的故事广泛流传的同时，萧朝贵则声称在同一年的秋天，基督也以类似的方式降临，并让他成为代言人。很快，各地的信徒们都在聚会时狂热地拜倒在他的面前，他借上帝的口吻说话，宣称自己是上帝唯一认可的代言人。

到1849年夏天洪秀全和冯云山二人回来的时候，拜上帝会已然出现了支持不同的新代言人的小派系。洪秀全面对的是要尽快地把信徒们重新团结起来的紧迫任务，而他自己也相信了杨、萧二人的故事。在回答他们二人中谁代表上帝、谁代表恶魔的时候，洪秀全最终决定，说二人都是天父与天兄的代言人，但是强调不会再有其他的代言人了。这无疑挽救了行将分裂的拜上帝会，并更坚实地确立了使太平天国运动与众不同的宗教上的一贯性。这一事件也有消极的一面，但当时并未被认识到，即它使得杨秀清在核心领导层中立于不败之地，鼓励他不断地采取动作，以满足他对于权力的野心。杨秀清和远没有他野心那么大的萧朝贵通过圣令控制太平军，而洪秀全屈就于二人主张的上帝授权，逐渐沦落为一个傀儡。洪秀全没能预见他那个决定的严重后果，这也是太平天国运动走向悲剧的原因之一。他的那个决定最终使得杨秀清尝试篡位夺权，该事件导致了太平天国的最终崩溃。①

但这些都是后话。在1850年（道光三十年）的仲夏，起义军在犀牛岭设立了指挥部，开始征召士兵。起义的大幕缓缓拉开了。

---

① 《全史》第一卷第172—175页。

第四章

金田起义
（1850—1851年）

拜上帝会只用了五年，就从毫无组织可言的宗教集会，成长为一股拥有两万多名信众，随时准备发动起义的有组织且高效率的革命力量。这种显著的壮大过程，如果我们不对广西当地的环境因素有所了解，就无法加以妥善的解释。道光末年，广西的政治和社会条件为革命力量的成长提供了近乎理想的条件，具有革命意识的先驱者们便在这一地区集结起来。

首先，这一地区平静的表象迷惑、麻痹了中央和当地的官僚，使他们忽视甚至掩盖在这和平与富足的表象之下的一切矛盾和问题，因为仅仅是这样的表象，就足以使他们的皇帝感到满足。道光帝弱势无为的统治，使整个政治和社会秩序趋于刻板的稳定。在这样的环境下，较有机心的官僚便怠于实行创新或改革措施。他们欺瞒上级，粉饰太平，却把麻烦复杂的事务推诿给下级处理。

广西巡抚郑祖琛就敏感地察觉到了这种气氛，延续了前两任所执行的无为政策，甚至在宗教和个人狱讼上也执行了这种政策。也许是因为他是个虔诚的佛教徒，又出于对自己老迈无能的慰藉，他尽力不与暴力扯上关系，也禁止地方官吏缉杀盗匪，或者上报地方上的动乱来扰动他心灵的平静。正是他对省务的此种处理，为拜上帝会最初的成长创造了可能性。那些向他报告了与拜上帝会有关的社会动乱的官员，都立刻遭到这位巡抚的训斥，之后便对类似事件也缄口不言。另外，冯云山被控图谋叛乱却又意外地被无罪开释的事件，也应认为是得益于当时广西官府奉行的这种过于宽松的政策。[1]

郑祖琛尸位素餐的另一个可想而知的后果，便是他将许多省务下放给那些无能或腐败的地方官吏去处理，这导致一般的民众无论贫富，都成了贪婪的官僚和与他们同流合污的乡绅敲诈和压迫的受害者。农民愤怒地发现，他们向有时比下级官僚更加贪得无厌的高官请愿，最终也只能徒劳无功，又不能相信级别最为卑微的狱卒，于是便向他们信赖不疑的组织求助，来向官府寻仇，很多时候，这个组织便是拜上帝会。[2] 这些新加入者炽烈的热情，以及因为卢六和王为正的死而产生的反政府情绪，激发和鼓舞了信徒们起义的士气。

还有一种情况也对拜上帝会的壮大多有裨益：这一时期，广西全境（据一份上呈皇帝的奏折，1849年广西七成的地域）无论水陆，盗匪皆猖獗泛滥。仅能确实查证者，少至一两千人，多至两万有余的盗匪，就有大大小小不下三十余伙。[3] 其中一部分为当地自结之集团，但是也有许多则由广东籍的散兵游勇所领导。鸦片战争（1840—1842）后，他们未归乡里，反而成了山贼水盗。在官兵的不断打击下，这些不法之徒带领着他们的人马船只逐渐窜逃至广西境内，或聚结成伙，或像罗大纲一样独自行事。当广西的团练民兵和正规官兵在对抗贼匪上越发不堪其用的时候，拜上帝会的信徒便武装起来自卫，并逐渐赢得了当地民众的信任，双方结成了同盟。而被击溃的匪徒同样也向拜上帝会寻求庇护，并宣誓一起向他们共同憎恨的满族统治者宣战。就这样，这种混乱的情势使得昔日匪徒和他们的受害者以兄弟之谊，在拜上帝会严苛的操行教义之下团结成为一体，随时准备为革命事业并肩战斗。[4]

另外，客家人与当地民众（主要是壮族）之间因为大大小小的事端而

---

[1] 关于广西政治状况的更多讨论，见《全史》第一卷第119页以下，特别是第120页龙启瑞之描述。另见严正之论述，其论原载于《皇朝经世文续编》第94页，《全史》第一卷第186—188页对其做了概述。
[2] 最有名的例证便是韦昌辉。其他例子归纳于《全史》第一卷第175—177页。
[3] 所知伙众详列于《全史》第一卷第179—183页。
[4]《全史》第一卷第177页以下。

不断爆发的争斗，也为拜上帝会持续不断地提供了新的信众。通常的情况是客家人被人数远多于自己的当地人驱离自己的村庄，而当地的官僚有时并不能秉公处理这些民族矛盾，反而为了索取贿赂，对这种行径充耳不闻。客家人怨愤不平，走投无路，只能投靠拜上帝会及其中的客家信徒。有的时候，会有数以千计的客家人前来投靠。①

广西的这种政治和社会环境，对洪秀全和冯云山的事业有着直接的裨益，与此同时，他们也没有忘记从天降的灾祸中获得好处。1849年，桂平附近的几个县瘟疫肆虐，有流言说信奉万能上帝的人均可获救。大量迷信的民众对旧有的神明失去了信心，成群地前来拜上帝会寻求庇护。同年，桂平县又发生了长时间的旱灾。次年，米价暴涨，借用当时的比喻就是"米贵如珠"。很多无良的商人却囤积居奇，高价贩售大米，以攫取利益。唯利是图、麻木不仁的奸商激起了饥民的公愤，他们诉诸暴力，冲击各处的粮仓。县令及其手下不仅没有帮助饥民，反而与奸商为伍，残酷地镇压了饥民的暴动。很多强壮又无畏的饥民发誓要向官府报复，他们有的落草为寇，也有许多加入了拜上帝会。②

起义前夕的骚动

大约是在1850年的早些时候，王为正因为寻衅滋事遭到逮捕，并被押解至县衙，这在拜上帝会中引起了一系列新的骚动。在不惜一切代价保持稳定的政策指导下，这名囚犯很快就被释放了，但是王为正随即向发起诉讼的桂平村民提出赔偿要求。拜上帝会的主要反对者王作新当时偶然路遇这场争执，问明原委后插手此事，他再次逮捕王为正，并把他送进大牢。王作新还打点贿赂狱卒上下，让王为正在狱中受尽折磨，最终身亡。继卢六之后，王为正成为拜上帝会的第二位牺牲者，他的死让信众们怀着震惊与悲痛之情团结在一起（两位牺牲者后来都被洪秀全追封为王）。因为王为正在会中颇有前途，而且他的父亲和叔父在当地乡里和拜上帝会的核心领

---

① 《全史》第一卷第183页以下。
② 同前注第185页以下。本节对这一时期拜上帝会信徒的描绘，基于《浔州府志》（魏笃编）及笔者在田野调查中的发现。

导层中都居重要地位,他的牺牲就显得意义更为重大。

此间,诉诸拜上帝会武装干预的乡里纠纷冲突在数量和程度上都有明显的增加,这也引发了乡绅和团练民兵更为严苛的反制行动。洪秀全和冯云山胸有成竹,乐见局势日渐紧张,并泰然自若地不断为起义的准备发布着各项命令。① 洪仁玕此后这样描述当时的情形:

> 与满族统治者的决裂和冲突变得不可避免。洪秀全敏锐地观察到所有的一切,他的预言现在已经实现,他业已计划周详,并准备与他的事业共存亡,他只是在等待时机,迈出那决定性的一步。②

现在已经到了对家人和族人采取预防和保护性措施的时候了。1850年夏天,洪秀全派他的一位王姓表弟和两位可靠的使者前往广东,让他们带领洪氏全族进入紫荆山区,以确保他们的安全。这一行动的时机也非常巧妙,当时广东和广西一样,也发生了旱灾和饥荒。大多数洪氏族人都加入了这场向紫荆山的迁徙,其中就包括洪秀全的继母、两位长兄、数位子侄、两位嫂子、两位姐妹、他的妻子、三个女儿、一个尚在襁褓中的儿子以及内弟赖汉英。赖汉英是一位医生,他的专业知识和技能后来为太平天国事业提供了莫大的帮助。但是洪仁玕那时却留在了广东。我们不知道这是因为洪仁玕遭到了族中长者的截留,还是因为他觉得需要继续履行自己的教师职务。至于冯云山一家,他的母亲与妻子因为不明原因并未成行,只是让他的两个儿子转移到了紫荆山区。③

综合中外各家的材料,我们便可对洪秀全在金田起义前夕的形象做一番多方位的勾画。他"身高一米六二至一米六五,体态健壮,圆脸,中等身材,略显英气,言行雍容而有君子之风"④;他"身痴肥"⑤;他是个"挺高的男

---

① 《全史》第一卷第188—190页。
② 韩山明书第49页。
③ 《全史》第一卷第191—193页列举了很多在此时前往广西的洪氏族人。在太平军占领南京后,有超过两百名洪氏族人北上投靠洪秀全。但是在太平天国倾覆之后,仅有少数人回到了广东。
④ 见罗孝全首先在《中国传教志》(伦敦,1852年)上发表的信稿《外国传教士与广西动乱的联系》。该文转载于《北华捷报》1853年8月20日第169期。
⑤ 杜文澜,《平定粤匪纪略》附记一,第1页。

人，鹅蛋脸，肤色白皙，高鼻梁，小圆耳朵，眼大有神，目光如炬，令人不敢直视，声音清晰，洪亮如钟……他有黑色的头发，蓄着棕黄色的长须，他体力超人，理解力也世所罕见"[1]。他棕黄色的胡须在多家的材料中均有提及，也有文献认为是红色的。[2]

金田的征兵工作有序地进行着，为起义所做的一切准备似乎都已就绪。1850 年 5 月，在被指命为上帝的代言人不久之前，杨秀清声称自己生了重病，变得既聋又哑。直到几个月后，他被任命为太平军正军师，他的病情才突然好转，恢复了听觉和嗓音。这个奇怪的事件是天国致命内斗的第二个表征，而这种内斗最终成为太平天国运动的致命伤。但是，这一事件也在紧要的时刻明确了运动的领导结构，并再一次证明冯云山对这场运动深刻的情结和无私的奉献。杨秀清渴望权力，但他也认识到，自己的积极参与对即将发生的革命成功与否固然至关重要，但是在运动的肇始阶段公开争夺应属于冯云山的职位，可能导致整个运动中道夭亡。通过装病以及暗示自己派别的信众通过消极不配合来表示忠心，杨秀清成功地使金田的征兵工作陷入停滞，并拖延了总动员的时间，这为他在权力分配的讨价还价中赢得了资本。洪秀全和冯云山意识到了对杨秀清这种向权力蛮横要价妥协的危险性，但他们同样意识到，他们必须依赖杨的军事才能。这一矛盾最终的结果是，冯云山自愿放弃第二权力人物的位置，把它让给了杨秀清。这一举动足以证明冯云山对这场革命运动的无限热情和无私奉献。当年 11 月（道光三十年十月初一），恢复了健康的杨秀清赶往金田，全权负责不断扩大势力的太平军的军务。

为了制衡杨秀清新的权力，同时也为了扩大运动早期就勾画出来的集体领导的基础，洪秀全和冯云山提拔萧朝贵成为第三权力人物，分配给他大量的军队，并指派他负责所有太平军的实战行动。这一安排极尽巧妙。冯云山悄然地从自己的权力和职责中分割出适当的部分，创立了这个新的职位，而萧朝贵在妻子杨云娇死后，依洪秀全安排续弦其妹洪宣娇（有人认为杨云娇即洪宣桥），并依靠自己洪秀全妹夫的身份，理所当然地获得了这

---

[1] 韩山明书第14页。
[2] 援引文献列于《全史》第一卷第194页。

个新职位。于是，此时的杨秀清不得不与一位洪秀全的姻亲和心腹分享太平军的领导权。为了进一步分化杨秀清的权力，洪秀全和冯云山还加强了同韦昌辉、石达开以及秦日纲的关系，这三人均在紫荆山区之外拥有势力。另外一个胡以晄，则被怀疑忠于杨秀清。①

随着领导集团的确定以及募兵活动在犀牛岭的顺利进行，总指挥部终于向各处分会的领导发出了运动的总动员令。虽然这一动员令的原本已经亡佚，但估其大略，当是带有煽动性地历数满族统治者的迫害和镇压，鼓舞信众接受神圣的使命，为新王国而战斗；然后简要地指示信众向金田集结，团营备战。②洪秀全、冯云山和萧朝贵随即在胡以晄的老家平南花洲隐蔽起来，等待起义的爆发。杨秀清则被留下，在韦昌辉等人的帮助下处理日常事务。③

金田村的地理形势

太平天国革命运动的策源地金田村位于紫荆山南麓，在商业城镇三江以南约十六公里的地方，通过一条绵延八公里的"风门坳山路"与外界相通。村西北不到三十米的地方就是犀牛岭，犀牛岭约有十二米高，隐蔽在它北侧的是著名的犀牛潭，那里是太平兵士储藏武器的地方。在金田村的北方和西北方，是两片更为广阔的山区，其间散落着许多村落，它们之间通过狭窄崎岖的山道连接，并有山路通往鹏化山区腹地。胡以晄的本村花洲就在鹏化山区，洪秀全、冯云山和萧朝贵在起义前夕的日子里就躲藏在这里。在金田村东南约四公里的地方，是商业城镇大宣，再向东约十公里就是繁华的江口镇。江口镇处于三江交汇口的东北岸，是广西水路的最后一站，再向东便进入广东地界，因此成为当地重要的商业中心。从金田到江口之间绵延着宽阔的平原，村落谷田散布其间，这里有桂平境内最为肥

---

① 这是笔者对杨秀清一事根据各种零散的史实、口述史及对情况的逻辑推理而做出的推断。更为详细的列举和论证，见《全史》第一卷第196—199页及《金田之游》第29页以下。杨秀清病愈恢复及重返金田的日期，可见于太平天国的出版物《天情道理书》第11丁左。
② 关于起事的具体日期，李秀成状的常见版本与其亲手所写的版本有所出入，前者说是六月，后者说是十月。可能的解释是，前者的日期为曾国藩第一次命人誊写供状手稿时书吏的笔误。杨秀清直到十月才回到金田，管理太平军的行动，因此从逻辑而言，动员令更可能是在此时发出。
③ 李秀成状。

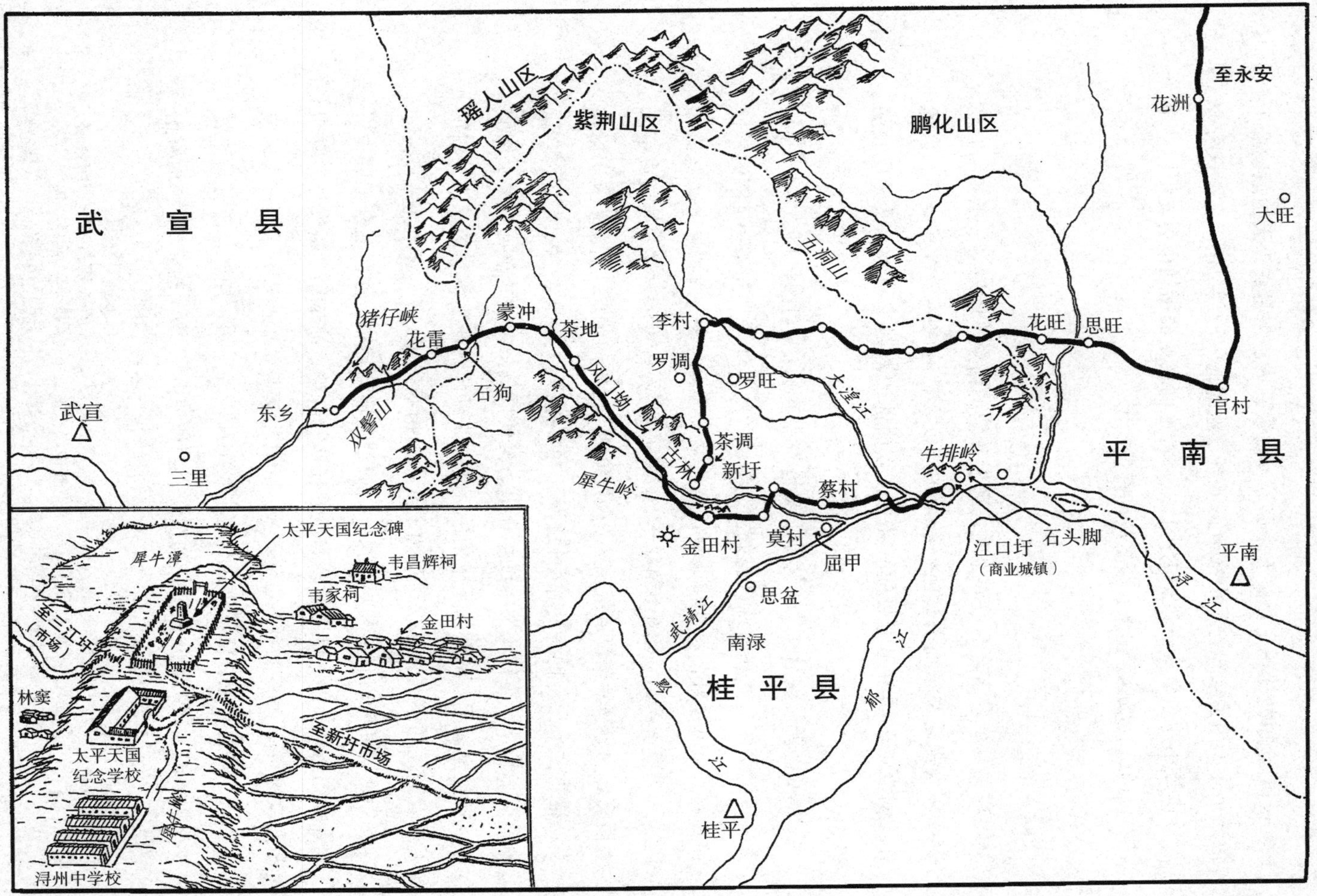
至永安
花洲
大旺
瑶人山区
紫荆山区
鹏化山区
武宣县
五洞山
猪仔峡
花雷
蒙冲
茶地
李村
罗调
罗旺
大湟江
花旺
思旺
官村
石狗
东乡
双髻山
风门坳
武宣
茶调
古林
新圩
三里
犀牛岭
蔡村
牛排岭
平南县
金田村
莫村
屈甲
江口圩
（商业城镇）
石头脚
平南
浔江
思盆
武靖江
南渌
桂平县
黔江
郁江
桂平
太平天国纪念碑
犀牛潭
韦昌辉祠
韦家祠
金田村
至三江圩
（市场）
林寞
太平天国
纪念学校
至新圩市场
犀牛岭
浔州中学校

地图 1　金田形势图

沃的土地。①

当时金田的居民主要是五个家族，约数百人。但是成为天国运动的策源地，除了因为金田位于山区道路枢纽之地的这一原因，还得益于这五个家族中最小的一个——富庶的韦氏家族。他们对革命活动全力支持，甚至把自己的房屋都腾让出来，给工匠们打造兵器。

团营

在动员令发出后的数周之间，远近各地的信众不断地向金田集结。其中许多人都是举家而来，他们已将田产变卖，有的甚至将其烧毁，以此作为对新的王国效忠宣誓的一部分，表明他们对旧有的生活义无反顾的决心。②

信众的所有钱财细软都必须上缴圣库，否则将被处以死刑。与此同时，太平天国组织具有典型特色的公社制生活，则保证每个人都有足够的口粮和衣物。身型健壮的男性信众被摘选出来，编组分配，发给制服、被褥和武器。武器虽然是从犀牛潭中打捞出来的，但在配发的时候却被说成是从天而降。为了表示对满族统治者"剃发蓄辫"之令的蔑视，信众被要求留长发，很快太平兵士的头发都变得很长，也在敌人中留下了"发匪"的诨名。缠绕戴于头顶，遮住头发的红色头巾，使他们的形象更加鲜明。太平制服可以通过里面背心的颜色及上面的标志，来确定兵士所配属的部队，制服上还有其他的不同，可以用于确定兵士的衔级。每一个征召入伍的新兵，都要参加高强度的战术和阵法操练，通过这样的训练，他们就有望成为勇敢强健的圣兵，随时准备斩妖除魔。在这一时期，原本用于亵侮异教神明和偶像的"妖"字，其意义已经延展，指代所有与清朝政权有关联的人，包括满人、政府官僚、清军士兵、地主乡绅和团练兵勇。同样，所有与清朝政权相关的书籍、印章或类似的东西，都被加上了"妖"的前缀。③而真正

---

① 《全史》第一卷第200—203页，根据《金田之游》第15—18页记录的笔者对该地的亲自观察、桂平地方志和许多广西的军事地图，描述了该地的地理风貌。另见《起义调查报告》第5—7页。
② 最早招募团练的可能是桂平白沙的梁立泰，他在1850年7月以金田为基地团营，后为安徽桐城守将，最后被太平天国追赠王爵。他的家族关系记于《贼情汇纂》第四卷。
③ 《全史》第一卷第204—205页。

意义上的建制成军则是最后的步骤,但是为了避免在革命前夕引发不必要的怀疑,"军"这个字在任何地方都没有被使用过。在旗帜和制服上,也都仅仅标识着神秘的"太平"二字。

至于妇女,母亲、妻子、姐妹以及儿童和圣兵的家属都被分配到"女营"。女营依军事系统建制,但职位皆用女员。配属女营的人员均免于军事操练,但须从事诸如裁缝或者制造轻型战具等辅助性工作。这种男女分治的制度贯彻得非常严格,男性亲属每周仅能在严格的监视下探访女眷一次。即便如此,在探访中双方都只能立于房间两侧的门口,相隔甚远,交谈时须高声说话才能使对方听见。幽会妻子或者未获准许进入女营者,则会被就地处决。为了疏解男性苦楚,每当得胜之后,指挥官才会正式允许圣兵与家人欢聚。①

虽然女营的构想残酷且有违人道,这种中国军事史上绝无仅有的建制却是出于太平领袖们精心的设计,以满足革命运动的切实需要。在他们眼中,这样的设计具有五点意义。首先,太平戒律的第七条把通奸列为重罪,而且中国传统意识中军队中不加区分的男女混编会致使德性败坏,因此太平军严格执行"男女分营"的军法,是为了保持高尚的道德标准。第二,女眷在女营的保护下,可以使圣兵无须为家务琐事分散精力,也不必为家属的安全心有不安,这样他们就可以义无反顾地为革命献身。第三,这种建制可以使圣兵远于声色诱惑,保持军队的战斗力。第四,如果圣兵在战斗中牺牲,其家属老小不至于无家可归,困乏潦倒。最后,女营中圣兵的妻子儿女成了实际上的人质,可以有效地保证圣兵听从指挥,勇于战斗而且忠诚不渝。②

清政府的行动

1850年2月,道光帝驾崩,他的第四子继位登基,随即定年号为咸丰,翌年即为咸丰元年。拜上帝会的信徒们继续不断地滋生事端,甚至控制了

---

① 《天情道理书》第29丁左。详细的描述见《通考》第二卷第1209—1211页及《全史》第一卷第204页。
② 这五点意义之中,第四点在吟唎书第一卷第302页中有所提及,其他为推断得来。

广西境内零星的一些地区。但是两广总督和广西巡抚在上呈皇帝的联名奏折中，却只称当地多有盗匪，对拜上帝会的具体活动只字未提。其实此时，皇帝已从中央和其他许多地区的官员那里对广西失控的局势有所耳闻，也有很多从这个纷乱之地万里赴京的乡绅民众修书直陈实情，皇帝对此倍感关切。他感到事态紧急，便立即与阁臣商议应对危机之策。

到了9月，清政府采取了第一步行动，即以玩忽职守、优柔寡断为名罢免了广西提督，调当时在湖南负责军务的将军向荣赴任。向荣乃四川人氏，屡经阵仗，累积军功晋升将军。前一年在湖南平叛有功，被称为名将。他受命率领精锐部队直接进入广西。同时，原贵州提督张必禄也得到命令，带领数千贵州官兵进入广西，策应向荣。

10月，作为第二步行动，清政府裁撤了广西巡抚郑祖琛，代之以林则徐，授予他全权，处理广西的民政军务。林则徐是福建人，进士出身，因在做钦差大臣时销毁鸦片、抵抗英军而颇具声望，是清政府中最有能力的官员。鸦片战争后，他因为没有妥善地处理与洋人的关系而引发朝廷的不满，被流放到伊犁。1845年他被召回，又过了几年才被任命为钦差大臣，应对广西的乱局。

不幸的是，清政府虽然在这三个人的选择上处理得妥善完美，但出乎意料的是，林则徐和张必禄分别在当年的11月和12月病故于就任途中（张必禄的职位由其副官周凤岐代理）。这就只剩下向荣和他的部队在10月抵达广西，部署就位。他立即展开了对西南部地区盗匪的军事行动。这个时候拜上帝会还没有公开起事，因此没有遭到打击。[1]

洪秀全返回金田

1850年的冬天发生了一系列事件，这些事件虽然与之前的事件有所不同，但是它们的共同作用最终导致了太平天国起义的正式爆发。第一件事情发生在11月中旬。桂平的捕头王基被派遣抓捕天地会匪头陈阿贵（陈此时已接洽投靠太平军）未果，返程途经紫荆山区，决意向山区烧炭

---

[1]《全史》第一卷第211—213页。清军的行动细节描述，基于杜文澜书第一卷第5页。林则徐和向荣的背景介绍，摘自陈继聪《忠义纪闻录》第一卷第1页及第三卷第1页。

的工人敲诈些钱财。这些炭工恰巧是拜上帝会的信众，他们随即发出警报信号，瞬间就集结了一百三十余人前来对峙，令敲诈者无可奈何，望风而逃。

王基等人到达大宣，遇见了拜上帝会信徒陈玉书。陈玉书家资富有，此时也是携家人路经此地。王基等便绑架了陈玉书的小妾，勒索赎金。陈玉书立即前往金田的总部求助，信众们再次集结，最终通过武力将人质救出。

不久之后，太平信众就与大宣的兵勇再次发生冲突，此时后者已出价六百两，募集了许多民兵。但是他们并不知道，募集而来的民兵半数都是太平信众，因此当这部分民兵阵前倒戈，与其他信众受金田总部的征召共同进退的时候，剩下的民兵便丢盔弃甲，四散而逃。

有关太平动乱的报告接踵而来，广西省衙开始加强措施，试图通过本地的武装控制和瓦解太平信徒。兵戎相见在所难免。双方的第一次遭遇战，是太平兵士在夜间成功地袭击了由几名政府官员带领的一队从大宣向金田开进的官兵。更大规模的冲突，则在年底的时候发生在平南县。在那之前一个月，平南本地出身的蒙得恩在带领一队信众前往金田团营的途中击溃了偶遇的官兵。省衙和刚刚率贵州官兵赶来的总兵周凤岐，几乎同时得到了这个消息。12月，周凤岐令驻守桂平的副将李殿元随自己向平南县的商业城镇思旺进军，镇压动乱。抵达思旺时，李殿元得闻有一股势力更大的"宗教叛军"正在花洲集结，便联合知县倪涛、巡检张镛与当地的两名士绅合兵前往抓捕。当时官军中没有任何一个人知道"叛军"的首领是谁，当然也不知道这个首领就躲藏在那片大山之中，但是即便如此，官军的行动也仍然非常谨慎小心。从思旺到花洲只有一条狭窄崎岖的小道，就是在这条小道上，不久之前太平信徒们顽强地阻击了一队官军。现在官军不得不步步为营，不时用火枪和小型手枪从远处射击，并且不断设置拒马路障，防止被包围起来的"叛军"逃窜。

洪秀全此时已经被包围，并且有被逮捕的危险。他叫几个当地人从西侧鲜有人行的小道潜出，去金田总部传达紧急求援的消息。杨秀清、韦昌辉和石达开迅速集结了一队援军。身为上帝代言人的杨秀清，号召信徒们志愿担负起将他们敬爱的领袖从危机中拯救出来的神圣任务。杨秀清的号召反响热烈，他迅速集结了大量军队，并交由当地颇有威望的英雄人物蒙得恩指挥。杨秀清还非常小心地为金田保留了足够数量的圣兵，以防备随时可能来犯的官兵。蒙得恩率军东出，一举攻下思旺。此后他快速挺进山区，并最终在山道主路上遇到了官军。接下来的战斗非常惨烈，很多士兵、民兵和低阶的官吏在这场战斗中阵亡。巡检张镛和随官兵而来的两名士绅战死阵前，张镛成为第一个被太平军击杀的清朝官吏。副将李殿元和知县倪涛则侥幸逃生。旗开得胜的太平军圣兵随即欢欣鼓舞地向花洲前进，并沿途清除路障。洪秀全、冯云山、萧朝贵以及身为主人的胡以晄闻讯终于放下心来，愉快地迎接救援的队伍。就这样，当蒙得恩率队返回金田后，又有很多花洲附近的山区信徒加入了他的队伍。①

金田之战

正当金田欢庆洪秀全一行从花洲胜利归来的时候，有传言说大股官兵正在逼近，随时准备发起进攻，领队的是一位名叫伊克坦布的满族副将，他随周凤岐从贵州出击，并驻扎在桂平县大湟江南岸。周凤岐领省衙命令，驱剿"叛乱教众"，而"叛军"在大宣和花洲的两场胜利都给官军造成了重大伤亡，这已经引起了他的警觉。他现在已经准备好采取一次大规模的反击行动。因此，他命令伊克坦布率其营队与一些地方团练民兵一起渡江向金田进发，以图一举包围这些"宗教叛军"。

1850年12月31日，仅仅在军事冲突爆发的一天之前，金田的圣兵们开始紧急部署备战。就在这时，又有四支本在计划之外的教众队伍抵达金田团营。②第一队约有两千余人，由博白而来。第二队大约千余人，他们是桂平县不堪饥荒以及官府压迫而逃亡的农民，其中有一部分还是客家人。第三队是秦日纲带领的千余人，他们多是贵县的矿工。第四队也是最大的

---

① 对于这些早期冲突事件更为详尽的描述，见《全史》第一卷第214—220页。对花洲地形之描述，见同书第220页以下援引《起义调查报告》第7页以下之内容。
② 《全史》第一卷第221页以下。

一队，是几千因与当地人起争执被驱赶而来的客家人。① 这四队信众在途中相遇，合成一股，约有一万多人，共同向金田进发。他们抵达金田，大大地鼓舞了士气；他们被看作上帝派遣下来的救兵。

实力增强的金田方面迅速调整了作战计划，派遣新来团营的队伍从两翼同时向官兵发起进攻，战斗在次日预定的时间打响。官军被迫与两路太平军同时展开肉搏战，很快就开始畏缩撤退，损失惨重。官军有七个营溃不成军，四下逃逸，但是太平军依旧穷追猛打。有一队官兵被围困在一座山头之上，另外还有一队约三百人规模的官兵在某处河岸被太平军杀尽。官军的战地指挥伊克坦布见势不妙，全速向后方逃命，结果在某处桥头坠落马下，被太平圣兵斩首。当周凤岐带领剩下的贵州部队到达的时候，许多军官都已经阵亡。就这样又经过一天一夜的浴血奋战，金田之围彻底解除，周凤岐被迫撤退，此后再也没有兵犯金田。②

但是太平天国的领袖们知道已经无路可退。他们已经和清军公开对抗，杀死了包括军官、士兵、团练乡勇、乡绅和民吏在内的政府职员，这样的行为使他们在严苛的刑法面前只有死路一条，因此只能义无反顾地投身到起义中去。

太平开国

1851年1月11日（道光三十年腊月初十），洪秀全在金田集合信众，设坛行礼，太平天国起义正式拉开序幕。③ 这天对于太平信众而言可谓三喜临门：一是花洲大捷，二是金田大捷，另外当天也是他们眼中的真神洪秀

---

① 客家人与当地人的争执，由1850年夏天一件看似不起眼的小事引发。当时，一个富裕的客家人准备纳某位漂亮的壮族女子为妾，也向her父母支付了彩礼，却忽然发现该女子的壮族未婚夫不愿意放弃她。这位客家人试图强行抢夺该女子未果，于是此时便到县衙报案。可能是因为害怕引起客家人的报复，县官决定作壁上观，私下授意争执双方自行解决。无论事实如何，到了9月，一股前所未有的族裔争斗席卷了整个贵县。客家人向当地盗匪求援，盗匪便数以千计地涌来，将当地人赶出村落。但是，盗匪一旦劫掠完毕便立即消失，只留下客家人独自抵挡当地人的反击。他们最终不敌，被迫逃命，其中有三千多名幸存者集结，成股地前往金田，投靠加入了拜上帝会的客家人。魏笃《浔州府志》《桂平县志》及韩山明书第48页以下均记录了这场族裔争执，其内容也在《全史》第一卷第207—209页中做了概述。
② 《全史》第一卷第221—223页。
③ 关于金田起义的具体日期，存在各种不同的说法，但是此处给出的日期是笔者经过对所有文献及其他证据的全面梳理研究而确定的，也得到了包括罗尔纲在内的许多史家的认同。关于此点的详细讨论，见《全史》第一卷第223—229页。

全三十八岁的生日（依旧历）。这一天也因为洪秀全正式登基，加天王号，而被载入史册。上帝则被称为"皇上帝"，为了表示对他的尊敬，洪秀全才没有采用中国传统的"皇帝"称号。除此之外，"天王"这个称号可以追溯至周代，因此洪秀全认为它具有深远的宗教意义。其后，洪秀全的儿子洪天贵被立为王世子，称"幼主"。这样的称谓是要避免使用传统上指代皇位继承人的"太子"一词，因为类似的"皇太子"一词被太平信徒用来指代耶稣基督。

在第一篇诏书中，天王将这个新的国家命名为"太平天国"，这个新的朝代被称为"天朝"，1851年即为太平天国元年。① "太平"二字出自古代经典《公羊传》，其中描述了社会发展的三个阶段：据乱世，即堕败无政的时期；升平世，即无序不安的时期；太平世，即永远安定繁荣的时期，这最后一个便是中国人有史以来不断梦想追求的理想社会。另一方面，"天国"二字可以通过梁发翻译的那些宣传册而追溯到圣经。一开始，洪秀全错误地理解了这个词，认为它是专门指代中国，并由此用这个词来命名这个新的王国。但是随着后来他更深入地学习福音书，尤其是《马太福音》，他才逐渐理解了这个词真正的意义：

> 所谓天国，就是总摄天上人间。天上有一个天国，人间也有一个天国。无论天上人间，都一样是天父之国。②

因此，"太平天国"这个称号就结合并代表了中国和基督教的两种至高理想。

在接下来的仪式中，洪秀全大加分封。他的继母被封为"春王母"，已故的第一任妻子为"正月宫"，现在的第二任妻子为"又正月宫"。用"月"字是为了和洪秀全新的尊号"日"字相匹配。

至于天国的军事领导，洪秀全任命杨秀清为中军主将，萧朝贵为前军

---

① 在外国史料中，"太平天国"习惯上被翻译为"Kingdom of Eternal (Great) Peace"，但这个译法并不能传达其名称的真正意义，即"太平"既包含和平，也包括经济上的繁荣。
② 萧一山《太平天国丛书》第一卷"旧新遗诏圣书"第1丁左。

主将，冯云山为后军主将，石达开为左军主将，韦昌辉为右军主将。其他将官也都各领其职。最后，作为对太平军诸多军法纪律的重申和总结，洪秀全和五位主将联合向全军发布了五条简明扼要的军纪：其一，严格遵守各项天条军令；其二，严格区分男女性别；其三，严禁滋扰百姓；其四，遵循公有精神（严禁私产和个人收入），兵将和睦；其五，全身心为革命事业服务，特别强调要作战勇猛，不畏牺牲。①

由于太平军都只是在金田附近几十里的区域内团营驻扎，他们的粮食供给日益短缺，无法供给米饭，只能靠稀饭度日。②而与此同时，官兵也已经逐渐集结，布防到位。很显然，在这种情况下太平军必须转移。1月13日，太平军全军东出，占领三江交汇口北岸的繁华城镇江口。③因为清军全部驻扎在江口的南岸，因此他们没有遇到激烈的抵抗。曾经迫害过冯云山、卢六和王为正的王作新家就在江口，但此时他听说太平军逼近，已经逃命去了，留下了大量的财产。太平军立即把他的当铺和米店收缴充公。根据一些零星的消息，王作新家族八十余口，包括他的儿子和三个外甥，以及另外一些乡绅都被杀害（王作新本人之后死在贵县的一伙山贼手中）。④

收编盗匪⑤

在江口，太平军不仅得到了粮食和军械的补给，还不断地招募新兵，扩充实力。很多亡命盗匪都应征而来。首先来投靠的是两个女匪首苏三和丘二，她们各带来了大约两千多人。丘二不久后退出，又做回山贼，自谋其生，1853年春天死于与桂平民兵的战斗中。苏三则满怀着革命热情，一直留在太平军中，在整个天国史中占有一席之地。她出生在广东灵山，随夫嫁到广西。其夫后来惨死，她就组织一伙土匪为亡夫寻仇。在手刃仇家之后，已是亡命之徒的苏三成了这伙盗匪的头目，他们劫富济贫，颇有声望，势力不断壮大。但是苏三此时抓住了这个走向新

---

① 关于这些新的头衔、称号的来源，以及五条军规的原文，见《全史》第一卷第229—232页。
② 《天情道理书》第12丁右。
③ 据《金田之游》第122页蒙时雍家信。
④ 《全史》第一卷第233—235页。
⑤ 本节及后节直至章末为《全史》第一卷第235—246页之概述。

生活的机会，加入了太平天国运动，披坚执锐，与男性同志们并肩作战，从广西一路杀到南京。她的精神与战绩，使她成为近代诗歌文学歌颂的对象。①

另外还有八伙水贼，在像罗大纲和张钊这样传奇般的领袖人物的带领下，先后来到金田，要投身到这场运动中来。但是当太平军占领江口，水贼们有机会切实地体会太平军士高尚的道德和严格的纪律的时候，他们开始害怕自己平时并不检点的操行早晚会给自己带来杀身之祸，于是除罗大纲外的所有人又都纷走四散了。这些逃散的太平军往日的盟友，之后纷纷带着人马舟楫投靠了官府，认为这样官方就可以对他们的非法行径既往不咎，将来也可以网开一面。

这种行为为罗大纲所不齿。罗大纲本是广东潮州人，是天地会优秀的领袖，自幼便有反清情绪。他曾经在广东与洋人经商，还帮助过英国将领伯麦（James J. G. Bremer）和义律（Charles Elliot）在广州建立基督教堂，所以对基督教教义有所了解。② 1850 年，他作为水贼的头领到江口投奔太平天国，可能是当时水贼活动的一个典型代表：鸦片战争时期他们在广东做过民兵，战后没有回家务农而是落草为寇，最后被官兵击溃，逃往广西。罗大纲早先在金田就已经正式加入了拜上帝会，现在他来到江口，正式宣布退出天地会，并且全盘接受拜上帝会的教义、道德约束、军事法规以及太平天国运动的革命目标。他的几千兄弟也和他一起皈信。罗大纲被任命为军帅，他颇具指挥才能，后来曾一度率领先锋军剑指武昌。有人说在进入南京后，他娶苏三为妻③，几年后为革命运动壮烈牺牲④。

由于新兵源的不断加入，此时太平军的人数包括男女诸营在内，已经有不下三万之众。

---

① 龙启瑞写了一首长诗，盛赞她加入太平天国运动之前的早年生活。吴廷桢与陈云章也赋诗赞扬她在太平天国事业中的贡献。上述诗歌及苏三的简要生平，见《通考》第二卷第1273—1276页。
② 据罗、吴与文咸1853年4月27日的通信。该信作为文咸1853年5月11日自上海给克拉伦登伯爵的第六封信中的附件六。另见蓝皮书《关于中国的事项》第六卷（1850—1855）第33—34页。
③ 王韬（号天南遁叟），《瓮牖余谈》，第八卷。事实难于确定。
④ 关于罗大纲生平细节，见《通考》第三卷第1290页以下。

与天地会的关系

现在有必要介绍一下拜上帝会和天地会的关系。很多历史学家都过多地强调二者存在的联系，甚至以这些联系为依据，认为二者在革命运动中存在着战略伙伴关系。的确，拜上帝会和天地会都对清朝统治者恨之入骨，这使得洪秀全、冯云山以及其他的太平军领袖乐于接收天地会转投而来的新兵。但是，丘二和七股水贼中途退出的事件使得天国领袖们意识到，有必要强调确认这些新兵在军事上的忠诚度。从那之后，原天地会成员或是流窜的野匪如果想参加太平天国运动，就必须和其他太平军士一样，首先宣誓崇敬上帝，保证遵守所有宗教、道德和军事上的条规。

实际上，拜上帝会与天地会在政治目标、宗教信仰以及道德理想和实践上都有着本质的不同，这使得它们不可能建立同盟或者伙伴的关系。洪秀全认识到双方有着不可调和的矛盾，因而对天地会采取了审慎的态度：

> 虽然我没有加入过天地会，但我听说过他们的目标是反清复明。这种目标在他们刚刚建立的康熙朝时或许还很恰当，很有意义；但是现在二百年过去了，我们仍然可以说"反清"，却不能再提"复明"。无论发生什么事情，当我们从满人那里光复河山之时，都应该建立一个新的朝代。现在我们怎么可能再次用"复明"的口号激起人民的斗志呢？有一些恶行与天地会有关，对此我非常厌恶。如果有人要加入天地会，就必须敬拜魔鬼，向它做三十六条宣誓，还要有一把剑架在他的颈项之上，他还要被迫捐出钱财，供天地会使用。天地会现在真正的目标已经变得狭隘，没有价值。如果我们宣扬真的教义（基督教），依靠全能上帝的帮助，虽然人数少，却能和他们匹敌。孙膑、吴起、诸葛亮以及历史上其他的军事家，他们的战术与战法我都不放在眼里，何况那些天地会的乌合之众呢？①

太平天国的领袖都尽量地避免和天地会建立双边的联系，宁可独自奋

---

① 韩山明书第55—56页。

战，也不愿意在一神论的宗教信仰或者政治理想方面妥协让步。虽然在一些危急的情况下，太平军确实与广东的天地会势力以及北方的捻军和白莲教的军队曾经结成过同盟，共同对抗清军，但是这些同盟的建立是出于军事需要，并且从来没有发展为更深层次的同盟关系。

拜上帝会与天地会又确实有很多显而易见的相似之处。例如，双方在新成员加入时都会举行秘密仪式；双方所用的文字和话语、措辞和暗号都非常晦涩，外人都很难理解。这些并非巧合，其实是拜上帝会对长期从事地下秘密活动的天地会刻意的借鉴与模仿。在太平天国运动早期，宗教和政治思想通常以晦涩的语言表述，以使外人不能理解其中的含义，并且这种带有神秘性的表述还可以强化成员的归属感。

太平军士兵和天地会成员在外形上也很难区分。双方都蓄发留须，着装如晚明时期，并戴红色头巾。在这一点上，与其说太平军在模仿天地会，不如说是因为对满族统治表示抵抗的态度，双方才采用类似的传统着装。还有一个相似的地方是，他们的成员之间都以兄弟相称。这一点完全是巧合，因为拜上帝会信徒的兄弟称谓来源于万民的天父，而天地会的兄弟则是通过在异教神明前的宣誓而得来，并且他们很少称女性为姐妹。

虽然着装相似，但是双方在对一般民众的行为上却明显不同。最近的研究发现，在拜上帝会和天地会都很活跃的地区，一般民众都明显地更欢迎前者。天地会经常抢劫民众钱财，拜上帝会则从不参与抢劫或绑架，并且和民众进行公平对等的交易。另外，天地会从成员身上抽取钱财，但拜上帝会不会这样。从民众的角度而言，拜上帝会比较光明磊落，天地会则阴暗秘密。①

---

① 《起义调查报告》第84页。

第五章

猛虎出笼
（1851—1852年）

　　林则徐和张必禄的意外去世给广西军政指挥造成的不稳定局面，随着1851年1月初新任钦差大臣李星沅抵达桂林而逐渐缓解。李星沅曾出任两江总督，退休后在湖南老家闲居。同时，清政府还启用周天爵为广西巡抚，他是一位德高望重的官吏，素以刚正不阿而闻名。他也在当年3月抵达桂林。向荣则继续担任广西提督，负责军务。

　　李星沅清楚地认识到广西局势的严重性，在报请朝廷批准后，将治所转移至柳州，并且准备向太平军的大本营江口发动一场大规模的进攻。向荣此时刚刚在广西的西南部地区对当地盗匪取得了军事上的胜利，现在他受命领军北上至浔江南岸，与已经驻扎在那里的来自贵州的周凤岐部、刚刚自云南抵达的李能臣部以及一些地方官吏乡绅指挥的民兵近一万人会合。[1]

　　清军在2月中旬开始发动进攻。向荣率领部队渡过浔江，分东、西两翼包夹江口。太平军两面迎敌，作战勇猛，以两三百人的代价击杀千余清军。由于损失颇大，向荣便改变策略，固守东线和北线，防止太平军从这两个方向突围。

---

[1]《全史》第一卷第265—267页。

太平军确实试图从东线突围，但是因为遭到清军火枪的阻击而毫无进展。他们向南突围的道路已被张钊（投降清军的七名水匪头领之一）率领的七百被招安的水匪截断，后者用战船严密地防守着河滩。陷入包围的太平军唯一的选择便是向金田方向撤退，在那里他们也许可以找到一个西线的突破口。于是在3月10日的子夜，全军秘密地从江口撤退，向西行进。① 向荣直到天亮才察觉到敌人已经撤退，便率军进占江口，并派出另一支部队追击太平军。但是这支部队被殿后的太平军击溃。与此同时，向荣在江口的部队洗劫了城镇，他们放火烧毁了无数建筑，还屠杀了大量的当地民众。那些侥幸活命的百姓都向西逃亡，加入了太平军。

在江口过长时间的驻扎，是太平军犯下的第一个战略错误。当他们经过大约两周时间，补给和休整完毕之后，他们应该立刻出发经平南向北移动。这样一来，他们就可以井然有序地利用陆路或者水路完成战略转移，并且出其不意地袭取省府桂林。若是如此，运动的历史进程就有可能被改写，他们就可能获得完全的胜利。但是，太平军在江口驻扎了一月有余，这给了清军喘息之机，使他们重新组织力量并且从三面包围了江口。但是此役太平军毕竟突围成功，取得了第一次突围战的胜利。②

西入武宣

3月15日，太平军得到消息，新任广西巡抚周天爵已于前一日带领大军抵达县所，并且封闭了向北的道路，他们于是决定在东乡建立指挥部。这是他们犯下的又一个错误。如果他们继续前进，就会发现县城只有两千佣兵阻路驻防，而在东乡安营，则给向荣留下了足够的时间，将他的军队和其他民兵部队部署到位。由于已经和太平军正面交锋过，清军开始惧怕和他们进行白刃战，于是便利用周凤岐所谓的"阵地战法"，从各个方向将太平军包围。周凤岐在一封写给朋友的私人信件中，用"猛虎出

---

① 根据王韬《瓮牖余谈》第六章中所记向荣的生平，太平军是使用巧计金蝉脱壳的。在那天晚上，他们将村中的数十名妇女集中到营地，先给她们饭吃，然后让她们彻夜击鼓。一些士兵在营地外紧密地监视，谁停止敲鼓便立刻将其杀死。河对岸的清军听到鼓声不断，不疑有他，直到拂晓之后，才发现太平军前一夜驻扎的军营已然人去一空。
② 《全史》第一卷第268—272页。

笼"来形容后来太平军突围时的情势，这证明了他对太平军士兵作战勇猛的敬畏之情。①

就在来自清军的威胁越来越大的时候，太平军接到了另一股信徒凌十八兄弟的求援，他们正在武宣以南的玉林县与官军作战。凌十八兄弟自1849年就开始在洪秀全和冯云山的领导下在高州地区活动，在接到起义的总动员令后，他们于1850年秋开始向广西进发，路上接收了一伙盗匪和一队来自博白的信徒，总兵力超过万人。到达玉林后，他们包围了县城以及邻近的博白，但是遭到了大量守军和民兵的抵抗。太平军分出相当的兵力试图帮助凌十八兄弟，但是援军没有能够突破由张钊的水贼在南岸扎营固守的浔江。另一方面，一小部博白的拜上帝会信徒成功地突破包围，加入了太平军，但是凌十八和他的高州信众被迫撤回了广东，再也没有加入过太平军。②

这个时候，武宣附近的官兵数量已经超过了一万人，其中大部分是绿营正规军以及来自各省县的雇佣兵，也有零散的一部分是民兵以及被招安的山贼水匪。这是一群纪律散漫、腐败堕落、喧闹不堪并且滋扰乡里的乌合之众，他们的长官也和他们一样腐化不堪。就算是最高级别的长官，也都没有合作御敌的精神意愿。李星沅、周天爵和向荣三位最高长官无法和睦相处，这一点比他们在军事上的无能更加致命。③

相较之下，太平军则士气无比高昂，纪律上下严明。另外，太平军从武宣附近的六七十个小村庄处获得了充足的粮草补给，只是因为广西并不产盐，盐的供应变得越发稀少。总之，经过一个月的息战，太平圣兵得到了足够的休息，现在他们只待适当的时机，冲击突破清军的防线。

挥剑北望

清政府对广西的指挥做出了新的调整，这给太平军带来了意想不到的

---

① 《全史》第一卷第272—274页。周凤岐的信中详细描述了与起义军作战的细节，其全文见李圭《金陵兵事汇略》第二卷。
② 高州信众于1852年在广东信宜被总督叶名琛的部队彻底剿灭。关于这股信众的详尽介绍，见《全史》第一卷第247—262页。
③ 根据许多国内史料而做出的对清军的全面介绍，见《全史》第一卷第278—284页。另见密迪乐在《中国人及其叛乱》第160—161页所载乌兰泰的奏折。

好机会。为了加强在广西的军事力量，清政府任命满族将军乌兰泰领一千八旗士兵，带一百门小型加农炮和其他军械支援前线。但是他在5月3日抵达武宣之后的几天内，就和向荣以及其他将军发生口角，这使得他对前线的增援没有产生任何效果。军机大臣赛尚阿被任命为钦差大臣，接替李星沅的职务，他还带来了几位能征善战的将军以及一万五千清军。接着，在5月12日赛尚阿抵达之前，李星沅突然去世，军中无人指挥。两天之后，太平军趁着清军群龙无首的混乱，突破了清军的防线，获得了第二次突围战的胜利，向象州进军。

清军随即追赶太平军，但是和之前一样，未经大战便停止追击，对太平军只采取包围策略。就这样僵持了一个多月，太平军军需逐渐匮乏，决定从象州撤退。北上通往广西省府的路线有重兵把守，于是太平军全军带着一些从未去过金田的象州信众，于7月2日出发南下。太平军沿旧路经武宣撤回，路上没有遇到有效的抵抗，就这样一直到了猪仔峡。但是此时，向荣已经占领了那里。在随即的交战中，向荣率军从崖上冲下，因战马被伤而摔落马下，被一名手下救起。这名手下还把自己的战马让给向荣。虽然此战清军表现勇猛，但太平军还是成功地撤退到他们在桂平金田附近的旧营。这一回，太平军在前线和后翼的所有战略要冲都安排人员严加警戒。这是太平军第三次突破清军的包围。

紫荆山下的战火

太平军突围后，向荣将部队部署在北线，与此同时，乌兰泰带领自己的部队和一些增援的兵力向南移动至江口，试图在接下来的几天之内重新完成对太平军的合围。[①]对太平军而言，还有另外一个坏消息：钦差大臣赛尚阿已经带领着四千五百人于7月2日到达桂林。这个时候，广西巡抚周天爵已经被调回北京，其职务由广西布政使劳崇光代理。赛尚阿抵达后，立刻着手准备在暑热过后展开一场对太平军最大规模的进击清剿，他命令地方上最有实力的几位乡绅组织民兵协助桂林防务，并派遣了三名来自北

---

① 《全史》第一卷第288—293页。关于本地区战事的信实描述，可参见姚莹《中复堂遗稿》及夏燮（号谢山居士）《粤氛纪事》。

方的将领，率领规模不小的军队向南移动，支援当地清军。现在除去民兵，已经有三千正规清军先后被部署在金田附近，还有更多的军队正在从外省向那里集结。很显然，太平军在数量、装备和供给上都不及对手。一场生与死的搏斗即将展开。

7月11日，战斗正式打响。太平军的先锋部队试图在清军抵达大湟江南岸前完成渡江，他们遭遇了由桂平县令李孟群以及一名乡绅指挥的防守河滩的民兵和本地佣兵的阻击。第二天，更多的当地官吏带着部队赶来支援，李孟群得以成功渡江，向太平军发起进攻。韦昌辉率领一千多名精锐圣兵在白天避开清军锋芒，并在夜晚展开反击。他们伏击了清军，那位乡绅被乱石砸死，李孟群被迫撤退。

但是就在这时，向荣和乌兰泰已经达成一致意见，准备从北线和南线同时发起进攻，试图一举剿灭太平军。在约定好的7月25日，乌兰泰的军队分成四股向北渡河出击，太平军弹药匮乏，被迫撤退至大宣。同时，向荣的部队开始向南出击，不过他们在猪仔峡遭到了太平军的顽强抵抗，停滞不前。虽然太平军随后在南线和北线都保持了阵线，与清军僵持，但是他们再一次被清军包围的危机仍然没有化解，情况不容乐观。随着时间的流逝，为了保证太平军的士气，杨秀清和萧朝贵不断地扮演着上帝和基督的化身鼓舞太平军士，告诫他们不要放弃希望。

僵持对峙的表面宁静在8月24日被打破。那日，向荣带领一队新到的清军，在几位乡绅的指引下通过一条已废弃的山道占领了猪仔峡，四天后又控制了风门坳，洞开了金田的后门，他们此时离金田仅有十余里。如果乌兰泰在正面战场没有失利，而是按照向荣的计划向太平军的根据地成功推进的话，他们此举就足以给太平军致命的一击。错失这一次绝佳的机会，与其说是因为向荣胆小怯阵，更主要的原因可能是他想独居首功的私心。向荣控制风门坳后的十多天内，没有等到任何南线的回应，虽然日益怨恨乌兰泰动作的迟缓，但是他不敢独自向太平军的腹地发起进攻。当战场形势已经清楚地表明乌兰泰在南线已然撤回大湟江南岸后，向荣也不得不失望地撤出风门坳，在一定安全距离之外安营扎寨。

此时看到了机会的太平军，于9月11日夜秘密地离开金田基地，向北移动，然后转向东，沿着荆棘崎岖的山路最终到达平南县的思旺。这是太平军第四次突破清军的包围网。

他们的这次战略转移一切都依照着天王的命令，进行得有条不紊。作为此次转移中一个非常重要的预防性安排，太平军的老弱伤病以及妇女儿童都被安排在队伍的中间，与洪秀全和杨秀清在一起，前锋和后队则各有各自的领导。这样的安排可以为太平军的中枢领导和军队家属提供足够的保护。太平军的圣兵们则被告知，这支中间队伍里走失任何一个人，都会令天父和天兄蒙羞。①

从思旺到永安州

乌兰泰对叛军的逃脱备感失望，便率军渡江占领金田，然后向北追击太平军。和在江口一样，清军洗劫了金田。由于大部分清军只顾着劫掠，而忘记了作战，乌兰泰只带了一部分精兵追赶太平军，却发现他们随行破坏或者设障，阻碍了本就崎岖难行的山道，追击变得十分困难。在乌兰泰从后面追赶的同时，向荣也从北面渡河南下，然后向东迂回，向平南靠近，以图阻止太平军继续向东移动。在向荣的部队刚刚接近思旺东南的商镇官村的时候，萧朝贵和冯云山带领的士兵突然杀出，朝向荣发起了猛烈进攻。向荣部队因为潮湿的雨天而无法正常使用火枪，此时便丢盔弃甲，一触即溃。至于向荣本人，这一次的溃败加上之前的失利以及金田战役计划的破产，给他造成了严重的打击。在极度压抑和悲观的情绪下，向荣带领着他的残兵败将到达平南后，放弃军务，拒绝执行任何行动指令，不久便向钦差大臣赛尚阿告病请辞。

除去一些实力弱小的民兵，太平军前途无阻，向北移动变成了很自然的选择。因此，太平军水陆两路沿蒙江北上至永安州（今蒙山），路上还接收了一伙来自藤县的信徒，另外他们还遇到了李秀成（后来被封为忠王）一家。这次转移，只有乌兰泰手下的一部分清军偶有骚扰。②

1851年9月25日，罗大纲率领的先锋军抵达永安州，驻守的只有几百

---

① 《全史》第一卷第295—303页。
② 同前注第303—306页，据笔者个人的观察以及苏凤文《平桂纪略》。

民兵，罗大纲当夜便占领了该城。他袭取城池的手法在整个战争史上都可谓绝无仅有。永安州城小，人口少，城墙不高也不厚实，只有一名满族官吏率少数部队驻防。在靠近城南门之后，罗大纲和太平圣兵先买断了当地店家所有的爆竹，等待着夜色降临。战斗开始时，圣兵按照罗大纲的信号点燃爆竹，齐射城墙。随后城内声闹纷乱，满是火光与浓烟。嘈杂声同样吸引了驻防的民兵，借着嘈乱，太平圣兵爬上城墙，易如反掌地占领了城市。此战防守方损失了几百人，永安州令和另外一两名低阶官吏也在此战中身亡。①

长期占领的开始

永安州是太平军正式占领的第一座修有城墙的城市，刚占领该城的前几天，太平军尝试在该城的所有方向上均驻军防守。但是由于对永安州唯一的直接威胁来自在南面城镇扎营的乌兰泰的小股部队，太平军便命令秦日纲率领一部精锐，驻防在城东南约十里外的水秀。双方经过一系列小规模的遭遇战之后，永安州南线的基本形势逐渐稳定下来。

为了庆祝攻克永安州，天王把他的四位结拜兄弟都封为军师：杨秀清为正军师，萧朝贵为又正军师，冯云山为副军师，韦昌辉为又副军师。这些头衔均兼加在他们本来的军事指挥权之上。而这种正式的军事指挥衔级，是贯穿太平天国运动始终的独有特点。这次庆功，所有的低阶军官都获得了小幅的晋升，只有石达开的军衔没有变化，仍为主将。

太平军还利用战斗的空闲补充新兵和供给，他们招收了大量的当地居民，并且很高兴地见到不断地有一些平南的山民、许多贵县的矿工以及几伙盗匪前来投靠。这些新兵都不是拜上帝会的信徒，因此必须在接受高强度的宗教指导和军事训练之后，才能正式地被编入军队。太平军的总体规模已经扩展到将近四万人，其中一半是战斗人员。至于物资补给，永安州有很多得天独厚的资源。首先，虽然有一部分是山区，但这一地区盛产大米，常年产出多余的大米可供外销。太平军很容易能就在这一地区购买足

---

① 《全史》第一卷第307—311页。此外还引用了《永安州志》（黄履泰编）、苏凤文《广西昭忠录》及白伦（Lindesay Brine）《太平天国叛党志》。

够的大米。第二，永安州的一些大地主因为各种各样的原因对满族统治不满，他们为太平军提供了大量的谷物。第三，当地许多居民冒着生命危险，从清军的包围中为太平军偷运各种物资。虽然太平军公平交易的原则以及在包围圈中高于市场价的收购价也是鼓动他们走私的原因之一，但是这种危险的交易能够盛行的主要原因，是当地民众对太平军和他们对抗满人的战斗深感同情。第四，太平军发现只要他们派出一些代理人，就可以在不远处的城镇购买到所有本地没有的物资。最后，太平军通过贿赂腐败的政府官员，尤其是那些佣兵和像张钊这样投降官府的水匪，从他们那里以极高的价格买入了许多清军的装备。与占领永安州之前相比，太平军在兵力和物资装备上变得越来越强大。

在兵力更新和扩张的同时，洪秀全并没有放松对太平军在精神和道德方面的要求。在起义第一年的许多重要时刻，洪秀全都发出训诫，告诫全军要更加勇猛地作战，对于太平天条要忠诚、谨守、力行，对于上帝和耶稣要时刻信赖。在永安州，他也发布了类似的传达精神的训诫，其中值得注意的一条是重申必须上交全部财产到圣库，另一条则是重申要谨守道德规范。[①] 全军仍然保持着早先拜上帝会信众时期的宗教习惯，每日早晚聚会敬拜上帝，餐前做祷告，周日聚会聆听布道，并且在每次战斗之前跪地祈祷等。这种虔敬是太平军战斗力的来源，清军明知如此，却觉得这是巫术而对之置若罔闻。[②]

永安建制

在这三个月的时间里，双方都没有发生任何战斗，这为太平军提供了绝佳的机会，来完善他们的组织体系，而从金田起义开始到现在，他们的组织体系仅仅体现在军事层面上。的确，天王已经宣布建立了一个新的国家——太平天国，但是实际上这个国家还没有一个正式的政府组织结构。因此，这一次他们设立了一个中央政府，并且按照古代周朝的模式，设立

[①] 太平天国早期出版物《天命诏旨书》中收集了天王的命令，及以上帝或基督之命发布的命令。原文转录于程演生《太平天国史料》（北京，1950年，以下简称《史料》）第一辑。
[②]《全史》第一卷第311—316页。有些史实是笔者通过之前的田野调查，以及"二战"期间长期驻留该地搜集而来的成果。另见拙著《金田之游》之《蒙山采访记》。

威仪庄重的内廷，同时颁布了一系列朝廷礼节和政府规程。许多新的政府职位和机构都是在这个时候设立的。（太平天国中央政府详细的组织结构，以及占领南京后省县地方的管理结构，将在第八章做全面介绍。）

作为建立朝廷的标志，天王将五位太平军高级领导分封为王：杨秀清为东王，萧朝贵为西王，冯云山为南王，韦昌辉为北王，石达开为翼王。这五位王同时是军中的五位主将，他们在获得最高荣誉封赏的同时，仍然保有他们的军衔，履行他们的军务。但是，在革命运动的早期就做出这种安排，在政治上是不适当的。这些人已经获得了最高的荣誉封赏（除天王的头衔外），若将来因战功而再行封赏，就只能赐予更花哨的荣誉名衔。而比这个严重得多的另一个错误是，天王强行做出了"其他诸王均受东王节制"的训令，这样的训令又一次悄然地把权力交给了一个醉心权欲、最终败坏了革命事业的人。[1]

太平历法

早在冯云山遭受牢狱之灾、身陷囹圄的时候，颁行一套新的太阳历法便成了他许多雄心勃勃的设想之一。太平天国起事第一年，所有紧要的军事安排都使用清帝咸丰的年号，于是此时，天王委任冯云山带人创立一套可以付诸应用且属于自己的历法。

这套新历法的设计概念相当简单。它将一年定为三百六十六天，分成十二个月，其中双数月三十天，单数月三十一天。虽然这表面上很像中国传统的农历，但是它所划分的十二个月代表着一年中的二十四个节气，每月两个，第一个在每月初一，第二个根据月数的双单，出现在每月的第十六或第十七日。除了以太阳为基准以及避免了闰月的麻烦，太平历还从基督教历法中借用了七天一周的概念。但是为了和中国的传统相结合，周内七天均以相应数字与六十为周期的天干地支相结合。

这套具有革命性的历法，在很多方面标志着太平天国在文化上取得的显著成就，但是有两个失算之处。第一是太平历的设定比中国农历和西方

---

[1] 《全史》第一卷第316—317页。训令可见于《天命诏旨书》第12丁左。

历法均早一天，例如太平历的周日其实按西方历法应为周六。这一处始终都没有修正。第二处失算或者说失察之处，是太阳年的三百六十五又四分之一天和太平历的三百六十六天之间的差别。太平历每年多出来的四分之三天没有规划进去，这一差别逐渐积累，导致太平历新年每四十年就会比实际太阳新年晚三十天。为了纠正这种周期性的错误，洪仁玕执掌天京（南京）时下令修正：每四十年有一小年，该年每月为二十八天。

太平历还扫除了在旧历法中扎根千年的迷信元素，这再次反映出太平军的革命热情。那些关于诸如婚娶、破土、出行等的宜忌吉凶，被修改为"信奉上帝就能有美好幸运的一天"这类简简单单的话语。对于农民而言，依照按固定日期开始计算的太阳轮转而分年划月的太平历，更适合他们安排自己的农务活动。

冯云山和其他四位王将这套历法呈给天王，请求批准。新的历法印发之后，从太平天国的第二年起开始施行。施行的当日是公历 1852 年 2 月 3 日，咸丰元年腊月十四。[①]

被困永安州

正当太平军在静静的前线后方忙于建制改革的时候，清军也在永安州附近调度部署。此间，向荣余部经昭平到达平南，被太平守军在永安州以东约二十里外的古苏冲阻击，但是现在已转移至永安州西北二十里外的新圩驻扎。在之后的两个月中，钦差大臣赛尚阿指派来自北京的将领巴清德来帮助向荣，巴清德实际统领北线军务。1851 年 10 月底，向荣称病，未经请示擅自前往桂林，但是在赛尚阿的压力下，被迫于同年 12 月返回新圩。如果算上在永安州城西北十余里外的支援力量，清军在北线共有一万兵力。

南线方面最开始有乌兰泰率领的六千清军，而现在钦差大臣已经下令

[①]《通考》第七篇专门论述太平历法，大量摘录和引用了罗尔纲《太平天国史考证集》中董作宾《天历发微》一文。至于太平历法比农历和西方历均提前一天的错误，郭廷以《历法考》中有全面的论述。迄今为止仍有一个问题尚未解决，即冯云山是否知道北宋沈括在其《梦溪笔谈》中也主张用一种基于二十四节气的新历法来代替旧农历。沈括也提出将二十四节气分为每月两个，且日期固定，奇数月为三十一天，偶数月为三十天，这样新历就可以避免加入闰月。无论如何，冯云山和其他的太平军领袖都制定并公布了一种中国历史上史无前例的新历法。现存日历的实物仅有四件，分别为太平天国三、四、八、九年各一件。

调兵支援他们。在增援的官吏中最值得一提的就是江忠源。他是湖南人，有贡生的功名，曾在老家新宁组织并领导民兵（湖南地区最早的民兵），帮助镇压过两次起义，因功授浙江秀水知县。1852年年初，赛尚阿命令正在为亡父丁忧的江忠源率领民兵前往武宣。乌兰泰对他的才干和学识赞赏有加，很快江忠源就成了他的幕僚长，由他的弟弟江忠濬统领五百湖南民兵（楚勇）。他们从象州不断作战推进至永安州，这支湖南的部队是南线最为精锐的力量。

但是，江忠源并没有在永安州久留，主要是因为他同时从各个方向向太平军发动进攻的计划被向荣否决（向荣非常谨慎地坚持主张，要预留一个可以突破的缺口，用于追击敌军）。还有一部分原因是他对向荣在讨论作战计划时公开羞辱乌兰泰一事感到愤慨。江忠源于是带着他的民兵部队撤回了湖南。

江忠源撤离一事很典型地体现了清军将领之间的不和。清军的士兵和将军都同样腐败堕落，目无军法。广西按察使赞理军务的姚莹就曾经间接地将太平军与清军做对比：

> 人心齐，地利熟，胆气壮，此三者贼之所长而我之所短也。火器精，粮饷足，兵勇众，此三者我之所长而贼之所短也。[1]

1851年11月底至12月初，钦差大臣赛尚阿亲自坐镇设立在阳朔的指挥部，指导对太平军的作战。到了晚冬时节，集结在永安州区域的清军已经超过三万人，指挥部也被前移到了北线距离永安州仅约三里的地点。1852年1月下旬的某天，指挥部下达了进军命令，但是清军只遇到了零星的抵抗，部分原因是此时这一地区正蔓延着疟疾，使很多太平军士丧失了战斗力。由于清军已经三个月没有和太平军交战并骚扰他们的阵地，赛尚阿决定包围太平军，于是他下令建造一道墙，围住整个永安州城。他的策略奏效了。不久之后，太平军就开始出现食品、盐和弹药的紧缺现象，但

---

[1] 出自姚莹《中复堂遗稿》引致严正基书信，转录于《全史》第一卷第323页。

此时，他们突围的计划已然酝酿成熟。①

再次突围

1852年4月5日子夜，太平军从清军防守最为薄弱的东面悄悄地出城。原本驻守南线的秦日纲的部队，也于次日在古苏冲击溃一小股守备的清军后与大部队会合。在缴获了清军遗弃的大量火药之后，太平军先锋继续向前挺进不到十里，到达龙寮岭下，爬上陡峭的山崖，进入了大洞山区。

但是太平军的后翼就没有这么幸运了。乌兰泰对太平军已顺利转移的消息备感愤怒，并率军追击，于4月7日在古苏冲追上了一队落伍的太平军。乌兰泰现在指挥的部队是他所有部属中最为精锐的。这支部队向太平军的后翼发起了突袭，很快就屠杀了两千余革命者，他们中的大部分是落在大队后面的妇女、儿童以及老病伤员等非战斗人员。这场战斗是太平军起义以来所遭受的最惨烈的失败。②

在当日的这场战斗中，还发生了一件之后一直存有争议的事件，即洪大全被捕事件。洪大全自称"天德王"，这使得乌兰泰和赛尚阿相信他们抓到的是一个重要的匪首。虽然这位被俘的"领袖"按律被押解上京，并作为战果游街示众，之后被处以极刑，对于清政府的官员以及后世的学者而言，他的身份始终是个不解之谜。最新的研究成果确认了以下事实：他的本名叫作焦亮，湖南兴宁人，年轻时中过秀才，做过一小段时间的和尚，还在湖南南部地区组织过天地会。太平军蜂起之后，他化名洪大全，前往投靠。

因为焦亮在天地会中的地位以及他在湖南潜在的实力，太平军的领袖们给予了这位陌生的投靠者相应的礼遇，称他为"洪先生"，但是天王并未给他加封王爵。不知出于什么原因，在永安州时，焦亮与太平军领袖们的关系突然恶化，这个所谓的洪大全还被他们戴上了镣铐。在清政府的严刑逼供之下，他最终坦白，他的真实姓名并非洪大全。至于他的真实身份，直到他被处刑后，他的遗孀和兄弟因在湖南煽动起义被官府审讯时，才在

---

① 《全史》第一卷第318—326页。
② 《全史》第一卷第326—328页。伤亡人数引自李秀成状。

他们的供认状中才得以澄清。①

　　乌兰泰因为上一场胜利而备受鼓舞，正准备率军挺进山区，追击太平军。这时，向荣从北方前线赶来。向荣对这样的情势再熟悉不过了，他诚实地忠告乌兰泰，叫他对诡计多端的太平军不要跟得太紧，尤其是在这种崎岖不平的山路上。但是乌兰泰对这个忠告充耳不闻，认为向荣有这样的建议只能说明他懦弱胆小、嫉贤妒能罢了。于是，4月8日清晨，乌兰泰带着他的部队进入了山区。在这个时候，太平军主力已经抵达了昭平县内的仙回岭，但是他们这回吸取了在古苏冲的惨痛教训，在大洞山区埋伏了大量的兵力，以备追兵。是日阴雨，群山都笼罩在浓雾之中，乌兰泰和他的军队踏上泥泞的山路追击太平军，部队很快就变得人马相拥，前后阻滞。在这种拥塞的情况下，士兵既不能够机动，也无法用长枪或者火器作战。另外，这些从北方来的士兵到现在仍然穿着长袍和靴子，这严重地妨碍了他们在这种地形下的机动性。太平军见到敌人已经陷入了这个致命陷阱，便从四面发起伏击，从山坡上抛下滚石，并向清军射击。瞬间，大量的清军或受伤或毙命，尸体堆满了山路。这时，赤膊裸脚的太平军士兵从前后逼近，与清军展开了惨烈的肉搏战。许多清军虽然躲开了太平军士兵的攻击，却不慎掉落崖洞。在这场战斗中，清军中全部四位从北方调来的总兵及多名下级军官阵亡，乌兰泰跌入一处陡峭的山崖，落入泥流侥得偷生，仅以身免。

　　向荣很不情愿地跟在乌兰泰部的后面，因为与乌兰泰保持了一定的距离，所以他的部队在这一战中虽有伤亡，却没有遭受乌兰泰那样的惨败。此战清军共损失约两千人，与两日前太平军在古苏冲的损失大约相当。获得了胜利的太平军收缴了被清军遗弃的旗帜、文件、军服、武器、弹药等，以备后用。然后全军向北翻越另一片山区，这一次，剑锋直指省府桂林。这是太平军起义以来第五次突破清军的包围。

----

① 此处对洪大全的描述基于笔者个人的研究，细节转录自《全史》第一卷第332—364页。另见邓嗣禹《太平天国起义的新见解》第22—24页，郭廷以《太平天国史事日志》（以下简称《日志》）以及萧一山《清代通史》第9—34页。至于其他的不同见解，见黑尔（W. J. Hail）《曾国藩与太平天国》第三章。他认同洪大全的供状，认为洪大全曾与天王是起义的共同领导者，但后来受到打压。罗尔纲《太平天国史事考》在《洪大全考》一章中认为，既不存在这个人，也不存在这一事件。

永安州突围的后续，又重现了历次突围战的旧景。清军冲入城池，仅仅发现了一些盲瞽病弱的太平军士兵，却肆意逞凶，屠杀百姓，劫掠放火。当时的文人和诗人龙启瑞这样写道："数千平民惨遭屠戮，街道上血流成河。"至此，持续了七个半月的永安州战役终于落下帷幕。①

赛尚阿在上呈的战报中试图掩饰清军在大洞山区的败绩，强调清军活捉洪大全以及光复失守城池的战果。然而朝廷并未受骗，以纵匪流窜他地的罪名将赛尚阿连降四级，同时训斥了乌兰泰和向荣。

包围桂林

作为广西提督，向荣对桂林这座省府城市的防卫有着不可推卸的责任；在得知太平军向桂林移动之后，他就立刻采取了行动。他急令手下的将官向桂林集结，自己则和几个得力助手快马加鞭地往回赶。路上他遇到了一大股非常可疑的向北而行的队伍，他们身着清军军服，手持清军旗帜。向荣猜测这些是伪装行进的太平军，便加速疾驰，选择了一条罕有人迹的捷径跑了两天两夜，才在4月17日拂晓时分抵达桂林。时间紧迫，向荣几乎没有时间部署城内总共约两千多人的正规军和民兵，因为当天夜里，就有一支数百人的队伍手持向荣部下的公文印信，来到了桂林城的南门。向荣登上城楼，对着那些等待城门打开的假部下破口大骂。见到身份已经暴露，罗大纲便带着这队太平军的先锋折返，与主力部队会合。这个时候，太平军主力已经抵达了桂林西南的近郊。

桂林城被漓江西岸与一股支流的北岸环绕，城墙高耸，厚重坚固，是一座相当大的城市。在西部和北部的近郊分布着一些湖泊，在西部山区的山麓地带，城南门与小河之间有一座山，名为象鼻山。此前一天，一股在南方十里外的据点被击退的清军逃来通报敌情，于是南郊的商铺和房屋都被烧毁，以防被太平军利用。太平军现在规模已经扩大到逾六万人，正驻扎在桂林城的西南和正西方向，而象鼻山俯视桂林城，为太平军的火炮提供了绝佳的阵地。

---

① 《全史》第一卷第328—331页，参考了早期的一些信实史料，其中包括谢兴尧《太平天国前后广西的反清运动》第157—159页引用的华翼纶《荔雨轩文集》。

在南线，不屈不挠的乌兰泰在大洞山的惨败后又重新集结了兵力，为了再次鼓舞士气，他和兵士举行了庄严的仪式，歃血起誓，向太平军寻仇。这一富有英雄主义色彩的举动展现了他们的勇气和决心，重新唤醒了清军的忠烈气节，于是乌兰泰亲率七百人的敢死队向桂林快速行军，并于4月19日抵达城南三里外的小河。他们发现河上的桥梁被太平军严密把守，由于这是通往桂林的必经之路，乌兰泰决定用几队骑兵向桥梁发起冲锋，试图突破敌军的防守。太平军开火还击，一发流弹贯穿了乌兰泰的膝盖，使其受了重伤。乌兰泰被送往后方，不久后身亡。清军为他们最为优秀和勇敢的将军的去世而悲痛，乌兰泰的指挥权交给了来自贵州的将军秦定三。咸丰帝也对这位大将在关键时刻的英勇阵亡深感悲恸。不过有些军事专家在悲痛的同时，也批评他作为高阶将官以自己的性命为代价博取小利的愚忠与鲁莽。

随着战斗在桥头的爆发，太平军正式向桂林城发起了攻击，他们动用了云梯、攻城车、从象鼻山上发射的火箭和火枪等一切手段。此役也是太平女兵（客家人）首次和她们的男性战友一起全面地参加战斗，巾帼不让须眉，她们表现出了与男人一样的勇气。但是城市没有被攻陷。清军与太平军在城墙外部有过几次交手，都被打败，精明谨慎的向荣意识到，最好的策略就是保持收缩，固守紧闭的城门。由于大多数装备都在围困永安州的时候分配给了部队，清守军的火炮现在已经严重缺乏。这时有人提出，把三百年前明代埋藏起来还能使用的二十几门火炮也挖出来，补足军需。新调任的巡抚邹鸣鹤全力支持向荣的策略，与此同时，赛尚阿从他设在阳朔以南的新指挥总部运筹调度，清军的正规军、民兵和雇佣军不断地从没有被包围的北城门进入桂林城，直到城内外的清军总数达到两万人。除此之外，还有由当地乡绅组织的一万民兵，他们日夜轮替，代替清军警备城墙。

桂林城内的民兵都是从最无耻的无赖和恶棍之中招募而来，他们对城内的居民无恶不作。但是即便如此，就军事上而言，桂林在太平军重围之下也应当可以保全无虞。包围桂林三十三天后，太平军也认识到了这一点，于是决定放弃围城，于5月19日趁着夜色，全军拔寨，分水陆两路向北转移。

包围刚一解除，桂林城内的官僚与乡绅就开始为保全桂林的战果邀功争吵。解围六天后，赛尚阿来到桂林，马上就此与邹鸣鹤和向荣发生了口角。没有人想到要派兵去追击敌军。直到最后，赛尚阿才着手组织追兵。他任命满族将军和春为提督，领向荣部（向荣本人称病不出）追击，还费力地说服了余万清和刘长清带领七千人去守备全州。恰在此时，广西布政使劳崇光在南部剿匪得胜归来，随军还带回了被招安的匪头张国梁及其手下贼匪三千余人。劳崇光马上被任命为提督，领张国梁旧部向北追击太平军。

清政府注意到了广西方面在应对起义军一事上的无能，在桂林解围后不久便采取了行动。赛尚阿刚刚因又和向荣产生了纠纷，而任命刘长清为代理广西提督，就被朝廷削去了一切头衔和职务，被判斩监候。劳崇光代替邹鸣鹤，被任命为广西巡抚。[①]

全州惨剧

太平军从桂林向北行军，一路平安无事地到达了兴安县，当地官吏望风而逃，于是太平军便在兴安过夜休整，并未打扰当地百姓。兴安有两条非常重要的河流的起始点，其中一条是漓江，它一路向南流经桂林，与浔江汇合；另一条是湘江，它向北流，经湖南注入洞庭湖。在兴安县内，有一条秦代（前221—前207）修建的古运河灵渠，沟通两江可供舟楫来往的河段，从汉口和武昌经洞庭湖而来的船只可以经水路直达广东。太平军现在就是沿着这条中国内陆交通运输的主干道，水陆并进向前行军的。[②]

他们到达的下一座城市是全州。全州在桂林东北约两百五十里外，是一座有数万人口的城市。与兴安县不同，全州知州曹燮培决心要保卫城池。曹燮培发现，他只有参将杨映河领管的五百清军可以调度防备，便动员城内男女数千人，志愿协助城防。除此之外，另外一位率领四百清军士兵前往桂林，恰巧途经全州的军官也被说服，留下来帮助守城。

[①]《全史》第一卷第364—382页详细描述了桂林之战的全部细节，并有资料文献及其他有趣的相关材料，如1852年10月张钊在藤县被乡勇击杀一事（第374页），张国梁投诚成为清军干将之前的小传（第374—377页）及两位著名的广西诗人况澄之和郑献甫的咏史诗（第378—382页）。另一组三十首之多的关于桂林战事的佚名咏史诗及笔者的注释，可参见《太平天国杂记》第235—252页。

[②]《全史》第一卷第372页及第382—383页。

但是太平军并未打算攻占全州。5月24日，太平军水陆并进经过城外，向西而行。就在全军经过全州城时，在城墙上驻防观察的清军士兵发现有一些太平军士一起抬着一乘由黄缎子装饰的大轿子。士兵认为轿上之人一定是重要的匪首之一，便点燃附近一门火炮射击。炮弹命中轿辇，重伤轿中之人。正如这名士兵所预料的，此人就是太平天国的南王、副军师、后军主将冯云山。①

冯云山受伤的消息迅速传遍太平军，他们在盛怒之下掉头攻城，以回应全州城的暴行。太平军的攻势日日不断，但是全州防守牢固，而他们的伤亡则不断增加，士气不断下降。此时，余万清和刘长清率领的清军也抵达了全州南郊，曹燮培多次向他们血书求救，但二人对此置若罔闻。若非如此，形势对太平军就会更加不利。不过最终，在1852年6月3日（咸丰二年四月十六），太平军通过地道在城墙一角埋设并引爆炸药，士兵从崩坏的城墙缺口涌入城中大开杀戒，为前线负伤的冯云山以及在攻城的持久战中牺牲的战友们复仇。两日之后，太平军继续向北行军，全州数千人惨遭屠戮，其中包括留守城中的军兵百姓以及三十多名官僚乡绅。如果不是曹燮培在城破之时打开北门，使百姓可以从此逃往城外农村，死伤人数还将增加很多。②

血雨腥风的蓑衣渡伏击战

全州一战后，太平军面对的是他们始料未及的又一个致命悲剧。此前，江忠源已经秘密地从永安州返回了他在湖南南部的老家，但是听闻太平军正在气势汹汹地北上桂林，他便赶紧重新自费组织起民兵，还雇了一千名佣兵，同时还拉他的好友刘长佑做他的副将，准备驰援。在江忠源和他的新军抵达的时候，桂林已经被重重包围。他们在桂林城东北漓江中的一座小岛上短暂地驻扎了一段时日，便决定向北移动，赶在敌军前面到达全州。江忠源认为，一旦数量庞大的太平军穿过湘桂两省的边界到达衡阳，摆在

---

① 见拙著《金田之游》第68—77页之《全州血史》，载有向冯开火的那个士兵多年之后对该事件的描述。
② 《全史》第一卷第383—387页笔者个人的研究发现、《全县县志》以及其他史料，其中包括曹燮培的血书求援信（第384—385页）。

他们面前的就是直通省府长沙的大道,那时自己微小的力量将无法阻止他们继续进军。唯一可行的方案就是在战略要冲蓑衣渡伏击太平军。江忠源立刻派人面见带领向荣部队的和春,请求他在湘江东岸设伏,江忠源则封锁水路,在西岸埋伏。

蓑衣渡在全州以北约十里处,此处河宽不到百米,砍伐东岸树枝灌木,很快就可以封锁河道。首先到达这里的是一队太平军步兵先锋,他们在西岸遭遇了奇袭,伤亡惨重,很快就撤退了。太平军在水路的状况更糟糕,他们大大小小无数的船只因为河道被封锁而阻滞不前,在湍急的河水中互相拥塞,难以调度。埋伏的民兵点燃了太平军的船只,并向被困住的太平军开火。无助的太平军士兵被烧死或溺亡,只有一少部分靠近东岸的船只能够靠上河滩。受伤的冯云山恰巧在这些靠岸的船上,他虽然被抬到安全地点,但仍然没有挺过这一劫。① 太平军陆路的大部分士兵得以从这场战斗中生还,这主要是因为江忠源的部队力量太小,无法赢得决定性的战果。剩余的太平军在天王、其他诸王以及无数低阶军官的组织下,最终成功地在湘江东岸完成集结。和春不知为何,没有能够在那里按江忠源的计划伏击太平军,对此毫无所知的太平军奇迹般地侥幸避开了彻底覆亡的命运。②

江忠源的部队人数太少,无法渡河追击太平军,这给了已经苦战两天的太平军喘息的机会,可以清点损失,重组部队。他们忽然发现自己距离湘桂省界仅有数里之遥,便小心地通过山口向东跋涉,进入了湖南。

现在我们可以暂时放下太平军的行动,来评估一下蓑衣渡的这场战斗,并总结它对未来革命活动的影响。首先,这一战伤亡惨重,超过一万人牺牲,约为太平军总人数的五分之一。祸不单行,此役中阵亡的士兵大多是最早的信徒,他们都是高度忠诚和勇敢的士兵,道德高尚,纪律严明,必将成为革命运动中流砥柱的军官。为了尽快恢复战斗力,太平军不得不开始接收那些本来不符合他们要求的士兵,这些士兵缺少教义培训,也没有

---

① 所有的历史文献均记载说,冯云山在蓑衣渡死于江忠源部下之手,但据笔者的田野调查得出的史实如文中所述,是冯云山在蓑衣渡因全州所受伤势而死去。
② 笔者之所以认为并无这次伏击战,是因为和春采取了和他的上司向荣一样的计策,即避免与太平军进行较危险的接触(见《全史》第一卷第389页)。也有可能是和春的职权不如向荣派在其军中的常驻参将,如江忠源在蓑衣渡一战后给刘蓉的信中所说:"诸将无所统纪,互相推诿。"(《全史》第一卷第410页引)

早期信徒那样高的道德水准。就是从这个时候开始，太平军高标准的道德要求开始受到侵蚀腐化，他们给广西各处民众留下的印象也最终受到了影响，那里的民众会永远记住曾经那支真正"亲切正直"的军队，那支勇于战斗却不扰平民的队伍。

如果说在这一战中牺牲的太平军士兵还可以弥补的话，冯云山之死则无法挽回。他的意外阵亡使太平天国运动在关键时刻失去了一位精神导师，一位实际上为革命政府谋定了所有组织结构和行动计划的主要领袖。同时，革命运动还损失了能够调和杨秀清、萧朝贵集团与韦昌辉、石达开集团之间激烈矛盾的力量。天王现在失去了他忠实睿智、无可替代的心腹知己，失去了和他一起建立并指导了革命运动的好兄弟，此后逐渐沦为疯狂觊觎权力的杨秀清篡权阴谋的牺牲品。冯云山在很多方面厥功至伟，可以很公正地说，他是太平天国中最为杰出的人物。

从军事方面而言，太平军不得不放弃他们原有的径直北上、直取湖南省府长沙的战略规划。他们在湖南南部滞留的三个月，给了当地官员足够的时间修补城墙，陈兵备战。如果太平军能够早些时日攻取长沙，他们就可能有机会占领湖南全省（后来曾国藩便是在这里组织起了最终消灭太平军的湘军），这将彻底改写清代的历史。很多与江忠源同时代的官僚学者，都将湖南的保全归功于他机敏而大胆的出击干预；咸丰帝也给这位湖南的英雄优遇，破例在短短两年内就把他从秀水知县提升为安徽巡抚。但更重要的是，清政府从蓑衣渡的胜利中认识到，组织有序的民兵在扑灭起义烽火中能发挥巨大的作用。①

---

① 《全史》第一卷第392—396页收录了龙启瑞的历史长诗，先后细数了从起事到占领全州期间的事件。

第六章

从湖南到南京
（1852—1853年）

太平军进入湖南后，试图攻占永州城（今零陵）未果，便于 1852 年 6 月 12 日转向南进，轻而易举地占领了道州（今道县）；并在接下来的一段时间内，以道州为根据地展开活动。① 这一时期，东王杨秀清和西王萧朝贵急于迅速壮大革命队伍，并争取民众的广泛同情，先后发表了三篇措辞激烈的檄文，宣传革命运动在宗教、民族和政治上的理想，呼吁民众团结起来，一起推翻满族统治。其中第一篇檄文便面向全体汉人，一开始就以一种战斗的语气写道：

> 予惟天下者，中国之天下，非胡虏之天下也；衣食者，中国之衣食，非胡虏之衣食也；子女民人者，中国之子女民人，非胡虏之子女民人也。
>
> 慨自满洲肆毒，混乱中国，而中国以六合之大，九州之众，一任其胡行，而恬不为怪，中国尚得为有人乎？妖胡虐焰燔苍穹，淫毒秽宸极，腥风播于四海，妖气渗于五湖，而中国之人，反低首下心，甘

---

① 《全史》第一卷第 409—413 页引夏燮《粤氛纪事》第二卷及《零陵县志》第十二卷。

为臣仆,甚矣哉!中国之无人也!

夫中国首也,胡虏足也;中国神州也,胡虏妖人也。中国名为神州者何?天父皇上帝真神也,天地山海,是其造成,故从前以神州名中国也。胡虏目为妖人者何?蛇魔"阎罗妖"邪鬼也,鞑靼妖胡,惟此敬拜,故当今以妖人目胡虏也。奈何足反加首,妖人反盗神州,驱我中国悉变妖魔!

之后则以近乎完美的文体举出了清朝统治者的十大罪状:

一、强令改变了汉人固有的形象(汉人被迫蓄发辫垂在背后,如禽犬之尾);

二、废除汉人固有的衣冠规制(须着顶戴,前后绣有动物纹饰,穿带马蹄袖的长袍);

三、淫乱汉人女子,堕败血缘,妄图灭我种族;

四、淫虐侮辱妇女;

五、篡夺改替汉人制度条律,以迫害奴役汉人;

六、更改汉人语音;

七、对水旱等天灾的救济拖延迟缓,以减少汉族人口;

八、放纵贪官污吏榨取民脂民膏;

九、政治腐败,卖官鬻爵,贿赂狱讼,使汉人才子郁愤而死;

十、残酷镇压复国起义,诛杀其首并夷其九族,断绝我民族英雄的族人子嗣。

檄文接下来训诫信众要敬拜上帝,并全身心加入这场要将蛮族妖魔一扫干净、建立和平繁荣的天国的正义运动。另外两篇檄文与这一篇目的相仿,但是宗教意味则更强。[①]

[①] 道州檄文载于程演生《太平天国史料》中《颁行诏书》一节,《全史》第一卷第398—403页亦有转录。本处之概括则基于罗邕、沈祖基《诗文钞》后来勘定的版本。关于其他六篇被认为是太平军发布,但其实是天地会发布的檄文,见《全史》第一卷第405—407页。

太平天国革命运动的三个特征也在这里明显地体现出来。首先，道州的三篇檄文均是依照天条，以上帝与基督之名颁布的；热切地敦促民众摒弃迷信，信仰基督。第二，三篇檄文均号召推翻剥削、征服、压迫和虐待汉族人民的少数民族满族的统治。第三，彻底捣灭腐败不堪的政府，并以此为基石，进一步实现建立太平天国的政治理想。①

在湖南地区，檄文产生的影响是双重的。一方面，乡绅和儒家士人们理所当然地对檄文公然宣扬基督信仰表示震惊，他们对太平军的态度变得更加强硬，认为他们不仅是向自己所效忠的满族统治者们宣战的叛乱者，还是挑战传统儒家文化的不可饶恕的异端。另一方面，广大民众，尤其是诸如贫农、重体力劳工、盗匪、天地会成员、恶棍无赖等社会底层，则被檄文的雄辩以及许诺的美好前景深深打动。两万多"新的兄弟"响应檄文的神圣征召加入队伍，组成了道州军。同时，太平军还搜集铁、铜资源，铸造了三百余门大炮和大量战具。短短的两个月时间，太平军全军完成了重组和整备，并扩展到了约七万人的规模，实力较之前更加强大。

在湖南南部的行动

在此期间，清军大量集结在湖南南部地区，并得到命令，封锁从衡阳通往长沙的主要道路。同时，由提督和春和劳崇光率领的从桂林追来的大约一万五千人的追兵已经跟了上来，并且包围了道州。清军在6月22日和7月4日的两次进攻均告失败，便决定暂缓进攻，并收紧对道州的包围。此后不久，劳崇光返回桂林，履行广西巡抚的职务，把已受招安的匪头张国梁和他带领的三千人留了下来。由于告急的奏折从广西和湖南不断地飞来，清政府在8月进行了另一轮的人事调整，将两广总督徐广缙任命为新的钦差大臣，以代替赛尚阿。

在接近7月中旬的时候，太平军派出的分遣队在几次出击行动中获得了胜利，他们占领了附近的两座小城市，并且击退了清军的攻势。尽管如

---

① 将太平天国革命运动归为阶级斗争的马克思主义史学家们，其实是误读了诸多太平天国的文献中体现出的宗教-民族-政治动因。革命运动的对象是满人，而不是乡绅或者某个经济上的阶级。关于此点的论述，见拙文《太平天国的马克思主义解读》。

此，整体局势仍令太平军感到失望，有些领导人甚至建议全军撤回广西境内，再做打算。在核心领导层中，只有东王杨秀清拒绝考虑这种可能性，并最终说服了其他的领导人，使他们相信，只有毫不回头地一路前进才是最明智的策略。在当地一伙强盗的建议下，太平军决定从另一条道路前往长沙。于是在8月10日，他们突破道州东侧的清军包围阵地，然后全军北上。之前占领了两座小城的分遣队，也与大部队会合。在经过一些小县之后，太平军在8月17日占领了湖南省东南边界上地理位置十分重要的县城——郴州。郴州是一座繁华的交通枢纽城市，连接了多条主要道路，北通长沙，南连广东。在这里，太平军不仅获得了大量的新补给，还扩充招收了两万多人。其中有一伙千余人的队伍是特地从广东前来投靠的，但大多数新兵都是天地会出身。虽然这使得太平军的人数扩大到了十万有余，但是新兵的整合程度不高，并且缺乏训练，导致全军的士气受到影响。有一伙盗匪因为受到地方官员和乡绅的不公对待而加入运动，但是随后他们便疯狂报复，残杀了迫害过他们的人，并且抢夺其财物。毫无疑问，这样的事件严重损害了太平军的声誉，对全军的士气和纪律造成了恶劣的影响。与此相反，在道州招收的新兵中有上千名当地的矿工，他们都是挖掘地道的行家里手，在不久之后的战斗中承担了爆破城墙的任务，为太平天国运动做出了特有的杰出贡献。①

包围长沙

在攻占郴州后不到两周的时间内，太平军便发动突袭，试图占领长沙。西王萧朝贵以及两位能干的副将李开芳和林凤祥率领仅两千名圣兵，在当地盗匪的引导下，经湘东一条偏僻的小道急速进军。在沿途接收了几千士兵后，萧朝贵的部队于9月11日到达长沙南郊，并迅速击退了由陕西而来的一股清军，推进到了长沙城下。这让守备长沙的官吏备感震惊，他们本预计太平军会从衡阳方向沿大路而来，绝没有想到他们这么快就兵临城下。如果不是因为萧朝贵对这座城市并不熟悉，他的这一小股部队本可以趁清

---

① 《全史》第一卷第411—420页，基于杜文澜《平定粤匪纪略》、恭亲王《钦定剿平粤匪方略》及王定安《求阙斋弟子记》描述了太平军在道州和郴州的活动细节。

军混乱失序的机会攻入长沙城。太平军错把长沙城西南角的天心阁当作主城楼，便开始向它展开炮击，这给了守备官员足够的时间关闭所有城门，并向城墙派遣士兵增强防御。

时任湖南提督的鲍起豹是一个无能又迷信的官僚。他所做出的第一步反应就是把城隍菩萨的塑像搬请到城墙之上，以求菩萨保佑。所幸当时掌管长沙民政军务的是湖南巡抚骆秉章，他是当时的能吏之一，而且巧合的是，骆秉章本人也是广东花县人（与洪秀全是同乡）。骆秉章进士出身，曾在翰林院供职，以忠诚能干、富于谋略闻名。只是因为招待不周，得罪了刚被任命为钦差的赛尚阿，因此以行政不力之名而遭到弹劾。尽管如此，骆秉章在等待继任的张亮基的同时，仍然积极参与长沙防备。如果郴州的太平军提前知晓骆秉章已经施行了包括修补城墙在内的一系列防御准备的话，就不会仅以萧朝贵率轻步兵突袭长沙了。

太平军刚一开始轰炸长沙城，骆秉章就亲自登上城墙指挥防御作战。长沙城此刻的防守力量只有不足六千士兵（半数正规军，半数民兵），加上一些由乡绅率领的临时招募的雇佣兵。告急的文书很快就被发往周边各城市，以召回派遣在外的湖南军队，并向其他地方的清军求援。清军在之前提到过的天心阁上布设的加农炮火力强劲，最终迫使太平军躲进南郊的房屋和商店进行隐蔽，但是太平军的轰炸并未停止，他们整日整夜地从当铺的高塔和其他高层建筑上向长沙城射击。

西王萧朝贵看到战斗毫无进展，便在战斗打响的第二日，身着符合他等级地位的镶龙黄缎长袍，张开大旗，亲临最前线指挥进攻。城墙上的清军很乐于见到这样明显的目标，于是很快一发炮弹贯穿了萧朝贵的左肩。萧朝贵被运往后方救治，对长沙的攻势也暂时停止，副将李开芳和林凤祥迅速地将噩耗报回在郴州的太平军总部。

1852年9月末，萧朝贵伤重不治，他的部队后来分归杨秀清统领。他的遗孀（天王的妹妹）继续留在太平军中；他的儿子萧有和继承了他的王位，为幼西王。但是同冯云山一样，萧朝贵在太平天国运动中的地位是无法取代的。他的死打破了高层领导之间微妙的权力平衡：失去了冯云山和萧朝贵衷心支持的天王，现在不得不看杨秀清的脸色行事，而杨秀清握有的巨大权力最终会动摇太平天国的命运。当然，萧朝贵作为这场重要战役的最高指挥官，不应该把自己如此明显地暴露在前线，史家对他的批评也认为，他的战殁并非英雄主义的作为，而只是"愚忠愚勇"的另一个例证。他死后很长时间，他的名字仍然和杨秀清一起，出现在天国宣传单页和官方文件上——太平天国以其特殊的方式纪念这位特殊的英雄。①

与此同时，响应骆秉章的求援呼声，清军一拨一拨地驰援长沙。首先到来的是邓绍良率领的九百湘军，之后是江忠源的部队（约两千人），以及和春和张国梁等人的部队。之前因在广西战事不利而被流放新疆的向荣，现在也随新任钦差大臣徐广缙于10月2日抵达长沙，并受命节制各路援军。新任湖南巡抚张亮基也于10月7日率领由正规军和雇佣兵组成的五千人的队伍到达长沙，他随即接管了全城防务，骆秉章则作为他的助手留了下来。张亮基的随行官员中另外一个值得一提的是左宗棠。左宗棠是湖南湘阴人，举人出身，他很快就会成长为镇压太平天国运动的中坚力量。于是，一众久经战阵的老将在张亮基和骆秉章这样的能臣带领之下团结起来，此时的长沙城军给充足，集结了超过五万的士兵、民兵和雇佣军，这大大超过了包围长沙的太平军轻步兵力量。长沙城足以确保无虞。

但是进攻方并未退却。在萧朝贵战殁悲剧发生后的休整期中，南郊的太平军接受了新近招募的那些煤矿劳工的建议，在李开芳和林凤祥的指挥下，开始在城墙下面挖掘地道，希望能够通过引爆火药炸毁城墙。在此期间，他们与清军的接触仅限于一些小规模遭遇战。10月13日，天王洪秀全和东王杨秀清率领大部队从郴州赶来，剩下的部队则交由北王韦昌辉和翼王石达开带领。全军由西面而来，现在已经驻扎在城西湘江两岸。这股部队在之后的两日内，在与清军巡逻队伍的接触中有两次小挫，不过之后的几天便以两场胜利还以颜色。双方的战场也逐渐由城南转向西郊的湘江沿岸，石达开的部队正严密控制着湘江西岸，以及湘江防御的要冲——河中狭长的沙洲水陆洲（现称橘子洲）。清军不惜一切代价要夺回这片沙洲，向荣派遣了三千河南兵，却只有指挥官王锦绣只身而还。向荣立刻亲率三千

---

① 笔者对萧朝贵之死的研究，见《全史》第一卷第423—425页。

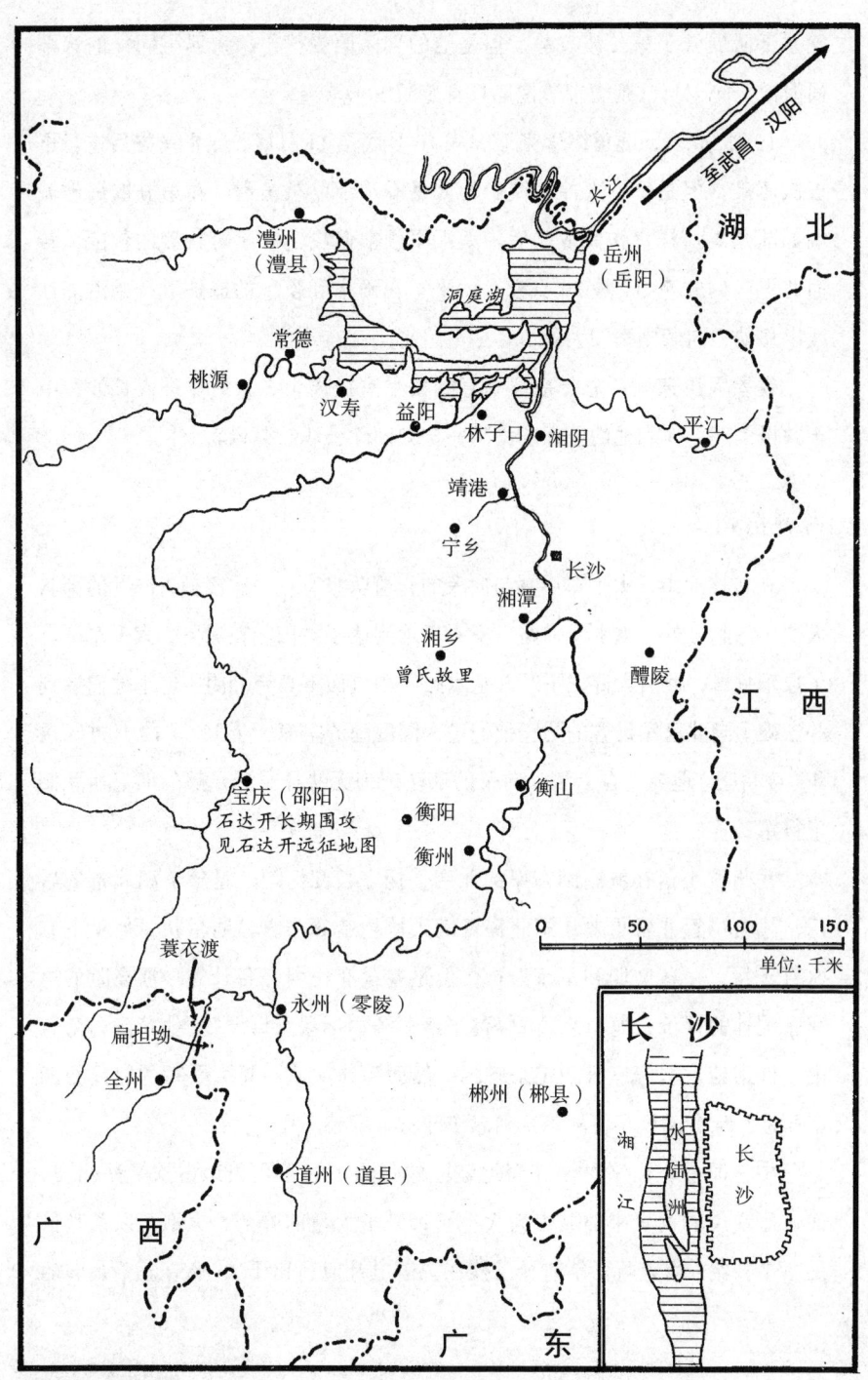

地图 2　湖南之战

嫡系部队展开了第二波攻势,但是他的部队因受伏击,遭遇了同样的惨败而溃散,向荣自己则满带羞愧地只身游回了东岸。

10月30日,隧道终于完工。从10月底至11月底,太平军先后进行了五次爆破,但是每一次冲入城中的太平军都最终被击退。在第五次爆破城墙如前几次一样宣告失败之后,太平军领袖们决定解除对长沙的包围,转而北上。1852年11月30日夜,太平军在雨水和夜色的掩护下开始沿湘江西岸移动,向荣则率领大量清军随后追击。

钦差大臣兼湖广总督徐广缙直到太平军撤离十二天后才进入长沙,由于救援失期,他和他的前任赛尚阿一样被削除公职,判以斩监候。①

占领岳州

在转移途中,太平军后翼与向荣的先遣队只有过一次接触,向荣的部队大败。除此之外,太平军一路平安无事地到达了益阳。在那里,太平军征募了数千舟楫,此后大部太平军改从水路,顺流而下直奔湘阴。途中他们遇到并击破了湖北官军设置的防止他们进入洞庭湖的阻障,于12月13日进入岳州(今岳阳)地界。在上游,向荣的部队因为无法征集到足够的船只而耽搁了行军。

岳州城坐落在洞庭湖东岸的北端,扼守长江河口,是整个湖北省的后门,战略位置非常重要。湖北提督满人博勒恭武亲自驻防岳州,他手下有八百士兵、一些文职和军事人员,但是并没有任何守备计划。据当时的史家张曜孙的评价,博勒恭武"轻佻不谙军务,标兵又孱弱"。他接到向荣急书,许诺他们坚守三日,定来解围。然而岳州文武一见太平军的船只便四散而逃,唯有满族裨将阿尔东阿忠于守备,城破身死。

中午时分,太平军便在当地盗匪的带领下兵不血刃地占据了岳州城,而这座富庶的商贸中心城市为太平军带来了大量的弹药、火炮,以及其他的军事补给(均为两百年前吴三桂在三藩之乱时所留下),还有五千余艘船

---

① 关于长沙之战的详尽描述,见《全史》第一卷第420—435页,此外还援引了王闿运《湘军志》《湖南通志》、刘成禺《太平天国战史》、朱孔彰《中兴名臣事略》、陈继聪《忠义纪闻录》《湖南省志》及仓景恬发表于《大风》第83期上的《守长沙记》。

只，这使得太平军的舰船总量增加了一倍。此外，太平军还招纳了唐正财这个能干的船主，当时他正巧在岳州行商。太平军领导层还为他设立了"典水匠"这个新官职，授将军职衔，令他管理所有船只。进城四日之后，太平军大部登船，沿长江北上进入湖北，其余的部队则沿长江东岸徒步行军。

最终，清政府下令严惩所有岳州官吏，首当其冲的就是博勒恭武。岳州失守一年后，他被发现隐居在京城，随即被抓捕斩首。[①]

占领汉阳、汉口

徒步行进的太平军途经蒲圻、咸宁二县，并未遇到实质性的抵抗；他们在咸宁还缴获了五千余艘船，舰队规模也随之扩大到了一万六千余艘。这一部太平军也于12月22日首先抵达湖北省府武昌城外。与武昌城隔江相望，坐落在长江西岸的是汉阳县城，北面则是汉口港。这三座城市一同组成了有效沟通整个帝国交通运输的重要枢纽，也成为当时数一数二的商业中心。汉口尤其如此，商品货物都在那里进行交易，数以千计的大型货船往来进出。但是，居然没有人考虑到要增派部队守卫这个如此重要的集散中心，结果太平军于12月23日轻松击败了驻防汉阳的仅有的三百清军，并在六天后占领了汉口。汉口港码头上停泊的可能超过一万艘船，都成了太平军此役的战利品。

不久，天王洪秀全和东王杨秀清赶到，他们以汉阳为太平军的临时指挥所，并确定了袭取长江对岸的武昌城的作战计划。那年冬天适逢长江水位低潮，这使得太平军可以把船只连结起来，架设了两条可供士兵随意移动的浮桥，并由此过江攻略武昌。

汉阳和汉口沦陷的消息引起了朝廷的警觉，使之迅速做出了新的部署：任命两江总督陆建瀛和署河南巡抚满人琦善为钦差大臣，分别从东面和北面逼近太平军。已退行伍的老将、直隶提督陈金绶受命襄助琦善。因急需将才，在长沙军中被免职的向荣也被重新提举，节制武昌、汉阳军务。朝廷还调八旗骑兵入关至河南，以备不测。[②]

[①]《全史》第一卷第437—439页。
[②]《全史》第一卷第440—444页。

汉阳插曲：创制龙印

在汉阳期间，天王洪秀全依照中国帝王及官僚均请人雕玉石为印玺以显示个人和公职身份的传统，令人刻制了一枚带有龙首的印玺，为了彰显特别，洪秀全要求这枚印玺要以纯金打造。而实际上，太平天国的第一枚玉玺是在长沙时为天王刻制的，那枚玉玺所采用的玉石精致硕大，据说是出自一枚上古时期流传下来的玉玺。[①] 经过精雕细琢，当这第一枚彰显着洪秀全以及新王国无上荣耀的印玺雕刻完成的时候，太平军万众沸腾，山呼万岁。

太平天国似乎对印玺特别地钟情。无疑，这既是出于对传统的尊重，也有一部分原因是出于对个人虚荣心和印玺象征的权力的追求（许多迷信的民众仍然相信，印玺本身具有斩妖除魔的神力）。太平军攻占南京后，曾经大肆刻制并分配印章，就连最低级的官吏都配发印章以证明文件；天王每每印发文件，均在首页加印带有"敕训"字样的签章。现在，我们也许有必要总结一下太平天国印玺的一些特点，它们在很多地方都别有创新：

一、印玺有两种形状：天王和幼天王用正方形，其他人员用长方形，其长宽比为二比一；

二、印章文字采用宋体，与清廷所采用的篆书不同；

三、除了一些最低阶的官吏，所有官员的职称、姓名均采用全称；

四、印章四边采用不同的设计，通常的图案是两条龙穿过云端；

五、除玉玺外，印章文字并列一排，如职衔字数过多，则从中间开始分为两行；

六、印章长短标识官阶高低，东、西、南、北四王之印长 6.6 寸，以下逐级缩短 0.2 寸；

七、早期的印章用金（天王龙尾玺）、银（诸王象尾印）以及木（其他官员印）刻制，后期印章均为木制；

八、太平天国玉玺签印于文件首页右上角处，与历朝印于文后的习惯不同。洪秀全及天国的玉玺占据了文件的顶端，他便要求其他签印依旧例

---

① 李秀成状。

印于文件底部；

九、印章文字常含有措辞虔敬的训导词，语句如楹联一般对称，还有常用的吉祥话，甚至是押韵的诗句。这些虽然都给中国传统的印章增加了一股古怪奇异的风格，但是清朝印玺将满汉文并列的做法同样异于传统。[1]

第一次占领武昌

武昌方面并没有对即将到来的太平军攻势做出部署，当时城内大约有三千正规军和一千民兵，但是湖北提督博勒恭武仍在岳州没有回来。湖北巡抚常大淳恳请当时恰巧在武昌城中的江南提督满人双福留守协防，但是太平军的逼近使二人恐慌怯战，双福采取的防守方针仅仅是烧毁城外店铺房宅，并且紧闭城门。在城外驻防的军兵也被召回城内，在他们的坚持下，清廷援军的先锋部队也进入了城内。就这样，双福把武昌城闭锁得严严实实，就连几天后向荣的大部援军抵达时，都无法与城内取得联络。

对武昌城的攻略于 12 月 23 日正式打响，到 25 日，由罗大纲率领的太平军不断地发起一波又一波的攻势。由岳州退守而来的清军先锋常禄和王锦绣部每次都对攻城的太平军造成重大损失，并将其击退，但是巡抚常大淳拒绝他们出城追击败军的请求。太平军方面意识到直接攻城伤损巨大，便决定尝试爆破城墙。令他们倍感意外的是，武昌城郊的居民积极主动地向挖掘地道的太平军介绍城防规划，还指导他们挖掘。这是因为他们对常大淳和双福之前烧毁了他们的店铺房屋感到愤怒不满。

向荣带领援军主力于 12 月 24 日抵达武昌城外，但是除了张国梁的部队与太平军的几场小规模接触战，他的部队并没有参加武昌保卫战。向荣一次次地冲到可与城墙相望相闻的地方，试图与城中的清军取得联系，但是风声鹤唳的常大淳与双福都对他们置若罔闻，不予回应。即便是在这样的情况下，仍然有大量清军赶来援救。随着清军人数的增加，太平军将几

---

[1]《通考》第四篇通篇介绍了太平天国的印玺，并配有十六幅印样。根据已知的信息，仅有八枚太平印玺仍在中国。其中天王洪秀全用玉玺一枚及幼天王用玉玺一枚先存于北京故宫博物院，后转移至台北故宫博物院。安徽省博物馆藏有两枚木印，一枚属于首王范汝增，另一枚属于某尹姓高官。另外四枚木印，印首平展，为低阶官员所用，现由笔者收藏。贺翼柯（Alfred E. Hake）《太平动乱中的事件》中的一幅图片，向我们揭示了第九枚印仍然留存的可能性，但对其具体所在，我们仍无线索。

乎所有驻扎在汉阳的部队都调入战场，决心在天王洪秀全四十岁生日之前攻克武昌。

战斗的转机出现在1853年1月12日（咸丰二年腊月初四），太平军的掘道爆破使得文昌门附近的城墙坍塌，出现了长约九十米的破口。五十名太平军童子兵高举起义旗帜，率先从破口涌入，紧随其后的是翼王石达开的部队。其他的太平军则以云梯登城。太平军涌入城中，高喊"杀妖"口号，守军则慌忙撤退。东王杨秀清告诫全军，"官兵勿留，百姓勿伤"，因此太平军扫荡街道，杀死每一个被发现的清军士兵，也有一些贸然离家的市民被误认作清军而被杀。太平军还占领了衙门，杀尽所有官吏，释放了所有在押囚犯。夜幕降临之时，太平军在将近二十天的攻势之后终于完全占领了武昌城。向荣率领的援军一直驻扎在城郊，从未参与战斗。

常大淳和双福均身殁是役，所有文武职役也全部殉难。前来支援的清军士兵和雇佣军有近九成被击杀，本地兵丁则大多投降。至于民众，据资料记载，约有八千人被杀，十万人自杀。（城破之后居民大量自杀，尤其是妇女因畏惧被匪徒欺侮而自杀守节的现象，在中国战争史上屡见不鲜。许多史家将自杀和被屠杀的受难者笼统合并，记为民众伤亡。这种错误的计算方法可以解释太平军占领一些城市后民众伤亡数字奇高的现象。）

次日（咸丰二年腊月初五、太平天国二年腊月初十），太平军全军隆重庆贺三喜临门：天王洪秀全的四十岁生日，金田起义两周年，以及他们首次取得具有标志性意义的重大胜利——占领省府城市。在之后的岁月里，每年庆祝金田起义和天王寿辰，成为相当于太平天国国庆的重要节日。[①]

太平军治下的武昌

占领武昌后，太平军恢复了城市秩序，并清扫了街道上的尸骸之后，天王率领其他诸王于1月17日将指挥所从汉阳搬来武昌，诸王各自占据一个衙门办公。他们发布布告，敦促民众信拜上帝，还在街道上建立圣库，收受民人钱财贡物。许多私人史料都一致地记载，这一时期的太平军和起

---

① 关于太平天国的国家节庆，见《通考》第一卷第21—23页。

义之初一样，纪律严明。通奸和强奸更是被明令禁止，违反者将被斩首。但是也有一些无赖盗匪趁火打劫，他们趁城防刚破那几日的混乱时机，假扮太平军在全城范围内肆意劫掠、强夺，无恶不作。当地百姓都叫他们"土皇上"。

太平军最重要的任务自然是收集物资。据史料记载，太平军从对全城搜查以及民众的捐献中收获白银数百万锭，仅从各衙门收缴的白银就有一百六十万锭。所有款项均被收入圣库。除此之外，他们还派出了分遣队，前往附近的两处地方征收军粮。这一时期，太平军中原来依圣经对偷窃行为做出的严格定义被放宽，将为革命运动按令收缴的行为排除在外。

随着占领全国的最高使命逐步变得现实而可行，太平军对另一项政策进行了微调，即引入了募兵制。据资料显示，太平军的总兵力此时约为十万余人，但是这一数字中包括女性（具体而言，其中包括至少两万名两广男兵，一万广西女员，两湖地区男女兵丁共四万人，还有一万水军男兵）。显然，太平军需要更多的部队，于是他们在武昌征募了几乎所有没有逃亡的民众，男人被分配了不同的职阶，妇女则被编入女营。太平军用孟子"溥天之下，莫非王土，率土之滨，莫非王臣"之言，为自己的募兵正名。这一小步的调整使得太平军逐渐开始转向主张，所有被他们占领的城市或地区的土地、民众、钱财以及物资全部归属于天上天父与地上天王的王国。无论对错与否，太平军确实认为有必要实行这些政策，只有这样才能完成他们为中国带来和平繁荣的伟大目标，也只有到那个时候，才有可能取消这些战时的临时政策。

太平军对未来的构想，现在已经缓慢地开始成形。例证之一就是他们在武昌建立了很多影响深远的新型社会组织，其中包括"能人馆"（协助并医治病患）、残疾人保障机构、"妇女馆"（安置女营中的非战斗人员）、"老人馆"（照料年老者）、"文学馆"（安置学子）以及"童子馆"（收录男童，后编成童子兵）。自此之后，太平军在所到之处均会建立这些组织，安置兵丁以及民众。

太平军与之前一样，在武昌也举行了全军规模的宗教训导活动。他们在一处广场建立了巨大的平台，用于对全体民众宣传教义。但是，这种面对大众的福音传导，并不仅仅局限于对太平军宗教信仰的宣传，还包括对政治革命基本原则的阐释，这些都被太平军称作"讲道理"。[①]

武昌城外，新被任命为湖北提督的向荣虽然对掉队的太平军接连取得了军事上的小胜，但是自己一方也有两百雇佣兵投降"匪逆"：他们在行军至武昌的途中恶行累累，便以这样的方式逃避向荣可能对他们采取的惩罚措施。这些人中最为凶恶的，便是张国梁手下的旧匪，以及从广东潮州来的雇佣兵。对于后者，曾国藩在他的观察中还特别提到过，说他们大肆烧杀劫掠，奸侮民人，使湖南无辜百姓之间广有流言，说官军行军不像太平军一样对百姓秋毫无犯。[②]

东进的决定

太平军在武昌度过了太平天国的第三个春节（1853年2月3日，咸丰二年腊月二十六），次日，他们用与清军的两场遭遇战中的胜利完成了庆祝活动。虽然有人曾经提出以武昌作为革命根据地以及将来太平天国的首都，但是随着越来越多的清军不断地向这一区域集结，像永安州时那样的围攻形势风雨欲来，太平军的领袖们心有不甘地意识到，他们必须放弃武昌城。于是，他们一边派兵不断干扰和牵制清军部署，一边用大量部队将战具和补给装运到停泊在江边的船只上，只待万事俱备，拔营出发。但是此时，他们还必须决定，究竟是向北还是向东转移，这是一个已经困扰了他们很久的问题。

有人主张向北急行军，经河南和直隶，沿途收纳忠勇，太平军便有机会直捣黄龙，占领京师，迫使满人逃往内蒙古。而且只要在汉阳和汉口布置较强的守备力量，就可以防止向荣渡过长江，追击北伐的部队。但同时，他们得到情报，大量清军集结在河南境内，阻断了北伐的道路。而太平军的领袖们对新近收编的"兄弟"们的可靠性，以及其他兵士从广西一路战斗至今所剩的战斗力都心存疑惑，因此不愿冒巨大的风险进行北伐。

[①]《全史》第一卷第440—462页，讲述了占领汉阳和武昌地区的经过。该处参考了劳光泰《鄂城褒忠诗》、魏秀仁《咄咄录》、张曜孙《楚寇纪略》、陈徽言《武昌纪略》、佚名《武昌兵燹志略》及向荣奏折（后三份文献收录于向达等编《太平天国资料丛刊》）。
[②] 江世荣收录的曾国藩给张亮基的信，转录于《通考》第三卷第1294页。

另一个选择则更为可行。湖北东面便是江南地区，那里人口繁盛，生活富足，以那里为基地，太平军可以轻易地扩大队伍，增强实力，继而占领全国。另外，太平军曾经公开声称，南京（即"小天堂"）即是他们的最终目标。于是，他们下定决心，向东进军。

　　这一决定可以说是太平天国运动史上最为重大的战略失误。首先，虽然琦善和陈金绶刚被任命为钦差大臣，负责河南防务，但是当时河南全省只有一万多清军，且军纪涣散，不足防备。而那些将来驻防京师的强大的蒙古和满族骑兵，则尚未集结。而这一时刻，像曾国藩的湘军这样由忠于朝廷的乡绅组织的战斗力强大的民兵部队也还未成形，太平军北伐途中不会和他们相遇。其次，太平军士兵多数出身于南方落后地区，单纯不谙世事，富庶的江南地区的声色物欲对他们有着无法抗拒的吸引力。太平军由此产生的士气和军纪上的堕落，最终直接导致了内讧的发生，为太平天国敲响了丧钟。[①]

向东进军

　　1853年2月8日，太平军的后翼部队在武昌城西郊阻击了向荣的进攻，与此同时，城中的主力部队开始渡江至汉阳，随军带走了所有的食品和军需补给。在所有之前被征募的兵员中，只有九成的男性和一到两成的女性能够随军开拔。这使得很多不幸的太平女兵丢掉了性命，其中有些人甚至宁可溺毙江中，也不愿留在武昌。（在之后的行动中，太平军也抛弃了数量巨大的男女兵丁，清军为他们提供了安全的路线，让他们返回武昌。）次日，天王和其他诸王也在剩余部队的护送下从容不迫地依序渡江。最后，尾队的士兵在撤退完毕后，放火烧毁了渡江的浮桥。

　　子夜，大股野蛮的清军冲入空城，劫夺奸侮民人，放火烧毁房屋。从各种意义上讲，他们对百姓造成的苦难和伤害都远远超过太平军。向荣花了相当长的时间，才重新集结起部队，并开始追击敌军。

　　与此同时，现在规模已经超过五十万人的太平军全军，通过水陆两路，

---

① 《全史》第一卷第463—465页。

悄然镇静地向南京进发。胡以晄、李开芳和林凤祥的部队沿长江北岸前进，分配给他们的任务，可能是防止清军从陆上对太平水军发起进攻。其余的部队则分别乘两万余艘船艇顺流而下，天王的船船艏装饰着龙头，船尾装饰着龙尾，气势不凡。船上除了天王洪秀全本人，还有其他诸王、他们的家眷以及像秦日纲和罗大纲这样的重要将领。

他们与清军唯一一次较为激烈的对抗，是在出发五日后的子夜，地点是在靠近湖北边界的一处叫作老鼠峡的战略要冲。此前一个月，钦差大臣、两江总督陆建瀛在这里派驻了一队清军，以防备太平军。此时，翼王石达开指挥的先锋部队来到这里，他们趁这三千清军熟睡而没有防备时，将其全部歼灭。负责指挥的寿春总兵满人恩长虽独身幸免，但随后也蒙羞自沉。战报传来之时，陆建瀛正带领着两千士兵沿江而上，赶往老鼠峡。他的士兵听到这个消息后，马上恐慌溃散，陆建瀛本人此时见到太平军的舰队，以及船上数以千计遮天蔽日的各色旗帜，也立刻放弃了自己的旗舰，乘小船与随从数人逃命去了。

翼王石达开的部队于2月18日清晨逐渐逼近江西省九江县，本来驻防在这里的八百清军以及城中百姓已经闻讯溃散逃亡。石达开仅派了五名童子兵上岸，便占领了这座空城。在接下来的两天内，太平军在城内搜集财物细软以及货物补给，之后离开九江，继续行军。

从九江离开时，太平军不仅在长江北岸分有兵力，在南岸也部署部队同时推进，因此在防备从江岸发动的突袭上更加严密，但与此同时，他们的后方却缺乏相应的防卫。未在九江留守一支时刻观察向荣动向的后翼机动部队，是他们犯下的又一个重大战略失误，这使向荣有机会能够紧紧地跟在他们后面，在他们抵达南京之前不断地进行骚扰。

从九江出发三天后，太平军的先锋到达小孤山，而小孤山是安徽省府安庆的门户所在。而驻防的安徽按察使张熙宇及其清军小队望风而逃，石达开便留下一股太平军占领并防卫小孤山，自己率军继续向安庆进军。安庆坐落在长江的北岸，就一省之都而言，城池略小，城墙也显得低矮单薄。通常驻扎在这里的隶属于安徽省的部队，是一支约一万人的正规军，现在则因为紧急派遣协防他省，驻军只剩下两千人，统率他们的两位将领也懦弱无能。不久前，清廷也曾调令附近省府兵力驰援安庆，但援军迁延不至，进士出身的安徽巡抚蒋文庆只能孤军面对不断逼近的太平军。而辖制安徽的钦差大臣陆建瀛的抵达，为蒋文庆带来了些许希望，他拼命地向陆建瀛求援，而后者却说"贼势浩大，万不可敌"，然后继续向南京方向撤退。

可怜的老巡抚无助地看着大批百姓前往乡下逃难，而自己与这座孤城的命运却风雨飘摇。就连布政使李本仁也借护送粮饷军械之故，转移至北面的庐州（今合肥），迅速撤离了安庆。李本仁在途中遭遇了前往安庆的一队太平军步兵，他随即悉数放弃物资，径自逃命去了。

2月24日上午，几艘船载着百余人的太平军先锋队，出现在远方的江面上。当时，蒋文庆正在城墙上观察情况。他忽然意识到城池已经无兵可守，便踱着悲怆的步伐，慢慢地走回自己的衙门，等待城池的陷落。是日午夜之前，城墙的西南角受炮击而崩毁。蒋文庆做出了他最后的英勇反击。他召集亲兵出署，前往西辕门，在那里被涌入安庆的太平军击杀。同时，城内府县衙役均四散逃逸，只有十四名低阶小吏英勇殉亡。

安庆是太平军攻陷的第二座省府城市，从安庆各府衙中，太平军共收缴了白银三十万两、大炮百余门、军粮补给无数。清缴之后，太平军留下了数百人的守备力量，其余兵力在四日后乘船向南京开进。

此时乡间盛传太平军所向披靡、无往不利的流言。所以，当太平军在安徽境内行军之际，各地百姓乃至一些乡绅都前来劳军，他们为太平军提供了人口户籍资料、大量粮饷军资以及其他能为太平军提供帮助的物资。[①]他们的动机可能既有爱国主义，也有机会主义的因素，但是无论如何，太平军在安徽时力量再度壮大，当时已经有了约七十五万的总兵力。

翼王石达开的部队刚过芜湖，就在东梁山取得了一场军事上的胜利。驻扎在东梁山的有当地原有的一些舰船，和一支由福山镇总兵陈胜元统领的六百人的部队，这些兵力都是钦差陆建瀛在撤退回南京后派来驻防的。当太平军接近时，驻防部队均望风而逃，撤回南京，只有陈胜元以及一小股士兵坚守阵地。太平军发现清军缺少弹药，因此出奇策：用空船载满泥

---

① 记载于《粤匪杂录》中海虞学钓翁的纪事诗，另见夏燮《粤氛纪事》。

土杂物,令其顺水驶过清军阵地,而清军便向这些行动缓慢的目标疯狂射击。当清军弹药殆尽时,石达开才命令战船拔锚,顺流而下。此时见太平军声势浩大,清军纷纷逃亡,只留下陈胜元孤军奋战,最终中炮落水。

此后直至兵临南京城下,太平军都没有受到任何清军的骚扰,他们于3月6日至9日一拨拨地涌入南京西南城郊。在经过历时两年、长达四千余里的长途跋涉之后,金田镇的拜上帝会教徒们终于抵达了他们的"小天堂"。①

关于这次向南京的战略转移,还有两件事值得提及。其一,有一座县城,太平军路过时发现其并无城防,也并未骚扰此城,反而对其多有照顾。这座县城的名字就是"太平"(今安徽当涂)。另一件事便是天地会在长江流域为响应太平军而发动的起义。他们对太平天国革命运动的贡献,似乎可以归结为他们在关键节点上为太平军提供了额外的战斗力;但是,他们的很多檄文却与太平军的檄文布告混淆在一起,被误认为是他们对太平天国运动做出的贡献。②

---

① 从武昌至南京一路史事之详述,见《全史》第一卷第466—475页,该处援引了薛福成在《庸庵海外文编》中记述陆建瀛丢掉南京一事的文章、杜文澜《江南北大营纪事本末》及劳光泰《鄂城褒忠诗》。
② 《全史》第一卷第780—799页载录了十二份天地会的檄文。其中反复出现"天德"年号,这是表明檄文出自天地会的证据,因为太平天国从未用过这个年号。白伦在《太平天国叛党志》第210页中提到,洪秀全给广州的罗孝全的书信上印有"天德太平王"五个字。但是,似乎没有其他史料证明确有此信。见《通考》第一卷第26—33页。

第七章

占领南京
（1853年）

江苏省的省府南京是一座坐落在长江东南岸的超大型城市，其城垣高耸，有超过一万五千个城垛，守卫着它的十座城门以及绵延九十六里的城墙。此时南京城的防卫任务由两江总督陆建瀛和江南提督满人福珠洪阿负责，他们总共统领超过三万的正规清军。不过，其中大部分兵力已经被分派外地协防。尤其是在2月上旬，陆建瀛曾率领三千人往长江上游巡弋，却在九江下游溃败覆灭，只有陆建瀛本人及七个亲兵逃亡回来。现在所剩的城防兵力已经锐减到四千八百人。3月，当太平军兵临城下之时，只有一千八百人的正规清军在总兵程三光的指挥下保卫南京。

形势严峻，江宁将军祥厚从驻扎在明故宫，此时尚在城中的八旗兵中抽调四千人，协助全城防务。江宁布政使祁宿藻也迅速整编了一支民兵队伍，他募集了八千名雇佣兵，并委任治所也在南京城内的上元县令刘同缨，召城中生员统领他们。虽然他们招募的雇佣兵人数很多，但是刘同缨很快就意识到，这些人都是一无可取的恶棍无赖，而生员们则毫无军事才干。于是他又遴选征召了五百佣兵，并且释放了一些死囚，要他们在战场上组织领导这些佣兵。这支由刘同缨用非常手段组织起来的队伍英勇奋战，直到最后一人。

防卫力量的不足还不是南京城防最薄弱的环节,最脆弱的环节恰恰是两位负责防务的长官:陆建瀛和福珠洪阿。陆建瀛传统文人出身,为官圆滑取巧,这种官僚在清朝并不鲜见。他之前奉命修复黄河上一处溃损的堤坝,日久不能成功,便找了个塞责跳脱的机会,请命协防以解长沙之围。他这种表面上的爱国情操和无畏精神,给他带来的是钦差大臣和两江总督的头衔。但是,在危难时刻主动请缨如此艰巨的任务,陆建瀛的这个如意算盘很明显地落了空。先前在长江上游的那次溃败带来的冲击,使他不谙军务的弱点暴露无遗,陆建瀛因此羞愤失意,把自己关在衙门中,不见任何人,也不处理任何公务。虽然江宁将军祥厚、布政使祁宿藻以及其他同僚尽力劝慰,他始终拒绝再前往前线。他自然因此遭到了弹劾,但是在调他回京问罪的圣旨到来之前,太平军便开始了对南京的攻略,因此陆建瀛在城池蒙辱沦陷时,仍然主持着南京的防务。

在陆建瀛之下主持防务的是江南提督福珠洪阿,他在军事上和陆建瀛一样无能。当时,福珠洪阿率领五百军纪涣散的鸦片兵,驻扎在城南的雨花台山上,太平军刚一出现,他们就丢弃阵地,望风而逃,撤回城内。而且,福珠洪阿居然置之前运往雨花台山阵地的火炮、军械及弹药于不顾。太平军不久之后就发现了清军给他们留下的意外之喜。[①]

攻城十三日

南京城被一拨拨到来的太平军重重包围,就像浪潮中的一块石头,随时都会倾没。黄生才带领的圣兵在3月4日占领芜湖后,沿长江南岸逐渐逼近,并于3月6日晚首先抵达战场。紧随其后的是无数的太平军兵,几日后,李开芳的部队占领了雨花台山。在南京城南门,还曾发生过一些运米人自发的抵抗活动,当时数千运米人持棍棒器械,防备抢劫,他们中的一些人跑到城墙脚下,疯狂喊叫请求弹药支援。祁宿藻及其部下以及八旗

[①] 关于清军防守南京事,见《全史》第一卷第476—479页。该处特别借鉴了汪士铎《乙丙日记》、张汝南《金陵省难纪略》及李圭《金陵兵事汇略》。在此期间,还有一个流传甚广的传闻:陆建瀛的儿子、女儿和女婿在从南京逃亡时被抓捕,太平军将其扣押作为人质,迫使陆建瀛放弃城防。虽然至少有五份私人文献中记载了此事,但是其细节终究无从查证。见《全史》第一卷第475页。

官兵本欲施救，但陆建瀛疑其有诈，反而命令官兵向这些倒霉的求救者开炮，将其驱散。陆建瀛无情又愚蠢的命令，让本就染病的祁宿藻倍感震惊，他愤懑吐血，不久就死去了。

长江南岸的太平军一边等待着水军的到来，一边开始用福珠洪阿丢弃在雨花台山上的大炮和弹药轰炸城墙。另外，太平军还派出许多由二三十人组成的小队，不断骚扰各个城门的守军，与此同时，他们还在各处建设了二十四座供驻扎用的军营。在江北徒步行军的太平军部队，可能于3月12日占领了长江北岸的浦口港；同一日，太平军的水路舰队驶入战区，停泊在城北的江边。当时正在南京城的知名学者汪士铎如此形容太平军的威势：

> 无邪术，无奇谋，无大方略，只勇而众尔。然其勇尤可，其众难敌也。破江宁日，口称二百万，七八十万人足数也。虽皆乌合，然我无大胜仗不能丧其胆、折其党。故，或登三山门望之，自城外至江东门，一望无际，横广十余里，直望无际，皆红头人。虽知其皆胁从，然以悍贼夹其中，胁制之，使不乱行，故既众且整。吾人望之夺气。[①]

太平军现在已经将全军都部署在南京城郊，于是便开始正式向南京城发起进攻。作为准备工作，他们在顺长江而下的行军途中，让新加入运动的兄弟姊妹削尖竹竿的两头，现在他们把竹竿散布在城门之外。在城内，祥厚紧张地关注着太平军驻扎的情势，并派遣了更多的八旗兵前往外城城墙，以为防备。陆建瀛则疯狂地不断遣使各处，请求救援。但是他们一去便都没了音讯。[②]

攻陷南京

由于攻陷南京的主要史实在诸多可靠的文献中均有记载，在这里，相对于历史性的描述，我们就更多地侧重整个事件的故事性。太平军攻略南

[①] 汪士铎《乙丙日记》第一卷第16丁至第17丁。
[②] 《全史》第一卷第480—484页。

京的总体方略与他们占领武昌时如出一辙,即通过爆破城墙的方式达到攻占的目的。在湖南加入运动的那些矿工夜以继日地挖掘地道,从南京城的西北郊外,一直挖到了仪凤门附近的西北城墙根。3月18日,负责指挥挖掘任务的林凤祥报告地道竣工。当天夜晚,城墙上的守军便惊讶地发现,有数百太平军骑兵从南面沿西城墙袭来,手持火把,火光冲天。清军涌向西城墙,向他们开火,后来才发现那些中弹坠马的不过是伪装成太平军士兵的纸糊的假人。见到转移清军注意力的计策已奏效,太平军大喜过望,于是在1853年3月19日(咸丰三年二月初十)的拂晓,引爆了城北三处地道中的炸药。

然而,只有仪凤门附近的两处地道中的炸药按时起爆,第三处的爆炸时间因不明原因拖后了,悲惨的是爆炸最终发生的时候,正是第一拨进攻的太平军士兵抵达的时刻。千余名太平军士兵被炸死,后继的士兵不得不爬过他们的尸体冲进城中。不过城墙终究还是被破坏了。清军总兵程三光和沈鼐试图击退从两处缺口涌入的太平军,但是双双战死。许多民众也涌上街道,用自制的简易武器帮助八旗兵反击进攻者。最后,刘同缨带着他的特编部队赶到战场,他们成功地阻止了太平军的进攻,并填塞了城墙上的缺口。

从各个方面而言,太平军的攻势都被挫败了。但是城中却发生了一件事,使得整个战局出乎意料地发生了反转。最先冲入城中的一股太平军遭遇了一辇有许多亲兵护卫的轿子。亲兵和轿夫立刻就四散逃命去了,太平军冲到轿前,见其中坐着一个"妖魔",就把他给杀死了。他们不知道这个人就是"妖魔头子"陆建瀛,当时他刚刚和驻防的将军们开完紧急会议,正在返回衙门的途中。他的两名侍从,一人与陆建瀛一同被杀,另一人则逃过一劫,之后还埋葬了陆建瀛的尸首。但是让这件事产生实际重大影响的是那些恐慌错乱的亲兵,他们逃到城中各处,不知道太平军已经败退,却四处宣扬总督被杀、城池已经陷落的消息。谣言使得城防陷入了混乱,驻防南门和西门的官兵纷纷离开职守,无一人继续留守。太平军一发现这种情况,便令数千人用云梯登上南城墙,并跑到西面,打开各处城门,放其他的太平军进入南京城。

太平军突如其来的好运，还要得益于此时出现策应的第五股力量，他们是约三千名"和尚"。这些人其实是太平军圣兵伪装而成的和尚与道士，在太平军刚从武昌出发时，就以避难之名逃入南京。进入南京城后，他们两三百人为一伙，分别借居在各大寺院，只待时机成熟，以为内应。在太平军攻城的十三天中，他们趁夜进行了很多秘密的破坏活动，包括骚扰清军士兵，以及在民众中散布谣言等。他们最重要的贡献是在被清军放弃的城门附近点燃民房，这是之前定好的信号，告诉外面的太平军该处无人守备。①

在所有被太平军所杀的大小官吏中，刘同缨的英勇就义值得特别地着墨。在外城沦陷后，刘愤懑地杀死了自己的两个小妾，他换上全套的官服，端坐在自己衙门的大堂上，在纸上用红笔写下了这样的话："示来贼！毋害我百姓，愿以身代。"太平军发现这张纸条被贴在大门上，一致认为不应该伤害这样一位好官。于是，刘同缨被太平军从衙门中押解转移，途中挣脱，投水自尽。刘同缨忠义尽职，深受百姓爱戴，如此壮烈的牺牲是这样一位官吏唯一的选择。②

次日，即1853年3月20日清晨，剩下的太平军进驻南京外城，并向仍然为清军所坚守的皇城逼近。驻守在南京外城东门和北门的清军听说西门和南门已然易主，不是自行解散，就是弃械投降。雇佣军也都四散，而八旗兵则退守在紧闭的皇城宫门之后。太平军就这样完全占领了外城。

南京皇城（有时也称满城）本来是之前明朝定都南京时建的内城。此时大约四千八旗军和绿营军以及他们的家眷，在旧宫高耸的城墙与城门之后忐忑不安地等待着，江宁将军祥厚掂量着自己手下的五千残兵，以及在城外不断集结的不计其数而声势正旺的太平军，于是向全军下达了战斗的命令。

战斗开始了，无数的太平军像潮水一样从四面八方冲击皇城的每一座城门，数以百计的太平军倒在城墙之下，后面的人就跨过他们的尸体，前赴后继，不断冲锋，决心不惜一切代价占领皇城。汹涌的潮水最终淹没了清军的守备，太平军攻入了皇城，成为南京城新的主人。祥厚和其他二十

---

① 夏燮《粤氛纪事》第四卷附记，及《全史》第一卷第485—486页。
② 《全史》第一卷第486—490页。

余位满族将领战殁于是役（福珠洪阿于前一日战死于外城）。因皇城内秩序混乱，也是出于对之前残酷战斗的报复，太平军在内城开始了血腥的大屠杀，只有数百侥幸逃到外城，幸免于难。数百满族女人被太平军包围，驱赶至城外，然后在那里被烧死、刺死或淹死。根据曾国藩事后的调查，在这次针对八旗军的屠杀中，至少有三千人被杀，这在太平天国运动史上是绝无仅有的。[①]

对南京的占领

占领南京和占领武昌有很多相仿之处。和占领武昌时一样，东王杨秀清曾颁布告示以安民心，并且还有告示非常详尽地指出："天王承天父天兄之命，乃理世人，人人要认识天父，归顺天王，同打江山，共享天福。"在各衙门以及官邸外墙上张贴的标语，也都表露着太平军不曾懈怠的宗教热情，这些标语写道"人人拜上帝，个个上天堂，快来快来拜上帝"等。

圣兵们还冲入各衙门释放囚犯，收缴钱财米粮，并焚毁官方档案卷宗。此后，他们还挨家挨户地搜索逃亡的清军士兵，据可靠资料显示，这种搜索基本上是以和平有礼的方式完成的。虽然有些资料否认其中有抢劫的事件发生，但显然确实有新收编的纪律松散的太平军士兵有偷窃的行为。与在武昌时一样，对于"自愿"向圣库捐赠钱财的人，太平军都发予正式的收据；至于食品和其他补给，则完全靠征缴。

所有官方和个人资料都一致认为，太平军在南京仍然保持了他们严苛的道德准则，尤其是在对待通奸和强奸方面。有触犯者即被当场斩首。他们还严格地禁止对一般民众的肆意屠杀，虽然偶有在巷战时期违反军事禁令擅离宅所的民众被误杀的情况，也有女性鲁莽自杀的情况发生。吸食鸦片也是绝对禁止的，实际上，只要是吸食鸦片的人，一旦被发现，都会被处决。

太平军在南京进行了比在武昌时范围更广的征募活动。所有被征募的

[①]《全史》第一卷第490—491页载有关于南京陷落和屠杀之情况，第493—496页有确知的遇难官员名单，第496页录有汤贻汾事。汤原在行伍，又是知名画家，城陷之时自杀殉国。第497—500页为近代史家对南京失陷一事之述评。王定安《求阙斋弟子记》第九卷第28丁左录有曾国藩的报告。

男兵都配发标识,并按年龄分组,二十岁至五十岁之间的(被称为"牌面")被编配到各军事作战单位,或者去从事重体力劳动;二十岁以下或五十岁以上者(被称为"牌尾")则被安排做他们力所能及的稍微轻松一些的工作。那些过于年老或者年幼,难于从事任何劳动的人都被编入"老人馆"加以照料,并安排他们做一些诸如清扫街道、捡拾废纸等次要工作。(后来人们发现,汪士铎、梅曾亮、包世臣、魏源等名士在逃出南京之前,都曾被编入老人馆。)对于有特殊才能或技术知识的人,都在政府或者军队中给他们安排相应的工作,精通读写的人则被分配到各级军官处做文书参谋。太平军官大多目不识丁,迫切需要这些人来帮助自己起草报告、命令以及文书,因此对于这些由士人转化身份而来的书记官们都极为尊重,给予他们特殊待遇,允许他们着民众常服,并免除他们的兵役。这些书记官通常被称作"先生",与他们帮助的军官同席同食,比起助手或书记而言,更像是贵客甚至是老师。太平军对文士的这种敬重,大致上可以用来解释在旷日持久的内战中知识分子极少蒙难的现象。① 二十岁以下的征募兵士也被分配到各种岗位上,一些小童被军官选走帮办杂事,传达命令,有些人甚至被收为养子;一些天赋异禀的儿童还被送到了新设的"育才馆"。除此之外,大部分年龄较大的儿童则被编为童子兵,参加作训,时刻准备参与战斗。童子军不久就会成为太平军中作战最为勇猛的部队,也为太平天国运动贡献了大量的将才。②

女馆

太平军在武昌时就设想并试验性地设立了一个针对全体女性,而不是像女营那样仅仅针对官兵女眷的机构。在南京,他们设立了"女馆",这一机构虽然存在的时间相对短暂,却更好地实践了他们的构想。天王任命年届半百的蒙得恩为春官又正丞相,与其他几名男性官员负责女馆事务。其他的职位均依照太平军阶系统设置,并由女性担任。四十八个军各有一名女军帅,每人统领二十五名卒长和两百名两司马,但实际上,女馆中的每

---

① 关于太平军对待文士的更多细节,见《通考》第一卷第279—285页。
②《全史》第一卷第501—510页更为详尽地记述了太平军初占南京时的情况。

一个军只有官兵共两千六百二十五人（规模相当于通常太平军的一个师）。

女馆中的每个人都必须参加劳动。有一些比较幸运的人被选为天王以及其他诸王的宫廷随侍；擅长刺绣或者缝纫者则被转编到绣锦营，负责制作太平军的旗帜；但是绝大多数的女性都从事运送粮煤建材、挖掘沟渠、砍伐树木以及削尖竹竿之类的工作。这些工作对于身型娇小的江苏妇女无疑过于繁重，难以承受，然而那些体魄强健的广西客家女性以及之后招收的汉族女兵，即所谓的"老姐妹"，毫不留情地催促甚至鞭打这些"新姐妹"，强迫她们从事这样的劳动。让那些裹小脚的江苏女人尤其难以接受的是，那些客家女人冷漠无情地要求她们解开裹上的小脚，然后去完成她们的定额工作，虽然这对客家女人来说并不觉得有什么奇怪。

对于"新姐妹"的残酷对待，在女馆内外都给人们带来了相当大的痛苦，但这似乎不足以与实施性别隔离政策所造成的痛苦相比。在新募士兵看来，这一政策罪恶地撕裂了他们的家庭，在他们眼里，这一政策可能带来的任何好处，例如防止女性被骚扰侵害等，都被太平军苛政对他们产生的骚扰所抵消了。太平军规定男性每周只能与女眷相见一次，而这次见面还必须有女官陪同；任何出现在女性集体宿舍那几幢连体大房附近的男性，都会被直接处决。

女馆在两年之后就被迫关闭了，这并不是因为众人的抵触，而是因为粮食的匮乏。1853年，女馆中共收有十四万妇女和五千名女官，她们每个人每日都能分得一定配额的粮食。随着军中的储粮逐渐减少，粮食的配额也相应地不断减少，直到日给不足糊口，于是便被迫释放一些女性出馆。女馆机构于1855年春正式被裁撤，其中的"老姐妹"各自归家，还在馆中的"新姐妹"则被分予有功的军官为妻。有资料显示，虽然女馆在南京失败了，但在随后的几年中，太平天国在治下的其他几座城市也建立了类似的机构。[①]

[①] 《通考》第二卷第1214—1229页全面地讨论了女馆的组织结构和运行，还录有相关诗作及近代学者的观察，及笔者对过去和当下对女馆机构错误认识的批判。

逃亡通道

民众对于太平军的征募也并不都采取默许的态度，而一些热心又有一定影响力的好心人想尽办法建立了一些途径，帮助民众逃脱军事或者劳动义务。在他们的努力下，越来越多的人从城中逃亡出来。

其中之一便是吴复诚。他是一名汉口丝绸商人，在城陷时被困南京。他和广东人叶秉权设计说服丞相钟芳礼设立织营，生产织物，以此为圣库创收。东王杨秀清对这一计划非常支持，允许他们开设工厂，并招收所需的员工。以五名值得信赖的南京本地人为帮办，由钟芳礼为担保人，他们最终帮助约两千人逃过了兵役和劳役，同时为太平天国制造了许多精美的丝织品。鉴于这第一次的成功经验，吴复诚和钟芳礼还提议建立了其他一些部门，生产香粉、刺绣等小型奢侈品。这些尝试也都很成功，这使他们得到了诸王的信赖和赏识，并且得到特许，可以自由地进出南京城。有很多人扮作他们的随从偷渡出城，而重获自由。他们的第三个计划便是提议建立一个新的部门，负责以小船在乡间水道收集木柴。这个计划也得到了批准，并成为数千妇女儿童的逃亡通道。

在钟芳礼暗地帮助平民逃亡的同时，另一位太平天国的高官巡查周才太也建立了许多机构，缓解了民众的压力。他之所以采取这样的行动，是因为有一次他偶然看见一位老翁弯着腰，做着重体力劳动。而周才太本人原来本是个长沙的讼棍，眼前这位老翁让他猛然想到多年前在一个久拖未决的案件中对他网开一面的知府。为了报答他的恩人以及关照其他老人，周才太设立了"老民馆"。随后，他还建立了"能人馆"、保障各类残疾人生活的"残废馆"、负责将城内的尸体搬运至郊外掩埋的女兵组织"掩埋馆"，还成立了数个由年轻人组成的消防队"水龙馆"。在周才太出于人道精神所做的努力之下，约有超过三千人通过不同的方式得到了帮助。[①]

定都天京

在占领南京两天后，天王洪秀全、东王杨秀清以及其他的高层领导一

[①] 这些人的生平事迹，转录于《全史》第一卷第508—510页。

致决定，将南京定为太平天国的首都，但在这之前，他们不得不对另外一个至关重要的问题做出决定。当时他们原本的计划是直接北上袭取河南，同时派军驻守江南诸省。但是在南京，负责太平舰队的指挥官唐正财亲自向杨秀清表达了自己对河南的看法，他说，河南水道狭窄，食给不足，如果军队在那里被围受困，则很难解救。他还提醒杨秀清，太平军之所以能够占领江南，就是因为他们可以利用长江宽阔的战略性水道，使千万舰艇顺流而下。杨秀清认真听取了他的意见，深为唐正财的口才所打动，觉得南京城墙高耸易于防守，人口稠密又经济富庶。[1]因此他们很快就做出了决定：将南京定为太平天国的首都，称为"天京"。

呤唎对定都天京的决定曾提出尖锐的批评：

> 到此时为止，占领南京是一个对太平天国命运产生最为致命影响的错误。任何暴动，若要成功，就绝不能放弃它的进攻性。除非暴动拥有一套完美的组织结构，否则一旦它迁顾于防守，它的力量便会开始衰退。革命要取得胜利的最基本条件，便是它令人猝不及防的行动；一旦忘却了这一点，既有组织便可以团结力量，逐渐在对抗中取得优势。

> 定都南京、开始守成的天王犯下了一个致命的错误，这个错误最终导致了整个帝国的失败。转成防守的举措为他的对手赢得了时间，重整旗鼓，恢复镇定，并重新集结力量。如果不是这样的话，他毫无疑问地可以剑指北京，那里是他这场革命的最终目标。而且他将所向披靡，占领清朝的首都，结束满人的统治，赢取在整个中国的胜利。随后几年的事实也证明，虽然他们在此放弃了原有的优势，但仍然可以防御和化解清军的攻势，而且要不是英国的介入，他们甚至仍然可以彻底将清军击溃。这也证明，如果他们抓紧优势，就会出现大好局面。[2]

---

[1] 李秀成状中仅称唐为"老水手"，但是李圭《金陵兵事汇略》和沈懋良《江南春梦庵笔记》中都确认为唐正财。可能确实如此，因为普通的水手不会有胆量靠近天王，并向他提出自己的建议。
[2] 呤唎书第一卷第154页。

呤唎将太平天国运动的最终失败归结于 1853 年定都南京，只算是说对了一半。其实，太平军之后还错误地估计了北伐的战略重要性，这是一个更为重大的战略错误（详见第八章）。但是，定都南京的重要决定已然做出，诸王便逐个进入南京城，为天王洪秀全入主南京做准备工作。

3 月 29 日清晨，所有大小官吏以及十万余圣兵集结在江边，迎接天王入城。洪秀全身着绣有九条龙的黄袍，脚踏龙靴，从他的龙船上走下。当他坐上由黄缎覆盖，顶部绣有五鹤朝天这种皇家标志的龙辇的时候，所有人下跪向他们的天王行礼。随后，无数圣兵迈着缓慢而坚定的步伐，作为队伍的前锋，徒步走进南京城。随后是一排排骑在马上的官吏，再之后是另外的三位王，他们各乘着顶部绣有一只白鹤的轿子，在他们之后的是诸王的妻子女眷，各有侍从牵马引导。皇室的轿辇在队伍的中部：先是有数百人的卫队，他们身着华丽的制服，持各色彩旗，然后是锣鼓乐队，其后是骑马的幼天王，相隔不远处是新出生的二皇子，被奶妈怀抱着前行。最后才是天王自己的轿子。他的黄色大轿由十六名身着黄马褂、戴黄帽的轿夫抬着，三十六名女侍从手撑日照伞紧随其后。队伍的最后是无数的圣兵。这一队伍浩浩荡荡，用了几乎一整天的时间才全部进入南京城，而这也宣示着他们成功入主了"小天堂"。①

首都的防御计划

为了先一步从东面或北面向清军发起突然袭击，在攻占南京仅仅一周之后，太平军就派出了两支部队，一支向东移动，攻略浙江，另一支则渡过长江，向北占领对岸的一些小城市。东路方面的行动，由新晋升为指挥的罗大纲和广东时期加入运动的将军吴如孝负责。他们统兵约两万，乘数百艘战船到达镇江。镇江应有一千二百名八旗兵和八百名绿营兵防守，但是当太平军不断靠近的时候，满族守将和官吏弃城逃走，八旗军兵也四散逃亡。太平军仅和由上海派来协防的一支小舰队稍做接触，对方即撤退而

---

① 《全史》第一卷第 511—515 页介绍了太平军入南京城和正式建都的情况，其中援引了沈梓《养拙轩笔记》中基于亲眼所见而写成的日记（《避寇日记》）。另见《全史》第一卷第 539—543 页所录金和《秋穗吟馆诗钞》里《椒雨集》中描述南京失陷前后情形的纪事诗。

去。而镇江约九成居民亦逃亡避难。3月31日,罗大纲和吴如孝便率全军进入镇江,毫发无伤地占领了这座城市。

根据在天京制定的计划,这支部队在占领镇江后,应该继续向东取苏州、常州,并最终到达上海,那里的天地会也正在准备起义,将里应外合地帮助太平军占领该城。但是正当罗、吴二人准备离开镇江的时候,他们收到天京来的紧急命令,要求他们的大部队迅速返回天京。因为当时,向荣已经率追兵抵达,威胁天京的城防。东征的计划于是被迫无限期地搁置了,而这一变化也使得上海天地会的起义失败。太平军在镇江留下约三千人防守之后,剩下的部队全部折返。①

与此同时,北伐军在丞相李开芳、丞相林凤祥和指挥曾立昌的指挥下,渡江至浦口,占江浦,然后登岸转而向东,占领仪征。至4月1日,太平军与扬州府当地书画商人达成一个奇怪的契约,以和平的方式占领了扬州。

这段奇事大略是这样的。起初,一个出身扬州的李姓太平军间谍进入扬州府城,协商太平军和平进驻该城的事宜。他和江寿民取得了联系,而江寿民是个书画商人和慈善家,在当地官绅中颇有影响。他们于是商定了一项协议,并最终获得当地官僚士绅以及商人的一致同意,扬州与太平军约定:(一)扬州府出四十万两白银犒劳太平军;(二)太平军可过境扬州,不得骚扰城市以及民人;(三)扬州官吏暂避城外,待太平军离开之后方可返回,太平军许可当地官吏事后以溃败匪寇、保卫城池向清廷报功;(四)江寿民留军为质,直到交易完成。这一约定在实际执行上似乎是出乎意料地顺利。官吏依约退出城外,太平军如约进城,江寿民还比约定的数额多为太平军筹集了十万两白银以及大量的粮食补给。江寿民认为万事顺利,不会再有变数,便邀请数千太平军大排筵宴,犒劳他们。

扬州民众也渐觉安全,但是在军中,这种诡异的和平气氛却引发了不安。扬州官府方面,率军驻扎城外的漕运总督杨殿邦见太平军日夜进城,人数有增无减,而且并没有要依约撤退的迹象,便逐渐暗生疑心。太平军方面也开始怀疑,清军不断集结兵力,要围攻扬州城。在这样的氛围下,

---

① 《全史》第一卷第526—528页。

太平军越来越倾向于相信，这是清军诱他们进城，然后瓮中捉鳖地歼灭他们的诡计。江寿民被鞭打，然后推上城墙，以示太平军已经识破清军的计策。见清军毫无动静，江寿民知道约定的一方或者是双方都出卖了他，于是便自杀了。从那一刻起，清军和城内的百姓就变成了敌人。因为双方已经成了敌人，太平军就关闭了扬州城所有的城门。

除了招募士兵、缴没钱财资重等之前旧有的做法，太平军还在扬州招募了扬州自古闻名的特殊文化从业者——壁画家和书商。他们在太平军中受到了和受招募的士人一样的尊敬，他们对太平天国运动也做出了多种贡献。从此之后，扬州的壁画家为新的宫殿设施绘制水彩画和壁画，其中有些被保存了下来。很多扬州城内颇具名气的艺术品鉴定师，为太平军不断扩充的古艺术品收藏库充当管理人。扬州的书商们本就以刻制木活字而闻名，无数运动宣传单和诸王著作，给他们提供了大量展示卓越技巧的空间。扬州城不仅作为守备要害，战略地位十分突出，还使太平天国运动在文化方面得到提升，而且它附近的区域也为太平军提供了取之不竭的粮食供给，扬州城对运动有着无可比拟的巨大价值。太平天国的首都天京，现在已经处在长江北岸的扬州、仪征、瓜州、浦口和江浦以及南岸的镇江的拱卫之下。[①]

宗教热情

太平军捣毁偶像的活动一直以来未曾停歇，这更加明确地证明了太平天国革命运动与生俱来的宗教特性。太平军所到之处，庙宇道观或被焚毁，或遭拆除；只有汉阳的两座寺院，因被天王和东王当作临时行宫而幸免于难。庙中的造像、贡案等也都被捣毁。江南百姓素来笃信佛祖及诸多神明，当他们看到太平军从南京到镇江，一路铲平所有佛寺、道观和孔庙，其中还包括很多江南古刹，无不恐慌惊诧。建于明初的举世闻名的南京大报恩寺塔，就被太平军放火焚烧（彻底毁坏则是在数年之后）。虽然这些行动主

---

① 《全史》第一卷第529—530页介绍了太平军占领江北诸城的情况。另见《通考》第二卷第1229—1232页（太平军治下的扬州）。关于扬州壁画家和书商所做工作的新资料，见周邨《太平军在扬州》第38—40页、第47—48页、第50—51页及第59—60页。

要是出于宗教目的，但是也为他们带来了不小的经济和军事方面的好处。那些庙宇道观的建筑材料都被妥善地拆除下来，其中常有稀缺珍贵的材料，它们都被用于建造新的宫殿。铜铁铸制的造像也都被熔化，重新铸成大炮和钱币。

大多数情况下，佛道僧众（包括尼姑）一听说太平军至，便各自逃命，如果不能逃亡，则伪装成普通百姓以蒙蔽掩藏。还有很多僧侣自愿地参加了太平军。在这种情况下，我们很难像当时一些私家文献那样，将对佛道僧众的肆意残杀和迫害归咎于太平军，尤其是这些文献的作者本身就持有非常偏颇的立场。实际上，在进攻南京之前，太平军的圣兵是通过化妆成逃亡的僧众，才混入南京城作为内应的。

太平军与西方来华的基督徒之间，可以说有一种兄弟情谊，虽然实际上，太平军与他们，尤其是刚刚现身港口城市传教的新教徒们，彼此实质上的联系甚少。天主教徒的组织更为严格，其影响也早就从他们在上海的立足点扩散开来，开始在内陆的主要城市设立教堂。1853年，法国公使蒲步龙（Alphonse de Bourboulon）及一名牧师访问天京，调查有关太平军迫害天主教徒的传闻，这算是太平天国与天主教廷一次早期的正式接触。事实证明，传闻毫无事实根据，但是在离开的时候，蒲步龙一行意识到，太平天国所信仰的基督教属于一种带有非正统元素和军事性的新教分支。虽然信仰不尽相同，但是他们之间真正的摩擦要再过些年才会爆发。①

太平天国运动对儒家的反应是双重的，既有抑制镇压的一面，也有认可赞赏的一面。从太平天国运动一开始，太平军就因为四处捣毁孔子牌位和孔庙而广被恶名，而且在他们入驻南京后的第一年中，所有的儒家经典都被彻底查禁。太平军对待儒家的这种无情的态度，主要是由于儒家的祖先和精神崇拜与太平军谨守的一神论之间无法调和的矛盾。但是，出于对世俗宗教的广泛认可，儒家不反对至高帝君的无上性。这就成了二者间的第一个共同点，因为太平军认为基督教的天父便是中国上古的神，甚至为

---

① 关于太平军对其他宗教人士的态度和行为，见《全史》第一卷第531—538页及《通考》第三卷第1824—1831页。对天主教徒的迫害，后见于英国教士海雅西（J. B. Hartwell）发表在1860年6月30日《北华捷报》第518期上的文章。

他取了一个儒家的名字"上帝"（或"皇上帝"，实际上是取自郭士立的圣经译本）。另一个非常契合的部分就是儒家的礼法，这套道德系统永恒的价值核心，早就通过梁发的宣传册感染并影响了太平军。

正因为对儒家抱有这种区别性的看法，太平天国设立了删书衙，用他们掌握的最优秀的文士，删去所有儒家经典中有关偶像崇拜、封建迷信的部分，并在所有"上帝"之前添加"皇"字。这是一次试图沟通儒家与基督教教义的具有标志性意义的努力，对所有经典（除《易经》外）花费了很长时间做修改准备。在此期间，依照太平律法第六十二条："任何敢阅读、学习或者教授妖书（如儒家经典等）的人都要砍头。百姓须耐心等待这些书籍修订、印刷和发行，到那时便可以自由阅读学习。"[1]

天京城内

将南京真正变成太平天国首都的过程历时多年，太平天国也做了多方面的努力。最为显而易见的变化之一就是新皇城的建造。天王洪秀全选择将两江总督府衙门作为他的皇城，命令以府衙为基础，向南扩展并加高围墙。工程持续了多年，建造了很多宏伟辉煌的建筑，其中最为壮丽的就是"荣光大殿"，它的位置在皇城正中，具有天国国家级别的宗教和国务双重职能。后花园的主要景观是汉白玉石舫一座，是南京现存的唯一一处太平天国遗迹。为了彰显国家职能和皇室尊荣，所有的大殿均以黄、红为色，殿内以壁画、水墨画以及其他珍宝为饰，富丽堂皇。

皇城的南端有一座宽阔的广场，可以从"圣天门"经过横跨护城河的三座精美的石桥，或者从北面、西面或东面的三座拱门到达。圣天门内的影壁墙上，精细地雕琢着颜色各不相同的双龙双凤。天王的命令和决断都张贴在这面墙上。广场正中央设有高大宽阔的天台，用于祭拜上帝。天王常在幼天王的陪同下从皇城中出来，在这里敬拜上帝。每逢特殊节礼，天台下面就会站满贵族与臣僚。

与天王一样，其他诸王也都各自占据府衙或大户私宅，进行改造、扩

---

[1] 关于儒家问题更详细的讨论，见《通考》第三卷第1829—1831页。另见密迪乐书第414页和第420页，其中对太平天国改订儒家经典的目的做了较怀同情的阐释。

建和重新装修，让这些建筑也都充满宫殿的气息。负责太平天国宫殿营造的巧匠宾福寿本是一名木匠，早在广西时就是拜上帝会的信徒。他用在南京和扬州征募的男女工人作为主要劳力，并从南京及各地遴选技工来完成建造任务。① 低阶的官吏各自选占合适的民房商铺，圣兵们则在长官官邸附近择余房入住；由于大多数房屋早已清空，所以这些房屋多为官兵随意选择，未经正式征缴调用。

在南京和之后占领的城市中，太平军始终坚持军民之间彻底的区分隔离——百姓住在城郊，而士兵则住在城内。此举的目的在于避免与当地民众产生冲突，并预防间谍渗透。随这种制度而来的，就是城区根本没有任何店铺。但是这至少没有给官吏们带来多少麻烦，他们可以随时前往在城门外特设的"商业街"上选购商品。邻近地区未被征募的百姓大多都是农民，他们把农产品带到市场上，太平军则与他们公平交易。这些市场很快就成了繁荣的商业中心。②

比起经济措施，太平天国运动的军事措施更能引起当时外国观察家的注意，他们记录道，所有被太平军占领的城市都变成了城墙高耸的兵营堡垒。太平天国的首都天京更是如此，城内城外都建有绝无仅有的超大规模的防御工事。在城南的雨花台山和钟山，以及东面的龙脖子都布防有大量的部队；城墙里外两面都挖有又宽又深的壕沟，并安插了削尖的竹竿以防止敌人翻越，而太平军则通过吊桥往来上下。数千士兵日夜轮替，在城墙上站岗警戒；城墙上每隔三米就设有草席凉棚，哨兵持鼓而立，随时敲响报警。由装着石块的袋子和提篮堆成的小山，在城墙上到处可见，随时可以砸向袭击城墙的敌人。在城墙内侧的许多地方也设有土堤，上有木制的围栏，下有壕沟，用来防止城墙上的卫兵偷懒怠工或者擅离职守。十座城门各设有两名卫兵，里面还布置了两门大炮。

东王杨秀清作为全军的统帅，全权负责天京的卫戍任务，而北王韦昌辉则实际指挥包括天京、镇江和扬州在内的中央地区的军事行动。韦昌

---

① 《通考》第一卷第207—222页。
② 关于南京及此后被占领城市的"商业街"，见《通考》第二卷694—698页及《全史》第三卷第1766—1767页。

辉将指挥所设置在自己王府对面的一座大宅中，并在其中搭建了一座高达二十一米的瞭望塔，从那里日夜监视城乡。①一旦发现清军进攻，瞭望塔就会鸣响号角，警示城墙上的卫兵，然后卫兵再继续敲鼓报警。所有的指挥官则即刻到韦昌辉的指挥所集合待命。韦昌辉通过在瞭望塔上挥舞彩旗来指挥战斗：绿色代表东面，红色代表南面，白色代表西面，黑色代表北面，其他颜色的旗子则代表要采取的不同的行动（例如，黄色旗子代表需要增援，所以依次舞动绿色、黄色、红色旗子的意思就是：东门遭到袭击，派南门的部队前去增援）。

后来，由于外派远征军的增加，天京城防的士兵数量逐渐减少，要应对这种情况，就需要一套更为复杂的卫戍预警系统，即所谓的"九通鼓"。韦昌辉的指挥所敲响第一通鼓时，要全军警戒，准备作战；第二通鼓时，指挥官和战斗部队到指挥所听候命令；第三通鼓时，各部分赴阵地杀敌；第四通鼓时，包括各馆"牌尾"以及文书在内的所有男子都必须前往指挥所报到，准备应战。这第四通鼓表示外城的战斗进展得并不顺利，需要全员参与战斗。第五、第六通鼓敲响的时候，先前来报到的老幼文书等人员也要紧急增援前方战场。第七通鼓响时，战斗情况已经非常危急，所有女人也需要准备应战。第八、第九通鼓响时，妇女也要加入战斗。

这套防御系统行之有效，在此后的十一年中，天京曾三次经历围剿，却固若金汤，直到太平天国溃败的前夕。②

江南大营

在太平军离开武昌当日（1853年2月9日）受封钦差大臣的向荣，首先率军出现在天京城外。当时，为了阻滞太平军的东进，向荣迅速地集结了大规模的部队，派遣其中一支小部队驻防武昌，并命令邓绍良前往湖南募集船只，然后带领几位将领，率约两千四百名精兵步行出发，急行军追击太平军。他们的前锋确实在九江追上了太平军，但只能眼睁睁地看着太

---

① 瞭望塔的画像，见《太平天国艺术》第1页及《通考》第一卷第262页插图二。
② 《全史》第一卷第516—524页详尽地介绍了南京的城防系统，其中特别借鉴了汪士铎的说法。同书第524—526页描述了水军大营以及传递军事命令及官员信件的驿站系统。

平军乘船逃走。向荣不得不留在九江等待湖南船只的到来，同时他与江西巡抚张芾商议军粮补给以及多备一千艘船的问题。在此期间，武昌的大部队也已赶到。这支部队是一帮无组织纪律的无赖，向荣费尽辛苦做了筛选，将其中六成就地解散，只剩下一万三千人。

最后，从湖南募集的船只也赶来了，追击的部队迅速地于3月11日继续出发。由于风向不利，船只行进异常缓慢，于是在击败留守的太平军并收复芜湖后，全军登岸步行前往南京。向荣在南京陷落的八天之后，即4月7日到达南京南郊，随即在城南靠近明太祖孝陵的孝陵卫建立了一座防卫坚固的营地，称为"江南大营"。

清军组织过一次对天京城松散的包围攻势，也发起过几次小规模的突袭，而且即便是援军陆续赶到，清军也从没有过足够的人手，能够对守备森严的天京城发动一次总攻。这主要应归咎于向荣的身份，他身为钦差大臣，肩负江西、安徽、浙江及江苏四省军务，需要在如此大面积的战区中根据实际情况的需要部署军队。例如，他曾派邓绍良率近六千人去收复镇江，从军队的规模来看，这是个无法完成的任务。向荣的大营很少有超过一万人的时候，有的时候人数甚至更少。这些士兵的素养又是另外一个问题。大营中最优质的部队是张国梁和他率领的那些投诚的盗匪，他们的确作战勇敢，军阵前也偶有小胜，但是和其他官兵一样，他们大部分时间都在抽鸦片烟、内讧斗殴、赌博、纵欲堕落、敲诈和虐待百姓，可谓无恶不作，更有甚者，还贩卖弹药给敌军。除此之外，这支部队所有的补给都需要从很远的地方运来，有时无法按时运抵。皇帝曾多次下诏申斥向荣不能收复南京，但向荣受到各种掣肘，在今后的几年中，他能够做到的仅仅是保住江南大营，遏制太平天国的发展而已。[①]

江北大营

在向荣到达南京不到十日后的4月16日，钦差大臣琦善、他的代表陈金绶、满族官员胜保和其他一些将领率军抵达了扬州城外，并在那里建立

[①] 关于江南大营的设立及其早期历史，见《全史》第二卷第1251—1260页，第1261—1262页所引纪事诗出自金和《椒雨集》。

了江北大营，与江南大营遥相呼应。大营最初有北方来的士兵约一万八千人，其中包括四千满族和蒙古骑兵。此后，江北大营不断增加军力，驻留高阶军官，但是很多年间，该营都不曾对天京的太平军造成任何实质的影响。一方面，江北大营的满族指挥官中并没有能干的军事人才，琦善、陈金绶以及他们的参谋绝大部分时候都互相猜忌，彼此诋毁。另外，北方官兵不能适应南方的气候。尤其是骑兵，河流纵横交错的南方地形成为他们施展威力的障碍。最后，他们曾经尝试招募本地兵勇，但这些本地兵勇的素质更差。太平军轻而易举地就击退了江北大营发起的进攻，而当后来骑兵部队追击向北京推进的太平军时，江北大营的攻势便停止了一段时间。[①]

控制长江

此时的太平军拥有船只两万余艘，而清军则无船可用。向荣把清军从九江到芜湖搭乘的船都丢弃了。直到后来，向荣的儿子才在芜湖又组织了一支炮艇舰队，还租到了大约同样数量的小船以及三百名雇佣水手。清廷也最终为琦善支援了七十艘航海用的大船，这些船均在广东制造，装配大炮和枪械后再运来。在和太平军舰船偶尔发生的交锋中，这些巨舰因为装备较为优良，通常可以在交火的时候占据上风，却不像太平军小船那样灵活。实际上，它们唯一的用途就是在要害地方阻塞河流。至于人事方面，负责操控战船的清军自上至下，其腐败与混乱的程度比陆地上的清军部队有过之而无不及。[②]

钱江的传说

钱江是太平天国史上最具争议的人物之一。很多人，尤其是中国南方人认为，从太平军刚刚占领武昌到他因为与其他天国领导人之间政治或个人的分歧离开天京，钱江一直都是太平天国的高层领导人之一。故事的起因是钱江向天王提交了一份非常有见地的报告，天王晋升他为军师，后来还封他为王。虽然在当时天地会内部传阅的名单上，他确实拥有那些头衔，

---

① 关于江北大营的早期历史，见《全史》第二卷第1197—1202页。
②《全史》第二卷第1218—1221页详细介绍了清军水师。

但其他私人或官方的记录却一致认为，他不曾参与太平天国运动，反而是加入了清廷一方，而且是为政府创收获益的厘金制度的创始者。经过对这些资料的仔细研究，笔者在这个问题上的见解如下。

钱江是浙江人，有解元的功名。他因在鸦片战争中在广东领导反英斗争，撰有抗英檄文而被世人知晓。战后，钱江继续鼓动民众反对政府软弱的对外政策，并因此被捕，功名也被剥夺，还被流放到了新疆。后来他遇赦前往北京，因煽动百姓，在京城官场民间都有恶名。有证据表明，在太平军占领汉阳、汉口时，钱江身在北方，这从根本上证明他无法在武昌参加太平天国运动，也基本排除了他向天王提交报告的可能性。

在扬州附近的江北大营设立后，钱江自愿南下，成为江北大营帮办军务大臣雷以诚的幕僚，并马上向他提出三项建议：（一）招募本地百姓，建立独立的军事力量；（二）向本地商贾富家征求军资；（三）制定厘金制度，确保军队的稳定收入。雷以诚接受了他的建议，组织了自己的部队，并委任钱江为使，在扬州附近募集资金。百姓不堪盘剥之苦，雷以诚也很快以图谋不轨之罪将钱江问斩。而实际上，雷以诚只是借机铲除了钱江，动机则是他因酒后的一件小事对钱江产生的难以消解的仇恨。斩首之日是1853年6月下旬的某天，当时钱江成为雷以诚的幕僚仅仅二十余日。

此后又过了一段时间（约一至四个月），雷以诚在扬州及其附近地区颁行厘金制度，所有进出限定区域的货品，均依市价抽取一厘税金，并通过这种方式获得了大量的利润。向荣（以及后来的曾国藩）也迅速采用这种新的方法募集资金，维持自己的部队。第二年，清廷批准了雷以诚的奏折，全面允许地方官员通过厘金制度集敛军资，这成为这种著名恶税漫长历史的开端。具有讽刺意味的是，雷以诚剽窃了钱江的想法而颁行的这种厘金制，钱江本人也是剽窃而来的。实际上，这本是在扬州的湖南人为同乡会募集资金的方式，钱江只不过是将这种方式运用于政府层面，从而形成了厘金的构想，并正式地向雷以诚提出了建议。①

---

① 关于笔者对钱江所进行的研究的全部文稿，见《全史》第二卷第1202—1217页。

第八章

太平天国的组织形式和革命理想

关于洪秀全所建立的太平军这个基督教团体的组织形式，以及诸如太平历法、女馆和太平印玺之类的问题，在之前按照事件的时间顺序所做的介绍中均已提及，而太平天国后期的组织形式，在后文中也将详细讨论。但是在这里，仍然有必要对太平天国定都天京后的一些新特征做一番考察，这样做能够使我们更加深入地理解太平天国革命运动的理想目标及其失败的原因。

天王府的女官

在中国数千年的历史上，皇宫中都会依习惯设置太监来照顾皇帝的起居，而太平天国皇宫内的组织结构中完全裁撤了太监的职位，这的确是它具有革命意义的一面。太监制度毫无人道，而且太监中也常有奸佞，贻害无穷，汉、唐以及明朝的覆亡，太监弄权干政都被认为是主要原因之一。天王则大胆地实践了自己的设想，下令所有男性（除天王近亲之外）不得进入皇宫，皇宫所有职位均由女性担任（所有御林禁卫以及当值的男性官员均驻在禁宫之外）。

由于在天京期间，天王和皇宫中其他人的日常活动都严格保密，外界对于皇宫内的女官等级系统了解甚少，但是许多文献似乎都认同，太平皇宫中从高阶女官到普通劳工，上上下下共有多达千余名女性各司其职。其中官阶较高者，均从广西出身的官员家人或在湖南入伍的"老姐妹"中选用，她们均有和男性相同的正式官衔，最高的为"丞相"。很多人的头衔都指明了其职位在皇宫中的具体职能，例如"女承宣""女宣诏""内掌门""统教"以及助理（"理文""理袍""理靴""理茶"等）。还有无数其他的女官在宫内从事炊事、搬运水炭、清扫、园艺，甚至是挖掘以及繁重的建筑工作。

与过去宫廷中频繁发生那些宫斗和巫蛊事件不同，在天王对法度的坚持以及对宫中女性德行操守的不断教育下，天京宫廷中产生了一种知理守节、井然有序的氛围。1857年官方刊印发行的《天父诗》中，有五百首天王写的诗歌和格言，以口语的形式训告宫中的女官以及他的妻子们，还有很多诗是专为他的王后及姐妹所作的。① 每个人每日必须读一首诗以及一节圣经，《新约》《旧约》轮流交替。周日的时候还要诵读十诫。总而言之，太平天国对于宫中生活的组织安排的改革，在中国历史上是绝无仅有的。

一夫多妻制

皇宫中的女人里，还包括天王的妻子。② 天王在金田起义，为了庆祝建国，迎娶了十五或十六名妻子。在永安时，他声称有三十六名妻子，到达南京后，他妻子的数量增加到了八十八人。③ 其他的天国领袖也都娶有多名妻子，虽然有明确的条文对他们依特权娶妻的数量加以限制。太平天国某条法令规定，东、西二王每人可取妻十一名，其他诸王六名，高阶官吏三名，中阶两名，低阶官吏则只能娶妻一人。④ 不时会有人提出，太平官吏们如何处理人伦常情与他们事实上的多妻之间矛盾的问题。这个问题的答案似乎不言自明，其核心就在于，在他们所处的那种环境氛围中，这种所谓

---

① 《通考》第一卷第87—89页、第二卷第1232—1234页、《天父诗》中第11首以下几乎都是这种诗。
② 《通考》第二卷第1255—1259页及《天父诗》中相关内容。
③ 洪天贵福（幼天王）状。
④ 郭廷以《日志》第二卷第748页援引外国文献。

的矛盾是不存在的。

在中国历史上，娶妻纳妾向来是帝王、皇室、贵族以及士大夫的特权，而且这种行为本就是于古有征的。同样，依古代惯例，一般民众则只能一夫一妻。虽然经济因素也是影响因素之一，但是一夫多妻总体而言是一种身份的体现，一个人娶有多名妻子，代表着他拥有巨大的权力或者财富，有些历史传说中的帝王就有上万名妻子。鉴于一夫多妻制度是基于传统而来，而且得到了中国上层阶级的认可（民国时期仍然如此），太平天国的领袖们多娶妻子来彰显自己的特权和权力，这一点也就不令人感到意外了。

但是太平信徒都声称自己信奉基督，而一夫多妻制就意味着他们违反了自己所信宗教的教规。在包括这一点在内的很多事情上，太平天国运动所信奉的基督教教义，相对于沿海城市中传教士所传播的教义都有所偏离，这是因为太平信徒们所信奉的基督教在大多数时候都是孤立生长与发展的。虽然洪秀全本人曾经在广州的浸礼会教堂学习过几个月的时间，但是他对基督教知识的掌握却片面而不成系统，理解也多是基于他自己对梁发宣传册的解读，而一夫多妻制在梁发宣传册中只是通过有钱人家的儿子娶年轻小妾的故事间接地遭到批评驳斥。① 除此之外，圣经（尤其是《旧约》）中也提过以色列人的祖先拥有众多的妻子，所罗门王的妃嫔也有千人之多。另外，和美国的摩门教徒一样，除了圣保罗规束主教与副主教的婚姻，太平信徒们没有在《新约》中找到对这一问题任何明显的诅咒与谴责。② 但是，他们在教义上的顾虑，的确导致了他们在一夫多妻制具体操作中的变化。他们坚信所有信奉上帝的人（无论男女）在精神层面上的平等，以及他们之间超越自然的兄弟情谊，这使得他们对妾在婚姻中所处地位和权利的看法，与传统有着显著的不同。天王拒绝使用"妃"或者"嫔"这种过去指代小妾的带有侮辱性的词汇，而是使用"娘娘"来称呼自己的妻子，把她们看作完全意义上的妻子、上帝的儿媳以及王后的妹妹。③ 其他诸王的妻子相应地被称为"王娘"，其他贵族的妻子则被称作"贞人"。这些女性也被看作上帝的

---

① 《梁发传》增补版第24页。另见学善居士《劝世良言》影印版第96页。
② 《通考》第二卷第1260—1266页。另请参考西方学者较为合理的解读，如密迪乐书第443—444页，施嘉士（John Scarth）书第166页及呤唎书第一卷第300—301页。
③ 《天父诗》第168、208、284、310及322首。

儿媳，在太平天国的组织中都是完全意义上的"姐妹"。通奸是太平信徒最为仇视的罪恶，而由于这些女性都与他们有权有势的丈夫有完全意义上的婚姻关系，通奸这样的事情便不可能发生。

太平基督信仰中的一夫多妻制，其历史起源目前尚晦暗不明，不过东王杨秀清似乎是第一个提出这种建议的人。他在金田起义后不久便以上帝的神圣名义，命令萧朝贵为天王再安排两名妻子，同时为石达开多找一位妻子。①

中央政府

太平天国所构想的国家综合行政体制，在永安州时期便在民事层面上得到了试行，在天京时期又进一步做出了细化调整。当然，这套体制只有在秩序较为安定的太平天国控制地区得以最终实施。然而，太平天国的行政体制因其采用了周代的组织形式，具有很高的历史价值；而且其民主化的趋向得到了一些民众的同情，同时也引起了清朝统治者的警觉。在这个体制的中央、地区和地方三个层级中，设置在天国首都天京的中央政府受到军事斗争进展不确定性的影响最小，因此关于它的设想得到了最切实的施行。

在军事方面，天王将其政治权力全权委任给东王杨秀清，并让结义兄弟中仍然健在的北王韦昌辉和翼王石达开来协助他。作为政治领导人，杨秀清的工作高效而且有力，就连1859年继承大权的洪仁玕，都诚心地对杨秀清的统治高度赞赏。②中央政府共有超过五十个部门机构，均由"天朝"中的官吏执掌，许多官职都由周代的政府体制中直接借用，大多直接反映了其所掌管的职能，如左右史（主记事记言）、左右掌朝仪（主议定礼乐）、朝内疏附（主接递文报）、总圣库、总圣粮、殿前监斩官、典簿书、典诏命、典镌刻、督铳炮、典红粉（主管制造火药）、督造战船、铸钱匠、总巡查、

---

① 英文译本见1863年2月2日《北华捷报》第654期。笔者回译稿见《通考》第二卷第1250—1251页。
② 指对官员制定的大方针。见《太平天国史料》第147—149页。

天试掌考以及国医等。①太平政治体制对于周代典制的借鉴中值得提及的一点，便是它将"六部"官员分别以"天"（吏）、"地"（户）、"春"（礼）、"夏"（兵）、"秋"（刑）、"冬"（工）来命名，其部门执掌官员均为丞相衔级。虽然各部的职位都有任命，太平天国的中央政府中却从未真正实质地设立这些传统的六部机构。但是每位王的幕僚中均有这六个机构，从而形成了他们个人的幕府。因此，掌握全权的东王杨秀清的幕府，便很可能在实际上主导着中央政府的事务。

地区政府

太平天国政府层级中的第二层是地区政府，主要管理省、郡、县层面的事务。关于太平天国在省这一层级上的政府管理，几乎没有任何资料可循，能够确定的便是民政由民务官或文将帅掌管，而他们由天王通过中央政府任命。

在郡这一层级上，太平天国进行了两项改革。其一，道台这一职位被取消。在之前历代，这一职位通常负责代理省政府管理两个或者更多的府县。而从此之后，郡被归到省的直接领导之下。其二，"府"改称"郡"，而其行政长官"郡总制"则和省的民务官一样，由中央政府任命。尽管在战区，他们通常由占领或驻防该区域的军事长官实际任命。

在战时由将帅任命的官员，在县这一级别也屡见不鲜，而在和平时期，县监军则亦由中央政府任命。至于郡县民政的其他细节，我们便无从知晓了。

地方政府②

所幸的是，太平天国行政体制在地方政府层级上的架构，在1853年于天京颁行的官方文献《天朝田亩制度》的第二部分中有详细的记载。一县之内的行政架构均参照太平军的六级军官制度，只是把军务改为民务而已，

---

① 《通考》第一卷第89—95页列出了《贼情汇纂》第三卷及其他零星史料中提及的所有天国殿上的官吏，以及笔者对某些官职源头的考察。
② 本节为《通考》第一卷第377—395页之概述。

具体如下：

军帅：管理五名师帅，共一万三千一百五十六户

师帅：管理五名旅帅，共两千六百三十一户

旅帅：管理五名卒帅，共五百二十六户

卒帅：管理五名两司马，共一百零五户

两司马：管理五名伍长，共二十六户

伍长：各负责五户

除了这些民政职员，每位军帅之下还设五个部门：（一）典分田，负责分配田地，但是从未有效施行（后文详论）；（二）典刑罚，负责狱讼判决；（三）典钱库，负责税务；（四）典入，负责收入；（五）典出，负责支出。每个部门由一名师帅和一名旅帅在其日常政务之外兼任管理。一县之内的所有事务均由其行政长官县监军管理，并对郡总制负责。

与周代的行政体制不同的是，太平天国地方政府的官员有着双重角色：在和平时期，他们执行民政管理；在战时，他们就变成民兵的指挥官。而在周代，执行民政的六级地方官其职名不同，战时也会指派职业军官来领导民兵。因此，太平天国的体制在地方层级上结合了周代的民政和军政体制，却只采用了军政的头衔。从理论上说，所有的地方官员均由民众选举而来，但出于各种各样的原因，在无法实行民选的时候，高一级官员就会任员补缺，主要是选择最为合适的乡绅或地方上的领袖。虽然太平天国在地方上朴素的选举与现代政府的民主选举还有很大的不同，但这确实是对中国政治历史本质上的创新，也是太平天国革命理想的又一体现。

社会蓝图

在太平军所控制的区域，太平天国建构的政治统治究竟被执行到何种程度，我们只能从残存的并不完整的资料中略窥一二。但是，有足够的证据表明，1853年以后占领区县的长官多为正常任命，而在非战区，太平天国都在有效地进行着施政管理。在这些区域中，地方政府负责征收赋税（后

文详述），进行人口统计，实行自定的交易规则（签发通行证件、许可状以及执照等），分拨地方收入上缴中央政府，向太平军请调劳力，建设预备役民兵（如有任务需要，每户出一男丁），每年主办初级考试并组织地方生员参加，主持判决民事及刑事狱讼（实行的是一种将军法和普通法结合在一起的法律），通过各种方式提高百姓的生活质量（包括免费向饥民施舍米粥，为难民提供救济），用新的行之有效的方法打击强盗土匪，为儿童开设免费的学校，向所有人宣讲基督教教义等。① 也有一些相互独立的资料表明，天国辖区的民众在婚姻方面也享有一定程度上的自由（太平天国尤其禁止以贫富为标准的婚配）；还有一些资料显示，他们还有一套晋升系统，在这套系统中，即使是层级最低的官吏，也可能晋升为政府最高层的官吏；另外一些资料还提及了太平天国的民法（有可能是由六十三条的太平军法误认而来）。② 然而，这只是太平天国对社会地方组织构想蓝图中的一隅，而这一蓝图与其地方政治结构规划一样，在《天朝田亩制度》中都进行了详尽的描述。太平天国的社会系统以周代的民政系统为蓝本，却将基督教的教义原则和《礼记·礼运·大同篇》中勾画的儒家理想世界（大同）紧密结合了起来。

太平天国还预备为每二十六户人家建一座礼拜堂，并以此作为行政的基本单位，这是太平天国社会构想的一个显著的基督教特征。每周日，地方官员都要主持公共礼拜，这一活动社区全员都必须参加。周末的时候，礼拜堂就用作学校，男女孩童在这里修习天国指定的宗教书籍。每一个这样的行政单位中还计划设有国库，用于偿付婚宴、生日以及其他家庭庆祝活动的费用，还会负责支付照顾鳏寡孤独、老弱病残的费用。然而，在革命的动荡中，礼拜堂和国库的设想都没有实现。

太平天国的革命性质不可避免地影响了其民政实践，其中一例便是地方官员的任命问题。在一些地区，地方乡绅和传统的统治阶层拒绝和太平

---

① 关于太平天国在中央及各地方省份乡县一级的行政记录之引录与总结，见《通考》第一卷第395—490页。
② 呤唎书第一卷第317页及第555页。一本名为《钦定制度则例纪编》的太平天国刊行的宣传册中提到过一项民事法条，但由于该宣传册已亡佚，因而无从查证。罗孝全于1861年3月30日在《北华捷报》第557期上发表的文章中则提及了1861年的一部律法。

军合作，于是在这些地方，任何愿意做地方官员的人都会得到天国的任命。这一政策让很多唯利是图的机会主义者掌握了社区的权力。但是总体而言，太平天国的地方行政是清明和公正的。清朝官吏警觉地注意到，太平天国不仅从其控制的地区获得了大量的人力和物力支持，还不断地获得民众对其革命理想的同情，不过太平天国反对清朝统治者的倾向对民众产生的影响，还需要些时日才能完全体现出来。

土地政策 ①

虽然《天朝田亩制度》的后半部分所规划设计的社会政治管理制度的很多方面都得到了实现，但是它整个前半部分所勾画的那套激进的土地管理制度，却始终都没有付诸施行。因此，我们不能把这个制度当作某个确实实践的系统，而应该把它视作对太平天国理想原则的某种表述，从这个角度对它进行评价。如果将它付诸实施的话，就势必要对其中的细节甚至主要元素进行调节，来适应实际情况的需要，这一点自是不遑多论。而实际上，这套构想中的做法也确实有很多内在的矛盾之处。然而，太平天国的土地政策这一理想化的设计彻底背弃了中国的传统，鲜明而独特地体现了其基本的社会和经济理想。

因此，太平天国的土地制度按照旧的传统方式，将农田依其谷物产量分为九等，然后平均地分配给民众，无论男女，均有其田。如果将这种分配方式与历史上其他的土地分配方式进行比较的话，其革命性就变得显而易见。例如，在周代，妇女没有土地；在北魏和北齐时期，妇女领有男子一半份额的土地；而在秦、隋和唐代，妇女则和她们的丈夫共同分有一百亩田地。在太平天国的土地分配模式下，妇女拥有与男人等量的土地，这显然是"男女皆为上帝之子而完全平等"这种观念在经济领域的延伸。为了公平合理地分配土地，一家之中家庭成员的数量和年龄也被考虑进去：每个成年人分有一亩一等田（或等值田地），不满十六岁者领成人一半大小的田地。

但是，"公"和"平"的概念并不局限在土地分配这件事上。依照基督教

---

① 本节为《通考》第一卷第491—553页之概述。

"世人皆兄弟"的理念,整个天国都被理想化为一个大家庭,因此土地上产出的农粮产品由全民所共享,使全国民众均能享受到天父皇上帝的伟大祝福,这一点也同样重要。太平天国土地分配制度的崇高理想可以概括为如下表述:"有田同耕,有饭同食,有衣同穿,有钱同使,无处不均匀,无人不饱暖。"

为了这一政策顺利而彻底的实施,太平天国做了很多准备工作,其中有两件事具有天然的革命性。第一件便是允许民众在饥荒时期离开灾区,转移至受灾较轻的地区。第二件则与土地税有关。太平天国建构了全新的税务体制,取消了所有的税目,取而代之的是农民要在收获季节将所有超出农用及家用必需限度的产品上缴府库。这一构想的初衷自然不错,但就独立劳作的中国农民而言,这一制度显然难以施行。一方面,它忽视了很多具体的影响因素,例如,它没有规定农民将产品留作家用的份额标准,这成为一些官员和农民牟利的漏洞。另一方面,由于满足生活必需优先于上缴府库,同时缺乏任何对高产的奖励措施以及禁止压迫农民的政策,太平天国这个农业国家就必然不得不面对产量不断降低,原本勤劳的农民逐渐堕落成为贫困农奴的窘境。

在太平天国依照兄弟之情和世人平等的理想原则所构建的社会中,隐藏着一个出人意料的失误之处,那便是在对恶吏和渎职官员的惩处措施中有"贬为农民"的做法。太平天国的领袖们虽然都是农民出身,却非常看不起农民的生活,认为农民的苦难和不幸是出于全能的上帝的意志,而他们奋斗的目标是成为中国新的统治者(取代满人)。太平天国轻视农民,而"均贫富"的意识形态则褒扬农民,二者在这一问题上恰好相悖。

至于此后十一年间太平天国施行的具体的土地政策,则暂时保持了清廷旧有的政策,这一点有许多真实可信的史料可以证明。其中最有力的是一份由杨秀清、韦昌辉和石达开在西征部队动身前往安徽和江西之前联合撰写并提交给天王的备忘录,其中建议要求皖、赣两省驻防的将军向农民传达"依旧制缴纳税赋"。[1]另一份包含了二十一部书籍及包括田契执照、田

---

[1]《贼情汇纂》第七卷。

单税据以及檄文等在内的六十八份官方文件的资料汇编，也证实了一切土地政策皆用旧制这一点。① 在各种土地的私有（受到太平天国政府的保护）、土地的分类、其他各类土地所有形式、私有土地的面积（大小不计）、税契税据（天国、清廷新旧两式），乃至管理人员（如有可能均用旧员）、税敛方法与流程甚至文件笔法等方面，皆保持不变。

但是却有一处明显的例外，即在税率方面，太平天国显然没有遵循旧制。前面提到的材料中虽然没有提及这一点，但是基于其他的许多资料可以明确地判断，太平天国的中央政府从来没有确定一个统一的土地税率。实际上，不同的省、府、县都是自行制定税率的。虽然相关资料甚少，却都明确指出各地税率均低于清朝官方标准。② 地方自治也延伸体现在向中央缴纳税赋的额度这一问题上，有些驻防将军将收缴的税粮全部上交国库，有些则将所得税赋钱粮留作地方支度。

太平泉币③

1862年在浙江嘉兴的听王陈炳文将"耕田、铸钱、取粮"说成是"天朝三大政"，这反映了整个天国境内的许多驻防将军们的共同认识。④ 在太平天国后期，各地驻防的将军们为了增加收入以维持军队，虽然没有像咸丰朝那样采用发行纸币的方法，却也开始越来越多地铸造钱币，他们开设铸币厂，使用自制的模具制造硬币。然而，泉币作为太平天国经济生活中的重要因素，在天国初期仅由中央政府的铸币厂负责制造发行，由天王和最高领导层直接管理。

太平天国初次发行的泉币，是一种由运动的领导人在金田起义前秘密

---

① 这些书籍与文件列于《通考》第一卷第515—524页，第九篇附录中也选择性地转录了部分文献。
② 化名为"T"的人士及丁韪良分别于1856年8月16日《北华捷报》第319期及1857年10月4日第323期上说，当时太平天国治下的安徽和广西的税率低于清朝统治时期。几年之后清查浙江的地方记录时，发现浙江的情况也同样如此。据《剡源乡志》，浙江的低税率可以以宁波府的情况为代表，该府五亩以下田地免税，五亩以上课税仅为总产量的2%。
③ 本节为《通考》第一卷第555—621页之概述。笔者对于太平泉币相关文献的研究，得益于亲自收藏的百余枚硬币（一部分为假币）的研究。关于部分硬币的式样拓本，见《通考》第十篇附录。
④ 沈梓日记，转录于《通考》第一卷第575页。

打制的小型硬币，仅限纪念收藏之用。这种硬币为锡制，直径约 3.2 厘米，正面有"太平通宝"四个字，背面左侧刻有龙虎纹饰，右侧则为"会风云"三个字。这种硬币的铸造总量不超过四十枚，有选择地发给一些运动领导人，而获得这枚硬币的人也都把它当作宝物。[①]

建都天京后，天王便在中央政府设局铸造铜钱，并任命四名铸钱匠为指挥，让他们提供技术上的指导。1853 年夏天，铸币厂开始开炉运行，但是由于无法突破铸造技术上的困难，直到次年秋冬时节，才制造出第一套用于全境流通的铜币。第一版铸模生产的硬币不多，均为铜制，据说其正面刻有"太平通宝"四个字，背面是天王用指甲印出来的月牙纹饰。[②]在此之后设计的面值较大的铜币（当百、当五十、当十，没有超过一百文的）则一面印有"天国"，另一面印有"通宝"。所有其他种类的硬币，无论其面值如何（太平天国泉币绝大多数面值较小），其一面或两面上都有版式不同的"圣宝"及"太平""天国"或"太平天国"字样。太平泉币的工艺水平堪比大多数现代硬币，而咸丰时期清廷发行的货币则无法与之相比。[③]

就创造性和纯粹的审美价值而言，最值得一提的太平泉币，便是被称为"大花田"的直径为 11.4 厘米或 19.7 厘米的硬币。[④]显然，这种纹饰设计丰富而精美的硬币以及一些同样大小的、刻有文字而无花田纹饰的硬币，均非供流通的通用货币，而是为了纪念重大事件或祈求好运而铸造的。太平天国泉币的基本材料是粗铜（多为黄色或棕色，偶见白色），以铜铁碎片、清朝钱币、旧铜炮以及无数铜牌位和太平军从占领的市镇搜缴而来的神佛圣人铜像作为铸币的原料。太平军在约 1860 年时，还发行过两版直径分别

[①] 关于这枚硬币的历史，见《杂记》第 203—206 页及《通考》第一卷第 559—569 页。后者还载有罗尔纲对这枚硬币真实性进行质疑的论述，以及笔者的驳论。
[②] 康内比（William A. Cornaby），《一串中国桃核》（上海，1925 年），第 13 页。《杂记》第 168 页引述。
[③] 《通考》第一卷第 614—621 页讨论了其相对较高的艺术造诣。
[④] 富礼赐从李秀成的弟弟李明成处收到"一枚大花硬币"，此事记于《全史》第一卷及《史料》第 167 页。关于这枚硬币的细节描述，见笔者发表于《广东文物》第三卷第十章及《大风》第 30 期上的文章《太平天国之文物》。1951 年，中国政府为纪念金田起义一百周年，发行了三枚邮票，其中有两枚（蓝色一千元及黄色八百元）均为大花设计，其复件见《通考》第一卷最后一页。笔者个人收藏有唯一一枚直径 19.7 厘米花币的拓本。

为 32 毫米和 25 毫米的数量有限的银币，以及直径为 27 毫米的金币。① 这些纪念性质的泉币就其工艺水平而言，在中国古币史上均堪称翘楚。

太平关权②

各家资料似乎一致认为，太平天国中央政府唯一的直接收入便是对长江货运贸易征收关税，并在天京（天海关）、芜湖（龙江关）、安庆、九江、武穴及武昌设有六处海关。这六处海关各有由天王任命的职关一名，其取税方式与众不同，不是按货物价值，而是按照船只的大小，并分粗货、细货收取关税。例如，船长一丈则基础税费为一千文，若运粗货（布、棉、煤、米等）则另缴两千文，若运细货（丝绸、缎子等）则另缴四千文。缴税之后给船票一张，可以免税通过其余关口，直至目的地。③一开始，太平天国对通过其六处海关的所有中外船只一概征税，但是《天津条约》（1858年）签订之后，英国便宣称英籍以及悬挂英国旗帜的所有船只豁免一切税务，这不可避免地在英国和太平天国的官员之间制造了摩擦。④太平天国政府同时还独占盐权，将盐批发给商人零售。盐税定为每斤一百文。

内外贸易⑤

在太平天国官方刊行的《醒世文》中，我们能够找到这样四句诗：

士农工商各安业，纳款当差凛遵行。
百般贸易可俱做，烟酒禁物莫私营。

太平天国通过这首诗明确肯定"四民和谐"的传统社会主张，"四民"之中也包括商人。这证实了太平天国对国内及国际贸易均采取了自由宽松的

---

① 李明成还向富礼赐展示了二十枚银币。白伦书第279页也提到了太平天国银币。另见耿爱德（Edward Kann）《中国币图说汇考》（洛杉矶，1954年）第22—25页。
② 《通考》第二卷第669—672页。
③ 《贼情汇纂》第十卷。
④ 吟唎书第一卷第397—398页。
⑤ 本节为《通考》第二卷第685—724页之概述。

政策，行商坐贾，一切如旧。① 天国治下的小型商业大致分为三类：其一是全由政府出资兴办，或由政府自行管理，或以无偿信贷的方式交由穷人经营者；其二是由文武官员全资，或与商人合资营办，交由职业商人打理者；其三便是完全私营者。因为太平天国有城区供圣兵及家眷居住，民人不得居住的禁令，因此所有的商业交易均须按规定，在太平军占领城市城门外特别设置的"买卖街"上进行。这些新的商业中心得到了天国政府的鼓励和支持。同时，因为太平军通常会以高于市价的价格进行交易，商家的积极性也很高，这就使得太平天国的商业交易额，尤其是在非战时的交易额，很多时候超过了清政府控制下的其他一些地区的交易额。②

太平军也鼓励国际贸易，在与外国使节的会晤中，天国的领袖们也不断地重申和强调他们施行的自由贸易政策。他们向在太平天国境内从事商业活动的外国商人颁发特别的许可证书，并特别设置官吏，以更好地建立对外贸易关系。③ 太平天国早期的国际贸易交易量相当可观。根据呤唎的记录，平均每天都有至少三十艘货船从上海驶入天京。太平军和治下人民所需的米以及其他各类食品货物，甚至是像风琴、望远镜、钟表这类的奢侈品，都有足够且稳定的供给。④ 值得注意的是，除了合法交易的货物，鸦片、军火和其他军需物品也以黑市价格流入太平天国境内，而很多时候都是通过外国军队的军官挟带流入的（后文详述）。粗丝和茶叶则是太平天国主要的出口产品。太平天国的商业贸易虽然受到境内的战争和经济困难的影响，但是天国并没有像后来英国人介入中国内战时声称的那样放弃自由贸易政策。恰恰相反，有数据表明，太平天国的对外贸易额其实是逐年递增的。⑤

---

① 在周代末期编撰的《榖梁传》中已有记载，民众分为士、商、农、工四类职业。由于某种原因，后来顺序发生了改变，农排在第二，商在最后。
② 知非《吴江庚申纪事》及沈梓日记。
③ 据两位传教士艾约瑟（Joseph Edkins）及杨笃信（Griffith John）在1860年7月7日《北华捷报》第519期上发表的报告，及呤唎书第一卷第371页。
④ 呤唎书第一卷第483页生动详细地描述了天京的国际贸易状况。驻上海英国公使馆翻译及公使驻天京特派代表富礼赐，也私下与太平天国的高官进行交易，售卖米、口琴等。见《太平天国史料》第165页以下，洪仁玕及莫仕暌给富礼赐的信件。
⑤ 呤唎书第二卷附录B，引自当时英国期刊上的六个统计图表显示，太平天国的丝绸和茶叶出口均在增长。

妇女地位[1]

太平天国史上也有很多事例，能够体现他们在改良中国社会方面做出的努力。天国治下，通奸、奴役、卖淫和吸食鸦片等行为都被严格禁止，只要违犯就会被砍头。饮酒与赌博也被禁止，封建迷信活动、奢侈挥霍的风气以及婚丧庆生仪式中腐败有害的内容或被摒弃，或被改革。太平天国施行的社会改良中最有价值的，便是将妇女从传统社会被压迫的底层中解放出来。

男女平等这种革命性的理念自然是从基督信仰而来，他们信从天父上帝，而因为他，天下男女皆为兄弟姐妹。无论在世间地位如何，在天父面前人人平等。这一点虽然自始至终都是基督信仰中重要的神学原则，但是太平天国却超过了许多既有的基督教国家，把这一原则落实为实际的社会和政治政策。另外，如果放到自古因循不变，至太平天国时期仍然流行的传统中国习俗的背景之下，这一本质上革命性的社会改良的意义就变得更为重要。

太平天国一举完全消除了缠足、纳妾以及买卖婚姻之类的习俗。同样，将妇女隔绝于家中，严格限制她们与男性接触的传统也被彻底摒弃，取而代之的是男女在各种日常活动中形成的亲切的伙伴关系。太平信众互称兄弟姐妹，中外观察家们都各怀惊讶之情地记录，看到过天京街头男女自然交织在一起的人流。[2]从官方层面而言，太平天国最引人注目的创新便是增设六级女爵：女贞姜、女贞安、女贞福、女贞燕、女贞豫、女贞侯。[3]这六级爵位与太平天国的男性爵位完全平等，在中国历史上第一次为妇女提供了受封爵位的机会。太平天国的女性也可以同时获封多种职衔，在天王府、女营、女馆以及军队（如苏三便官至丞相）中担任各种职位。

许多太平天国领袖的客家出身，也可能影响了他们对女性的态度。客

---

[1] 本节为《通考》第二卷第1190—1209页及第1229—1236页之概述。
[2] 呤唎书第一卷第235页、第300页、第301页、第302页，《北华捷报》1854年6月24日第204期、1861年6月8日第567期，麦维廉在《外国传教士》1861年9月号上的文章，沃尔斯利（Garnet J. Wolseley）《1860年中国战况的描述》第十四章。国内文献中也有佐证，如李圭《思痛记》及金和《秋穗吟馆诗钞》中《痛定篇》一诗。
[3] 《太平礼制》。

家女人数百年来一直与她们的丈夫和兄弟并肩工作,并肩战斗,因此太平天国的妇女自然而然地参与劳作,并且在必要的时候参与前线战斗。①

太平科考[②]

1843年,当洪秀全因在广州第四次也是最后一次参加清朝科举考试失败而咒骂清廷统治的时候,他就发誓,有朝一日一定要自己开科取士。转眼到了1853年秋天,整整十年之后,太平天国在天京举办了第一次科举考试。这次所谓"京试"的主考官由天王任命,试题诗歌论文的主题也由天王从天国官方出版物中选取。所有人都可以参加京试,这样做是因为洪秀全曾经体会过在传统科考中不能上京参加会试的痛苦。通过这场会试的人被分为三级(元甲、二甲、三甲):第一级人数较少,分别被赐予"状元""榜眼"和"探花"的功名,并被封职指挥。第二、第三级人数不限,分别为"翰林"和"进士",封职将军和总制。

太平科考在中国历史上史无前例的特殊性之一,便在于它随后设立的三场与京试级别、效力相同的考试。京试先是以天王之名,后来是以幼天王之名而举行。而作为结义兄弟权力共享的象征,天王允许东王、北王和翼王在自己出生的月份,以自己的名义分别开设同样级别的考试,功名与封职相同,只是在前面加上两个字以区分。"天试翰林"是指通过天王的考试获取翰林功名的人。之后,通过东王杨秀清的考试的人,开始在他们的功名与封职前加上"东试"二字。

每年在首都面向所有生员,不论其资质如何,举办四场考试,这种方式烦琐而难以操作。因此,几年之后,太平天国开始重新采用传统的科举方式,乡试合格者推为举人,然后每三年为举人举行京试。清朝施行的省县地方考试最终也被彻底恢复,唯一例外的是,所有考试内容仍然出自太平天国官方出版的文献。武试方面,太平天国也遵循传统的方式,与文试并行。

---

① 太平天国的政策在性别平等上的进步与开放,也引起了当代学者的注意,如泰勒(George Taylor)在《中国社会和政治考察》第20期第602页发表的文章《太平天国》。
② 本节为《通考》第一卷第263—279页之概述。

但是在对生员的照顾方面，太平天国的做法确实对传统有相当程度的变革。无论是在中央还是地方的考试中，他们都全程为参加考试的生员提供丰盛的伙食以及生活必需品。士人张汝南当时正受困于天京，根据他的记录，"（参考生员）各归号，号派人侍茶汤，给油烛茶点及汤饭，皆丰厚"。① 龚又村观察到，太平天国的地方考试也对生员采取相似的照顾政策，便在日记中记录道："士子饭食军帅等办，每席六簋。"② 除了在考场上对生员的优待，成功考取的生员都会得到路费，资助他们从县府到州府，再到天京考取更高级别的功名。实际上，参加京试的生员都会搭乘为他们特别设计的车辆和船只。③ 这些为生员提供的特别安排很早就开始执行，后来洪仁玕才将此正式编入章程（见第十六章），这些安排是太平天国的科举考试不同于中国历史上其他朝代科举考试的显著特征。

虽然一些非太平天国官方的资料指出，他们还有相对应的女试，但是任何天国官方文献中都未提到曾经举行过类似的考试。太平天国极高的女性识字率，似乎可以解释这一点。如果按照那些非官方文献所说，太平天国中有女性拥有太平科考的功名，那么这也许可以证明太平天国曾在女馆中举行考试，遴选王府女侍或者选拔有特殊技艺的人才。而向这些考试中脱颖而出的女性赠予与男性相同的功名，也许只是随意而为，并非正式的赐予，从而不具备官方性质。在记录着超过十年期间所有考取头等功名生员的名单中，没有一个女性的名字。

出版活动

在被俘获控制的民众中寻找士子和拥有特殊才华或技能的人，这毫无疑问是一项得到太平天国的领袖和军官们一致贯彻的政策。他们在所占城市的每个角落都张贴悬赏纳贤的布告，有些布告还被保存下来。④ 那些加入

---

① 张汝南《金陵省难纪略·贼庆寿》。
② 龚又村《自怡日记》，转录于《太平天国史料丛编简辑》第四卷第393页。
③ 《贼情汇纂》第三卷《伪品级铨选》。
④ 《贼情汇纂》第三卷《伪品级铨选》，以及《通考》上册第456页引录的沈梓日记。罗邕、沈祖基《太平天国诗文钞》也收录了一份石达开在前往浙江途中发布的署名布告，但其他文献认为该布告系伪造，关于这一点的详细论述，可参阅笔者在《广东文物》第三卷第十章中的论述。

太平军为之服务的人才，都能享受到诸多优待，他们在太平军中的长官也对他们尊敬有加（见第七章）。招纳人才的数量和种类也都在增加，包括煤矿工人（擅长破坏城墙）、医生、工程指挥（用于营造宫殿）、壁画匠、艺术鉴定师、画匠、铸币专家、绣匠（女性）、织匠、造船匠以及制枪匠。可以说，太平天国就像中国古语所说的那样"求贤若渴""爱才如命"。

太平天国将延揽文人帮助他们刊行书册作为第一要务。早在拜上帝会秘密印刷并分发入会申请和规章制度的时期，他们便对出版印刷特别重视，这也是太平天国运动的特征之一。洪秀全对早期传教士为在中国传教而印制的大量宣传单册、对话录以及文集印象深刻，并且颇为其中的热诚所感染，自己也加入其中，长期不断地推动宣传单册的印行工作。早在距金田起义还不到两年的永安州时期，太平军就开始了出版印刷的活动，而第一个中央政府印刷机构，则是设立在天京的"典镌刻"，由从出版中心扬州和六合征召来的印匠任职。

太平天国依照天王洪秀全的命令，在1852—1862年间印刷的官方书册共有四十四种，其中绝大多数书册印刷量都很大，足够免费地发放给全军官兵及其眷属（甚至也可能包括一般民众）。这些书册可分为如下几大类：（一）圣经的中文版，包括《新约》和《旧约》；（二）教义指导手册；（三）天王颁布的法令汇编；（四）军事法规；（五）社会行为规约；（六）年鉴（每年发行一部）；（七）指导年轻人的教科书；（八）历史文献；（九）讨满檄文；（十）文集；（十一）宗教劝导或政治教育性诗赋；（十二）其他太平领袖的诗词，尤其是洪仁玕的；（十三）神学论述；（十四）政治计划纲要；（十五）政令法规。[1] 四十四种出版书册中能找到原本的只有三十八种。[2] 另有两种，分别为一部字典和一部韵书，据说是天王亲自编纂的，但并未发行。经删书衙在天国早期花费大量时间修订的孔孟经典，最终也没有发行。尽管如此，与清代之前的中国历代杰出帝王相比，太平天国在出版方面的成就是无与

---

[1] 太平天国出版物的全部明细及出版年月清单，可参考笔者发表在《香港大学五十周年纪念论文集》（香港，1964年）第一卷上的论文《五十年来太平天国史之研究》。要目亦见于《广东文物》第三卷第十章。
[2] 这些文本在多种文献中均有收集（见参考文献）。这些文献的完整清单则转录于《太平天国印书》。

伦比的。

太平天国的信仰[①]

当洪秀全进入南京时，他的宗教信念已经逐步结合，形成了一个较为完备的神学思想体系，而这一体系正是太平天国基督信仰的基石。太平天国所有的信仰及行动中都体现着他的宗教权威。虽然很多外国传教士，以及依仗基督附身的杨秀清和萧朝贵（他们的言论在死后就被人们忘记了），甚至太平天国后期实行大规模宗教改革的洪仁玕（见第十六章）都曾把他当作异端批判过，但是他的权威丝毫未受影响。洪秀全最初唯一的神学知识，来源于一套共九本、名为《劝世良言》的宣传册，是梁发将自己的布道词结集，并加上对马礼逊初版圣经的摘引，最终付梓形成的。关于洪秀全如何得到并阅读这些宣传册，以及如何被其中的阐释所感动这些问题，已经在第二章中详述过。他在随后的1847年在广州从罗孝全修道，进一步熟悉了教堂的组织形式和教礼服侍的规程，但在这一时期，洪秀全已经形成并坚信自己的一套对基督信仰的认识了。多年之后，1861年，罗孝全前往天京，试图纠正他早前这位学生的异端思想，最终也只是同其他的教士一样绝望地离开。传教士们也曾通过各类书籍文献，试图向洪秀全宣导更为纯正的基督教教义。虽然哲学文献大部分都亡佚了，但是洪秀全却接受了一本由麦都思撰写的关于上帝的文章，并亲自进行改编，先后两次将其重印（第一次是该文的前八章，之后一次则是全文印刷），取名为《天理要论》。

太平天国的基督信仰，实际上是一个同时体现了正统与非正统元素，并受本土宗教影响的新教派。与基督教各派相同，太平天国信仰上帝，主张上帝是救世主，阅读圣经，信守十诫，施行洗礼，并且相信有天堂与地狱。太平天国的基督信仰中也有很多对教义的错误理解（后文详述）。对于信众的错误信仰，洪秀全应当负主要责任，但是一些教士指责他为异端，便有失公允，因为洪秀全从未正式受洗，而他并不理解自己与正统信仰之

[①] 本节为《通考》第三卷第1664—1710页及第1750—1815页之概述。

间所存在的偏差。因此关于太平天国的基督信仰究竟是正统还是异端这一问题，在学界仍有争论，而这种争论使我们忽视了这个重要的宗教现象所蕴含的真正意义。许多着意于寻找太平基督伟大意义的西方史家，都为错失了将中国纳入基督教社会的历史机遇而感到惋惜。① 也有少数人认识到了洪秀全宗教思想的创造性，并从他试图将基督教与儒家传统相结合的努力中受益颇丰。② 从下文的综述中可以发现，洪秀全对基督教教义的解读基于他所处的社会和文化环境，基于太平天国革命运动的特殊需要，同时也基于他对古代儒家理念的敬畏之情。根据社会和文化条件对教义进行一定程度的改变，这种做法对基督教而言并不算新鲜，正如已故芝加哥大学教授杰拉德·史密斯（Gerald B. Smith）在谈论基督教宗教形式进化史时所说，"基督信仰正处在不断地被创新的过程之中"。③ 但是，在东方背景下改变基督教教义，相比在西方世界有着显著的不同，其中有很多问题一直吸引着中国基督徒以及西方的神学家们不断地寻找解决的办法。在这种情况下，洪秀全会犯错误就不令人感到意外了。同样不足为奇的是，洪秀全和梁发一样，都强调基督的教义与儒家的相似性，而忽略了强调"上帝之爱"这个基督带给世人的最为核心的信息，这便是太平天国对正统基督信仰最大的背离和曲解。太平天国宗教的伦理价值核心，与其说是儒家化的基督教，不如说是基督化的儒家，这种情况用中国成语来形容的话，就是"喧宾夺主"。④

天王对上帝的认识直接来自梁发的宣传册，其中宣称上帝拥有至高无上的绝对权力，是整个宇宙的创造者和管理者。梁发意识到他的读者所抱持的迷信及盲目崇拜偶像的宗教思想，便强调上帝对人为其所造却笃信他宗的嫉恨，并说上帝对那些违反他的律令的人将会做出公正的审判。这样

---

① 丁韪良《花甲记忆》第142页中说："就这样错过了这次千载难逢的机遇。"斯皮尔在《传教士与现代历史》第一卷第65页中也说："在基督教会的历史上，再也不会有这样的机会了。"
② 费子智（Charles P. Fitzgerald）在《中国文化简史》第581页将洪秀全评价为"中国历史上最杰出的基督教先知"。卡希尔（Holger Cahill）在《美国冒险家》第288页写道："洪秀全想要重新确立中国式生活的核心理念，并试图从他的基督教思想框架中寻找答案。在这方面，他显得比批评他的传教士们更加了解历史上的基督信仰……洪秀全也许就是基督教在中国的一位真正的先知。"
③ 杰拉德·史密斯，《基督教研究入门》（芝加哥大学出版社，1917年），第506页。
④ 关于西方基督教内外观察家对太平天国基督信仰更多的评述，可参见《通考》第三卷第1929—2019页。笔者的评论总结，见同书第2019—2054页。

勾画出来的上帝形象，与其说像是《新约》中慈爱及于世上众人的上帝，不如说更像是《旧约》（尤其是《摩西五经》）中那个部族首领式的上帝。洪秀全对此毫不知情，便接受了梁发刻意强调并改变过的上帝形象。正因为梁发不曾全面地说明基督教的上帝信仰，太平天国基督信仰中的上帝就保留了很多《旧约》的特性。例如，太平天国从始至终都不遗余力地到处捣毁偶像，这便是将上帝的意志（即那种嫉恨的意志）付诸实际行动。环境因素也有影响，对于终日挣扎在生死之间的太平军而言，一个具有人的形态、能够与人交流并且在有需要的时候或者战时能够降临人间、帮助忠诚的信徒们的上帝，比起《约伯记》中那个哲学性的上帝而言，更容易理解和接受。但是，许多基督教教义中关于上帝的信仰，确实无误地体现在太平天国的基督信仰之中。历史学家范文澜认为，宗教只是太平天国运动披着的外皮而已，却不经意地在行文中说，他印象中"洪秀全的上帝"是"平等、自由和博爱的上帝"，也是一个"参与战斗，斩妖除魔，总之是一个具有革命性的上帝"。[1]至于上帝的圣名，洪秀全最开始使用的是"上帝"，一如梁发的宣传册中采用马礼逊所译圣经中的用词。后来，郭士立的《旧约》修订译本（1835年初版）借用了《史记》中"皇上帝"的说法，洪秀全读毕便改用了"皇上帝"。于是，洪秀全以此建立了基督教上帝和中国古典神明之间的联系，然后进而将中国文化中人格神化的"天"与基督教的"上帝"相结合，重新构建了中国人崇拜"皇上帝"的历史。如此一来，显而易见的是，基督教中的上帝并不是什么西方外来的神明，而是本土的神明，一直为中国人所崇拜，直到异教的偶像让人们失去了对它的信仰，而在那之后，只有皇帝才会敬拜上帝。洪秀全概念中的这个鲜活再现了基督教教义并受中外万民敬拜的上帝，非常符合中国的传统意识，是一次融合基督信仰和中国传统文化的勇敢尝试。

除了将基督教的上帝称作"皇上帝""天父"或者"无上的主"，洪秀全偶尔还会使用"神爷"这个亲切的名字，而这个名字的起源也颇有趣味。在马礼逊的初版圣经译本中，"Jehovah"（耶和华）被翻译为"爷火华"。但

---

[1] 范文澜，《中国近代史》（1949年），第140页。

是"爷"字恰巧与中国家族亲属所用的字相同，马礼逊可能是害怕造成误解，便加了一个"神"字，而使用了"神爷火华"这个称谓。见到这个称谓，洪秀全认为唯一合乎道理以及语法的读法是"神爷"，他的名字是"火华"。（出于同样的原因，洪秀全还把马礼逊类似地将"Abraham"模糊翻译成的"阿伯拉罕"理解为"拉罕"阿伯。）

太平天国基督信仰中的上帝天父的概念，与其说体现在上帝对世人之爱、上帝与人的精神联系这种象征意义上，不如说更多地体现在对上帝无限创造性的认识上，他创造了人类，就像人类的父亲生育子女。这和儒家经典《易》中"天地之大德曰生"的表述相当吻合，只是添加了基督教的元素。洪秀全并没有意识到自己在基本概念上的错误，而且从没打算接受上帝在苍穹中独自存在的自存性，并由此进而发展出自己的家庭式神学观。既然有天父又有上帝之子，那怎么可能没有"天母"呢？因此，洪秀全构想了一个天母，来使上帝家庭完满。天长兄耶稣还有一位妻子，这一点与给耶稣安排了两名妻子的早期摩门教相比似乎没有那么异类。洪秀全把耶稣的妻子称作"天嫂"。[1]但是皇太子耶稣却没有儿子。因此，洪秀全便依照中国的家庭习俗，将自己的儿子幼天王过继给耶稣，让他成为自己和天兄的共同继承人。[2]正因如此，幼天王在自己发布的条令中称上帝为"天爷"，称耶稣为"天父"，而称自己的亲生父亲天王洪秀全为"父亲"。研究太平天国的史家自然会猜想，这种称呼方式意味着天国后继的统治者可能会把上帝称作"天祖"。

虽然洪秀全将上帝之家进行了人格化的扩展，但是太平天国从未放弃严格的一神论，从始至终，他们都以最诚挚的敬意和最深刻的感怀敬拜着上帝。

与梁发的宣传册中对基督的介绍相同，太平天国的基督信仰认为，基督是受上帝指派拯救世间有罪之人的，从降生到复活升天，他在人间的生活被描述得充满了奇迹。[3]从这一点而言，太平信仰中的基督与正统信仰中

---

[1] 这些"创造"的词汇均出现在太平天国官方刊行的书籍中，如《太平天日》及《三字经》。
[2] 天王关于"异族兄弟"的训令，可参见《逸经》第23期，及《史料》第93页。
[3] 《三字经》《千字诏》和《天情道理书》中都重申了梁发对基督的介绍说明。

的基督相差无几。但同样是受到梁发宣传册的影响，太平信仰重视基督的超自然性胜过了他的人性，继而也就忽视了他对于人的管辖。梁发并没有全面完整地阐释基督和使徒们在一起时卑贱的生活，以及"山上宝训"之类的训导，因此太平天国基督信仰也就无法完全理解基督关于信仰、希望和爱所作教训的深刻含义。[①] 与梁发一样，洪秀全把基督的地位降低，使之成为至高上帝的创造与救赎中的一个次要的辅助性角色。

梁发的宣传册对洪秀全的影响，可以从后者对基督的称谓中窥见一斑。梁发仅有一次使用"上帝独子"称呼基督，而其他的时候都用"上帝之子"。洪秀全妄称"上帝次子"，是对梁发的基督论思考后得出的结论，而这一结论受到了"上帝独子"这一教条的挑战，因此洪秀全在任何基督教的文献中只要见到这样的表述，便会毫不犹疑地将"独"字勾掉。当然，在洪秀全看来，这并不影响基督在太平信仰中超越其他世人的崇高人格地位。

对关于圣灵的教义的彻底否定，是太平天国基督信仰中另一条明显源于梁发宣传册的非正统教义。宣传册中对圣灵鲜有提及，而梁发采用了"圣神风"这个马礼逊对圣灵非常不恰当的译法，使得相关的教义变得更加难以理解。马礼逊选择的这个"风"字，所指代的只是一种自然的元素，因而这个概念也就变得平凡无奇，"圣神风"成了上帝所持有和使用的某件东西，从任何意义上讲都无法体现圣灵与上帝属于同等位格这一概念。（"圣灵"这个显然更加合适的译法后来才被引入，并一直使用至今。）

在这种错误的认识下，洪秀全将各种强大的自然元素加在爵位上，授予诸王。他毫不吝惜地把"圣神风"的头衔赐给杨秀清，以突出他的地位（洪秀全将自己称为"洪日"），其他诸王分别赐号"雨师"（萧朝贵，追赠）、"云师"（冯云山，追赠）、"雷师"（韦昌辉）、"电师"（石达开）、"霜师"（秦日纲）以及"露师"（胡以晄）。洪秀全并非大不敬地把杨秀清封为圣灵，他所指的"风"只是上帝所有、供上帝驱使的元素而已。实际上，后来洪秀全又为萧朝贵、韦昌辉和石达开增封"圣神"二字，他们的封号就成了"圣神雨""圣神雷"和"圣神电"。

[①] 博德曼（Eugene P. Boardman）《基督教对太平天国意识形态的影响》第六章中讨论了太平天国基督信仰中所缺乏的五种基本美德。

"风"的这种译法已经让关于圣灵的教义误入歧途,而把圣灵的另一个名字"Comforter"翻译成"劝慰师",则更是让情况变得越发不可收拾。同样,马礼逊的翻译完全没有体现出圣灵的神圣性,而这个汉译给中国教外民众的印象仅仅是上帝派来的一位劝诫安慰世人的凡人老师而已。正因如此,天王也把这一头衔加封给了杨秀清,因为他曾多次劝诫或安慰天王。另外,"师"的崇高地位于古有征,之前历代都有为皇帝和太子设"太师"和"少师"的习惯。许多当代的传教士和观察家囿于对教义的执见,强烈地批判洪秀全亵渎不敬,冒用圣名。

对于洪秀全而言,三位一体的概念似乎更难以理解,而梁发也只是提及这一概念,却并未做出任何解释。在漫长的基督教哲学史中,这一教义的奥秘即便是熟悉教义的神学学者都可能毫不知晓,而对于洪秀全来说,它的存在意味着一种矛盾:"三个即是一个"这种似乎是多神论的概念,如何能够调和于基督教的一神论之中。既然已经确信唯一真正的上帝,洪秀全选择对"三个神"的概念充耳不闻——传教士试图改正他的认识时,便意识到他采取了这种态度。另外,中国基本的上下有别的伦理准则(如儿子必须敬重父亲),也不允许两个人据有同样的地位,更不用说二者合而同一了。太平天国的所有手稿及文献中都严格地规定,提及上帝圣名的时候,无论形式如何,均须移行四抬(换行后首字高出他行四字);提及耶稣基督时,须移行三抬;提及天王及天国时,须移行二抬;提及其他诸王时,则要移行单抬。这与中国传统的伦常礼节相符,因而他们便很难想象对天父上帝与圣子基督怀有同样的尊敬。

至于三位一体的第三位格,既然它在被翻译为"圣神风"和"劝慰师"时就已经失去了其神圣性,洪秀全也就没有任何理由承认这个"风"或者上帝派来的"师"是和上帝同等的存在。

具有讽刺意味的是,太平信徒却在日常敬拜上帝的诵经时,把从广东浸礼会承袭而来的赞美诗中的三位一体原文照搬,但这仅仅意味着他们象征性地接受了这种形式,而对其含义不以为然。洪秀全在对圣经文本的批阅中,更是明确地反对有关三位一体的教义,他完全相信"三个就是一个"的概念不足为信。关于这个问题,他在后期的思考记录中写道:"三位是父子一脉亲。"① 洪秀全可以接受圣父与圣子因血缘关系的结合，这种认定是出于中国伦理系统对血缘关系的肯定，而并非出于源自希腊哲学的形而上的统一性。而圣灵则不可能与圣父和圣子建立血缘上的关系。

1847年洪秀全从罗孝全学道时得到的最重要的一部文献，便是1840年浸礼会翻译的《十诫》。这个浸礼会的版本（可能还有1844年长老会的译本）成为洪秀全依照中国传统制定的十项天条的依据。② 这十项天条是太平天国道德品行标准的基础，早在拜上帝会时期就被印发，但是直到1852年才最终成书。在永安州时，洪秀全与冯云山和卢贤拔共同刊行了《天条书》，在全军传阅。此书质量极高，无论是西方人还是东方人，看过后对这部书都给予了一致的好评。③

此书采用的结构非常简单，在扉页上就告诫人们要"时时遵守十款天条"，然后逐条陈述并以绝句或典故轶事做展开说明。该书行文简洁，格调优雅，远超《十诫》的其他中文译本，还根据太平军的特殊需要做了额外的改编，并在评注中添加了极具中国传统特色的参考指示。例如，第四项戒律要求保持安息日的神圣性的戒律，着重强调每个人都要日夜敬拜，尤其要参加周日的感恩服侍，以感谢造物主上帝赐予众生的祝福。第五项戒律则采用了浸礼会译本中孝顺父母的译法，而非"尊敬"父母，所配的诗也让人想到传说中的孝子古代帝王虞舜。为了额外加以强调，该处附有《诗经》中常被引用的相关诗句。为了更加明确地指出需要禁止的恶行，第六和第七项戒律都经过了修订：第六条包括害人和杀人，第七条则添加了"邪"字和"乱"字，包括通奸及一切类似的恶行——丢邪眼、起邪念、唱邪歌，甚至细致到明确包括吸食鸦片。第七项戒律中诗歌的首句引用了中国古语"邪淫最是恶之魁"，而评注中适时地强调上帝的儿女皆为兄弟姐妹，将基督教的主要教义和儒家的道德准则和谐地统一起来。洪秀全还考虑到信众不熟悉被流放的犹太人受第十项戒律的历史典故，便将这条戒律所禁止的行为

---

① 这是对《圣经·新约·约翰一书》第五章的批注，原文可参见《史料》第85页。
② 博德曼书，第62页。
③《贼情汇纂》第一章中冯云山与卢贤拔的传记中提到，他们参与写作了这部书，但是洪秀全极有可能是主要作者，因为是洪首先得到《十诫》的译本，而他也在其他批注及诗作中以相似的方式表述过类似的观点。

归结为"贪心"二字,并解释说它既包含贪恋他人财产,也包含任何形式的赌博——赌博当时盛行于中国南方。

总而言之,十项天条是太平天国基督信仰创造性的代表杰作,它的出版受到了所有观察家的赞赏和欢迎。①

由于只有圣经是宣传一神论的,洪秀全对它的重视超越其他任何书籍,甚至超过了儒家、佛教以及道教的经典。②虽然太平天国宗教信仰对圣经尊崇有加,却从未承认它神圣的权威性。梁发在他的宣传册中也没有讨论过这一点,仅仅直白地说圣经是"真正的经典,是上帝救赎的神圣原则",这就为洪秀全背离传统的观点留下了余地。圣经中的许多章节都让洪秀全感到困惑,他曾经评论说:"爷知《新约》有错记。"这种描述可能也受到了孟子教诲士人们"尽信书不如无书"的影响。③另一个影响洪秀全对待圣经态度的因素,是他自己的使命感。新教徒以圣经的权威性来反抗天主教所主张的教宗无谬误说,以及教宗的神圣教诲职能。与此不同,洪秀全坚信自己受到上帝唯一的全权指派,来指引世间的道德与灵魂,无须再从圣经中寻找认同。

虽然洪秀全对圣经的接受是理性且相对的,他对圣经还是极度尊崇的,甚至还批准加上了一部由若干太平天国的宗教文献结集而成的《真约》。这种行为是否渎神先姑且不论,如果太平天国最终成功并且推行扩版后的圣经的话,不知道世人会作何感想。

如前文所述,梁发没有抓住基督教教义中"爱"这一核心信息,因而也就无法彻底理解由之而生的种种美德。与遵守十诫这种易于衡量的道德指标相比,博爱精神作为《新约》中道德完美的标准显得暧昧不明,因此梁发就选择讲述《旧约》中易怒的上帝扬善惩恶的故事,来劝诫读者弃恶从善。

---

① 1853年9月3日,刚刚为文咸爵士翻译完整部《天条书》的麦都思,在《北华捷报》第162期上将它评价为太平天国最好的出版物,并预测说如果太平天国能够继续刊行这样优秀的书籍,他们的革命就可以胜利。博德曼书第65页也相信,太平十诫只要稍加修改,就可以用作规束中国大众的经典。日本历史学家稻叶岩吉引用罗尔纲《太平天国史考》第75页时说,太平天国版本的十诫比起原来的译本更适合中国人。
② 关于洪秀全对圣经与儒家经典的对比,可参见《太平天日》。
③ 洪秀全是在批注《约翰一书》第五章时做出这个评论的。对于孟子的教诲有两种解读:第一种认为"书"是指特定的一本书,即《尚书》;而为程颐所主张、朱熹所引述的另外一种解读认为,"书"是指非特定的复数,即对历史的所有文字记录。第二种解释被广泛地接受。

他的布道对《新约》只是偶有提及，且各自独立，不成系统。

洪秀全因袭了梁发的这些不足，导致太平天国基督信仰与正统的基督教在道德规范的教义方面有着本质的不同。洪秀全为了给他的信众建立一套道德体系，从早期便开始构建诸如"大量"（《原道醒世训》）、"公"以及"平"等概念。这些概念体现出洪秀全在独自寻找儒家思想与基督教教义之间的共同点。最值得一提的是"大量"这个概念，洪秀全把它定义为一种人类全体的兄弟之情，它既超越种族，也超越渺小的一家、一乡甚至一国之爱。但是，囿于革命运动的紧迫性，洪秀全选择退而求其次，只在儒家道德思想以及中国文化传统之上简单明了地规定了十项天条。梁发曾经明确地说，孔子的教导最为细致完美。因此，太平天国的道德规范在严格遵守十项天条的同时，强调正确的君臣、主次、父子、兄弟以及夫妇等关系的重要性。而只有培养和建立正当的人际关系，拥有正直的心灵以及优秀的人格，才能不负身为上帝之子的高贵尊严，才能为"世人皆兄弟"这一崇高理想的最终实现贡献力量。[①]

与梁发在他的宣传册中所主张的末世论完全一样，太平天国基督信仰也相信永恒生命、最终审判以及天堂与地狱的真实存在。他们在这些方面的认识与正统教义也基本相同，差别只在于强调的重点。对那些作战勇敢、服侍真诚并且满怀信仰地为革命事业牺牲生命的信徒给予最为崇高的奖励，许诺他们能有一个满是荣耀、快乐的永恒的新生。而怯懦畏战、通敌变节或怠惰不忠者，则诅咒他们下地狱。而这些许诺与诅咒的出处来源，也不难猜测。

太平天国的基督信仰从始至终都不曾出现过教会组织。与之最为相近的就是拜上帝会，而金田起义之后，拜上帝会就自行转化成了太平军。但是，太平信徒们确实有专供礼拜仪式的特殊场所。在每一个政府部门、每一位大小官员的府邸及每一座军事指挥所里，最好的房间都被改装或预留作为"天父堂"，作敬拜上帝之用。所有太平天国的"教堂"中最为富丽堂皇的，就是位于天王府正中心的荣光大殿。然而，虽然基督教为太平天国

[①] 关于太平天国道德规范的具体施行细节，请参看《三字经》《幼学诗》及《太平救世歌》。

的国教，但是在天国占领的城市和区域中却没有一座教堂。这似乎很矛盾，但其实是因为太平信徒们都以类似拜祭祖先的方式在自己的家中完成礼拜。

总体军事行动规划

在建都天京后，太平天国的领袖们就设计了一个长期的军事行动规划，其要旨如下：将规模已经达到五百万之众的太平军分为三股，由杨秀清（正军师衔）统一全权领导，太平军的领袖们以此为基础，规划了一个三线攻防的作战战略，每一股军队分别执行一项任务。①

中央军

以天京为指挥总部，以北王韦昌辉为总指挥。其任务是守卫中央地区，包括天京、南边的浙江以及长江以北的江浦、浦口、仪征、瓜州及扬州一带。为了控制这一大片区域，杨秀清后来必须从他亲自指挥的部队中派遣协防力量，并由像秦日纲和罗大纲这样未被分配具体任务的将军担任战地指挥。

北伐军

由李开芳和林凤祥为总指挥，主要任务是向北进军占领北京，并以之为基地，攻略陕西、甘肃、山西诸省，并最终折向南方，占领四川。

西征军

由翼王石达开和胡以晄为总指挥，计划沿长江向西占领安徽、江西、湖北、湖南等省份，最终攻向四川。

如果两支远征军可以顺利完成任务，并在四川会师，清帝国未被攻占的省份就会一个接一个地被轻易占领，太平天国也就可以统一中国。但是，他们的军事规划有三处根本性的战略错误，决定了太平天国的革命者们最终覆亡的命运。第一个战略错误是，他们放任钦差大臣向荣和琦善在天京

---

① 这个军事行动规划的内容，依据的是裨治文在访问天京后于1854年7月22日在《北华捷报》第208期上发表的文章。

城的前后门安营扎寨,不断干扰他们的军事行动。在远征之前,他们应该倾全力消灭或者驱逐驻扎在附近的清军。第二个战略错误是,他们派遣两路远征军同时出击,而不是在攻占北京前把力量集中在北伐上。最终的结果是,北伐军被切断了和天京的联系,丧失了一切得到增援的机会,孤军奋战,前有阻截,后有追兵,成了清军的盘中之餐,全军最终被分割歼灭。与此同时,西征军被拖在长江中下游平原,不断地调用天京的后备军,而这些后备军本可以被派往加强北伐的力量。即便算上所有的后备军,西征军似乎也无法摆脱无数不断包围而来的清军的牵制,尤其是曾国藩的新军出现在战场上之后,情况更是如此。此后十年多一点的时间里,除了在占领区取得了一些对革命的最终胜利无足轻重的防卫战斗的胜利,太平天国的军事行动几乎没有任何成果。太平军直到最后天国覆亡之时,都一直在打一场防御性的战争。

  第三个战略错误是他们低估了上海对于革命的重要性。他们曾经做过占领上海的假设,但当天地会响应太平天国革命,控制了这座城市的时候,太平天国则疲于西、北两线作战,无暇向东派出占领军,因此失去了占领上海的唯一契机,同时也导致天地会在上海最终遭到镇压。太平天国的领袖们并未意识到当时英、法两国对中国的内战所执行的绝对中立政策。他们也没有意识到,占领这座重要的海港有可能为他们带来足够的资金收入和充足的物资补给,从而确保太平天国能够战胜清朝。

  这些军事规划上的战略失误,暴露了太平天国领袖们的一个致命弱点,即他们对经济政治地理、军事科学及对外事务等领域一无所知。他们的创造力和聪明才智,他们对革命事业的热诚投入,以及无数英勇无畏的太平军士,都无法弥补缺乏一个把他们引向胜利的军事策略所造成的损失。①

---

① 《全史》第一卷第558—562页。

第二部分

南征北战

从洪秀全最初的构想到定都天京，太平天国的历史发展轨迹大致上是单纯地依时间顺序单线展开。然而，随着三分兵力的计划最终确定，像刚从广西出发时那样所有太平军合成一股并肩前进的情况就不会再现，取而代之的则是几支太平军同时在多个省份分别作战的复杂情况，而首都天京城内的政治变化，不断地影响着各个战场的局势。为了避免事实混乱，防止纯粹按照时间方式叙述所产生的事件内在联系暧昧不清的情况，对于太平天国在1853年后的历史，本书将按照各项远征行动配合政治发展对该行动区域的影响，分别进行描述。虽然这种叙述方式会造成大量时间上的重叠表述，但笔者希望通过这种方式，使读者在纷繁复杂的历史中抽丝剥茧地了解每一条战线，从而能够对整体的历史有更深刻的认识。

第九章

北伐战史
（1853—1855年）

占领南京仅仅一个月之后，太平天国便开始为两路远征军的行动展开动员。[1]首先是重中之重的北伐军，李开芳受命指挥这支部队完成攻占北京的神圣目标。[2]由于北伐的作战计划要求兵分三路，齐头并进，于是北伐军便被编为三路：中路军由李开芳为总指挥，并由副将林凤祥协同率领；侧翼则有吉文元率领的西路军，和朱锡锟为主将、黄益芸为副将共同指挥的东路军。[3]

这五位指挥官都战功赫赫，均已累功升任丞相或副丞相，现在又均获侯爵衔。侯爵这种新设立的爵位，其品级低于王，高于丞相，天王把它作为特殊荣誉，加封给那些将要去剿灭满人的将军。因此，李开芳获封定胡侯，林凤祥获封靖胡侯，吉文元获封平胡侯，朱锡锟获封剿胡侯，黄益芸

---

[1] 笔者对北伐战争的认识和理解，可参见《全史》第一卷第562—663页，本章是对该部分的概述。

[2] 密迪乐认为，太平军北伐的目标是吸引沿途清军，防止他们南下袭扰太平天国控制的区域（《中国人及其叛乱》第181页）。但是，无论这个理论如何完美，它都并不符合事实，此点请参见《全史》第一卷第562页。对太平军北伐军事计划的另一种分析，可以参考裨治文发表在1854年7月22日《北华捷报》第208期上的文章。

[3] 根据三位高级官员的奏折整理而成的清廷官方文献《钦定剿平粤匪方略》第三十四卷（1853年5月22日，咸丰三年四月十五）。虽然其他的历史文献对此问题的记录均不详细，但此处记录的指挥结构与北伐战争中的史实颇为相合。见《全史》第一卷第573—574页。

获封灭胡侯。（与此同时，排名第七的太平天国领袖秦日纲和排名第八的胡以晄，则分别获封顶天侯和护天侯。）

虽然各方估算的北伐军总兵力多达十万人，但实际上，其总兵员在七万至八万之间当为合理，并有辅助指挥的军帅二十一人（一说三十六人）。出发时，每一军兵员数量均远低于额定的一万三千一百五十五人，预备在北伐途中随时征召，最终达到整编规模。①

东、西路军在天京北面、长江对岸的浦口集结，中路军则带着驻扎在扬州的绝大部分部队从那里出发，留下曾立昌和陈仕保率剩下的部队驻防该城。李开芳和林凤祥计划一路向正北进军，进入山东，然后转向北京。这无疑是最短、最快的路线，但是在出发前夕，他们受到一个故意散播的谣言的影响，最终放弃了这个计划。当时，江苏按察使查文经正受命修理北方黄河的堤坝，他揣测太平军可能准备从扬州出发北伐，便散布谣言说数十万大军正从北京出发南下，以此来恐吓太平军，防止其北上。为了让谣言显得更为真实，查文经还向扬州以北各县发布命令，令其为清军准备更多的粮草补给。李开芳和林凤祥无暇查验消息的真假，便匆匆地规划了另一条经安徽、河南的路线，以避过这一大股清军的锋芒。②

师出浦口

1853年5月8日，中路军在李开芳和林凤祥的率领下登上数千艘船，沿扬州附近的小河往南至浦口，北伐军的全部三支部队在那里集结整备，然后先后经不同的路线向北出发。中路军最先出发，并于5月13日和15日先后击败一队山东兵和另一队由满将西凌阿率领的八旗骑兵，继而向西北至滁州。那里的清军望风四散，他们便兵不血刃地占领了城池。在滁州补给整顿之后，全军继续向北进发。（这里便是李开芳第一处忽视后防和补给的失误，这导致他的北伐军最终与天京隔绝开来，陷入孤立无援的境地。）钦差大臣琦善命令西凌阿率八旗骑兵追击，但是西凌阿敷衍塞责，并未穷追，甚至在追击中都没有与太平军发生接触。

---

① 关于兵员数量，见《全史》第一卷第563—564页。
② 杜文澜《平定粤匪纪略》第二卷。

5月18日，北伐军攻占凤阳府临淮关，见到附近并无清军踪迹，便在这里扎营超过两周，做渡过淮河进军宿州，然后再过黄河进入山东的最后准备。但是，他们在最后关头改变了计划。这一次是因为他们得到消息，说太平军在贵县和象州奋战时的广西巡抚周天爵正率重兵驻防宿州。中路军因此转而向西，于5月28日占领凤阳，然后立刻渡过淮河，以河南为新的目标继续进发。与此同时，李开芳还派出了一小股部队返回，接应刚吃了败仗的东路军士兵。

东路军的挫败

朱锡锟和黄益芸率两万人水陆并进，经六合北上。东王杨秀清后来解释说，从来就没有人规划过这样的路线，一定是出现了理解上的错误才会如此。六合在浦口与扬州之间，知县温绍原是个聪明能干的贤吏，以忠于清廷、恪尽职守闻名。他担心太平军来犯，便组织训练精壮民兵守卫城池。另外侥幸的是，钦差大臣琦善在附近驻防了四千八旗骑兵，用来防卫扬州附近江北大营的后翼。

正如温绍原所担心的那样，5月15日，东路的太平军兵临城下。温绍原亲自指挥他的民兵配合骑兵部队，很快便对那些缺乏训练、也没有战斗经验的攻城部队取得了优势。攻城的部队奋战两天，伤亡数千（一说上万），陷入混乱，最终溃散。[1] 副指挥黄益芸收拾残兵返回了天京，朱锡锟则带领余部奔向滁州，与李开芳派来接应的小股部队会合。会合之后，东路军被带到凤阳，然后过淮河，与中路军合成一股。

从亳州到开封

李开芳与林凤祥既已决定绕开宿州，并向西进入河南，便在休整后率军经怀远、蒙城向西北开进，沿途收编盗匪乡民。当中路军到达安徽北部的亳州时，吉文元和他的西路军已经在那里恭候他们，吉文元的部队在6月10日就已经到达了那里（其具体的行军路线不详）。从这时开始，三路部队

---

[1] 周长森《六合纪事》中对东路军的失败有详细的记载。

始终如一股统一行动，全军也就因此失去了翼护。

那一年皖北及毗邻的江苏西部和河南一带遭遇了大饥荒，大量难民被收编入太平军中，其中值得一提的是所谓的"捻匪"（捻军），他们之前追随张洛行起义，主要在亳州一带活动（张洛行后来又离开太平军，返回安徽）。[①]因此，当北伐军于6月12日离开亳州向永城进发，然后转向毗邻河南的归德府的时候，他们的总兵力已经达到了十万之众。河南巡抚陆应谷亲率三千清军，从省府开封赶到归德协助防御，但在与太平军的遭遇战中惨败，仅剩百余残部逃往柘城。次日，即6月13日，太平军在归德城外又取得了一场至关重要的胜利，此役他们从驻防部队手中缴获了一些火炮以及大量的弹药。太平军的间谍以及捻军内应趁机打开了城门，根据传回天京的战报，"城内妖兵妖官尽杀三千之多"。[②]

归德城就坐落在黄河南岸，当时黄河还是从这里蜿蜒向东，经苏北地区汇入大海，直到1855年夏天才改道山东。太平军的总指挥李开芳和林凤

[①] 捻军出现的具体日期尚无定论，由于该运动由安徽许多村镇多年间的地方事件逐渐演变而来，我们恐怕无法得出一个确切的日期。但是，"捻军"名称的由来和意义却是可以解释的。最近，笔者从香港新亚书院助理图书管理员何家骅的一封信中了解到了很有价值的信息。他是安徽蒙城人，那是捻军首先活跃起来的地区。他在1966年8月22日的信中说，在亳州、涡阳（时称雉河集）和蒙城附近地区，妇女冬日纺线补贴家用是很普遍的现象。而她们生产的线由两根或多根麻线捻合而成，因而强韧优质。因此，当走私私盐的商人和各类盗匪揭竿而起时，人们便以"捻"来称呼他们，形容他们就像麻线一样强韧坚固。大大小小的盗匪们都自称为"捻"，他们的头领也就成了"捻首"。清军采用了当地通俗的叫法，把那些私盐商人和其他的不法之徒一并称作"捻匪"，当他们暴乱起义时，就称为"捻乱"。参见邓嗣禹《捻军及其游击战》第17—25页。

在太平天国时期，捻军的主要领袖是张洛行，他是亳州雉河集人。他家资殷实，因对江湖中人豪爽友善而颇有名望，早年就领导地方捻军走私私盐。每年秋冬，他常带领数百辆大车大肆劫掠，有恃无恐，而且他的伙众规模越来越大，实力也越来越强，当时的省府不得不下令将他缉拿归案。张洛行则联络其他捻军首领，会盟反清，并被推举为盟主。

在这个非常松散的捻军组织中，有四伙主要的盗匪集团，分别以黄、红、蓝、黑四种颜色的头巾标识区分（张洛行一伙为黄巾），其他的小盗匪集团则戴同色头巾，以不同的镶边颜色进行区分。在暴乱活动相对安定的时期，成员们або在田间从事农业活动，收获之后就化身盗匪，在乡间四处游荡，抢劫盗夺，播种的时候又带着战利品回到雉河集。盟主只是各行其是的盗匪集团共尊的名义领袖而已，大型活动则是自愿参加的。

1863年3月23日张洛行被清廷逮捕后的口头供述中，提及了更多的细节。他出生在亳州东部的雉河集，当时五十三岁。他供认自己的家人包括哥哥张敏行、妻子及一个十四岁的儿子张喜，还有一个也是十四岁的义子王宛儿。他说自己平时务农，参与倒卖私盐，组织伙众与当地另外一个名为"老牛会"的帮派争斗，1853年太平军占领亳州时随捻军起义，之后四处劫掠，居无定所。在供述中，他自称"大汉永王"。他的供状可参见《近代史资料》（双月刊）1963年第一期第28页。

[②] 这份由四位指挥官起草的报告，由朱增发携带前往天京，但途中被清军截获。参见《全史》第一卷581—583页。

祥本打算立即率军渡河，却发现当地县令已经下令烧毁了所有的船只。第二天，数以千计的清军开始涌向这里。太平军成功地击退了第一波进攻，但是越来越多的清军不断地抵达战场，他们便不敢在归德久留，并试图从那里渡过黄河。第三天，即6月15日，太平军全军沿黄河南岸向西行进，并沿途寻找船只；到6月19日，他们已经靠近河南省府开封。途中，他们还接收了数千修整完黄河水坝就地解散的饥民、许多安徽团练的散兵游勇，以及很多具有革命精神的当地乡民，全军兵员又恢复到了十万。他们个个士气高昂，一见到开封城，都奋不顾身地向城池发起猛烈的进攻。城中却只有四千兵勇，而且巡抚陆应谷此时并不在城中（当时身在许昌），因此这些兵勇便在知府贾臻和祥符县令何怀珍及当地士绅的指挥下应战。城中绝大部分居民此时已被疏散。

虽然开封城一度陷入恐慌和混乱，太平军的第一波进攻最终却以失败收场。当天夜里，他们的运气变得更糟，突降的暴雨造成黄河水漫过堤岸，洪水冲毁了他们的营帐。数千人被洪水淹没，剩下的不得不丢弃营帐和私人物品，逃往高处。突如其来的损失让他们士气低落，而且不得不放弃进攻，转而晒干被水浸湿的弹药和军械，数日之后才又重新展开攻势。然而，暴雨使开封护城河中仍有河水，城墙防备又森严，先前的洪水还给城墙糊上了厚达六米的淤泥，加之周围也没有大型的村落作为掩护，这些都使太平军挖掘隧道、爆破城墙的计划无法实现。最后，李开芳和林凤祥不得不放弃了占领开封的计划。①

从开封到汜水及巩县

由于琦善从扬州派来追击太平军的清军不断逼近，现在又加上由两位满族将领托明阿和善禄率领的步兵和西凌阿的八旗骑兵，李开芳和林凤祥于6月22日再次开始向西移动，沿河寻找适宜渡河的地点。但是，清政府已经采取了新的措施来应对这种严峻的局势，除了调遣远戍的步兵与骑兵入豫并在黄河北岸集结，还特派了左副都御史王履谦主要负责防止太平军

---

① 参见陈善钧《癸丑中州㷀兵纪略》、尹耕云《豫军纪略》等。

渡河。根据王履谦的命令，所有黄河南岸太平军前进方向上的船只都被移走了。

太平军始终找不到渡河的方法，就这样到了6月25日，全军进入汜水地界，次日先锋抵达巩县。当时情况已然十分紧迫，他们决定如果全军仍无法在巩县渡河，那么北伐的军事行动即应放弃，中路军和西路军当转向湖北，与西征军会师。（如果事实真是如此，这超过十万名将士就会免于被歼灭的命运，还会增强西征军的力量，而战线过长的太平军也会因此获益良多。）但是就在6月27日，李开芳和林凤祥正要下令撤军的时候，留在汜水的部队偶然发现了少量船只，并即刻用这些船只将数百名士兵运到对岸。他们在北岸找到了更多的船只，便开始一拨一拨地帮助全军渡河。不凑巧的是，当时北风正劲，船又超载，因而行动迟缓，停在河中几乎不动，几日后清军赶来时，仍有很多太平军留在南岸未能渡河。在接下来的战斗中，没有被清军杀死的太平军士兵都逃往了巩县，先到的一批幸运地找到了一些船只，顶着强烈的北风缓慢地向北岸逃亡。剩下的太平军在清军追兵不断逼近的情况下向南逃窜，进入嵩山地区。①

撤退的部队

进入嵩山地区规模约为两三万人的太平军与大部队彻底隔绝，自成组织（具体由谁领导尚不清楚），边战边向南撤退。他们大部分都是吉文元的西路军，所以都头戴黑巾。他们由乡间一路平安无事地撤退至许昌。但是从7月11日开始，清军停止了对城市的攻击，转而直接紧咬住他们不放。太平军继续向南撤退，他们不断地遭到清军追兵的进攻，每一次清军的进攻都会对他们造成更大的伤亡。当7月29日到达河南和湖北边境大胜关的时候，他们仅剩下不到一万人。

---

① 根据被清军捕获的太平军士兵张维成的口头供述，太平军在汜水和巩县找到了大约七八十艘小船，并以此考送约三四万名士兵送过黄河，还剩下约两三万人在南岸等待过河，他们在那里遭到了清军的攻击，损失了两三千人。载于《近代史资料》1963年第一期第14页。按照杜文澜在《平定粤匪纪略》第二卷中的说法，太平军兵力的数字可能过高。他说太平军过滁州时共有二十一军，每军四千五百人，全军总人数超过十万。汪堃《盾鼻随闻录》第四卷认为，渡过黄河的太平军数量约为七八万。由于记录不详，太平军又随时吸纳新员，因此很多时候断定准确的人数是非常复杂和困难的。张维成只是一名普通的士兵，可能未必能有准确的推断，但是他估计的数量与笔者的计算最为相合。

进入湖北后，这一小股太平军转向东南，并于 8 月初在麻城战胜了一队湖北的清兵，但根据湖广总督张亮基的奏折，这时他们的兵力已经减少到了三千人（可能多于此数）。此后他们在黄州失利，这使得这股太平军残部越发绝望，转而向西逃入安徽境内。8 月 10 日他们占领了英山，短暂停留之后，第二日便出发进入太湖县，准备在石牌抢夺一些船只，再顺长江东下。就在这时，一大队清军突然向他们发起了攻击，并四面围堵。此时西征军已经占领安庆及其附近方圆一千四百余里的地区，幸存的太平军残部便向那边的太平天国占领区进发，并最终与占领该地区的胡以晄的部队会合。①

怀庆攻略战

与此同时，北伐军的大部队（总兵力七万至八万人）分别在李开芳、林凤祥、吉文元和朱锡锟的指挥下成功渡过黄河，途经温县和武陟县，并于 1853 年 7 月 8 日包围怀庆府城（今沁阳）。怀庆对太平军而言至关重要，原因有二。其一，怀庆位于大丹河和沁河以南，有重要的战略价值。大丹河向东北流入直隶成为卫水，并最终汇入临清的运河。大丹河以南是沁河，沁河流经怀庆府北部，然后向南注入黄河。如果控制怀庆，太平军便可以轻松地通过大丹河使全军经水路到达临清，然后再从那里通过大运河进军天津——这种方式与徒步行军相比有着决定性的优势。② 另外，怀庆作为较为发达的城市，可以为太平军提供大量各种必需的补给，传闻那里储藏着远超所需的军火和弹药。

但是怀庆的防御者们也众志成城。知府余炳焘和河内知县裘宝镛当时都在城中，他们迅速组织了一万名乡勇民兵，来补充仅有三百人的薄弱的驻防力量。太平军的首次进攻遭遇了出乎意料的顽强抵抗。

第一次进攻的失败，反而坚定了太平军不惜一切代价一定要占领这里

---

① 对于这股撤退的太平军，我们知之甚少。本节所录是对诸多可靠文献所载零散细节的整合汇编，这些文献包括尹耕云《豫军纪略》、张曜孙《楚寇纪略》以及《钦定剿平粤匪方略》。尚有另一种较为现代的简要解读，可参见谢兴尧《太平军北伐史》第二章（再版于他的结集作品《太平天国丛书》十三种）。
② 密迪乐书第 176 页。

的意志，他们将士兵分成小队，重重围住怀庆府，并加紧在沁河北岸建造木城军营。太平军全军在这里与清军僵持了整整两个月，事实证明，这是一个重大的战略错误。清政府得以用这段时间集结了导致北伐军最终覆亡的军事力量。但是，太平军远没有考虑到这一点，因为围城几天之后，他们就准备采用自己最擅长的挖掘地道、爆破城墙的老方法了。东面的一部分城墙确实被炸毁，还把裘宝铺从城墙上震了下来，但是守军还是将他解救回城，并在敌人爬上城墙之前堵住了缺口。百折不挠的太平军随即开始挖掘新的地道，准备再次爆破城墙。

在太平军忙于挖掘地道的时候，清政府则采取了新的紧急措施，应对革命军带来的威胁。直隶总督满人讷尔经额被任命为钦差大臣，主理怀庆军务。他手下有由理藩院尚书恩华率领的六千察哈尔劲旅，以及山东巡抚李僡带领的两千余山东兵员，他们全部驻扎在沁河北岸。第一支受命赶到怀庆战场的清军援军，是自扬州出发之前一直追击太平军的部队，他们分别由三位满族将军指挥——新任命的江宁将军托明阿、西凌阿和善禄。他们都很巧妙地把自己数千人的部队驻扎在城南和城东，但都远离敌营，等待其他人先遭受围城部队的强力反击。

围攻怀庆的太平军现在反而被清军包围，只有在西面，因原本应该驻防的山西部队尚未到达而出现缺口。虽然太平军被包围，但是对怀庆的围攻并未停止，他们挖掘了壕沟，把自己的木城大营与远处的清军营地隔开，使得怀庆城内外的清军无法沟通联络，协调反击。可惜，太平军始终无法打破僵局。一月之内，他们四次爆破城墙，但是每一次造成的缺口都迅速地得到修补。而试图突围的部队，也都屡受重创。7月下旬，清军开始收缩包围圈，对太平军的后翼发动了几次攻势，并且依靠在弹药补给方面的优势，似乎逐渐掌握了战场的主动权。直到7月26日，太平军才在北线取得了一场决定性的胜利。从那之后，清军（尤其是骑兵）再见到太平军则偃旗息鼓，不敢再战。

此役对战场形势的影响并不难推测。两日之后，满族官员胜保带领两千人从扬州赶来，驻扎在怀庆城东及东南方向，并且很快就证明了，他们是清廷派往怀庆的援军中最为勇猛的一路。在他们抵达的时候，怀庆城内的粮草已然不足。胜保为了寻找一条向在城内挨饿的驻防军和百姓输送粮食的线路，不断地尝试穿破太平军在城南的木城军营，但都没有成功。而太平军不断地获得当地百姓提供的走私进来的各种食物和军械补给，坚守住了阵地。这些百姓要么是出于对革命的同情，要么就是因为这里的市价比西部和西南部地区要高出不少。

8月中旬，清军新的援军赶到了，这样他们的总兵力已经增加到了六万人，并在西线最终完成了对太平军的合围。胜保因为在东线反击战中的优异战绩得到提拔，调配了更多军队，指挥包括步兵和骑兵在内的五六千人，并且可以独立指挥军事行动。完成了这些调度之后，钦差大臣讷尔经额将自己的大本营挪近怀庆城，并且开始亲自指挥北线的部队。8月18日早晨，清军从东、西、北三个方向，向太平军的木城军营发起了协同攻势。北伐军副指挥林凤祥率十余队太平军固守大营，但最终被迫撤退。十天之后，胜保与托明阿又组织了清军的第二次主要攻势，太平军则再一次失利。

太平军的指挥官们认识到了自己越来越绝望的处境，最终开始面对现实，他们别无选择，必须拔营解围，率军经一条经探马勘察并无防备的小道，向西进入山西。就这样，耗费了五十五天和牺牲了无数英勇无畏的士兵之后，太平军的怀庆攻略战无果而终。

尚有一点值得一提。当代史家陈善钧的观察发人深省："贼之入豫也，计失府城一，州县城二十，虽逆贼尚不嗜杀，而其间之家破人亡，不堪思议。"① 这一方面证明了太平军对民众慈善宽大的品行准则，另一方面也证明了清军对战区民众的残暴。毕竟，如果太平军并无杀戮暴行，那又是谁让他们家破人亡的呢？②

西行入晋

9月1日（咸丰三年七月二十八），太平军拔营出发，沿无人防守的小路向西转移，经过一些州县后，于9月12日占领了平阳府。他们在那

---

① 陈善钧《癸丑中州雇兵纪略》。
② 清朝官方的文告、奏折和其他文献中也重现了怀庆保卫战，这些文献包括：马振文《粤匪陷临清纪略》、陈善钧《癸丑中州雇兵纪略》、尹耕云《豫军纪略》及郭廷以《日志》。

里稍加休整，几日之后，由胜保亲自率领的步骑混编的清军追兵就已经赶到。胜保认为，晋府太原离平阳仅六百余里，得之可以威慑陕、甘两省，太平军一定会由此向北直扑太原，于是便派一部兵力包围平阳府，自己则带领嫡系部队与善禄的骑兵迅速北上。虽然胜保因应的策略可谓完备，但是他的猜测却并不准确：北伐军的领袖们矢志挥师北京，从未考虑过要向西移动。实际上，在占领平阳不久后，他们就派出一路先锋，向北占领了洪洞。

这里值得一提的是，当地百姓对这队先锋及随后到来的太平军主力自发地支持和欢迎。附近村落的百姓主动地向他们提供食物和驴马，就连距离很远的赵城和霍州的百姓，都做好了迎接太平军的准备。而清廷官方的文告中也承认，实际上霍城甚至大开城门，准备迎接太平军。百姓的这种姿态表明，虽然大多数士人和士绅阶层已经变成忠于清廷且甘于为之利用的爪牙，民众却从没有放弃重建汉族统治的意愿与希望。这也证明了太平军军纪严明，对被俘民众予以公平对待的美名已经远播乡里，使得他们在各地都受到当地民众的欢迎和他们主动自发的支持。

由于胜保的部队封锁了北上的路线，太平军于9月18日子夜悄悄潜出平阳城，与在洪洞的先锋军会合，次日开始向东移动。两日后，在一片叫作长子的山区，他们与托明阿率领的从怀庆经另一路线北上的八旗军队相遇，清军大败，托明阿头部负重伤而脱战。五日后，太平军进入直隶地界。

这个时候，有超过一万四千名清军在山西集结。胜保取代讷尔经额成为新的钦差大臣，节制所有追击的清军。他将全部的部队通过另外的路线派往直隶。他的策略还是一样，既然现在太平军的动向更明显地指向了北京，他就要追上太平军，并在他们前进的道路上进行阻击。

进入直隶

1853年9月29日，太平军在山西和直隶交界处的临洺关休整，他们对率领怀庆战斗中万余人的部队回防直隶，恰巧路过此地的直隶总督讷尔经额及总兵经文岱发动了一场突袭。清军猝不及防，望风四散，讷尔经额放弃了所有的弹药物资，甚至丢弃了自己的官印，只带着一小股亲兵逃到了广平。①这名曾经不可一世的官员因为这次惨败的耻辱,被褫夺了总督的官位,判斩监候。

太平军则继续北上,途经诸多城市,也偶尔短暂地占领几座城市,但始终不断地行军转移,以免再次被清军包围。他们的这种担心是有道理的,10月10日,疲惫不堪的太平军在占领深州后才稍事休整,很快就被万余乡勇围在城中。乡勇由于缺乏弹药,只能固守阵地,为清军追兵赢得时间。10月16日,第一拨清军约六千人在胜保、西凌阿、善禄和经文岱的带领下抵达战场。次日,太平军尝试突围,却最终失败。

无论太平军在深州的境遇如何,他们攻入直隶使北京城突然陷入恐慌,"叛匪"日取一城,势不可当地向京城而来的消息传到北京,超过三万户家庭逃亡避难。②清廷还做出了许多紧急部署,命令远在关外和蒙古的步兵和骑兵部队进京勤王。10月11日,京畿防务的最高指挥权被交给了咸丰帝的叔父惠亲王绵愉。他将大本营设在北京,领奉命大将军衔,以蒙古郡王僧格林沁为参赞大臣。后者领两千禁军和两千蒙古精锐,以涿州为营,在战场上其他将领的协助下指挥作战,其中也包括胜保的六千步兵和一千骑兵。另外有一名蒙古贝子德勒克色楞,率三千蒙古兵受命协助胜保。太平军此时在人数上仍占优势,但在粮食补给、弹药、骑兵数量、火器以及重型火炮等方面均不及清军。更糟糕的是,太平军多为南方人,没有过冬必需的皮毛大氅或厚衣物。如果没有强力的增援,他们成功的可能性微乎其微。

李开芳和林凤祥意识到直接进军北京困难重重,便决定尝试向东北袭取天津。于是10月22日,太平军趁夜悄悄离开深州,经献县向沧州移动。

从沧州到天津

南京陷落后,清廷便下令各地团练乡勇保护民众,对于这项命令,北京的官员与士绅较之其他地方都更为努力认真地执行。因此,当10月27日太平军约四五千人的先锋靠近距离天津约两百里的沧州城时,知州沈如潮及

---

① 薛福成《庸庵全集》中关于讷尔经额的文章,对此役有细致的描述。
② 呤唎书第一卷第161页援引英王得到的报告说,这次恐慌的程度甚至超过了1860年英法联军占领北京之时。施嘉士《旅华十二年》第172页中生动地描述了当时北京的混乱,还引用了满族官员的奏折中关于此事的部分。

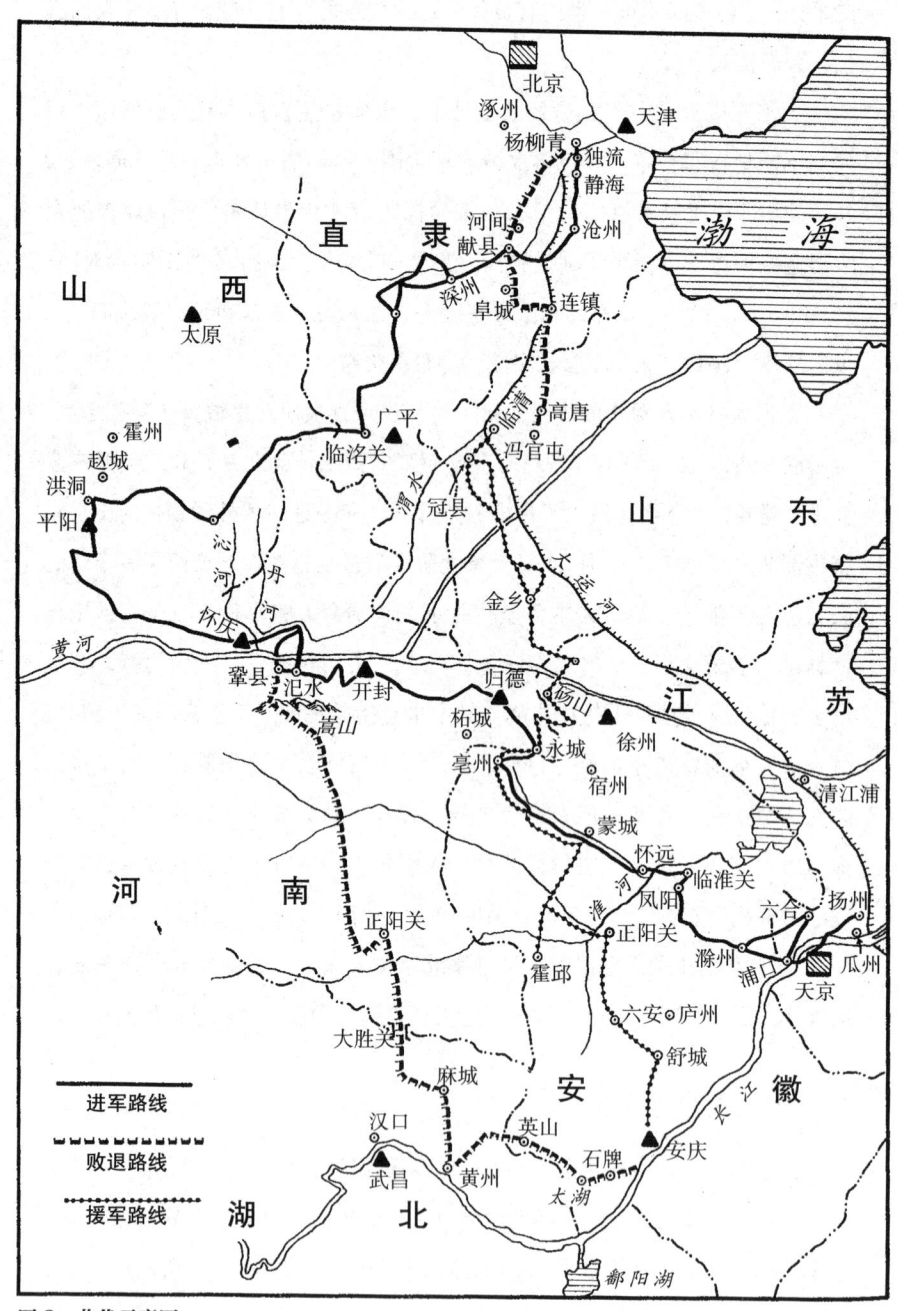

图3 北伐示意图

守尉德成便在乡绅的协助下组织了三千精壮乡勇，随时准备应战。沈、德误以为前锋为太平全军，便轻视敌情，引乡勇出城突袭毫无防备的太平军，杀伤无数。但是在这队前锋尚未被击退时，城中军火库突然失火爆炸（显然是太平军渗透入城的间谍所为），而太平军大部队恰巧赶来，杀向了突然间陷入混乱又失去人数优势的乡勇。战斗迅速结束，太平军占领了沧州城，许多守备的兵勇四散逃亡，剩下的人包括沈如潮和德成在内都被太平军杀死。

一些沧州民众拿起武器与太平军巷战，最终也都战死，但是太平军在占领城市后则善待百姓。然而，当太平军清点人数，发现沧州一战阵亡兵士约有四千之多后，情况便急转直下。对于面对紧迫局势的太平军指挥官来说，如此大量的伤亡——还是汉人帮着满人杀汉人——昭示了敌人邪恶的妖心，全军因而都弥漫着复仇的情绪，他们最终下令屠杀民众并焚毁城市。一夜之间万人殒命（三分之一为驻防满人）。太平军的愤怒直到整个沧州化为灰烬才稍有缓解，而城中居民只有事先逃亡城外的几千人幸免于难，若非事先疏散，伤亡数字恐怕不止于此。[1]

无论人们如何从道德层面评价这场屠杀，它对太平天国革命运动的影响毫无疑问是灾难性的。屠城的消息广为流传，自此之后，太平军所到之处，地方民众都引沧州之事为借鉴，众志成城，抵抗自卫。屠城次日，即10月28日，太平军离开沧州向北移动，次日到达天津附近的静海。太平军在那里架起木栏，由副指挥林凤祥负责防卫，李开芳则率剩余兵力继续前进至独流、杨柳青一带。10月30日，他们离开天京整整五个月后，李开芳的先锋部队到达了离天津不到五里的地方，而这里距离北京也仅有不过两百余里，是太平所到离京师最近的所在。

虽然天津是一座府城，却没有常驻的高阶军吏，驻防兵力也屈指可数，直到管理盐务的文谦兼理防务时，才在一些官员和乡绅的协助下组织并训练了数千罪犯和雇佣军组成的乡勇。知县谢子澄奉命指挥作战，他于11月1日成功地击退了太平军先锋部队的连续两次进攻，迫使他们撤退到杨柳

---

[1] 参见王国均《沧城殉难录》第一卷。

青。① 大获全胜的乡勇又等来了僧格林沁和胜保的援军，士气更加振奋。

再次进攻天津已经不太可行，而依探马所报，越来越多的清军正赶来阻止他们北上京师，李开芳意识到自己已陷入进退两难的境地。与此同时，林凤祥负责防守的静海木栏，也遭到清军追兵西凌阿和善禄部的猛烈进攻，这意味着北伐军已经在南北两线腹背受敌。也许是他们别无选择，李开芳和林凤祥决定坚守自己在静海、杨柳青和独流的阵地，请求并等待天京救援。他们在独流建设了一座木城，环有又深又宽的护城河，河中有高耸的碉堡，并在各要害处布置火器，据阻清军。其他两地也建造了相似的设施，三地之间通过运河舟楫往来相通，交换补给与情报。对于当时在这三座木城中驻防的四万步兵和通过俘缴的马匹组建的五千骑兵（据清廷文告）而言，这样的防御态势几乎无懈可击。

胜保率军绝食三日，奔袭而来，刚一到达，便会同西凌阿和善禄从北面首先发动了联合攻势。林凤祥应战，结果清军惨败。胜保对自己孱弱的部队十分不满，显然靠他们不可能战胜敌人，更别说剿灭他们了，于是他决意亲赴天津，招募更好的兵员。11月11日胜保从天津返回，这时他手下的兵都是按照谢子澄手下那些经历过战斗考验的乡勇的标准招募的精兵。对三座木城的进攻随即再度展开，此时李开芳则非常明智地把杨柳青的部队撤回，以加强其他两处的防守。清军日夜强攻，试图突破太平军的防线，他们甚至动用了刚刚从北京运抵的四十余门重炮及数百支步枪与火枪，猛烈攻击太平军的木城。人员和装备均处劣势的太平军能做的也就只有不断地加固碉堡，并且一层一层地增挖深沟。正是这些层层设置的碉堡和深沟，不断地帮助他们挫败清军冲破阵线的企图，就这样，惨烈的战斗持续了整整一个月，而在静海的林凤祥和在独流的李开芳仍然固守阵地，毫无松懈。这时，来自天京的密使也为身陷重围的太平军将领们带来了大部援军正在赶来，将于2月到达的消息。

12月12日，在独流又爆发了一场大战，太平军损员过千。从静海赶来援救的林凤祥面部也受了轻伤。虽然天津的乡勇成功地突入木城，但西线

---

① 薛福成在《庸庵笔记》中的相关文章，记载了谢子澄守卫天津的具体细节。

的满将未能如约提供足够的支援，使胜保错失了攻占太平军木城堡垒的良机。而孤军深入的乡勇不得不突围而归，伤亡惨重。

这场战斗严重地影响了清军的士气，当12月23日另一场大战爆发的时候，虽然清军有从北京来的增援，却还是遭受了一场惨败。阵亡者中还包括谢子澄，他是在带队冲锋，试图救助一名即将被太平军士兵杀死的满将时阵亡的。他手下的乡勇立刻怀疑是满人出卖了他们的指挥官，便开始抵制指挥，消极怠战。

太平军方面因为获得了胜利而士气高昂，不断地向清军发起进攻，给清军造成了大量的伤亡，并且缴夺了清军半数的重型火炮。由于在战场上的损失过于重大，剿匪策略又难以达成，胜保逐渐失去了清廷的宠信，清廷在多封文告中都申斥谴责他的错误与失败。

战略撤退的开始

对周围清军的几场小胜，很难改变太平军身陷重围的现实，而逐渐匮乏的补给，也使他们的处境变得更加危险。从12月初起，太平军的指挥官们便思考是否应当向南撤退，和天京派来的援军会合。1月时，他们曾经试图突围，但是几次下来都没有成功。到了1854年2月5日（咸丰四年正月初八），李开芳和林凤祥终于成功地带领部队同时从独流和静海开始突围。他们率部队先向西南行进，根据当时的文献记载，他们"由雪地匍行，骸（腿）脚皲裂"。

几乎与此同时，僧格林沁也带领大量清军抵达前线，并依清廷命令，取代失势的胜保掌握最高的军事指挥权。他的第一个举措便是派出一支骑兵紧追不舍，同时胜保随另一队急行，从前方截击太平军。2月6日，太平军被围困在河间府的几座小村庄内。

许多太平军士兵在行军中被冻死，清军仍在不断地骚扰，弹药也补给无多。太平军于是决定，向南的撤退行动需要分步骤依次进行，而不应直接与清军的骑兵比脚力。每一次从有防备守卫的村庄经过，太平军都会遭受清军的围攻和炮击。然而，他们又需要休整来恢复体力，以便在适当的时候，可以利用在白刃战中对清军的优势突破包围。就这样，到了3月7日，太平军终于离开河间地界，继续向西南行进，于两日后安全到达阜城，而清军也紧随而至。在之后的几周内，两军偶有战斗发生。3月25日，西路军的指挥吉文元战殁。（东路军指挥朱锡锟可能在更早的战斗中就已经阵亡，因为他的名字很久都没有出现在任何文献记录里。）

僧格林沁得到消息，又一路从天京而来的太平军已经进入山东，并且迅速向北移动，极有可能是试图增援已入绝境的李开芳和林凤祥，便命令胜保和善禄各率兵南下，不惜一切代价阻止这支太平军的行动，防止两股太平军会合。僧格林沁则亲率三万清军留在阜城，加紧对李开芳和林凤祥的包围。

救援行动的失败[①]

1853年夏天，当北伐军陷入困境已经成为不争事实的时候，天王洪秀全和东王杨秀清便想尽各种办法向他们增派援军。当时，西征军已经放弃攻占南昌的计划，转而向武昌进军。而中央地区仍然不断地被向荣骚扰。这些战区均无法拨出人手，唯一的可能性便是从驻扎在扬州的守军中抽调一万人作为援军。虽然扬州正被清军的琦善部团团包围，但是杨秀清认为他们可以冲破扬州的包围圈，便派夏官正丞相黄生才（任主帅）和冬官右副丞相许宗扬（东路军失败后，他刚从六合回到天京）率一小股部队从浦口东进，顺路带上瓜州的守军，帮助在扬州的曾立昌突围，然后一起救援北伐军。

从7月到10月，黄生才和许宗扬在前往扬州的途中接连遭到军事上的挫败，直到10月6日才迎来了他们第一场真正意义上的胜利。[②]但是，单靠这样一支队几乎没有可能撼动扬州的包围圈。两个月后的12月初，夏官副丞相赖汉英（在讨伐南昌失败后刚刚回到天京）奉命带领另一支派遣军来增援黄生才，帮助他击败了部署在扬州东面的纪律涣散的清军雷以诚部。而曾立昌和陈仕保则抓住这一机会，于两天后率领所有驻防太平军冲出包围圈，与赖汉英和黄生才会师。此后，赖汉英率军驻防瓜州，而黄生才、

[①] 关于北伐军援军的资料记录大多暧昧不明，本节是首次对这些资料进行系统性的整合而成。
[②] 关于这场胜利，可参见夏燮《粤氛纪事》第五卷。

曾立昌和陈仕保则依照原定计划，迅速带领大部兵力经安徽北上，救援北伐军。①

安徽北部的大部分地区此时已被石达开的西征军控制，因此派遣秦日纲（任总指挥）和罗大纲（任副总指挥）也参与救援北伐军，似乎并不会造成安全上的隐患。杨秀清给这二位将军配属了整编的部队，使整个援军兵员总数达到了四万人。②全军分四批出发北上。1854年2月4日（李开芳和林凤祥开始从独流战略撤退的前一天），黄生才、陈仕保和许宗扬首先从安庆出发。接着是曾立昌和黄奕芸（原北伐军副总指挥，六合战败后回到天京），最后是1854年夏天，秦日纲和罗大纲最后亲自率兵北上。③但是，这最后一队还要经历其他的波折。

黄生才不到两万人的部队在经六安、正阳关、亳州，再向东北最终入砀山的途中，接收了志愿加入的数千清军弃兵和捻军。根据清廷的报告，该部在3月11日始渡黄河并在数日后占领山东金乡时，已经发展到三四万人的规模。④曾立昌和黄奕芸经另外一条更短的路线，顺利地在金乡与黄生才会师，队伍的总兵力达到了约五万人。

会师后的援军感到事态紧急，便马不停蹄地不断攻城北上，于3月31日到达临清城郊，援军指挥官们决定稍事休整，并占领这座城市。这主要出于三方面的考虑。其一，临清位于运河东岸，是繁荣的商业和运输中心，能够为部队提供各种食物和补给。其二，太平军长途奔袭，需要休息。最后，也是最为重要的，善禄率领清军已经逼近，他们亟需一座防御的基地。他们炸毁了部分城墙，但是缺口很快得到填补。急攻不成，太平军只能安营扎寨，围困临清。

清军源源不断地赶到战场。最早抵达的是善禄的四千人。紧接着，

---

① 黄生才在其供状中承认，他就是这支援军的实际指挥官（其供状收录于《山东近代史资料选集》，山东人民出版社，1959年）。李秀成的供状中只提到了三个名字：曾立昌、陈仕保和许十八（即许宗扬）。但其他的材料确认了黄生才的供述。
② 据被俘太平军士兵张大其的供述，援军的指挥官是曾立昌、黄生才、许宗扬和陈仕保。张大其还供认说，援军共分十五军，每军两千五百人，共三万七千五百人，分两批北上。沿途另招收了一万人，到达山东时总兵力已超五万人。见《近代史资料》1963年第一期第18页。
③ 据黄生才供认，秦日纲是所有派出援军的总指挥，还说接到秦的命令要他向北进军。而罗大纲在安徽的军事行动中担任秦日纲的副将。
④ 见黄生才供状及孙葆田《山东通志》。

新任山东巡抚张亮基(由署湖广总督调任)带领数千募勇,十五天急行一千三百里奔袭而来。最后是从阜城而来的胜保,他的八千人与善禄的部队驻扎在一起,而且他的军队傲慢不羁,滋扰百姓,风名颇差。有清军士兵劫夺民财被抓,张亮基要将他们正法以严肃军纪,然而胜保却要保护他们,由此与张互有口角,双方都上书朝廷,互相告状。清廷站在了满将胜保一边,褫夺了张亮基的官衔与地位,保住了胜保的面子。

太平军最终在4月13日(咸丰四年三月十六)爆破了城墙,占领了临清,但是他们失望地发现,城内官员已经在城池陷落前放火焚毁了所有的弹药与粮食。在两天后的一场战斗中,他们也大胜清军,缴获了三十一门大炮,但是军粮储备却迅速减少。[①]而且,中途加入的捻军和新兵结队私逃,情况十分严峻。

4月22日,太平军放弃临清,由于向北的道路被清军封锁,便向南移动。他们的后翼不断地与清军的追兵发生战斗,损失惨重。太平军于是掉头与追兵作战,大胜胜保和德勒克色楞,烧毁其五座营地,彻底击溃了他们的部队。这场胜利给了曾立昌新的信心,他要求全军再转向北上,协助李开芳和林凤祥,但是除了黄生才,全军上下所有指挥官都反对这个建议。无奈之下,曾立昌和黄生才只好随全军继续向南。几日后,他们遭遇了清军的集中攻势,被打散成为数支小部队。虽然黄生才颈部两处负伤,部队也锐减到千余人,但是在他的帮助下,曾立昌仍然在4月28日逃到冠县前又取得了对清军的一场大胜,不过这却是他们的最后一场胜利。由于南面有乡勇阻截,后边又有胜保的追兵,两线作战大量消耗了太平军的兵员与战斗意志。残存的部队在清军骑兵的追赶下,步履维艰地往南逃窜。黄生才乔装成乞丐,逃往附近的村庄,在那里被捕,然后被清廷杀害。[②]一些太平军士最终回到了安徽或天京,有些人落草为寇,还有一些选择向胜保投降,转投清军。

被打散的太平军中最大的一股约有一万人,由曾立昌、陈仕保、黄奕

---

① 临清之战的具体细节,可参见黄生才供状、马振文《粤匪陷临清纪略》、姚宪之《粤匪南北滋扰纪略》及《山东近代史资料选集》。
② 黄生才供状。

芸和许宗扬率领。这股部队继续向南逃窜，途中则不断与乡勇和清军战斗。伤亡数字每天都在扩大，黄奕芸最终也被抓获枭首。曾、陈、许三帅于5月5日带着数千余部到达丰城，但是他们很快就被胜保的追兵包围，于是决定趁夜向东逃跑。胜保紧追不舍，最终把疲惫不堪的太平军围困在黄河某条支流的河滩上。因前日曾河水高涨，现在河滩满是淤泥，援军数千马军忽然陷入泥泞，行动艰难。清军向挣扎前进的太平军开弓放箭，援军伤亡惨重，有人跳下马匹或落水淹死，或下河游往对岸。太平军兵员越来越少，使得清军士兵发现了曾、陈、许三帅，他们仍在尽力指挥军队作战。就在这时，在场的百余名圣兵组成人墙，围绕着他们的指挥官，要以血肉之躯保护他们的性命，这不得不说是一种独具英雄主义色彩的行动。清军将枪矢集中在这一小股，很快就消灭了一半圣兵。剩下的人一同跳入河中，曾立昌和其他一些军官溺死，但是陈仕保和许宗扬成功游到对岸，然后继续拼命地往南逃窜。[1]

包括数百先行渡河的骑兵在内的数千太平军侥幸逃脱，这些人一直被追兵追赶着，经苏北和河南，最终到达安徽。陈仕保在5月14日蒙城以南的一场战斗中战死，只剩下许宗扬带领一小队人马（人数不详）经霍邱、六安，最终逃回天京。北伐军的援军总共行军三千六百余里。[2]

秦日纲和罗大纲指挥的部队是援军中实力最为强大的，他们比其他的部队晚出发了几个月，原本计划先前往庐州，解除清军对那里的围困。但是他们在舒城受挫，打乱了这支援军包括往援庐州在内的所有计划。清将秦定三率重兵固守舒城，阻止秦、罗二人的援军前进，并最终迫使他们于8月底掉头南返。李秀成在自己的供认状中说，秦日纲此次救援计划的失败，是导致太平天国运动最终失败的重要原因之一。

东王杨秀清在1854年7月底做了挽救北伐军的最后一次努力，他派遣了一支部队，从东线经扬州和清江浦北上救援。太平军丢失浦口之后，这个计划便也没了下文。自此，李开芳和林凤祥领导的北伐军就只能听天由

---

[1]《钦定剿平粤匪方略》第九十卷，及袁甲三《袁侍御奏稿》第一卷。
[2] 许宗扬的传记见《贼情汇纂》第二卷。

命了。①

从阜城到连镇

在足足两个月的时间里，李开芳和林凤祥在阜城抵御清军的围攻，同时等待天京援军的到来，但是情况已越发紧急，他们不可能再这样等下去了。从5月2日开始，太平军一连三天都和清军浴血奋战，终于突破包围圈，向东南逃到了连镇，并迅速地在那里布防。连镇横跨大运河，补给充足，适合较长时间的驻留。当僧格林沁带着他的骑兵抵达的时候，太平军已然在河岸两侧的市镇中建设了一座木城，横跨运河。木城之外照例挖有护城河，并由万余名太平军防守。在此后的三周内，双方互不能胜，形势僵持不下。

太平军仍然不知道天京派来的援兵已然南返，因此设计了一个新的计划：林凤祥率主力驻防连镇，而李开芳则带领一小队轻骑兵突围出去，联络援军，然后把他们带来。5月28日，李开芳带着两千骑兵与林凤祥告别，先向东，再向南寻找援军，双方谁都没有意识到，这便是他们最后的分别。两日后，李开芳部占领无人防守的高唐。他们的行动让僧格林沁颇感意外，他立即分派德勒克色楞等在连镇外扎营的几部蒙古步骑兵以及胜保和善禄的部队（当时仍在临清），往围高唐。

与此同时，僧格林沁和西凌阿不断地发起攻击，试图突破由林凤祥率领数千太平军把守的连镇。但是，清军的士气却每况愈下，就连八旗骑兵也开始消极怠战。除了长时间、高强度的作战产生的疲劳，清军已经怯于与太平军士兵打白刃战，他们知道，这些抱着必死决心和献身意志的太平军，个个都曾杀死过满族官兵。尽管清廷在僧格林沁手下三万人的基础上，又给他从蒙古和八旗部队中调来了数千援军，他能做的似乎也就仅限于围住连镇而已。同时，太平军也无法突围逃跑。但是，随着连镇的军粮告罄，僵局被打破了。在1855年1月将近月底的时候，僧格林沁抓住了机会，诱使两千名饥饿的太平军士兵及平民从城中逃亡。林凤祥不忍看到士兵挨饿，

---

① 此处出自琦善据太平军战俘供述所上的奏折。

在得到他的允许后，一队队的太平军士兵开始向清军投降。

林凤祥的兵力越来越少，他不得不于1855年2月17日（农历新年）放弃连镇在运河西岸的部分，将剩余的两千多士兵集中在东岸。3月7日，清军发动总攻，大胜饥饿的太平军，还重伤了林凤祥。清军在木城放火，迫使太平军撤退到连镇街道上与清军巷战，他们奋勇不屈，直到最后一人。在这场战斗中，许多太平军士兵阵亡或者被俘，有些跳到河中得以偷生，还有些逃往郊外，但是全军无一人投降。在长达九个月的围攻之后，连镇最终落入了清军之手。

僧格林沁和他的将军们进入连镇，寻找太平军指挥林凤祥的下落。起初，他们完全没有头绪。后来，一些依僧格林沁亲自下的命令而得到赦免的孩子被带来问话，在利诱之下，他们告发了林凤祥在一条长三十里的地道尽头的隐蔽点。林凤祥和其他一些将领躲藏在那里，一被发现，他就服毒自尽了。僧格林沁在给清廷的报告中，则是另外一种说法。根据这份报告，僧格林沁审问了林凤祥，而且为了怕这位已经身受重伤的太平军领袖在施刑中过早地死去，特意把他砍头的刑罚改成了凌迟。[①]因在连镇战功卓著，僧格林沁被晋升为亲王，其他的军官也都有相应的奖赏。僧格林沁随即下令移师高唐，为剿灭太平军北伐的作战画上句号。

高唐换帅

连镇的太平军覆亡之后仅仅两天，僧格林沁就在高唐设立大本营，以德勒克色楞为副指挥，帮办军务。他们手下的八千多士兵中包括两千名八旗骑兵、五百五十名蒙古骑兵、七百名蒙古步兵以及三千多投诚的原太平军，再加上胜保手下的大约两千名四川募勇。围城十个月以来，胜保一直试图将李开芳和他千余人的部队赶出高唐，他采取了各种可想见的策略，不断地进攻，最后甚至采用了炸毁城墙的手段，但都无功而返。清军的损失却不断扩大，他的兵力已经从原来的万余人锐减到了大约三千人。3月11日，当胜保正在忙着挖掘一条新的隧道，准备爆破城墙时，僧格林沁带

[①] 抓捕林凤祥的细节记录在僧格林沁的奏折中，也见于马振文、郭廷以和夏燮的著作。最为相近的描述是夏燮《粤氛纪事》第五卷。

着将他褫夺职务、押解回京的命令来到了高唐。胜保被清廷以渎误军职的罪名发配新疆（后来他被赦免复职，参与了河南和安徽的战斗）。

僧格林沁意识到，正面进攻收效甚微，便决定采用故意放松高唐南门阵线，诱使太平军出城的计策。他布置一队战斗力强大的骑兵，随时准备追击铤而走险的太平军。3月17日子夜，李开芳和他的骑兵部队果然从南门冲出。①

李开芳最后的时日

李开芳带着人马跑到冯官屯，此处有三个富庶的村落，彼此相距均不足五十里。他们迅速在这里挖掘壕沟，建筑木墙，当僧格林沁、德勒克色楞和西凌阿第二天率大军追至，并迅速包围村庄的时候，他们的防御均已完备。在随之而来的惨烈战斗中，太平军丢掉了两座村庄。但在最后的那个村子里，不足千人的太平军殊死抵抗，清军竟不敢再靠近木墙。太平军起先占据高塔或者房顶这些制高点，向清军发射他们所剩的全部弹药，当这些高塔与较高的房屋被清军的炮火夷平之后，他们便挖掘大号的散兵坑，两至三人躲藏其中，待清军偶然路过，便突然跳起，趁其不备将其击杀。

为了再次控制局势，僧格林沁命人修筑又高又厚的城墙，挖掘深沟，围绕全村，并日夜派人严密把守。太平军终于被困，至于绝望。李开芳带队进行了一次突围，不过失败了，但是僧格林沁仍然不希望牺牲过多手下人的性命来强夺村庄。两难之时，他大本营中的一位官员建议他挖掘附近的旧河床，并开凿一条小河，从一百二十里外的运河引水过来淹灌村庄。僧格林沁对此计策非常满意，立即命令当地县令动员民众，开工挖河。经过一个月的辛苦挖掘，方才完工。河水慢慢地涌入村庄，淹没了壕沟和散兵坑。不久，村庄变成了一片汪洋。

直到5月下旬，太平军仍然通过梯子和木筏拼命地试图逃生，但当时水位已然很深，睡觉和做饭都已经无法进行，所剩无几的弹药火器也已无法使用。5月27日，在清军的诱惑下，有两百多太平军及一些村民出村投

---

① 高唐发生的事件在清廷文告和郭廷以《日志》中均有提及。

降，所有人都被清军接收。次日，有超过一百四十名太平军在李开芳的命令下出村投降，但是僧格林沁发现，在向清军阵线游来的人中有一位最受李开芳信任的将军，顿时心中生疑，恐怕有诈。这些人最终都被仔细地搜查，一般难民都被释放，太平军则都被杀害。

李开芳非常想挽救自己所剩不多的部下的性命，便送了一封措辞非常诚恳的信给僧格林沁，请求他放他们出村回到南方，并许诺永不再回北方。僧格林沁在回信中断然拒绝了李开芳的提议，并反复要求他们投降。李开芳别无选择，在北伐军最后剩下的八十八名高阶军官和圣兵的陪伴下，于5月31日（咸丰五年四月十六）走出被水彻底淹没的村庄，随后立即就被逮捕了。李开芳和他的将官们被当作重大战果解送北京，后被凌迟处死。① 太平天国北伐军六千多里史诗般壮阔的征程，就此落下帷幕（此处并未计算从河南撤退的部队及时运不济的援军的行程）。

荣耀与赞歌

僧格林沁英雄般地回到了北京，他的爵位也被晋升为亲王，世袭罔替。他的参赞副将德勒克色楞也受到了类似的嘉奖，被晋升为贝勒。他们的王爵是靠牺牲八千多蒙古本族人的性命换来的，更不用说其他无数满族和汉族人的性命了。西凌阿获封男爵，随后被任命为钦差大臣，主持在湖北与太平军的作战，凯旋之师中的一大部分也分拨与他调配，其中包括三千名投诚的原太平军，这些人中有两千人在他入鄂后又逃回太平军中（后文详述）。

北伐战争结束数年后，天王洪秀全也以追赠太平天国最高荣衔"王"的方式追思那些战殁的将军。李开芳、林凤祥、吉文元、朱锡锟、黄奕芸以及曾立昌，他们的名字也因此被刻在矗立于天京城中的纪念碑上。② 在这份名单中，有两处奇怪的缺失。一个是援军指挥官黄生才，他在与清军战斗

---

① 这段北伐军最后的篇章，被生动而戏剧性地记录在郘西野叟的《蛮氛汇编》中。谢兴尧《太平天国丛书》第一卷中亦有采录。《全史》第一卷第653页亦引用谢书。
② 王定安《求阙斋弟子记》第十卷。沈懋良《江南春梦庵笔记》中也记述了树立石碑之事，但就所封王衔名称与王书有出入。西方学者对史诗般的太平天国北伐战争也不乏评论，可参见密迪乐书（第177—179页）、吟唎书（第一卷第159—160页）、白赖恩（Lindesay Brine）书（第184页）。

时英勇就义一事,直到最近他的供述状公开后才为人知晓。另外一个是陈仕保,他的战死可能和黄生才一样,并未被天京的领袖们得知。

至于无数无名的参加北伐却尸骨无还的太平军圣兵,他们的革命热情和他们对待平民足以引为榜样的宽仁态度,被永远铭刻在一首广为流行的山东民歌之中:

> 长毛哥!
> 长毛哥!
> 一年来三遍,
> 也不多。①

---

① 笔者从来自山东的张瑄教授处得知这首民歌,他是我在香港大学东方文化研究院时的同事。

第十章

西征军战史（上）
（1853—1856年）

赣皖鄂战场

1853年5月中旬，就在北伐军从浦口北上之后不到十天，西征军也登船从天京出发，沿长江顺流而上，攻略西部诸省。① 全军总指挥翼王石达开虽然暂时留在了天京，但是他的副将兼第一集团军指挥官胡以晄率部前往安徽，第二集团军指挥官赖汉英则率部进入江西，第三集团军即后援军由石贞祥（石达开的从兄）和韦俊（北王韦昌辉的胞弟）指挥，他们暂驻天京，以备不时之需。三个集团军的总兵力约五万人，并有舰船千余艘。第一、第二集团军的出发，标志着长江沿岸十年腥风血雨的正式降临。

胡以晄的第一集团军出发后先经太平府，再取长江南岸的芜湖和池州，于6月10日（咸丰三年五月初四）重新夺回安庆。（同年2月下旬，太平军从安庆往攻南京后，清军随即收复当时的皖府安庆。前广西巡抚周天爵本受命来皖，却因要专务帮助吕贤基及安徽乡勇剿除盗匪而辞命未受，安徽巡抚由李嘉端暂代，他在安庆收复后不久，就将治所转移到庐州。）赖汉英

---

① 本节为《全史》第二卷第963—966页之概述。

的第二集团军继而从安庆西行入赣。

南昌之战[①]

　　第二集团军在短暂地占领湖口之后，随即从水路向南进入鄱阳湖，6月24日，全军万余人抵达坐落在鄱阳湖南岸、赣江东岸的江西省府南昌。一路上，远近百姓纷纷送来米、酒、鸡、豚、牛、钱和其他很多日用品，以表示他们对太平军到来的喜悦之情，以及他们对反清革命运动的热忱支持。[②]他们的这种热情在之后三个月的战斗中也不曾减弱，太平军的食品和物资补给也因此充足无虞。

　　负责南昌防务的江西巡抚张芾，很幸运地有江忠源及其所率一千三百名乡勇的协助。此前，江忠源因在长沙保卫战中的军功被封为湖北按察使，并奉命前往南京协助向荣。行到九江时，他遇到了两位信使。第一位给他带来了清廷新的命令，当时太平北伐军正向凤阳逼近，清廷命他北上安徽。另一位使者则带着赣抚张芾紧急求援的消息。[③]南昌事急，已无暇请示朝廷的意见，江忠源决定即便没有朝廷的命令，也要先援赣府。他的乡勇于是四百里急行军，经过三日三夜，终于赶在太平军两天之前到达南昌。

　　张芾大喜过望，将防务全权交由江忠源处理。江忠源一边把自己的乡勇及约一万人的守军布置就绪，以防卫这座超大型城市，一边不断地向江西内外各地派遣使者，请求救援。守方日夜紧闭城门，等待敌军前来，最后，在太平军逼近时还将城外所有房屋一概烧毁。见到房屋已被焚烧殆尽，太平军的军官们在船上指挥士兵登陆帮助百姓灭火，挽救还没有被烧毁的房屋，并同时沿堤岸建造了一道坚固的工事，为舰队提供防卫。第二天，他们对南昌城发动了进攻，但是很快就被城墙上的炮火逼退。尽管如此，此后的两周时间内，赖汉英仍然采取这样的进攻方式，结果毫无进展。随后太平军改用了其惯用的挖掘地道、爆破城墙的方式。他们进行了两次爆

[①] 本节为《全史》第二卷第967—977页之概述。
[②] 夏燮（谢山居士）《粤氛纪事》第三卷第六篇第4丁。夏燮时为该地官吏，后来也参与了此次战斗。他对江西之战的描述多出于他的个人经历，因此有很高的可信度。
[③] 夏燮书第三卷第六篇第11丁左，及王定安《湘军记》第四卷第2页。

破,均无功而返。①

张芾与江忠源始终坚持坚守不出的策略。他们禁止士兵出城应战,只有一名将军违抗了这条命令,他刚一和太平军接战就被杀死了。虽然城防暂且稳固,但是江忠源想要更多的兵力来确保南昌无虞,于是便向时在南京的向荣、驻在长沙的湖南巡抚骆秉章和曾国藩求援。骆、曾迅速派出两股新近团练的乡勇往救,其中一股有一千六百人,由夏廷樾指挥,郭嵩焘、罗泽南从征;另一股由江忠源的弟弟江忠淑指挥。② 与此同时,让清军更为紧张的是,太平军也有两万人的部队在石贞祥和韦俊的指挥下于8月2日抵达战场。但是太平军接下来的攻势和城墙爆破仍都是无功而返。

在双方陷入僵局的时候,太平军派老将曾天养独自率领一队人马,穿过长江南岸的丰城、瑞州、饶州、乐平、景德镇、浮梁、彭泽、东流,并由建德渡长江至安庆诸城进行游击作战,并搜寻补给。让曾天养喜出望外的是,各地百姓纷纷将补给物资慷慨相赠。③ 8月下旬,他还遭遇了清军的第一拨援军,即江忠淑率领的湖南乡勇,给他们以迎头痛击。④ 紧随其后到达战区的是夏廷樾和罗泽南的援军,但是罗泽南部在与太平军在南昌城外的遭遇战中受到重创,伤亡惨重,他的四名副将也都在此战中阵亡。⑤ 另一支援军是云南鹤丽镇总兵音德布率领的云南兵,他们本从向荣,现奉向荣之命前来,不料也被太平军大败。

虽然在城外节节胜利,但是太平军的攻城努力却一次又一次地以失败告终。就这样又过了一个月,9月24日,太平军心有不甘地解除了长达九十天的包围,全军乘船向北移动。而江忠源和音德布的乡勇则紧随其后。但在追击途中,江忠源的部下以苦战三月为由要求奖赏,遭到江忠源拒绝之后,所部除数百老弱外全体哗变逃散。⑥ 而江忠源因保卫南昌有功,得二品封典。

---

① 这两次爆破,郭廷以《日志》第一卷第266页中说是8月22日至31日间,但无援引佐证。另见杜文澜《平定粤匪纪略》。
② 湖南援军的行动在诸多著作的阐述中不尽相同,详见《全史》第二卷第970—972页。
③ 夏燮书第三卷第6—11丁左;郭廷以书第一卷第271页。
④ 王闿运《湘军志》第二卷;夏燮书第三卷第6丁左。
⑤ 王闿运书第二卷第3丁左;杜文澜书第二卷。
⑥ 王闿运书第二卷第4丁左。

必须一提的是，天地会和其他的一些会党在南昌包围战时期也组织了许多起义，来策应和帮助太平军占领江西全省。而这些起义因为他们本身缺乏领导，又无法和太平军建立联系，最终皆归于失败。最后两股在吉安、安福和太和的起义军也被湖南乡勇剿灭，然后乡勇就返回湖南休整去了。

挥师入鄂[①]

在抵达湖口时，石贞祥和韦俊接到东王杨秀清的命令，要他们全军沿江而上进入湖北。赖汉英因为在南昌包围战中的失败遭到降职，并被调回天京（但是他后来又被复职，并受命率军往援扬州，此事前文已详述）。与此同时，石达开率领五六千太平军到达安庆，准备将来如有需要，随时援救西征军。

9月29日，太平军占领九江，留下了骁勇善战的林启荣驻防，石贞祥和韦俊则继续水陆并进，向西进军。他们于10月15日在田家镇和半壁山击溃了一万余前来阻截的湘兵，刚带着所剩不多的乡勇部队从南昌回来的江忠源也遭惨败，苟且生还。太平军乘胜占领了鄂北的蕲州、漕河和黄州，长驱直入，直奔长江北岸的双子城汉阳和汉口。

清军方面，吴文镕刚刚接替张亮基出任湖广总督，张则改任山东巡抚。吴文镕是江苏人，翰林出身，曾任江西、浙江巡抚，在调任湖广总督之前为云贵总督，政绩突出。他才能俊秀，忠于职守，又为人正直，深受治下百姓的爱戴，在清廷也颇有声望，是不可多得的能吏。因此，他在任上与鄂抚满人崇纶发生口角，就让人颇感意外。崇纶的衙门在省府武昌，他计划率军驻防在城外，但是吴文镕认为他的真实目的是想一见到太平军便立即逃跑，于是就反对他的建议。崇纶坚持己见，吴文镕大怒，拔出佩剑，放在桌上，正声说道："城存与存，城亡与亡，自司道以下敢言出城者，齿吾刃。"纠纷就这样暂时结束了，但是崇纶却因此怀恨在心，他最终将吴文镕害死。[②]

太平军于10月20日占领汉阳和汉口，而武昌又空虚，几乎没有驻军

[①] 本节为《全史》第二卷第977—981页之概述。
[②] 吴文镕的传记见陈继聪《忠义纪闻录》。

防守，占领武昌当是易如反掌。但是，太平军想等待更多援军抵达再行渡江。在等待援军时，他们派出了两股各数千人的部队攻略孝感和德安府，以收集粮草。而江忠源和先前被击败的官吏利用此机会，收罗了四千多散兵游勇驻扎在汉阳城北，太平军恐怕有失，便将所有部队撤回黄州。当从安庆来的援军就快要赶到的时候，黄州的太平军却得到命令，调回大部分兵力配合石达开对庐州的新攻势（后文详述），在占领庐州后再举大兵援助汉阳和武昌一线。

江忠源此时也在赶往庐州，途中他还收到一份意外的惊喜：朝廷任命他接替李嘉端，任安徽巡抚。时年仅四十岁的他三年之内官阶一路直升，从知县到知府、按察使，再到巡抚，内心自是对朝廷感恩戴德，现在更是他施展拳脚以表忠心的机会。太平军的锋芒已经转向安徽，湖北暂时安全无虞，江忠源勇敢地承担了保卫庐州的任务。当太平军从安庆出发向庐州进军的时候，江忠源也于11月11日自汉口拔营启程，仅带着千余募兵北上安徽。

安徽之战[①]

1853年9月25日，石达开率领五六千新兵开进安庆。从此时开始，安庆便作为西征军行动的基地，而总指挥石达开也将大本营设置于此，管理长江沿岸地区所有太平军占领地的军事行动和民政活动。虽然只有二十三岁，但是石达开已经因为在民政和军政方面的卓越才能而广为人知，而且他在行政中的宽和与仁义，使他得到了所有治下民众的拥护。[②] 他在辖区内的太平天国占领城市建立地方政府，其官吏由选举产生，如果条件不允许的话，就从愿意与太平政府同仇敌忾的人中选择——这些都是依照《天朝田亩制度》中所规划的行政制度而施行的。外国观察家们的资料证明，石达开尊重并保持了以私有制为基础的旧有土地制度，以及以产出为标准制定的土地税制，但太平天国的税率比清朝的税率低一些，也没有勒索强征之事。

---

① 本节为《全史》第二卷第981—985页之概述。
② 杜文澜书第二卷也赞赏他的宽大仁慈、不喜战争。王定安在《求阙斋弟子记》中引述曾国藩语，说石达开是"假仁义以要民"。

石达开治下的地区经济繁荣，社会安定，商人在各地均可进行贸易。①除了民政管理方面的才能，他的军事才能也无人能比，历史学家们把石达开列为太平天国革命运动中最为杰出的军事领袖，这一点并不令人感到意外。而此时石达开判断，太平军轻而易举地攻占了汉阳，这是可以开始攻略皖北地区的好兆头。

在实际的军事调度上，他以曾天养从江西带回来的部队为主，组织了一支相当规模的部队，交给胡以晄指挥。胡率军于11月14日攻克桐城，留下梁立泰和一小部分守军之后，转而向北于11月29日占领舒城。而舒城败将、清军皖北乡勇的总指挥吕贤基投水自溺而亡。②现在所有的障碍均已扫除，太平军于是挥师前往当时的皖府庐州，于12月12日抵达庐州城下。

对于太平军而言，庐州不仅是进军河南的必经之路，也是一处可以与战事吃紧的北伐军交通消息，乃至派遣援军的战略所在。但是在这之前，太平军必须击溃决心守住城池的清军驻防部队。新任安徽巡抚江忠源在因病于六安耽搁了两周之后，早于太平军两日带领一千五百人的部队（其中五百人为自率的乡勇，其余为霍邱乡勇）抵达庐州。入城后，他还接管了已在城中的大约三千兵勇以及驻扎在城外的一千乡勇，并立即布防。虽然庐州在城市规模和重要性方面都不及南昌，但是如有必要，他准备像在南昌时那样做长期防御。庐州的城墙相当坚厚，因此江忠源认为最上之策莫过于婴城固守，以待援军。12月12日，太平军正式开始围攻，江忠源尚未痊愈，却还是登上遭到敌人最猛烈炮击的一段城墙，亲自指挥防守。他的忠勇感动了庐州百姓，有上万人志愿协助清军作战，他们有的身披战甲防御城墙，有的为守城将士递送餐饭，还有的人（尤其是富户和商贾）慷慨解囊，为部队提供大量的资金和必需品。

几日后，援军陆续到达，但太平军人数仍然有守军十倍之多，而且在军事领导、部队装备和作战策略上，太平军也仍然占尽优势。后来，城外的清军援军逐渐集结起来，规模有两万余人，其中有陕甘总督舒兴阿部

---

① 丁韪良文，《北华捷报》1856年10月4日第323期；"T"文，《北华捷报》1856年8月16日第319期。
② 据胡潜甫《凤鹤实录》及杜文澜书。

一万五千余人,向荣从江南大营派往徐州的江南提督和春部,以及刘长佑、江忠濬(江忠源之弟)新募得的楚勇一千五百人。但是,援军的赶到并未从根本上改变防守的局势,在城外的两场接战之后,甘陕部队开始怯战,其他援军部队也都无力独自战胜规模巨大的敌军。而且,太平军还成功地截断了清军援军与城内守军之间的联系。

就这样过了一个月,城内弹药和粮草已然所剩无多。城内兵勇士气低落,乡勇因为不满禁止抢劫的命令而拒绝作战,并威胁要哗变解散。江忠源最终彻底放弃了守城的希望,宣誓要玉碎殉难,还在向城隍的叩拜中倾诉了自己的绝望。

但是到这时为止,太平军仍然未能攻破城池,于是又搬出了他们爆破城墙的老办法。他们三次挖掘隧道并填满炸药,但是江忠源化解了每一次爆破,要么是迅速地填补了破口,还有一次是他在爆破前就发觉了隧道,采取了措施。太平军于是在城南门处采用新的方法挖掘隧道,这次隧道为上下两层,均可填充炸药。1854年1月15日(咸丰三年腊月十七)拂晓之前,第四次爆破的巨响震彻天空,江忠源全力指挥防御行动,却没有注意到太平军并未发起冲锋。当城墙被填补上之后,他便回到城墙上的营帐中休息。他刚刚坐下,第二声爆炸便响起。与此同时,与太平军秘密私通的一些乡勇从城墙上扔下绳索,并且和许多百姓一起降落地面,转投太平军。一些太平军士兵则顺着绳索爬上城墙,并向城脚下的同伴发出信号,后者紧随其后爬上城墙。与此同时,万余太平军也从第二次爆破的缺口中涌入城中。在击溃剩下的守军后,太平军顺利地进入了庐州城。

太平军的胜利部分归功于那些变节的乡勇,而出人意料的是,幕后策划行动的也许正是庐州府知府和一些乡绅。知府胡元炜力邀在六安卧床养病的江忠源来庐州,还告诉他庐州兵强马壮且数量可观,弹药与资金也充足无虞。江忠源到来后发现这些都是赤裸裸的谎言,对他大发雷霆,此后也曾多次严词责让这个卑劣的知府。但是无论他的指责如何合理,作为上级官吏,江忠源带有个人针对性的辱骂和刻薄讽刺已经超过了可以令人接受的程度。在一次次地责备胡元炜之后,江忠源还嘲笑他说:"尔既如此多虑,何以仍长此一身的肉?"胡显然觉得这样的人身攻击不可忍受,终于因与江忠源的私怨变节投敌。一些因为团练不力被江忠源判罪斩首，只因藩台求情才免于一死的士绅也和知府串通一气，卖城投降。因为帮助太平军占领庐州，胡元炜后来被送往天京，得赠高官。

至于江忠源方面，一些忠诚不渝的士兵和他自己所带的乡勇与胜利者展开了惨烈的巷战，直至破晓之后不久，身战力竭的江忠源受伤倒地。他的亲兵恳请他逃往安全地带，江忠源不听，提剑想要自刎殉国，但是被亲兵阻止，并强行把他担在一个身强力壮的亲兵肩上运往城外。江忠源咬那人的脖子，用自己最后的力量挣脱，投入附近的水塘，壮烈牺牲。许多文武官员也都在庐州保卫战中牺牲。清廷追赠江忠源总督衔。战时在城外扎营观望的舒兴阿被降职处分，其军划归和春，和春随即对庐州展开了旷日持久的反攻。

占领庐州后，城内的一切与他城无异。许多人死于巷战或自杀（尤其是妇女），也有许多人（仅限男子）被强制入伍，所有的物资都被收缴军用。大获全胜的指挥官胡以晄努力地安抚人心，他发布了严格的命令："士农工商，各有生业，愿拜降就拜降，愿回家就回家。"这一段并非空话，有周邦福的可靠记录确以为证，他就是被释放后，在太平军的护送下回家的。因此总体而言，胡以晄和他的部下们采取了较为宽厚仁慈的方式对待城中百姓。①

杀回湖北②

在攻占庐州府继而占领庐江县之后，太平军在皖北的战略胜利完成，他们也有能力转向重新攻略湖北。一时间，从天京和安徽而来的大规模援军以及北路曾天养的精锐部队云集加入，石贞祥和韦俊指挥的在黄州的太平军超过了四万人，可以开始向西攻略汉阳。但是在大军动身之前，清军就已率先攻来。

---

① 此处对占领庐州的描述综合了事件亲历者周邦福后来亲笔记录这段经历写下的《蒙难述钞》、夏燮书第八卷、杜文澜书第二卷、陈继聪《忠义纪闻录》中江忠源的传记以及江忠源《江忠烈公遗集》中的相关内容。
② 本节为《全史》第二卷第1028—1035页之概述，也参考了杜文澜书第三卷、王定安书第三卷、夏燮书第七卷及郭廷以书的内容。

为了组织这次对太平军发起的总攻，湖广总督吴文镕一开始就小心谨慎地为自己的部队寻求支援，要贵东道胡林翼的七百乡勇、贵州提督满将布克慎，以及自己的学生曾国藩率其新组的湘军来援。吴原计划等待援军齐至，届时兵员人数过万，再与敌军接战，但是湖北巡抚满人崇纶从中作梗，迫使吴文镕提前行军。督抚二人之间早有怨恨，而崇纶伺机报复，悄悄上奏清廷说吴文镕畏敌怯战，闭城自守，如中国古寓言中守株待兔之农夫。清廷不知战场详情，常闻守将闭门自固之事，又急切地想迅速镇压太平军，于是在不做详查的情况下就听信了崇纶对情势的评估。结果，清廷命令吴文镕立即出击，崇纶留守，后者乐见于此，不断督促进攻太平军，直到吴义愤填膺，未等到曾国藩援军到来，就率领原计划中七千人的部队愤然出城。

吴文镕有两员满将德亮和布克慎与己同行，又令先前田家镇的败将唐树义率炮艇在后翼扼守长江。农历新年时（1854年1月29日），清军在距离黄州二十里的堵城扎营。当时天降大雪，而后方又拖欠饷银（可能与崇纶有关），兵士饥寒交迫。而在二十里外的黄州，太平军正在欢天喜地地庆祝新年。2月7日，吴文镕决定进攻，便对兵士许诺可以轻而易举地战胜那些乌合之众，还亲自率军冲入了敌人的防线。当他发现周围的山岭树丛间早有埋伏时，早就为时已晚。清军既已深陷圈套，太平军主力于2月12日从黄州出击，正面进攻，而之前埋伏的部队则从四面八方涌出合围。清军大营遭到火攻，士兵彻底陷入包围，或被杀死，或自行逃散。湖广总督吴文镕战殁是役，德亮亦战死，布克慎则侥幸逃生。太平军乘胜分两路西进，一路于2月16日第三次占领汉阳和汉口，另一路顺流直上消灭清军舰队，清将唐树义溺亡。至此，战场上的清军全军覆没。

此次耻辱性的惨败之后，清政府任命荆州将军满将台涌为湖广总督，任命另一名满将官文继任荆州将军。台涌将大本营设在德安，负责北线的防御，而官文则守备西线。崇纶因为母丁忧离职返乡，青麐继任为湖北巡抚。

太平军将部队重新分为两军，一军继续在北线行动，另一军准备攻占长江对岸的鄂府武昌，之后再进军湖南（第十一章详述）。北线由将军陈玉成指挥，他出身于广西藤县，当时仍然十分年轻，他双眼周围均有圆疤，从远处看去像是多出两只眼睛，因此也有"四眼狗"的诨名。他的主要任务是为在鄂作战的部队以及天京征集粮草。

陈玉成遇到的第一个挑战是北面和西面的清军，他们威胁到太平军一支顺流而下携有粮草的舰队。陈玉成制定的防御计划有三个方面：陈本人时刻注意北方台涌的动向，曾天养率部由德安和宜昌往占荆州，另派一部由一白姓将军指挥向西，阻止官文的部队。但是就在此时，一位勇猛非常的军官王国才率一千两百云南精兵来投官文。官文考虑到曾天养的行动，立即派王国才率其滇兵及五百乡勇阻其南向一路，自率部队阻其另一路。曾天养最终被迫放弃荆州，悄悄地率军入洞庭湖向南，与在湖南遭到败绩的太平军会合。曾天养的部队退出战场后，官文将全部的精力转移到对付太平军白某的部队上。虽然地方帮会盗匪响应起事，四处骚扰清军来帮助白某的部队，但在数月的战斗后，这支部队还是被彻底地剿灭。从1854年4月到8月，鄂北的零星战事又持续了足足五个月之久。

皖南地区的军事斗争[①]

江西的战事暂告一段落，皖北、湖北和后来的湖南就成了太平西征军的主要战场，而在皖南地区则只有零星的战火。在接下来的几年中，这一地区军事斗争的主要目的有三个：其一，征集并转运补给物资；其二，保障过境部队，尤其是前往湖北前线的部队的安全；其三，保障天京与各战地指挥官之间的信息沟通。而在所有天京以西的太平天国控制区域，民政和军事均由驻在安庆的石达开直接管辖。清廷在军事方面与他对应的角色是向荣，他现在负责清军在安徽和江西的行动。

当西征开始时，太平军接连攻陷长江沿岸的城市，包括安徽南部的芜湖、池州以及江西的彭泽、湖口和九江，他们便依托这些城市之间的主要道路，建立了一套网罗紧密的邮驿系统，以便快速传递军政要讯。每隔三四十里就设有一处驿站，由一员军官与二三十名士兵守卫。驿使或经陆

[①] 本节为《全史》第二卷第1013—1028页之概述，也参考了夏燮书第九卷和向荣的奏折。

路,或从水路,每到一处驿站,驿站的军官便在邮件背面的表格上签画时间。急件和要件上盖有飞马青云纹样的圆戳,称作"云马文书",这种文书有专人运送,递送所用马匹也要求每小时至少能跑五十里。若驿站间有清军驻扎活动,则换用剃发驿使。整个邮驿系统由设在天京的疏附衙管理,此衙还设有天象台,记录每日气象,来查验驿件的递送,对不同条件下每日驿件递送里程也都有详细的要求。[①]

庐州和汉阳已然稳稳地掌握在太平军的手中,石达开现在开始图谋向南进军。他给刚刚来到安庆向他报到的秦日纲一支人数不少的军队,让他于1854年2月下旬与石达英和韦得珍一起渡长江至芜湖,并向西南进军。他们先后攻占了祁门和黟县,但清军随即猛烈反攻,迫使他们又退回芜湖,并从那里向东攻略。4月上旬,石达开被调回天京,秦日纲独自回到安庆,在石达开不在的时候代为指挥军政事务,留下石达英和韦得珍负责指挥南线的部队。次月,石达开返回,秦日纲则被调回天京,获封燕王,同时胡以晄也被封为豫王。

另一方面,石达英和韦得珍所率的约两万人的部队攻克太平府,此地因与天国同名,太平军此前都不曾进攻过这个城市。但是此处为交通重驿,现在实有占据的必要。石、韦二人自将数千人驻防,遣其余部队继续西进,与在湖南和湖北的部队会师。但是,向荣派傅振邦和张国良率部在一些地方官吏的配合下,于9月6日重新夺回了太平府,太平军伤亡惨重,还损失了大量船只。石达英和其他一些军官丧生,而韦得珍战时恰巧在金柱关驻防,因而得以侥幸带领他的一小股驻防部队撤回皖北。向荣之后又把傅振邦和张国良召回江南大营,并任命邓绍良为皖南战事的总指挥(为复职,详见第十三章),大本营就设在太平府。

邓绍良于10月3日收复芜湖后返回太平府稍事休整,不久就率军向东而去,而芜湖只留有少量乡勇防御。不到两周之后,韦得珍就率领一起从太平府撤退回来的小股部队重新占领了该城,恢复了除太平府外长江南岸的所有交通线。此时,向荣在其西南线和毗邻浙江的地区都感受到了新的

[①] 关于邮驿系统的具体介绍,考自汪士铎的日记,可参见《全史》第一卷第525页。"云马圆戳"的图样,可参见《通考》第四篇附录中图十五、十六。

威胁，便调当时在皖南与江西交界处的高淳驻扎的邓绍良部前往黄池。邓绍良于1855年2月在黄池附近取得了两场对太平军的军事胜利。

先前，当1854年3月秦日纲的部队从祁门撤军之后，安徽西南部的建德、青阳、石埭及周边几个县内烽火暂歇。太平军将该地区交给了当地百姓，依照太平天国民政管理体系设立的地方政府进行管理，而清廷则忙于他务，无暇顾及这些地区。是年晚春，当庐州围攻激战正酣时，新任安徽巡抚福济上奏清廷，说安徽情势危急，应将安徽长江以南地区的防务交由浙江巡抚临时节制。清廷批准了他的建议，同时调兵员道徐荣带领一小股部队防守祁门。徐荣则率部驻扎在祁门附近，并在10月中旬收复了周边的一些区县，但其中的东流和建德两县，此后又被率军经此地前往湖北的罗大纲部攻陷。建德此后牢牢地被太平军掌握在手中，成为太平军交通网络中的一个重要战略节点。

1855年3月，这一地区战事再起。范汝杰率领的数万太平军联合当地盗匪，多次击溃徐荣和另外两名清将周天受和江长贵的部队（徐荣战死）。范汝杰继而先后攻克休宁、徽州和歙县，但随后被从浙江率新军而来的金华知府石景芬逼退至婺源。邓绍良部也受向荣命令，由黄州赶来驰援，当是太平军已在撤退，他们便与石景芬一起追击。范汝杰军向广信府，想趁罗大纲的一部分部队还在战区，一同占领那里。清军将领邓绍良紧随其后，收复婺源，并因此功复职为提督。

此后不久，范汝杰部又返回婺源，击败石景芬部，继而重新占领祁门、黟县和休宁。清军邓绍良部也随即杀回，并最终击败了范汝杰，后者率所部败走大通，然后从那里北渡长江，于1855年7月初回报石达开。清廷重新控制了安徽西南地区，邓绍良驻防此地，以备不测。此时，安徽巡抚福济正忙于围攻庐州的作战，为了加强对这一地区的掌控，清廷以长江为界新设了皖北和皖南两道。皖南民政由刚在战事中脱颖而出的兵员道石景芬管理，军政则由满族副将豫祺处理。这两位新晋官员都出自浙江，也暂时仍归浙江巡抚管理，后者也负责他们的物资支援。

西南战事稍息，被太平军占领半年毫无战事的芜湖地区就又爆发了新的大战。1855年夏天，清军曾短暂地收复了那里，当时，向荣命令清军在天京战场大显身手的战舰顺流而上,支援明安泰和德安指挥的陆军所进行的攻势。另一部分支援来自西南的邓绍良,他当时也率军就位,并接手指挥作战。这时清军军力已经占有绝对优势,从1853年3月到1855年8月1日,芜湖曾八度易手。①

石达开现在的情况是进退维谷。在北线,清军正在围攻庐州。在西线,曾国藩和他的新军正在猛攻九江。而南线太平军刚刚丢掉了在芜湖的基地。向三个战场同时派出援军绝非易事,但是石达开确确实实地做到了这一点(后文详述),这体现了他卓越的军事指挥才能。

从安庆派出的援军帮助太平军一度占领了芜湖西面的铜陵和南面的繁昌,但是10月9日,太平军在清军水陆两路的猛攻下,不得不放弃芜湖外围的几座大营。大约一周之后,石达开和胡以晄率新军顺流而上,亲自指挥湖北方面的作战,韦昌辉和罗大纲则受命从天京出发,夺回芜湖。10月17日,反攻开始。但是直至10月31日,太平军在军事上不断受挫,不过更为致命的打击是在更早些时候(可能是10月17日),罗大纲被炮弹击中,身负重伤。这位太平军中的猛将被送回天京,不治身亡。后来,天王洪秀全追封罗大纲为奋王。②

1855年11月中旬,庐州终于还是落入了清军的手中(后文详述)。不过,安庆也终于有能力向芜湖方面派出更多的援军了,但因受制于清军水师,芜湖方面的行动也接连受挫。双方相持不下之时,向荣不得不于1856年年初急调邓绍良及其部下往天京协防浙江,抵御秦日纲率领的大量太平军对那里的进攻。在这种情况下,芜湖的战事稍停。

庐州之战③

在太平军于1854年1月15日第一次占领庐州之后,和春便受命统率包括舒兴安部在内的所有集结在城外的清军,而舒兴安因防御不力,被免除了总督的职务。和春及安徽巡抚福济现在共同负责发动反击,而清廷以

---

① 郭廷以《日志》第一卷第399页。
② 关于罗大纲确切死期的讨论,可参见《全史》第二卷第1025页。
③ 本节为《全史》第二卷第996—1007页之概述。

收复庐州为当务之急，从各路派来援军。曾国藩数次接到命令，但坚称自己的水师尚不能应战，且拖延时日，不参加作战。琦善和向荣的回应则积极很多，他们都派遣了大量部队往援。就这样，在1854年3月1日第一次进攻开始的时候，庐州城外共集结清军正规军及乡勇约三万人。

到4月中旬，清军虽然有两次小胜，但整个攻势被打退，于是便制定了一个两阶段作战的战略计划：第一阶段，将庐州的附属小城消灭，并切断太平军的交通补给线，以孤立庐州城；第二阶段即决战阶段，再进攻城防。①换言之，这个简单有效的策略就是"欲伐树木，先削其枝叶"。5月初，福济派出的乡勇收复了城东的含山。新任福建提督秦定三被派往收复舒城，而舒城是庐州向南通往安庆途中的重要城镇。事实证明，这一行动非常明智，舒城收复后，就切断了安庆往援庐州的路线。6月初，地方官吏和士绅团练的乡勇收复了六安。刚刚平定捻军的袁甲三也受清廷命令，参加对庐州的围攻，率军到达城东并部署就位，于是清军对庐州的包围圈渐渐成形。此后，清军逐步缩紧包围，到7月中旬，清军已然兵临城下。

就在这个时候，对庐州的战事倍感失望，同时又想尽力挽救北伐军的东王杨秀清定下了一个计划（相关内容亦见于第九章），即令秦日纲和罗大纲率大军奔赴庐州解围，待与在山东遭遇围攻的黄生才部取得联系后，向北救援北伐军。②因此，1854年8月5日，秦罗大军在舒城的惨败也就对革命运动造成了难以估量的损失。

庐州仍在太平军手中，但局势困顿。时间临近9月末，周胜坤和陈宗胜终于率一小股部队由江北抵达庐州。此后大约两个月内，虽然太平军仍然有效地抵御着清军的攻势，但是胡以晄被褫夺了王位，降级为护天豫，这是一级新的爵位，低于王爵但高于侯爵。③同时，胡以晄还被召回石达开的大本营，另有任用。周、陈二将则负责庐州防务。

1855年从春到秋，太平军的援军多则万余，少则数千，一次次地试图

---

① 夏燮书第八卷。
② 同前注。
③ 郭廷以《日志》第一卷第340页，"豫"出自胡以晄之前的王爵"豫王"，从此之后，这个字就被普遍地用于指代新的爵位层级。就胡以晄的具体情况而言，在新的爵位前加上了他旧的爵位，成为"护天豫"。

冲破清军防线，但是每一次都遭遇苦战，虽然偶有小胜，但最终都被击退。最终，庐州之战胜利的天平倒向了攻方。入秋时节，和春和福济采用了新策略，即和春率部分兵力专事抵御从各个方向而来的太平援军，而福济负责指挥剩下的部队进行攻城作战。这一策略行之有效。从9月底到11月底，对庐州的孤立包围一直密不透风，就连从安庆亲率大军前来救援的石达开也无能为力，怏怏而归。在成功地化解了所有城外太平军的骚扰之后，和春与福济再次协同作战，准备向庐州发起最后的冲击。

而庐州城中还有一些乡绅，以及假意投降太平军却暗通清军欲为内应献城的人，若无他们的帮助，庐州可能仍然在太平军的手上。1855年11月10日子夜，和春和他的部队悄悄地来到城墙之下，等待城内的信号。11月11日破晓之前，内应终于放出信号，并四处放火，同时清军爬上城墙，占领全城。由于事发突然，许多太平军官兵在指挥官周胜坤还没来得及组织残部撤回天京时，就已经被杀死了。至此，庐州在太平天国治下共二十二个月。①

全线溃败②

庐州失手，太平军在皖北的势力随之变得岌岌可危，他们占领的城市一个接一个地都被清军收复。和春和福济率两路人马分兵南下，和春准备首先收复三河，而福济则准备收复舒城及东线诸城。

秦定三及其所部数千人现在已经在舒城以南驻扎一年有余，但其所能做的仅仅是阻截秦日纲和石达开的援军，使他们不能进入舒城而已。庐州收复后，有一些乡绅带领着数千乡勇前来增援，福济也派来一部清军协同进攻舒城。舒城的太平守军察觉到清军不断集结，认为固守下去毫无意义。因此在1856年2月20日上元节的子夜，太平军假意在城墙之上庆祝节日，以分散敌军注意力，全军趁着黎明前的夜色弃城出逃。秦定三等随即于清晨收复了这座空城。秦部在舒城附近劫掠城镇，滥杀无辜，虽然其行径并

---

① 萧盛远的《粤匪纪略》最为详实地描述了庐州之战的情况。萧当时是和春的幕僚，亲自参与了和内应的协调交涉。
② 本节为《全史》第二卷第1007—1012页之概述。

不比其他地方的清军更恶劣，但也可算是恶行累累。①

另一方面，和春亲自率部进攻三河。三河镇在庐州城南九十里处，巢湖西岸，守将为蓝成春，其所部之半数已和所有尚有余力的部队一样，被调往天京支援即将展开的对浙江的作战（见第十三章）。从1856年2月19日开始，清军发起了一波又一波的进攻，但是蓝成春和手下的少量太平军英勇奋战，接连挫败了清军的攻势。有两股太平军的援军曾经靠近战场，但最终被击退。不过，蓝成春的部队仍然坚守城池，因此和春改变策略，紧紧包围了城镇，待城中粮草耗尽。这一计策终于奏效，经过数月僵持，9月16日，清军最终收复了三河镇。驻防的太平军在最后时刻得以撤退，蓝成春自己到了天京，而其部队则前往庐江。

清军也追至庐江，9月18日，在当地乡勇的配合下轻易地占领了那里。和春在短暂地返回三河镇后，于10月4日以钦差大臣的身份前往江苏履新（接替去世的向荣，见第十三章），临走前将皖北军务交由巡抚福济以及新任提督郑魁士处理。

在攻克庐州、舒城、三河、庐江四城之后，福济与郑魁士转而专心东向，在1856年10月26日至30日间次第收复和州、巢县、无为州三城。年轻有为的官吏李鸿章对巢县的收复出力颇多。

李鸿章的崛起②

李鸿章是清廷平定太平天国战争后期的领军人物，他的戎马生涯便始于庐州之战。我们也许应当先简要地介绍一下他早年的生平，以便能够更好地理解他将来的成就。

李鸿章（号少荃）1823年生于庐州府合肥县，在家里四兄弟中排行第二。他年少时便以文章才华闻名乡里，在当地税局供一小职。1844年中举后，年轻的李鸿章前往北京投奔其父，在清廷任职的李文安。其父与曾国藩是同科进士，现在又成功地劝说曾收他的儿子为徒。李鸿章本人于1847年得中进士，三年后入翰林，当时年仅二十七岁。也是那一年，太平天国运动在

---

① 胡潜甫，《凤鹤实录》。
② 详见《全史》第二卷第1036页。

广西爆发，三年后，战区已经扩展到了他皖北的老家，李鸿章便随吕贤基回乡组织团练，抵御太平军。1853年，江忠源做了安徽巡抚，李鸿章经曾国藩举荐，受命参与和州之战，并在那里打了自己的第一场胜仗。李鸿章的夫人和儿子也都在这一时期去世，后来他又续弦再娶。[①] 1854年，这位在事业上冉冉上升的年轻官员奉新任巡抚福济之命，随军参加了东线诸城的攻略。李鸿章在含山也曾惨败，遭遇重创，和春还因此讥笑他懦弱怯战，但是他之后能征善战的军事表现，以及收复庐州、巢县诸城的战果，还是为他赢得了福建延邵建道的官职。[②]但是，李鸿章一直留在安徽，直到1858年，他因与福济政见不合才离开安徽，转投曾国藩，成为其幕府中的幕僚。

安徽最后的据点

到1856年秋，除安庆以北的桐城外，太平天国在皖北的所有城市皆已落入清军之手。而太平军从1853年冬天开始，就一直控制着这个城市，虽然其间清军曾数次与地方乡勇联合企图夺回该城，但最后也都是损兵折将，徒手而归。1856年9月，在收复三河和庐江之后，福济命令秦定三前往桐城。后者又一次开始了长期的包围作战，而此时桐城守将正是李秀成，太平天国革命运动中首屈一指的大将。而桐城之战也是整个皖北战事的转折点（后文详述）。

[①] 濮兰德（John O. P. Bland）《李鸿章传》第426页中说，李鸿章有一次被太平军抓到，曾在太平军营中充当文书，后来才脱逃。但这可能仅仅是个毫无既有证据支持的传言而已。值得注意的是，还有一个关于左宗棠的非常相似的故事也广为流传。
[②] 关于此事的独家记述，可参见萧盛远《粤匪纪略》。

第十一章

西征军战史（中）
（1854年）

湖南战场

　　北伐军告急的文报纷至沓来，天京政府不得不修改其战略构想，而新的计划是先占领湖南，然后攻略广西与广东。他们把1854年2月16日第三次胜利占领汉阳的部队分为两支，如前文所述，较大的一支充当这一计划的先锋军，而较小的部队则留在湖北筹措粮草，并阻截清军从北面和西面的攻势。不幸的是，入湘部队的两位指挥官黄再兴和林绍章都没有什么突出的军事才能，所率部队战斗能力也平庸无奇，这使湖南战场的最终形势令人担忧。但是，这一点直到后来才显现出来，而在1854年2月太平军渡江进攻武昌，完成湖南战略的第一步的时候，这支部队仍然让人满怀期待。

　　在对鄂府武昌的围攻刚开始的时候，从天京一路来到汉阳的两位将军便决定兵分两路，黄再兴继续包围武昌，林绍章带兵先入湖南。因此，黄再兴带领一小部分人马留在武昌，与崇纶及后来接替他巡抚职务的青麐对峙；林绍章则带领为数不少的包括原石贞祥部在内的约两万人马南下。在2月27日轻易地占领岳州之后，林绍章部沿洞庭湖快速向南移动，先后占领湘阴和靖港两座小城，距离湖南省府长沙不足七十里。

湘抚骆秉章对太平军的动向万分戒备，这时他向正在为更有效地镇压太平军而筹备新军事力量湘军的曾国藩求援。曾立刻响应，参加了保卫自己家乡省府的战斗，就是在这种情况下，太平军第一次与湘军相遇，而终有一天，也正是湘军给了太平天国运动以致命的一击。曾国藩对于太平天国史以及晚清民国史都有着重大的影响，因此我们有必要暂时离开主线，准确而完整地了解曾国藩的生涯和事业，以便掌握太平天国最终失败的真正原因，以及这段历史与其后的近代中国历史之间的关联。①

曾国藩的早年生涯

曾国藩（字伯涵，号涤生）这位未来中国的政治家和军事家，早洪秀全两年，于1811年11月26日（嘉庆十六年十月十一）出生于湖南湘乡的一个贫苦家庭。他祖上世代务农，聊有薄田，到了祖父辈上才有余力供养子辈读书识字。曾国藩的父亲曾麟书在三兄弟中最为年长，他潜心读书，屡试不第，直到中年才考取生员（后文详述），平常做私塾先生，养育五子四女。曾国藩是长子，他的四个弟弟分别是曾国潢、曾国华、曾国荃和曾国葆。②

曾家的家风和村子里的其他家庭一样，勤俭节约，勤劳质朴，曾国藩一生都珍视并坚守这样的美德。他的祖父与父亲性格严谨固执，对礼义廉耻的基本美德以及忠君爱国的最高品行也是忠守不渝，从祖父和父亲那里传承下来的儒家教养对曾国藩也影响深刻。③这些都影响和造就了这位少年的世界观。至于个人的特性，有人曾说曾国藩的清高承于其父，而倔强则承于其母。④

与曾国藩的早年生活相比，他将来的对手洪秀全也出身于贫苦家庭，也深习儒家经典，他们的境遇相似。但这种相似却有迷惑性，这两个年轻人在两个重要方面截然不同，也就导致他们必然会在战场上针锋相对。首

---

① 本章为《全史》第二卷第十三章之概述。
② 《曾文正公年谱》（以下简称《年谱》）。
③ 蒋兴德，《曾国藩的生平和事业》，第8页。
④ 《曾文正公家书》（以下简称《家书》）第九章。

先，对于洪秀全而言，科举考试中的屡次失败，成了他对清朝政权深仇大恨的源泉；而曾国藩则在科举考试中登科为官，走上了通向荣誉与名望的坦途。第二点不同则在于，洪秀全接触到了基督教。他确信上帝赋予他神圣的使命，让他推翻满人的统治，这与曾国藩忠心坚守的忠君爱国、维护礼教的最高理想大相径庭。将二者进行对比，可以凸显洪秀全革命的真正本质，以及曾国藩内在的保守主义。①

曾国藩在父亲的私塾中读书八年，父亲也把自己一直没有实现的考得功名、入朝为官的希望转嫁给他。因此，曾国藩从少年时代起，就一直以这些荣誉和名声为其奋斗的目标。在这位年轻人的意识中，人生的价值就是在官场上发达，光宗耀祖。他二十至二十一岁的时候在外省求学，二十二岁时第一次参加科举，放榜时只入选佾生。但是那天对于他的父亲曾麟书而言，却是个大喜的日子。他也参加了那次考试，当时他已经四十三岁，第十七次参加科考，终于考得了秀才（也称生员）的功名。一年以后，曾国藩也考取秀才，并在 1833 年冬天结婚，1834 年即中举人。此后几年间，曾国藩潜心自学，准备进京会试。

在这些年间曾国藩的个人发展中，有一段在书院借读的时期值得我们注意。那时他接触到了许多"损友"，有了很多风流韵事，而曾国藩本人一生对此都非常后悔。②即便是最宽厚的传记作者，都无法否认他这段放浪形骸的岁月。③但是，入朝为官给他的人生带来了重大的转折，从那之后他行为自律，作风正直，过着典型的符合宋代理学理想的生活。

在经历三年中的两次失败后，曾国藩于 1838 年终于通过会试考取进士，入翰林院，时年二十八岁。随后他请假回家，于 1840 年返京供职。接下来的十二年中，这位年轻的士子潜心修习经典、哲学、文学和政治，并培养自身修为，为将来的仕途打下基础，广受他新结识的"益友"与显贵的尊敬与喜爱。曾国藩可谓官运亨通，八年内七次升官，从翰林院的低阶职位升到侍郎，并在此后的四年中，在六部中的五部均有任职。1850 年道光帝驾

---

① 鲜有证据可以支持部分学者主张的曾国藩代表地主阶级，而太平天国革命运动（这些学者也错误地认为它是一场农民阶级的革命）目的是消灭他们的观点。
② 《家书》第一章。
③ 何贻焜，《曾国藩评传》，第 4 页。

崩，咸丰帝继位后，曾国藩仍然深受朝廷垂爱。

曾国藩的官运一方面得益于他作为儒士的优秀素养，另一方面多少也与他能够赢取朝中重臣，特别是道光朝最有影响力的军机大臣穆彰阿的赏识有关。穆彰阿是满族出身，却深受汉人教育，十分崇尚宋代理学，也很乐于见到曾国藩这个和他一样崇尚理学的年轻士子。有人说，曾国藩接受理学不过是为了追求官运而故意谋划的举措，这一点是否属实姑且不论，他的仕途毕竟大大地得益于同样是理学家的军机大臣的提携。有一段轶闻说，穆彰阿曾经向道光帝上密折推荐曾国藩，说他"过目不忘"。道光帝很想见见穆彰阿的这位学生，便要他来觐见，但是在约定之日，曾国藩一直等待召见，皇帝却没有出现，曾国藩既失望又费解，就直接去找穆彰阿。他的这位老谋深算的导师猜透了皇帝的心思，行贿收买了宫中的太监，叫他们列出曾国藩等待觐见的那间大殿里所有器物以及墙上的绘画书法的清单，叫曾国藩连夜熟记。不出所料，第二天道光帝出现了，向曾国藩询问了那间大殿内的各种物件。曾国藩老老实实地回答出了所有的东西，让道光帝印象深刻，从此他在朝中深受皇帝的喜爱。[①]

1852年夏天，任礼部侍郎的曾国藩受命兼任江西主考，在履新的路上，他收到了母亲去世的消息。他按照官员遇父母丧便保留职级，回家安葬悼念亡人的习惯，立刻返乡丁忧。当他到达武昌的时候，听说太平军正在包围长沙，因此必须绕道返回家乡湘乡县，最终于10月6日到达。

巩固心脏

要理解日后广负盛名的湘军是如何建立的，首先必须提到的背景就是太平军从湘入鄂让清政府倍感警觉，于是就向各地的退休官员及主要乡绅发布命令，要他们立即组织乡勇武装，协助各省驻防清军。[②] 1853年1月21日，湖南巡抚张亮基向曾国藩传达了这一命令，要求曾国藩协助管理湖南乡勇，并搜查土匪。曾国藩本想上奏折，借以丁忧为由推却，但湘抚张

[①] 这则轶闻在徐珂《清稗类钞》第十一卷第8—9页中有详细的记载。李伯元《南亭笔记》第二卷第八章第1页及李渔叔《鱼千里斋随笔》第一卷第60—61页中还记载有其他的版本。
[②] 详细的官绅名单，请参见《全史》第二卷第1050页。

亮基与其弟曾国荃极力劝阻,又值武昌新陷,太平军危急本省,曾国藩终于打消念头,接受命令。①曾国藩将给皇帝的奏折撕毁,离家前往长沙,于1853年1月29日到达,他的目的简单而纯粹,就是要保卫自己的家乡,恢复当地的和平局势,保护本省百姓不受滋扰。

首先出台的是"巩固心脏"的计划,根据这个计划,官府将在省府长沙集结大量的乡勇,之后再在各县分别组建乡勇。此时湖南的作战力量,除正规清军(绿营)外,还有江忠源指挥的两千乡勇(楚勇),罗泽南和另外两名官吏王鑫和邹寿璋组办的三营湘勇,以及省抚张亮基随后组建的几小股乡勇。这些部队再加上曾国藩亲自动员的四千新兵,都被集结在长沙驻防。

因此,长沙城人马云集。为了强化法规与秩序并且排除可疑人员和犯罪分子,曾国藩施行了一套军事法(保甲制度),设置审案局,对违法者进行审判。此时的曾国藩抛却了他儒家理学的怀仁,一心以残忍与严酷对付不法者。②违法的人只要被抓住扭送审案局,通常都会被判死刑,如果被判处了稍轻的刑罚,曾国藩通常也会断然地亲笔将判决改为死刑(据李渔叔说,这样的案件可能有上万宗)。③这项政策的结果就是白色恐怖,曾有百天之内两百人被处决的情况。④在这种强硬的做法下,盗匪行为也许可以被抑制,社会秩序也许会恢复,但是因为曾国藩这种残忍的行为就像是剃头匠强行按照满人的要求给人剪发一样,所以人们口口相传,暗地里给曾国藩起了"曾剃头"的绰号。省中同僚也因为曾国藩的权力并不包括擅核死刑,而开始议论他超越职责,侵夺权力。至于清廷方面,此事并不在他们道德上的顾虑之中,因此嘉奖曾国藩迅速有效地在长沙建立起防御体系,甚至赞赏他不辞"残忍严酷之名"的精神。⑤

长沙整顿妥善之后,下一步便是周边各县的防卫,曾国藩从长沙向各地派出乡勇,追剿土匪和天地会。1853年上半年,至少有天地会在各县组织的九次起义惨遭镇压。骆秉章复职湘抚后,也同意曾国藩的主张,多练

---

① 《年谱》第四卷;《湖南省志》第37页。
② 《曾文正公嘉言钞》。
③ 李渔叔,《鱼千里斋随笔》第一卷,第59页。
④ 《年谱》;另见朱孔彰《中兴名臣事略》中曾国藩的传记。
⑤ 王定安,《求阙斋弟子记》,第四卷。

乡勇来弥补江忠源带去湖北（随后转往江西）的部队，以及当年夏天受江请求往援南昌的几营部队（见第十章）离开后所带来的损失，因此曾骆之间建立起了全面而且和谐的合作关系。值得一提的是，曾国藩的新兵在南昌积累了大量的战斗经验。与此同时，留在长沙的乡勇们也继续不断地和土匪作战。

但是，绿营和乡勇之间潜在的紧张关系也在不断地加剧，到了1853年夏天，曾国藩发现自己已经无法指挥全部的部队，处境尴尬。而将同侪之间潜藏的嫉妒转化为公开对抗的一系列事件的导火线，便是曾国藩自认经验不足，委任满人塔齐布指挥一营新勇，并且训练所有新营军事战法。不知什么原因，另一位满族副将清德对塔齐布心生恨意，不断中伤，最后劝说提督鲍起豹命令塔齐布停止一切与曾国藩的计划相关的活动。曾国藩上奏朝廷反击，而当巡抚骆秉章回归之后，更是明显地站在曾国藩一边，结果塔齐布得到晋升，而清德则被解职逮捕。此事使绿营愤恨不平，在鲍起豹的默许之下，他们借一小事公然与乡勇开战。在战斗中，塔齐布的衙门被人纵火，绿营兵还冲进曾国藩的府邸，杀死了他的一名幕僚，曾国藩本人侥幸逃脱。

这次冲突爆发后，骆秉章因担心引起全面兵变而拒绝干预，这让曾国藩感到倍受羞辱。而其他省内同僚也没给他多少安慰，反而一致责怪他强行推进自己的计划。而不将此事上报给皇帝，似乎是明智之举，一是因为那样会引起更多的争端，二是因为那样会让人更加质疑他的整个计划。因此，曾国藩隐忍地将自己的治所向南搬到了衡州（今衡阳）。许多年后曾国藩说，长沙的挑衅事件对他事业的成功助益颇大。①

创办湘军

罗泽南的部队从江西返回后，曾国藩手中有大约一万人的兵力，他可以从中抽取一部，作为新军的核心中坚。在9月29日到达衡州之后，他把所有的精力都放在组建这支将来被称为"湘军"的部队上。这支部队在组织

---

① 关于此事件的记录，可参见王闿运《湘军史》、王定安《湘军史》及《年谱》。曾国藩对此事的评论也见于赵烈文《能静居日记》（同治六年八月二十一）。

结构上与乡勇显著不同的地方首先在于，这支新军其实为"官勇"，饷银和后勤方面与正规部队一样，均由清政府负责。[1]这意味着，这支部队的组织与军规也由乡县组织、支持并装备的乡勇截然不同。

一开始，曾国藩仅仅想肃清他的家乡湖南一直滋扰百姓的土匪。直到太平军挺进长江流域，曾国藩才意识到清朝正规军在这种危局之下的重要性，并和江忠源一起谋划援助清廷的各种方法。当江忠源获许组建一支三千人的辅助部队参与军事行动后，曾国藩也从湘乡县招募训练民兵，供江忠源指挥，并宣称可以随时为他输送至少六千人。当这一数字接近一万的时候，这些人已经足够独立成军。我们可以相信，以当时的形势以及曾国藩缺乏战地经验的缺陷，他当时并不觊觎能够指挥这支部队。[2]而曾国藩刻意不使用"湘军"，而是用"湘勇"来称呼这支部队，似乎也可以佐证这一点。也许这是为了避免朝廷对他有所怀疑，然而，近代以来的史学家们则非常恰当地使用了"湘军"这个名称。

至于建立水师来运输并支援陆军作战的想法，首先是郭嵩焘向江忠源提议的，他对太平军在南昌之战时利用水军调动部队的效率印象颇为深刻。江忠源也马上意识到水师对东南区域取得作战胜利的重要性，在这一区域，水贼们可以利用大小河道、湖泊甚至是长江，对仅依靠陆路进行转移作战的官军取得优势。江忠源给曾国藩写信阐述了建造数百艘舰船，先控制长江，进而攻击下游城市的总体构想，而曾对此也是热情支持。[3]曾国藩预计招募并训练更多的陆军仍然需要几个月，而这段时间足以用来组建一支辅助性的水师，便把他的魄力和想象力投入到艰难的湘军新军种的创制之中。

建立新军的首要问题就是寻找合适的指挥官，但这个问题迎刃而解，曾国藩在很短的时间内就找到了五位优秀的指挥官。其中两人是曾国藩的幕僚，一人为高级战地指挥官，另外两人都是有名的水师提督，他们在镇压太平天国运动中都发挥了重要的作用。后来成为副将的湖南善化人杨载福，是位军阶低微却颇有志向的年轻军官，他受过较好的军事训练，而且

---

[1]《曾文正公全集·湘乡昭忠祠记》。
[2]《曾文正公书札》（以下简称《书札》）第二卷中曾国藩给江忠源的信。
[3] 王定安《求阙斋弟子记》第四卷、第九卷及江忠源《江忠烈公遗集》第一卷。

工作作风严谨沉毅，颇受曾国藩的赏识。另一人是湖南衡州人彭玉麟，他以胆色过人、聪颖机智又谨守节行而闻名。二人入营后，立即负责招募水师兵勇。未来的战术指挥家四川人鲍超，随后也被招入湘军，另外还有两位湖南籍的将领黄翼升和李成谋也被纳入营中，将来也都成为水师提督。

比起寻觅指挥官，更为现实的困难是制造军舰，这给曾国藩和他的指挥官们带来了更大的挑战，因为他们既没有任何人见过军舰，也找不到任何可以参考的模型，而这一困难最终得到顺利解决，确实出乎所有人的意料。问题如山，曾国藩虚心求教。他找来广东所有的水师军官，以及本地所有经验丰富的船夫和水手，向他们详细地询问造船的方法。就这样一点一滴地收集信息，他的脑中逐渐形成了一幅合理可靠的水师军舰建造技术蓝图。他向清廷请援，清廷就让广西巡抚劳崇光从其水勇炮舰上调褚汝航和夏銮来帮助他。水师军官广东人成名标也从岳州来援。最后，一些经验丰富的水勇还把一些作为模型的船只驶入衡州。到了1853年12月，曾国藩终于有信心在衡州开设一家大型造船所，由成名标负责建造战舰；不久之后，他又在湘潭设立了另外一家，由褚汝航负责管理。

整个1853年冬天，曾国藩在财务上也遇到了极大的困难，但这一次他还是以智慧和胆量再一次化解了危机。①虽然骆秉章许诺倾全力襄助曾国藩，但问题是整个湖南府库都不足以支持新军的组建。曾国藩因此被迫寻找别的办法。此时，桂抚劳崇光正令人向湖北运送两百门大炮支援前线，却不知道田家镇的防御已然溃败，一行人途经衡州，便被曾国藩收用，护卫的官兵也被留下来指导造船。还有一笔从广东往援向荣江南大营的四万两白银，也被曾国藩截留自用。尽管如此，资金仍然匮乏，他便命人到周围乡县卖官创收，他售卖的是六品至九品军功，捐官者都有相应的执照，上面还盖有巡抚的印鉴。

湘军的编制与军纪

1854年1月2日，罗泽南率部向南追剿土匪，来到衡州，曾国藩请求

---

① 《年谱》。

他帮忙为新筹建的军队规划形制与军纪。罗泽南是湘乡人，和曾国藩一样，是一位深受宋明理学影响的儒士，曾在湘乡私塾教书，年过四十方才中举，随后在乡组织团练。他把他的学生安排在部队中担任指挥官，这样上下级之间既有师生关系，又有共同的为宋明理学家所强调的儒家伦理观念，这使他的部队官兵关系一向团结和谐。曾国藩在湘军中也积极采用这种组织模式。但这只是曾、罗二人为因应湘军的特别需求而长期思忖谋划的开端。当这套复杂的组织结构最终一切就绪的时候，罗泽南因为自己的胆识、严谨以及对长官和事业的忠诚，使每个人都印象深刻，他和塔齐布一起成为曾国藩最为信任的幕僚。

湘军的系统结构可以加以如下简要概括。湘军每一营有五百名正勇（士兵）和一百八十名勤务人员（运送军需等），是湘军最基本的作战单元，由营官负责指挥，并对总指挥官（大帅）直接负责。每营有四哨，每哨一百零七名正勇（勤务人员不计在内），由哨官指挥，哨官之下有哨长一名，负责指挥战斗，另有五名护勇（保镖）和一名伙勇（厨师）。每一哨又分为八小队，每队十至十二名正勇和一名伙勇，由什长统一指挥。除此之外，每营还另有一亲兵哨，此哨七十二人，编成六队，不设哨官而由营官直辖指挥。这一特别的哨是湘军独特的创新，它既是营官的私人亲兵卫队，在战场上也作为纪检力量加强军纪，防阻逃兵。除此之外，同样对湘军不同寻常的作战效率大有助益的，是湘军创新地把勤务人员也加入编制，这使得战斗人员可以专务作战，同时不法分子会依军法被判劳役，因而最大程度上减少了与地方百姓的摩擦冲突。①

在其他很多方面，湘军的组织形式都和一般清军贯彻的传统模式大不相同。首先就是饷银更多。湘军官勇的收入，除日常开支外所剩余额足以支持家中生活，这种状况帮助湘军募集了大量专业而负责的士兵。什长之上的指挥官在一般的收入之外，还有不少额外按月支付的奖励性津贴，这使他们在从军几年退伍返乡之后，可以富足惬意地生活。

湘军的第二条显著特征是由第一条而来，即有一套选择性的募兵体系。

---

① 湘军的详细编制表，请参见《全史》第二卷第1067页。

军官选拔的初试注重四个主要指标：（一）有能力管理百姓和兵勇；（二）不怕死；（三）不计较个人名利；（四）吃苦耐劳。经初选后，善于发现人才的曾国藩再根据候选军官性格诚恳朴实与否，做出最终的决定，剔除那些官僚作风或者爱讲空话的人。一位理想的军官除了具有诚恳朴实的作风，还必须是一名儒家士人，因为曾国藩对和他一样共同尊崇儒家伦理观念的人最为信赖。因此，湘军的大部分军官在理念上都与曾国藩非常接近。为了更好地建立一支能够镇压起义的军队，曾国藩还努力在副将之间以及副将与他自己之间建立一种以忠诚为核心的家庭式的团结关系。这种兄弟情谊在战场上尤其重要，一营部队要随时准备去援救受难的他营官兵。在此后长达十年的对抗革命运动的战争中，湘军没有任何一名军官背叛曾国藩或者向太平军投降，这也许是湘军军官都具有极高作战品德的最好证明。

曾国藩也不断努力地培养低阶军官（由其长官选用）和普通士兵对湘军高阶精英团队的个人认同与信赖。而高额的薪饷可以吸引更多的应募者，这样就可以用较高的标准进行选拔，湘勇因此必须体格健壮有力，人品单纯善良（多为农家男子，少有城市居民），并且要签立契约。这份契约就像那种乡勇也须签订的不会逃亡或投降的承诺，契约上有签约人全家的姓名，而这些人也就成了确保士兵忠勇尽职的人质保障。实际的招募工作由长官直接通过个人招募，这样可以使官兵通过恩义与忠诚联系起来。而最终官兵之间的关系，在很多方面都类似同时期理想的主仆关系。

通过把全军的组织结构以紧密的个人忠诚为纽带联系起来，曾国藩成功地建立了一支模范战斗部队，但是这种组织结构也会带来一些新的问题。这种组织结构内在的缺点在于，当指挥官阵亡或被解职，其所领部队也必然相应解体，这样接任的指挥官才能够重新根据个人的要求直接招募新员，而新的军官通常会保留原来部队的老兵，但是老兵与新将之间的个人联系还需要通过招募这一行为来重新确立。另一个他们起初并未意识到的更大的问题是，这种非常规的战斗部队不断发展，成为晚清军阀私人部队的原型，正是后者扫清藩篱，为民国的建立奠定了基础。但是，前述的任何缺点都并不影响湘军以快速有效的方式镇压了太平天国运动。

曾国藩在湘军的训练中所强调的道德伦理，与太平军的宗教倾向也颇有几分相似。湘军军规规定，禁止官兵吸食鸦片、赌博、通奸强奸、喧哗吵闹、加入秘密组织、散播谣言或者穿着奇装异服等。另外，就像儒家家庭中父亲教训孩子一样，一些"家规"也被扩展到湘军对新兵的道德宣教中，强调不断地培养每个人对儒家道德观念的认同。遵从命令、尊敬长官与军事技巧一起成为新兵的训练内容，而且训练还主张关爱和尊重百姓，尽管湘军后来的行径与这些培训所主张的内容大相径庭。

此外还有三点值得注意。首先，一般的湘军士兵仅仅装备最基本的剑和长矛，而另一半人也仅配备老式小型火器，射速极慢。第二，湘军医疗仅为最低配置，这最终导致伤员无人护理，流行疾病肆虐行伍，严重地削弱了他们的战斗力。第三，因为紧守官兵之间紧密联系的组织结构，曾国藩并未有规制地把太平军的降兵吸纳到湘军的队伍中来，而这些投降而来的太平军不是就地被解散，就是被全体屠杀。就算破例收纳，那些原来的太平军也或多或少地独立成队。从韦俊和童容海所部投降而来的太平军，或被整个改编成水师，或被分配加入与湘军组织特性不同的鲍超的部队。当然，这一政策也随着时间有所改变，几年之后，即便是湘军之中，也出现了原太平军士兵战斗的身影。[1]

水师的组织结构

考虑到农民对战船毫不熟悉，水师官兵的招募工作就必须在河流和湖泊水域周边的民众中展开。当1853年年底衡州和湘潭的船厂完成计划任务一半的时候，从广西来的水勇正在训练大量新招收的水兵，教他们如何操作战船以及如何开炮。在和褚汝航和夏銮商议之后，曾国藩为水师制定了一套不同的军法，尽管这套军法在诸如募兵制度、饷银、军风建设和以营为基础的建制等主要方面与陆军大致相同。水军的营与陆军的营有所不同。水军营官在一种名为"快蟹"的较大船只上，指挥他的小舰队作战。水师一营有十哨，每哨有长龙一艘、舢板一条，由一哨长指挥。因此，一

---

[1] 关于湘军的组织和军纪的讨论，可参见王定安《求阙斋弟子记》第二十三、二十四卷，罗尔纲《湘军史志》各处，王闿运书第十五卷。如曾国藩在《湘乡昭忠祠记》中所说，湘军的组织在一定程度上借鉴了明朝名将戚继光的《纪效新书》。

营总共有大小舰船二十一艘,官兵四百四十七人。湘军水师的总指挥为总统,而首任总统为诸如航。这支水军从无到有的创制是曾国藩的一大功绩,他现在可以以湘军大帅的身份坐在特别装备的拖罟(旗舰)上,满怀骄傲地出航了。①

曾国藩从来没有想过要做大帅,但受时机所迫不得不出任。直到1854年春,曾国藩屡次拒绝清廷要他去皖北及湖北各地增援清军的要求,理由是他的水师尚未成形。就连总督吴文镕求他去前线救援也没有成功,事后,在知道自己的恩师1854年在黄州遭遇惨败而殉国时,曾国藩异常后悔未能出兵相救。他本希望江忠源出任湘军大帅,但是吴文镕败亡后不久,江忠源在庐州战死,让曾国藩终于下定了决心。由于找不到其他合适的人选,曾国藩迟疑再三,终于不情愿地出任了湘军的大帅。②

十年战争的序幕

太平军于1854年2月16日从被其占领的汉阳蜂拥渡过长江,并于次日包围武昌之后,长沙的官员风声鹤唳。太平军很快就要侵扰湖南,因此绝对有必要动员包括湘军在内的一切力量。幸好,曾国藩的最后一艘战船在2月23日安装上了大炮并配齐了水手,当时步兵诸营也已准备就绪。2月25日,曾国藩率领着风貌整齐的湘军从衡州出发,开始执行它的第一个任务——保卫长沙。

这时,包括塔齐布的先锋营和留守衡州镇压土匪的罗泽南和李续宾的两个营在内,湘军共有十五个营,共五千余名步兵。水师方面,则由曾国藩的旗舰、四十艘快蟹、五十艘长龙、一百五十条舢板、许多其他各式征用改造的战船,以及一百二十艘雇来运送重型器械和行李的船组成。每艘船都配有火器或者大炮,并装饰有各色旗帜。水师总计有大小船只四百七十艘(其中战船二百四十艘),水勇五千名。此时编排的十个营中,有一营由褚汝航直接指挥,而褚汝航此时也兼任水师总统。③

---

① 湘军水师的详细组织结构图,可参见《全史》第二卷第1074页。
② 《曾文正公书札》第五卷中曾国藩给骆秉章的信。
③ 王闿运书第二卷。

湘军的大本营主要由营务处和粮台两个部门分别执掌其职能。粮台下又分八个小部门：（一）文案所，撰写通信与文案；（二）内银钱所；（三）外银钱所；（四）军械所；（五）火器所；（六）侦探所；（七）发审所；（八）采编所（主要负责对情报信息分类编译）。在这两个大部门之外，湘军还专门设立捐局，主要负责贩卖官级，以充军饷，状如前述。

从长沙出发后，湘军就正式加入清朝的武装力量，参与抵抗太平军。虽然在名义上，湘军只是清军的一支部队，但是曾国藩的这支新军从组织、装备到军纪等很多方面都与清军其他部队大不相同，更不用说其半独立性质及其拥有的大量水师，湘军在整个清帝国可谓独树一帜。当时，湘军上下总共有一万七千人之多。当曾国藩的奏折送抵京师，清政府对湘军强大的战斗力顿感震怖，马上就派了两位高阶满族官员到曾国藩军中，名为襄助，实为监视。但是，面对湖南和湖北不断加剧的危急局势，清政府毫无选择的余地，只能放任曾国藩自行其是。

《讨粤匪檄》

作为出征太平军的正式开端，曾国藩发表了一篇名为《讨粤匪檄》的檄文，谴责太平军的罪恶行径，昭示自己镇压革命起义的正当性，并号召全国百姓支持自己的战斗。[①] 如果仔细分析这篇重要文献的四个部分，我们就可以发现曾国藩在檄文中混淆视听、造谣污蔑并且夸大其词蛊惑民众，使他们（尤其是士绅阶层）对革命运动充满愤恨。

例如，檄文第一部分强调太平军穷凶极恶，控诉他们在湖南、湖北、江西、安徽和江苏都犯下言辞难以形容的暴行。檄文接着说，太平军这帮土匪对待俘获的民众不如猪狗，而自己贪图富贵享乐。

第二部分批评太平军败坏古代圣贤所传名教，使自古传续下来的社会秩序动荡混乱。尤其对士绅阶层而言，这是对太平军最为重要和有效的控诉，我们有必要来阅读以下这部分原文：

[①] 王定安《求阙斋弟子记》第二十三卷第41—43页。全文也引述于《全史》第二卷第1083—1085页。

自唐虞三代以来，历世圣人，扶持名教，敦叙人伦；君臣父子、上下尊卑，秩然如冠履之不可倒置。粤匪窃外夷之绪，崇天主之教，自其伪君伪相，下逮兵卒贱役，皆以兄弟称之，谓惟天可称父。此外，凡民之父皆兄弟也，凡民之母皆姊妹也。农不能自耕以纳赋，而谓田皆天王之田。商不能自贾以取息，而谓货皆天王之货。士不能诵孔子之经，而别有所谓耶稣之说、新约之书。举中国数千年礼义、人伦、诗书、典则，一旦扫地荡尽，此岂独我大清之变？乃开辟以来名教之奇变。我孔子孟子之所痛哭于九泉，凡读书识字者，又乌可袖手安坐不思一为之所也？

檄文的第三部分从宗教方面指责太平天国捣毁神像，包括孔子和其他先贤的寺庙和牌位在内，"无庙不焚，无像不灭"。这些行径使鬼神共愤，曾国藩将亲自报复这些不可饶恕的捣毁神像的渎神者。

檄文的第四部分（也是最后一部分）郑重地宣布，曾国藩受皇帝钦命，驭水陆两万兵勇，要铲除邪恶的叛乱者。檄文还有力地号召各界民众，尽其所能支援作战，并许诺太平军士只要投降，则或做高官，或自由归乡。檄文的最后还赞美了皇帝的优秀人格和有道明德，曾国藩还宣誓，他的所有军事行动都以对皇帝的忠诚和信仰为出发点。

这篇檄文最明显的目的就是使百姓相信，镇压革命就意味着镇压暴虐和蛮夷，消除对传统伦理和文化的致命威胁，打击异教徒破坏偶像的恶行。曾国藩试图煽动百姓，尤其是士绅阶层的愤怒情绪，为此不惜违背良心地搬弄是非，造谣中伤。[①] 如果对檄文第一部分的指控细加审查，我们就会发现，除两点外全都是在不断重复毫无证据的谣言。当然，那些指责中也有少量的事实，太平军确实有将私人船只征作军用的情况，妇女也确实被征集去做建造和制造军备等重体力劳动（如前文所说的天京女馆）。但是，檄文中说"农不能自耕以纳赋"，"商不能自贾以取息"，因为所有的东西都归天王所有，曾国藩通过这些暗示太平军没收私人的土地。这些内容曾国藩

[①] 萧一山《清代通史》第三卷第133页中，对檄文中的各种指责做了激烈的批评，说曾国藩对太平军的控诉毫无合理依据。

可能是从太平天国的《天朝田亩制度》中节录的，但是如果曾国藩能有机会更多地进行了解的话，便会知道这些论述是配合太平天国治下土地的重新平均分配而实行的（见第八章）。

此外，曾国藩指责太平军是破坏儒家传统、搅乱社会秩序的罪魁祸首，这项控诉也掺杂着煽动和误解。所有熟悉太平天国的社会政治目标的人都会意识到，他们非常依赖儒家的伦理系统，他们的整体改革也严重依赖周代的古制。洪秀全在砸毁了孔子的灵位，表达自己对科举制度的愤怒之后，最终又回归了孔孟之道，他与传统唯一的显著不同，便是他接受了基督教的单一神论。讽刺的是，太平天国将外国宗教元素引入这一点，恰恰给了曾国藩煽动作为既得利益者的乡绅和害怕众神报复的迷信群众最为有力的口实。

除了搬弄是非和饱含偏见，曾国藩还狡猾地规避了太平天国革命运动的一个重要方面。曾国藩在檄文中从未提过太平天国推翻清朝统治的主要目标。他对皇帝的溢美敬称，彻底忽视了其血统，片面地强调治世明君应该得到所有子民的效忠这一点，以符合古代圣贤的伦理教诲。通过将檄文受众的注意力从异教的理念转向对儒家秩序的威胁，曾国藩非常成功地将立志推翻清朝统治的太平天国革命运动刻画成一场儒家与基督教异端的战争。他取得了巨大成功，以至于百余年之后的今天，许多儒家学者仍然以曾国藩的视角看待这场战争。①

在评价曾国藩在中国历史上的影响时，我们须知他是宋代理学的代表人物，而宋代理学则强调权威。卫德明（Hellmut Wilhelm）这样评价《讨粤匪檄》的第二部分：

> 首先，檄文显示了他（曾国藩）的认识囿于宋代理学的极端集权主义教条，认为君臣上下的关系是文明的主要内容。他热忱奋发却一叶障目，他甚至不断一字一字地重复《论语》中最著名的一段"四海

---

① 日本史学家稻叶岩吉把太平天国革命运动看作一场文化战争，曾国藩的湘军本质上不是为清帝国，而是为了保卫传统文化而战。笔者认为，这种看法并不完全正确。

之内，皆兄弟也"，来指责太平天国理想的卑劣。①

曾国藩是一个极端的集权主义者，他认为礼治是规范人类行为的最高准则。②他的最高目标就是保守传统的文化和社会组织，消灭威胁文化永续传承的太平天国，即便这意味着要残忍无情地杀害无数自己的同胞。为了贯彻这个最主要原则，对儒家经典中所教诲的爱国与仁义，都必须视而不见。就这样，曾国藩的思想从空洞的形式主义，一步步地转化成变味的伪善与残暴，从此对人间的疾苦和生命的价值变得麻木不仁。③这与满人宣称的"民为贵，社稷次之，君为轻"的格言相去甚远。

曾国藩与很多伟大的人物一样，也都为"好名"所驱使。在他从1842年三十二岁开始与太平军战斗的约十年，再到1872年六十二岁他去世的前一年为止所记录的日记中，"好名"一词出现了十次。④这很可能可以体现他在不断地对自己做道德上的反省，以宋代理学的传统为最高要求，试图从其事业中根除自私的动机。但是，清廷屡次降旨训诫他要约束"好名"之心，无疑最好地证明了他在这场斗争中的失败。⑤

烽火湖南

1854年3月初，当湘军到达长沙时，林绍章和石贞祥所率的太平军已

---

① 卫德明在瑞士亚洲协会《亚洲研究杂志》上发表的《曾国藩思想的背景》。
② 何贻焜，《曾国藩评传》，第320—323页。
③ 对曾国藩的伪善与残忍的评价，因不同的记录文献而异。曾的"益友"邵懿辰和他的得意幕僚像左宗棠，都曾因为曾国藩的虚伪而公开地批评过他，这显然可以算作两处实例。第一处实例记录在曾国藩自己的日记中，主要关于他于1861年11月26日攻克安庆后纳妾一事。纳妾固然是传统习俗，但是曾国藩却不可饶恕地在当年8月22日去世的咸丰帝的国丧期间纳妾。曾国藩于9月24日开始治丧，而他纳妾的行为，无论是按照大清律例还是名教或礼教的要求，都无法为他这种最为严重的背德行径开脱。第二处实例是从太平军手中收复南京，娼妓制度随之恢复之后，曾国藩曾经在妓船上过夜。这些虚伪放纵的行为，都为他所承认的道德准则以及现代史家谢濂在《劳谦斋公余随笔》中所记录的他自己的军规所禁止。博览清代轶事文献的作家王此山也说，很多其他的文献也记录了这一实例，参见1957年11月7—10日香港《华侨日报》第14页上刊登的私人信件。笔者关于曾国藩人格的讨论，参见《通考》第三卷第1545—1554页。至于残忍，曾国藩决心"一意残忍"（摘自其自撰奏折），此外还体现在他给自己的弟弟以及彭玉麟的信件中，信中他训诫他们，要无情地杀死太平军，而且越多越好。参见《家书》咸丰十一年六月十二，以及《曾国藩未刊信稿》（江世荣编）第163页。
④ 这十次出现记录的具体内容，可参见《通考》第三卷第1549—1451页。
⑤《东华续录》第三十二卷，咸丰四年二月；第四十卷，咸丰四年九月。《通考》第三卷第1552页均有引用。

经占领湘府长沙北面的岳州、湘阴和靖港,正要攻取西面的宁乡。面对可能被包围的威胁,曾国藩和骆秉章立刻兵分三路,进行反击。首先,在湖北本要援助武昌,却因总督吴文镕的求救而失期的胡林翼及其所率六百黔勇受命向南移动,在从长沙而来的塔齐布部队的协助下进攻岳州。第二,王鑫率领一部三千人在北线攻略(此部出发时尚为湘军的一部分,但1853年冬,该部独立出来,被称为"老湘营",由省府直接指挥)。第三,储玫躬为一路,率兵从长沙出发,受命夺取靖港。在前往靖港的路上,储玫躬听说宁乡已于3月11日陷落,他经验不足却大胆冲动,决定改道救援宁乡,最终孤军深入城中,结果身死军没。

但是,太平军并没有久驻宁乡,他们在靖港和其他地方和新湘军交手屡次落败,这迫使林绍章和石贞祥决定暂时撤出湖南。湘军陆勇和水师分两路追击往湖北撤退的太平军,于3月23日收复岳州。一周之后,曾国藩亲自来到岳州视察,评估形势,命令全军追入湖北。

正当曾国藩的部队各路出击的时候,林绍章和石贞祥带着增援的部队卷土重来,于4月7日从王鑫和湘军守军的手中夺回了岳州。于是,长沙再一次暴露在敌人面前,曾国藩不得不召回除东路军外所有出击的部队。太平军无情地发起新的攻势,夺回了靖港,由石贞祥驻守,而林绍章则率一路部队向南,绕过长沙直取湘潭。这个计策获得了成功。4月24日,林绍章击溃了沿途遇到的三支小规模的湘军队伍,并控制了湘潭,掌握了长沙南线。

长沙城内,曾国藩和他的副将们紧急召开了作战会议,一致同意彭玉麟提出的首先全力夺回湘潭的作战策略。湘潭陷落次日,塔齐布就指挥部队进行反攻,王鑫部和其他的步兵部队也随即加入。为了增强兵力,褚汝航还从长沙率半部水师(五个营兵力)先期抵达,曾国藩也预备率另外一半随后赶来。但出发当日夜晚,靖港乡勇遣使前来求援,他们得到错误的情报,说靖港只有数百太平军,毫无战备,而且地方乡勇已经搭建了一座浮桥,可供军队渡河。使节向曾国藩保证,夺回靖港易如反掌,只要派遣援军鼓舞士气,就可马到成功。

这看起来确实是不容错过的最佳时机,曾国藩手下的将军们也无一人反对，既然湘潭很快就可以收复，那么同时对靖港发起攻击，便可以一举扫清北线敌军。就这样，曾国藩犯下了他军事生涯中的第一个重大失误。他亲自率领四十艘战船和八百多水勇来到靖港，于4月28日发起攻击，然而他遭遇了两百余艘太平军小船的压倒性打击。湘军和地方乡勇死伤无数，战船也损失惨重，如此惨败让曾国藩羞愧万分，后悔莫及，这位悲愤异常的大帅三次跳入水中试图轻生，三次都被他的幕僚救起。①

回到长沙，曾国藩成了各种讥讽、鄙视和嘲笑的众矢之的。甚至有些官员敦促巡抚骆秉章解散那些无用的湘军。曾国藩再一次想要结束自己羞耻的一生，他起草了一份长长的遗嘱，还叫弟弟去为自己置办棺材。②就在那日夜幕降临之前，湘潭方面传来捷报，4月26日和30日一系列的陆路和水陆行动都大获全胜。来使接着说，林绍章的残部已经向两个方向逃窜，一部向北直接逃往靖港，另一部经江西向西逃窜，其余死伤万余人，另有万余人逃散，整个千余艘船只的舰队也都已溃败。③曾国藩闻讯当然喜出望外。好事成双，几日之后，又有信使来报说，石贞祥已于5月4日率全部部队从靖港撤回岳州。这意味着不仅湖南安全无虞，广西、广东也都已平安无事。

当详细的战报到达北京，清廷大喜过望，将所有相关的官员都晋升官级，湘潭战斗的首功塔齐布被越级择拔为湖南提督，接替鲍起豹的职务。曾国藩虽然因为在靖港的失败，象征性地丢了礼部侍郎的官，但是他受朝廷喜爱信赖的地位，却因为湘潭的胜利而更加巩固。④朝廷的反应令巡抚骆秉章和其他的湖南官吏都大为振奋，他们立刻变成了重建湘军的积极合作者。数月之内，他们就招募了数千新勇，湘军陆军战力得到恢复，他们还建造了比被毁船只更好、更强的战船，并建立了第三座船厂，专门用于维修战舰。湘军同时还得到了更多的支持。太平起义时期的桂平县令李孟群从广西带来一千水勇。高阶水师军官陈辉龙也从广东转调到曾国藩帐下，

---

① 这位幕僚此后描述了这一事件。见章寿麟《铜官感旧图》。
② 此事有多种记载，如李元度《天岳山馆文钞》第十六卷。
③ 林绍章被太平天国降职严办。李秀成在供状中指出，太平军把如此重要的军事行动交给一名资质如此平庸的将军指挥，是一个重大的失误。
④ 本节对湘军首次战斗以及朝廷反应的记述，主要基于王闿运书第一、二卷，《年谱》和《东华续录》。

并且带来四百名水兵和一百门大炮。曾国藩还令罗泽南和李续宾率部从衡州来长沙，编入战斗序列，筹备未来的行动。

第二次占领武昌

在进攻湖南失败之后，太平军的指挥官们担心强大的湘军进而会进入湖北，于是决心采取一切手段重新占领武昌，作为太平天国在湖北控制区域的大本营。为了把湘军拒于武昌之外，他们从岳州派出了两股部队：一股经桐城向东，另一股由刚吃了败仗的林绍章率领，向西移动。作为对太平军新举动的回应，湖南方面的清军向北派出了三支部队，他们与太平军之间均有零星摩擦。6月11日，林绍章和半路加入的名将曾天养占领了澧州以及常德府，随即率军前往龙阳，并在那里击败了胡林翼率领的三股湘军部队。（太平军受到了当地群众的热烈欢迎，因为胡林翼是个腐败堕落的官员。[1]）石贞祥在东线也成功地牵制了湘军部队，在这种情况下，太平军命令在鄂北的诸路部队开始集结，准备对武昌发动总攻。

韦俊仍然包围着武昌城，虽然并不严密，但是足以满足战术需求。新获任命的湖北巡抚满人青麐仅有千余清军可供调遣防御，这些人甚至站不满城墙的雉堞，而附近几乎所有的清军部队都在与太平军的缠斗之中无法抽身。太平军加强了对武昌的包围，切断了城市的食物供给，并于1854年6月26日（咸丰四年六月初二）第二次占领武昌。许多城内官员被杀，但是青麐和他的幕僚与前任巡抚崇纶一起突围而出，经湖南逃往荆州。（青麐随后因私弃守城，越境他省逃亡，罪无可赦，被清廷斩首。[2]）武昌胜利的首功当属少年将军陈玉成。他从鄂北受命来援，担任了武昌作战的急先锋，率先登上城墙。作为奖励，他被择拔为检点，他当时年仅十八，仍然富于春秋。[3]

---

[1] 李汝昭，《镜山野史》。
[2] 武昌城内的事件基于王定安、杜文澜和郭廷以等人的诸多史料细节总结还原。
[3] 《贼情汇纂》第七卷，呈递天王的奏折。

第十二章

西征军战史（下）
（1854—1856年）

湖北和江西战场

为了防止太平军对湖南新一轮的攻势，骆秉章和曾国藩制定了由全部新编湘军部队参与的反攻计划。① 经过重新组织的湘军增添了新的战船和火炮，还增编了三千人，总兵力达到了接近两万人，再加上宝贵的实战经验，曾国藩的这股军事力量变得空前强盛。左宗棠此时也被巡抚骆秉章任命全权负责全省军务，他的意外回归也给曾国藩不少助力。② 从此之后，曾国藩便得到了湖南省府坚定全面的合作和支持。

曾国藩决定于1854年7月7日正式出击，水师先遣部队经水路直奔岳州，而陆军则向北分三路开拔，林源恩为东路，胡林翼为西路，塔齐布为中路，直赴岳州。东路军受到阻击，行军困难，被迫撤退。但是，塔齐布的部队成功赶上水师，两股部队会同向岳州城发起了正面进攻。而岳州城此时由刚从湘北常德返回的曾天养率领水陆两部紧密防守。曾天养两度败

---

① 本章为《全史》第二卷第1106—1178页，及《通考》第三卷1318—1380页之概述。
② 王定安在《湘军史》第二卷第9页写道："骆秉章委军事于左宗棠。宗棠刚明有智略，幼读书，究心舆地，凤以诸葛亮自负。秉章资其赞画，内绥土寇，外协邻军。"

绩，被迫于 7 月 25 日弃城撤退，但两日后便率领更多的陆军和水师发起反击。反攻未见成效，曾天养的部队被击败，而此后两日赶来增援的韦俊和林绍章的大股援军也被击退。与此同时，胡林翼趁曾天养不在时，收复了常德附近的桃源和澧州，然后向东增援岳州的塔齐布。

但是，太平军并不打算放弃在这一地区的其他据点。8 月 9 日，曾国藩率领第二股先遣水师到达战区的第二天，陈辉龙和曾天养的水师在洞庭湖中相遇，全军覆没。前往救援的水师总统褚汝航、夏銮以及数百水勇也都战殁，舰船也损失颇多。只有杨载福和彭玉麟两个营的水师安全逃离。

洞庭遭遇战大败之后，曾国藩任命李孟群接任褚汝航为水师总统，而巡抚骆秉章则送来了更多的战舰，迅速地补充了战斗损失。而刚获胜的太平军接下来却厄运连连。两日后，在三千行军的太平军与塔齐布的游击部队的遭遇战中，一位太平军长髯老将突然从乱军中杀出，纵马奔杀，长矛直刺塔齐布，刺伤了他的坐骑。这名老将随即被塔齐布的亲兵击落马下，被周围的湘军斩杀。直到收复武昌后，一些太平军遗留下来的文件证实了这位老将的身份，这时塔齐布才意识到这个袭击他的人究竟是谁。而太平军此时便已知道，在这次绝死冲锋中阵亡的是他们的传奇勇将曾天养。在此后的许多天内，整个太平军都为这样一名猛将的阵亡而悲痛不已；数年后，天王洪秀全追封曾天养为烈王。[①]

太平军部队因曾天养阵亡而群龙无首，震怖错愕，塔齐布轻而易举地就把他们击败了，但是数日之后，韦俊又迫使塔齐布撤退。在那之后的几天之内，韦俊接收了上万人的太平军援军，但是他的对手也得到了增援，罗泽南和李续宾也率精锐部队抵达战场，他们在决定性的战斗中击败了韦俊，迅速扭转了战场的局势。实际上，这场胜利奠定了罗泽南勇猛无畏的声望，使他与塔齐布齐名。[②] 湘军现在获取了战场的主动权，并靠着胡林翼的桂勇，在年轻有为的将领朱洪章的率领下，逐渐地将太平军驱逐到了湖

[①] 杜文澜《平定粤匪纪略》第三卷；沈懋良《江南春梦庵笔记》。彭玉麟在收复岳州后写的一首诗中赞赏了曾天养的勇猛，他的部队被称作"虎头军"。
[②] 王闿运，《湘军史》第二卷，第 10 页。

北。到 8 月 25 日，可以说整个湖南境内已经没有太平军了。①

武昌之战

将近 8 月底的时候，韦俊、石贞祥和石镇仑被召回天京，经过历次战斗已经损耗削弱的武昌防御，交由缺乏经验的石凤魁、黄再兴和陈玉成负责。这等于公开请曾国藩收复武昌，当时曾国藩已经率领全体湘军从水陆两路直奔武昌，而官文率领的荆州军也向西挺进，协同配合，与曾国藩的水师在途中会合。到 9 月初，他们的联合行动使清军占领了武昌以西以及长江上游区域，为后方的行动部署提供了一个牢固的基地。下一步便是全面推进，为从各个方向发动进攻占据有利地形。战斗进展非常顺利，曾国藩甚至在 10 月初把大本营移至武昌上游不远处的金口；而当罗泽南和塔齐布的部队推进到武昌城西六十里处的时候，他们在曾国藩的大本营召开了一次作战会议。与会的湘军、水师援军和荆州军的将领们一致同意罗泽南提出的三点战略方针：（一）水师全力肃清江面上的太平军船只，以切断汉阳和武昌之间的联系；（二）塔齐布和罗泽南分两路直扑武昌；（三）荆州军沿长江北岸向东移动，占领汉阳。

10 月 12 日，最终的战斗打响了。太平军无法阻止陆路三路攻势中的任何一路，水师也陷入重围。次日，虽然在北岸的战斗中获得小胜，但是太平军全局溃败。他们在江面上的舰船被彻底消灭，在两座城外布设的壕沟和营寨也全被攻破。10 月 14 日清晨，太平军弃守武昌和汉阳，清军随即占领了这两座城市。② 在追击太平军的作战中，塔齐布营击杀了千余太平军，更多的人则逃往江中自溺。但是，当数百太平童子军一起大义凛然地投江时，塔齐布见状实在心有不忍，下令救援，他的部队将两百多名童子军拖出急流。③ 虽然从整体而言，太平军此役伤亡相对不大，但其水师全军覆没，损失两千余员，受到了严重的挫败。从此，湘军夺得了长江上游的控制权，

---

① 须在此处一提的是，收复岳州的英雄是一位英勇无畏的年轻军官，来自贵州的朱洪章。此后不久，朱就和另一位胡林翼手下的将军起了争执，并被开除。于是他加入了湘军，配属塔齐布营，成为剿平太平天国战争中曾国藩麾下最为勇猛杰出的将军之一。参见朱洪章的自传《从戎纪略》。
② 根据朱洪章的自传，朱和塔齐布的部队首先进入了这两座城市。
③ 郭廷以书第一卷第 346 页。

为曾国藩的湘军向东进军提供了巨大的便利。

这场胜利是自太平天国运动爆发以来,清军获得的最为重大的胜利,具有标志性的意义。清廷得到捷报后,朝廷上下欢呼雀跃,咸丰帝激动地对群臣说:"不想曾国藩一书生,竟能建此奇功!"皇帝正要破格提拔曾国藩负责战区的军政事务,军机大臣祁隽藻却中伤说:"曾国藩以侍郎在籍,犹匹夫耳。匹夫居闾里,一呼,蹶起从之者万余人,恐非国家福也。"① 对曾国藩不断增长的势力的这种冷酷解读,让咸丰帝沉默良久,最终撤销了对曾国藩的晋升嘉奖。

显然,曾国藩的"政治好运"不复存在。塔齐布被赐黄马褂,赏骑都尉世职,并受命东进收复南京。当初武昌陷落,台涌被褫夺官职时暂代湖广总督的杨霈被赏实授总督之职。而曾国藩却只是恢复了侍郎旧职,并被任命为湖北巡抚,曾国藩以为母丁忧未满三年为由,坚决不受封赏。清廷意识到曾国藩即将挥师东下,无法留任巡抚一类的职务,也就依从其意,改授兵部侍郎,此官有名无实,甚至连官印都没有。此后的六年之中,曾国藩仅仅以"客将"的身份,独自肩负与太平军作战之使命,他的身份、官级不足以调度行动中所需的外援,而他也只能仰仗地方官员的个人态度来获得支持。

其他掌权的汉人官员也不断地提醒满族统治者,应保持对曾国藩的警惕,其中就包括军机大臣翁心存。有史料记载,他对皇帝说,给曾国藩过大的权力就会"尾大不掉"。② 然而,清朝政权受到起义军的威胁,不得不冒风险,允许这个愿意去镇压起义、绞杀汉人以维护清王朝的汉人自由行动。而讽刺的是,这种放任的结果便是,曾国藩在未来的几年中得到了许多满族和蒙古族军机大臣的鼎力支持。

根据曾国藩的建议,清廷任命胡林翼为湖北按察使。与此同时,胡林翼仍领一军受曾国藩指挥,这表明曾把胡看作值得信赖的下属和湘军副总指挥的最佳人选。作为收复武昌之后紧接着的下一步行动,曾国藩向皇帝上奏了一道措辞沉重的奏折,为他的恩师吴文镕正名。吴文镕于前一年受崇伦欺诈唆使,过早卷入战斗,在黄州败亡。曾国藩用他从未使用过的

---

① 薛福成,《庸庵笔记》。
② 同前注。

严厉措辞，批评了前任巡抚崇伦，清廷降旨，以弃守武昌之罪逮捕惩戒崇伦。①但是，清廷随即接到他在西安病亡的消息，此案也就不了了之了。

攻防计划

现在，武昌和长江上游地区均已安然无虞，可作为后方的基地。曾国藩和胡林翼为剿平太平天国运动所规划的大战略中的下一步骤便是向东进军，逐渐收复城池，最终目标便是收复南京——用成语来说就是"高屋建瓴"。依照这一战略，九江便是下一个进攻的目标，他们决定分三路进军九江：总督杨霈率领湖北军沿长江北岸行进，塔齐布和罗泽南各带一路湘军步兵及一些湖北的部队，沿长江南岸行进，而水师则分前后两批顺流而下，前队由杨载福和彭玉麟指挥，后队由曾国藩亲自坐镇，李孟群为副将。三股军力计划在田家镇会师。水师于10月28日出发，而陆军在数日之后开拔。②

在安庆的石达开，也怀着悲痛的心情制定了防卫计划。由于北线的庐州仍然处在包围之中，安庆方面能够做到的，也就只有命令胡以晄和罗大纲从皖南及江西向湖北前线供给粮草和军械弹药。前线则由秦日纲指挥，他率领大量步兵和战船，从天京往援武昌，在抵达九江时就得到了湖北前线意外失利的战报。东王杨秀清随即命令秦日纲驻防田家镇，并节制所有从湖北撤回的将领。为了显示不惜一切代价守住防线的决心，杨秀清还召回了武昌陷落时指挥战斗的石凤魁（石达开族兄）和黄再兴，并将他们枭首问斩。城陷之前被召回天京的韦俊和石镇仑，此时被派往田家镇协防。前线官兵则严肃军纪，重新焕发了誓死一战、不怕牺牲的作战意愿。这一点最好地说明了他们在和清军的下一场交锋中表现出来的勇猛无畏的状态。

半壁山之战

曾国藩和他的湖北盟军在向田家镇的三路出击中，收复了沿途所有的湖北市镇。太平军小将陈玉成的水师受挫，不得不向东撤退以修补战舰，而他仍然坚守上游不远处的蕲州城。此时，占领半壁山这座在田家镇江畔

---

① 奏折全文见《全史》第二卷第1030—1032页。
② 曾国藩的奏折（咸丰四年九月初七）以及王闿运书第二卷。

南岸群山中的最高峰，便意味着控制了长江上游河道的战略要冲，长江在此处变窄，急流汹涌，转而向南。太平军以半壁山为据点，用六条铁链和七条竹缆连接两岸，紧密地封锁了河道，还用水簰水城进一步阻绝江面。这些水城由竹筏支撑，竹筏上建木城高塔，由士兵持火器防守。[①]

残酷的半壁山之战于11月20日打响。罗泽南和李续宾的部队首先击溃了太平军林绍章部，三日后，他们又大败了秦日纲亲率来战的两万太平军。秦日纲部在损失数千人后，军心混乱，撤退到了田家镇，而罗泽南则抓住机会，切断了长江水道中的铁链和竹缆。与此同时，在半壁山脚下的行动中，塔齐布也战胜了一小队太平军。然而，同一天，韦俊和石镇仑率大量援军抵达战场。次日，即11月24日晨，田家镇方面的太平军发动了新的进攻，韦、石二将率部由上路山间出击，而秦日纲则率部由下路山脚进攻。残酷的战斗持续了整整一天，石镇仑和其他很多将领阵亡，两千多名士兵或溺死或被杀，多达八九成士兵负伤，秦日纲和韦俊不得不承认失败，带着余部撤回田家镇。但是太平军并没有放弃战斗，第二天清军就发现，长江水道再次被铁链和竹缆封锁起来。

战场暂归平静，直到12月2日，杨载福和彭玉麟率领的湘军水师前队在赶走蕲州的陈玉成之后赶到前线，并开始清理水道中的铁链、竹缆。完成之后，湘军水师便顺流追击太平军舰队直至武穴，并在那里烧毁了四千余艘太平军的船只。同一天，陈玉成又返回蕲州，并在那里击败了一营湘军，但是这样的小胜不足以挽回整个局面。12月3日清晨，秦日纲和韦俊烧毁了田家镇的营盘，向皖北地区的西南部撤退。[②]陈玉成在最后战胜一股荆州军之后也从蕲州撤退，转向广济。

九江之战

半壁山一战结束之后，再也没有什么能够阻挡湘军水陆两路前进的步

[①] 水簰水城是根据杨秀清送往前线的模型建造的。他的相关命令可参见《贼情汇纂》第七卷。具体的建造方法见同书第四卷及周长森《六合纪事》，《全史》第二卷第1117—1118页引述了后者。

[②] 韦俊给东王杨秀清的报告，被收录在《贼情汇纂》第七卷。朱洪章在他的自传中也详细地记载了战斗的经过，彭玉麟也赋诗记述了他的部队冲破七道铁链，并捣毁八座水城的情况。

伐，彭玉麟的水师（杨载福抱病休养）于12月8日驶入九江地区，紧随其后的是经田家镇沿长江北岸而来的塔齐布营。太平军方面，距离九江最近的部队是正在江西饶州收集粮草补给的罗大纲部。听闻九江就要遭到清军的进攻，罗大纲立刻率领万余人赶来，并且渡过长江，在小池口设立了前哨营地。数日之后，在安庆援军的及时援助下，对刚到达战区的清军李孟群部取得了几场小胜。在此后很短的时间内，湖北的陈玉成、韦俊的部队以及皖北秦日纲的部队等各路太平军，均到小池口与罗大纲会合。在整体的战略部署上，罗、秦、韦三将分别防御九江城北和城西地区，陈玉成则作为机动储备力量。城防则仍由忠贞侯林启荣的驻防部队负责。

自12月20日起，太平军在北岸的防御作战中屡屡受挫。最终，秦日纲、韦俊和陈玉成不得不撤出九江，退守位置在湘军背后的皖北的西南区域，而罗大纲则渡河向东退至湖口。紧接着，1855年1月2日，双方的总指挥非常巧合地同时抵达战场。曾国藩乘着他的旗舰到达九江，而石达开在胡以晄的陪同下也到达湖口。此后的一周，曾国藩的舰队成功地控制了长江至湖口段，即鄱阳湖入口水域。而清军陆路方面，则随着塔齐布、胡林翼、罗泽南、李续宾和云南出身的将军王国才等部队的抵达而势力增强，一场惨烈的大战即将爆发。但是，林启荣和他的驻防部队一次又一次地击退了湘军对九江发起的进攻，湘军开始意识到，占领九江实非易事。曾国藩开始紧张且失去耐心，期待战局有所突破，便开始采取"舍坚攻瑕"的战略。根据这一战略，塔齐布部奉命继续围攻九江，与此同时，曾国藩亲自率军会同胡林翼、罗泽南和其他诸营，在李孟群水师的配合之下进攻湖口。

但是诸事进展得均不顺利。在湖口，湘军水师遇到了石达开和罗大纲在鄱阳湖入口另一侧布设的封锁。从1月15日至17日，水陆两路上大大小小的战事接连不断，而太平军逐渐占据上风。到1月29日，情势又有足以影响此后两年战况的重大发展。当胡林翼和罗泽南的步兵会同李孟群和彭玉麟的水师共同向湖口西侧发起攻势的时候，曾国藩麾下的水师指挥官萧捷三以一百二十艇轻舟及两千精锐水勇突破了湖口的封锁，穿插深入到了鄱阳湖内。石达开和罗大纲瞅准机会，随机应变，迅速恢复封锁，将敌军船只包围在湖内。① 石、罗已经将曾国藩强大的水师切分为两股，当天夜里，他们便派出一众小船驶入江中，偷袭李孟群和彭玉麟的水师，是役共焚毁李、彭部大船九艘，小船三十有余。短短一天之内，曾国藩自满不已的舰队就锐减至李、彭部从九江挽救回上游的少数几艘战船而已，已经无法发挥任何实战作用。

没有了水师的支援，九江方面的湘军步兵也与敌人陷入了胶着，而杨载福（病愈回归）的部队抵达战场，对局势也影响甚微。塔齐布方面遇到的困境，使得曾国藩于2月11日由湖口返回，而这一决定给湘军水师带来了更大的灾难。当夜，罗大纲率百余艘轻舟从小池口渡江，第二次突袭了曾国藩的舰队，这一次他摧毁了一百余艘战舰，还俘获了曾国藩的旗舰。曾国藩侥幸逃脱，被人用小船护送到罗泽南的营地，但是其他几乎所有军官都战殁于是役。有几艘未沉的小船被迅速地转移至上游，许多水勇逃亡，还有人抢劫了营地的钱财。②

这是由曾国藩的愚勇无谋造成的湘军第二场大败。和在湘潭之战中任性地攻击靖港一样，在占领九江之前分兵湖口，使得前后两线的行动都缺乏足够的后备兵力，使防御方的太平军在战术上有机可乘。曾国藩为他拙劣的指挥，以及湘军水师的分割覆灭感到羞愤。曾国藩准备冲入太平军的前线甘为玉碎，罗泽南和帐下的士兵及时阻止了他。

重夺汉阳、武昌

为了抓紧取得大胜的时机，尽快展开新的进攻，罗大纲在战斗的次日分出一部分部队向西，协助秦日纲对武昌和汉阳发动反击，同时自己留守九江，防止曾国藩向后方派出任何湘军部队。事实上，曾国藩确实试图派李续宾、塔齐布和罗泽南往援，但是三路人马均受罗大纲的截击而被迫返回，其中塔齐布还险些被罗大纲生擒。

曾国藩的部队被有效地围困在九江城外，湖北的防务遂全部落在总督杨霈的身上，而不谙军务的杨霈此时手上只有约一万人的兵力。这股兵力

---

① 彭玉麟《日记》第二卷、王闿运书第六卷及其他史料。
② 王闿运书第六卷及其他史料。

与罗大纲、韦俊和陈玉成率领的太平军无法相提并论，他们在皖北的西南部重新集结，准备对湖北发动新的攻势，并于1855年1月付诸行动。1855年2月16日，杨霈全军在广济战败撤退，杨霈本人侥幸逃往鄂北。此后太平军向西进军再无险阻，接连攻克城市。石达开和罗大纲从九江派来的援军与前线部队会合之后，全军又分为两股，秦日纲和陈玉成指挥下的北路军于2月23日第四次占领了汉阳，韦俊率领的南路军也连克小城，并接近武昌，这样便完成了南北两路对武昌的合围。

曾国藩对武昌的命运感到焦急而无助，他能做的也就只是令胡林翼率三千陆军以及李孟群率三营水师往援。但他们再逢厄运，一场大风使水师损失了二十二艘战船，并使余下船只中的二十一艘严重受损。为了防止太平军全歼九江战区剩余的七十余艘战船，彭玉麟受命率这些战舰回湖北修整。当时，曾国藩仍然竭尽全力地挽救武昌，此后不久，他便令王国才率三千士兵回援，这使得曾国藩自己及一小股部队孤困在九江，与后方隔绝，无法沟通消息和进行补给。林启荣和罗大纲得到石达开的命令，不惜一切代价坚守九江，并保证曾国藩无法行动。这段时期对这位湘军大帅而言，是他人生中最闷闷不乐的岁月。他沿鄱阳湖西岸南下视察被困的水师舰船，此行之中在九江等地备受江西官员的奚落与嘲笑。他能从这段黑暗困苦、为人诟病的岁月中复起，也显示了其坚定不移的意志和强烈的求胜欲望。

在武昌的对岸，秦日纲派遣一股部队向西截击一股靠近战区的清军，此后又派陈玉成向北阻截杨霈的部队。与此同时，汉阳的驻军击退了从九江来援的胡林翼和李孟群的部队。此时，又一阵大风摧毁了八十余艘李孟群的水师舰船，使他们被迫撤回上游的金口，李孟群和刚被提升为湖北布政使的胡林翼便在金口等待增援。杨霈因在广济的惨败被褫夺了官职，但仍留任总督，此时他率在东线战败，借道鄂北返乡的荆州军重返战区。这支武昌援军中的最后一股被陈玉成成功阻击。此时鄂府已陷入孤立绝望的境地，在秦日纲和韦俊的猛攻之下，于4月3日落入太平军手中。这是太平军第三次，也是最后一次占领武昌。至此，太平军西征的最终目标得以实现。[①]

---

① 诸多史料记载了太平军重新占领武昌的事件。亦可参见《全史》第二卷第1136—1139页关于此事件的几封信件。

图 4 西征示意图

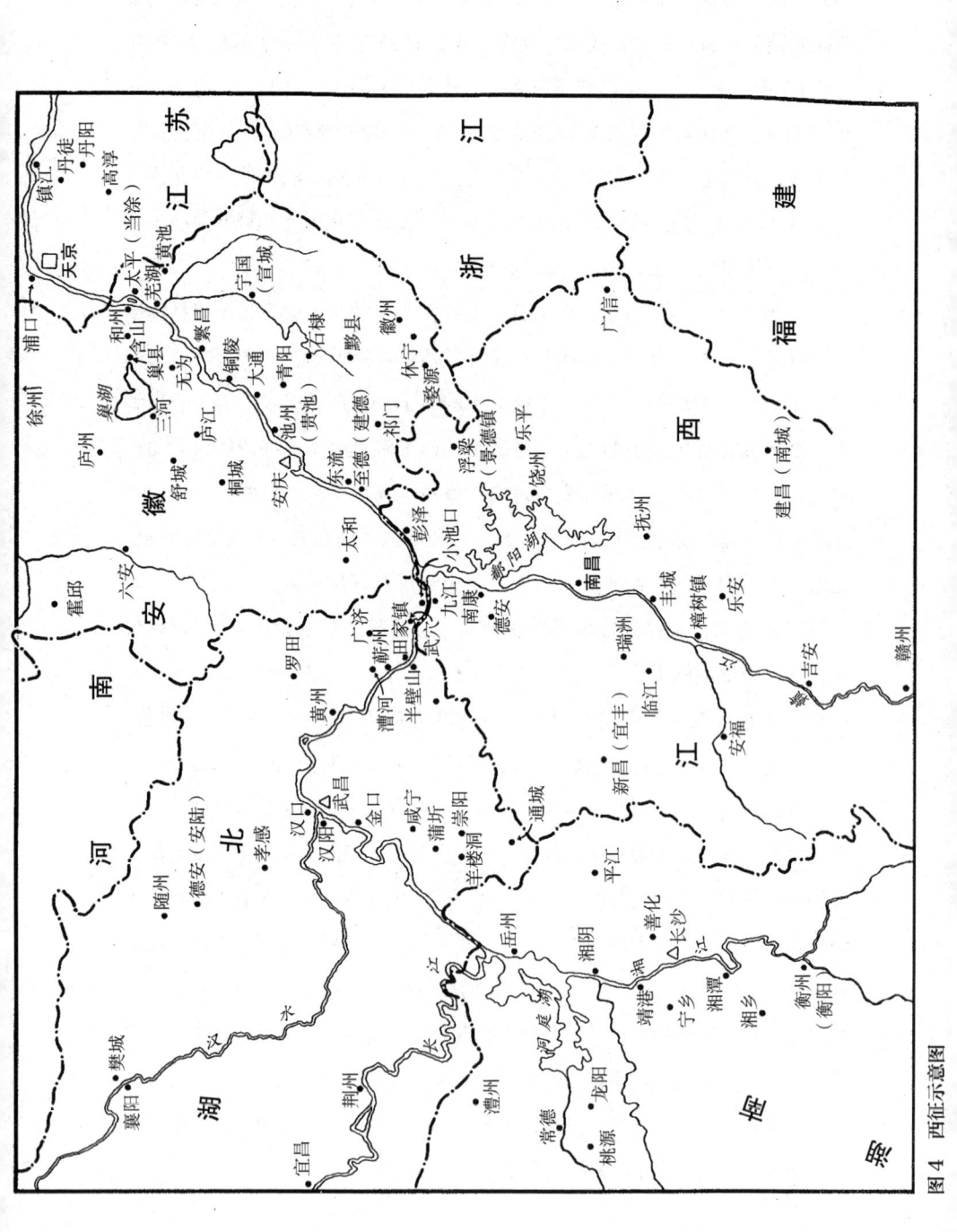

武昌战事

包括湖北巡抚以及代理按察使在内的湖北官员，都在武昌一战中身殁殉国，胡林翼此时受命暂代巡抚，李孟群则为湖北按察使。他们重新审视了麾下的部队，彭玉麟手下的水营已经重整，再加上一些步兵，他们认为展开反击已经准备就绪。李孟群也在此时被调离水师，亲自率领一股大约三千人的步兵部队。王国才率领的滇军也从九江而来，成为胡林翼麾下最为强大的部队。杨载福也带领着一队修复完毕的水师舰船，前来协助这次行动。①

从5月1日到9月14日的四个多月的时间内，清军一直试图重新夺回武昌城未果，后来李孟群的部队又遭遇惨败，胡林翼不得不向西撤退。②四天之后，太平军兵分八路，从汉阳对胡林翼和王国才部展开进攻，而此时胡林翼部的士兵忽然要求偿还欠饷，拒绝战斗。但是，他们在自己的要求得到满足之前便被命令进入战场，于是便自行逃散。胡林翼愤懑难当，策马冲向敌阵，欲求一死，被其亲兵阻截，将奔马引向河边。此时鲍超的战船正驻锚岸边，是他拦截了惊马，救下了这位代理巡抚。此时胡林翼更加愤懑，他的官印在狂奔中遗失（意味着他无法再行使自己的职权）。

胡林翼对这位好心的鲍超的沉着镇定印象深刻，认为他是一位有潜力的将才，随即把鲍超调离水师，叫他去湖南招募三千新勇，另立一新军（这标志着鲍超新的军事生涯的开始，他的部队此后在曾国藩的指挥下不断成长，功勋卓著）。③武昌方面，胡林翼率领王国才和李孟群的残部撤离至一偏险所在，并在那里重新整备部队，因此战事稍歇。太平军没有抓住这一机会彻底消灭胡林翼部，使之迅速变得更加强大，这可以说是他们的另一个战略失误。

---

① 在此期间，杨载福和彭玉麟之间的紧张关系变得越来越公开化，但是在胡林翼的调停之下，两人最终又恢复了友谊。见王闿运书第六卷（转录于《全史》第二卷第1142—1143页）。
② 据《钦定剿平粤匪方略》第一百三十三卷，李孟群的部队曾经断粮八十至九十日。
③ 见王闿运书第三卷、陈昌《霆军纪略》第一卷第13丁左及第19—20丁。

曾国藩的失意岁月

太平军占据武昌，意味着曾国藩驻扎在江西的小股部队与湖北、湖南二省间的联系被彻底切断，这股部队仅有塔齐布和罗泽南的一些步兵，以及萧捷三率领的驻在鄱阳湖中的一股士气低落的小型舰队。幸运的是，在4月中旬，有数千人的新募兵勇从湖南来援，这些人名义上由曾国藩的副官李元度指挥，除了已溃败而毫无斗志的水师，这是曾国藩唯一可以亲自控制的部队。曾国藩的军事实力跌入低谷，在省级官员中的威望也破碎不堪（江西巡抚陈之迈拒绝通过任何方式与曾合作）。曾国藩在这段日子里闲散无事，备受挫折，偶尔去南昌视察他受困的舰队，鼓励水师的军官水勇尽全力修整舰船。

虽然在1855年2月的两场遭遇战之后，九江地区四个月内再无战事，但江西境内的其他地方仍然兵火不断。4月上旬，罗泽南受命向东至饶州，将一支由范汝杰指挥的太平军从南昌驱赶至浙江境内。范汝杰的部队此时刚刚进入皖南，接收了罗大纲前往安庆时留下来的部队（见第十章）。从6月开始的一个月内，鄱阳湖也发生了一系列战斗，结果清军成功地抵御了太平军驻湖口的将军黄文金（外号"黄老虎"，因作战勇猛而闻名）的进攻。与此同时，丞相钟廷生率领的太平军由湖北来犯，给南昌带来了新的威胁，清军不得不召回罗泽南，而罗在此前的8月20日，正在和西线的来犯之敌作战，并成功地将其驱离。

仲夏时节，一场对九江的作战正式展开。此时，九江的太平军守将林启荣一直占据优势。8月中旬，满人文俊受命接替陈之迈，担任江西巡抚。这对于曾国藩而言是一场政治上的胜利，因为他此前不断上奏清帝，强烈地谴责这位采取不合作态度的前任巡抚。但是，曾国藩在政治上的得意却无法补偿随之而来的损失，他失去了自己信赖有加的两名得力干将。第一个是湖南提督、九江攻略战总指挥塔齐布。8月30日清晨，就在对九江新一轮的进攻就要开始时，他忽然于营中去世，年仅三十九岁。[①] 作为清军最为勇猛的战将，塔齐布深受士兵的爱戴，从湘军成立伊始便深得曾国藩的

---

① 见朱洪章《从戎纪略》。

信赖。他的满族出身,帮助曾国藩削弱了清廷对他不断扩大的力量和影响的戒备和疑虑。曾国藩闻讯感到悲痛不已,从南昌亲赴九江,为全军重新任命总指挥。在需要一位更加有能力的官员之时,曾国藩任命周凤山为总指挥,而周缺乏能力,在不久的将来就把全军带向了覆亡的边缘。① 周凤山接过指挥权时,湘军全军共有他亲自率领的五千兵勇及罗泽南部约三千人。另有李元度部三千人以及两营水师部队,包括杨载福部十营中的一营,以及彭玉麟部八营中的一营,而杨、彭二人仍在湖北。其中并不包括被困在鄱阳湖内的舰队。

曾国藩亲眼目睹了周凤山在第一次战斗中就败给了林启荣在九江的守军,此时又传来噩耗,他在鄱阳湖内的舰队指挥官萧捷三被杀。曾国藩立即赶往南昌料理舰队事务,也得知了这次行动的细节。9月4日,萧捷三和李元度巧妙配合,对太平军在湖口的黄文金部发动进攻并取得成功,随即开始直接夺取湖口的作战。李元度部突破城防,并放火烧毁了军械库、火器营(负责制造火炮的场所)以及粮仓,水师同时待命支援,并摧毁了二十五艘太平军战船。就在战斗正激烈的时刻,萧捷三被炮弹击中,当场毙命。水师瞬间陷入混乱,而由于缺乏水师的支援,李元度也不得不撤退。

曾国藩派人急调彭玉麟归来,彭返回之前,水师指挥由副将刘于浔暂为代理。曾国藩还将罗泽南从西线调回南昌,共同谋划下一步的战略。曾国藩预备派罗泽南去帮助胡林翼收复武昌,但是罗成功地说服了他,建议他首先收复湖口,以切断天京和上游诸城间的联系。于是9月18日,在李元度的步兵和鄱阳湖内水军的协助下,罗泽南对湖口的进攻依计展开。此时已经返回安庆,试图包围庐州的石达开,为黄文金的守军调配了一千人的援军,太平军因此击退了清军连续三天的攻势。罗泽南意识到,占领湖口绝非易事,便撤回南昌再做谋划。随后他带着五千人进入鄂南,准备依照曾国藩原本的计划,在保持对九江的包围的同时收复武昌。曾国藩则留守在江西,比之前更为孤单脆弱。②

---

① 王闿运书第四卷。
② 笔者衷心敬佩曾国藩的坚韧勇敢,可参见《全史》第二卷第1151—1152页。

鄂南战事

1855年10月，双方都在集结人马，为鄂南即将重燃的战火做着准备。太平军的总指挥石达开与胡以晄一起带领两万人马以及大规模的水师舰队入鄂督战，至于庐州则任由其自生自灭。这一战略改变的部分原因可以归结为秦日纲被召回天京主持挽救浙江的军事行动（他同时带走了年轻的英雄人物陈玉成，详见第十三章）。清军方面，罗泽南的到来，使得从9月自武昌惨败撤军后都没有采取任何军事行动的胡林翼倍感振奋。胡林翼派了三千人的部队以及数艘炮舰，试图与罗泽南会合，准备从两面对太平军发动攻势。

到10月底，罗泽南成功地推进并且收复了崇阳，但是李续宾部在羊楼峒战败，而胡林翼部被武昌来的韦俊部击败，使得两路部队始终无法会合。石达开试图收复崇阳，便派遣部队随即对该城展开反击，罗泽南损失了数位帐下将军，被迫撤退至羊楼峒。在重新整编了剩余的兵勇之后，罗泽南开始在蒲圻附近寻找并联络胡林翼和他的部队，却遭遇并且战胜了韦俊全军超过一万人的部队。石达开镇定自若，再派两股数千人的援军增援，继续执行既定的计划，令韦俊向西南的岳州进发，而自己则向东南经通城和平江，准备延长攻势，夺取湖南。如果成功的话，这对太平军而言将是一个完美的战略，太平军将占领湘军的老巢，武昌的安全也随之确保无虞。但是，就在捷报不断传来，占领湖南看起来越来越有希望的时候，石达开却感到不得不放弃这次攻势，转而进军江西（详见后文），这使得韦俊不得不单独面对罗泽南和胡林翼的联合进攻（石达开和韦俊从此再未见面）。这一行动是太平军犯下的另一个战略失误，他们错失了占领湖南并彻底消灭胡林翼与罗泽南部的绝佳时机。韦俊的部队战斗经验严重不足，无法独立抓住这一机遇。

石达开离开后不久，胡林翼和罗泽南会合，并对太平军展开了联合行动。首先，他们从韦俊手上夺回了蒲圻，韦俊则撤回武昌，留天王堂兄洪仁政守咸宁。而罗泽南在李续宾的帮助下，很快又收复了该城。到1855年年底，太平军被迫撤回武昌城内，而武昌城也陷入了罗泽南和胡林翼联军的包围之中。

石达开与广东天地会

石达开之所以突然转向江西，是因他认为有希望在那里吸纳数以万计的广东天地会众加入其部队。前一年夏天，广东全面爆发了天地会的起义。为了响应天京太平天国运动的号召，名伶李文茂领导十万余天地会众包围广州，陈开率领另外十万余会众占领了邻近的富庶重镇佛山，其他地方的天地会伙众也控制了许多乡县。经过五个月的漫长包围，广州终于在总督叶名琛（在高州战胜拜上帝会后由巡抚晋升为总督）及英国人的协助下解了围。英国人为了保护自己的商业利益，为清军提供军火、粮草以及运输支援，并且派炮舰驻扎干预，防止天地会经珠江靠近广州城。[①] 天地会最终在广东清军的压力下被迫向西撤退。占领佛山的天地会众也是如此，而此时，李文茂和陈开及他们领导的会众合成一股，继续前往广西各地进行活动。随着清军官军和乡勇在广东不断收复失地，分散四处的天地会伙众开始向广东北部的韶州府（今韶关）附近集结。在三次试图攻占韶州未果之后，这股天地会众也分散离开了广东。其中一股由何禄率领进入湘南，后被击败溃散。另一股由陈金刚率领，先入湖南，后又经广西艰苦地撤回韶州，他们也遭遇了同样的命运。剩下的几股在葛耀明、周春等人的领导下，向北进入广西，并占领了一些城市。但是，他们真正的生存希望在于加入石达开的部队，得到大量军队的保护，而石达开同样迫切地需要将他们众多的兵众吸纳于麾下，以增强太平军的实力。[②]

石达开由通城率大军入赣（虽然实际人数比清廷官报中说的三万人要

[①] 许多史料记载了英国人对清政府的诸多协助措施，包括丁韪良给顾盛的几封信件，刊于《北华捷报》1856年5月3日第301期及1857年6月13日第359期、施嘉士《旅华十二年》第278页、密迪乐《中国人及其叛乱》第453页；另见天地会长老陈显良向外国使节发出的照会（转录于《太平天国革命文物图录》第46—47页）、徐珂《清稗类钞》第三十三卷及第六十六卷、吟唎书第一卷第174页及高龙鞶（Augustin Colombel）《江南传教史》第三卷第三章（收录于《上海小刀会起义史料汇编》第701页）。朱士孚《摩盾余谈》中记述了他受清朝官员之命前往香港购买军火防御广州之事（罗尔纲在《太平天国史料考释集》第143页中亦加引用）。又见《全史》第二卷第十一章附录之图七。

[②] 本节为《全史》第二卷第806—962页之概述，《全史》该节的内容描述了广东和广西天地会的活动。

少），在于1855年12月9日占领新昌（今宜丰）后，接纳了几股正在当地活动的天地会众，此时太平军总人数达到了将近七万人。虽然名义上和招募其他士兵相同，但实际上天地会众是成组加入，保持着半独立的状态，并且保持着他们自己的组织系统以及各色旗帜——这便是他们被称作"花旗"的原因。此外，新加入的天地会众受普通太平军士兵的宗教洗染不深，军纪涣散，战力不佳。

有了数量庞大的部队，石达开展开了在江西境内的作战，新的作战目标是包围南昌并消灭曾国藩余部。太平军连克城池，迅速地攻占临江，并从那里出发，进攻紧邻南昌城南的樟树镇，这彻底引起了曾国藩的警觉。他的第一个应对措施是调周凤山结束对九江的包围，迅速率部赶往南线，支援与太平军前锋周旋的刘于浔及其鄱阳湖内的部分水师。在这个关键的时刻，经验丰富的水师指挥官彭玉麟乔装成乞食士子，行经数百里，成功穿过太平军哨岗而未被认出，最终到达南昌。① 曾国藩见到彭玉麟大喜过望，立刻将鄱阳湖内水师的指挥权交给了他，彭则率领余下的水师舰船向南，前往遭受围攻的樟树镇。太平军占领了南昌东、西、南面的城市，并扼守南昌北面的长江河口，彻底包围了南昌城，而此时城内却一艘曾国藩水师的舰船都没有。

1856年3月中旬，石达开从新近占领的江西南部的吉安府抵达临江，亲自指挥对樟树镇的总攻。曾国藩深知樟树镇一旦失陷对南昌安危的影响之大，遂以全部兵力应战。3月20日，太平军蜂拥渡过赣江，战斗打响。大战持续了五天，周凤山的溃败在所难免，他的部队失去指挥，崩溃瓦解，死伤千余人。周凤山本人得到一位年轻勇猛的滇将毕金科的帮助，侥幸得以逃脱，毕金科部（包括贵州小将朱洪章）是唯一生还的部队。水师也不得不撤回鄱阳湖内。②

前线的溃败使南昌城陷入恐慌，而零零散散地逃亡回来的幸存者更加剧了这种局势。为了巩固城防，曾国藩迅速整编溃散的湘军，由他临时指

---

① 王闿运书第六卷。
② 见郭廷以《日志》第一卷第446页、王定安《求阙斋弟子记》第三卷第21丁左、亲历战争的朱洪章的自传。

挥。这一举动虽然与他之前所坚持不渝的战斗逃兵永不再行收编的原则相违背，而在此时却是绝对必要的。但这是曾国藩仅有的兵力，而且又有消息说，江西东部的城市乐安和抚州（今临川）也已落入太平军之手。曾国藩现在身陷危难，四面被围，有城无防，孤立无援。如果石达开乘胜追击，继续向北，拿下南昌可谓易如反掌，生擒曾国藩也如瓮中捉鳖。但是就在最后的关头，石达开得到天京来的命令，命他向东进军，配合全军对向荣的江南大营发动总攻。曾国藩又一次侥幸得以化险为夷。虽然消灭向荣的部队对于太平天国而言也攸关存亡，但无论天京的安全如何重要，天京的总指挥部再一次犯下了致命的战略失误，严令石达开即刻返回天京。如果命令稍有容让，石达开便有可能占领南昌，消灭曾国藩，然后再转道向东。若果真如此，整个太平天国革命的形势也将为之一变。

石达开离开后，江西的军政事务交由他的岳父卫天侯黄玉昆负责。接下来的作战中，太平军将八座府城及五十余座县城纳入治下，仅剩省府南昌和四座府城（东边的广信和饶州，以及南面的赣州和南安）尚在清军手中。在此后的几个月中，太平军与清军的战斗仅限于与彭玉麟的水师和曾国藩的步兵在鄱阳湖畔的小规模战斗，击退曾国藩的一次反攻以及对抚州和建昌（今南城）的一次袭击而已。对这两座位于南昌南部的府城的进攻由李元度领导，他集结的部队与太平守军展开了拉锯战，直到黄玉昆率援军抵达，才被迫撤退。此后直至7月初，北王韦昌辉在对向荣的江南大营的军事行动中取得胜利后，受命负责江西军政事务。截至此时，江西的局势一直十分稳定，没有发生任何变化。

石达开在皖赣的执政

同一时期中国士人、外国居民甚至是太平军的敌人留下的诸多资料都毫无例外地表明，石达开在安徽和江西的执政是值得肯定的。前面已经指出，石达开具有杰出的军事指挥才能，他与生俱来的对治下民众的仁慈与宽厚也同样突出，在各个地方，石达开都赢得了民众的支持和爱戴。占领府县之后的第一步，便是建立地方政府，其下设有乡县政府，官员由当地民众根据《天朝田亩制度》自行推选。此后，地方事务均由政府解决，而不再是军务。地方民众对石达开的爱戴与支持，通常体现为热情地支援他的部队。在瑞州，民众自发自愿地为驻军贡献粮草食物，使驻军得以在相当长的时间内抵御各种进攻，守卫该城。①

石达开麾下的将军们也效仿他的做法，在江西留下了良好的口碑。美国传教士丁韪良（William A. P. Martin）根据一位书商对其家乡抚州情况的描述所写成的报告便是一个例证，值得我们引述于此：

> （抚州）府城原有三千官兵驻守，一遇险象发生，即弃城而遁，留下大炮，甚至其他军械，尽资敌人。太平军到，屯东城下，居民开城迎之。乃遣八人骑马先入，巡行各街道，安抚百姓。大队乃继之进城。其后派队四出，在各村镇募兵，持有"奉命招兵"大旗，迅即招得志愿兵几至万人，除食物衣装外，每人每日亦得钱一百。各府县均设民政官员。本地绅士被邀合作，有被任重职者，而一般士人则被雇用为书手先生。他还提到，有一少年曾在江西太平军服务多时，得抚州后，欲还原籍省视孀母。太平军长官准其荣归，赠其"老太太"以银两丝绸。此事表现他们敬老崇孝，予人至好印象，使人感服……太平军减税至半额，禁止部下屠宰耕牛。凡有暴行祸民者，严刑惩罚，以故深得民心。而清军则尽反其道，肆行强暴，屠宰农民耕牛，强掳人民妻女，勒索人家财物。太平军政治严明而有力。而其官方宣言，于1853年初起时尚为华饰，而今再看则文体完备，融润心怀，颇有江南学士之风。饮酒限每次一杯，鸦片则绝对禁止，虽然私下吸食实难杜绝。②

另一位史料提供者（化名为T）也写过一份类似的报告，用很长的篇幅记述了一名陶器商人向他介绍那些"'长毛'对他们很好"，又说"（江西的）人们虽然才被纳入叛军治下，却各自安生如常"。这位陶器商人接着说："江西省周边各县的人民也未被滋扰，在新统治者（指太平军）的治下仍然继续

---

① 关于瑞州事，见陈继聪《忠义纪闻录》中所载刘腾鸿的自传。
② 《北华捷报》，1856年11月4日第323期。

劳作。"至于同在石达开管理下的安徽，这位陶器商人与之前提到的那位书商所观察到的如出一辙："安徽的起义军所设之税关，比清朝的普遍课税要低许多。"①

浸信会教士花雅各（J. L. Holmes）在亲自前往天京考察之后，曾经强力地谴责太平天国的基督信仰。但他也对石达开卓越的人格魅力深感叹服，他写道："他被说成一个从不杀人的好人，而且想尽办法怀柔人民，深受士兵和民众的爱戴，人们争相传颂说他是好人，行好事。"②

我们之前也提到过，就连曾国藩也暗自承认，石达开"挟诡诈以驭众，假仁义以要民"。③曾的副将李元度更是公开地从对手的角度赞扬石达开，说他"有可为善之资"，还说他"性慈不好屠戮"。④清朝官方记录剿灭太平天国战事的史家杜文澜，则说石达开"外假宽恕"。⑤

上面引述的这些评价表明，与石达开同时代的人，无论敌友中外，一致对他肯定赞许，从而使得这位太平天国革命运动中的伟大领袖在历史上占有一席之地。

鄂北战事

在攻占武昌前后，陈玉成一直忙于干扰在德安府的湖广总督杨霈向南进军，最终他成功占领了德安，并且把杨霈赶到了随州。1855年5月中旬，杨霈败退随州的数日后，西安将军满将札拉芬率军抵达。札拉芬在此后与陈玉成的战斗中阵亡，陈就势占领了随州。杨霈在战场上弃札拉芬的性命于不顾，自己逃到了襄阳，并因此被褫夺了官职。荆州将军官文被任命为湖广总督，代替杨霈。与此同时，对太平北伐军取得胜利的西凌阿受命为钦差大臣，主理湖北军务。到了7月中旬，鄂北大部分地区仍然控制在陈玉成的手中，而他已经返回德安。襄阳方面的清军计划对德安发动总攻，但是官文带领荆州军和一些湖北的部队却按兵不动，等待西凌阿的到来。南

---

① 《北华捷报》，1856年8月16日第319期。
② 《北华捷报》，1860年9月1日第527期。
③ 王定安，《求阙斋弟子记》第三卷，第31丁右。
④ 李圭《金陵兵事汇略》第二卷载李元度给石达开的劝降信（《招石逆降书四千言》）。
⑤ 杜文澜，《平定粤匪纪略》，第二卷。

线在这两个月间也表面上风平浪静，太平军与围攻他们所占领的武昌和汉阳的胡林翼部僵持不下。

1855年8月初，西凌阿终于抵达随州，还带来了五千北方步兵及三千太平军北伐后期的降兵。再加上受他指挥的超过万人的地方乡勇，西凌阿便率领着这支数量庞大的军队开赴德安。但是，1855年8月13日，他的北线部队被陈玉成大败，这一败绩还使两千多太平降兵在之后的几天内又转投了太平军一方。陈玉成于8月17日展开全面反击，清军遭受重创，即便是撤回随州后，仍然遭遇了三场败绩。因这次惨败，清廷裁撤了西凌阿的官职，并任命总督官文兼任钦差大臣。

陈玉成乘胜带领大部队前往武昌，增强那里的防卫力量，随后与秦日纲一起返回天京，参与发动消除浙江威胁、消灭向荣部队的作战。官文察觉到德安防备空虚，便开始发动进攻，但是由于驻防的太平军已于11月13日弃城而出，转向汉阳，官文不战而胜，收复了这座空城。这位钦差大臣轻松地获得了自己的首场军事胜利。此后，官文率全军南下，与胡林翼和罗泽南联合进攻汉阳，胡、罗二人进而准备包围武昌。

武昌、汉阳之战

从武昌、汉阳二城的战略价值进行衡量，即将爆发的战斗在太平天国军事斗争史上可说是至关重要的事件。以1856年1月3日胡林翼、罗泽南联军重新包围武昌为开端，双方使尽浑身解数，抢夺河流交汇口的控制权。紧接着抵达战场的，是杨载福率领的经过整编、士气一新的湘军水师。此前，他们还在长江上取得了一些胜利。（杨载福新近被任命为湖北提督，两年内晋升高位，实为破纪录的升迁。）官文也率北线的军队从德安赶来，与李孟群部合力包围汉阳。

从1月13日至27日，武昌城外不断发生战斗，清军的进攻一次次地被韦俊和陈玉成击退。清军仅在水战方面能有一些战果，杨载福的水师不断地摧毁太平军更多的船只。此后又过了二十天，清军再次发动了一系列进攻，武昌城外的战斗进行了两周有余，与此同时，北线的清军也对汉阳发动了几次袭扰。在战场重归平静的时候，罗泽南收到了曾国藩在樟树镇战败后从南昌发来的求救信。但是，胡林翼和罗泽南认定不久即可攻破武昌，于是他们决定罗泽南部暂缓前往南昌救援，全力以赴在十天之内迅速占领武昌城。

为了应对清军新一轮的攻势，韦俊于 1856 年 4 月 6 日展开了一场全线反击作战，以武昌守军和新近从九江及其他地区赶来增援的太平军兵分两路，冲击清军阵线。罗泽南亲率部队对阵守军，三次被击退，又三次杀回城墙之下，勇敢无畏，甘冒风险地试图冲破城门。最后，就在城门之下，罗泽南左额中弹，他的部队陷入混乱，随即败退。五日之后，罗泽南在其营中去世，享年五十七岁。这是湘军阵亡的第三位大将，是对湘军的重大打击。罗泽南的部队只剩下千余人，由他的学生和副官李续宾接管，清廷此后追赠罗泽南总督衔。

胡林翼此后率所部继续包围武昌，但是在再一次败绩之后，他不得不承认收复武昌非一日之功，而且直接进攻武昌已经浪费了大量的人力资源。他的新策略便是徐而图之，耐心等待更为有利的条件和机会，同时想尽一切办法救援南昌的曾国藩。

就在此时，曾国藩的弟弟曾国华受老父之命，从湖南来为其兄长乞援。胡林翼和李续宾即刻为曾国华组织了一支四千一百人的独立部队，并从湖南征兵中为他预留两千人。曾国华不得不一边与一股江西来的太平军战斗，一边向东挺进，最终他成功地将这股太平军赶向南方，自己则进入了江西境内。

武昌城外，锲而不舍的胡林翼再次改变策略，他现在决定要一个个地占领周围的县城，孤立武昌，切断武昌下游的补给线。除了胡林翼手下不断收编新兵、号称有五千人的部队，还有李续宾部一千人、李孟群部六千人以及杨载福十个新编营的水师部队。杨载福的水师横扫长江江面，消灭了从武昌到九江河道内的所有太平军船只，因此有效地阻止了太平军向武昌和汉阳的增援与补给。1856 年夏天，一支由古隆贤率领的万余人的太平军救援部队勇敢地试图从九江沿陆路进入湖北。他们被杨载福的部队阻截，而韦俊从守城部队中抽调出来的接应部队也被截击。尽管如此，韦俊仍然固守武昌，直到 1856 年 8 月，石达开在天京击破向荣的江南大营之后亲率三万大军赶来救援。

太平军治下的湖北

不幸的是，记录有太平天国在湖北境内活动的相关史料，除了战事记录，总共就只有一些零碎的布告和一卷史料，关于太平天国在这一广大区域的执政举措，我们只能了解大略。

首先，史料证明，太平军治下的湖北各县均成立了地方政府，如黄冈、蕲州、兴国、黄州、罗田和广济。但是，由于许多府县太平军仅为短暂占领，或双方交替占领，太平天国施政的细节大部分并无记录。[1]

其次，有零散的证据表明，地方政府由文人施政这一点在太平军治下得到了落实。例如，石达开命令秦日纲保留兴国州的育才官，而蕲州和黄州通过科考的翰林们，可以留在各自的城市负责民政，待东王杨秀清最终裁夺任命。[2]

第三，秦日纲的太平军部队始终保持着严格的军纪。[3]

第四，负责武昌防卫的将军韦俊和石凤魁保持了太平军原有的高尚道德标准，这一点可从他们联名发布的措辞简明的文告中得以印证。他们规定，通奸、卖淫（娼妇及嫖客）、吸烟（烟草和鸦片）等行为均处死刑。这份文告面向湖北所有民众及太平军各级官兵，开篇宣称其目的为"革污俗以归正道"，这与基于基督教教义的太平天国基本理念相符。[4]

---

[1]《贼情汇纂》，第二卷。
[2] 同前注，第三卷及第七卷。
[3] 秦日纲给石达开的报告，同前注第七卷。
[4] 同前注。

第十三章

中央战区
（1853—1856年）

从1853年夏天至1856年夏天，当两支远征军分别在北线和西线作战时，在天京附近的中央区域也发生了许多军事和政治上的变化。如前文（第七章）所述，在南京被太平军攻占三周之内，钦差大臣向荣的部队就对南京形成了一个松散的包围圈，而江南大营虽然驻扎了一万三千余人的清军及后续部队，但在整个1853年，城外却战火零星。这一方面是因为清军军纪涣散，面对太平军屡弱怯战；另一方面也是因为向荣不得不随时向镇江、扬州（追击北伐军）、南昌、皖北、上海、苏南、庐州和徐州等地派出大量援军。江南大营的驻军越少，就意味着收复南京的可能性越发渺茫。尽管如此，如我们之前所说，向荣在南京城下保持存在这一点便具有非常重要的军事价值，它有效地牵制了太平军在今后数年内的行动自由。

包围镇江

向荣军事力量的存在造成的第一个显著影响，便是太平军从镇江将罗大纲和吴如孝的部分部队调回，使得罗、吴二将不得不推迟向东讨伐、占领苏州、最终攻取上海的计划。邓绍良对镇江超长时间的围攻，也造成了东征军准备工作的迟滞，使他们最终错过了和9月按原计划在上海起义的天地会（小刀会）合流的机会。太平军此后再也没有这样好的机会能够夺取上海，这座能为抵抗清军的战争提供无限资源的城市。①

与此同时，在镇江，邓绍良和其他的清军指挥官们不断地尝试攻占这座城池，但即便在上海来的炮舰的帮助下，也未取得任何成果。1853年7月18日，罗大纲和吴如孝从镇江乘船出发，烧毁了邓绍良的几座营寨，打散了他的部队后继续行军。数日之内，太平军就占领了丹徒。向荣对邓绍良的拙劣指挥大怒，又害怕太平军进攻苏州，立即任命和春为江南提督，代替邓绍良（这一临时的军事任命后来得到了清廷的确认），并令和春率领两千人的部队火速赶往镇江，重新实施包围。邓绍良被召回江南大营，直到后来受命往皖南执行任务（前文已述）。巡抚江忠源记录了邓绍良在围攻镇江期间的恶行所引起的反响，他在给曾国藩的信中写道："（勇）归邓绍良管带，驻镇江府城外，淫掠杀戮，至激吾民，控愬于贼，甘心为贼向导。"②

为策应镇江防御，天京方面命令在皖南作战的太平军北上至江苏高淳，但是他们的行动被德安和邓绍良阻截。但是，清军对镇江的包围仍然毫无战果。年末入冬，和春调任驻防苏北之徐州，余万清接替了和春的职务。此后清军又发动过几次进攻，但从整体而言，当罗大纲（胜邓绍良后晋升丞相）出发支援西征军（见第十章）时，镇江战场仍战事平稳。吴如孝（现为检点）成为镇江守军的总指挥，虽然因周期性的食物短缺和不断减少的士兵数量而有所掣肘，但是他在此后的两年内保卫了城池，当然这也部分地归功于清军指挥余万清在军事指挥上的无能。③

收复南京的密谋

从1853年夏天起，两个表面上支持太平天国运动，暗中却计划将天京献给向荣的间谍就在城内活动，试图找出太平军中心怀不满的官兵。其中一人叫张炳垣（张继庚），他秀才出身，受北王韦昌辉聘雇，在北王府中教孩童读书。另一人叫吴复诚，他设计了很多措施，帮助城内百姓免受太平

---

① 关于太平天国错失与上海小刀会的联系一事，可参见《全史》第一卷第690—695页。
② 《全史》第二卷第1266页引《江忠烈公遗集》。
③ 关于从1853年春至1855年春镇江的战事，可参见《全史》第二卷第1263—1271页。

军的苛条（见第七章）。张炳垣化名叶芝发，组织了其他几名秀才，从事向吴复诚和向荣送信等工作。他和吴复诚经过努力，找到了足够的士兵，进而执行他们的下一步计划。张炳垣挑拨东王杨秀清的亲兵与湖南籍士兵间的矛盾，把许多湘兵拉拢过来。同时，很多不同省籍的圣兵也被拉拢，直到最后，有些广东和广西的圣兵也加入了他们。到了1853年晚秋，天京守军三万人中已有超过六千人起誓投诚。

不知出于何种原因，向荣一开始对这个计划满怀疑虑，并拒绝确定具体的进攻时间。得知这一情况后，张炳垣亲自出城，说服向荣相信谋划者的忠心和能力。而1854年年初，他们对天京发动的连续三次攻击全都以失败告终。

3月中旬，太平天国察觉到了张炳垣的身份。在被捕后的审讯中，张炳垣说告密者是个抽大烟的，怕张泄露自己的秘密，就毫无证据地首先发难。那个告密者被立即处斩，但是张炳垣却并未被释放。吴复诚收到了被抓起来的张炳垣给他传来的信息，急切地要求尽快发动进攻，否则整个计划将前功尽弃。向荣也应允在某座城门外设下伏兵，等待城内线人打开城门，施放信号。攻城的日期选在了3月21日。

但是在计划攻城的当日，清军却内讧互斗，只有投诚的降匪张国梁可以执行任务。张国梁的部队按时靠近城墙，但是城门却没有打开，四下诡谲寂静，不见信号。忽然之间，响声雷动，城墙之上，守军怒吼，紧接着炮火纷至，城门外守卫的太平军向他们发起了进攻。张国梁意识到计划再次失败，便率军后撤。事实上，太平军在前一夜已经发觉了他们的计划，并迅速沿城门在城内建了一道平行的高墙，并在两边修建了硬木大门。起事者在最后时刻才发现这道新的障碍，试图凿破木门。城上的士兵听到了响声，大声向城门外的守军示警，后者于是向清军开火。

太平天国政府关押了所有不忠的士兵，并全城搜查其他的参与者。有超过一千人被捕，许多士兵在他们各自长官的干预下免于被处决，而吴复诚凭着之前从石达开处得来的通行证，把其他主谋和从事者千余人及时带到城外。但是，仍然有一百余人被斩首。

真正的主谋张炳垣自然仍然在押，一年前把庐州献给太平军而变节的前知府胡元炜受命负责此案。当被问到其他共谋时，张炳垣冷漠地列出了三十四位将军和官员，他们都是军中最为勇猛的战将和各王府中有能力的官员。直到这三十四人被一起问斩后，东王杨秀清才意识到张炳垣跟他耍了诡计。清廷史官后来都为这个能把收复南京提前十年的计划的最终失败感到懊恼，并一致将其归咎于向荣。[①]

太平天国早期的对外关系

太平天国与外国的外交和商业使团的最早接触是在1853—1855年，当时英、法、美等国的访客相继访问天京，他们都急于为在太平天国一旦推翻清朝政权后能与它建立友善的关系做铺垫。以外部列强为依托，推进革命事业的良好环境几近形成。但是，正如我们之后要提及的关于这些访问的记述所言，太平天国一次又一次地因其不自觉地表现出来的傲慢态度与对异端教派的虔信，而激怒这些外国的访客。外交能力的缺失从始至终都是太平天国的软肋，而不幸的是，其最根本的原因仅仅是对中国以外世界的无知。

这种无知当然是源于领导阶层十分有限的经历。到这一时期为止，只有三位太平天国的领袖见过外国人或者与他们有所交往。当然，其中之一是洪秀全，他深受广州教士传教活动的影响，即便1856年英军侵占广州，都没有让洪秀全改变他对外国人的兄弟之情，他始终认为他们是主下兄弟。[②] 另外两个人是罗大纲和吴如孝，他们在外国使团访问时分别是镇江的驻防指挥将军和副指挥。罗、吴二人都曾在广州与外国人做买卖（吴如孝似乎曾经是个买办），而罗大纲还曾帮助英国官员义律在那里建了一座基督教堂。[③] 二人可能会说些混杂的英语，除此之外，太平天国上下能说外语者别无他人。太平天国的领袖们也没有翻译，因此与外国人无论是口头还是书面交流，都完全依赖外国使团的随行翻译。

---

① 《全史》第二卷第1271—1276页根据各种资料，记述了整个密谋的细节。这些资料包括：胡恩燮《患难一家言》、金和之诗《痛定篇》、《中国近代史资料》第四卷中张炳垣的书信、谢稼鹤《金陵癸甲纪事略》及李圭《金陵兵事汇略》。
② 密迪乐书第87页。
③ 见《贼情汇纂》第四卷罗大纲的传记，以及同书第二卷吴如孝的传记。

对于来访天京的曾与中国有过缔约的国家，太平天国对其地理、历史和文化传统的无知也同样致命。例如，太平天国待所有来访外国人都如兄弟，一同敬拜上帝，这是他们与外国人在文化上最为接近的地方，但他们却无法区分新教徒与天主教徒。此外，太平天国领袖对国际条约并不熟悉，这使得他们在与外国使节的交流中犯下诸多错误，有些被宽容处理，而有些则成为冷漠甚至是敌意的种子。但是，如果仅把他们对外关系上的失败归咎于外交上的失误，便是对历史的一种曲解：太平天国的命运受到这个列强存在的世界的影响，甚至在某种程度上由其决定；而在这个世界中，清廷正在与和它缔约的列强形成一种新的关系。这一点我们将于后文详述。

英国使团

首先访问天京的是1848—1854年间香港总督、英国驻华全权公使文咸（George Bonham）爵士的使团。[1] 1853年早春，正当太平军开始向长江下游进军的时候，文咸收到英国驻上海领事阿礼国（Rutherford Alcock）的两封急件，催他速派一小股海军，以缔约三国的名义占领镇江。阿礼国认为，如果能够在镇江封锁长江水道，不仅上海可以免于战火，缔约诸国还可以在战后以帮助镇压叛乱有功为名，在诸如进入内地活动、与北京建立直接外交联系以及鸦片贸易合法化等诸多问题的谈判上对清廷占据优势。[2]

经验老到且高瞻远瞩的文咸在对政策做出重大调整之前，想要获得更多的信息。但是与阿礼国一样，出于对上海局势的担忧，他仍然依照阿礼国的建议准备舰队。他命令"响尾蛇"号战舰留在上海，"萨拉曼特"号由福建厦门驶往上海，而正驶往新加坡的"赫尔梅斯"号返回，接上文咸后迅速

---

[1] 1860年之前，外国在北京没有常驻使节，英国政府在中国的最高代表是香港总督，同时兼任负责外交和贸易的全权公使。

[2] 阿礼国的两封密函先保存于英国外交事务部，档案编号F.O.228/161，第一封所署日期为1853年2月26日，第二封为1853年3月3日。第二封的部分内容如下："我认为时机已经到来，而且谁也不知道这个机会多快就会逃走。大不列颠独力，或者与在这片海域保持存在的三国共同，为这场纷乱的、消磨所有稳定政府的、摧毁贸易核心基础的战争画上句号，并以这次的介入为筹码与清帝交涉，而他正处于急于签约的境地。可见的有利于贸易和长久友好关系的任何有利条件（都可以讨论）。无限制地进入内陆地区以及所有海岸的港口，与北京建立直接的关系以及鸦片的合法化。我坚信在此刻，这些都是可以达成的，我们有希望在两个月内签订正式的条约。"

前往上海。他于1853年3月21日到达上海港，这是太平军占领南京的第二天，而十天后，镇江也落入太平军之手。战争的传言弥漫在整个上海城，文咸认为，为保护英国的利益，需要保持绝对的中立。他悄悄地派人四处打听太平军的情报，其中就包括他的翻译官密迪乐。① 而当他们意识到在上海能得到的可靠消息很少的时候，文咸决定亲自访问天京。于是4月22日，他命令"赫尔梅斯"号的舰长费熙邦（Edmund G. Fishbourne）拔锚起航，向上游出发。

当"赫尔梅斯"号驶过镇江时，长江岸边的太平守军忽然向其开火。文咸猜测，可能是当下正在流传的外国干预的谣言引起了这次炮击，他明智地下令不要反击，并趁着开火后短暂的平静期派使者登岸，并携带书信，表明"赫尔梅斯"号此行的和平目的。随后事态归于平静。

文咸一行于4月27日抵达天京，他授命密迪乐及另一位随员与太平天国的领袖们进行接洽，为其正式入城访问做好安排。在与北王韦昌辉和翼王石达开的会晤中，两位使节强调他们的国家在这场内战中持绝对中立的态度，没有英国舰船参加从上海发起的对镇江的反攻，并讨论了诸如太平军如何看待外国人，以及他们进攻上海时对在沪的外国人员和财产的政策等问题。韦昌辉和石达开并未正面回答这些问题，只谈他们的宗教信仰。在最终发现英国人与他们崇拜同一个上帝并遵守同样的十诫之后，才软化态度，并主动保证对外国人采取和平友好的政策。但是就文咸与天王的会面问题，双方产生了分歧。二王坚持要求英方接受天王为天下共主，并坚持英国公使只能以高级官员的礼仪拜见天王。密迪乐于是返回了"赫尔梅斯"号，报告说虽然太平天国态度友善，却对与外国的正常关系一无所知。

次日，这一僵局困境再次被强化。两名太平天国的官员给他们带来了东王杨秀清写给"远道的弟兄"的书信，信中坚称天王受上帝之命统御世界，是所有国家的真主，因此所有官员民众若要觐见，均须严格遵守太平天国官方指定的常用礼仪。文咸逐渐失去耐心，将信件返还信使，没有做

---

① 在访问天京之前，英国人曾经广泛地讨论过由其负责保卫上海的可能性。关于这一点，"赫尔梅斯"号的指挥官费熙邦回忆道："文咸爵士认为（英方守卫上海）不符合他制定的一贯政策。"（呤唎书第一卷第139页）

出任何回应。又过了一天,天王的妻弟、检点赖汉英前来,为前日书信的不妥之处致歉,并与密迪乐进行了友好的交谈。密迪乐向他阐明,无论中国人选择或遵从哪一个统治者,英国都愿意予以承认,并解释了为何英国人只能效忠于英国的元首。赖汉英对此表示理解,双方以这种新的认识为基础,商定了次日文咸进入天京会见韦昌辉和石达开的安排。

文咸对这一安排仍然不甚满意,并在最后一刻改变主意拒绝登陆,改为给太平天国的领袖们递交了一份很长的文件,用准确的语言澄清了他们此行的目的。在这份文件中,文咸回顾了开放五港通商的前因后果,还明确地表明了英国在中国内战中的中立立场,并提出如果太平军进攻上海,将如何处理英国人员财产的核心问题。此后,"赫尔梅斯"号拔锚离开天京,向上游驶去,并于次日晚间返回。

5月3日早晨,赖汉英带来了东王杨秀清的正式回复,而这一回复使双方的关系彻底破裂。东王首先以惯常的狂热言辞,长篇累牍地详述了太平天国的宗教信仰,并以最傲慢的态度坚持天王的世间主权,然后说英国人既然是远道而来,且宣誓效忠天国,因此得到天王的恩准,无论襄助圣兵剿灭满人,或者进行正常贸易,均可自由往来。文咸强压怒火,回信声称,一旦太平军伤害通商港口中的英国人性命或者侵犯英国财产,他将会采取武力措施予以回应。然后不等太平天国回复,他便起航驶向上海。再次经过镇江时,"赫尔梅斯"号又一次遭到了太平军炮舰的袭击,这一次它立即予以了反击。此后,密迪乐上岸与罗大纲会晤,双方迅速地澄清了误会。

5月20日,已经返回上海的文咸以一种冷静的态度对此行表示满意,此行为他们提供了关于太平天国运动的直观认识,也使他们得以向太平天国表明英国的中立政策。① 他在官方报告中提到,太平军似乎对所有"外国兄弟"均持有友好的态度,并说他们执着于想要占领北京(因而减小了上海的风险)。至于基督信仰这个令所有外国人都最为感兴趣的话题,文咸认为他们的信仰属于新的一个教派,一个虚假启示与迷信谬误结合的产物,并对他们所宣布的正统基督教教义持怀疑态度。在他的印象中,太平天国的

---

① 《通考》第二卷第788—809页详细记述了文咸的这次访问,并附有许多相关文献的中译本。

领袖只是假借基督信仰为其政治力量的源泉,以此蛊惑和煽动他们的追随者。①从英国的政策角度看,两国之间的关系存在着破坏性的因素,包括太平天国对于是否会遵守《南京条约》问题的冷漠答复、严禁吸食鸦片以及天国为万国共主的主张(对于这一点,文咸受到密迪乐的影响,开始将其忽略,认为这仅仅是古代中国"天下"观念的简单体现)。②但尽管如此,他的建议仍是恪行绝对中立的政策。他本人对这一政策一贯坚持,在1853年7月初,当他得知英国公民对上海的外国资产的安危越来越感到担忧,并焦急地准备私建武装自卫以抵抗天地会的时候,文咸承认,英国人早就应该将资产转移至香港或其他安全的地方,以避免这种情况发生。在这位行事谨慎的英国公使看来,以任何形式参与上海的防卫,实质上都是倾向于清廷一方的行为。③

英国政府接受了文咸的建议,并在此后的七八年间对中国内战恪守绝对中立——只有广州是例外。④但是,除了出于公理心(呤唎自认为文咸一贯坚持中立政策是出于公理之心⑤),这个决议更多的是出于对中国以及欧洲时局的考虑。内战刚刚开始,断定胜负为时尚早。尽管太平军初期取得的令人震撼的胜利,以及满人的腐败堕落,对太平军基督信仰和道德规范的好感等,都使得在上海的英国人对太平天国运动充满同情,但谨慎小心的英国人不愿意过早地笃定太平军会胜利。说是投机主义也好,政治技巧也罢,最明智的选择就是静观其变。而对军事情势的考虑也同样重要。当

---

① 文咸的这种怀疑态度并不为人所赞同。他的助手和同时期的其他人对太平天国有更加友善的认识,如文咸的秘书麦都思在《北华捷报》1853年9月3日第162期上翻译发表了所有从天京带回来的宣传册册,并对太平天国的《天道书》印象深刻。另参见呤唎书第一卷第139页及第146页引述的费熙邦舰长对太平天国运动的印象、文咸的翻译官密迪乐《中国人及其叛乱》第324—325页的观点、呤唎书第一卷第53—54页及第89页引述的香港首任维多利亚会督施美夫(Goerge Smith)的观点,其中说洪秀全"用政治权力作为传播宗教的手段",与文咸的观点恰好相反。另外,英国传教士威廉·吉莱斯皮(William Gillespie)在《华夏与在华的传教事业》第237页说,太平天国运动可以为中国的新教打开传播之门。《北华捷报》1853年11月26日第174期及1853年12月24日第178期上均有关于太平天国道德标准的社论。
② 安德鲁·威尔逊(Andrew Wilson)《常胜军》及徐萨斯(Montalto de Jesus)《上海史》第57页注释中说,天王问了文咸很奇怪的问题,他问圣母玛利亚有没有美丽的姐妹可以嫁给他。文咸的报告中并没有提到这个问题,而这个问题根本就不可能存在,因为文咸和天王从未见过面。
③ 徐萨斯书第66页援引了文咸的评论。
④ 见1853年英国议会文件《关于中国内战的决议》。
⑤ 呤唎书第一卷第139页。

时英国人在中国并没有足够的海军和陆军来执行干预行动，而随着巴尔干地区的动荡迅速演变成克里米亚战争，英国也没有余力往远东增兵。因此在局势变化之前，双方呈现出一种和平友好却又互不尽义务的状态，而太平天国的弱点再次显现出来，他们没有抓住机会，与英国人进一步强化友谊。

法国使团

因为在中国的商业利益仍然有限，法国关心的主要问题是中国内战对教堂和传教士的影响。当时，上海流言四起，说太平军在占领南京后大肆迫害天主教徒，法国人（尤其是那里的教团）对局势越发地感到不安。法国公使蒲步龙对采取行动犹豫再三，与英国人一样，他也认为当前唯一现实的姿态就是保持中立。但是他最终决定亲自前往天京，找出太平天国运动的实质，并确认传言中对天主教徒肆意迫害的真相。

法国战舰"加西妮"号于1853年12月6日抵达天京，随即便酌定由蒲步龙与燕王秦日纲在次日会面。在决定座席主次的时候，双方短暂地发生过一些分歧，但很快就得到了解决。这既是因为法国人从英国人的访问中得到了教训，无视了太平天国对国际条约的无知，另一方面也是因为秦日纲提出了一个非常机智的建议，双方在宫殿大堂之外会面，二人可以以非正式的方式交谈。

在简短地谈论了缔约诸国在中国的势力（还介绍了各国的国旗），并声明法国对内战保持中立的愿望之后，蒲步龙开始谈及宗教问题。他向秦日纲表达了外国人对太平天国运动在宗教层面的同情和支持，并提出了法国对太平天国迫害天主教徒这一传言的关切。秦日纲理解他的担忧，并很快向来访者确认，太平天国从未骚扰或伤害天主教徒。法国使团得知这一消息后非常高兴，在安排留下精通汉语的神父克里夫林（Clavelin）之后，便返回了"加西妮"号。

克里夫林神父又在天京多停留了两日，熟悉太平天国的宗教信仰，并收集宗教传单。出乎意料的是，太平天国邀请这位来访的牧师驻留在天京，这一姿态为天主教在太平天国境内建立教团提供了绝佳的机会。而克里夫林神父最终拒绝了这一邀请，则体现了法国对保护天主教在中国的前途所采取的谨慎政策，而这一事件也成为双方关系的分水岭。①天主教在华传教两百余年却仍然式微，对它而言，与中国的统治者保持良好的关系至关重要，而任何可以被解读为资助其敌人的行为都是不可取的，更何况现在的这场革命可能会产生一个新的统治者，而这个统治者还是公开支持基督教的。而预见内战的胜者并不能打消法国人更深层次的疑虑，他们越来越怀疑太平天国会成为一个军事化的新教国家。（法国人的态度最终影响了额尔金伯爵放弃英国承认天国政府的动议，详见第十九章。）

但是，太平天国极为友好的态度给法方留下了深刻的印象。法国使团于12月14日离开天京，并认为他们的访问圆满成功。②

两个美国使团

1853年4月上旬，在太平天国刚刚占领南京之后，文咸使团来访之前，美国专员马沙利（Humphrey Marshall）试图搭乘"萨斯喀那"号前往南京，但行至镇江附近，便被迫返回上海维修。他此举是试图争在英国人之前和中国可能的新统治者建立良好的关系，正因如此，几周之后文咸的顺利出访使他倍感挫败。虽然美国人在远东的政策基本上和英国人相同，但是出于与英国及其前殖民地在商业上的极端对立，他们经常在中国的特权问题上爆发激烈的竞争。因此，马沙利很快就开始怀疑，文咸已经和太平天国达成秘密协议，而随时等待利用这种机会。清政府官员公开谴责英国人的这种行为，这更加深了马沙利的疑虑。③马沙利生性机敏，他迅速从寻求与太平天国建立利益关系转变为暂时支持清廷。随后，为了确保能够继续保持从清朝政权处攫取的在华特权，并阻止俄国和英国从中国获得领土，他公开主张美国介入中国内战，但这与当时在远东的另一位美国官员，坚定

---

① 高龙鞶《江南传教史》（影印本，上海，1899年）第487页；史式微《江南传教史》（上海，1914年）第276—280页；芙拉维亚·安德森《天王洪秀全》（伦敦，1958年）第225—226页。
② 关于法国使团访问的细节，可参见《北华捷报》1853年12月24日第178期。
③ 关于文咸在天京与太平天国以及在上海与小刀会私通款曲的传言，收录于《通考》第二卷第849—852页。该处援引自夏燮《粤氛纪事》第二卷第四章第17丁及第八卷第十三章第13丁。

地认为美国应当中立的佩里（Matthew Perry）意见相左。①

首位进入太平天国控制区的美国人，是美国南方卫斯理教会的传教士戴作士（Charles Taylor），他于6月5日至7日在镇江访问三天，并会见了驻防将军罗大纲。他们互相交换了宗教传单（此后太平天国出版物《天理要论》中所接纳采信的麦都思对上帝的论述，似乎源出于此），戴作士还分发了一些药物。但是由于语言不通，无法彻底交流，戴作士和他的使团随后离开，返回了上海，他对此行中亲自体会到的革命军的真诚、热情和满怀信心感到满意。②

麦莲（Robert M. Mclane）于1854年5月接替马沙利出任驻大清国专员，他与清朝官员会面两次，保证美国政府坚持中立立场以及就解决税务亏损的问题向清廷提供帮助，随后登上"萨斯喀那"号启程前往天京，并于5月27日抵达。③麦莲此行得到授命，如果适当，可以代表美国正式承认太平天国政府。但是杨秀清没有从英国使团的访问中吸取任何教训，他给美国代表的信件与激怒英国人的那封信在傲慢狂妄上如出一辙，声称如果美国承认太平天国为万国共主，便准许其年年来贡，并拥有向天国派驻使节的特权。④麦莲对此深感不悦，三日后便返回上海，并呈上报告称，太平天国的态度令人费解，与其建立正常邦交实无可能。麦莲还说，太平天国如果获胜，绝不符合外国在华之利益，"但是清军非常缺乏抵抗他们的能力，而光复重要的战略失地，在近期之内更是毫无希望"。麦莲此番访问经历，使他在此后坚定地反对太平天国运动，同时更加急切地与清朝政权保持良好的

---

① 《北华捷报》1855年4月21日第247期中总结了马沙利1853年9月21日的官方文书。另有两篇文章主要讨论了他与佩里意见相左以及对俄国的担忧一事：贝恩（Chester G. Bain）《佩里、马沙利与太平天国》，《远东季刊》1951年5月号；霍布赖特（Ernest Hoberecht）《百年前对俄国在华行动的预测》，《英文虎报》1953年10月23日号。丹涅特（Tyler Dennet）《美国人在东亚》第206页有对马沙利性格的批判性分析。

② 密迪乐书第283页。

③ 关于美国涉及税务亏损问题的清朝官方记录，可参见《筹办夷务始末》第七卷及第八卷。

④ 准许麦莲权衡机宜承认太平天国政府的授权文件，为美国第三十五届国会上议院行政文件第22号，第一部分第62页。黑尔（W. J. Hail）《曾国藩传》第248页采用了约翰·福斯特（John W. Foster）在《美国的东方政策》第211页所引述的关于这一授权的内容。

关系。①

但是，麦莲的秘书和翻译官裨治文（Elijah C. Bridgman）则对太平天国产生了截然不同的印象。裨治文是公理会的传教士和学者，并且精通中文。他在访问的两个月后向《北华捷报》投一长书，并称"其书信原稿本是依照麦莲阁下的建议，准备递交华盛顿政府的报告"。②其中提出了十三点认识，包括政府形式（诸王之间互为兄弟的神治主义政府）以及万国共主的主张（"至于世上各国、各家、各民族究竟是怎样的，究有多少，权力如何，诸王与其弟兄们无疑地全不知道"）。裨治文似乎对太平天国执行管理上的高效，以及毫不逊色的在执行纪律方面的高效都印象深刻："一切人等，无有例外，各有派定的岗位与职责，而全体动作，各按轨道。"他和麦莲一样，都认为："他们（太平天国）更远更前的进展，几乎是势所必然的。在上帝之不可思议的旨意之下，大概他们将必克服十八行省，攻破各大城，杀戮满人，而扫灭清廷治权之一切的痕迹。"③麦莲对其助手的报告无动于衷，决心继续坚持美国承认清政府的政策。

英国的态度也开始变得强硬起来。麦莲访问大约一个月之后，接替文咸爵士的宝灵（John Bowring）爵士派他的儿子卢因·宝灵（Lewin Bowring）和麦华陀（W. H. Medhurst，麦都思之子）作为非正式代表前往天京，考察太平天国运动，并评估在太平天国治下在长江进行贸易的前景。两位年轻人并未登岸，只是通过其所乘舰船的舰长与东王杨秀清书信交流，他们还接受了一些太平天国出版物，之后便于1854年7月7日返回上海。他们对太平天国冷淡的印象很大程度上影响了宝灵爵士，而后者在给克拉伦登伯爵的信件中，对一旦太平天国革命取得胜利，英国利益将得到保障这一点表示了强烈的怀疑。这是五年之内外国政府代表对天京进行的最后

---

① 麦莲的两份报告分别登载于《北华捷报》1854年6月10日第202期及1854年6月24日第204期。关于清廷挽回关税亏空，并以此从经济上资助清军一事中马沙利和麦莲所扮演的角色，以及缔约通商诸国把控上海海关的细节，可参见《通考》第二卷第870—873页，该处援引自《筹办夷务始末》第八卷。
② 《北华捷报》1854年7月22日第208期。
③ 丹涅特书第215—234页对当时美国的对华政策做了综述，特别强调了马沙利和麦莲的行动。

一次访问。①

长江北岸的战斗

时间将近 1854 年 2 月底,天京和镇江仍然在清军的包围之中,江北大营的钦差大臣琦善带领他的部队去进攻瓜州。由于太平军试图尽一切努力挽救北伐军(详见第九章),便弃守了扬州,因而清军轻而易举地就收复了该城,但是瓜州的情形则完全不同。那里的太平军坚守不出,拒绝与清军交锋。在几次攻城努力失败之后,清军撤回扬州,直到 3 月才又重返战场,这一次琦善派雷以诚部配合长江上的清军水师合围瓜州城。他们对该城形成了松散的包围圈,但是数月之内并无战事。8 月 26 日,琦善病死在扬州大营之中,江宁将军托明阿受命继任其职。但是,托明阿在山西追击北伐军时负伤,直到秋天才来到大营,那时瓜州的太平守军已对周围的清军取得作战的优势。

为了履行钦差大臣的职责,托明阿带领八旗骑兵及其他一些部队对瓜州发起了新一轮的进攻。但是由于对地形不熟,他的部队进入低地,骑兵陷入泥沼湍流,行军缓慢。托明阿暂时放弃了瓜州,掉转锋芒,在 11 月底进攻浦口,试图与长江对面的向荣部建立直接的联系。这一计划进展顺利,托明阿于是再次回转,决心攻克瓜州,但是他又一次败给了守军。随后一段时间战场暂时归于平静,托明阿则专心完成他新的工程计划——在瓜州城外挖掘一条壕沟。为此他动员了大量的民间劳力,而当地乡绅见有机会通过这种方式参战,从而获得官方的荣誉,都自觉地提供指导和帮助。这一地区的其他战场上均无战火,唯一的例外是九洑州。温绍源率领的六合县乡勇在清军舰队的支援下夺取了该地,不过很快太平军又将其夺回。到 1855 年年底,围绕瓜州的壕沟渐趋合拢,守军试图全力将清军驱离,并最终在次年春天对攻方取得了一场胜利。但是,托明阿仍然紧紧地包围着瓜州城。瓜州粮草供给已然不足,但是太平军仍然坚守,瓜州战场再次陷入

---

① 有些材料(如郭廷以《日志》第一卷第 323 页、第 324 页、第 326 页等处)将卢因·宝灵和约翰·宝灵爵士混为一谈。关于此次访问的官方记录及所有相关文件的副本,可参见格雷戈里(G. S. Gregory)《大不列颠与太平天国》第 40—42 页及附录第 171—210 页。

僵局。

镇江之战

　　瓜州包围圈的缩紧产生的另一个严重影响，就是镇江的食物供给也随之被切断。镇江所需完全依靠扬州附近区域，这个长江流域稻米产量最高的地区之一来供给。通常沿长江北岸经瓜州而来的供给现在已被切断，镇江也就随之陷入了绝境。与之不同的是，天京还可以依靠安徽、江西和湖北的稻米，尽管这些地区的产量很难满足天京居民的需求。因此，1855年夏季清军加强对镇江的包围之后，这座城市就开始面临一场真正的危机。

　　镇江距离天京不足一百三十里，是其"东大门"，对于天京的防御而言是战略要点，也是太平军不容有失的前哨阵地。从1853年5月开始，这里就陷入了清军的包围，先是邓绍良，后来是和春负责围攻，从1853年12月起又由余万清指挥，但是他们没有一个人是守军指挥罗大纲和吴如孝的对手。天京方面急切地试图击破包围圈，解救罗、吴二将，于1853年11月命令在皖南作战的部队向东进入浙江。但是邓绍良中途截击，在江苏高淳将援军击败，迫使其折返。1854年早些时候，罗大纲离开镇江，开始了以失败告终的驰援北伐军的征途（详见第十章）。余万清趁机在清军水师的协助下，对这座城市发起了几次新的进攻，但是始终无法击败减员至万余人的吴如孝部。8月中旬，一部分太平军部队从瓜州进入镇江，吴如孝则借增兵之势全军出动，希望能够占领苏州和常州。但数日之后的战局清楚地显示，他还需要更多援军才能达到目的。1854年11月中旬，一股三千人的援军从天京出发，要与吴如孝会合，再次试图攻占苏、常二州。余万清事先侦知了他们的行动，迅速与向荣派来助战的部队做出部署，同时对太平军前后夹击。这股太平军未至镇江便陷入重围，全军覆没。此役之后，战事零星，局势平稳。

　　1855年5月初，随着江苏巡抚吉尔杭阿在同年2月17日（农历新年）从天地会手中收复上海之后赶来主持围攻军务，镇江的情势越发紧迫。他带有八千余上海凯旋之师（其中一部分由尚荣部队而来），会合余万清已在战区的部队，清军总数将近两万人，是太平守军的两倍有余。但吉尔杭阿是个文官，他能登上巡抚的高位多是由于其满族的出身，而非因其军事才干。与太平军几次交锋之后，这一点暴露无遗，在那之后，吉尔杭阿便开始坚持"攻坚不如断粮，野战不如扼隘"的古兵法策略。他的这一策略不无成效，到12月中旬，在长江北岸的托明阿部及江上清军水师的协助下，他的部队切断了镇江所有的通讯和运输线路，使这座城市彻底与西边的天京和北面的瓜州隔绝，陷入孤立。城内粮食变得极度紧缺，守军战力日益下降，尽管条件如此不利，情况如此困难，吴如孝和他勇敢的圣兵们仍然固守坚持，等待救援。

如此情形，天京方面爱莫能助，此时城内已无兵可以调度。一个月前，天京已经制订了一个宏大的战略计划，准备兵分两路，一举解镇江之围，同时击破向荣的江南大营。命令随即送至长江流域从安徽、江西至湖北的所有主要部队，要求他们迅速返回，参加一场关乎天国命运的决定性战役。任何忠于天国的太平军都不会违抗这个命令，虽然这意味着他们在所处战斗的关键节点离开自己的战区（详见前述），但是秦日纲和陈玉成从湖北，石达开从江西迅速返回。

但是军队调度需要时间，直到12月底，第一支部队才赶回天京。向荣的江南大营现在兵力匮乏，对天京无法构成威胁，至多仅能骚扰牵制。这些新返回的人马立即被整编成一支数千人的部队，由北王韦昌辉指挥，东进镇江。这一小股部队虽然很多时候都要面对数量多于自己的清军，仍然勇敢无畏地三次试图冲破清军的包围圈，均告失败之后，便审慎地决定等待天京派来更多的援军。

1856年1月底，第二股由数万圣兵组成的援军（不包括石达开的部队）出发赶赴镇江，他们的总指挥是燕王秦日纲，其下还有六名能干的副将（均为丞相），其中就包括陈玉成、李秀成和周胜坤。从1月29日到3月31日，大军在江中一小支太平军水师的伴随下东进，清军则时来袭扰。吉尔杭阿派出的部队在前方阻截，而江南大营派出的邓绍良、张国梁及其他将军的部队从后方发难。太平军似乎所向披靡，最终他们大部分经由邓绍良疏于防范的江边小道，到达了距离镇江非常近的地方。秦日纲和他的部将们希望能与吴如孝及其守军协同对清军大营发动进攻，便开始思考如何通过清军阵线，与被围困的守将取得联系。就在这时，英雄少年陈玉成自告奋勇地接受了这个危险的任务。入夜之后，他只身一人驾一艘小船悄无声息地顺流而下。不久之后，这名勇敢的小将在镇江上岸，奔向了吴如孝的大营。

次日（1856年4月1日，咸丰六年二月二十六）清晨，清军忽觉已是腹背受敌。就连江南大营派来支援的部队，也都一头扎进了李秀成部三千余人形成的包围圈。次日，清军全线溃败，欢呼雀跃的太平军怀着突如其来的成功击破重围、解救守军的喜悦之情，连占清军十六座营地，还踏平了吉尔杭阿的大营。镇江得救了。①

一城之粮

根据外国的报告，在镇江解围得救之时，城内已无粮草。而此前不久，守军还开城放走五百余平民，其中多数为妇女，令其自谋生路。守军至多只能再坚守三天而已。②在这种极端紧急的情况下，秦日纲率军连夜渡江，以确保扬州一带的粮草产地，留下周胜坤部驻守仓头渡口。清军吉尔杭阿、余万清、邓绍良和张国梁等部趁着太平军主力离开，展开了联合反击，在接下来的几天内接连取胜，其中最令太平军担忧的是，他们在与周胜坤带领的一小部驻防圣兵的激烈战斗中收复了仓头，而周本人也在战斗中牺牲。秦日纲的部队失去了安全的撤退路线，而此时也正被邓绍良手下的一路部队追击。这支部队是向荣和吉尔杭阿为包围扬州而紧急组建的。

但是，秦日纲和他手下另外五名将军一起，始终保持着急行军的速度，经过瓜州，马不停蹄地于当夜（4月2日）赶到扬州城下。沿途所有清军巡弋部队均望风四散，秦日纲于是与早就埋伏在城内招募内应的太平军间谍一起，悄无声息地布置到位。而此时雷以诚正在城中大摆寿宴，这也让太平军的进攻更如神兵天降。包括钦差大臣托明阿在内的所有清朝官吏

---

① 《全史》第二卷第1267—1271页、第1283—1284页及第1287—1298页有据卞乃绳《从军纪事》、向荣的奏折及李秀成的供状整理而成的镇江战情详述。李秀成在其供状中从未提及秦日纲，暗指自己才是战场的指挥。这是李假造和歪曲记录来保持自身形象的又一个例证，而秦日纲是战场的实际指挥官这一点，在李滨《中兴别记》，裨治文在1853年1月3日刊于《北华捷报》第336期上的文章及玛高温（D. J. MacGowan）在1857年4月25日刊于《北华捷报》第352期上的文章等多种史料中都可得以证明。
② 裨治文文。

都赴宴道贺，正在享用珍馐美味。太平军的进攻灵活安静，势如破竹，参加宴会的将领们在混乱中四处避难，而部队也因丧失指挥四散而逃。托明阿逃到了小将毛三元的营中避难，而他的部队是唯一未受冲击的部队。毛三元部及德兴阿营的一支部队逃到了三岔河。德兴阿负伤，其所部多战亡逃散，仅剩千余人。此后两天，太平圣兵横扫这一地区，击毁清军大营一百二十余座。与此同时，秦日纲则开始追击清军的将军们。托明阿再次逃亡，这一次他带着少许精锐骑兵作为护卫，趁夜色出逃，毛三元为他殿后。其他的将军在此后的几日之内都不知道他在对岸的藏身之处。最终，4月4日，秦日纲和代理钦差大臣陈金绶和雷以诚相遇，并战胜了他们。

太平军于1856年4月5日第二次占领扬州，这一次是和平占领，城内的反对派打开城门迎请他们入城。城内诸多官员殒命，但均为个案，唯一对太平军有组织的反抗是由扬州知州锡琨组织的。他领一小股乡勇抵抗，战败被俘，后在瓜州监禁期间自杀殉国。

秦日纲占领扬州后的第一件事便是收集粮草，以解镇江之急，因此他令全军立即进村寻找粮草。数日之内，成千上万袋的粮食便开始经瓜州转运镇江。① 他顺利完成了收集粮草的任务，于是掉头返回镇江，只留下一小股部队驻守。此后，这股部队被南岸邓绍良的部队（加上沿途收编的德兴阿残部游勇）击败，又丢了扬州。秦日纲在得知瓜州对岸的仓头渡口已被清军收复之后，便率军转而向西，希望他的部队能从浦口渡江返回天京。向荣早就预料到了这一点，令张国梁的投诚匪军在六合县温绍源部的帮助下驻防在那里，秘密控制了浦口的河滩。秦日纲被迫撤退，在经历沿江向东漫长的艰苦跋涉之后，终于在5月27日由瓜州上游不远的一处地方率军渡江，到达金山。

清军在扬州失败之后，清廷褫夺了托明阿的职务，任命德兴阿为新的钦差大臣。在邓绍良率部返回长江南岸之后，清军已接近万人。德兴阿以这支部队集中精力围攻瓜州，但是他的指挥能力尚不如其前任，始终无法

---

① 玛高温文。

打破僵局。①

再战镇江

对于太平军而言，他们还有未完成的任务，那便是清理镇江战场上残余的清军势力，以及消灭向荣设在天京城外的江南大营。因此，秦日纲再次在长江南岸登陆之后，便对驻守在镇江以西的高资的刘存厚部发起了进攻。吉尔杭阿迅速从其在镇江附近的大营率部往援刘存厚，但两军都被困在烟墩山的刘存厚大营中。6月1日，秦日纲以全军进攻他们在山上的阵地，并捣毁了全部六座营地。吉尔杭阿在高处瞭望时被炮弹击中，当场毙命，而刘存厚在试图将他的尸首运回大营时也被杀死。另一名满将绷阔本已逃离战场，闻吉尔杭阿死讯后也跳入河中，与上司共赴死难。其余的清军包括晚来的余万清部，撤回了镇江附近的大营。此役尚有一件趣闻，太平军枪手中还有四个外国人，包括一名爱尔兰人和一名美国人，另两人国籍不详。这名美国人此后回忆，太平军在战斗中缴获了至少六百门火炮，却被狂热而愚蠢的士兵销毁，这令秦日纲大为震怒。②

是夜，余万清在其位于九华山的大本营召开紧急军事会议，却只有少数将领应召前来，清军士气之低落可见一斑。拂晓之前，将近半数的军队已经私自逃跑，只剩下少量的士兵和军官，而这些人在6月3日早晨一见到秦日纲的部队包围上来，就各自逃亡。清军三十多座大营沦为空营。余万清本人在从后门撤退时被长矛刺伤，但他还是逃到了京砚山的东部大营之中。在那里，余万清和仅剩下的三千余清军面对太平军的三面压迫，勇敢战斗，据守阵地。

数日之内，西部大营彻底崩溃。此前，副将周兆熊尚有一壮烈惨绝之举。他在其营中掩藏大量火药，然后诱使太平军追入营区，再点燃火药，周自毙营中，所引发的爆炸也消灭了很多太平军。其他的军官趁着混乱，带领他们的部队撤退至东部大营，而此时，那里有江北的德兴阿以及江南

---

① 《全史》第二卷第1236—1243页，据倪在田《扬州御寇录》、周邨《太平军在扬州》引《广陵史稿》、李秀成状、夏燮书及杜文澜书。
② 裨治文文及玛高温文。

大营向荣派来的两支援军。6月10日，虽然仍有零星的战斗，但太平军还是解除了对东部大营的包围，因为秦日纲急切地要返回，参加对天京城外的江南大营的总攻。秦日纲挽救镇江的作战任务圆满完成，在6月13日他率部离开之后，镇江恢复了原有的平静。它的周围是一座座废弃的清军营地和堡垒，而吴如孝仍然据守着这座城池。①

天京大捷

接到紧急命令返回天京的最后一支部队是石达开率领的大军，他们接近1856年3月底时从江西出发，在樟树镇取得大胜之后，继续进入皖南，邓绍良奉向荣之命，在那里试图阻截石达开，但被击败。此次交锋之后，石达开占领了宁国（今宣城）和芜湖，然后将他三万余人的部队分为三路，经不同路线分别向天京进发。南路主要由广东天地会的部队组成，战斗力很弱。张国梁和向荣派出的其他将领便对这一路发动进攻，给他们造成了大量死伤（据传石达开负轻伤），并销毁了他们的很多军械。幸运的是，张国梁在旗开得胜之后，却被召回去帮助当时在镇江与秦日纲作战的清军。此后，石达开的部队再也没有遇到其他的阻碍。北路部队经过太平州，派出一支小部队渡江，占领了北岸的江浦，以更好地保护在南岸行进的大部队。中路则径直向前，占领了天京以南的溧水，并以此完成了对江南大营西部和南部的包围。1856年6月13日，秦日纲也从镇江拔营，率他的凯旋之师返回天京。②

第二天，秦日纲的部队到达天京东郊，东王杨秀清以太平军总统帅（正军师）的名义发布严令，向荣之江南大营一日不除，秦日纲的得胜之师便一日不能进入天京。两日之后，指挥作战的将军们以个人名义请愿，希望延后进攻的时间，使部队得到急需的休整，并更好地完成作战准备，但是杨秀清相当固执地拒绝改变命令。6月17日，以军阶最高、资历最深的石达开为总指挥，战斗从东、西、南三个方向全面展开。

---

① 《全史》第二卷第1300—1303页，综合了杜文澜《江南北大营纪事本末》、李秀成状和卞乃绳《从军纪事》的记述。
② 石达开返回天京途中事，可参见《全史》第二卷第1027—1028页。该处综合了夏燮《粤氛纪事》和郭廷以书的相关记述。

这并不是一场公平的战斗。当时清军江南大营中仅有数千士兵，且多为老弱，也就是说清军人数远不及太平军的十分之一。张国梁此时仍在溧水，其他的将军也各有任务在外。向荣想要紧急召回他们，却为时已晚。防守天京的圣兵也参加了战斗，就这样，整整三日的血雨腥风之后，向荣的防御阵线彻底崩溃。张国梁在战斗最高潮时刻赶来，最为激烈勇猛地冲杀。在战斗的第四日（6月20日），他的火药匮绝，便率士兵用大刀、长矛与敌人肉搏，直至自己也身负重伤。从当日下午至晚间，大部分清军大营都弥漫在火光之中，向荣的大本营也被占领。无数将军或被杀，或受重伤，有一些侥幸逃亡，而向荣与随身的约一千亲兵一直战斗，直到张国梁等趁着夜色护送他们抵达附近的淳化。江南大营最终被拔除，自定都三年两个月之后，天京首次从清军的包围中解放出来。

次日，向荣及其残部转移至丹阳，清军各路败退的官兵及附近驻扎的小股部队开始在此集结。而江南大营的惨败给向荣这位老将带来了致命的打击，他已年届古稀，长期以来身体每况愈下，此时忽然身染重病，不能起身，也无法处理公务。一开始，他最喜欢也最得力的助手张国梁帮他处理日常事务。后来，清政府任命之前在广东徐广缙手下从军的满将福兴为代理钦差大臣，张国梁则为代理总指挥（江南大营总统），指挥向荣旧部。福兴与向荣和张国梁一起在丹阳驻守了很长一段时间。①

天京城内，上至天王，下到普通的圣兵，正以最热烈的方式庆祝这场大胜。上一次这样的典礼还是在金田起义之后。但是他们谁也没有意识到，这场大胜却正在悄然地激起一场天国深处的政治动荡。

---

① 《全史》第二卷第1303—1312页综合了许奉恩《转徙余生记》、杜文澜书、李秀成状及向荣的奏折等史料，描述了战斗的细节。

第十四章

兄弟阋墙
（1856—1863年）

　　导致太平天国最终覆亡的一个主要的，无疑也是最悲惨的因素，是其领导阶层内部的崩坏，以及在1856年秋天随之而引发的一系列事件。[①]这一惨剧造成四王罹难，另外一王出走，自行进行军事扩张，以及对诸王家族及其数以万计的追随者的屠戮。惨剧的导火索便是杨秀清试图篡夺王位。杨秀清的权力欲从一开始就表现得非常明显（见第三章），如果说他篡权夺位的时间由环境机宜所决定，那么可以说多年以来，他一直都在等待着这样的时机，并为之做着准备。

　　生来便具有领导天赋的杨秀清，很早就引起了当时正在给巨富曾玉珍的孩子们做教书先生的冯云山的注意。杨秀清虽然穷困潦倒，也不识字，但还是依靠地方领袖和曾玉珍叔父的身份加入了拜上帝会，并享有特权。我们有必要回顾一下他从崛起到掌握权力这一过程中的一些重要事件：他机智地利用大众的迷信心理，充当上帝的代言人和伤患的救治者，博取信徒的信任，在某些宗教问题上，他的权威甚至高于洪秀全；他组织并领导了紫荆山的地方势力，使他们成为自己的个人盟友，其中不乏对运动影响

[①] 本章为《全史》第二卷第1339—1570页之概述，并结合对主要史料的援引与摘录。

巨大的萧朝贵、胡以晄、李开芳和林凤祥等人；他在太平军起事前假装生病，最终导致洪秀全和冯云山很不情愿地将他晋升为全军领袖，成为革命运动的二号人物，等等。占领永安州后，他又有了"东王"的新头衔，与正军师兼受，为五王之首，天王还特别规定，其他诸王须受他节制。杨秀清丝毫不担心遭到其他兄弟诸王的憎怨，开始利用自己的结义兄弟的权力，积攒宗教、军事和政治上的势力。

杨秀清对荣衔的嗜爱众人皆知，甚至还搞起了以获得官阶和典仪为目的的把戏，而天王的反应则是慷慨地满足这位最高指挥官和行政官，给他加封了一系列独特的头衔。因在北线的胜利，杨秀清被封为"劝慰使"（借由马礼逊对"圣灵"这一圣经用语的不准确翻译而来，见第八章）、"赎病主"（杨秀清很早就声称可以仿照基督，救赎罪人），还获封"禾乃师"的特殊头衔（虚衔，为"秀"字拆分组合再添上"师"字而来）。杨秀清在占领南京时起到的决定性作用，使他的地位更加尊崇，获封"圣神风"的称号（也是马礼逊对"圣灵"的不准确翻译，见前文）。这些无上的荣誉最终使他登上了人臣之极，成了"九千岁"，比被称为"万岁"（习惯上只用于帝王）的天王仅低一级。其他诸王的头衔依次序逐级递减一千岁。

东王的诸多头衔给他带来的无上荣誉，显示了他与天王之间特别的关系。而杨秀清狡猾地觊觎着天王的位子，准备依靠自己的功劳，有朝一日建立独裁统治。一开始，洪秀全得到信众的一致效忠，意图攫夺革命运动领导权的杨秀清不得不虚情假意地尽力效忠于洪秀全，在他的心腹之中占据上风。通过逢迎洪秀全以及热诚的宗教宣告，他成功地做到了这一点。而他潜在的影响力在金田庆典时已经变得显而易见。那一次，这位自封的上帝代言人诱使洪秀全宣布，革命的英雄们可以以多娶妻子为上帝的教训，借而许可了一夫多妻的制度。① 从杨秀清如此轻松地攫取权力便可以看出，天王早已被架空成为傀儡。在并没有引起洪秀全足够警觉的情况下，杨秀清让天王相信，最明智的选择是将所有政务交给自己，而天王则专务宗教、文学和其他事务。而这一计策也因为天王早期罹患精神病症，逐渐不理世

---

① 见第八章关于一夫多妻制的讨论。

事，而变得更为可行。

杨秀清异常傲慢残忍地使用着自己越来越大的权力，对待在他之下的韦昌辉和石达开二王以及其他太平军领袖时肆意逞构，妄加羞辱。①燕王秦日纲和石达开的岳父、卫天侯黄玉昆被杨秀清下令鞭笞一百。②杨秀清还多次当众指责天王长兄洪仁发，有一次还因点名迟到鞭打洪仁发。③天王也不能幸免于杨秀清的非难，天国的出版物上就忠实地记录着这样一件令人发指的事。④杨秀清以上帝代言人的身份进宫，跟洪秀全说宫中有四名女官是有功官员的近亲，因此不可以留下来为洪秀全个人服务。"秀全，尔有过错，尔知么？"杨秀清模仿上帝的口吻说。这时洪秀全跪倒在杨秀清面前，开始忏悔："小子知错，求天父开恩赦宥。"令韦昌辉和其他在场官员错愕的是，杨秀清回答道："尔知有错，即杖四十。"诸臣立刻请求撤回这条不可思议的命令，但是直到天王自己表示愿意接受杖罚后，杨秀清才高傲地松口免去刑罚，带着提到的四名女官离开宫殿。这一幕在中国可谓史无前例。⑤

调虎离山

按照这个篡位者的构想，到了1856年年中，一切似乎已经准备就绪。由武昌以下至镇江的长江流域已经安稳地处在太平天国治下，长江河道可以完美地胜任往来运送大量部队和补给的任务。虽然前一年发生了北伐军全军覆没的惨剧，但是到了1856年夏天，随着在江西的曾国藩水师和在湖北的胡林翼部队陷入重围，镇江和天京附近又取得大捷，太平军的整体军事实力到达了最高峰。此外，杨秀清权衡了自己的政治地位，他可以依赖的是胡以晄（之前被召回天京）、陈承瑢、杨元清（东王长兄，天王宠臣）、傅学贤等人对他不加疑问的忠诚，以及总数约三万的近卫精兵及其他部队。在各战区忠诚于他的部队，有他的弟弟杨辅清、陈玉成和李秀成诸将的部队。但是，所有的优势和后援，此时都因为韦昌辉、石达开和秦日纲的存

---

① 李秀成及石达开供状，及《贼情汇纂》第一卷中韦昌辉及石达开的传记。
② 谢介鹤《金陵癸甲拓谈》中秦日纲及黄玉昆的传记。
③ 《贼情汇纂》第二卷中洪仁发的传记。
④ 《天父下凡诏书》。
⑤ 杨秀清的好色及其野心，在诸多中国史料中均有记载，裨治文发表在1857年1月3日《北华捷报》第336期上的文章也可佐证。

在而化作空谈,他们一定会反对,而且将会成为起事无法逾越的障碍。杨秀清发挥了他惯有的机敏才智,决定采用调虎离山的计策。胜利庆典刚刚落下帷幕,他便发令诸军返回前线作战。秦日纲、陈玉成、李秀成和他现在声名远播的这支部队的其他将领一起受命,追击在丹阳的向荣残部。北王韦昌辉受封江西宣慰使,率其全部部队进入江西。石达开接到的新命令是前往襄助仍在胡林翼包围之下的武昌和汉阳。

杨秀清一定对如此轻易地就清除了天京的三只"老虎"而感到满意。在1856年8月9日钦差向荣与丹阳大营并亡后,清军开展行动的可能性降低,这预示着下一步行动的时机已经到来。几天之后,杨秀清又假作上帝代言人,召天王到他府上聆听圣训,并正式要求因自己在对清军的战争中厥功至伟而加封"万岁"。洪秀全对杨秀清要求加封这一通常仅供帝王使用的称号倍感震惊,便问杨秀清天王应该如何称呼。杨秀清随即回答说"万万岁"。事态至此忽然变得明了,天王已经落入了陷阱,不仅他的王位已危急,就连性命也可能不保。值得庆幸的是,天王想到了脱身的计策:杨秀清地位崇高,需要在下个月他的生日上举行特别的庆典,为他加封这一尊号。心满意足的杨秀清就这样慷慨大方地放走了天王。①

当天王对这个旧亲信的意外背叛陷入沉思的时候,杨秀清也与其心腹商议下一步的行动。他们决定,杨秀清应当在生日之时正式登基,届时要举行盛大的双重庆典,如天王在金田起义后在生日时举办的庆典一样。杨秀清和他的同谋还决定,如有反抗,在必要的时候应当刺杀天王。就在此时,前豫王、太平天国的第八号人物胡以晄感到良心受到了冲击,又决定重新效忠于革命路线和洪秀全,他秘密地来到天王府,把计划向天王和盘托出。②

胡以晄的告发扫除了天王对当前严重局势所有的徘徊犹豫,促使天王也采取了行动。所幸的是,当时距离9月23日杨秀清的生日还有一个多月的时间。而所有的希望都寄托在忠于天王的三王手中,洪秀全选择了最为

---

① 关于杨秀清逼封新称号的细节,可参见李秀成状、张汝南书、王韬书及李滨书,上述史料均引述于《全史》第二卷第1356—1358页。
② 《北华捷报》1857年4月25日第352期及1857年5月9日第354期分两期刊出的玛高温的信件,是唯一记录这位告密者的文献,其中说告密者为第八号人物(按照天国权位排序,当为胡以晄)。

可靠的信使，让他们携带天王手书的密诏，往见在丹阳的秦日纲、在江西的韦昌辉和在湖北的石达开，要求他们尽速率足够的精兵返回，阻止天国颠覆、天王喋血的惨剧发生。①如果洪秀全在这种绝境之中回想起和他最初共同起事的冯云山，了解冯云山在金田起义之前就着力培养这三位领袖制衡杨秀清，此时他的感触当是颇为耐人寻味的。

燕王归来

秦日纲是距离最近也是最先返回的。他原本的任务首先是消灭在丹阳的清军余部，此后再东进占领苏州、常州，如有可能便占领上海——这是太平军三年来一直想做的事情。他的部队分两部分东进：南线经溧水到溧阳，来包抄一些零星的敌军部队，北线则经句容县及白兔镇，两路部队分别把溧阳和白兔镇从清军手中抢占过来。7月3日，秦日纲正式开始进攻丹阳。张国梁率清军顽强抵抗两周有余，并最终在附近伏击了秦日纲的部队，击杀六百余人。②因为此败，东王杨秀清褫夺了秦日纲的王衔，换了一个"顶天燕"的新爵位（由其原有爵位"顶天侯"及他的王邑"燕"组合而来），这一爵位仅比胡以晄被夺王衔时创制的"豫"高一些。③此举简直是火上浇油，使本来就对杨秀清不满的秦日纲进而对他恨之入骨。

秦日纲在丹阳城外保持守势，等待镇江的增援。不久后一万人的援军到来，他又开始重新进攻，但仍旧无果。在此期间，向荣于8月9日病亡，此后和春接替了他钦差大臣的职务，张国梁则为代理钦差大臣。但是，张国梁却越战越勇，迫使秦日纲放弃了包围丹阳的计划，并撤退至白兔镇。至此，燕王两路大军又在白兔镇合为一股，准备进攻金坛，秦日纲的计划是从金坛出发，经另一路攻取常州。但在该处的七百人的小规模守军，在当地乡绅民众的帮助下让太平军无计可施，而8月14日战斗打响后很快就从丹阳赶来的张国梁部，又极大地增强了该处的防守。在这种情况下，太平军的计划也就搁浅了。但另一个原因是，在战斗打响的几日之后，秦日

---

① 参见《全史》第二卷第1359—1369页，笔者对内讧相关几个问题的详细研究。
② 玛高温文。
③ 涤浮道人，《金陵杂记》。

纲便收到天王手书密诏，然后带着贴身亲兵迅速赶回了天京。陈玉成和李秀成留下来继续作战，他们把重点放在城东。但此后的9月4日，在张国梁的巨大军事压力下，他们决定后撤至句容附近一处偏僻的村落，等待秦日纲的下一步指示。(李秀成此后被调往皖北，帮助三河守军击破和春的围攻，陈玉成则被调往皖南，协助宁国抵御邓绍良的进攻。①)回到天京的秦日纲很快就掌握了局势的实质，并且意识到轻举妄动会搭上天王的性命。他认为自己势力微小，衔级也低，采取任何行动都是鲁莽轻率的。因此，秦日纲暂时潜伏下来，等待其他"猛虎"的陆续归巢。

北王归来

江西宣慰使韦昌辉入赣之后，发现战场的局势对曾国藩更为有利。石达开带领大部分的部队返回天京，使得太平军对南昌的攻略进展迟滞，给了曾国藩喘息之机。曾国藩重整旗鼓，等待西线派来的援军。1855年7月上旬，由他的弟弟曾国华率领的一支部队赶到南昌西南的瑞州，又有刘长佑（原江忠源的副将）及萧启江率领的由鄂抚骆秉章组建并于当年春天入赣的大军，他们兵分两路，沿途攻城略地，已分别军至万载和袁州。

作为第一步反应，韦昌辉从皖南的据点联合在湖口的黄文金进攻饶州府，击败了防守的赣军和曾国藩的湘军，于7月6日占领了那里。此后，他向西直扑南昌（清军因而收复了饶州），到城西南约五里外扎寨，准备在入秋后发动全面攻势。当年夏天，太平军在各处设立船坞建造战船，建立兵工厂生产火炮，并且开设作坊制备火药。太平军做了这样的物资准备，再加上人数上的优势，如果韦昌辉能够击退曾国藩的援军，对阵南昌便胜算很大。但他的部队没能阻止曾国华部的前进。此后，韦昌辉还亲自率领三万士兵再次阻截，也铩羽而归，而且他在南昌附近的军队数量也因此减少，南昌城内的湘军轻易地就将其驱逐。韦昌辉在入夜后进入饶州，命勇猛超乎常人的石达开军中旧将赖裕新驻防瑞州，而此时瑞州城外最后的太平军部队也已被击溃，曾国华已然开始围攻作战。为了帮助弟弟，曾国藩

---

① 秦日纲讨伐丹阳和金坛的更多细节，可参见《全史》第二卷第1312—1317页，该处特别引用了强汝询《金坛见闻记》。

从南昌派来了四千援军，使瑞州战场上的湘军总数达到了一万人。①（与援军的到来相比，更让曾国藩感到高兴的是，在八个月后，他终于再次和湖南、湖北的行动总部恢复了联系。）

直到8月中旬，双方仍然在瑞州继续激战之时，天京的密使到来并见到了韦昌辉。韦立刻任命黄玉昆全面负责江西军务，自己带着三千精兵乘两百余艘战船离开，返回天京。②

诛杀东王

9月1日（咸丰六年八月初三）子夜，韦昌辉带着他的部队进入天京城，并立刻和秦日纲、胡以晄、赖汉英（天王妻弟）、罗琼树（丞相，其族人罗大纲战殁后接替指挥他的部队）会晤。他们很快便决定，不等路程尚远的石达开回来，就在当夜立即行动。③他们还一致同意，只斩除实力最强的杨秀清、杨元清和杨辅清三兄弟，诛戮不及他人。④他们商定之后，这五个忠于天王的人到天王府面见洪秀全，并请他最终批准他们的计划。⑤

他们随即集合了天京城中所有效忠天王的部队，并派驻瞭望岗哨，尤其是在通往东王府的道路上增派哨岗，这一至关重大的事件正式拉开了帷幕。⑥布置妥当之后，韦昌辉和秦日纲带领一小队敢死队冲入东王府。秦日纲首先发现了那个叛徒，不容分说，一跃向前，亲手刺死了杨秀清。⑦他们找不到杨秀清的两个兄弟，加上杨秀清亲兵的反抗，韦昌辉和秦日纲开始带领士兵在府内屠杀，府中男女老少，无论军人与否，官职高低，除了杨

---

① 《全史》第二卷第1191—1194页及第1345—1346页。
② 张汝南《金陵省难纪略》，载于《中国近代史资料》。
③ 裨治文文及郭廷以书第一卷第485页。
④ 这三个名字出自李秀成手书供状的影印本（1962年），但在曾国藩刊定出版的版本中则被删去。
⑤ 郭廷以书第一卷第486页认为，天王只是默许了他们的计划。无论如何，从实际的事件进展可以推定，他们确实得到了天王的许可。
⑥ 裨治文文。
⑦ 根据《新贵县志》的独特记载当为如此。笔者认为，该记载较涤浮道人的描述更为可信。涤浮道人说，许宗扬为实际刺杀杨秀清的人（而且该说法中许宗扬的官级很低，与《贼情汇纂》第二卷中他的传记所记述的出入较大）。《太平天国资料丛编简辑》中方玉润《星烈日记》中的一篇文章也印证了此说："有伪顶天侯者勇而捷，距跃先登，众继之，遂入，获秀清伏壁中，家属数百人，悉除无遗。"

秀清的幼子（此后袭承东王）奇迹般地逃脱，其余人等无一幸免。① 见到已经得胜，包围东王府的士兵也都冲进来，一起屠杀杨秀清的卫队、亲兵以及所有能找到的亲属（根据外国人的通讯，其中之一便是住在王府对面的东王的妻弟）。忠于天王的士兵"诛杀九千岁，赞美，赞美"的喊杀声震怖全城，同时还伴随着嘈杂的枪声、兵械撞击声和民众的喊叫声，直到紧锁的城门之内的每一个角落都陷入那一夜的混乱和恐慌之中。

9月2日拂晓时分，通往东王府的道路上尸积如山，血流成河。王府之内，杨秀清的尸首与其他的被杀者堆在一起，而劫掠的人还在搜刮战利品。更多的人站在庭院里，准备劫夺逃出来的人。他们在王府内外争抢死尸或濒死的人，无论男女，这种情景着实令人震惊。②

斩草除根

在这次行动中已有数千太平"兄弟"被杀，其中很多是身穿黄色和深红色服装的高级官员，但是天京城中仍然有很多杨秀清的亲属、朋友、有紧密联系的同僚、支持者以及同情杨秀清的士兵。为了防止他们报复，韦昌辉、秦日纲和其他参与刺杀行动的将领制定了一个狠毒的诡计，以找出并且一举消灭这些可能的对手，斩草除根。根据这一计划，天王在行动的次日（9月3日）发布训示，谴责韦昌辉和秦日纲在平叛行动中过于残暴。作为惩罚，首犯韦昌辉将被杖责四百，训示还召集所有同情和支持杨秀清的人次日到现场见证。洪秀全可能是受到韦昌辉的蒙骗，以为他对自己的残暴真心反悔，出于团结和安抚杨秀清一党的目的才建议这样做的，这才发布训示。

无论如何，9月4日早晨，大量人员（据说约有五千人）涌向天王府，在上交武器之后，他们被分别安置在正门两侧的大厅之中。聚集在一起的这些男女老少，看到韦昌辉和秦日纲以及其他的参与者被鞭打，还发出惨痛的叫声。当最后一个人进入正门两侧的大厅之后，屠杀的信号随即施放。

---

① 郭廷以书第一卷第488页，引述天条。亦可见王定安《求阙斋弟子记》第十卷中诸王及继承人的列表。
② 对于此事最可确信的描述，是裨治文和玛高温就亲历者的口述所做的总结，发表于《北华捷报》。另有王韬、张汝南和涤浮道人等人的不同版本。

韦昌辉和秦日纲的追随者从左右两侧快速冲入人群，残忍地杀害了能看见的所有人。有些人试图以拳脚抵抗，但是不久之后，整个大厅就归于沉寂。屠杀的士兵们紧接着冲出大厅，在整个天京城中不断地寻找杨秀清的其他党羽。①

此时，韦、秦二人已经有效地控制了整个城市，随着他们继续在城中寻找并屠戮自己的敌人，幸存下来的杨秀清的亲属、同僚和士兵，以及一些被怀疑为杨党的中间人士，开始在城市的一隅集结自卫。以那里为行动基地，数千名士兵在干将傅学贤的带领下勇敢作战，从韦、秦二人在城市另一隅指挥的猛攻中，保护着其他的幸存者使之免遭杀戮。街道上整日整夜进行着血战，双方不时传来"兄弟"们战死的丧钟——胡以晄和陈承瑢也在遇难者之中。城内悲惨的战斗一直持续了数天。②

翼王归来

当9月中旬翼王石达开最终返回天京的时候，兄弟相残的血腥景象仍没有一丝减退。人们也许还期待着他的归来可以使局面稳定下来，但其实却对太平天国革命运动造成了更大的灾难。

此前，石达开受命前往击破胡林翼对武昌的长期包围，于7月带领全军三万人，可能是通过水陆并进的方式离开天京。在江西境内时，他还分军给他的岳父黄玉昆，派他领兵先行直扑武昌。8月初，石达开的部队进入湖北，兵分四路进逼武昌城。他们在武昌东南的鲁家港与湘军李续宾部交锋，陷入僵持。李续宾此时正在执行阻击太平军的任务，并在杨载福水师的帮助下，击退了武昌守将、北王韦昌辉的弟弟韦俊派来支援石达开的部队。此后，从8月16日到9月5日，双方在武昌城外水陆交锋二十余场，直到清军从北岸调来四百骑兵之后，胡林翼才稍占上风。太平军伤亡过万，于是交战暂停了几日。在这一段平静期，黄玉昆带着七千新兵从江西赶到前线，而天王的密使到来，见到石达开的时候，他们正准备重新开始战斗

---

① 裨治文文，尤其是玛高温文。
② 裨治文文及王韬、张汝南、涤浮道人的记述。

（信使和石达开都不知道，这个时候杨秀清已然被杀）。① 石达开立刻把部队交给岳父黄玉昆指挥（黄随即带着全军退守江西），自己搭乘最快的船只，于9月5日火速向东返回天京，随行只带了他的两名得力干将曾锦谦和张遂谋以及数名随从。②

此时石达开所见的天京城，因兄弟内斗而满目疮痍，看到包括他的一些朋友和家人在内的数千忠于革命事业的"兄弟"惨遭屠戮，他已出离愤怒。令他略感欣慰的是，在到天王府报到时，天王洪秀全也对屠杀表现出了同样的悲愤，并急切地希望石达开可以出面调停双方。石达开毫不迟疑地就找到了韦昌辉和秦日纲，平和而且真诚地告诫他们，现在篡位者已然就戮，再继续屠杀普通的"兄弟"对革命事业百害而无一利。石达开还说，清军也有可能趁着他们长时间自相残杀的机会，重新展开对天京的攻势。

令石达开万分沮丧的是，韦昌辉对此非常愤怒，还指责石达开年龄、爵位均低于自己，却胆敢责备冒犯上级，甚至暗示石达开可能同情杨秀清一党。③ 石达开忽然意识到，韦昌辉已经沉浸在自己的新权力中不能自拔，并且随时可以像除掉杨秀清一样，无情地消灭胆敢违抗他的人。石达开感到自己的性命也受到威胁，便迅速地离开了北王府。石达开很快就认定，他手中没有军队，留在城中毫无作用，还有性命之虞。他把曾锦谦留下，带着张遂谋和几名随从趁着夜色翻墙出城，返回皖南。他在天京城中只停留了几个小时。④

北王就戮

当石达开在宁国暂休，并找到在那里等待的部队时，噩耗传来。就在他翻墙逃亡的那个夜晚，韦昌辉和秦日纲带着党羽包围了他的王府，想要刺杀他（他担心的事真的发生了），但是韦、秦二人没有找到本欲行刺的对象，便开始转而杀害了他的妻子、儿子、所有亲属以及当时在场的所有官

---

① 关于密使到来的讨论，可参见《全史》第二卷第1178—1180页及第1379页。
② 李秀成状。
③ 玛高温文、王韬《瓮牖余谈·记翼贼事》及石达开状。
④ 关于石达开的逃亡，可参见李秀成状、张汝南书和王韬书。

员和支持者，无论男女，一概杀绝。①（他的得力干将曾锦谦也极有可能在被害者之中，因为此后再也没有关于他的记录）。这一惨剧让石达开心如刀绞，但也让他对将要采取的行动最终下定决心。这一次的事件证明，韦昌辉已经抛弃了对结义兄弟的最后一丝忠诚。石达开宣誓要"清君侧"，来为他的家人复仇。

他即刻向安徽、江西和湖北发布命令，要求所有归他指挥的精锐部队在芜湖和宁国集结，准备大兵讨伐韦昌辉。与此同时，石达开本人前往安庆，制定相关的军事计划。石达开的动向和其行动的目的，慢慢地也被韦昌辉侦知，他立刻派秦日纲领一支船队，带一万五千人往上游阻截石达开。但是在某处击退了石达开的一小股驻防部队之后，根据玛高温所说，秦日纲的部队停止前进，并开始转向，其原因可能是：

>有消息传来，天京城外，太平军全体弟兄皆同情于翼王石达开，而翼王正领一支极强大的军队，远胜于其追击军。燕王闻讯即转目的地，移军攻击太平军两党之公敌（清军），如此冀望讨好翼王。由是，他领一万五千人转向附近的一个城进攻，并被击退。②

11月初，石达开麾下已有十万大军，其中可能也包括杨辅清的部队，他们很高兴能和石达开结盟，共同向他们的公敌寻仇。③ 11月8日，随着石达开再次渡过长江，从安庆到芜湖再到宁国（陈玉成此时已从丹阳被调往那里，协助击破邓绍良的围攻），他的部队也开始向天京开进。秦日纲则不断规避翼王锋芒，石达开的部队自然畅行无阻。当部队离天京越来越近的时候，石达开遣使携带给天王的奏折进城。奏折中指出了立刻恢复秩序，铲除屠戮兄弟的恶徒的重要性。石达开还随折附了最后通牒，要么将韦昌辉和秦日纲的人头奉上，不然就要率军攻城，以武力亲自给这两个首恶以

---

① 玛高温文和其他的中国史料记录了对石达开府上所有成员的报复性屠杀。王定安和其他很多史学家的史料将石母也列在被害者之中，但石达开在自述状中说他的双亲此前已经亡故。
② 玛高温文根据随军外国佣兵的报告，详细可靠地述了秦日纲的行动。
③ 对石达开兵力的估算，参见王定安《求阙斋弟子记》。

应有的惩罚。①

越发恶化的局势逼得韦昌辉狗急跳墙。他部署部队防守城墙，但害怕石达开从城外很近的大报恩寺塔上轰炸城内，便下令将这一举世闻名的建筑彻底炸毁。②但这还不是最严重的问题，他最大的错误是鲁莽地篡位夺权。韦昌辉暴虐的独裁统治让杨秀清的专政都显得相形见绌，而天王与韦昌辉之间不断扩大的分歧也最终转为公开的对抗。史家始终无法详知究竟发生了什么，但一个合理的推测是，天王颇为石达开的最后通牒所震慑，申斥韦昌辉是造成危机的元凶，因此在韦昌辉的意识中被归为了石达开的同伙。韦以自己的部队包围了天王府，决心杀死天王，隆登大宝。但是他遭到了禁卫军的顽强抵抗，还有数百名客家妇女参加战斗——这些"老姐妹"曾在金田以及其他的战场上同她们的丈夫与兄弟并肩战斗，现在则是天王府中的女官和随从。③为了帮助忠诚的禁卫军，天王下令城内所有同情他的人从后方攻击韦昌辉的部队（许多杨秀清的旧党一直等待着这道命令）。④有两位忠于天王的将军正驻扎在城外，分别是石达开和杨秀清的族人，他们也被召唤回来参与作战。⑤秦日纲率大军在外，韦昌辉只有少量部队，很快就在人数上被天王的支持者超过，而且自己的部队也开始叛乱。韦昌辉的士兵长期遵守的纪律要求效忠于最高的领袖天王，因此他们在得到刺杀天王的命令时犹豫不前。就这样，经过两日的战斗，韦昌辉所有的部队被俘，只有两百人被处死，其中多数是他的亲密同僚和家庭成员（他的老父得以幸免）。⑥其余的部队被慷慨地赦免。

在全军投降的混乱中，韦昌辉试图趁机乔装逃出城外，但是在城门处被认出，随即被关进了监狱。天王立即将他枭首。⑦同时，天王还发出圣命，

---

① 裨治文文。
② 大报恩寺塔建于14世纪明成祖永乐年间，其整体由精美的瓷砖包覆，由是闻名。太平军占领南京后，在反佛教的运动中放火烧塔，但是这座佛塔直到这次因韦昌辉的破坏命令才彻底被炸毁。关于大报恩寺塔的历史和照片，以及笔者关于太平军毁坏该塔的研究，可参见《全史》第二卷第1384—1389页。另见玛高温文。
③ 张汝南书详细记了天王府的防卫作战。
④ 李秀成状及王韬《瓮牖余谈·记北贼事》。
⑤ 涤浮道人及《粤匪起手根由》中匿名太平军俘虏的供述（刊于北京图书馆《太平天国史料》第四部第462页）。
⑥ 玛高温文。
⑦ 张汝南书。

召回秦日纲，而秦一回来也被斩首。①天王接着让人将二人的首级（可能与其他的首级一起）浸泡在盐水之中，一并送往宁国的石达开处。②

翼王凯旋

根据当时流行的习惯，韦昌辉、秦日纲和其他重要同党的头颅被悬在宁国州大营前面的高杆之上示众，告诉来往的人们这些恶徒的悲惨下场。石达开已经为自己的亲属报仇雪恨，虽然他个人的悲伤仍然难以平复，但天王亲善的圣令到来，对他的品格和功绩大加赞赏，还要他回去主持天京政务，因此他总体的态度有相当程度的缓和。石达开感到万分荣幸，作为回应，他立刻就开始准备从芜湖带领着大部分的部队，乘着规模宏大的船队返回天京。③

在那次充满悲伤与恐惧的逃亡之后不到三个月，1856年初冬，石达开回到了天京，这次他成了天京城中上至天王，下至普通士兵心中现世的救世主，受到了他们的热情接待。原因显而易见。天京现在仍然是一座死城，道路上的尸体仍然未被掩埋，那场夺走了三万余双方党羽以及许多中立人士性命的血腥惨剧，仍然历历在目。幸存者的眼中仍然充满了对那些日子的深刻恐惧，他们在街上游荡，悲观地认定天国的末日已然不远。事实上，当时天京无人有能力执掌军务（包括天王在内），而中央政府也几近瘫痪。就在这忧郁阴暗的气氛当中，他们等来了天王的宣告：高贵的翼王、结义兄弟中仅存的一位、军政民政能力皆非凡的执政官石达开将被召回，以与昔日杨秀清相仿的职权，领导政府的工作。民众之中顿时有一种开朗乐观的风气涌现出来，官员们主动热情地为欢迎石达开的归来而做着准备，并一致宣誓支持石达开的新政府。石达开已经享有他麾下规模庞大的军队的效忠，还有陈玉成④、李秀成⑤、黄文金、杨辅清、林启荣、陈仕保以及吴如

---

① 裨治文文及玛高温文。裨治文还提及胡以晄被天王赦免，但是笔者认为，胡以晄此前已被杨秀清的士兵杀害。
② 裨治文文及玛高温文。
③ 玛高温文。
④ 陈玉成认为，石达开和冯云山是太平军将领中仅有的两位真正具有超人才干和领导能力的人才（罗尔纲《太平天国史料考释集》第204页摘引的《陈玉成被擒记》）。
⑤ 根据赵烈文《能静居日记》，李秀成认为石达开在品格和能力方面远超早期其他的四王。

孝等前线大将的支持。天京的官员和民众有绝对的理由，把恢复太平天国的团结安定、最终取得革命胜利的希望寄托在石达开的身上。

为了奖励自己的新任首席执政官，天王宣布将他从翼王晋升为义王。① "义"在中国的道德传统中是核心的美德，百官赠予他这样一个非常高的荣誉也是出于真心，但石达开却出人意料地婉拒了此番美意，并且建议把"义"当作一个新的爵位。他的谦逊给许多他的崇拜者留下了深刻的印象。这一举动也同时鼓励了朝廷中那些反对加封天王长兄洪仁发"安王"及次兄洪仁达"福王"的官员。

在朝上因为爵位分封而吵得越发激烈的时候，天王找到了一个令人更容易接受的晋封他的两位兄长以及石达开的办法。他最终决定，起义中七位结义兄弟最后的这位仍然保留"翼王"的头衔，而他两位兄长的王爵则被改为新设立的六级爵位（天义、天安、天福、天燕、天豫、天侯）中"义"之后的第二及第三位次，并在爵位前依个人加上特殊的称谓，例如陈玉成的头衔就变为"承天义"，李秀成的头衔变为"和天安"等。石达开仍然保有之前"电师"的头衔，还被晋封为全军的最高指挥官（通军主将），虽然此位尚不及杨秀清的全军统帅之职（正军师）。②

石达开现在统率太平军全军（原有的五军因为其他四帅的死去而兼并融合），便开始着手重新振奋革命斗志这一重要的工作。现在太平军人数太少，无法向湖北（武昌和汉阳）、江西或皖南的远方前线派出增援，却派出了一支由陈仕保率领的部队，帮助李秀成和陈玉成恢复了太平天国在皖北的领地（见第十五章）。而且，天京的部队还成功地击退了从句容而来的清军钦差大臣和春及张国梁部的攻势。③

但石达开却在朝廷中遇到了他的政敌。洪秀全的两个哥哥嫉妒石达开的影响力（在他们看来，正是因为石的影响力，他们才没能晋封王爵），出于这种小人心思，他们纠集臭味相投的反对派，暗自结党，决心通过骚扰、阻挠行政甚至暗杀的手段，把石达开排挤离开。这两兄弟主要依靠的是他

---

① 《逸经》第29期，《忠王供辞别录》。
② 石达开的头衔全称发布在太平天国八年的太平历上（包含"义王"，因为印刷时间早于石达开婉拒奉赠的时间）。
③ 安徽巡抚福济的奏折，见《钦定平定粤匪方略》第一百七十六卷。

们天生的狡猾和固执，而非智慧与能力，他们的手段也简单粗糙。因此自然，他们的卑劣伎俩就是暗示他们的弟弟天王洪秀全，如果给石达开过多的权力，他很可能会步杨秀清和韦昌辉的后尘。① 对于一个两次落在叛徒之手、有性命之虞的人而言，他们的说法相当有说服力。自此，石达开也开始感觉自己越来越受到猜忌。天王现在已经陷入了病态的恐惧之中，认为只有自己的两位亲生兄弟才是可以完全信任的。

暗算者下的套越收越紧，石达开的处境也变得越来越危险。他在民政和军政方面的举措，天王常常只是犹豫踟蹰地勉强同意，在施行上也经常因为影响力颇大的新结党中成员的干预阻挠而失败。② 此外，兄弟相残的前例既开，谁也无法保证他的敌人不会对他施以毒手。石达开意识到，他的职位无法保全，而且因为自己所坚守的原则和他的秉性，所有解决困境的可能途径也被封死。向这些恶棍无赖屈服，意味着放弃自己的荣誉，这对于一个二十七岁的血气方刚的小将而言是绝不能快然接受的。公开地铲除他的敌人，意味着再一次兄弟相残，这与他的原则背道而驰，何况他内心平和的本性也不允许。而且，石达开还一直真真正正地忠于洪秀全和革命事业：他对天王的忠诚使他无论如何都会尊重洪秀全的血亲，而他对革命事业的忠诚则使他不可能背叛洪秀全。清军（包括曾国藩）不了解这些，因此在知道有人秘密结党反对石达开的时候，还很有信心地准备着石达开过来投诚，但这件事却始终没有发生。就算是石达开想要放弃对他珍爱的部队的领导权而退隐成为一介草民，天下也没有不受太平天国或者满人控制的安身之所。最后，在考虑了所有的可能性之后，石达开艰难地意识到，他唯一的出路就是带着他的军队向西远征。③

1857年5月底，在光荣入城不到六个月之后，石达开带着他的二十万大军出走。他的离开让太平天国陷入了无兵将可用的窘境，是太平天国由

---

① 李秀成状。
② 石达开状，《全史》第二卷第1428页。
③ 石达开被迫出走，而数年之后李秀成也遇到了相似的情况：他受到天王宠信，后又遭到猜忌，却忠贞不渝，虽然也遇到天王兄长一党的谗构，很快又得到了天王的信任，这似乎反映出石达开性格脆弱的一面。但是，两人的境遇至少在一个方面有着显著的不同。李秀成在其整个危机中都得到了洪仁玕全心全力的支持，因此从来没有像石达开一样成为被人架空并且彻底孤立的对象。笔者认为，石达开的出走应该归咎于洪秀全领导的混乱，他缺乏掌控太平天国运动这种大规模社会革命所应有的能力。

暗杀杨秀清而起的一系列灾难性事件中最为折损元气的事件。①

分道扬镳

石达开的不满与出走，竟然从未被太平天国冠以背叛或谋反的罪名，可谓奇怪至极。②首先，有一种可能是石达开出走之前曾征求并且得到了天王的默许，因为没有记录表明二人曾经闹僵，并且在此后的年岁中，石达开的名字一直出现在每一份太平天国官方的文件和发布的命令上。石达开也从未否认天王的权威，亦不曾放弃太平天国的名号、拜上帝会的基督信仰、推翻清朝的原则或者任何太平信仰中的教义规定。石达开用过的王衔，始终是天王正式奉赠给他的，而且直到最后，追随他的人始终按照太平历法日常作息。他对外声称的出征目的，仅仅是遵照天王之命为天国开疆扩土。虽然石达开的部队完全自治，既不接受天京的命令，也未得到天京的增援，但是这支部队从军帅到圣兵的层面上始终都是太平军。唯一的区别是其高阶的军政领导，这些官职由石达开创制，以适应新的形势。③但是，如此一支由起义最初的领导人之一所统率的规模庞大的队伍从组织中脱离，实质上是一场相当于叛变的纠纷与不和——这种情形也许真是史无前例的。现在，士兵们迈着步伐出城的雷动之声，让天京城再次陷入风雨飘摇之中。

石达开的总体目标是经湖北进占地域广阔的四川，而短期目标则是召集在各处行动的他麾下的将官。因此石达开首先奔往安庆，那里的陈玉成和李秀成拒绝放弃再度攻占武昌和汉阳的计划，首先从石达开的部队中分军而出。④陈、李二将正率军向西，从皖北进入湖北，石达开为了避免和他们相遇的尴尬，也不想和湘军交锋，于是便决定再次渡过长江，取道江西。如此改变进军的路径，还有两个好处：首先，曾国藩已于3月给亡父办完丧事并且返回湖南，这意味着江西的湘军目前没有最高统帅的指挥，取胜较为容易；其次，石达开认为有可能招募很多之前只接受他指挥，现在驻

---

① 由前注对李秀成的评论可见。至于笔者的分析以及关于内斗恶果的总结，可见《全史》第二卷第1398—1405页。
② 《金田之游》中之《幼赞王家书》，及李秀成状与洪仁玕状。
③ 关于石达开新的指挥系统，见《通考》第一卷第126—127页，及《全史》第二卷第1425—1426页。
④ 郭廷以书第一卷第533页。

防在江西的将军。而在江西，新的入川路线是经鄂南入湘，从而完全绕开了皖北，这样就完全不会干预陈玉成和李秀成在那里的军政事务。

1857年10月初，石达开率军入赣北，沿途收纳其旧有的零散部队，实力不断壮大。①然而，有三位重要的将军对加入石达开的远征部队踟蹰犹豫：彭泽守将赖贵芳、芜湖守将黄文金，二人都是天王的亲属，另一人是九江守将林启荣。但是，当石达开径直向南，通过景德等县来到贵溪的时候，他在讨伐北王韦昌辉时的忠实盟友杨辅清表示愿意加入他的远征军。此后，杨辅清继续在这一地区活动，被湘军李元度部击败。与此同时，石达开的部队与赣军及湘军的零散部队一边交战一边推进，如此到了抚州。此时，临江之上，石达开麾下的得力干将赖裕新正在与从湖南前来围攻抚州的湘军刘长佑部交战，石本欲前往救援，此时消息传来，说他的族弟石镇吉已率援军帮助加强防务。石达开因可以不与湘军正面交锋而放下心来，随即率军南下前往吉安，在那里驻防的他的另一名得力干将傅忠信正遭到从湖南而来的曾国荃和张运兰的进攻。（石达开的岳父黄玉昆也曾率军往援吉安，但在1857年11月初的一场战斗中不幸战殁。）12月，石达开自己的部队也一连三次败在了张运兰的手下（曾国荃此时在湖南为其父办丧事），因此决定暂时退至抚州，准备尝试依照张遂谋（时为丞相）的建议，绕道浙江和福建南下。②

1857年冬天，在抚州的石达开接到了天王的命令，新担任副掌帅的李秀成向天王建议，召回石达开主持民政工作。一开始，天王拒绝了这个提议，但是面对此后不久就产生的管理混乱，这一建议又是最为可行的。因此天王便下令重新任命石达开为主政，并把他的头衔"电师"晋升为"圣神电"，与杨秀清的"圣神风"齐平。石达开坚决地拒绝了返回天京的要求。③但是从此之后，直至石达开生命的最后一刻，他都以"圣神电通军主帅翼

---

① 据六安的太平天国基层官员记录，石达开从天京出走后，追随他的官兵约有五万至七万人。见牟安世《太平天国》第244页所引《太平天国资料》。
② 据吉庆元、朱衣点等人的奏折，见《太平天国革命文物图录》（补编）。郭廷以书第一卷第549页中说，石达开岳父的战死时间为1857年11月，但同书第495页另一处却说他死于更早的时候。
③ 李秀成状及郭廷以书第一卷第558页。

王"作为自己的头衔全称。①（天王此后还加封了另一个"公忠军师"的封号，但该称号从未出现在他的公文和信件中，可能是因为石达开并没能接到加封的命令。②）

由浙入湘

1858年3月下旬，石达开的大军离开抚州前往浙江，忠心追随石达开的将军余子安为他殿后。在经过贵溪时，他接到李元度的长信，细数了他效忠清朝政权的诸多原因（和曾国藩与其他乡绅的原因大体相同），并且许以高官厚禄，邀他投诚。③石达开没有回复。

除了转走南路、前往福建的杨辅清部，石达开的二十五万大军（亦不包含杨军人数）一同进入浙江，主力于4月中旬到达，余下各将也依次从江西赶来。湘军随后占领了所有太平军遗弃的空城。此后，为了扫清穿过浙江的道路，石达开将部队分为两路：石达开亲率一路，进攻衢州，历经三月而无果；另一路由他的族弟石镇吉率领。石镇吉的部队在东路沿途攻城略地，占领了不少城池，但他收到了石达开的命令，叫他马不停蹄地推进至福建浦城，在那里会合，所占城池随即又都被清军收复。④

在8月中旬到达浦城之后，石镇吉很快就与此前已进入福建一段时间，并攻占了几座城池的杨辅清吵得不可开交。就连和族弟同时进入福建的石达开，也没法调和双方的矛盾。其结果是杨辅清带着自己的部队返回江西，重新效忠于天王。他也因此被嘉奖晋升为辅王，担任中央军的总指挥。9月上旬，石达开的部队又发生了一次分裂，一位名叫杨在田的将军率其部离开，向西南沿福建边界返回江西，这支部队很可能后来变节归顺了清军。

与分裂相比没有那么引人注意的变化，是石达开两兄弟之间因杨辅清离开的追责而产生的隔阂。⑤当曾国藩开始努力消灭这支独自征战的部队时

---

① 天国八年太平历。《太平天国文物》中收录了一件1863年石达开发布的带有这一全称的证状。
② 这一封号出现在天国十一年的太平历上。
③ 李圭《金陵兵事汇略》第二卷载有全文，《全史》第二卷第1434—1441页也有转载，并附有笔者的评论。
④ 关于石达开在浙江的活动有诸多论述，尤其可参考许瑶光《谈浙》第一卷、郭廷以书第一卷第574页、段光清《镜湖自撰年谱》及《金华府志》。
⑤ 见《全史》第二卷第1445—1446页笔者对石镇吉传的研究。

（曾于 1858 年 7 月中旬起复，应对石达开的部队），两人从地理上也开始被隔绝开来。到 10 月中旬，石达开率领的主力部队已经远至汀州，并从那里转而向西进入赣南，而石镇吉带领其余的部队，由另一路来到江西边界，却被湘军刘长佑部截击并多次击败。当他们最终到达汀州的时候，发现大部队已然离开前往江西，于是石镇吉决定暂时在福建多停留一段时日。从此之后，他的部队便与其兄石达开的部队相互独立，完全依照自己的计划行动。

跨过江西边界后，石达开首先于 1848 年 10 月 18 日占领瑞金，接着分兵两路继续向西。1859 年 1 月 3 日，他的主力攻占南安府，并在那里度过了春节。2 月初，萧启江率领的实力雄厚的湘军部队到达赣州，在那里招募了四万乡勇之后，取道南康出击，进攻南安府。2 月 20 日，战斗打响，但是石达开只想率全军西进，而不想接战受损，遂在一胜一负两次接触湘军之后，悄然转向湘南而去。①

然而，石达开的一部分部队却在江西迷了路。当石达开的主力部队逃往湖南并于 3 月 2 日占领桂阳县之后，萧启江将重点放在信丰县，那里已经被石达开的南路部队围攻了三个月。南路的太平军约有两万人，人数不及萧启江的湘军部队，因此便决定马上解除包围。而与石达开主力部队会合的道路又被封锁，这部分南路军便转向广东。与此同时，石镇吉的部队也从福建进入粤北，并经过嘉应和惠州，最后在连州附近与南路军会合，两支部队共计约有四万人。但是粤军很快出现，在随后的撤退中，石镇吉成功地带领部队向湘南转移，而石达开的南路军则全军覆没。②

到了 1859 年早春时节，石达开已经完全在湖南站稳了脚跟，他的部队可能由于吸纳了足够的沿途地方新兵，来补足阵亡士兵的损失，现在已经有了二十万人的规模。③而如此一位杰出的领袖率领这样一支大军的突然来袭，给湘府长沙的官员敲响了最为急迫的警钟。因为不仅湖南告急，而且湖南是曾国藩湘军的大本营，他们剿平太平天国的最大希望也因此陷入危

---

① 本节记录石达开从福建经江西进入湖南的过程，由夏燮书第十一卷、郭廷以书、《湖南省志》、杜文澜《平定粤匪纪略》及王定安《求阙斋弟子记》总结归纳而来。
② 关于石镇吉和广东其他太平军的活动，见陈坤《粤东剿匪纪略》。
③ 据《钦定剿平粤匪方略》第二一五卷。

难。湘抚骆秉章在给清帝的奏折中暗示说，保卫湖南不仅仅意味着保留一个供给基地，其家乡如有不测，在他省奋战的湘军将士的士气也会受到严重的影响。① 但是，由于组建和装备湘军并在其后不断派出援军，湖南府库资源已然耗竭。在这种绝境之下，襄助骆秉章军务的左宗棠立下奇功，他在短短一个月内就征得了四十万人的大军。他采用的方法是招募当时在湖南境内的所有湘军官兵，无论是请假在家者、除籍回乡者、遣散回家者还是退伍返乡者，他用这些老兵按照湘军的规制组成了一支独立的军队。干将刘长佑（他的部队因在抚州兵退过半而被曾国藩解散）受命指挥这支部队，他们迅速南下阻击太平军的袭击。② 与此同时，作为攻势防御的一部分，湖广总督官文和鄂抚胡林翼把所有湖北的援军力量均派往湖南。

当石达开准备从桂阳发动新一轮攻势的时候，一名天地会领袖何名标突然率部出走。何率部投奔了正从广东经湖南向广西开进的石镇吉的部队，但此后他们在平乐府惨败，这两股部队又返回湖南，分道扬镳。此后，何名标的部队被清军彻底消灭，何本人也自杀而亡。石镇吉则再次进入广西，进攻省府桂林。

1859年4月，石达开的部队继续向西推进，与刘长佑的新军在永州相遇，虽然惨败，但仍然继续保持向西移动。他的下一个目标是宝庆府，他的战略规划是由此入湘西，然后入蜀。石达开和赖裕新计划两路协同进攻宝庆。5月24日，石达开到达府城郊外，发现自己的一些部队已经开始进攻。这些是由傅忠信和余子安指挥的部队，他们从东安向西而来，除了沿途遭遇并击退了刘长佑的部队，一路上都平安无事，因此较石达开更早地到达宝庆。赖裕新由于路途最远，直到5月底才抵达战场。

虽然有一小股部队被刘长佑部牵制在新宁一月有余，但石达开其余的超过二十万兵强马壮的部队已经就绪，于6月初对宝庆府发动了总攻。太平军从东、西、南三面包围府城，并开始夜以继日地轮流猛攻。但是清军也奋勇战斗，寸土不让。到了6月中旬，太平军已攻至城北，而刘长佑的全部湘军则驻扎在城东的包围圈外。三周之后，随着由李续宾（已于1858年11

---

① 《骆文忠公奏稿》，第十四卷。
② 杜文澜书，第八卷。

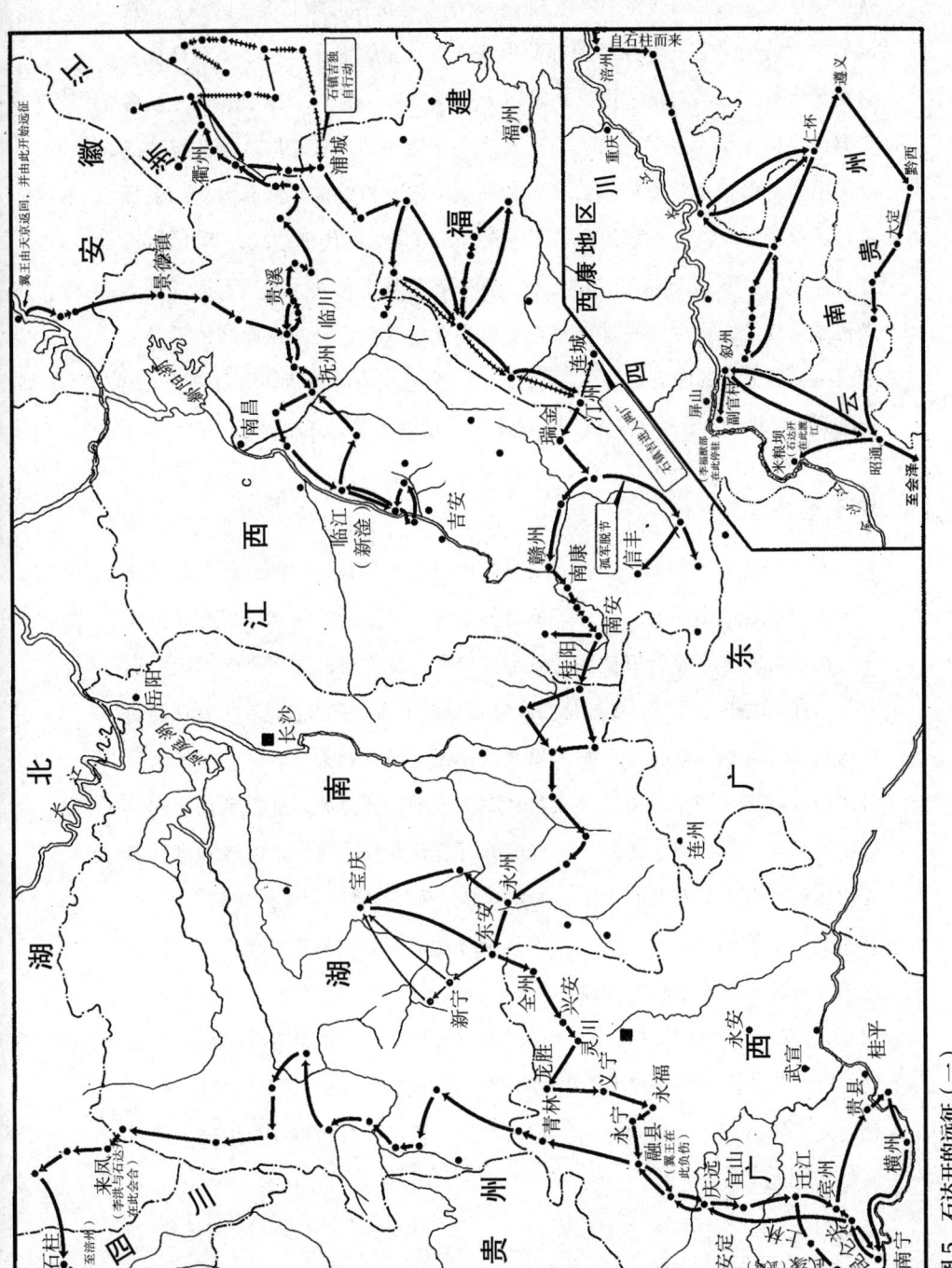

图 5 石达开的远征（一）

月中旬在皖北三河的战斗中阵亡)的弟弟李续宜指挥的湖北援军的到来,决战的时刻终于来临。李续宜的部队由三千五百精锐湘军、一小支舰队和一队骑兵组成。他与刘长佑讨论并规划了战略,然后在 7 月 25 日,两军从各个方向上向太平军发动猛攻。石达开决心不惜一切代价赢取这场关键的战斗,因此分给他的将军们三日口粮,命他们限时拔除湘军所有大营。血战进行了整整三天,太平军付出了百座大营、万余人的代价,双方不分胜负,进行休战。8 月 10 日恢复接战之后,湘军在战场上再获大胜。石达开最终被迫承认失败,命令全军向南撤退,分多路进入广西,并以此结束了对宝庆府持续三个月的围攻。① 战斗虽然结束,但宝庆府周边四县民众的厄运却刚刚开始,因为太平军刚一离开,湘军士兵就开始大肆洗劫远近区域。②

翼王返乡

石达开进入他的家乡广西,最终却没有进攻桂林,一部分原因是他已从宝庆府的苦战中学到了教训,那时他浪费了大量的时间和许多士兵的生命,试图去攻占一座防守坚固的城市;当然,更主要的原因是他不想与那个他不喜欢的正在率部围攻桂林的族弟石镇吉相遇。石镇吉是在 8 月从湖南再次进入广西的,在进攻全州未果之后,便转向西南来攻桂林,并于当月月底兵临城下。湘军蒋益澧部之前从湖南追缴盗匪至此,现在则在此顽强抵抗,孤守待援。不久之后,一直追着石达开而来,并且之前战胜过石镇吉的萧启江也率军进入了桂林,并会同蒋益澧部再度击退了围攻的太平军。10 月 5 日,石镇吉解围拔营,选择从南线撤退,避免和其正在广西西线推进的族兄相遇。他先后经永福、永安、武宣及贵县,最终于 11 月底到达宾州(今宾阳)。他的下一次行军(1860 年)便是从上林出击进攻百色,但其间与曾广依产生矛盾,曾率部出走贵州,而石镇吉也放弃了对百色的进攻。他随即又转向庆远府(今宜山),但后来全军覆没,自己被乡勇生擒。他后

---

① 本节对宝庆府战斗的描述,由杜文澜书、《骆文忠公奏稿》、郭廷以书以及王定安《求阙斋弟子记》总结归纳而来。
② 李汝昭,《镜山野史》。

来被解送到桂林抚衙，于 1860 年 4 月被斩首。①

与此同时，石达开则占了自己族弟围攻桂林的便宜，当萧启江和蒋益澧结对防守省府的时候，他的军队则趁机通过广西，几乎没有遇到抵抗。唯一的例外便是在刚从宝庆府撤退的时候，在兴安败给了追击的湘军萧启江部，但此后他从东安经全州、兴安、灵川、龙胜、义宁、永福及永宁诸县，并于 1859 年 10 月最终占领融县，其间都没有遭遇大的战斗。在短暂地休息之后，石达开继续前进，于 10 月 15 日占领庆远府，并决定在那里休整长途奔波的部队。为了安营扎寨，他手下三十万人的部队依编制分置在周围不同的县，其他的一些部队被派往其他的乡县收集粮食。② 这段时间对石达开而言是难得的闲暇与追思的时间，他在那里度过了 1860 年的春节，以及 3 月份他三十岁的生日，还愉快地和他的将军及官员们远足北山白龙洞。石达开在那里作了一首诗，后来和他的其他随从所作的诗一起被刻在了石壁之上。这首诗是唯一一首确定由他所作的诗，其他在民间流行的诗均为后代文人冒用其名，为宣传而伪作的。③

这种快乐清闲的时光终将结束，内外情境的变化迫使石达开回归现实。在内，他的部队开始解体。1859 年冬天，有两股士兵从军中逃亡，一股奔往湖南，另一股奔往江西，最终都回归天京方面的太平军。到 1860 年晚春，第三股士兵也逃往贵州。造成这些部队离开的因素有两个，即身体上的苦痛与心理上的忧伤。首先，由于庆远府周围大部分地区是山区，粮食产量能支持的人口甚少，因此石达开全军陷入粮荒；此外，游荡的广东天地会和土匪近年在此处横行，妨害稻米种植，还强占了所有的米店。而突然出现的三十万大军，自然给这一地区带来了严重的后果。而军队的指挥所又没有能够解决问题的办法，很多士兵便开始觉得他们要么逃亡，要么饿死。而且随着时间流逝，丝毫没有重新开始进军四川的迹象，军中产生了普遍的怠惰情绪。而被困在这种穷乡僻壤全军等死，使他们的未来看起来更加

---

① 本节关于石镇吉孤军的军事行动之描述，参考了苏凤文《平桂纪略》第三卷、《股匪总录》和《堂匪总录》、杜文澜书及《桂林志》。
② 在庆远府的石达开共有三十万人一论，是笔者依据史料，将诸多因不和而分军叛逃的部队人数相加得来。
③ 这首诗是石达开唯一的诗作一论，是笔者穷究了所有声称为他所作的作品后得出的结论，见《全史》第二卷第 1467—1470 页及发表于《广东文物》第三期上的《太平天国之文物》。

惨淡。也许有人已经意识到石达开此次远征的真实性质和目的，甚至他们虽然仍然对翼王无限忠诚，却开始怀疑翼王本人对天王的忠诚。① 无论他们因何种原因离开，颇为讽刺的是，他们确实抛弃了石达开。他们的辛苦与幻灭并没有以公开背叛或者投诚清军的方式爆发出来，而是以不合作的出走作为掩饰，像极了石达开本人从天京的出走。通过用石达开自己曾用过的方式出走，这些逃亡者有意无意地践行了"以彼之道，还施彼身"这句中国古话。

在外，石达开受到清军进攻的威胁在不断加剧。刘长佑刚被任命为广西巡抚，虽然他的湘军部队还忙着肃清东边乡县的盗匪，但是其他乡县的地方官员们已经为他召集了一股数量可观的团练，用于从太平军手中收复失地。终于在5月底，团练民兵由两路来到庆远区域，并准备开始进攻。一听说他们靠近，石达开便于5月29日放弃庆远府，带着最忠于他的部队向南行进。

这次撤退的三个月之后，又有一股由童容海和朱衣点领导的部队也选择离开，他们转而向湖南和江西移动。在出走之前，这两位将军同其他的官员很真诚地试图劝说石达开率军回天京。石达开不为所动，而面对坐在他们面前拒绝自己的请求，却又对未来毫无计划，无精打采又悲观可怜的翼王，官员们对他的失望几近变成了同情。跟随一个胸无大志、对士兵的饥馑视而不见的指挥官，是荒唐且没有前途的，因此童、朱二人带领他们约十万人的部队选择离开——这是最后一支，也是最大的一支出走部队。②

现在全军只剩下约两万人，石达开和一直追随他的将军赖裕新带着他们到武缘度过这个冬天。在一些亲善的盗匪的拥护下，石达开被迎进宾州，并在那里度过了1861年的春节。与此同时，赖裕新攻南宁不果。8月，所有支持石达开的前盗匪头目要么阵亡，要么投降了清军，石达开转而去了他的老家贵县，去寻找陈开。如前文所述（第十二章），陈开本是来自广东的天地会头目，1855年事败之后逃到广西，并占领桂平（浔州治所），自号"平浔王"。在石达开和陈开得以相会之前，桂平遭到了湘军蒋益澧部在一

---

① 吉庆元与朱衣点等人的奏折中明显地表露了这种情绪。
② 《全史》第二卷第1484—1508页逐一介绍了这些队伍从广西回到江西或贵州的过程。

部广东水师的帮助下所发动的猛烈进攻。蒋于1861年8月19日大败陈开，陈带着残部败逃贵县。在得知石达开一听说蒋益澧来到附近之后即刻率军离开后，陈开便带着他的部队四处寻找石达开。途中陈开落入地方乡勇的圈套而被捕，随后便被官员判处死刑，但是他手下的大部分部队（超过三万人）最终找到了那位伟大的太平军指挥官，并加入了他的部队。

石达开则往横州去找在那里驻扎的赖裕新，二人仔细研究了他们的处境。就算连陈开的部队也算上，石达开麾下的部队目前仍不到十万，并且多为罪犯和盗匪，而且新兵的战斗力也不可靠。而时间紧迫，清军日益逼近，石达开与赖裕新决定冒险向北长途行军，实现石达开原来定下的占据四川的目标。①

由湘鄂入川蜀

1861年秋季，大军再度出发，过昆仑关到庆远，再到融县，在那里遭遇了刘长佑族叔藩台刘坤一的湘军部队。在交战中，石达开负伤，摔落马下，险些被擒，但他们最终还是冲过山隘，于10月26日到达湘西。在清军持续骚扰之下，部队沿着这条省界的行军缓慢且困难。但是，1862年1月31日，石达开饱受创伤的部队在一大伙盗匪的头目李福猷（化名李洪）的迎接下进入湖北，而李福猷则是一路从贵州而来，加入石达开的远征。②李福猷于是成了石达开的向导，以及仅次于赖裕新的得力助手。此前的一个月，李福猷消灭了这一地区所有的清军，清理干道，为石达开打开了进入四川的大门。由于李福猷一伙以及其他各处新员的加入，当1862年2月17日石达开进入四川时，他的部队已经有二十万人之众。③

当地官员一致地将长江南岸所有的船只移走，防止太平军渡江，石达开只得率军沿长江南岸向西挺进。在首先包围涪州城后，石达开向民众发布训谕，宣布其革命的要旨，表示爱护民众的善意，并劝说他们开城投

---

① 本节对石达开在广西活动的描述，主要参考了如下材料：苏凤文《股匪总录》《平桂纪略》《堂匪总录》、张延禧《见闻录》（未发表）、《新贵县志》《宜山县志》、魏笃《浔州府志》、郭廷以书、石达开状以及笔者在贵县的田野调查。
② 关于李福猷化名李洪一事，为笔者据史料之推断。见《全史》第二卷第1514页。
③ 据石达开状。

降。① 但仅在数日之内，大量清军便集结在那里准备迎战，其中较为强大者为湘军刘岳昭部。（刘受原湘抚骆秉章之命入蜀，而骆新近改任四川总督，专务防备石达开来犯。）石达开被迫放弃围攻涪州，而湘军和川军由各处来援，军事压力日渐增大，他最终决定转而向南，进入贵州。

当年夏季，在先后进攻仁怀、遵义府、黔西州均告失败之后，石达开部于秋天到达大定，又与两年前从石镇吉部出走后一直在贵州活动的曾广依部会合。而此后的一场败绩，使得已经疲惫不堪的军队不得不再次转移，跨过省界于10月初到达云南昭通。但一个月之后，石达开又领全军再度入川，这次他兵分五路，预备在叙州（今宜宾）集结会合。骆秉章则迅速调派所有能够调动的部队前往四川边界区域，经过从1862年11月18日至1863年1月30日的一系列战斗之后，迫使石达开退往昭通。这是石达开第二次从四川撤退，尽管此次他留下李福猷部三万余人，驻防一个位于云南边界的战略位置重要的村庄，准备日后卷土重来。②

石达开与回民起义

现在是时候谈一谈中国著名的回族革命领袖杜文秀和他在云南发起的回民起义了。杜文秀是永昌府人，早年考得秀才，因与一些满族官员结有私怨，便集结附近区域大量追随他的回民，于1856年举事起义，并攻占大理府。其他地方的回民也纷起响应，并占领了其他一些城市。各部起义的领袖在大理会晤，商定在中国的西南部建立一个独立的王国"平南国"，并推举杜文秀为大元帅。他们还制定了下一步攻占滇府昆明的计划，并以此为基础，推翻清朝的统治。虽然当时回民对地方上的汉人官吏也多有侮慢，但是杜文秀非常现实地认识到，他们起义的成功仍然要依靠和汉人的亲密联系。显而易见，他在革命道路上最具实力的盟友便是太平天国。但在石达开进入四川之前，他们实际上并没有与太平军建立同盟的可能性。此时，他在与石达开互换信函之后，马上就命令手下两名副将蓝大顺、李永和各

---

① 石达开的这份公告为最近发现的史料，由商承祚刊载于《说文月刊》第三卷渝版第11期及渝版五号，另见《全史》第二卷第1515页。
② 本节关于石达开在四川和贵州活动的描述，主要基于如下史料：郭廷以、凌惕安《咸同贵州军事史》《贵州通志》《平黔纪略》《骆文忠公奏稿》及石达开状。

领其部前往四川，共同行动。①但是由于清军半路阻截，加上翼王入蜀失败，双方未能相遇。而现在石达开退守昭通，离大理不远，杜文秀再次努力地和石达开建立同盟，但这一次，石达开提早离开，双方又未能建立联系。杜文秀坚持斗争，直到1872年冬天，在清军攻破大理之前自尽。②

新的战略计划

1863年3月上旬，石达开设计了一个新的战略计划，为攻夺四川做最后的努力。按照新的战略，他的部队将分两路北上：李福猷部为东路，从云南至四川，径直北上，来吸引清军注意力，而石达开率领其余的部队绕路渡金沙江，快速穿过西康地区，渡大渡河，再趁清军不备向东入川。于是，赖裕新率两万石达开一路部队作为先锋，于1862年11月中下旬渡过金沙江。但是，四川的官员早就预料到太平军经西康地区来犯的可能，赖裕新部随后发现，大路之上早有湘军防备。勇敢无畏的太平军开始一点一点地向前推进，他们不仅要和清军作战，还要对付地方团练乡勇以及和满人同盟的当地人。由于饱受袭扰，太平军战损严重，4月上旬，赖裕新被乡勇以礌石砸死。此后，赖裕新的两员副将也相继战死，剩下的将领在郑中和的带领下，率残部拼死向北逃窜。他们渡过尚未布置防御的大渡河，且战且进地穿越四川边界，进入陕西，并于1863年5月中旬加入原陈玉成麾下陈德才的第二次远征军（此后郑中和投降清军）。

英雄末路

1863年5月12日，石达开率领三万人的主力部队在昭通附近的米粮坝横渡金沙江，此时他并不知道赖裕新已然战殁，赖的残部也被赶出四川，逃到了陕西。石达开开始依照事先计划，沿赖裕新部所经路线前进，但他很快就发现，这一路线上的清军守备严密。因此，在一些当地民众的带领下，石达开率军向西走小路，盘算着如果他们快速行军，便可以在蜀军赶到之前到达并渡过大渡河。但是，骆秉章此时已经接到线报，并派藩台刘

---

① 相关信函见商承祚《说文月刊》诸文，另见《全史》第二卷第1517页。
② 《全史》第二卷第1527—1528页。

蓉率大军驻防。5月14日，石达开部到达大渡河南岸由当地土司王应元管辖的紫打地渡口，而此时清军已然严阵以待。紫打地地区向东、向西均有小河，当石达开发现各个方向上均有清军部队出现时，才忽然意识到他已经把部队带入了死亡的陷阱。除了刘蓉坐镇雅州指挥包围他们的清军和官府招募的当地人，石达开还发现天气此时也成了他的敌人，他们刚到达的那一天，天气就变得恶劣起来。大量的雨水导致山洪混杂融化的雪水，沿山间河道倾泻而下，而眼前这条河由于接纳大小山涧的水流，一夜之间水位暴涨三米。大渡河如此泛滥，以竹木筏渡河毫无可能，但石达开还是让他的士兵从第二天开始用树干和竹子制造木筏，却发现河北岸已有重庆镇总兵唐友耕和雅州知府蔡步钟严密防守，无法登岸。经历千辛万苦行军至此，太平军现在已陷入绝境，成为当地人从树林内外日夜偷袭的标靶。这种情况让石达开感到难以承受，于是在5月21日，他令数千人乘百余木筏不计损失地同时实施强渡。一拨又一拨木筏在河中倾覆，或者被北岸的清军击退，损伤无数。翼王又尝试撤退，发现后路已被带蜀军向北追击而来的清军参将杨应刚截断。而西面的小河也被土司王应元紧密地把守。

随着粮草逐渐匮乏，翼王全军倾覆的征象越发真实。由于当地已然疏散了居民，太平军绝无可能找到民众购买粮食。最开始，太平军开始杀马果腹，后来一些人靠着吃树根和树叶充饥，其他的人则被饿死。当地人此时则越发大胆，他们占据了面朝大渡河的山，这样石达开本就不断减少的部队便暴露出来，他们可以自上而下发动进攻。盛怒之下，石达开杀死了所有把全军错误地带入圈套的当地向导。此后他又尝试了几次向北、东和西面渡河，均告失败。于是石达开便写信给当地两位土司，许以重诺，要求他们帮助其全军撤退。两位土司都拒绝了他的请求。6月9日，石达开尝试最后一次渡过大渡河，也终告失败。

至此，清军可以肆意地在他的军中放火烧毁大营，当地人也不断地从山上丢下礌石滚木，一万多士兵横尸当场。在这种情况下，石达开带着家眷和七千多剩余的部队，做最后一次搏杀，向东经山路到达老鸦漩。当时，他们的辎重被劫夺，又无法在那里渡过小河，这支可怜的队伍陷入了更加困窘的境地。石达开现在越来越意识到，他这场经十五省、行两万里的长途跋涉将要惨淡地落幕，在命令五个妻子（从天京出走后迎娶）带着两个儿子先跳河之后，他也准备自溺。许多他的部下也都跟着他投河。但石达开在最后一刻开始犹豫，他突然饱受良心的折磨，他想到这七千多忠诚不渝地追随他风餐露宿一路而来的英雄士兵们，几乎肯定会遭到清军的屠杀。石达开考虑，可以通过自己向清军投降而保全他们的性命。

在写给唐友耕的信中，石达开以最真挚的方式表达了自己的愿望和决心。[1] 两天之后，仍不见回复，此间时有听说杨应刚发布告说，只要石达开投降便可赦免其罪等诸如此类复杂的细节。石达开无法继续耐心等待，便于6月13日带着他的幼子石定忠及四名高级官僚，徒步前往杨应刚的大营。杨亲切友好地接待了他们，并立即放行，让四千名石达开最近才招募的新兵及老幼病残离开。剩下的两千精壮老兵则被留置在附近一座庙宇中，等待杨应刚的长官处置。

6月16日，杨应刚亲自押解石达开及其随员渡过大渡河，前往唐友耕的大营，唐则安排将他们送往川府成都。三天之后，唐友耕和蔡步钟率兵包围了那座庙宇，一夜之间便屠杀了里面所有的两千余太平军士兵。他们很可能是受藩台刘蓉的命令而行动的。

石达开几人于6月25日到达成都，在骆秉章亲自审问之后，石达开写了自己的供述状（其内容在经官方删改之后公开发布[2]）。此后，石达开和他的部下于1863年8月6日（同治二年六月二十二）依清廷命令被凌迟处死。刘蓉记录了石达开最后的时光，他回忆道:"坚强之气，溢于颜面，而辞气不亢不卑，不作摇尾乞怜之语……临刑之际，形色怡然。"[3] 石达开的英勇就义可谓死得其所，尤其是因为他的这一崇高举动挽救了许多他手下士兵的性命。[4]

---

[1] 《太平年谱》中所录原文，转录于《全史》第二卷第1541—1542页。这个版本是根据任乃强《纪石达开被擒就死事》中的文本而来，另有笔者对诸多现存引录版本经比较研究而做出的更正。
[2] 见骆秉章《骆文忠公奏稿》，亦见《全史》第二卷第1545—1547页。
[3] 刘蓉《养晦堂文集》第六卷《复曾沅浦书》，转引自牟安世书第222页。
[4] 关于石达开最后岁月的参考文献主要有:石达开状、《骆文忠公奏稿》、杜文澜《平定粤匪纪略》、郭廷以书、《越巂厅志》、薛福成《庸庵笔记》、都履和载于《新中华杂志》渝版第三卷第9期上的《翼王石达开洭江被困记》及任乃强载于《康导月刊》1954年渝版第五卷第7期及第8期上的《纪石达开被擒就死事》。见《全史》第二卷第1547—1561页。

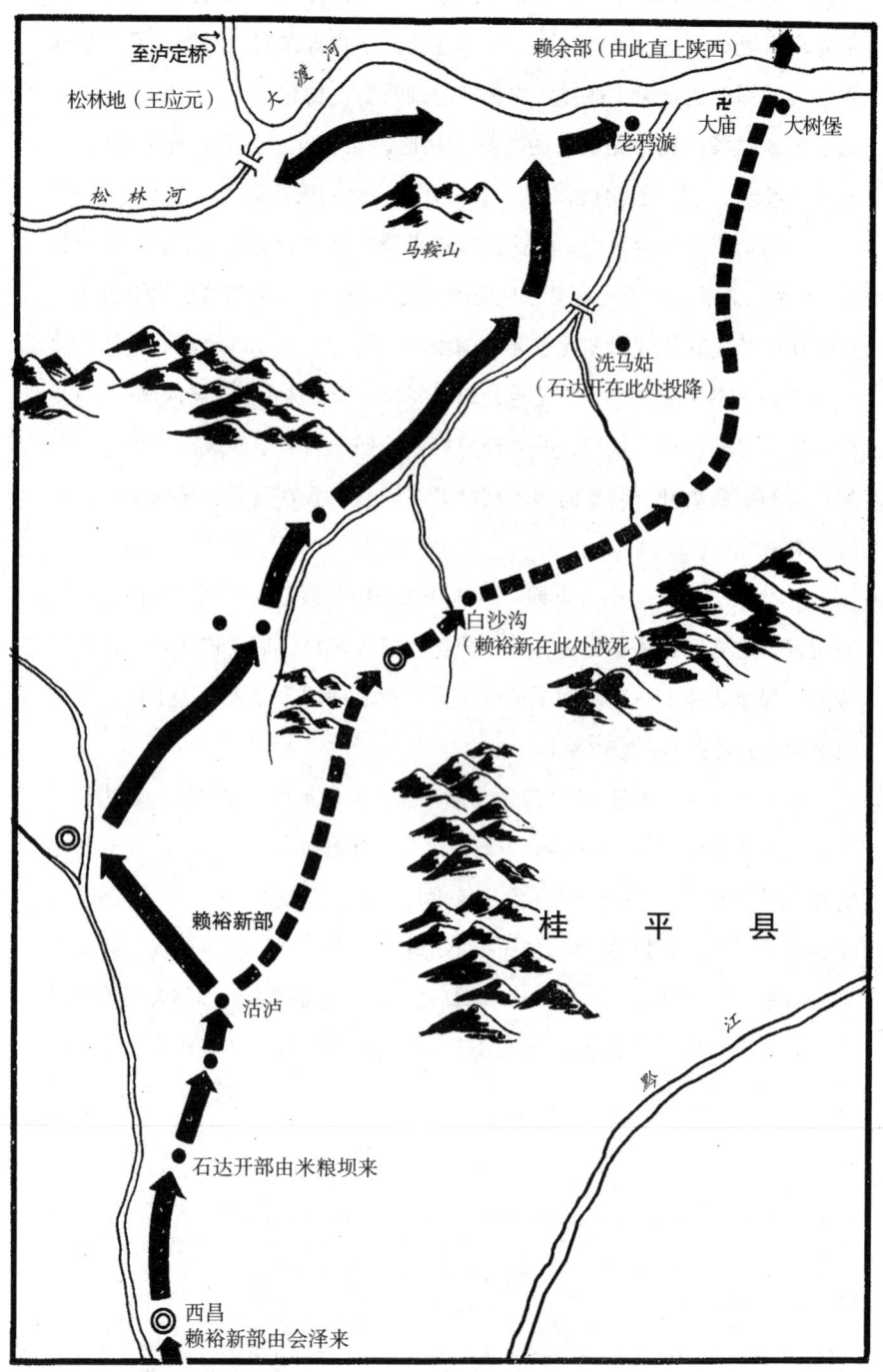

图 6　石达开的远征（二）

尾声

按照大清律，石达开仅有五岁的儿子被暂时赦免，待其到达一定年岁（十六岁）后再按规程处分。有资料说，石定忠此后确实活了下来，改名时雨化，甚至还选中了拔贡，并做了贵州地方县令。[1]

至于李福猷，他之前受命从东路进军四川，部队行至贵州时，得到石达开陷入重围的消息。李福猷随即撤退进入广西，然后又到了粤北，最终于1863年12月2日被清军在连州抓获，此后在广州被斩首。李福忠在广西时带领一小队追随者与其兄分军自立，他后来顽强地杀回了贵州，并袭取了许多乡县。这一股部队直到1871年7月，即接纳了许多太平军残部的北方捻军被剿灭的三年之后，才最终被剿灭。毫无疑问，李福忠的部队是最后一股被消灭的太平军。[2]

---

[1] 任乃强文。
[2] 《全史》第二卷第1532—1535页，根据凌悌安书、《湖南省志》、杜文澜书、郭廷以书以及《钦定剿平粤匪方略》第三百五十卷及第五百五十九卷。

第十五章

长江流域的战争
（1856—1859年）

从石达开在天京的短暂掌权到洪仁玕崛起执政期间，沿长江两岸进行的战斗较为零星，缺乏统一的军事指挥。由于双方均缺乏总体的战略及核心作战计划，在此期间的作战多为独立的战役。为了方便叙述，我们在本章将对这些战役按照简单的时间顺序逐一介绍。

痛失湖北[①]

天京内讧给太平天国带来的第一个军事上的影响，便是他们完全丢掉了湖北。前文已述，1856年夏天，石达开率大军返回被湘抚胡林翼和湘军水师重重包围的武昌，但在采取行动之前，9月他就被紧急地召回天京。此后武昌战事又归于之前的状态，武昌城由韦昌辉的弟弟韦俊守备，而天王的堂兄洪仁政则驻守汉阳。此后一个月，湖南的清军成功地阻截了太平军从江西来的增援部队以及自安庆而来的军粮补给，有效地切断了两城与外界所有的陆路交通，而湘军水师也往来巡逻，控制了江面。此时由于太平军在湖北的领地上已没有一位总指挥官协调调度，被围困的部队也就再没

---

① 本节为《全史》第三卷第1571—1579页之概述，考自杜文澜《平定粤匪志略》第五卷、郭廷以《日志》、薛福成《庸庵笔记》及王闿运《湘军志》第三卷。

有获得增援的希望。所有被太平军占领的城池都独立行事，被清军攻克只是时间问题。

这对于钦差大臣官文而言是个好消息。作为清军收复湖北作战的最高指挥官，他把大本营移至长江北岸，准备会同李孟群、王国才等部进攻汉阳。与此同时，在长江南岸，胡林翼在湘军陆军与水师的指挥官李续宾及杨载福的紧密配合下，准备向武昌发动攻势。显而易见，面对如此具有优势的兵力，太平军不可能长期固守，更何况听闻韦昌辉与石达开在天京内斗不和后，士气变得更加消沉。韦俊得知这个坏消息后自然尤为震惊，但他仍然勇敢地抵抗着来自长江两岸的攻击。

随着在湖北其他的城池接连被清军攻破，各路得胜的清军（包括南面王鑫的旧湘军以及西面唐训方的湘军部队）逐渐汇集在省府城外，武昌城防的压力陡然上升。1856年12月12日，韦俊进行了人生的最后一场战斗，当时他因之前的一场败绩而感到灰心，加之当时正好信使到来，报知他韦昌辉被处决的消息。韦俊忽然意识到，他已经处于一种无家可归的不安境地，因为作为韦昌辉的弟弟，他也有被政敌报复的危险。不过他显然并没有考虑过投降，而是决定放弃武昌，于12月19日（咸丰六年十一月二十二）率部出走，开始最终使其倾覆的征程。同一天，汉阳也被太平军放弃。清军则在长江两岸同时追击太平军，据说杀死或俘虏了大量的太平军将士。

这是太平军在十二个月内第三次，也是最后一次放弃湖北的省府。到了1857年春天，清军已经在湖北彻底剿平了太平天国的势力。

武昌和汉阳的失守标志着太平天国由盛转衰。传统上认为，控制这个长江上的战略要点是控制下流区域的关键。清军在第三次从太平军手中夺回这种军事优势之后，再也没有失去它。总督官文和湘抚胡林翼紧密合作，在湖北建立了有效的行政统治，把湘鄂建成了未来曾国藩军事行动的大后方。[①]赣、桂、粤、黔、滇、川几省之间的联系，也被有效地延展到了能够供给军资的地区。从此以后，湘军再也没有因为缺乏武器、粮草、弹药、舰船、资金或其他军需而陷入困境。

---

① 有关胡林翼想尽办法赢得官文在政治上的合作中的一些奇闻趣事，见《全史》第三卷第1574—1577页。

皖北方面的胜利[1]

到1856年10月底,清军已经收复了除安庆、桐城、潜山(位于西南)三角之外的所有地区。太平军方面,张朝爵驻防安庆,而副丞相李秀成负责桐城的防御,因为那里很快就会出现大规模的战斗。该城当时已经被秦定三围攻,现在钦差大臣和春已经来到长江以南,接替病亡的向荣,而皖抚福济及他的新任提督郑魁士也已开始集结兵力,准备发起最后的总攻。

此前,1856年9月上旬,李秀成正从江苏金坛前往三河,还未赶到便得知三河已经落入清军之手,便转而直接来到了桐城。他到达时,那里的驻防部队因为石达开要他们返回天京的命令,而减少到只有约三千老弱残兵。相对于秦定三的部队和当地的乡勇(总共超过万人)来说,这支部队非常弱小,在城外的几次交锋受挫之后,李秀成意识到他最好的办法便是固守待援。11月初,确实有一支大军(号称三十万人)从安庆赶来,并且包围了秦定三的部队,但是仅十八天之后,他们就被受皖抚福济之命驰援而来的郑魁士部赶走了。此后很长一段时间,桐城双方鲜有交战,战事陷入僵局。

虽然与其他太平军之间相互隔绝,长期婴城固守的结果似乎并不乐观,但是李秀成仍然不愿意放弃皖北这个仅存的能为天京提供补给的地区,最终只能在如此绝境之中独自谋划了一条生存计策。根据这个计策,他同时向北及向南派出两路使者向外求援。北路的使者是李昭寿,他曾经是捻军在皖北英山的领袖。后来他转投了清将何桂珍,但此后又对其倍感失望,在杀掉何之后再次起事。但是,他的捻军部队遭到清军重创,他便独自一人向南逃走,于1856年初夏在金坛投靠了李秀成。因为李昭寿自己就是捻军,于是便成为联络张洛行、龚得树这些曾经与他合作过的皖北其他捻首的最佳使者。据说有百万之众的皖北捻军从此与李秀成结成同盟,他们在几个战略要地合成数股,等待统一的号令,向他们共同的敌人清政府发动进攻。[2](作为结盟的象征,张洛行和龚得树都获封天国头衔,天王后来还

---

[1] 本节为《全史》第三卷第1579—1587页之概述,主要考自胡潜甫《凤鹤实录》、李秀成状及郭廷以书。
[2] 关于张洛行的背景和捻军的起源,见第九章第三节注释。

将张洛行晋封为王。)如此大规模部队的忽然加入,使太平军一夜之间在皖北重新取得了优势和主导权。

向南的使者则去了宁国,陈玉成正在帮助那里的守军抵抗邓绍良的围攻(在李秀成被调往北方之后,陈玉成就从金坛被调来此处)。陈、李二将都是广西贵县出身,在加入太平天国运动之前就互相认识,而且从那时开始一直到防御镇江和天京的战役中,都是要好的朋友和同志。陈玉成从使者处听闻李秀成有难,便马上起身北上,一方面是出于好友的求援,另一方面他也与李一样,认为皖北对于天国存续至关重要。(石达开当时在天京负责所有军政事务,他显然也同意了陈玉成的行动,只是在陈动身不久之后的12月底,宁国便被邓绍良攻破。)出于对忠诚战友行动的感激之情,李秀成亲自出城到长江北岸的枞阳与陈玉成会晤,二人于是定下了解桐城之围的计划。首先,李秀成返回桐城,继续婴城固守,与此同时,陈玉成则向东迂回,切断清军的补给线,再向西包抄敌军后路。此后,李秀成再率军正面出击,反包围围攻的清军。

计划进展得非常顺利。1857年1月11日,陈玉成占领无为州及其东面的两座市镇。在那里与石达开派来增援的陈仕章部会合之后,陈玉成又进占巢县,并于1月31日击败秦定三防守薄弱的庐江。在那里留下一部殿后之后,陈玉成和陈仕章继续出击,扫荡清军补给线。他们在击溃安徽提督郑魁士派来的乡勇之后,占领了桐城东南的大关和孔城二镇。此时又有从芜湖而来的太平军援军(可能也是石达开派来的)加入,陈玉成便带领他的大军向桐城开进。2月24日,李秀成按计划从城内杀出,而当郑魁士和秦定三的部队发现自己已被前后两路太平军同时围攻的时候,清军随即溃败。太平军的这场大胜,毫无疑问首先要归功于陈玉成和李秀成卓越的战术策略。此外,从1856年秋天开始,皖北发生饥荒,清军部队也常不能果腹,甚至有饿死者,因此士气低迷。并且,虽然清军基本上有序地逐渐向北撤退,但有些部队一见太平军便四散逃亡,也有很多乡勇则直接向太平军投降。

陈、李二将率军追击郑魁士部(往庐州)和秦定三部(往六安),同时,陈仕章率部直接北上进攻庐州。而此时,既然郑魁士已彻底逃往庐州,陈、李便合军先占舒城，后下六安，迫使秦定三也退走庐州。

到此时，太平军的行伍，尤其是李秀成的部队，接收了无数身负饥荒之不幸，又因当地清军让人无法忍受的肆意掠夺而心生愤恨的百姓，实力倍增。陈玉成、李秀成和前捻首李昭寿率领着这支扩充后的大军开赴三河尖（霍邱西北的小镇），准备与新近联盟的捻军会合。捻首张洛行（已在河南举事）派遣龚得树和苏天福来迎，与太平军相会，双方正式结盟。此后他们协同进军，两支大军于1857年3月11日直接冲破正阳关，然后分两路向北推进：李秀成、李昭寿和捻军进军霍邱，而陈玉成领太平军向寿州。但是，两军之间数量与战斗力的差距逐渐体现出来。陈玉成没有能够占领寿州，只得退守正阳关。而李秀成虽然拔取了霍邱，但未克颍上，随后留捻军驻守霍邱，自己退至六安。就连张洛行也在河南陷入困境，而钦差大臣胜保恰好派一部豫军增援，张便撤退至太平军驻守的正阳关（胜保此前因未能于1854年在山东击溃太平军北伐部队而被流放，此时刚刚复职）。

而庐州城城防严密，陈仕章一军难以攻克，于是他便在4月初撤回天京。他因在皖北战场取得的胜利，被晋封为"迓天侯"。陈玉成被晋封为"成天豫"（如前文所述，后又被晋封为"成天义"），且被晋升为正丞相，而李秀成因在皖北的战果被加封为"合天侯"。

当年夏天，石达开的出走让他麾下的将军们都要面对忠于哪家的微妙问题。而陈玉成和李秀成便是没有加入翼王远征部队的将军，陈玉成决心收复湖北，而李秀成则在陈的帮助下负责安徽的军政事务。这两位旧友及他们规模庞大的部队成为不可或缺的擎天之柱，在内讧之后又为太平天国支撑了一段时日。

再次收复湖北的努力[①]

当曾国藩留在湖南为亡父办理丧事时，多路湘军部队纷纷进攻江西，收复了一些小城池。与此同时，在武昌新胜的李续宾也顺流而下围攻九江，这个曾国藩与胡林翼战略规划中的第二个战略目标。为了阻止湘军对江西

[①] 本节为《全史》第三卷第1578—1593页之概述，主要考自杜文澜书第六卷、王闿运书及郭廷以书。

的进攻，同时收复汉阳和武昌，陈玉成满怀信心地于1857年3月领两万部队向西进发，沿途不断接收新员，部队人数很快就增长到了十万（据清军报告）。但是，湖北守备并不空虚，官文和胡林翼从其前任所犯的错误中吸取了教训，在后方已经布置了雄兵强将，以为防备。不仅如此，新近被任命为安徽布政使的李孟群也恰巧率领两千五百人的部队往安徽赴任，途经湖北。因此，当4月陈玉成部和捻军从英山试图杀进湖北时，他们遇到的守军之强出乎意料。陈玉成在对付本地武装时虽取得了一些小胜，但当他的部队分三路靠近广济时，却在都兴阿、多隆阿、王国才和李孟群的手上吃了败仗。此后在进攻黄梅和蕲州时，又在孔广顺、鲍超和舒保的军前受挫。但此时，不计其数的安徽饥民涌入太平军，部队的规模已接近五十万之众。而依靠这股巨大的军力，李秀成在6月底和7月初与清军的二十五次交锋中屡次获胜，并最终在蕲州重建了大本营。但是，新加入的士兵几乎没有战斗经验，对陈玉成而言其助力也并不可靠。

随着8月中旬胡林翼从武昌前来，亲自指挥对太平军的作战，蕲州战事变得更加频繁。双方经过一系列交锋，互有胜负，其间清军勇将王国才阵亡。[1]此后，胡林翼认为需要更大规模的部队才能应对这种情况，便命令李续宾部从九江赶来蕲州。7月至8月间，两军大小战斗五十余场，太平军仅受小挫，但是李续宾在九江大胜陈玉成，使军事上的平衡倾向了清军一方，此后李又返回继续进攻九江。在此之后，李秀成在清军多隆阿、鲍超和胜保的步兵、骑兵以及其他湘军部队的面前接连败退，最终于9月中旬被迫撤回皖北。陈玉成便在皖北西南部邻近省界的地区伺机再度出击，收复湖北。

而在1857年冬天，李秀成一直忙着处理太平军在安徽的军务，而负责江西一省的他的堂弟李世贤则与他通力合作。但是，当陈玉成准备再度进犯湖北时，李秀成则率军南下，当时钦差大臣和春已经对镇江和天京发动了新一轮的攻势。之前驻防武昌的韦俊率部进入江西，加入了陈玉成的队伍。他们的目的一方面是收复武昌（及汉阳），另一方面是招收更多的部队，

---

[1] 杜文澜书及王闿运书都记载，王国才驻军黄梅时火药偶然失火，王国才被烧死在营中。

来击破清军对天京的包围。因此，这两位久经战阵的将军在接近年底时发动了第二次攻略湖北的战役。

他们兵分两路，陈玉成让叶芸来和陈仕荣（他的叔父）领一军由南路到蕲州，而自己与韦俊和一些捻军出发经河南往鄂北。叶、陈一路遭到湘军多隆阿、鲍超和唐训方等部的顽强抵抗，而陈玉成的北路也遇到清军的顽强阻击，他们的行动在三个月之内几乎没有任何进展。

北路部队依照之前的计划，于1858年1月经六安和霍山进入河南，但是在三河尖遇到了清军胜保的部队（这是陈玉成与胜保的首次交锋）。双方不断交战，到了1858年春天，战场已经转移到固始。恰巧此时，李孟群领援军经湖南去皖北路过此地，他的加入迫使陈玉成放弃进攻固始，转而向南撤退。与此同时，捻军部队也被李孟群部追至六安。

陈玉成和韦俊则率部进入了湖北，此后他们并肩协力与湘军舒保、鲍超和其他的部队作战，在4月中旬推进攻占了麻城与黄安。但是，1858年5月19日，李续宾在收复九江之后，便来到了黄安一带，他与舒保的部队从两个方向同时发动进攻，又收复了黄安城，还在6月底把陈玉成和韦俊赶回了霍山。而叶芸来与陈仕荣并不知道他们发动的第二次湖北战役已告失败，仍按照计划北上与北路军在湖北会师，那时才发现陈玉成已然退回皖北。他们与清军在省界附近的几次交锋均告失败，最终撤退至皖北西南区域他们发起战役时的地区。陈玉成和韦俊不久后也最终赶走了李孟群的追兵，返回了那里。

江西战事[①]

此前的1855年春天，曾国藩被困在江西十八个月，彻底与湘军在湖北和河南的行动基地断绝了联系。而救援的部队直到1856年夏天方才赶来。恰在援军赶来的同时，太平军方面因内讧而分军回天京勤王，这使得曾国藩的处境大为改善。到了1856年9月，整个江西的军事形势可以概括如下：（一）刘长佑和萧启江的援军在中路连战连胜，始终保持着对袁州（今宜春）

[①] 本节为《全史》第三卷第1593—1616页之概述。

的包围；(二)北路曾国华等将军率领的四千五百人的援军正在围攻瑞州(今高安)；(三)刘拔元和胡兼善率领的最后一支援军刚刚进入江西，正在帮助赣将寿山保卫赣州，抵御太平军、天地会和地方盗匪联军的进攻(前述三路援军先后由湖北与湖南派出)；(四)本来驻扎在江西，由曾国藩直接指挥的李元度部在南昌以南的抚州新遭大败，退至崇仁，太平军仍然占有抚州和建昌；(五)耆龄所率的赣军与湘军毕登科及朱洪章部驻防于南昌东北的饶州(今上饶)；(六)彭玉麟及刘于浔率领的湘军水师仍被困鄱阳湖内南康附近；(七)在北线，湘军尚无实力从太平军手中夺回九江、德安等城市；(八)在南线，吉安一带仍在太平军控制之中；(九)在中部，太平军仍占有临江。

从1856年11月起，新近发生的军事行动将于下文逐城加以介绍：

袁州

太平军方面所有救援袁州守军的行动均以失败告终。袁州守将李能通在长时间被清军围困又孤立无援的情况下最终绝望，于1856年11月29日举城向刘长佑和萧启江投降。这是太平军首例献城投降的事件。

景德

1857年春天，双方在景德以东地区陷入苦战，前途无量的湘军指挥官滇人毕金科战殁。此前，曾国藩令毕来饶州援助江西布政使耆龄。而满人耆龄为官平庸，却嫉妒毕金科这位年仅二十五岁就声名鹊起的将军，便擅自规定，只有毕金科攻取景德(浮梁附近的重镇)，才能发放军饷给他的部队。毕金科年轻气盛，一时冲动，就带领手下一千人在春节过后前往景德，而且在不明原因之下脱离部队，直率亲兵先行入城。他们很快被大量的太平军包围，在肉搏战中，这一股人马很快就被消灭。他阵亡的噩耗传来，认为毕金科之勇猛仅稍逊于已故塔齐布的曾国藩悲痛欲绝。毕的参将朱洪章接替指挥他的部队，在饶州又驻扎了两年，此间不时受到耆龄的排挤。[①]

[①] 朱洪章《从戎纪略》、陈继聪《忠义纪闻录》第五卷(毕金科传)。根据王闿运书第四卷，满将福兴为饶州的战地指挥，襄助耆龄。他歧视排挤湖南的官员一事也众人皆知，这意味着毕金科在饶州有两个满人对头。

瑞州

从 1857 年夏天开始，瑞州的太平守军在昔日石达开手下最为得力的干将赖裕新的指挥下，与湘军援军曾国华、普承尧及刘腾鸿部激烈交战。曾国华军中另外一支部队在吴坤久的率领下同时进攻附近的奉新。虽然清军不断猛攻，但很长一段时间内，这两座城池仍然在太平军的手中，直到 1857 年 1 月 30 日奉新被攻陷。曾国藩立即从南昌赶来，亲自视察情况。他命吴坤久往援曾国华，加紧对瑞州的围攻，又命令参加了 1856 年 11 月收复袁州作战的萧启江率部东来，阻击靠近这里的太平军韦俊部（从武昌撤退）和朱衣点部。决战准备已然就绪，但是曾氏兄弟忽然于 3 月 16 日离开，回湖南为亡父办理丧事，战事于是随之拖延。① 此后的几个月间，湘军吴坤久、普承尧和刘腾鸿各领其部，均未主动发起进攻，而此时城内粮草已经枯竭。1857 年 9 月 2 日，太平军在婴城固守十四个月之后，终于弃守瑞州。② 而此前一日，太平军一发炮弹击中刘腾鸿，湘军又损失了一位勇猛过人的干将。③ 而太平军赖裕新部撤出城外之后，沿途与朱衣点合军，向东进军浙江，加入石达开的远征队伍。韦俊则如前文所述，向北渡过长江，加入了陈玉成的队伍。

临江

湘军对临江的围攻前后持续了整整一年之久，先是刘于浔的水师，后来是刘长佑和萧启江的部队（在攻取袁州之后），再后来，普承尧的援军也来助战（收复瑞州之后）。许多太平军的将领也从各处纷纷来援，但均被击退，石达开也不例外。他在途经江西时，曾经试图保卫这座城池，但是在河道中遭到刘于浔水师的阻击。翼王始终也未能和城中守将程瀛取得联络。于是，石达开转向，直奔吉安，留下守军自谋生路。此后不久，城内驻防

---

① 曾国藩此后因不待朝廷命令而擅自离军，遭到了批评。
② 郭廷以书第一卷第 541 页。
③ 刘腾鸿对吴坤久怀有恨意，此前曾致书骆秉章，告发吴坤久纵敌。事发时，他怨气爆发，终日暴露于太平军火力威胁之下，遂被炮弹击中。刘腾鸿死后，因其所写的告发信，吴坤久被撤职，他的部队也被解散。见陈继聪书第十四章，亦见刘鸿腾传以及曾国藩为悼念这位杰出将军的去世而呈递朝廷的奏章。

的太平军将军之间发生不睦,程瀛被部下所杀。士气低落的守军开始向刘长佑投降,刘于1858年1月22日占据临江,此时据收复瑞州还不到五个月。一部分太平军向西逃窜,最终也被剿灭。所有临江方面的太平军本是翼王部下,现在无一人能够幸存,加入石达开最后的远征。①

赣州

从1856年夏天开始,江西的地方部队一直坚守着赣州这座江西南部的城市,抵抗太平军、天地会和地方盗匪的联合进攻。当年冬天,湘军刘拔元和胡兼善率部来援。1857年一年之中,他们逐批击溃了来犯之敌。现在赣州府已然确保无虞,他们便将注意力转向周边的县城,到了1858年4月中旬,这一地区的太平军被彻底扫荡干净。②

九江

在1856年12月19日收复武昌和汉阳之后,胡林翼立刻派李续宾和杨载福入赣,准备对九江重新发动水陆攻势,完成曾国藩与胡林翼制定的军事大战略中的第二步战略目标。李续宾沿途收复了更多的湖北城市,于1857年1月进入江西,占领赣西北的瑞昌和德安,并于1月4日率一万湘军部队到达九江。此时杨载福已从水路到达且部署就绪,曾国藩也于1月15日亲自从南昌赶来。(这是曾国藩被困南昌以来的第一次战地巡视,见到他亲手创制的实力雄厚的湘军部队现在整装待战,曾国藩喜出望外。)

在随后的几个月中,双方不断爆发大战,但都无法取得决定性的优势。在此期间,曾国藩返回南昌解救他被困在鄱阳湖内的舰队,而李续宾则指挥部队挖掘壕沟,围住九江。8月中旬,李续宾被召回湖北,对付来犯的陈玉成(前文已述),但在陈玉成撤退之后,他又与胡林翼一起即刻赶回了九江。在与杨载福商议之后,他决定改变攻城的策略。新的行动方案是首先攻占附近的湖口和彭泽,以切断九江与外界的联系与供给。胡林翼对这个两步走的新行动方案感到满意,认为可以由此收复九江,便返回了他在武

---

① 郭廷以书第一卷第556页。
② 同前注第534页及第563页。

昌的大本营。

太平军的猛将黄文金不仅在湖口布设铁链，封锁河道，还在湖口附近的山上以及对岸的战略要地梅家洲布置重炮，俯瞰江面。李续宾和杨载福于10月25日发动联合进攻。与此同时，早先接到行动命令的彭玉麟带领他在鄱阳湖内的舰队开至湖口，在太平军炮火的猛烈轰击之下，经过苦战，这支久困于湖中的部队终于杀出血路，回到了长江。① 此战之中，太平军在湖口折损战舰数百艘，而次日，又有两千人战死（湘军损失约九百人），黄文金于是悲伤地命令向南撤军，将作为太平军要塞堡垒七年之久的湖口让于清军之手。这一胜利对湘军有着双重意义，除了孤立九江使其更易攻陷，收复湖口终结了彭玉麟水师与湘军其他舰队为期三年的隔绝状态，湘军水师从此控制了长江水道——这成为太平天国运动一次重大的挫败（黄文金此后加入韦俊的部队）。②

彭泽的收复则较为容易。彭玉麟于11月7日占领长江之中的小孤山。次日，李续宾和杨载福的水陆联军开始进攻彭泽，迫使驻防的赖桂芳放弃了这座已被太平军占领了五年的城市。③ 此后，杨载福利用战斗的间歇带舰队顺流而下，远至无为再返回湖口，彻底剿灭了从江西至安徽境内长江之上所有的太平军舰船。

1858年年初，已成为浙江藩台的李续宾开始为攻打九江做最后的准备，他耐心地指挥部队挖掘壕沟，准备炸毁城墙。在两次失败之后，第三次爆炸终于把九江东南城墙的一隅炸毁。湘军士兵由缺口涌入城中，以为一场胜利唾手可得。但是太平军英勇的驻防将军林启荣、副将李兴隆以及一万七千多名守城士兵已在街巷之上准备死战。湘军很快就消灭了驻防的部队，包括李兴隆和林启荣，而林启荣是少数受到曾国藩赞赏的太平天国将领之一。④ 湘军在1858年5月19日（咸丰八年四月初七）占领九江，是湘军长达四年的军事斗争登峰造极的成就，也标志着太平军长期孤军困守的最终落幕，他们勇猛不屈的精神，在太平天国革命运动史上书写了光辉

---

① 见彭玉麟诗集第二卷中他关于此战的诗及注。
② 王闿运书第六卷、《钦定剿平粤匪方略》第一百八十三卷。
③ 彭玉麟在收复小孤山时作了一首名诗，把小孤山比喻成小姑（与山名二字同音）。
④ 关于这场屠杀，参见彭玉麟诗及注、王定安书第六卷及王闿运书第三卷。

的一页。

李续宾此后从九江转去收复皖北，为克复安庆，完成曾国藩与胡林翼的全局计划的第三步做必要的准备。与此同时，曾国华也回到了江西，此时加入了李续宾讨伐皖北的队伍。

抚州

余子安是石达开旧部中另一位忠诚而杰出的将军，他已经在赣东的抚州驻防有一些时日。1858年年初，他帮助石达开远征军的诸路部队通过抚州前往浙江，此后便留在抚州为翼王殿后。1858年5月，他成功地抵挡了萧启江和刘坤一（刘长佑生病，暂代其职）的进攻，但此后不久，其军内一些广东来的原天地会众出走，一股去了建昌，另一股则投降了清军。余子安于是率剩下的部队前往浙江，投奔他先前的上司石达开。清军于6月1日占领抚州城。[①] 到了6月5日，萧启江、刘坤一和张运兰联军又将太平军从建昌赶走。[②] 此后，这一区域形势稳定，刘长佑病假归来到达抚州之后，刘坤一也返回湖南休假。

吉安

太平军在江西占领的最后一座城市吉安，是清军在曾国藩的另一个弟弟曾国荃的率领下苦战两年才最终攻取的。曾国荃的这支新军有两千人，由湘抚骆秉章于1856年特别委任组建，是第四批从湖南直接进入江西协助曾国藩的部队。此前的三批分别是：（一）刘长佑和萧启江部；（二）刘拔元和胡兼善部；（三）王鑫和张运兰部（除此前从武昌往援的曾国华部外，为此三批）。曾国藩的特殊使命便是在周凤山的协助下进攻吉安。此前，周凤山在樟树镇惨败于翼王石达开后，便被曾国藩调回湖南，现在他又卷土重来，返回江西。1857年春天，当曾氏兄弟回湖南为亡父吊孝时，曾国荃的部队交由其参将赵焕联指挥，赵不断尝试突破太平军傅忠信（石达开的亲密干

---

① 郭廷以书第一卷第569页。
② 同前注第570页。张运兰从湖南而来，是王鑫"旧湘营"中的官吏。王鑫于1857年夏天死后，张运兰从王鑫的兄长王勋的手上接管了这支部队，而王勋则被调往曾国藩营中。

将）在吉安紧密的防线。1857年夏天，湘军刘培元（刘长佑部下）、王鑫以及刘拔元等更多的部队前来援助，而杨义清和杨辅清两路英勇奋战，想要靠近吉安，都被清军王鑫部击退。（王鑫追击撤退的太平军援军至乐安，在那里病亡。此后其部先由其兄王勋接管，后来则分军由王运兰和王开化指挥。①）但是与此同时，太平军在吉安城外对清军取得大捷，暂时把来犯之敌驱离了这一地区。

1857年11月，曾国荃返回吉安重新指挥部队，他在王开化的帮助下，再次在靠近城池的地方安营，而王运兰和胡兼善（刘拔元部）三次击败从抚州来援、试图挽救其心腹干将的石达开（前文已述）。湘军的正规部队以及湖南地方部队更是不断地赶来帮助曾国荃，虽然城防布置相当周全，但傅忠信已经意识到吉安命运已定。此后的几个月中，太平军一方面牵制清军的活动，另一方面开始悄悄地分小股撤离，去投靠石达开。湘军于1858年9月21日占领吉安城。②之后不久，太平军在这一地区所剩的一些乡县也都被克复，江西全境又回到了清朝治下。

吉安胜利的首功当属曾国荃。这一战足以证明他的将帅之才，他也没有辜负兄长对他的信任。实际上，他立刻就成为曾国藩的股肱干将，赶赴建昌去见曾国藩。而曾国藩刚从休假中归来，紧张地为收复安庆，这个他的大战略的下一环做着谋划。

涤生复出③

1857年春天，曾国藩和他的弟弟曾国华和曾国荃获准三个月的假期，返乡为亡父吊孝，但在假期结束之时，曾国藩请求延长假期。清廷予以拒绝，给他一个兵部侍郎的虚衔，让他立刻返回处理军务。此前咸丰帝身边的大学士们曾对曾国藩颇有妒评，使曾在第一次克复武昌后未能得到升迁。此时皇帝显然仍受着他们的影响，对曾怀有戒心。而且，咸丰帝对官文和胡林翼上奏的赏给曾国藩总督或巡抚之职的请求也不为所动。现在局势平

---

① 陈继聪书第十三卷（王鑫传）。
② 郭廷以书第一卷第583页。
③ 本节为《全史》第1624—1631页之概述。

稳,是时候急流勇退了。曾国藩便趁机上奏咸丰帝,陈述在对太平军作战时因官职卑微,各处掣肘的困窘。曾国藩于各省均为客将,粮饷军资不得不仰赖东道主的自觉合作,身兼重任,却无可靠的保障。曾国藩还抱怨自己的木制官印,仅仅是湘抚下令刻制的临时印鉴,对其他官员几无效力,甚至还有人怀疑其真伪。对于这份奏折,清廷只是准其辞职,并未做其他的回应。①

此后一年间,虽然两个弟弟都返回了战场(曾国华去皖北李续宾军中,曾国荃经新任赣抚耆龄推荐去吉安掌军),曾国藩则在家赋闲。这一年中,清军在湖北和江西战场的胜利,似乎削弱了曾国藩不可或缺的地位,但是到了1858年夏天,整体的军事行动开始迟缓下来,并且随着石达开进犯浙江,清廷开始需要他返回职守。曾国藩这次没有拒绝,立刻起身从老家赶往江西,随身还带着一枚新刻好的木制大印,上面刻着"钦命办理浙江军务前任兵部侍郎关防"。虽然这个官职比之前的还要模糊不清,他"客将"的身份也没有变化,但是曾国藩以此表明了自己"愿意"返回职守的意思。用他自己的话说,既然事业已然开始,就必须不顾生死地将它胜利完成,并为此"誓不反顾"。②曾国藩此举大概是出于维护他之前在剿灭叛匪的战斗中所获"名誉"的目的。③

在与长沙的骆秉章和左宗棠以及武汉的官文商议之后,曾国藩在沿长江顺流南下的途中召集所有湘军大将开会。他们商定再次调整湘军的组织结构,并且即刻生效。根据之前的组织结构,每一营都直接向大帅曾国藩汇报,但是现在,湘军人数大为扩充,不同的营常常在相隔数百里的不同区域独自作战,因此有必要在大帅与营官之间设立"统领"一职,来指挥在战区行动的各营,使其形如一军。与此同时,又成立营务处,负责管理全军后勤供给。他们还从既往积累的经验和新的组织形式的角度,重新审视了所有的规章制度和军事纪律。杨载福和胡林翼强大的水师部队没有变化,他们现在已经牢牢地控制了长江。为了给曾国藩组建由他直接指挥的部队,

---

① 曾国藩的这道奏折(见其《年谱》)所属时间为1857年7月26日(咸丰七年六月初六)。
② 见曾国藩《书札》第二十四卷。
③《满清野史续篇》第十八卷、第三十四卷引用王夫之归纳的行为准则,来支持薛福成《记曾左交恶》中对此事内因的推测。见《全史》第三卷第1627页。

李续宾将他麾下两营（朱品隆营和唐义训营）分给曾作为亲兵。另外，萧启江营、刘长佑营、张运兰营和吴国佐营（此营由胡林翼部分出）也同样调配给曾国藩，这样他的亲兵就达到了约三万人的规模。李元度调管营务处，其所带部队交给了沈葆桢。

就在这个时候，石达开从浙江离开转赴福建，清廷檄令曾国藩追击。曾军至河口时，听闻在江西的湘军部队洗劫乡里，在各地肆意滋扰民众，引发地方百姓报复。已有湘军士兵被暴怒的乡勇所杀。曾国藩马上命令地方乡勇，禁止任何类似的行为，但是百姓继续受到侵扰，因此报复性的杀害湘军士兵的事件仍有发生。① 曾国藩于1858年10月中旬与其弟曾国荃在镇江会晤（前文已述），此后曾国荃独自返回湖南，为即将到来的安庆战役招募新兵，把自己在9月21日收复吉安后尚未遣散的一千精兵留给了曾国藩。而这时湘军仍有一小难，官兵行伍之间流行病肆虐（可能是疟疾），尤其是刘长佑的部队，他们被迫暂时解散。

到了冬天，形势发生了变化。太平军将领杨辅清在福建从石达开的远征军中出走，再次进入江西，并且在击败几路清军之后，占领了东北部的景德镇。同时，石达开自己的部队也开始了在赣南地区的行军。面对这种两路来犯的局面，曾国藩也将全军分为两路，作为应对。他派萧启江部向南去对付石达开，张运兰部向北对付杨辅清。而就在这时，太平军在皖北取得三河大捷的消息传来，六千湘军全军覆没，他的心腹副将李续宾和弟弟曾国华阵亡（见后文）。曾国藩受到了沉重的打击，此后很多天既不思茶饭，也无法入睡。②

重占江北 ③

太平军在皖北的军务由李秀成负责，在恢复湖北的愿景破灭之后，则由陈玉成负责。从1857年夏末开始，李秀成就和捻军同盟一起，与胜保、李孟群、郑魁士和袁甲三等部队战斗。在此期间最大的损失，莫过于寿州

---

① 曾国藩的训令见于其《年谱》。
② 曾国藩，《年谱》。
③ 本节为《全史》第三卷第1631—1637页之概述。

团练兵长苗沛霖在招抚之下向清军胜保的部队投降。

秋天,李秀成接到天京的命令,命他向南进入浙江。钦差大臣和春和他的参将张国梁正在那里集结兵力,酝酿一次新的攻势。李秀成于是便把皖北的指挥权交给陈玉成,一路向南冲杀,在高资与张国梁对阵,还救出了吴如孝和镇江守军。吴、李二人一同回到了天京,清军则于1857年12月27日占领镇江。此后镇江一直掌握在清军手中,由冯子材驻守,直至太平天国覆亡。

此后的几个月中,随着和春和张国良继续向西逼近,收紧对天京的包围,李秀成着手积极地召集所有能召集的部队,布置城防。他首先与在皖北芜湖的堂弟李世贤商议。在芜湖的会晤中,李世贤同意负责长江南岸的行动,免除李秀成的后顾之忧,使他可以全力进行江北的战斗。根据这个计划,当年春天,李秀成开始对钦差大臣德兴阿的部队展开猛攻,占领和州、全椒、滁州以及来安,后又在来安遭遇败绩,被迫撤回滁州。李秀成将前捻首李昭寿从南部召来防守滁州,自己在全椒设立临时大营,直到6月初,德兴阿在骑兵协助下的大部队将之扫平。此后,为了应对天京城面临的与日俱增的威胁,李秀成召集长江两岸所有重点城市的驻防将军,到枞阳召开军事会议。

此时在天京,天王洪秀全在征求了接替石达开成为政府首脑的正掌率蒙得恩的意见之后,宣布将太平军重新改组为五个军,这样便又可恢复原有的系统,由五位主将各掌一军:

蒙得恩(赞天义)为中军主将,兼总掌率,代理全军统帅
陈玉成(成天义)为前军主将
李秀成(合天义)为后军主将
李世贤(侍天福)为左军主将
韦俊(定天福)为右军主将(据洪仁玕供状,是李秀成推荐了韦俊)

在1858年7月底至8月初枞阳的军事会议上,李秀成、黄文金、李世贤、陈玉成、吴如孝(镇江失守后被派到北线)及其他在场的将军们制订了

作战计划。根据这个计划，陈玉成、李世贤和吴如孝合力攻占庐州，然后留下吴如孝防备胜保从南向来犯；同时，李秀成进军全椒，为陈玉成到达庐州后共同向清军展开联合行动做准备。1858年8月23日，陈、李、吴三将（由舒城而来）依照计划占领庐州，迫使新任安徽布政使李孟群逃至六安。李世贤的任务到此已经完成，便转回皖南。此后，陈玉成向全椒进军，吴如孝一军继续出击，把皖抚翁同书赶出梁园，并会同一部捻军进军至定远，确保这一区域内没有清军向南线施援。与此同时，清军改命胜保为钦差大臣，负责皖北军务，命袁甲三督办江北三省剿匪事宜。

陈玉成率军经滁州，与在乌衣的李秀成建立了联系。陈玉成此时先后击败了胜保派来的骑兵德兴阿部和紧随其后由镇江而来的冯子材部，随即追赶德兴阿至浦口，大败清军，击破江北大营。清军损失超过一万五千人，德兴阿登船逃到了扬州。这一天是1858年9月27日，又一个值得太平天国永为纪念的日子，这场胜利意味着长江北岸的封锁被粉碎，天京重又与外界恢复联系。李秀成在其供状中自豪地将这场胜利称为第二次天京解围。

这一天战场上的英雄陈玉成和李秀成，现在又开始分头行动：陈玉成赴六合，而李秀成与原捻首薛之元前往扬州。德兴阿及部将鞠殿华带领他们的小队残部悄悄地继续向北逃窜，李秀成的部队轻易地占领了扬州。但是此后不久，当张国梁从南岸而来伺机反攻的时候，李秀成知道自己人少，不能当敌，便放弃了扬州和仪征。张国梁随即剑指六合，但不知为何有所耽搁，到达时发现陈玉成已然把那里严密地控制了起来。[①] 六合英勇的守将是以1853年击溃太平北伐军东路部队一战成名的温绍原，他驻守这里抵抗太平军已有六年，而此役中他自溺殉城，与之共亡。[②]

清廷因这场大败而震怒，褫夺了钦差大臣德兴阿的官职，并撤销了负责江北军务的钦差大臣一职，改命负责江南军务的钦差大臣和春此后负责长江南北所有的军事行动。此令于1859年年初生效后不久，和春便委任老将李若珠为其个人的代表，派驻江北。

---

① 萧盛远《粤匪纪略》中指责张国梁因与温绍原有隙而故意行军迟滞。
② 陈继聪书第十六章（温绍原传）。

三河大捷[①]

　　李续宾及其湘军部属趁着陈玉成离开江北的时机，率军从湖北经太湖杀来，意图收复皖北。1858年夏天，托明阿和鲍超与杨载福的舰队已经部属就位，准备围攻安庆，而刚刚因在武昌和九江的胜利受朝廷赏封安徽巡抚、负责收复失地的李续宾，正领着八千人的部队沿北线军至庐州。9月27日至10月24日，他的部队先后收复潜山、桐城和舒城。11月3日，李续宾及其五千人的部队（其余留城驻防）来到三河镇外，自信地认为可以发动突袭，轻而易举地先占三河，再克庐州。

　　三河镇在庐州以南六十里外的巢湖西岸，现在太平军已在这里筑上城墙，作为庐州与天京的粮食及弹药的储备仓库。李秀成把他最得力的干将之一吴定规安排在这里驻守，其对太平军的重要意义可见一斑。而湘军一进犯皖北，就引起了陈玉成的注意（一日之内，他就从江北驻防的部队那里接到五封紧急救援的信），他即刻动身急行军赶往三河，李秀成也紧随其后。于是这回轮到了李续宾大吃一惊，11月7日，他的士兵在与三河守军一场血战之后，向他报告了陈玉成大部队的到来。

　　李续宾即刻向后方紧急传檄求援，但是为时已晚，陈玉成对此早有准备，已派吴如孝和捻军盟友封锁了去往舒城的道路。决定性的战斗于11月14日正式打响，太平军从各个方向对李续宾的大营发动了总攻。次日，陈玉成趁着天降大雾，包围并消灭了李续宾派往攻占三河镇后方另一城镇的部队，李续宾闻讯悲恸不已，提全营亲兵往援，但为时已晚。李续宾的部队所当之敌已有十万之众，实无取胜之希望，况且他已被陈玉成包围三十余重，而对手还有吴如孝部、捻军、李秀成部和吴定桂看准时机从城内带出的全部三河守军。李续宾和他的部队终日奋战，努力遏制太平军的攻势，但他们的营垒不断被烧毁，七个营的部队先后在惨烈的战斗中被消灭。他的两名部将侥幸把部队带到安全的地方，到了子夜时分，仍然有余力坚守的部队仅剩一营，而此时太平军也找到并杀死了李续宾、曾国藩的弟弟曾国华和其他一些清军将官。三天之后的18日，太平军冲入群龙无首的湘军

---

① 本节为《全史》第三卷第1637—1645页之概述。

阵营，大肆屠杀，仅有一小部分人逃亡到了桐城。截止到 24 日桐城的守军被消灭为止，湘军共损失约六千人。[1]

这支湘军的精英部队全部由曾国藩本乡湘乡县募拔，噩耗传来，湘乡各处纷纷悼念亡者；而曾国藩个人对失去自己的弟弟和勇将李续宾则更感悲伤。[2] 从纯军事层面的影响而言，如曾国藩所说，湘军失去了这股精锐的战力，李续宾在仅仅三十七岁的年纪阵亡，使曾国藩在塔齐布和罗泽南（罗死后其所部几乎全部归由李续宾所辖）之后，又失去了一位最为得力的干将。对李续宾寄予厚望的清廷为这位逝去的英雄追赠总督衔，他的两个儿子也被加封高官。[3]

湘军这次惨败显然有三个方面的原因。首先，李续宾没有策应和后援，而孤军深入敌方的阵地，犯下了一个典型的战略错误。其次，他的部队因不断留城驻防而人数减少，最终被太平军超过二十倍之多（同时，太平军在三河的守军中有数千骑兵，而李续宾却没有[4]）。第三，他们进入皖北地区后过度的劫掠，使部队丧失了攻城略地的斗志，削弱了他们的战斗力。[5] 因此，从一开始，太平军便注定会取得三河镇战斗的胜利。

战后，陈玉成和李秀成分别出发追击游荡的湘军残部，二人随后又会合，再度占领桐城，之后又向南经略皖北的西南地区。而由于后方的威胁不断增加，都兴阿、托明阿和鲍超不得不放弃对安庆的包围，向西撤退，而陈玉成则步步紧逼。李秀成从另一路再次攻占了太湖及潜山，然后折返急行军，救援陈玉成。此时陈玉成的先锋军在与都兴阿和托明阿的交锋中两战两败。[6] 当陈玉成和李秀成的联军在反击中第三次失败的时候，他们选择了撤退：陈玉成撤往安庆，李秀成退往黄山（巢县境内）。就这样，皖北的战事暂时告一段落。

---

[1] 李秀成状、王闿运书第三卷、郭廷以书第一卷第593—595页以及《胡文忠公遗集》第三十二卷中胡林翼的奏折。胡的奏折全文转录于《全史》第三卷第1642—1643页。
[2] 曾国藩《书札》第七卷致唐书及第八卷复左书。
[3] 陈继聪书第六卷（李续宾传）。
[4] 曾国藩奏折。
[5] 这第三条原因为郭廷以在其书第一卷第594页中提出。
[6] 李秀成状。

捻军出走[1]

　　李秀成趁着战事稍歇，在黄山欢度农历新年，就在这时，他接连听闻旧捻首李昭寿和薛之元叛降的消息，这意味着太平军丢失了天京对岸、长江北岸的全部占领区，清军的紧密包围卷土重来。李秀成于1859年3月中旬紧急返回天京，试图挽回局面，然而此时大局已定。

　　李昭寿本来于1858年夏天受李秀成之命驻防滁州和全椒，之后李秀成便赶往了三河。当时，清军胜保部正在皖北北部和张洛行率领的捻军作战，机缘之下，胜保截获了李昭寿未随他投靠太平天国的年迈老母、正室妻子和儿子。胜保善待了他的家眷，而这些家眷也成为胜保和李昭寿于8月最终达成约定的渠道。10月，胜保从南部袭扰李秀成的后翼，李昭寿则按照约定，举滁州和全椒献城投降。作为回应，胜保接纳了李昭寿和他一万八千人的部队，将他们编为清军一营，授李昭寿（此时改名为李世忠）参将之衔。[2]

　　李昭寿的投降对李秀成而言是一记痛击。李秀成纵然坐镇远方，也一直对这位叛将钟爱有加，甚至不惜引起其他将官的嫉妒与不满。而这都是出于李秀成对他深刻的感激之情。李秀成从未忘记，在内讧纷扰、天国几于倾覆的黑暗日子里，是李昭寿劝服了同为捻首的张洛行、龚得树和薛之元等人，共同与太平军结为同盟。这个同盟把李秀成从桐城的绝境之中挽救出来，并最终为太平军重新掌握皖北创造了可能性。但是，李昭寿生性狂野，难以驯服，为人又现实，未受太平天国革命事业中的精忠意识所洗染。他的捻军吵闹散漫，肆意劫掠滋扰百姓，还不断虐罚地方官吏，并通过各种手段勒索钱财。尽管如此，李秀成却并不对李昭寿加以责罚，认为自己对这位桀骜不驯的盟友坚定的善意和宽容，最终能够换来他更为全心全意的合作。然而，李昭寿一直担忧的是有朝一日，李秀成或者众所周知的对捻军加入更为不满的陈玉成会对他们展开清算（李昭寿刻意避免与陈玉成见面[3]）。也许，这正是李昭寿对胜保的诱降真正动心的最主要原因。

---
[1] 本节为《全史》第三卷第1645—1649页之概述。
[2] 罗尔纲《忠王李秀成自传原稿笺证》第一版第84页引张瑞墀《两淮戡乱记》。
[3] 李秀成状。

李秀成很难理解真实的内情，甚至在李昭寿投降之后，还悄悄地把他的二房妻子从天京带还给他，并随行致信，强烈要求他回到己方的阵营来。①

李秀成的请求很快就得到了事实上的回应。李昭寿把原来也是捻首，现在受天王之命驻防江浦的薛之元也拉了过去。②随着1859年早春薛之元举江浦投降清军，太平军丢失了所有长江以北的城市，天京第三次陷入清军紧密的包围之中。③

皖南的零星战事④

1856年12月28日邓绍良收复宁国后的两年间（当时陈玉成紧急率军北上支援李秀成，太平军实质上放弃了宁国），安徽南部地区仅有零星的战事发生。当时，整编后的太平军左军主将李世贤负责皖南军务，他于1858年早春进攻宁国，但是并未得手。在更靠南的地区，杨辅清也有过一些军事活动，他那时刚从石达开在福建的远征军中出走。后来，他在与清军一次接战之后，撤退到了江西境内。⑤这时已到了1858年夏天。当年秋天，李世贤率军向东进入江苏，一方面袭扰和春在天京的围城部队，另一方面策应李秀成在皖北的行动。他成功进攻了天京城南的溧水，迫使和春的副将张国梁紧急从扬州驰援。之后，李世贤又返回皖南，准备再度进攻宁国。这一次，邓绍良无法与之争锋。12月15日，李世贤阵前不断取得大胜，击破了邓绍良的大营，还当场击杀了邓绍良本人。清廷任命郑魁士为浙江提督，接管宁国地区的指挥权。郑魁士较邓绍良能力更强，他很快就把李世贤赶回了芜湖。皖南的战事到此也暂告一段落。

重占江北⑥

李秀成准备在他的堂弟李世贤皖南部队的协助下，重新控制长江北岸。

---

① 《太平天国文书》。另见《全史》第三卷第1647—1648页。
② 见《文献总编》第十五卷天王授命薛之元的手写信件，影印件见《通考》第一卷第74页。
③ 薛之元投降事见萧盛远书及和春奏折（载于《东华续录》）。
④ 本节为《全史》第三卷第1649—1654页之概述。
⑤ 天王的族弟洪仁玕正由此路过，前往天京（见第十六章）。1859年春，杨辅清接替蒙得恩，被任命为中军主将。
⑥ 本节为《全史》第三卷第1661—1678页之概述。

但是，当他在浦口和江浦两次败在江南清军将领张国梁和李若珠手下之后，他决定再次向陈玉成求援。陈玉成此前一直以安庆为大本营，在皖北的南部地区作战，并于1859年3月上旬占领了六安。但其实他最大的战果，还是在3月20日击败并且生擒了代理巡抚李孟群（朝廷正式指派的巡抚翁同书尚未到任）。李孟群被关押在庐州，而且得到了优待。陈玉成有一次去看他，很有礼貌地请他共进晚餐，试图劝他投降。这位年仅三十岁，年轻气盛的巡抚傲慢地予以拒绝，还拿碗砸向陈玉成，表示轻蔑。陈玉成被彻底激怒，立刻下令杀死李孟群。① 后来，当李秀成求援的消息传来，他立即率兵往援，还击败了在途中遇到的胜保的部队。

到了1859年4月中旬，陈玉成和李秀成再一次在江北会师。这时，钦差大臣和春刚刚接替被褫夺官职的德兴阿负责江北军务，他派李若珠作为自己的私人代表驻守六合，现在他的副将张国梁也开始防备陈、李合军后对浦口和江浦的反攻。② 陈玉成于是便将注意力转移至其他的城市，他和韦俊一起在江北的六合、扬州、天长等地四处出击。6月，陈玉成加封英王，其中军主将的职衔交给了吴如孝。就在这一年的夏天，当陈玉成进攻来安和滁州时，吴如孝也从庐州出兵，在捻首龚得树的协助下进攻定远。新到任的皖抚翁同书兵败，在苗沛霖的团练民兵的保护下撤往寿州，吴、龚则占领了定远。吴如孝此后继续推进，在当年秋天与胜保的部队几次接战，自己也在战斗中负伤。

与此同时，陈玉成和韦俊于8月20日解除了对滁州的包围，转向和州。在和州时，陈、韦二人发生口角，此后韦俊撤退到了长江南岸的池州，而陈玉成则回到庐州，指挥该战区的军事行动（可能是因为吴如孝因伤无法再履行职责）。在庐州，陈玉成再次体现了战术家的谋略技巧，他派龚得树佯攻扬州，自己也随军至三汊河。陈在那里埋伏，直到李若珠领大部队往援扬州。此时，陈玉成从三汊河向李若珠在六合的大本营发动猛攻，打得这支江南派来的清军增援部队四散而逃。此后，到1859年11月1日李若珠亲率部队返回时，李秀成也加入了战斗，和陈玉成一起对李若珠在六合

---

① 陈继聪书第八卷（李孟群传）。
② 萧盛远书。

的本阵大营发动进攻，一次胜仗就消灭了清军三千人。李若珠和他的几名亲兵扮作太平军，侥幸逃脱。至于被他无耻抛弃的部队，仅有数千人生还。六合一战，清军损失总计超过五千人。①

11月21日，陈玉成和李秀成再次进攻浦口和江浦，这一次他们对江南派来的清军取得了重大胜利，击杀了湖北提督周天培。至此，长江南北两岸的交通再次被打通，李秀成在其供状中称之为第三次天京解围。此后，陈玉成又回到了安庆。李秀成率军驻守江北，这个任务对他的这支孤军而言是相当艰巨的。1859年12月1日，张国梁渡江来战，攻克江浦，但是他的部队次月初便撤回了长江南岸，从此江北战事稍歇。但是这一阶段，天王开始对李秀成的忠诚产生怀疑，这也给李带来了新的困难。李秀成的母亲、妻子和儿子都被监禁作为人质，李秀成也被禁止带领部队返回天京。而这一时期，李秀成在粮草供给渐渐减少，又没有援军的情况下努力困守浦口。就在此时，他的对手李世忠（即原来的捻军盟友李昭寿）也给他寄来措辞亲切的长信，劝他投降。天王听说了关于这封长信的事，考虑到李秀成一旦投降其后果不可想象，便忽然转变了对他严苛的态度。于是，李秀成被晋封忠王，天王还亲自手书"万古忠义"褒奖他。②这件事发生在1860年1月，当时洪仁玕刚被加封干王，总理朝政，还是太平军的最高统帅，他正在天京接管朝政。李秀成立刻找到了洪仁玕，两人商定了一个一次性拯救天京危局的大战略。

曾国藩转战赣皖

1858年11月湘军于三河镇惨败之后，本来回乡为母尽孝的胡林翼立刻回到了湖北，接管当地军务。清廷也给在江西潜江的曾国藩一道命令，授命他收复江西和皖北，至于先后顺序则由曾国藩权衡定夺。从局面上看，清理赣东的杨辅清和石达开率领的太平军较为容易，因此曾国藩派张运兰和萧启江前往应对这两股太平军。而曾国藩则着力制定一个收复皖北的详细计划，待江西全省平定后再付诸施行。在他的计划中，大量的陆军和支

① 萧盛远书。
② 李秀成状。

援水师都将参与，而此时他还增加了一个新的兵种——马队（骑兵）。①湘军马勇（尤其是后期的马勇）主要招募自河南，这主要是因为胡林翼曾警告说南方人不善骑马。②在计划制定好之后，曾国藩将大本营移至抚州，亲自指挥对杨辅清的作战。

张运兰用了好几个月，试图将杨辅清和他的部队从景德赶走，但即便是在1859年春天在刘于浔一营水师的帮助下也没有成功，战事陷入僵局。到了7月初，曾国藩派了他的弟弟，刚从湖南销假回营的曾国荃率领五千八百名新勇前往景德。7月13日，当张运兰、刘于浔、曾国荃及其所部诸将的联军（包括闲散两年无事的朱洪章）展开全面进攻时，杨辅清认识到他的部队数量远不及清军，便下令撤退至浮梁城。但是湘军步步紧逼，杨辅清只得马不停蹄地逃离了江西，向皖南的祁门移动。是役，太平军损失约万余人。因为这场胜利，曾国荃被擢升道员。③

与此同时，萧启江也把石达开逼入了广西。此时，江西全境平定，曾国藩则转向湖北，于8月初从抚州来到南昌，9月底又转到武昌。在武昌，他向湖广总督官文以及湖北巡抚胡林翼介绍了自己的战略计划。按照该计划，他们将分四路东进：（一）曾国藩率其亲兵同曾国荃部（曾国荃在湖南招募）一起沿江北至安庆；（二）多隆阿和鲍超率部由太湖和潜山兵发桐城；（三）胡林翼部由英山和霍山取舒城；（四）李续宜（李续宾之弟）则从北路进入战区，准备进攻庐州。

计划获得了一致同意，于是在当年冬天，四路部队分别进发。但是，1860年1月，陈玉成会同其捻首盟友张洛行和龚得树由桐城西出，试图解救他的手下干将，驻守在太湖的刘玱林。因此前三路清军奉命会合，阻截来犯的大股太平军。多隆阿首先与太平军接战，遭遇惨败。陈玉成的部队随后所向披靡，并且在小池（太湖和潜山之间的一个小镇）包围了鲍超的部队。1月16日，小池之战正式爆发，太平军占有绝对优势，但是曾国藩和胡林翼动用了一切力量救援鲍超，双方激战一个月之后，陈玉成不得不退

---

① 罗尔纲《湘军新志》第99页，转录于《全史》第三卷第1670—1671页。
② 朱洪章，《从戎纪略》。
③ 曾国荃此役获胜归功于采纳了朱洪章的建议，但是曾在报告中却刻意忽略了朱在此战中的重要作用。见朱洪章自传。

回安庆。① 于是，潜山和太湖陷入隔绝，落入了清军的手中。② 此后，随着陈玉成受天王之命经庐州东去，去支援解救天京危局的战略，皖北被太平天国彻底放弃。③

再失池州④

1859年7月，杨辅清在江西景德兵败，并撤退到皖南的祁门；到了这一年的秋天，他又率领大军转向池州，并沿途消灭了许多乡县的团练乡勇。这时，之前因与陈玉成不和，自皖北分军而出的韦俊也刚到池州。此前，韦俊的堂兄韦昌辉主导了刺杀杨辅清的哥哥杨秀清的行动，此后经年，痛楚与猜忌始终萦绕在韦俊和杨辅清之间，韦俊害怕杨辅清此次来池州其实是为其兄寻仇，而这种恐惧始终无法打消。除了李秀成（此时远在天京），韦俊并无好友，在级别和权力上，他也比杨辅清低，韦俊所见唯一能保全自己和全军性命的希望便是投降清军，因此他于10月29日举池州一城向杨载福的湘军水师投降。数日之后，韦俊还派出了手下的四名将官刘官芳、古隆贤、赖文鸿和黄文金占领芜湖，献给清军。但是，这四位将军仍然忠于太平天国的革命事业，转而率军闪击在池州的韦俊，让他们之前的指挥官陷入了不得不向湘军求援，从自己旧部将的手中保全性命的尴尬境地。杨辅清此时也赶来，并且得到了四位将军的全力支持。12月，他们合军共两万余人，倾全力进攻池州，在12月24日从彭玉麟和韦俊手中夺回了该城。韦俊及其残部随后被纳入湘军水师，为杨载福麾下之一营；太平天国方面，韦俊右军主将的职位由刘官芳取代，以表彰他此番对天王英勇无畏的忠诚义举。

数月之后，刘官芳和杨辅清与李世贤一起合军进攻宁国，皖南各县也偶有战事。此后，三人都回到天京，准备对和春的包围部队发动总攻，放弃了皖南的很多城市。

---

① 鲍超目不识丁，只会写自己的名字。有资料说，他向曾国藩发的求援信上只有一个被许多圆圈包围的"鲍"字。曾国藩一见马上会意，对手下说"老鲍陷重围矣"，遂发兵相救。
② 据朱洪章所说，小池的太平军陷入重围又无路可退，纷纷跪地投降。鄂军和湘军士兵残忍地杀害了四千余名太平军士兵，还抓了两千俘虏。
③ 和春1860年2月8日的奏折中提及了天王的命令。见郭廷以书第一卷第1679—1683页。
④ 本节为《全史》第三卷第1679—1683页之概述。

第十六章

洪仁玕的崛起
（1859—1860年）

太平天国九年三月十三日（1859年4月22日，咸丰九年三月二十），洪仁玕步入天京天王府，觐见他的族兄天王洪秀全。这是十年之内，兄弟二人首次相见，而这一天也为这场革命运动的历史掀开了崭新的一页。天王因能为解决天国领导层的危机找到如此合适的人选而倍感欣慰，一个月之内，给洪仁玕加封了各种头衔，并任命他为政府的最高首脑。而在这个关键的时刻忽然再次出现之前，洪仁玕的全部精力可以说都在为革命事业做着准备。他的执政在政治、社会、文化和宗教等方面，都对这场革命运动有着深远的影响。因此，我们有必要专门拿出一节，来介绍他在1859年之前的人生经历。

洪仁玕的早年经历[①]

洪仁玕（原名谦益，号吉甫）于1822年2月18日（道光二年正月二十七）出生在广东花县官禄㘵村，比他的远房族兄洪秀全小九岁。[②] 两个人形如亲兄弟，而且洪秀全还有可能在私塾里做过洪仁玕的先生。洪秀全

---
① 本节为《全史》第三卷第1683—1716页之概述。
② 关于他们之间确切的关系，可参见《全史》第一卷第15页之洪氏族谱。

生癫病的时候,当时十六岁的洪仁玕便是拜访洪秀全的人中最虔诚的一个(这解释了为什么多年过去,洪仁玕仍然可以凭借他当时的个人印象,描述族兄的精神状况)。和他的族兄一样,洪仁玕也是屡试不中,随后在乡里私塾教书,同时自修儒家经典、文学、药学和历史。

1843年,二十二岁的洪仁玕与另一名亲戚冯云山一起由洪秀全施洗,皈依了这种新型的基督信仰。洪仁玕热心地追随较他更为年长的两位亲戚,开始狂热地捣毁家中的孔子像以及私塾里的孔子牌位。当然,他也因此受到村人的责罚,还被自己的哥哥在家中毒打。一年后,当洪秀全和冯云山从村中出走时,家族里的长者禁止他追随洪、冯二人(洪仁玕的供状中说,其原因是他尚有年迈老母)。这位年轻的信徒于是便在邻近的清远县教书,并且在那里不断传播新的信仰,在之后的几年内成功地发展了五十多名信徒。洪仁玕所在学塾的孔子牌位并没有被捣毁,据韩山明所说,是因洪仁玕"小心软弱,竟听友人之劝,许其学徒拜奉孔子,惟其自己则不拜而已"。[①] 但是在学生宗教信仰的皈依问题上,他从施以高压到耐心劝诱,虽然从一方面而言有其在官禄㙟的经历方面的原因,另一方面也是他作为政治家的优秀才能在革命运动早期的体现。他与生俱来的适应现实环境以达成目标的能力,与他堂兄的那种坚毅固执不同,这种能力也是他作为太平天国的领袖大为成功的原因。

在意识形态方面,洪仁玕是族兄忠诚的信徒,毫不动摇地专心于革命运动,并且完全赞同族兄的宗教理念。他们在认识上的相同点,得益于二人在1845—1846年间常有的促膝长谈,那时洪秀全正从广西回到家乡;也受益于1847年春天,两人一道到广州去见美国浸信会传教士罗孝全。此后,洪仁玕在清远教书,而洪秀全则在广西准备发动起义,一年之后二人方得再见,那时候洪秀全已返回家乡,与冯云山最后商定举事的细节。1849年夏天,洪仁玕仍然囿于教书的义务和家庭的责任,未能参加起义,但是他为洪秀全和冯云山资助了盘缠,并向他们承诺,一旦有机会就会尽快追随他们。

[①] 韩山明,《洪秀全的异象》,第29页。

1851年的早些时候，机会来临了。洪秀全派来护送他自己和冯云山的亲属到广西营地的第二位密使江隆昌来到了官禄㘵。洪仁玕这一次做出了回应，带着大约五十多人一起出发，到了桂平县。当其他人发现太平军已然放弃桂平，并因此返回广东的时候，洪仁玕（化名姓侯）和两位随从自行出发追赶太平军，但是他们没走多远，就遇到了清军设卡阻截。与此同时，在花县，接到清朝统治者命令的士兵们正忙着刨开洪氏祖坟（破坏风水以扰乱洪氏一族的好运），在村落里肆意敲诈洪氏族人的钱财，而且大肆抢劫，以此来惩罚起义的领导者。留在村内的冯云山的家人，他的母亲、兄弟、幼子和叔父都被抓了起来，但是从广西折返的洪仁玕却成功地解救了冯的妻子、两个儿子和一个侄子，把他们隐藏在清远的某处秘密所在。洪仁玕又从那里出发，试图逃过清军的巡弋搜索，与冯的长子（名芳）及侄子（名树）一起去广西，但是最终也告失败。到这个时候，包括他的妻子在内的冯云山的大部分族人都已经被捕，他的叔父也已死在狱中。冯云山的长子最终也遭到逮捕，可能和其他族人一起被处决。冯氏一族只有冯云山的次子和侄子侥幸活了下来。

1852年的早些时候，天王的特使江隆昌又一次出现，护送更多的亲属和信徒前往广西。但是由于他热心革命，并未完成护送任务，却在清远县纠集两百余革命者起事。江仅在广西参与过几场战斗，此外便毫无战斗经验，且并不知道愚勇冒进和准备不足的严重后果。在他的部队还没有完全集结投入作战之前，清军便将这场起义镇压，杀掉了江隆昌和在场的五名随从，并追杀了四十多名其他的与事者，最终还抓到了七十多名革命者（都被判处流放）。洪仁玕带着一伙族人赶来时，战斗刚刚结束，他们被当地乡民（可能是乡勇）抓捕，被双手反绑关押在一处屋内。当夜，洪仁玕挣脱束缚，并解开了其他六人的绑缚，带着他们逃进了山中。经过几日艰苦跋涉，他们来到了在另外一县居住的年长又善良的族人家中，然后被老人身为基督徒的孙子带到了一处安全的避难所。[①]

1852年4月，洪仁玕与老人的孙子一起来到香港，在那里，洪仁玕被

[①] 韩山明，《洪秀全的异象》，第29页。

引荐给了瑞典巴色会传教士韩山明。他们就洪秀全、冯云山和其他太平军领袖的经历进行了一系列的长谈,后来,洪仁玕还给韩山明写了一份关于他自己和洪秀全生涯的简述。① 此后,洪仁玕化妆成算命先生,隐藏在东莞一处客家村落里,受到一个姓张的基督徒的庇护和招待。② 他在那个客家村落化名教书一年多之后,于1853年11月又返回香港,开始热心地跟随韩山明学习基督教教义,并以教外国传教士汉语来营生。他于1854年受洗,加入了韩山明的教会。③ 当年夏天,这位新入教的教徒前往上海,试图找到进入天京的方法。他的旅费由韩山明预先支付,而韩山明打算通过卖掉正在刊印的他与洪仁玕的对话录及洪仁玕手书,来回收这些旅费。很不幸的是,1854年洪仁玕离开后不久,书稿尚未出版之时,韩山明便去世了。④

在上海,外国人拒绝洪仁玕搭乘他们的船只,后来,连占领上海的天地会也拒绝为这个陌生人说情,因为他既没有身份文件,也没有任何东西可以证明他所声称的与天王之间的关系。所有从上海进入天京的希望都破灭了。看到自己的计划受挫,洪仁玕便找机会进入了伦敦传道会兴办的墨海书院供职,并在其中学习天文学、数学和其他科学知识,引起了伦敦传道会教士麦都思、艾约瑟(Joseph Edkins)、慕威廉(William Muirhead)、杨格非(Griffith John)以及美国公理会教士裨治文等人的浓厚兴趣,并且与他们交好。所有这些人都对太平天国抱有同情的心态。

当年冬天,洪仁玕返回香港,这一次却是以伦敦传道会会员的身份——先是以教授传教士中文的老师的身份,后来又成了传道员和讲道者。⑤ 他的文化成就、个人品格、道德素养和作为基督教工的成就,得到

---

① 这份题为《洪秀全来历》的稿件,刊登在《逸经》第25期及其他一些文献上。
② 见张祝龄牧师为《太平天国杂记》所作之序,及其刊于《逸经》第8期第16页上的信件,其中回忆了他们的旅程,还评价了洪仁玕的书法。是张的祖父把洪仁玕藏了家里的私塾之中,而他的祖父也追随洪仁玕到了天京(再也没有归还)。
③ 在前注提及的张祝龄所作之序中写道,洪仁玕在伦敦传道会的教堂受洗,这可能是把洪仁玕受洗的教会和他后来在上海确认其为伦敦传道会一事混淆了。韩山明声称,是他为洪仁玕施洗的(第63页),克拉克(Prescott Clarke)最近在巴色会1854年1月的档案中发现了韩山明递交的报告,其中列有洪仁玕受洗事,此事也因此得到佐证。
④ 这本名为《洪秀全的异象和广西叛乱的起源》的书,并未受到使太平天国出版物日益激进的宗教和政治热情的影响,成为阐述洪秀全早年生活和他的这场革命运动起源的最为真实可信的史料。
⑤ 洪仁玕的第一份供状。

了更多人的一致好评，其中便包括理雅各（James Legge）、湛约翰（John Chalmers）、合信（Benjamin Hobson，医生，马礼逊的女婿，天主教来华传教的早期传教士）以及其他许多外国友人和同僚。① 当时的《传教杂志》这样记录道：

> 未几，彼（洪仁玕）即博得该会西教士及华教徒之信仰与尊敬。因其文学优良，得人敬重，其性情温良易与可爱，而其头脑与素性则灵敏机警，善于应变，且多才多艺，为在中国人中所罕见者。至于他对于基督教义理之知识，亦随时增进，渐至所学甚丰，而其对于真理之诚心笃信确无可疑。②

《陆路记录报》也刊载了另外一篇类似的褒扬他的报道：

> 他（洪仁玕）与中国基督徒每次之接谈，均可称为具有启迪教化之功能的，大足以提高其清洁与兴起其热诚。对于其他的中国人，他是一个努力的宣教者，具有无畏的精神，不惮指斥（暴露）其谬误，劝勉其悔改而信福音。对于一般青年，他的感力尤为有益。其实，凡人无论老幼，诚如湛先生观察所得云："你每见有人与洪仁（传教士认为这是他的名字）长谈或常谈，你可确知必有些好处从中发生。"③

从 1855 年到 1858 年，洪仁玕一边从事教工工作，一边努力提高自己的修养。自然科学、政治管理、实用经济学、军事科学，以及各种西方科技的不同方面，都没有逃过他的注意。而且，这位使用传统中医疗法的业余医生，也没有漏掉医学传教士带来的现代医学知识。但是，他在智力层

---

① 洪仁玕《资政新篇》中还提到了俾士（George Piercy）、觉士（Josiah Cox）、宾惠廉（William C. Burns）、伟烈亚力（Alexander Wylie）、密迪乐、花兰芷（John B. French）、高第丕（Tarleton P. Crawford）、晏玛太、赞臣（Francis C. Johnson）、卦德明（John W. Quarterman）、黎力基（Rudolf Lechler）、韦腓立（Phillip Winnes）、叶纳清（Ferdinand Genähr）及韩士伯（August Hanspach）。
② 引自吟唎书第一卷第 225 页。
③ 同前注第 242 页。

面最为突出的成就，便是将中国传统经典中的智慧与传教士为他阐释的圣经中的真理巧妙地结合起来，这从他今后精妙的诗文、公告及宗教文献中可见一斑。可以很公平地说，洪仁玕的独特视野抓住了西方与中国的文化精髓，已经成为当时中国最为博学的学者。①当然，对于要肩负宗教、政治、文化和军事等多重责任的太平天国政府首脑一职而言，没有人比洪仁玕更为合适。

来到天京

1858年下半年，洪仁玕的母亲病故，阻碍他去天京投靠天王洪秀全的最后一道枷锁也随之消除。徒步穿过粤北与江西，这位孤独的旅行者对他此行的使命与目的不怀丝毫的疑惑，就像他的供认状以及他和香港教会的往来书简中所说的那样，他的目的除了向他的族兄报知亲族的近况，更重要的是要寻找一条向他的国家传播真正的基督教的道路。他的传教士伙伴们从一开始就认准了，太平天国的革命者们作为使中国归信基督的媒介具有得天独厚的条件，但是对他们信仰中那些不纯正的元素感到困扰，因此在洪仁玕动身北行的时候，中国的基督教团体均对他寄予厚望，希望他能够成为太平天国的马丁·路德。②在实际行动方面，伦敦传道会的湛约翰牧师还热心地为洪仁玕捐助了一百元的盘缠。③

行至江西饶州时，困顿疲惫的洪仁玕入湘军一营随行，后来到了秋天，杨辅清的太平军进攻这营湘军，并将其击溃，洪仁玕也只能丢弃行李，绕路逃跑至湖北黄梅县。在黄梅，洪仁玕为县令的侄儿治好了慢性头痛，县令对他尤为感激，给他许多报偿，他便用这些钱买了一大批货品，准备乔装成商人，顺流从龙坪直下天京。④就在这个时候，1858年12月12日，正由汉口赶往上海的英国全权公使额尔金伯爵来到黄梅，洪仁玕抓住机会，

---

① 在同时代的人中，曾国藩和其他一些儒士自然在国学方面优于洪仁玕，而耶鲁大学的第一位中国毕业生容闳则带着更多的西方知识回到中国，但是洪仁玕中西兼修，世无所及。
② 张祝龄序。
③ 洪仁玕在其第一份供状中仅说从某外国友人处得到一百元馈赠，但在后来的供状中确认为湛约翰。见萧一山《清代通史》第三卷第288页。
④ 据洪仁玕的第一份供状。后来的供状中说他在饶州曾滞留数月，在某郑姓广东水师军官手下做幕僚及教师。萧一山引述此说，还说郑某安排送他到湖北罗田（第三卷第285页），洪仁玕最终在太平军一个名叫黄玉成的军官的护送下，从安徽进入天京（第三卷第288页）。

登上了他的战舰,并安排舰员带书信给他在香港的英国友人湛约翰,汇报此行之经历。①

洪仁玕最终于1859年4月22日进入天京,他这场可以说起始于十多年前的长途跋涉,在经历了无数困苦与危险之后,终于圆满落幕。当然,他也得到了与之相应的奖赏。在兄弟相见的欢悦之情中,天王立刻封他的堂弟为"干天福",两周之后就跳过"天安"一级,晋升他为"干天义",并加主将衔。洪秀全显然仍沉浸在兄弟相会的喜悦之中,再加上又为运动找到了一位这样合格的领袖的喜悦,此后仅过了三天,终于给他晋封王爵,封洪仁玕为"干王精忠军师",从衔级和实权上都与当初的东王杨秀清相仿。②根据某份外国报道,洪仁玕继杨秀清之后,也被称为"九千岁"。③

洪仁玕警觉地意识到,他受封王爵还是内讧之后的首例,便谦虚而真诚地屡次婉拒,恐怕后来者未曾为天国效力就骤封王爵,而引来老将官们的嫉妒与非议。洪秀全则更害怕中央政府的权力真空,反而赐给他更多头衔:"僚部领袖"(文武官员的首长,同政府首长)、"文衡正总裁"(国家科考总考官)、"吏部正天僚"(掌管官员任命考核)及"综理外交事务大臣"等;洪秀全还特别命令,"要天下人归其节制"。④这些封赏使洪仁玕毫无疑问地成为太平天国的最高职权拥有者,但是,为了增加他作为革命者的威望,洪秀全还亲笔训谕,将洪仁玕对革命事业的执着和忠诚与已故的冯云山相比,历数了洪仁玕为上帝、基督和天王忍辱负重的事迹。⑤

洪仁玕在此后的六年中虽然身居高位,但是他的个人品格、道德素养以及基督信仰都不曾受到污染与侵蚀。他的很多外国友人都多有记录,包括呤唎,他后来这样写道:

> 我与其密切相交数年之久,可证明其为人不特是一个好基督徒,而且抱有最可敬重的宗旨,具有十分开明的头脑,而兼是透彻

---

① 呤唎书第一卷第226页。
② 洪仁玕的第一份供状。
③ 《北华捷报》1860年7月14日第520期。
④ 洪仁玕在其第一份供状中罗列了这些职衔。天王命令原文引自李秀成状,李对此颇为嫉妒,说洪仁玕从未提出过任何计划。
⑤ 《英杰归真》。

开化的。①

他的传教助手杨格非在苏州相会之后也这样说道:"我们对于干王均甚喜悦之。他关于基督教真道的知识是奇博大、奇正确的。他十分恳切尽其所能,以传播真纯的基督教于其人民,而改正其现行的错谬。"②

唯一对他的声望有所影响的事件,便是外国殖民地流行的一个传言,说洪仁玕变成了一个重婚者。就连他的一些传教士朋友也对此信以为真,而当时的英国副领事,在天京长期访问且与天国高层建立了紧密联系的富礼赐(Robert J. Forrest)对此流言着重进行了否定:

我要说侍奉干王的是女性(依照太平天国的习惯,从天王到诸王,每人的府中都是这样),但我必须否认某种源于别的渠道的捕风捉影,即认为这些女子要么美貌动人,要么是在仆役之余还做些其他的什么事情。也许我比任何别的英国人都更多地见到干王和太平天国的人士,因此我所说的也便有几分可信。③

国家建设的计划

在掌权不久之后,洪仁玕便向天王提交了一份长篇奏折,建议推行更为合理的宗教理念,并且详尽系统地阐述了他的政治理念。这份奏折仅做了很小改动之后,便以《资政新篇》为名颁布,作为太平天国国家建设的总

---

① 吟唎书第一卷第242页。
② 吟唎书第一卷第294页引致蒂德曼(Tidman)书。杨格非其他类似的评价,见《北华捷报》第518期及第520期。
③ 原文引自《北华捷报》,转引自布莱基斯顿(T. W. Blakiston)《扬子江上的五个月》第三卷第52页。鉴于其在天京停留的时间及文章所属日期较晚,由此可以推断,富礼赐所反驳的应该是艾约瑟在1860年9月1日的《北华捷报》第527期上发表的报道中对洪仁玕所做的指控。富礼赐为洪仁玕所做辩解的真实性,也可以从罗孝全处得到佐证。罗孝全在和他之前的学生反目之后,怒气冲冲地回到上海,写了一篇攻击性的文章,谴责太平天国的领袖以及他们虚假的基督信仰,但是对洪仁玕的重婚却只字未提(罗孝全在天京的绝大部分日子里都是干王府的座上宾,如有这种情况他不会不知)。后来,罗孝全确实在一份声明中指责洪仁玕重婚,但以笔者所见,这份声明可以忽略不计,因为它很可能是受到艾约瑟的影响而做的,而艾约瑟可能还劝说过理雅各,让他也这样做。

纲，在条件合适的前提下逐步推行。其内容可以总结为三个主要类目，即政治、经济和社会，下面详细进行论述。

政治

一、经营国际关系（洪仁玕还递交了一份考察各国情况的报告）；

二、清除政治朋党和小集团；

三、政治权力集中化；

四、消除官僚腐败，如卖官鬻爵、收受贿赂等；

五、建立民主政府（大约和之前的《天朝田亩制度》所规划的相仿，但在组织民兵、清扫街道、在地方保持社会秩序、为伤残者提供支持及埋葬死者等方面，提出了很多细节措施）；

六、施行各级政府的独立会计制度；

七、在民间组织和建立机构和团体，促进慈善和教育活动；

八、建立新闻制度，并设立"暗柜"（意见箱）来听取民众的声音，向民众发布各省及各国新闻（由新设立的新闻馆官员收集），为积极正面的舆论力量（如惩恶扬善等）提供施展的机会；

九、更为保障个人权利，尤其是犯罪者只惩罚其人，不连坐其家人；

十、在全国建立邮政系统，每二十里设立一处邮局；

十一、准备允许外国商人入国经商，但对进入内地意图传播科学知识或基督教的外国人加以限制；

十二、改革牢狱系统，对所有犯人施行人道对待（此处有一旨在弱化牢狱污名的建议，即允许犯人在其他乡县从事苦役，以替代服刑；另一建议是死刑的处刑方式均为吊死，而不再使用其他过于残酷的处刑方式）。

经济

一、以蒸汽船只、铁路和新的高速道路系统为基础，在全国建立一个现代的运输网络，其中每省有一主干道，再向各乡县分出支线；

二、鼓励科学发明与创造，向发明人提供最高十年的专利期；

三、制定分利法规，鼓励矿业发展，发现矿藏者得利20%，运营者得利 60%，政府获利 20%；

四、设立银行，发行钞票；

五、以政府的调查为基础，疏浚河流；

六、施行房屋建造规范（详细规定了房屋的大小、样式、允许建造的地点、施工方的资质，并严禁规划时进行占卜吉凶等迷信活动）；

七、在各省、乡、县设立公共财政金库，负责民政和军政的支出，对贪污受贿者实施新的惩罚措施；

八、重新梳理海关和税务征收系统，所有收入每周入库，严厉打击并消灭挪用公款的现象；

九、建立对人和财产的保险系统。

社会

一、消除不良的社会习俗和习惯，其中包括酗酒、吸烟（烟草及鸦片）、禁止演戏（通常认为当时最流行的戏剧会导致道德败坏）、斋禁（佛教修行）以及向死人牌位偶像敬拜等；

二、减少在文学作品中使用夸张和华丽的辞藻，因其妨害真诚坦白地交流思想、感情和知识；

三、将庙宇改造为教堂或医院，以进一步反制偶像崇拜和迷信活动；

四、建立政府组织的公共卫生事业，为广大民众提供药品和卫生教育，为穷人建立医院，由政府雇用的医生向病患免费提供治疗服务（此为公立医疗系统之不可思议的先声）；

五、保护儿童，尤其是立法禁止买卖儿童作为奴隶，或淹死婴儿的行为（贫穷家庭如无法找到没有孩子的家庭收养，或无法安排孩子进入政府设立的孤儿院、儿童福利院等设施，便淹死婴儿，这是他们的另外一种选择）；

六、建立关照肢体残疾者、盲人、聋人、智力障碍者等的社会保障机构（强调教育他们，使他们可以从事艺术或贸易等有用的工作）；为鳏寡孤独建立保障机制（强调对他们加以关怀，并在死后进行掩埋）；

七、矫正民众的坏习惯，包括男人留长指甲，女人缠足，大操大办（丧事、喜事及生日宴），豢养飞禽，斗蟋蟀、蝈蝈以及对珠宝和化妆品等个人装饰品的放纵嗜好；

八、鼓励科学进步，对诸如蒸汽船、铁路、手表钟表、电力、气温计、望远镜、航行仪器、机关枪、六分仪、地球仪以及其他科技时代的代表事物公开赞赏，待之如宝。[①]

洪仁玕的构想显然有两个来源：其一是他在上海和香港与外国友人的对话（他不会阅读英文，排除了他直接阅读英文报纸和书籍的可能）；其二是他对两个通商港口行政和经济规程的个人观察。例如，香港就设有英国的银行和保险公司。当然，他亲身经历的对他的思想影响最大的例子，便是他在论述中提到的书信馆。在现在的口语中，人们还是用这个词，而不是准确的"邮政局"。而且，干王构想的整体能效要高于其各条的总和，整体上不让历代行政法典，与其同时的改革和现代化规划之中，也无出其右者。与他同一时代的英杰如曾国藩、李鸿章、左宗棠等人，都未曾对当时的政治思想做出类似的贡献，也使得洪仁玕为太平天国规划的蓝图成为直到孙中山的国民革命胜利的历史进程中独一无二的社会构想。谢兴尧[②]、彭泽益[③]以及萧一山[④]等现代中国史家均认为，如果这一构想在中国得以实施，中国将提前半个世纪完成现代化，甚至在日本之前成为新兴的世界大国。[⑤]然而，战争时期，四野混乱，革命运动被过早扑杀，导致整个构想无法施行。现今，这个蓝图只是默默地向我们提示着那个激励着太平天国革命运动的伟大理想。

洪仁玕实际的改革措施

洪仁玕这位新就任的政府首脑深知孰事可为，根据太平天国真实的资料以及其他可靠资料的记载，他确实施行了很多改革，在朝中灵活地运用

[①] 论述全文首先发表于《逸经》第17—19期。此后原文也曾发表在《广东丛书》第三系及其他文集中。部分原文的英译，见郑入嘉《太平天国》第45—60页。
[②] 对洪仁玕论述的介绍，见《逸经》第17期。
[③] 《太平天国革命思潮》，第27—38页。
[④] 《青年中国》（季刊），第一卷第2期，彭泽益书第二章注55引。
[⑤] 明治天皇1867年才登基，明治维新的实际开始则为更晚之事。

政治手腕，孜孜不倦地努力，为改善国家而工作，聪明睿智地把自己的理想和现实中可达到的目标结合起来。为了更好地理解洪仁玕对太平天国的重要影响，下文将分别讨论洪仁玕改革的七个要点。

信仰实践

洪仁玕把在中国传布正宗的基督教教义，视为自己的重要任务，因此便不难想象，他的改革中有很多设计太平天国宗教实践的内容。在洪仁玕规划对宗教事务的全新管理方案之前，太平天国仅仅尝试着对集体敬拜活动施行最为基础的管理。呤唎写道：

> 太平天国的神职系统是属于长老会的一种形式。天王既是国王，也是所有人的最高祭司；另外四王在教会里集中居于其下一层，再下还有许多级教务人员，他们都经过特行的极为严格的考试，最终才获得他们的职位。这些考试由其教廷在南京举办，由四位大牧师和四位王主持。①

通过考试的牧师由天王任命，在政府或军中任职，其职责与香港基督教会中的同僚相仿，主要是主持宗教服侍、传道训诫、教授教义以及主持洗礼和婚礼等。他们在服饰上也模仿外国教士：太平天国的牧师与其他中国的精神领袖不同，"（他们）都穿黑色的衣服，年老及位高者在头巾上配有珍珠装饰，以作区别"。② 另一项可以直接追溯到洪仁玕在香港经历的太平天国基督教改革措施，便是向对大人一样，对儿童施洗的制度（尽管浸礼会与其他基督教会不同，不向婴儿施洗）。

较为平和但也许更富于其个人色彩的，是洪仁玕对教礼的改革，其中一点便是允许信徒饮用圣坛上供放的三杯茶，而从此以后，这三杯茶就被认为是对上帝真正的贡献。另外，洪仁玕还告诉信徒，不需要在祷告后把

---

① 呤唎书第一卷第321页。
② 同前注第323页。至于称谓，"牧师"一词直到1861年才在中国的基督教会中使用。见拙著《中国基督教的开山事业》（基督教辅侨出版社，1956年）第21—22页。笔者推测，太平天国所用称谓为"神师"，而此后该称谓只用于军中牧师。见《通考》第三卷第1716—1718页。

写有祷告词的纸烧掉，而太平信徒的这一行为实际上是一种异教的仪式。①更有意思的是，他还改变了太平新徒中常用的祷告词。洪仁玕在对此的修改中，展现了他广博的神学知识及超凡的文学技巧，为民众创制了一套新的日常用的祷告词，其文体之典致，精神之纯洁，甚至超过后来在中国基督教会中听到的那些祷告词。②仅这一功绩，便可以使洪仁玕在太平天国的历史上保有一席之地。

但是，对于洪仁玕而言，任何实质性改革的前提都是纠正他的族兄洪秀全那些不纯正的信条，而正是这些信条，决定了太平基督信仰的形式和内容。③没有人比洪仁玕更清楚洪秀全的固执与强硬，也没有人比洪仁玕更能挑战在年龄、职位和宗教信仰上都高贵优越的洪秀全（须知，洪仁玕和冯云山是洪秀全最初的两个信徒）。洪仁玕为此极尽巧智，小心谨慎地把握平衡，在赢得洪秀全在神学方面的共识的同时，不使他采取保守的反动行为，让一切未来革新的计划功亏一篑。洪仁玕允许洪秀全保持那些并不直接提出核心教义的非正统信条，但在其他方面则勇敢地据理力争，改变洪秀全的错误信仰。因此，洪仁玕默许天王继续称呼耶稣基督为长兄，而自称上帝次子（受命驻在人间），也默许他妄称自己与太阳之间的关系。④博学多识的洪仁玕知道，中国历史上历代王朝的创建者都编造过超自然的说法，而现在这位矢志推翻清朝的天王，以这样一个说法来赢得政治道义，是可以允许和接受的。

而且，天王在对正统基督教教义的理解中还有更为严重的错误，而洪仁玕也不断上书加以劝导，这也体现了他在试图纠正洪秀全错误信仰时令人赞叹的智慧和耐心。例如，由于翻译不准（详见第八章），太平基督信仰中一直没出现过耶和华的圣名，这便是洪仁玕不断谋求改变的最常见的内容之一。另一项内容则涉及三位一体。洪秀全一直拒绝承认这一点，因为它与一神论信仰不合，也与中国传统的关于正确的父子关系的原则冲突。（洪仁玕甚至承认圣父与圣子在世间有血缘关系的可能性，想借此来劝导洪

---

① 《干王洪宝制》。
② 向达《太平天国》第二卷第704—708页，《全史》第三卷第1716—1718页。
③ 见吟唎书第一卷第294页引杨格非致蒂德曼书信。
④ 洪仁玕坚持拒绝承认"天母""天嫂"之类奇怪的创新称谓。

秀全接受三位具有同一神格的信条。①）

洪仁玕进行如此一场艰难的改革需要相当长的时间，而当时的条件并不允许，因此他全部的宗教改革意图就必须由他自己的宣传册中梳理收集。从中我们看到的是一套近乎完美的新教正统教义，其精神内涵大体与圣保罗的神学相合。他所说明的教义的完备与清晰程度，从下面一段文字中便可见一斑：

> 尔云欲拜上帝，不知拜之之道。但拜之之道，内则以神以诚，外则言真行实，做事遵依天条十诫。有罪时加悔改，求天父上帝赦之，天兄基督救世主赎之，以望得天堂之福，求得免地狱之祸。此便是拜。②

洪仁玕的宣传册还努力地将中国传统的道德原则同化入太平基督信仰之中，他在此时的构想远远超出洪秀全在太平天国革命运动初期的那种幻象式的改造（见第八章）。例如，其中详尽阐述了关于如何净化人心的理论（由对外界表面行为的关注，转而关注内在层面通过自律而实现的精神成长），这与孔孟以及宋明理学，甚至王阳明的新学都完美地相合。③这一点及他其他的宗教主张，使得洪仁玕成为欲将基督教本土化至关重要的人物之一。④在那个时代，虽然他作为改革家的长远规划远比其真实成就更为伟大，但是他对太平基督信仰的影响已然相当显著，对之大有助益，他也因此赢得了在香港的旧友们的赞许。

调整太平历

在太平天国第十年的太平历的序言里，洪仁玕向冯云山此前的伟大创制致敬，并且从历史、宗教、社会和哲学先例等广泛的角度，阐释了此前

---

① 《资政新篇》。
② 《英杰归真》第43丁右。
③ 《干王洪宝制·克敌诱惑论》。
④ 关于洪仁玕宗教改革的更多内容，见《通考》第三卷第1905—1927页。

一直印行的太平历法的原则(见第五章)。① 以此为始,他站在权威的角度,全面而理性地讨论了新历法的优越性。但是,洪仁玕也意识到了该历法系统的不足,发现在第九年后,很难将太平历日期与农历或西历日期对应起来。此外,他还认识到并着手纠正这套历法的另一个不足,即对一年长度的误算。太平历法中一年有三百六十六天,而非三百六十五又四分之一天,因此太平历法的一年比一太阳年长出四分之三天,即每四十年多出三十天。而太平历法已经颁行九年,再按年度逐年修订便不甚可行,因此洪仁玕提出了一个名为"斡旋"的系统,即每四十年为一"斡"年,该年有十二个月,每月二十八天。如此便在这一年中减去了三十天,使太平历与太阳历重新契合。另外值得一提的是,洪仁玕以其智慧避免了使用不吉利、寓意不好的"减"字,采用了"斡旋"这个名字。②

文学改革

太平天国此前已然在文学作品中率先普遍地使用了标点符号(逗号和句号),而洪仁玕此时提出了三项改革措施,这远远早于五十年后近代中国学者们提出的文学革命。他的改革措施包括提倡口语化,避免引用晦涩的古代经典,以及返璞归真,反对因夸张修辞而变得烦冗,有时令常人难以理解的经典文学。③

重整太平天国的民族精神

毫无疑问,洪仁玕是太平天国中最为优秀的作家,他的论述、诗歌、文告和奏章,由天国政府分别收集刊印成七本小册。从他对宗教、历史、行政管理、军事科学以及文士的论述,到对政府法规、命令的讨论,甚至无具体主题的个人反思,所有这些论述都以民族精神为系。他的雄辩确实令太平天国后期的革命精神为之一振(他对陈玉成的影响见第二十章)。洪仁玕重新唤醒了革命者推翻清朝统治的斗志,并以孔子在《春秋》中区分华

---

① 《英杰归真》及《通考》第一卷第311—313页。
② 意为纠正错误,恢复常态,见《辞海》。关于对太平历版本的详尽讨论,见《通考》第一卷第343—344页。
③ 《通考》第一卷第302页。

夷之别作为依据，从而成为清初王夫之之后第一个、孙中山之前最后一个引用经典，公开唤醒民众意识的学者。下面的诗句是洪仁玕在天京陷落、自己临刑之前所作，最能体现他的精神与意识：

> 春秋大义别华夷，
> 时至于今昧不知。
> 北狄迷伊真本性，
> 纲常文物倒颠之。①

婚姻法规

从现实操作的角度而言，洪仁玕执政最为突出的一个成就，便是制定了一套有关婚配的法规。在这套法规之下，男女由神师证婚，如果没有神师，则由政府或者军伍的官员证婚，并举办极其类似基督教婚礼的仪式。洪仁玕还修订了婚礼上的祷告词，祈求上帝对新人的祝福，另外还删除了原来祷告词中迷信和异教仪式的残余。呤唎本人与一位葡萄牙女子的婚礼，便是在天京依照太平天国的法规举办的，他细致地描述了太平天国的婚礼仪式："除了没有戒指，它的形式与英国教堂中所举行婚礼的形式，在我们能想见的任何方面，都非常相似。"②

至于其他的法规，所有的婚姻均须在政府特别设立的"婚娶官"处注册，婚娶官则发放一对印有龙（给男方）和凤（给女方）的证书，称为"龙凤合挥"。③太平天国不允许离婚，而结婚则依旧按照他们之前对婚姻的约定，男女自行选择伴侣。只有在重婚一事上，该法规与基督教的实践有所差别。如前文提到的，洪仁玕本人一直只有一位夫人，而一夫一妻制也是太平天国对一般民众的要求，但是显然，洪仁玕对政治现状的妥协让步，使得资

---

① 干王的七本小册子分别为：《资政新篇》（1859）、《己未九年会试题·干王宝制》（1859）、《干王洪宝制》（年代不详）、《士阶条例》（1861）、《英杰归真》（1861）、《军次实录》（1861）及《诛妖檄文》（1861）。该诗引自萧一山《清代通史》第三卷第296页。
② 呤唎书第一卷第317页。
③ 需要说明的是，"挥"字在粤语中的读音为fēi，意为票据或证书，这也是主要说粤语的太平天国领袖们在议定"龙凤合挥"的时候选用这个字的原因。太平天国结婚证书的附件，见《通考》第二卷第十五篇。

历较老的太平军领袖并未放弃多妻的婚姻行为。①

重整考试制度

洪仁玕在《士阶条例》中提出彻底改革政府考试管理制度，这不仅仅是将传统因素和革命因素以他自己的方式重新整合，新的考试制度与之前八年间太平天国所施行的考试制度有了显著的差别。其特征可以简要地归纳如下。

在洪仁玕进入天京之后，洪秀全给他加封了很多官职，主考官（名称已由"天试掌考"改为"文衡总裁"）就是其中之一，太平天国的所有考官都由他节制。新的制度则恢复清制，加设省一级的主考"提考"和府郡一级的主考"提学"。另外，此前太平天国一直执行的是每年一次在天京举行的向全民开放的考试，而新制度与清制相仿，在天京和各省举办考试，三年一次，而府郡的考试则每年一次。除了天京天试的五级功名（状元、榜眼、探花、传胪和会元）之外，其他文武科考的功名均有所变化：②

旧功名	新功名	
文武	文	武
秀才	秀士	英士
廪生	俊士	毅士
拔贡	杰士	能士
举人	约士	猛士
进士	达士	壮士
翰林	国士	威士

新制包括五级逐级递进的考试：（一）每年在乡镇举办的乡试；（二）每年在县里举办的县试；（三）每年在郡中举办的郡试；（四）三年一次的省试；（五）三年一次在天京举办的天试。各级考试均分文武，共同按照相同的总

---

① 《通考》第二卷第1243—1244页。另见罗尔纲《太平天国史料考释集》第338页。
② 见《通考》第一卷第292—293页笔者对肆意改变功名名称一事的批评。洪仁玕在《英杰归真》中所给出的理由并不能叫人信服，而这一变化也无法抵偿失去经过数百年的岁月而附加在原有功名之上的荣誉和尊严所造成的损失。这一改变毫无意义，是过于激进的改革热情所带来的不成熟的产物，它毫无章法地改变一些功名，实在可叹。这项改革与太平官方出版物《太平礼制》中所规定的各种奇怪冗长的关系称谓一样，也是太平天国失败的社会改革中的例证之一。

体章程举办。与这五级考试不同,每三年在天京还有针对想要取得考官资格的官员举办的考试。

如果说太平天国新的考试制度在结构形式上与清制相仿,那么在对考生的关怀和爱护上,太平天国的制度与过往的所有制度都有显著不同(见第八章)。洪仁玕的新制度为每一位前往天京考试的生员提供路费,并为他们提供在天京的住宿和餐食,甚至还包括筷子和每日用的蜡烛。但不幸的是,这一制度除了提供路费和餐食方面,其他并没有得以实现。虽然"秀才"改为"秀士"的制度得以提前实施,而且一些乡下的士子也收到了政府给予的路费,但是彻底实施这一计划的希望,在洪仁玕计划的1864年之前很早已经变得非常渺茫。①

重新整备中央军事计划

1859—1865年洪仁玕在天京的日子里,他一直致力于更好地协调和调度各个战场,加强对中央战区的控制,希望改善太平天国的战略环境。但是,他作为一位战略家的杰出能力,就像他作为文士或宗教家的杰出能力一样,并未给太平天国带来多少实际的收益。他的许多军事计划都和他的政治规划一样,因为国际政治暗流和外部环境的恶化而最终失败。②洪仁玕所提出的诸多战役计划中,只有第一个得到了诸将必要的配合,并在1860年获得大胜。本章余下的几节,将主要介绍这场至关重要的战役。③

天京解围计划④

洪仁玕进入天京时,清军对天京的包围正到关键的时刻。捻首李昭寿

---

① 《通考》第一卷第463页所引沈梓日记。
② 有一项从未得到有效执行的新政(原文见《太平天国史料》开明版第147页),其旨在于彻底消除过于宽松的奉赠荣衔和人事任命的现象,而太平天国诸王过多地建立官府,增设荣衔与职务,从而不断地助长这一现象。1860年,作为中央政治枢机的贵奏官(前引书第114—115页)设立后,中央政府的效率才有所好转,但是无法确定洪仁玕与这一改革是否直接相关。还有一件特别值得一提的事也许与此相关。有一些太平天国的通俗史书(如凌善清《太平天国野史》)中提到,洪仁玕被天王任命为驻美国大使,还记录了他与林肯总统的会谈。这一任命毫无任何证据,洪仁玕也从未离开过中国。
③ 苏均炜、濮友真,《洪仁玕:太平首相》,《哈佛亚洲研究学报》,第20期(1957年)。
④ 本章余下的各节为《全史》第三卷第1719—1742页之概述。

和薛之元的叛降，使清军有效地控制了长江以北的全部地区，迫使李秀成和陈玉成迅速从安徽赶回，以解天京之围。1859年初夏，清军完成对天京的包围，切断了城内外的联络。虽然李秀成和陈玉成在六合和江浦的两场胜利之后，于当年晚秋短暂地建立起了联系，但是陈玉成刚一向西赶往安庆，张国梁便率江南大军北上，重新占领了江北地区。天京现在被南北两线敌军完全包围，清军开始沿城挖掘壕沟，切断它与其他乡县之间的道路。这条天京郊外的大壕沟约有一百五十里长，清军共设一百三十余座大营，驻防超过四万人。① 毫无疑问，钦差大臣和春所布设的对天京的包围圈，要比其前任向荣的更加紧密、威胁更大。

对此种情形万分焦虑的李秀成先后三次赶回天京，面会洪仁玕，讨论解围的计策。终于，洪仁玕确定了总体的战役方案：佯攻浙江湖州与杭州，诱使江南大营分军救援，再迅速举全力向分军之后的天京附近的清军发动进攻。洪仁玕知道浙江是为和春提供钱粮的大后方，对方必然会派大量的部队前往援救，这样他就可以抓住对方分兵作战的机会，与清军全面直接地对战，到时太平军将以人数上的优势将其击溃。②

李秀成全力支持这一方案，并且由他负责主持施行。江北的防务交由两名副将负责后（虽然他们作战非常勇敢，但是两个月后，江北地区还是落入了更为强大的清军之手），李秀成率领大部队于1860年1月下旬前往芜湖，为战役做准备。他首先召集在皖赣二省的主要将领召开军事会议。在宣读完天王召诸军勤王的诏书并介绍完严峻的战略局势之后，李秀成亲自向诸将解释作战计划，并开始分配各路进军路线及具体的作战任务。将军们也全都支持这一方案，在会后各返驻地，分别执行任务。

佯攻浙江

1860年2月10日，李秀成率其精锐开拔赶赴浙江，他取道清军占领的宁国，占领了距离芜湖三百余里的广德。他留下手下的两员干将陈坤书和陈炳文率部留守广德，自己则率领轻骑突入浙江，依照计划与其堂弟李世

---

① 《钦定剿平粤匪方略》，第一百九十五卷。
② 洪仁玕的第一份供状。

贤（刚被晋封为侍王）会师。由于两部太平军都乔装成清军部队行军，因此一直未被发现，他们在经过一系列小规模的战斗之后，占领了长兴。李世贤随后由长兴向北佯攻湖州，为李秀成在南线的活动提供掩护。

另一方面，李秀成雇了当地的一名匪首为向导，引导他和约六千人的部队，通过鲜为人知的小径穿过莫干山区（该地区后来成为外国传教士消夏避暑的胜地）。在连续四天的急行军后，这一小股精锐太平军部队于1860年3月11日到达浙府杭州的城门之下。当他们竖起无数旌旗壮大声势，然后向杭州城的两座城门冲来时，城内官员百姓感到意外和震惊。此后，双方在杭州郊外一连数日均有小战。3月19日，杭州城墙被炸开一处缺口，一支一千二百五十人的太平军先锋队涌入并占领了浙府杭州城。浙江巡抚罗遵殿及其属下官员均死于是役，虽然残余的清军部队退往了邻近的乡县，杭州将军满将瑞昌则率其部退守满城，坚守奋战。至于城中百姓，据报约有六万人伤亡，其中多数为自戕殉难（包括年逾古稀的著名画家、原兵部侍郎戴熙）。幸存的百姓则自行集结成伍，捕杀破城之前趁乱劫夺他们家财的清军士兵。[1]

太平军的计划进展非常顺利。作为对太平军新攻势的反应，刚刚受命兼理浙江军务的钦差大臣和春于3月10日派出一万三千人的部队，一部由张玉良指挥从天京出发，余下由郑魁士指挥从宜兴出发，往援杭州。这次派出了一万三千人的部队，再加上之前因各种任务派出的一万余人，和春在天京所留下的兵力不足平常的一半。而且当第一份情报匆忙传来，李秀成之前误以为来援杭州的是清军最难对付的张国梁部，此时李秀成一营都感到惊喜非常。急速返回天京的时候到了，3月23日，当张玉良部进入战区备战的时候，城内的太平军兴奋地开始忙着在城墙上竖起大旗，假意展示他们的力量和守城的决心。24日拂晓，太平军则又沿另一条天目山区的隐秘山道返回天京。而张玉良的部队进入饱经战火的杭州后，开始忙着搜刮，无心追击。李秀成则日夜兼程，于4月4日返回广德，与等在那里的两名部下会合。此

---

[1] 以上描述参考段光清《镜湖自撰年谱》、许瑶光《谈浙》第一卷、陈学绳《两浙庚申纪略》（转引于《庚申泣杭录》第六卷）、缪德芬《庚申浙变记》（转引于前书第七卷）及许奉恩《转徙余生记》第八卷。另见《全史》第三卷第1723—1730页。

后几日，他又召集诸将召开作战会议，然后一起于4月8日占领建平（今郎溪）。李秀成又在郎溪开会，对即将展开的对围困天京的清军的作战进行最后的部署。

和春溃败

按照计划，太平军将分东、中、西三路进军。忠王李秀成和侍王李世贤分别指挥东路左、右两翼，从溧阳（位于建平西北）向北移动。中路由辅王杨辅清及黄文金为左翼，陈坤书和刘官方为右翼，从高淳（位于建平东北）出发。而此时已在长江对岸整备出发的西路，则是英王陈玉成及吴如孝、刘玱林部，他们此前受精忠军师洪仁玕之命，防备清军从安徽进犯江北，以确保没有清军南下驰援杭州。这一场战役，三路太平军共动员了十二万至十五万人（据和春后来的奏折所说，是多于十万人），十倍于包围天京的清军部队。而且，这些部队都是太平天国最为精锐的部队。太平军可谓胜券在握。

中路部队首先出击。他们途经东坝和溧水，遭遇并且击溃了正从浙江返回的郑魁士部。到了1860年4月29日，中路左、右两翼已经在天京城外部署就位，等待另外两路大军的到来。

在东路，右翼的李世贤绕远路，经溧阳、宜兴、常州及金坛吸引清军注意，为李秀成直扑天京的部队做掩护。李世贤部于4月23日到达句容，李秀成及其左翼也于同日到达。（与此同时，张玉良部几乎已经追上他们，于次日到达常州。但是他的部队被两江总督何桂清截留，因此虽有和春急件求援，却始终未能参加天京方面的战斗。）两日之后，李秀成与李世贤分别向天京出发，又在天京东南的淳化合力进攻驻防壕沟的张国梁部。第二天，他们击溃了张国梁部，占领了淳化，并在那里驻扎，等待其他部队就位。

西路军方面，陈玉成、吴如孝和刘玱林奉洪仁玕之命，开始展开西路军总体战略计划的第二步，于4月29日由江北的梁山渡过长江。[①] 从3月中

[①] 洪仁玕在其第一份供状中说，他告诉了陈玉成全部的战略计划，要求陈在西线参与执行该计划，这与陈玉成供状中说他完全是凭自己的判断而出现在那里的陈述不符。

旬开始，陈玉成就不断采取佯攻江北滁州、舒城及全椒等地的办法，迫使李世忠（原来与太平军同盟的捻首李昭寿）无法分军增援天京。现在，当陈玉成知道其他诸路部队均已靠近天京后，他也于4月底解除对全椒的包围，率领着他的精锐步兵及两万骑兵赶往天京。①

天京城内，随着各路太平军人马均按照计划在城外集结，洪仁玕和其他官员的心情都越发激动。决定性的大战迫在眉睫。5月1日，数支部队出现在城门之外，总攻的信号终于发出。次日，在接到信号后，李秀成、李世贤、杨辅清、刘官芳和陈玉成每人指挥两路，共十路部队同时向清军发难。

从一开始，太平军便稳操胜券。钦差大臣和春、张国梁和其他江南大营的将领浴血奋战两个日夜，试图阻止太平军由四面八方而来的攻势。第三天和第四天，天降大雨，但是太平军的攻势更为凶猛。到了第五天，太平军消灭了一座大营，清军损伤惨重，折损一名将军及许多官员。对清军的最后一击是在5月6日，战斗的第六天。当日清晨，十路太平军集中进攻清军，后者的防线迅速瓦解，天京城东门外的江南大营逐一被摧毁，和春和其他官员往浙江逃命，而张国梁负责殿后。数千清军士兵殒命此役（据李秀成说有三千至五千人），剩余的大部也四处逃散。② 在同时击毁了停泊在长江北岸的一些清军水师舰船之后，长期围攻天京的最后一股清军也被消灭。③

对第二次天京解围的再分析

为了能够正确地理解太平天国的这次决定性胜利，就必须回顾向荣和和春先后八年对天京的封锁包围所造成的严峻局势。呤唎曾这样写道：

> 当1860年刚开始的时候，太平天国的前途非常黯淡。因向江西、

---

① 呤唎书第一卷第269页。
② 呤唎书第一卷第270页估计清军阵亡六万人，但是明显过于夸张（或根本为错误），清军在江南大营从未驻扎过这么多士兵。
③ 关于这场战斗的更多细节，可参见《钦定剿平粤匪方略》第二百三十六卷和春之奏折、萧盛远《粤匪纪略》及杜文澜《江南北大营纪事本末》。《全史》第三卷第1736—1739页引述了上述内容。

安徽,以及为解南京供给之缺,而必要地向江北不断地派出援军,南京的驻防士兵已经减至不足两万,而清军还从在城北十数里处汇入长江的秦淮河开始,至城南十五里长江之上的燕子矶,修筑城墙工事,彻底切断了南京与其战地部队的联络。大股清军水师则从南部彻底阻截了河道交通。此时,山间谷内,目之所及,清军各路旗帜漫山遍野。看来,再过几周,要么是清军就鼓足勇气扣城而入,要么这场光荣的、满怀爱国情结的运动就会因为饥荒而自行灭绝。①

如果不是由洪仁玕设计、李秀成执行的这个计划取得了伟大的胜利,太平天国运动就将在1860年以失败告终。但是,当时的史家们虽然都把太平天国在战略、指挥、战斗精神及人数上超越清军归结为他们获胜的原因,却也认为他们的胜利也部分得益于江南大营在面对攻势时出人意料地不堪一击。清军的这种脆弱,除了和春中了围魏救赵之计,分军减员造成的数量上的劣势,主要还有士气和其他几方面的问题。首先,江南大营缺乏资金,每四十五天才向士兵发放一次饷银,即实际上减薪三分之一,因此造成营内怨声载道,士兵甚至直接抗命,拒绝战斗。其次,军营之中对和春的参将王俊多有不满,他依靠宠幸得势,滥用职权,收受下级官员的贿赂,克扣饷银,还依裙带关系任命要职。他属下的士兵曾公开要求将他撤换。第三,和春对其副将张国梁的嫉妒。张国梁的指挥技巧远胜于和春,其部久经战阵,在战斗中的勇猛和纪律都强于和春的部队。因此,清军指挥官之间关系紧张,军事行动的效率因而受到影响。第四,钦差大臣和春是出身旧满族家庭的纨绔子弟,在人事任命上随其个人喜好,常常在军务上出差错,其能力无法胜任如此高位,因此在其职权内的事务上说话,也就失去了分量。②

然而,从清廷的角度而言,和春和他的前任向荣虽然都没有完成他们在天京战场的任务,但是他们都为最终剿灭太平军做出了被动却实质的贡献。他们在敌人的后方,天京城的脚下对革命军进行了骚扰,不仅破坏了

---

① 呤唎书第一卷第266页。
② 见萧盛远书及郭廷以书第一卷第764页。

其试图占领苏州和上海的行动,保障了未来成为镇压革命运动基地的富庶的上海及周边各县,而且牵制了太平天国的中央部队,使其没能在紧急时刻支援北伐和西征的部队。

如果这可以算是对双方消耗战的贡献的话,那么他们在天京的骚扰活动,尤其是在和春管理的时期,还在另一个更为积极的方面也对清军的战斗有所帮助。如果没有他们对太平天国运动的牵制,曾国藩在惨败于太平军之后便没有机会重建湘军。江南大营溃灭之时,也正是曾国藩重整旗鼓再上征程之日,在天京解围之后,他还接替何桂清成为两江总督。因此,具有讽刺意味的是,太平天国的这场大胜反而让另一个更可怕的对手得以施展身手。曾国藩和他的将军们或许应该为江南大营的溃败给他们带来的转机而拍手相庆。毫无疑问,在最终收复南京之后,被清廷任以高爵的曾国藩评说自己不信书、只信命的时候,心中所想的应该就是这一次他交到的好运气吧。

第十七章

东征战史
（1860年）

在庆祝天京解围盛典的第六天，"首相"洪仁玕带领诸王及高级将领到天王府觐见天王，洪秀全在接受就太平军大胜举行的朝贺之后，随即与在场的领袖们召开军事会议，商定下一步的战略计划。①英王陈玉成建议，派遣一支强大的远征军到安庆，阻止湘军和鄂军即将到来的新攻势，因为这样的攻势会威胁到太平天国对长江上游地区的控制。侍王李世贤主张占领富庶的浙江和福建，此举可能是为了充实太平天国的圣库，为最终一举而定天下做好准备。而洪仁玕的计划则最具野心，他向在场的将军们展示了一个大规模的东征计划，其目的有二：一是占领包括苏州、常州和上海在内的苏东地区其余的城市，然后在上海斥资百万，购置二十艘全副武装的蒸汽船，赴长江上游作战；二是分军两路，同时沿长江南北两岸出击，再占湖北，从而把长江流域重新纳入太平天国的治下。这个计划满足了太平天国长久以来渴望占领上海的意图，因而得到了李秀成的鼎力支持。②对洪仁玕此前的作战计划就感到很满意的天王本人，也支持并批准了这个新的作战计划，并且立刻任命李秀成为东征军的统帅，要他在一个月之内占领

---

① 本章为《全史》第三卷第1743—1829页之概述。
② 洪仁玕的第一份供状。

苏州和常州。①

参加这次行动的其他将领也随即确定:(一)除了李秀成本人的部队,东征军还吸收了李世贤、杨辅清、黄文金和刘玱林的部队,由刘玱林为陈玉成的副将掌帅先锋;②(二)刘官方的全部部队在第一阶段随军东出,然后折向皖南;(三)陈玉成部也随军向东,然后渡江佯攻扬州,使北岸清军无暇进攻天京,也无法骚扰南岸李秀成的行动;(四)吴如孝和李秀成帐下的吴定彩则受命解救张洛行,他在皖北正遭到接替胜保的袁甲三的围攻。③诸路部队均按计划出发,以此为标志,前后耽搁了七年之久的太平军东征计划终于付诸实施。

清军方面,和春、张国梁和王俊在镇江逐渐收罗江南大营被击溃后的散兵。这些士兵再加上由浙江而来的士兵,共有一万三千人,和春亲率其中三千人返回丹阳。一开始,张国梁仍留在镇江,准备指挥城防。但是太平军开始扑向苏州和常州,忠心报效朝廷的张国梁随即带着剩下的一万人以及后来招募的一万三千人的部队,前往丹阳与和春会合。④

占领丹阳

太平军的先锋在轻而易举地占领了句容之后,于5月18日到达丹阳,骑兵到时,张国梁的部队也才刚刚进城。而大战将近,清军的内斗和混乱仍未稍歇。和春此前刚刚强硬地拒绝了军士们再次提出的罢免偏将王俊的要求;而当天,虽然士兵们已然明确表态,如果不结清拖欠的军饷便拒绝作战,和春仍然从刚到大营的饷银中贪婪地克扣了每人四两之多。士兵的怨愤由此越发强烈,第二天当太平军攻来时,清军士兵未发一弹,放弃防守。张国梁试图劝说士兵作战,也没有效果。一小时之后,当太平军已经逼近大营东门,张国梁和王俊刚到那里增援熊天喜的部队时,大局已定。他们只能眼睁睁地看着清军的防线在太平军第一轮射击之后即告崩溃,步兵连滚带爬地跟着骑兵一起逃散到了乡野之中。王俊和熊天喜在逃亡时被

---

① 李秀成状。
② 据《东华续录》(咸丰朝)第一百卷曾国藩1861年6月26日(咸丰十一年五月初八)的奏折。
③ 《太平天国文书》中李秀成给张洛行及康玉吉的信。
④ 萧盛远,《粤匪纪略》。

杀，钦差大臣和春则带着一些随从骑马逃往常州。① 张国梁身负重伤，也试图骑马逃亡，但在南门外的丹阳河因战马失蹄，落水溺亡。② 李秀成此后搜寻收敛张国梁尸首，将其礼葬。③

在丹阳获胜之后，陈玉成率其部渡过长江，佯攻扬州，留下了他手下最优秀的将军刘玱林指挥东征军的先锋部队。

攻克常州

当5月20日太平军的先锋到达常州城外时（和春也于当日由丹阳撤退到这里），两江总督何桂清宣布要离开常州前往苏州，与巡抚徐有壬商议江苏省的下一步防卫计划。他之前坚持将常州防务交由张玉良的部队负责，现在又有如此动作，其伪饰之下怯懦自保的嘴脸就变得昭然若揭。张玉良孤军难保常州无虞，即便有刚败退至此的和春相助，也于事无补；城中长老、乡绅和其他民间代表害怕总督离去引发士气低落，人心恐慌，当面请愿，哭求何桂清留下来。何不为所动，于次日早晨带着一小伙亲兵由东门离开，而当他发现去路被数千民众堵塞，向他焚香请愿（焚香为请愿的传统习惯）时，居然命他的亲兵向人群开火。（徐有壬在给皇帝的奏折中列有死者十一名，伤者逾百人，但其他报告中的伤亡人数则少得多。）何桂清很快就遭到了批评，说他怯懦和凶暴。④ 在何离开之后，清军就开始在城中劫掠放火，同时张玉良还下令烧毁所有城外的房屋，以免为太平军提供掩护。如此一来，常州烽烟未起，城内外百姓就遭尽苦难。⑤ 5月22日，当太平军准备对城池发动进攻时，和春逃往浒墅关，张玉良和另一位将军马德昭

---

① 萧盛远，《粤匪纪略》。
② 有传言说，张国梁是被和春所杀，或是被某太平军士兵所杀。见《全史》第三卷第1748—1750页关于驳斥这些传言的证据和原因。但是张国梁有可能是被逼入绝境后，在河中自杀而亡的。
③ 李秀成状。张国梁以三十三岁的年纪终结了他戎马倥偬的一生，他的军事生涯始于其十八岁时由家乡广东高要来到广西贵县成为一名盗匪。在十年恶贯满盈的盗匪生活之后，张国梁带着他的部下投诚清军，从此独率一军在湖南和天京的战场对太平作战，留下了辉煌的胜绩。论勇猛和谋划军事策略的能力，张国梁无疑是江南大营中最为优秀的将才。因此，他在关键时刻的不幸战殁令清廷上下倍感悲恸。咸丰帝为他追赠殊荣，还评价他"东南半壁倚为长城"。见郭铸《向张二公传忠录》及陈继聪《忠义纪闻录》。
④ 见1860年7月14日《北华捷报》第520期《义军纪闻》一文。
⑤ 郭廷以书第一卷第678页。

退至常州府内的无锡县。而此时张玉良的一部士兵想要转投太平军,而常州一些大胆刚毅的居民组织的民兵,却刚刚拒绝了李秀成的劝降,城中人心游移不定。当城池最终于 5 月 26 日(咸丰十年四月初六)陷落的时候,许多民兵都战死在城中的街道上,大量的市民听信了太平军是恶人的谣言,而选择自杀。①

常州已然纳入囊中,太平军便分军而行:杨辅清向南去攻占宜兴;刘官方返回皖南;李秀成和其他将军则转而向无锡进军。此间有两件事情值得一提。其一,逃往浒墅关的和春害怕朝廷将他问罪处斩,在常州陷落的前一日吞生鸦片自杀。②但是巡抚徐有壬掩饰了其真实死因,在奏折中只说和春重伤呕血而亡,因此这位曾经执掌大权的钦差大臣,最终还受到了朝廷依惯例给功臣的追封荣誉。其二,在常州四散逃亡的清军,虽然已经抢到了很多战利品,却在逃亡后仍然毫不克制地继续向东洗劫沿途村庄,所过之处百姓对清政府的态度纷纷转为憎恨和敌视。

5 月 29 日,前往无锡的太平军被张玉良的部队及从宜兴而来的清军半路阻截,惨遭败绩。但是第二天他们就恢复士气,一锤定音,攻占无锡。③清军的守军中很多人都投靠了太平军,其余的人败退至苏州,他们也与之前一样,在逃亡的路上沿途洗劫。在安排好无锡的防务之后,李秀成也率部动身赶往苏州。而太平军此时又控制了两座城池:5 月 21 日,李世贤军一部包围了金坛(虽然直到 9 月 1 日李世贤亲来指挥进攻之前,都未占领该城④);而由天京直接被派来渡江作战的天王的堂兄洪仁政和赖文光,则占领了江浦。除此之外,第三路部队受命攻取镇江,但是这支部队在 5 月 22 日被击退。即便如此,天王还是把所有江北的太平天国控制区命名为"天浦省",并且在安排了一些施政的官员之后,就调在江浦获胜的赖文光加入东征部队,随同作战。⑤

---

① 有两份文献细致又真实地记录了攻占常州的情况:吴曼公《庚申常州城守日记》及赵烈文《能静居日记》。《全史》第三卷第 1752—1754 页引用了上述二书。
② 据萧盛远所说。萧本为和春幕僚,和春死后转投入总督何桂清帐下。
③ 郭廷以书第一卷第 680—681 页。
④ 强汝询《金滩见闻记》第二卷。
⑤ 郭廷以书第一卷第 682 页。

攻占苏州

说来有些令人难以置信，江苏最为富庶又位居战略要冲的苏州，1860年6月2日（咸丰十年四月十三）在未流一滴血的情况下便温和地向太平军投降。此事的缘由要从之前的几日开始说起，那时清军马德昭的部队从无锡向西败退至此，在城内进行了劫掠，还烧毁了部分房屋。当6月1日，张玉良率领着大队人马赶来时，还沿途收编此前被太平军击溃的清军，而张玉良并不知道，其间还混入了太平军的间谍。这些间谍就这样进入了苏州城（有一种说法为约有两百七十人），他们很快就找到了在太平军出师之前经过秘密商议，愿意献城投降的官员和士兵。由于张玉良等将是逃亡而来，而所有守军和民兵都疏于防备，因此次日早晨，当城内的太平军间谍在城墙之上互换他们城外的弟兄，然后打开城门迎接他们入城的时候，城内清军几乎没有人进行抵抗。[①] 徐有壬和其他五名官员自杀殉城，而李秀成则按照官员葬礼的习俗，为其更换寿衣，收敛入棺，还在其上手书"忠臣徐中丞之棺"，以此表达他对这位生时忠于职守，死时无愧节义的对手的尊重。[②]

其他在苏州被擒的官员，无论汉籍满籍，都被允许离开苏州，太平军不仅保障他们在途中的安全，而且无论其离去的目的地是哪里，太平军还为他们提供盘缠（有些还提供了船只）。如果说清军的官员们愿意相信太平军的这种善意，那么士兵和民兵们对此更是欢迎有加。李秀成接收了五六万人的大规模的投降士兵，并且宽容地将他们编入太平军。这最终被证明是一个失误，这次在人数上的增加所带来的好处，远不及新纳入的这些士兵对太平军士气和威望产生的消极影响之大。这些士兵都曾在向荣、和春、张国梁和其他腐败的清军将领帐下，而这些人则带着他们肆意地奸淫掳掠，简直是无恶不作。他们吸食鸦片，参与赌博，酷爱私斗，毁人财物，抗拒命令，贪得无厌，崇拜邪神，作战怯懦，几乎在任何方面都不符合拜上帝会信徒高标准的道德要求。虽然饱受战争困扰的民众可能无法区分，但是，诸如士人李圭（他本人也曾被太平军俘虏过一小段时间）这样的

[①] 潘钟瑞，《苏台麋鹿记》。
[②] 许瑶光《谈浙》第二卷关于杭州第二次陷落的文章。

当时的观察家都已经完全地意识到，原来的太平军和后来招募的太平军之间存在着区别。李圭类似的评论有很多，其中一条写道：

> 清军降附者，尤为凶残贪暴，绝无人心……但如行此类事者，大抵以湘、鄂、皖（、赣）等籍人，先充官军，或流氓地痞，裹附于贼，或战败而降贼军，积资得为老兄弟者多。其真正粤贼，则反觉慈祥恺悌（，转不若是其残忍也。）①

传教士艾约瑟和杨格非在刚结束在扬州的访查之后，也这样说道："人们对旧匪评价颇高，说旧匪对待百姓非常人道，而所有恶行均为新加入者所为。"②李秀成最终也抱怨，很难对这样多的"新弟兄"们施行严格的军纪。但是，太平军经常因为其成员，无论是老兵还是新员所犯的恶行，而遭到不加区分的批评和指责。

关于占领苏州一事，恰巧有大量可信的证据证明，太平军占领苏州之时，没有财物受损，没有房屋被烧毁，双方也都没有人员损失（除去巷战中抵抗和自杀者）。而太平军在这样一座富庶的城市里，的确从官员府邸和富家大户那里征收了大量的钱财细软，上缴天京圣库。但是据中外证人亲眼证实，所有的破坏和毁弃均可追溯至城池易手前一天清军的头上。③

占领苏州整整一个月后，洪秀全在天王府主持军事会议，对江北战况非常满意，将苏州一带地区以太平天国新的命名方式改为"苏福省"。苏州投降的李文炳被任命为文将帅，主管政务。④李此后被调往昆山供职，李秀

---

① 《通考》第三卷第1344—1345页引《思痛记》。
② 杨格非致蒂德曼信。见《中外纪闻》第十一期（1860年）第272页。
③ 本节的叙述综合了以下材料（全部相关材料见《通考》第三卷第1366—1379页）：1860年7月7日《北华捷报》第519期艾约瑟与杨格非文、1860年9月1日《北华捷报》第527期艾约瑟文、1860年7月14日《北华捷报》第520期社论、1960年7月28日《北华捷报》第522期社论、1860年10月27日《北华捷报》第535期罗孝全通讯、1862年《蓝皮书》载1861年2月19日密迪乐致罗素（John Russell）伯爵信（最后一节谈到太平军的道德和士气）、容闳《我在中国与美国的生活》第十章、卡希尔《美国冒险家》第278页引富礼赐文、呤唎书第一卷第77页及第496页。
④ 李文炳本是1853年上海小刀会起义的头目，在起义失败后投降清军，还花钱捐了个道台之职。通过各种心机和手段，李文炳获得了苏州守军高级将领的赏识，受命指挥一股粤勇。后来，太平军与他接触，给他带来了新的契机。他代表个人及一部分粤勇和太平军达成协议，首先响应，为太平军打开城门，最终得到太平军授印封官的报偿。此后，他又在昆山试图举城投降清军，最终被太平天国处以极刑。见王韬《瓮牖余谈》第七卷《记李贼事》，及沈梓日记记录李秀成关于此事的文告一条。

成府中的大将逢天安刘肇钧接替了李文炳的职务，不过刘的职衔与李稍有不同，为苏福省民务官，熊万荃为其副手。

苏福省的统治

在占领苏州后的前几周内，李秀成将个人的精力完全用于平抚苏州周边各县，那里的百姓仍未接受太平天国的治理，或者进行武装抵抗。尽管已经采用官方文告和其他的方法，向他们保证太平军恢复和平的初衷，但并没有达到缓和安抚百姓的目的。而且，采取军事手段恢复和平违反了李秀成的原则，于是他大胆地仅带着一小伙亲兵，亲自前往各村访问，安抚百姓。一开始，他所到之处，村民们都会全副武装地把他包围，用尖刀和长矛对准这位入侵者。但是李秀成毫无惧色，也不做反抗，而是用真诚友善的态度逐渐赢得了百姓的信任。百姓们还听李秀成阐释为何反抗满人，以及太平天国革命运动的目标，最终放下了武器；十日之内，周围三个县的主要抵抗据点全都被安全化解。①

各县逐渐建立了地方政府，并发布命令，严禁劫掠、抢夺、纵火、谋杀以及其他恶行。李秀成还采取了怀柔乡绅和促进经济等方式，努力恢复苏福省的和平与繁荣。因此，李秀成继续沿用了太平天国善待士人的传统做法，下令设立了一处特殊的机构，专门收容和招待士人。② 为了帮助恢复稻米的种植生产，他还下令对屠杀水牛（在农业活动中不可或缺）的人处以极刑。③ 而苏福省旨在保护和发展丝绸业的项目也大获成功，此后的年产量均超过清朝统治下的产量。④

但是，对于太平天国鼓励商业和贸易的做法，百姓则并未全心支持。当太平军在依照其严格的区分兵民的军事政策，宣布苏州城内太平军居住区的住户必须搬离的时候，民众间出现了恐慌。但当他们纷纷搬出城外后，却发现副民务官熊万荃和其他新被任命的地方官员一起，已经对四野进行

---

① 李秀成状。
② 潘钟瑞书。
③ 同前注。
④ 呤唎书第二卷第491页写道："本年度（1861年）的丝绸出口已经提高至两万包，多于去年同期的出口量（去年直至5月，苏福还在清廷手中），这种进步完全是因为太平军占领了这一地区……在太平天国治理下的县所产丝绸，将比之前多为他们创造每年不少于三百万的收入。"

了调查，为他们选择了合适的迁居地。他们向每位移民提供稀饭，在定居之后，还为每人发放五斗米（足够食用四五日）。想要做买卖的，他们提供无息的贷款，如果有需要，也可以按照七成由将来利润、三成由人力成本的模式进行偿还。[①]李秀成在其供状中说，占领苏州两年之后，天国政府仍然向百姓发放这种贷款。

和其他被太平天国占领的城市一样，苏州也设立了商业街，而且很快就成为繁荣的市集。因为有传言说太平天国进行公平贸易，购买商品出价较高（有时达到市价的三倍），因此乡民们或徒步或乘船，带着农产品和各式各样的其他商品前往那里进行交易。李秀成积极促进发展商业的政策，使苏州呈现出一股和平稳定的氛围，不仅促使百姓开设了不计其数的小作坊和店铺，而且很快从上海吸引了许多国内外商人。[②]实际上，一些来访者都出乎意料地感叹，太平军治下的苏州比清朝治下的任何时候都要更加繁荣。[③]占领苏州五个月后，天王一方面对当地局势的平稳感到满意，另一方面想要补偿苏福省民众在战争中的损失，下令降低了当地的粮税。

清廷的部署调整

就在苏州陷落的消息传到北京之前，清廷以丢掉常州之罪褫夺了何桂清两江总督的职位，改任曾国藩代理其事，并令他迅速东进，防卫苏州。苏州沦陷之后，在上海代办江苏政务的藩司薛焕被提拔为江苏巡抚。8月10日，曾国藩被正式任命为两江总督、钦差大臣，节制长江两岸所有的清军部队。这正是官文、胡林翼和其他一些曾的亲密同事七年以来一直希望他能够得到的职位。从此以后，曾国藩终于有了和他的责任相匹配的官职，这一职位给他带来了绝对的权威，而最为重要的是，他可以直接通过关税、田赋和厘金来为其军事开销筹措资金。皇帝虽然毫无疑问地仍对他的忠心有所怀疑，但曾国藩是唯一有可能在这场你死我亡的战争中扭转战局的人。清朝统治者不得不冒这个风险。

---

① 潘钟瑞书。
② 同前注书及沈梓日记。
③ 见知非《吴江庚申纪事》及王韬《弢园文录外编》第六卷。

曾国藩不曾忘记多次惨败于太平军的经历，他并没有从安徽直接扑向江苏，而是决定采用稳妥安全的办法，从长江上游步步为营地向下游推进。与此同时，江苏巡抚薛焕则负责江苏一省的军务。

至于前两江总督何桂清，在其得到最终的审判之前还有一件事情值得一提。此前，他从常州畏战逃到了苏州，江苏巡抚徐乃壬拒绝他入城，他便继续逃跑，途经常熟，最终于6月7日到了上海。两日之后，何桂清幻想着收复失地，于是便在与英国使节卜鲁斯（Frederick W. A. Wright-Bruce，额尔金伯爵之弟）和法国公使蒲步龙的会面中请求外国势力介入。他的幕僚萧盛远这样记录这位仍然用着原来职衔的前总督给人的感觉：

> 现在苏常继失，兵单饷绌，急图转圜，实多棘手。与署苏松道吴公煦再四熟商，非偕夷船难期得力。遂请英、法各国办事大臣及各执事官到署，经制府（总督）向其告知。答以俟伊等会合商定，即来复命。嗣该大臣等带同各执事官前来，以各国前呈合约五十余条，如均蒙大皇帝悉行照准，倩愿将驶赴天津各轮船刻即调回，先取苏州，次打金陵，以灭贼氛，而还中华疆土。议定后，何制府缕析情形，具折上陈，并另具一片，沥陈欲救目前之急，舍此别无良策。①

何桂清在6月26日和浙江巡抚王有龄上呈的第二份奏折中，还公开赞同以接受外国合约为条件，来换取其军事帮助，以对抗太平天国。其中写道："为今之计，惟有亟为安抚外人，坚其和议，俯如所请……（或可稍挽危急）。"②

当何桂清正和外国代表商议之时，清帝又发出了第二道抓捕他的命令，治他丢失江苏大部分地区之罪（而那种向百姓开炮的"小罪过"，都没有被提及）。在机警地躲藏了两年之后，这位前总督终于被迫于1862年夏天现身北京，随即入狱。他经过了很多轮审判，也有很多有影响力的朋友替他求情，但最终仍被判死刑。何桂清于当年冬天被斩首，成为在对太平天国

---

① 萧盛远《粤匪纪略》。转录于《通考》第二卷第892页。
②《筹办夷务始末》第五卷第14丁。

的战争爆发后第一个被斩首的一品大员。①

扩大地盘

1860年初夏，太平军从苏州出发，向其他的县推进。李世贤首先于6月13日占领江苏吴江，14日又占平望，6月15日攻陷浙江嘉兴。②（吴江和平望此后几经易手，最终，李秀成命其部将陈坤书和陈炳文驻守嘉兴，自己则亲自前来，于7月底彻底占领了这两座城市。）到这个时候，屡战屡败的张玉良已经退到了杭州，而从6月15日至7月1日，江苏之昆山、太仓、嘉定、青浦几县及松江府均被纳入太平军治下。在杨辅清于6月1日攻占宜兴后短暂地在那里驻防的黄文金，也将防务交与别将，自己率部出击，于7月3日占领江阴（杨辅清部则转战进入皖南）。

与此同时，太平军已经从北、西、东三面围困上海，准备进行一场与外国势力紧密相关的大战，而这也将成为太平天国运动史的一个转折点。

上海防务形势

上海是长江南岸距离入海口不远的一座大型港口城市，其向西在黄埔江支流之上有多处船坞码头，而向东则是延伸至海的大平原。从行政上而言，上海县隶属于江苏省松江府。1842年依照鸦片战争后签订的《南京条约》，上海成为向洋人开埠通商的五个城市之一（其他四城为汉口、宁波、厦门和广州），在城外还分别有英国、法国和美国三个缔约国用于商业和居住的租借地。这三个地区被称作"租界"，美国租界在城北，英国租界在城西，法国租界则在城南。（美国和英国的租界于1863年合并，成为公共租界。）每个租界都有其租用国的政府，周围还有密集的中国城镇和市场，为外国居民提供食品和其他商品，同时还有大量内地的船只运送原料产品来到这里，准备出口。巨大的西洋汽船载满了丝绸、茶叶等珍贵货品，慢慢地沿黄浦江向北，经过长江的吴淞口，最终驶入广阔的大洋。此间四处商

---

① 关于何桂清的审判细节，见《全史》第三卷第1778—1781页。下令问斩何桂清的圣旨载于《东华续录》（同治朝）第十五卷，《全史》第三卷第1777页转录。
② 郭廷以书及李秀成状。

贸繁荣。负责上海行政的是知县刘郇膏，军事则由代理道台吴煦负责。而且，由于苏州已然陷落，江苏巡抚薛焕也在上海城中。

当太平军在上海城外集结的时候，城内的中国居民都开始感到紧张。此时在上海，英国和法国的海陆军正在待命，准备以武力迫使清廷接受《天津条约》，而上海的官员则打算利用这些兵力，便转而找到外国的使节，要求他们协防。这些开埠的缔约国很难做出决定，因为这意味着要么牺牲在上海的英法居民的性命和财产，而重申其中立的政策，要么就是保护其国人的生命财产，而丢失和清廷面对面谈判的筹码，后者此时尚未确定洋人会不会帮助太平军。① 最终，保卫利益重镇上海的意见占据了上风，于是在5月26日，卜鲁斯和蒲步龙发表联合声明，宣布协防租界区和上海城。② 李秀成相信了一些到苏州来的法国传教士的非官方的保证，于8月中旬率军来到上海，却出乎意料地发现，不仅租界区被紧密地防守起来，就连上海的城墙上，也有三百名法国士兵和九百名英国士兵协防。

"美国冒险家"

在李秀成按照计划进攻上海之前，英国和法国正在为防卫上海进行准备时，上海附近的一些被太平军占领的城市，已经和一支不具国籍的外国部队发生了冲突。这支部队的指挥官是华飞烈（Frederick Ward），人称"美国冒险家"。③ 华飞烈于1831年出生在美国马萨诸塞州的塞勒姆，幼年进入军事学校学习，最终肄业。后来，这个满腹浪漫情怀的年轻人做了雇佣兵，周游世界，先后在美国中部、墨西哥和法国参加战斗，最终在1895年第二次来到上海，准备大干一场。华飞烈先是登上一艘沿长江而行的蒸汽船，希望前往投靠传说中的太平军。在西方流传的那些关于这场伟大的基督教革命的传说，让他幻想着可以通过为太平天国事业创造军功，而最终受封

---

① 值得一提的是，1860年以后，美国的主要精力在于应对其本国的内战，而从此之后，美国人消极地应对与其他国家的同盟，一直坚定地支持清政府，倾向于把太平军看作与其内战中美利坚联盟国军队（南方军）相似的力量。
② 据呤唎书第一卷第271页，卜鲁斯以其名义发表了另一份声明，向英国海军和军部传达了这一决定。
③ 如今多译为"华尔"。"美国冒险家"是卡希尔为华飞烈所写传记的书名，该书在第一章和第五章中记述了华飞烈早年的事业，本节以该书为基础，对华飞烈进行介绍。相关事件的时间和地点均与郭廷以书比对确认。

为王，甚至自己组织一支规模壮大的独立军队，创建一个属于自己的国家。但是，当他意识到英国和法国政府，以及在上海居住的大部分外国人的态度都逐渐倾向于对抗太平军后，便改变了想法，想要建立一支独立的军队，帮助清廷镇压太平天国。1860年春天，经美商希尔（Hill）引荐，华飞烈向中国富商杨坊介绍了自己的军事计划，而杨坊在上海的官员中颇有人脉，还与当时的代兵备道吴煦私交甚密。于是，杨坊便带着华飞烈去见吴煦，苦于一直未能说动外国代表协防上海的吴煦见到华飞烈后喜出望外，欣然接受了他的计划。双方因此达成了一个商业性质的协定，根据协定，华飞烈负责招募和训练士兵，并指挥战斗，而吴煦和杨坊负责提供资金、弹药和其他装备。他们的协议还规定，华飞烈每为清廷收复一城，都将得到数万银圆的报偿。

6月2日，华飞烈开始正式募兵，一开始仅招募到大约两百人，大部分是水员和鱼龙混杂的外国游民。所幸，华飞烈招到了两个美国人华尔思德（Edward Forrester）和白齐文（Henry A. Burgevine），两人都是久经战阵的老兵，现在成了华飞烈的副队长。除此之外，华飞烈还找到了几名英军逃兵，作为其部队的军官。在数周之内，这支新组建的小型部队以令人难以置信的速度，用西式弹药装备武装起来，甚至还配备了几挺小型机枪。但是，华飞烈在外国人中的口碑并不算好，也很少有人希望他的这次冒险能有什么好结果。实际上，因为进入他的部队的大多数人都是招人讨厌的恶棍无赖，大部分人都希望他们最好干脆就战死在沙场上。

7月初的一个早晨，华飞烈指挥着他的部队进行了第一次行动，进攻松江。该城于7月1日被太平军占领，现在由李秀成部将陆顺德防守。在靠近城墙的时候，这个佣兵狂人制造的声响过大，警觉的守城士兵发现了他们，并向他们开火，造成了大量的伤亡。华飞烈胆小怯懦地收拾残兵，颜面无光地撤回了上海，这件事成了甚至包括他本国同胞在内的所有外国人之间的笑柄。

但是华飞烈毫不气馁，他立刻遣散了部队里原有的一些无赖恶棍，然后开始着手对部队进行重组。对于华飞烈来说，松江一战的教训固然惨痛，但是它证明了，太平军虽然在人数上占有优势，但在组织和装备上都相当弱,尤其缺乏现代化的火器。因此,他的新部队应该按照最好的军事体制组建,用严格的纪律加以训练,重视在战场上的实战表现,并且装备现代化的步枪和火炮。他还决定,一定要获得政府军的支持。同时,新的募兵工作也在进行,这回他招募到了菲律宾的勇士马加(V. Macanana),他还劝说两百名马尼拉人一起加入。清廷官员此时也同意配属参将李恒嵩部七千人为其提供支援。万事俱备,华飞烈带着这支正式名称为"洋枪队",私下被人称作"绿头军"的部队,在李恒嵩部在后翼的支援下,再次向松江发动进攻。第二次攻势于7月16日发动,战事进行得异常惨烈,洋枪队付出了六十二死、一百零一伤的惨重代价,但是最终取得了胜利。获胜的华飞烈得到了十三万元的奖励,并且把自己的大本营设在了松江。

因为这场胜利,华飞烈在上海的华人和洋人之间的声望开始回升,他们赞美他的谋略和勇猛,但是英军和法军的士兵们却对这支战力的突然出现充满了恨意。他们这种恨意的本质核心似乎在于,这些冒险者已经成为他们将要因守卫上海而获得大量战争报偿的竞争者。实际上,双方此后确实因为争夺战利品而兵戈相向(见后文)。还有一个更为严重的后果,那就是很多英军士兵被他们提供的高额军饷以及对劫夺不加限制的政策所诱惑,不惜逃亡而加入洋枪队,这引起了英国军方的警觉,因此甚至要求中方将这支部队解散。对于英国对中方的施压,华飞烈做出的反应就是更为努力地战斗,以此来给他的中国金主留下更好的印象。两周之内,他的部队就扩大到了三百人(其中包括两百名菲律宾人,余下一百人为美国人及欧洲人),并将青浦选为他们的第二个目标。根据他的策略,所有太平军从南面杭州而来的对上海的攻势,都可以在松江进行抵御,而所有从苏州来的攻势,都可以在青浦化解。

华飞烈率全队三百人于8月2日到达青浦城外,开始用两门新式大炮、数门小炮以及当地官员提供的一艘炮船对青浦进行轰炸。和之前一样,这一次,李恒嵩的部队也跟在洋枪队的后面。但是,防卫青浦的是李秀成手下的一万精锐,由其干将周文嘉及同样能力出众的英海军逃兵沙微治(Savage)指挥。洋枪队的雇佣兵们虽然因为强大的火力获得了一定的优势,但是太平军最终击退了他们的进攻,还杀死了约一百名雇佣兵,其中包括大部分的军官。华飞烈在战斗中也身中五弹，其中一枚还穿过了他的面颊。他只得面带怒色地率军后撤一百里，返回松江，把他的大炮、步枪和炮船都丢给了太平军。

此时已经身负重伤的华飞烈即刻离开松江，前往上海，重新招募一百新兵，并获取更多的枪支和弹药。又过了几天，8月8日，他的部队重新整备完毕，从松江出发，第二次进攻青浦。这次，李秀成的部队在前线参与战斗，城防较弱，华飞烈和李恒嵩于第二日就冲至城门之下。就在他们马上要杀入城内的时候，两股太平军一涌而出，吞没了进攻的部队。李恒嵩、华尔思德和代替华飞烈指挥的白齐文侥幸逃脱。这一战，洋枪队的佣兵阵亡约一百人，另有约一百人负伤，而清军的损失更大。[①] 在附近一处制高点观察战况的华飞烈被人用轿子抬回了松江，后面跟着他的残兵败将。这是他所经历的最为惨痛的一次失败。

当然，当华飞烈发现是李秀成亲自指挥了青浦的作战之后，他可能会感到一丝宽慰。8月1日，周文嘉紧急向在苏州的李秀成求援，于是李秀成便率军火速来到了战场。青浦防卫战后，李秀成率全军追击华飞烈至松江，并于8月12日占领了那里，然后从那里直接剑指上海。[②] 华飞烈、华尔思德和白齐文带着残兵败将仓皇撤退（可能退到了他们最早的营地广富林），此后不久，华飞烈把指挥权交给了华尔思德，由上海前往法国疗伤。

苏州方面的外交努力

在进攻上海的前一周，太平军方面付出了相当多的外交努力，试图和开埠通商的国家达成和平共识。他们都进行了哪些努力，以及为什么这些努力最终都被拒绝，这再次体现了太平天国的领袖们面对当时中国外交局势的复杂性缺乏处理能力，而这也使他们强烈地感到，他们已经被驻在上海的外国代表们出卖了。

一开始，李秀成用中文致信驻在上海的英国全权公使。这封信写于

---

① 李秀成状中估计，华飞烈的部队损失了六百至七百人（及超过两千支步枪）。这显然过于夸张了，除非他把清军部队的损失也估算在内。
② 卡希尔不书并未提及太平军重新占领松江一事，但该事可通过姚济《小沧桑记》、郭廷以书第一卷第699页及李秀成状得到证实。

1860年6月下旬,当时李秀成正准备大举进军上海。在信的开头,李秀成先热情洋溢地介绍了太平天国革命运动的目的和意义,谈到为什么必须从清朝统治者手中夺回自己的国家,还介绍了太平军最近在南京和苏州取得的军事胜利。李秀成接着解释了占领松江和上海的必要性,同时向英国人表达友好和善意,表明他的部队不会伤害英国人及其财产。信的最后,他还真挚地邀请英国及其他国家的代表来到苏州,续此前个人"昔日之旧谊",以"结今日之新盟"。信使可能是被英国领事馆的卫兵吓得不敢进入,于是便将信扔进了美国领事馆,就回来报告。无论如何,这封信确实曾在外国人之间私下传阅,从未得到官方的回应。①

李秀成等待了数日未见回音,便决定将大军分为两路进军,一路至青浦(已于6月30日被赖文光和周文嘉占领),另一路至松江(于7月1日被陆顺德占领)。无论有没有洋人的回信,李秀成认为,袭取上海易如反掌。首先,他们已经和小刀会(天地会支派)达成秘密协定,后者在太平军靠近时于城内举事。第二,英、法两国分军北上进攻北京,意味着上海的守备部队减少,为占领上海提供了绝佳的机会。第三,一些到苏州访问的法国人已和李秀成接触,代表其国人转达了对李秀成去上海的亲切邀请,这使李秀成认为,外国人会非常热情地迎接他的部队。李秀成甚至认为,他将会和平地占领上海。②

另一个使太平军满怀信心的原因是,此时来到苏州的一些传教士对太平军表达了同情,而李秀成也在幕后参与了和这些从上海来的访客的会谈。不知出于什么原因,李秀成错过了浸信会传教士海雅西(J. B. Hartwell)、高第丕(T. P. Crawford)和花雅各的访问,他们带着一名翻译于6月23日到达,特意向太平军告知上海的城防计划,并劝说他们放弃进攻。几日之后,在和数位官员就宗教问题进行交谈,并大致观察了太平军治下的基本情况之后,他们也离开返回上海。③

---

① 本信原文可见李圭《金陵兵事汇略》第三卷。该信原件现藏于耶鲁大学拜内克古籍善本图书馆。
② 徐萨斯《上海史》第106页。威尔逊(Andrew Wilson)《常胜军》第66页中甚至怀疑,天主教徒故意将太平军带入圈套。密迪乐认为,"他们被一些希望我们与他们之间出现无法修补的敌意的外国人蒙骗,做出了这样的举动(进攻上海),这些人让他们相信,有希望使我们把这个地方让给他们"。见1862年《蓝皮书》第三页密迪乐致罗素书。
③ 海雅西关于太平军的报告,发表于1860年6月30日《北华捷报》第518期。

第二个传教士代表团紧接着前来，由五位伦敦传道会的成员组成（其名不详），他们为李秀成带来了艾约瑟和杨格非的信，信中阐述了基督教的六大基本信仰。李秀成接待了他们，回答了他们提出的所有问题，还非常积极地提出太平天国想与外邦兄弟和平相处，并建立正常交流和贸易关系的愿望。传教士提出了很多在上海流传的有关太平军暴力恶行传闻的问题，李秀成将谣言逐一反驳，令传教士们非常满意。他们了解了太平军的宗教纪律和对外国人的友善态度，因此太平军要进攻上海给他们造成的那种不安稍有缓解。这个代表团于7月初返回上海，向艾约瑟和杨格非报告，他们很快就把这次访问的详细情况发表了出来。①

　　李秀成想到艾约瑟和杨格非是洪仁玕的旧友，于是便告知他接到基督教教义说明信一事，并随即邀请二位传教士到苏州访问，表示洪仁玕也将亲来会晤。与此同时，7月10日，李秀成再次向英国、美国和法国公使发信，重申其第一封信中的邀请，请他们到苏州商讨缔结新盟，还说这一次洪仁玕也将亲临会晤。信中还接着询问了关于有外国舰船向松江水路行船开火及外国部队整编防备上海一事，要求外国军队立刻停止对太平天国控制区的攻击行为，并从上海撤出。这封信和之前一封一样，没有得到任何回音。②

　　7月21日，刚到达苏州的洪仁玕便给艾约瑟和杨格非写了私人信件，确认李秀成向他们发出的会晤邀请。③第二天，李秀成也写信给二人，正式告知洪仁玕已经抵达，并表达了对他们前来苏州的热切希望。④除此之外，还有第三封公开信，由洪仁玕正式发给英国领事密迪乐，经正在苏州办理商务事项的美国使馆官方翻译曾肯（Jenkins）代为翻译。但是，当卜鲁斯得知太平天国的信件已递送至英国领事馆时，他害怕在与清廷会谈的关键时刻发生任何破坏条约的行为，便叫密迪乐对信件不予理会。⑤天真的太平军刚刚懵懂地认识到外国列强在追求他们的目标时的残酷与无情，在他们看

---

① 《北华捷报》1860年7月7日第519期及1860年7月14日第520期。
② 本信原文见于《吴煦档案中的太平天国史料选》第4—5页。
③ 洪仁玕的信件首次发布于拙著《金田之游》，后又转录于《太平天国革命图录》（上海，1952年）。
④ 本信原文见萧一山《太平天国书翰》。
⑤ 卜鲁斯对密迪乐的指示，见呤唎书第一卷第272页。

来，英国人的举动充满了自相矛盾之处。

从 8 月 2 日开始与洪仁玕在苏州举行的会谈中（李秀成前往击退华飞烈对青浦的进攻之后一天），艾约瑟和杨格非发现他们的老朋友正因为两件事而倍感烦恼：一是密迪乐对前信未做答复，二是英、法决定帮助清廷防御上海。洪仁玕认为第一件事是对他个人的侮辱，而第二件事则直接违背了中立的原则。洪仁玕的两位来访者表达了对他的理解。在三天之内，艾约瑟、杨格非和访问团中的其他人（麦高文、何尔，另一人不详）与洪仁玕进行了亲切友好的圆桌会谈，了解了许多他们此前并不知道的太平天国的理想，及其在之前各个阶段所取得的成就。

洪仁玕给他的访客们留下的深刻印象，也许可由他们在 8 月 5 日返回上海后发表的文章和信件中可见一斑，但更能说明这一点的，则是他们体现出来的对这场革命更为热诚的支持。[①] 从那时开始直到太平天国覆亡，艾约瑟和杨格非不懈地恳求外国恪守绝对中立的原则，并想尽一切办法唤起公众对这些矢志建立基督教中国的革命者的同情。悲哀的是，艾约瑟、杨格非及太平天国的领袖们都没有意识到，这场革命失败的命运已定。其中一条判定标准便是，太平天国不像清廷那样善于处理和开埠通商诸国间的关系。如果说接下来太平军在上海的失利是整个运动走向终结的征兆，那当是因为太平天国首次遇到了他们尚无法理解的事物。

上海之役

青浦一路的太平军于 8 月 16 日占领了小镇泗泾，次日，另一路太平军弃守松江，过来与他们会合。与此同时，洪仁玕与他的传教士好友作别之后，也赶来青浦，再从那里和李秀成一起开赴上海。显然，洪仁玕此举

---

① 因为相交甚久，艾约瑟和杨格非相较于当时大部分其他的外国人而言，对太平天国运动的认识更加深刻。他们的文章和信件，仍为了解太平天国历史和意识形态最佳的第一手材料。特别是：《中外纪闻》1860 年第十一卷第 372—373 页杨格非致蒂德曼长信（呤唎书第一卷第 292—294 页引），施嘉士《旅华十二年》第 284 页引艾约瑟《中国的宗教情况》、艾约瑟和杨格非发表于 1860 年 7 月 7 日《北华捷报》第 519 期的《在苏州会见起义领袖》、艾约瑟发表于 1860 年 7 月 14 日《北华捷报》第 520 期及 1860 年 9 月 1 日第 527 期的通讯、杨格非发表于 1860 年 7 月 14 日《北华捷报》第 520 期及 1860 年 7 月 28 日第 522 期的通讯（以及其他呤唎书第一卷第 468—470 页所录文献）。

是为了在攻占上海后和各国代表亲自会商。① 在上海郊外，太平军在一次与清军巡逻队的遭遇战中意外杀死了四名外国商人。李秀成立刻处决了开枪射杀洋人的士兵，以此来兑现他不伤害外国人以及不损害外国财产的诺言。8月18日，李秀成通过另一封信告知上海的外国代表，说他的部队已经来到上海，将保护所有的教堂，以及依信中之规定，闭门在家并于屋外悬挂黄色旗帜作为太平军士兵不加侵扰之暗号的外国人。不幸的是，直到第二天，这封信才送达，而那时，李秀成已然在法国天主教重镇、法国租界南隅徐家汇附近（著名的徐家汇耶稣会总院）摆开阵仗。李秀成认为这一次并非进攻，而是和平占领，只带了三千仅有简单装备的亲兵和随从（据卜鲁斯的报告）前来，并没有正规的作战士兵。此时担任守卫的二十五名法国士兵也从太平军的视线中消失，他们其实是悄悄地在那里的一座天主教堂里建立了作战指挥部。（一位法国牧师和一名天主教徒因为穿着华人服饰，被误认作敌军，因而被杀。但是，这件事从未得到过确认。）

徐家汇已被占领，一些太平军部队便开始进入上海郊区，并击败了城门外的清军部队，而溃散的清军也混乱不堪地逃到城内。太平军紧随其后，就在他们要冲入西门的时候，守城的英军士兵接到信号，向太平军开火，不久之后，南门的守军也开火接战。刚到达战场的李秀成无法相信眼前所见，城墙之上尽是各国旌旗，而非之前约定的黄色旗帜。李秀成惊慌失措，严令其部队不得反击，并带领他的部队来到西南城外，发现那里也驻防有英军水兵和印度锡克士兵。此后的两个小时，太平军慌乱间不断绕城，等待停战，而英军水兵以及锡克士兵以其步枪不断开火射击，杀死了数百名倒霉的太平军，其中还包括几名为李秀成的部队提供服务的外国人。②

不幸的是，对于上海的百姓而言，真正的屠戮才刚刚开始。据一位外国记者报道，太平军刚一撤军，法国士兵便开始劫掠城外，肆意滥杀纵火，抢劫破坏。当天夜里，英国士兵在南郊和西郊到处放火，第二天，法国人也在上海县最为富庶的东郊这么干。大火连续烧了五天五夜。③ 至于计划中

---

① 郭廷以书第一卷第700页。
② 徐萨斯书第107—109页。
③ 化名为"C"的通讯记者逐日记录了上海之役的细节，发表于1860年8月25日《北华捷报》第526期。另见余樾《上海县志》（同治朝）第十一卷。

的小刀会起事，李秀成到来的那天夜里，数千天地会众及同道的士兵、民兵在郊外发起了小规模的起义，但是很快就被巡抚薛焕镇压。①

李秀成虽然对外国军队的行动感到困惑，但仍然坚持为和平占领做出努力。他于次日（即8月19日）向上海城南派出三股部队。和之前一样，城上的守军开火射击，太平军被迫向西撤退，途中与一部清军发生了战斗，并将其击溃。第三天，李秀成约三万人的大部队在途中两度击退薛焕的部队之后，终于到来。太平军试图从西侧接近上海城，然后从那里转向英租界，但是那里的守军枪炮齐射，火力极猛，还有两艘战舰停泊于苏州河上，向太平军开炮。李秀成仍然无法相信所发生的一切，但是现在他更在意部下的生命，而且自己的面颊也被弹片打伤，于是便下令撤回徐家汇。②

8月21日，上海之役的第四天，李秀成在徐家汇致信英国、美国和葡萄牙领事馆（故意忽略了法国），表达了对自己被出卖的愤慨。他在信中写道，他们对太平军发起进攻，不仅明显违反了中立的原则，也是对许多外国访客来苏州邀请太平军来沪的前情之背弃，而太平军此来是抱持着与外国友人缔结通商条约之良善目的的。李秀成强压怒火，继续写道，虽然过去几日发生了不幸的事件，他仍然希望具有同样宗教信仰的双方之间的友好关系可以继续维持，但是警告他们，如果继续支持清廷，将会导致国际贸易的中止，太平天国治下地区出产的产品也将停止出口。③三日后的8月24日，太平军从徐家汇撤军，最后在天主教堂的门上留下了一张李秀成发布的告示，命令全军不得伤害外国人及其财产、房屋和教堂设施。④

从后来出现在中国和印度英文期刊中的大量相关评论和报道中可以发现，公众对英国和法国军队的野蛮行径感到震惊。与外国军队毫无廉耻的胜利相对应，太平军被普遍认为是虽败犹荣。⑤讽刺的是，巡抚薛焕意图窃

---

① 徐萨斯书第109页。另见《东华续录》（咸丰朝）第九十四卷中所录薛焕奏折。
② 徐萨斯书第109页提到了李秀成的伤势。另一个版本的上海之役，见徐蔚南《上海在太平天国时代》。
③ 本信英文译文发表于1860年9月1日《北华捷报》第527期。
④ 该文告的英文译文发表于1860年8月25日《北华捷报》第526期。呤唎书第一卷第298页也引用了该文。
⑤ 典型的评论和报道有：1860年7月28日《北华捷报》第522期社论、1860年8月11日第524期社论、记者C发表于1860年8月18日第525期及1860年8月25日第526期的文章、1860年9月11日《大陆记录报》社评（呤唎书第一卷第294页引）、1860年10月24日《泰晤士报》（印度）社论（呤唎书第一卷第299页引）。

据功勋，留给自己和部下，在上呈清帝的奏折中，隐去了成功保卫上海时外国人提供的援助。卜鲁斯后来将这一欺瞒行为告诉了恭亲王奕䜣，但是也没有下文。

江浙战场的一些小规模战斗

就在李秀成在常州和苏州指挥东征军的同时，在丹阳从大部队分军而出的陈玉成渡过长江，率领留在六合和天长的太平军，佯攻扬州、瓜州和全椒，来牵制江北清军，使其无法干扰李秀成的行动。在李秀成成功地占领了常州和苏州之后，陈玉成首先返回了天京，然后在6月底到苏州见李秀成，确认配合上海之役的行动计划。其结果便是，当李秀成逐步攻占嘉定、吴江和青浦，大军进逼上海时，陈玉成在其南翼进攻浙江，牵制清军。

和预想的一样，清军迅速扑向陈玉成因前往浙江而离开之后的江北地区，于6月28日收复滁州。收复的首功当属李世忠（原捻首及太平军盟友李昭寿），而他不久也会以另一种方式引起清廷的注意。薛成良（原捻首薛之元，随李世忠一起投降清军）当时叛清，李世忠率部追击他这位昔日的伙伴，最后经过三个月的努力，终于将薛诱捕砍头。清廷以此功赏李世忠江南提督。①

与此同时，在浙江，陈玉成则直接向南进军，于7月下旬过长兴，沿途攻占了几座城市之后，从8月6日开始进攻浙府杭州。② 到目前为止，他的任务都是成功的，但在攻打杭州时，陈玉成不幸染病，被迫经广德最终撤回常州，放弃了此前占领的所有城市，被原和春部遣散的将领刘季三收复。

另一方面，从上海撤回的太平军欲从华尔思德和白齐文的手中重占松江，而此时李秀成接到了数封嘉兴寄来的告急求援的信件。自7月5日以来，嘉兴已接连三次遭到以杭州为大本营的张玉良部的进攻，虽然城池暂时保住，但是守将陈坤书和陈炳文已几无支撑之能力。李秀成立刻解除了对松江的包围，率全军前往浙北，并于9月3日在情况恶化之前及时赶到了嘉兴。第二日，他便发动了对张玉良的反攻。太平军李世贤的援军也在交战的第五日（即9月8日）赶到，并在李秀成的命令下进攻石门，切断张

---

① 《东华续录》（咸丰朝）第九十三卷，咸丰十年八月十六圣旨。
② 郭廷以书第一卷第698页。

玉良撤退的路线。于是,张玉良军中的潮州籍士兵开始向太平军投降,他手下的其他部队也突然瓦解逃亡,只剩下张玉良只身逃往严州。①李秀成把嘉兴府和周围各县的治理交给陈炳文之后,就动身返回了苏州。而陈炳文及他的后任廖发寿在此后三年间,把这一地区治理成为太平天国治下最为和平富足的地区。②

上海及其附近的局势也回归了平稳,太平军占据了周围数镇,但是尚未准备好再次进攻,而外国军队则把防守限制在这座港口城市本身。但是,在1860年的夏秋季节,江苏境内也发生过零星的战事。8月28日,清将冯子材及其镇江守军试图收复丹阳未果。十天之后,丹阳的太平军又袭击了镇江附近的清军舰队,也被击退。9月16日,黄文金领江阴和无锡的太平军部队占领了常熟和昭文二县,此后,又进而占领了常熟县长江北岸的重镇福山及太仓。李世贤的一部(可能从金坛而来,李世贤本人及其部队当时正在皖南作战)会同丹阳的驻军,于10月11日包围镇江,但是到了10月16日就被冯子材驱逐。次日,清军收复了江阴。

9月底,李秀成和陈玉成再次在苏州会晤,制定新的战略计划。他们决定,陈玉成集中精力反制曾国藩的部队,而李秀成则暂时留在苏州,理清新成立的苏福省民政。根据这一计划,陈玉成率部前往天京,然后由那里进入皖北;同时,李秀成着手调查太平天国治下百姓的需求和愿望。在其供述状中,李秀成提到过帮助那些因战火失去家园的百姓,分配给他们大量的食物和钱财。他每天为忍受饥饿之苦的家庭提供稀饭,为很多人提供足够的资金,开设新的生意,而无力缴清地税的本省农民也不会被强制收税。通过这样的举措,他赢得了百姓对太平天国事业的支持。例如当有报告说,黄文金对常熟百姓较为残酷时,李秀成立刻就调黄去了皖南的芜湖;他那些最为凶恶的手下也受到了惩罚,并且调来了思虑周详、为人宽厚的钱桂仁接替黄作为常熟守将。就这样,时间不长,苏福省民政恢复了秩序,百姓在太平天国治下日益富足,安居乐业。③为了表达对李秀成如此多德政

---

① 冯氏《花溪日记》、许瑶光《谈浙》第二卷。
② 嘉兴的地方治理在沈梓的日记中有详细的描述。另见《通考》第一卷第453—480页的摘录。
③ 顾汝钰,《海虞贼乱志》。

善行的感谢,乡绅和百姓立起了巨大的石牌坊,歌颂忠王。牌坊之下还立了石碑,碑文以优美的书法,引经据典地赞美李秀成,赞扬他对百姓和乡里的莫大恩德。这两件纪念物现在仍然矗立在常熟,直至今日仍然纪念着这位太平天国不朽的领袖。①

1860年9月底,李秀成被天王圣谕召回天京,准备一场新的军事行动。他于11月初离开之后,苏福省民政和军政交给了他的部将,刚被提拔为后军主将求天义的陈坤书。

---

① 笔者关于这两座纪念建筑的文章,配有实地考察照片,见《逸经》第32期。另见《通考》第一卷第259—262页(亦配有插图)。苏州也有一块纪念李秀成德政的石牌坊,见潘钟瑞书第八章。

第十八章

安庆之战

当 1860 年夏季太平军在常州和苏州一带征战的时候,曾国藩和胡林翼正在安排部署湘军的陆军和水师以及一些鄂军,准备围攻安庆。[①] 清军平定这场起义的大战略仍然不变,即"高屋建瓴"地逐步沿长江顺流而下,收复失地。这一大战略的第一步是收复武昌和汉口,第二步是克复九江。现在,为了能够最终收复南京,清军将所有的力量都放在了和太平军在安庆的交锋之中。而太平军方面也同样决心全力保卫安庆(见后文),这使得即将而来的这场战役,最终成为太平天国历史上最为惨烈残酷的战事之一。但是,对于从 1860 年年中到 1861 年年底在安庆周围发生的战役,在史料中被记录为在数个战场上杂乱无章、互不相连的军事行动,其真实的意义也由此变得晦暗不明。当时的确是一段战事复杂、令人费解的时期,但是通过对可以互相印证的不同史料的仔细考察和分析,我们便可以得知这一时期无数战斗之间的内在联系,了解双方在对决中投入了怎样的资源。在安庆战场上决定性的成败,对双方来讲都是性命攸关的。而关于此战的诸多臆想的说法,也从另一个层面证明了这场战役的战略重要性。

[①] 本章为《全史》第三卷第 1831—1908 页之概述。

将安庆作为清廷的既定作战目标，实际上是曾国藩和他的助手胡林翼个人的胜利。曾国藩此前被任命为两江总督，管理江苏、江西以及安徽的事务，清廷还随旨让他率兵东进，收复苏州和常州，但是曾国藩向皇帝奏报了前线的军事情势，坚持认为越过安庆而先收复其他区域是极不明智的。① 现在，作为总督的曾国藩更是加紧准备攻略安庆。此时，在胡林翼的推荐之下，左宗棠也来到曾的营前效力，他随即被派往湖南，招收更多的湘军部队，以备将来之用。② 曾国藩对左宗棠印象颇深，当时清廷召左宗棠入川，驱赶正准备入侵那里的石达开（1860年8月2日事），而曾国藩却以将有大战的安庆战场急需左宗棠的襄助为由，执意把他留了下来。

而这个时候，安庆战役的细节计划也已基本确定下来，战役将分五条战线展开：（一）曾国藩的弟弟曾国荃此时刚带着一支整编后的湘军部队从湖南回来，他将由中路直接包围安庆；（二）满将多隆阿带领的八旗骑兵和鄂军于桐城守备北线，保护安庆的曾国荃部队的后方；（三）胡林翼领另一股鄂军，经霍山和舒城向西移动；（四）刚在湖南与石达开交战返回的李续宜率部在桐城以西、安庆西南的青草塥待命，充当后援队；（五）曾国藩亲率部队在皖南的南线牵制长江南岸的太平军，使之无法分兵救援安庆。

这场具有历史意义的大战于6月初正式打响，当时太平军刚刚占领苏州不久。曾国荃和他的弟弟曾贞幹（亦名曾国葆）出兵攻打安庆北郊的战略要冲集贤关。兄弟二人共领兵十三营，其中三营属勇将朱洪章部赣兵，全军总人数约为一万人。③ 对他们进行协助的是杨载福的全部水师，在整个战役之中，他们为陆军运送补给（在前太平军韦俊部的帮助下），封锁敌方的通信，有时还成为曾国藩发动的安庆战役中的第六条战线。

曾国藩在皖南

由曾国藩直接指挥的另外一万人的部队（包括几营湘军、一些骑兵及鲍

---

① 《曾文正公奏稿》。
② 1859年，有一位旧将向官文诬告左宗棠，虽然后来骆秉章和胡林翼很轻松地帮他澄清了谣言，但左宗棠还是灰心失望地于当年冬天从骆秉章处辞职。左宗棠当时打算考进士（左本为举人），入翰林，在进京路上途经武昌时，被胡林翼推荐面会了曾国藩。
③ 王闿运，《湘军志》第三卷，第18页。

超的六千乡勇），于 1860 年 7 月 9 日渡过长江，进入皖南。① 与此同时，张运兰的三千老湘勇、李元度的三千乡勇以及左宗棠的新营，也都受命在皖南集结。曾国藩本人于 7 月 28 日到达祁门，并在那里设立了大本营，此后不久就收到圣旨，在两江总督原有的负责江苏、江西和安徽军民事务的职责之外，又让他负责浙江军务。之后，清廷又特发一旨，将皖南民政（当时由张芾负责）也交给他负责，于是曾国藩便命令张长贵收罗省内各处散兵溃勇，独建新军。② 清廷还不断降旨催促曾国藩进军江苏，可即便是他最紧密的战友胡林翼也劝他依旨行事，曾国藩仍然拒绝放弃既定的战略计划，他再一次上奏皇帝，力陈安庆的军事重要性：

> 自古平江南之贼，必据上游之势，建瓴而下，乃能成功……北岸先克安庆、和州，南岸先克池州、芜湖……臣所属部万余人已进薄安庆城下……若一撤动，则多隆阿攻桐城之军亦须撤回，即英山、霍山防兵均须酌退……北路袁甲三、翁同书各军亦觉孤立无援。是安庆一军目前关系淮南之全局，将来即为克复金陵之张本。③

曾国藩开始在祁门的大本营中发号施令，向皖南派设部队，其中最为激烈的战场便是在宁国。当时，太平军刘官方、赖文鸿及古隆贤等部刚刚从彻底击溃和春的作战中返回，正分五路赶往宁国。战斗开始后不久，更多的太平军在杨辅清的率领下也赶来参战。为了避免被一举消灭，守将周天受与七千清军婴城固守，等待救援。④ 曾国藩把救援宁国当作最为紧迫的任务，因此他动员了所有可以调用的力量。于是，从 9 月份开始，张运兰和李元度的部队先后抵达皖南，与 7 月随曾国藩在祁门扎营的鲍超会合。同一时期，左宗棠也带着新招募的由王开化、刘典和其他老湘勇老将指挥的五千湘军到武昌报到。而太平军方面也加强了进攻的力量，刚在浙江嘉兴

---

① 《钦定剿平粤匪方略》，第二百四十一卷。
② 同前注第二百四十七卷。
③ 同前注第二百四十一卷。
④ 同前注第二百四十七卷。

击败张玉良的李世贤，带着他大约四万人的部队赶来宁国。[①] 显然，太平军具有数量上的优势，而赖文鸿在祁门和宁国之间截击了清军张玉良的援军之后，宁国于9月26日易手。驻防将军周天受与其部署官员在坚守宁国逾七十日后，城陷阵亡。[②]

李世贤的下一个目标是徽州，而当他的大军兵临徽州城下时，李元度才刚刚赶到那里驻防了三天。李元度受曾国藩严令，不准出城与太平军交战，如果遭到攻击，只要保守城池，等待救援即可。但是当李世贤的军队出现在城外的时候，李元度把曾国藩的命令抛在了脑后，冲出城外与太平军作战，结果惨败，徽州城也于10月9日落入太平军手中。李元度为此感到羞愧，也许是因为惧怕将要得到的惩罚，他带着残留下来的湘军部众进入浙江，而不是返回向曾国藩报到。[③] 但是这只能让曾国藩更加愤怒，在愤怒之下，曾国藩严厉地斥责了这位将军不遵守命令的行为，还让他丢了道台的官职。（曾国藩后来非常后悔如此责备这位爱将，正是他在曾国藩在江西的那段黑暗岁月里，一直矢志不渝地追随。曾国藩转而开始责备自己，把正确的人用到了错误的地方。）[④]

太平军一步步地逼近祁门，曾国藩派张运兰和鲍超前往阻截，同时命令左宗棠的部队从南昌向东，到后翼的乐平和婺源，显然是为被迫撤退留下后路。但是，最终李世贤撤回了浙江，而皖南也恢复了平静，直到李秀成和其他的太平军部队进攻祁门，协防安庆。

太平军防卫安庆的战略计划

此前在1860年9月底，那时李秀成刚刚从嘉兴返回苏州，天王曾下令召李秀成回天京，准备一场新的北伐行动。这一战略计划可能是由担任太平天国总理及元帅的洪仁玕提出的，他高瞻远瞩地意识到，中国北方不安定的局势可能是达成太平天国革命目标的绝好契机。当时，清军在天津被英法联军打得惨败，联军还于8月23日占领了天津，到了9月22日，随

[①] 王定安《求阙斋弟子记》第三卷第六章第37页。
[②] 郭廷以书第一卷第712页。
[③] 薛福成，《庸庵笔记》。
[④] 王定安书第五卷第26页。

着清帝逃往热河，北京城也变得人心惶惶。如果太平军可以趁着中央政府陷入混乱和恐慌之时，趁机占领中国北方，太平天国就有机会得到开埠通商缔约诸国的承认，成为新的统治者。这一计划当时尚属粗略的构想，但是李秀成立刻就提出了自己的战略构想。李秀成在上呈给天王的一份奏章中说，江西和湖北一些乡县的四十名代表已经向他的大本营发出请愿信，愿举当地约五十万民众投靠太平军，因此他请求向西进军，先招收这些志愿者入伍，再进行北伐战争。① 天王和洪仁玕都无法说服李秀成放弃自己的计划。

显然，李秀成坚持自己的计划，是他在 9 月底于苏州与陈玉成商议的结果，他们想通过保卫安庆，来重新获取对长江南北两岸的控制。陈玉成已经在皖北做好了部署，而李秀成在 11 月初离开天京西进之前，将所有的太平天国高官邀请到府上，召开临别会议，向他们解释自己的战略规划。李秀成警告说，如果安庆不保，曾国藩的湘军一定会对天京发动新一轮的攻势，而且新的攻势比之前的都要凶猛。李秀成预估他的部队要四百余日方能回转，他嘱咐来到府上的官员们，用所有可以支配的钱财换购谷粮，以备不时之需，并准备在再陷重围的时候全员出击，保护城西江东门外及南门外雨花台山上的大营。②（湘军包围天京的部队最后确实在雨花台山设立大营。）

李秀成这次固执的行为，一方面体现了他自己的秉性，另一方面也显示出洪仁玕的权威正在削弱。而在表面上，洪仁玕仍然在蒙得恩（新封赞王）和林少璋（1854 年湖南惨败后赋闲，后在李秀成的举荐下复出，获封章王）的协助下，掌握着太平天国的军政全权。1860 年 10 月，洪秀全在宗教方面的第一位老师罗孝全牧师来到天京之后，洪仁玕又多了一位得力的助手。罗孝全数次试图来到天京，他辗转到了上海，次月又到了苏州。在苏州，罗孝全发现李秀成仍然因上海之战的受挫而埋怨洋人，便劝说李秀成写信给英国公使卜鲁斯。在这封信中，李秀成质问为何太平军在上海受到了外国人的攻击，信中还重申了太平天国革命运动的宗教本质。这封信

---

① 李秀成状。
② 同前注。

经罗孝全翻译成英文，并发表于上海的英文报刊，希望能够打动外国代表，使他们更加理解这些正在努力为理想斗争的人，并唤起他们的同情。但是，这封信如石沉大海，没有引起任何反应，也没有产生任何效果。① 在天京，罗孝全受到了天王洪秀全的热情迎接，洪秀全已经忘了上次在广州导致他从罗孝全处离开的误解与不快，给予了这位他之前的老师所有应有的荣誉和尊重。② 罗孝全被加封"天义"，并被任命为负责外国事务的副总理，他以洪仁玕助手的身份住在洪的府邸之中。从此以后，他都致力于通过在外文报刊上发表文章，来向世界宣传这场革命运动的实质和目的。后来，他还在美国建立了一个宣传太平天国运动的机构。③

但是，洪仁玕面对这个逐渐堕入任人唯亲和腐败堕落泥潭的太平天国，显得毫无办法。天王洪秀全的两位哥哥洪仁发（现为信王）和洪仁达（现为勇王）此前就结成恶党，把石达开排挤出了太平天国的决策层，现在更是明目张胆地滥用手中的职权。他们收受贿赂，卖官鬻爵，以各种借口勒索百姓甚至是官员的钱财。例如，那些遵照李秀成的指示备战屯粮的官员，需要购买特别的通行证才能离开天京购买谷粮，在谷粮运进天京时还要缴纳巨额的进口税，这种情况打击了大多数人的信心，很少有人愿意从事这项确保天京周全的工作。因为这两个人得到了天王的宠幸和信任，因此洪仁玕就处于非常微妙的境地，他必须把作为总理的全部行政智慧用来包容这个小结党。④

实际上，陈玉成和李秀成将要执行的计划，正是洪仁玕原本提出的大战略的第二部分。他们的目标仍然是保卫安庆，但并不想通过直接进攻围

---

① 见罗孝全发表于1860年10月27日《北华捷报》第535期中对此事的描述。
② 吴士礼（G. J. Wholseley）《记1860年同中国之战》第十四章记录了罗孝全第一次到天京访问他之前的学生时发生的一件趣事。太平天国的官方礼节要求每个靠近天王的人都要下跪，而罗孝全拒绝接受这个规定。后来不知通过什么手段，罗孝全得到了在这个问题上的宽许，但是在面见天王的时候，他一进大殿，天王便自己先跪倒在地，还喊着："让我们一起敬拜天父。"就这样，这位传教士和当场所有的高官贵族一起跪在地上，高唱赞美诗。就这样，罗孝全既遵守了太平天国上殿的礼节，同时又跪拜了上帝。
③ 其他传教士对罗孝全投身太平天国运动的批评，见1861年9月7日《北华捷报》第580期社论及1861年9月14日第581期社论。另见时间更早的1860年11月3日第536期关于他公开同情太平天国一事的社论。
④ 李秀成状。李秀成讽刺的说法让"四恶王"的说法流传开来，中文史料常认定他们是洪仁发、洪仁达、洪仁政和洪仁玕。通过对洪仁玕所进行的工作加以仔细研究，我们可以发现他并非如此，可以将他从腐败堕落的指控对象中排除出去。

攻安庆的湘军达成这一目标。陈玉成和李秀成达成一致，对洪仁玕的计划做了调整，而这一调整可能也得到了洪仁玕的同意和认可。按照调整后的计划，陈玉成沿长江北岸前进，而李秀成在南岸，两军呈钳形出击，最终于1861年春天，同时向湖北的汉口、汉阳和武昌发动攻击；同时，其他太平军部队在皖南完成对曾国藩及其亲兵的合围。[①] 如此一来，对湖北的攻势将会迫使在安徽和江西的所有湘军部队（包括在安庆的湘军）向西撤退，救援他们的行动基地，而把曾国藩独自留在皖南，形成瓮中捉鳖之势。

在随后的行动中，他们兵分五路，分头出击：（一）陈玉成向汉口和汉阳推进；（二）李秀成向武昌推进；（三）杨辅清从宁国，黄文金从芜湖进入赣北，阻截曾国藩的西线；（四）浙江的李世贤由徽州出击，进攻左宗棠在赣东的部队，骚扰曾国藩的后方；（五）刘官方从皖南的池州正面进攻在祁门的曾国藩。五路兵马几乎同时行动，但是为了清晰地加以说明，我们将逐一对他们的行动加以介绍，尽管这样在时间上可能有所重合。

陈玉成入鄂

陈玉成于1860年10月率全军从天京出发（此时其部队吸收了刘玱林的精锐部队），横渡长江之后，向西进入皖北，并立刻同时展开了三个军事行动——主力于10月14日开始进攻寿州，分出来的一支部队进攻六安，另有一路在张洛行指挥的捻军的协同下一起进攻凤阳。当三路攻势均遭挫败后，陈玉成于11月26日领兵转向桐城西南的挂车河，在那里，他的部队吸纳了龚得树带领的捻军分遣队，实力有所增强。依照计划，陈玉成应该继续直接向西进入湖北，但是他的部队于12月10日在挂车河遭到了多隆阿和李续宜的阻击，伤亡惨重，被迫撤退至庐江。然而，多隆阿和李续宜也没能收复桐城。

就在这个时候，陈玉成因为清军内部失和，又得到了一个新的盟友。此前因投降清军而被赏封道台，现在指挥着皖北实力最强的团练的苗沛霖和寿州团练的指挥官发生口角，争执不利。苗沛霖发誓要进行报复，便劫

[①] 威尔逊《常胜军》第69页提到了这一计划，虽然有些地方并不那么准确。本节所提及的计划细节，是通过彻底分析所有当代史料而得出的结论。

夺清军的炮舰和资金准备进攻寿州，后来发现官方对他的行径不满，准备发难，却为时已晚。在两难之中，苗沛霖找到陈玉成，陈玉成很乐意吸纳他献上的这些部队，让他们加入自己刚在阵前受挫的大军。陈玉成立即命令余安定和其他两名官员与苗沛霖进行接洽，此后不久，天王奉赠苗沛霖奏王之衔。与此同时，清军意识到太平军正在全力准备防卫安庆，便在枞阳召开军事会议，修订其战略计划。此后清军的战略重点是在太平军的援军赶到之前，先行夺取安庆，而其第一步便是击退陈玉成。清军的指挥也进行了调整，清廷替换了负责江北军务的老迈多病的李若珠，代之以荆州将军都兴阿，但是他直到12月11日才正式履新。

1861年2月下旬，陈玉成准备重新开始进军湖北，于是派手下一部捻军前往湖南，以误导清军。几日之后的3月3日，数万人的主力部队从桐城出发，在沿途击败了一些鄂军部队之后，先后占领了霍山和英山。在英山，陈玉成又派出另一支捻军，向北至罗田诱导清军，而自己率主力疾行，向西南穿过清军守备空虚的地区。为了不受阻碍，他的部队都乔装改扮成清军模样。在清军毫无防备的情况下，陈玉成分别于3月17日及18日突袭攻占蕲水和黄州。①

在黄州，陈玉成还会见了英国参赞巴夏礼（Harry S. Parkes）。巴夏礼此前同英国海军司令何伯②（James Hopes）前往汉口，当时正晚于其旗舰几日，在返回上海的途中路过黄州。巴夏礼在3月22日带着两名英国商人在黄州登岸，和陈玉成会晤，并建议他不要进攻汉口。③ 他的报告节录如下：

他已经占领了三座城市，而且在十一天内行军六百里。他并不打算从后方进攻他刚刚穿越而过的清军，把他们从安庆赶走，也没打算推迟他的行动，攻取离他只有五十里的汉口。但是他接着说，当他听说英国人已经在那里建立了港口之后，对向那里进军产生了些许的疑虑。

我建议他在这点上多加思忖，还建议他不要考虑向汉口进军的

---

① 王定安书第四卷第七章。
② 如今多译为"赫伯"。
③ 见通讯记者H关于陈玉成的报道，刊于1861年4月6日《北华捷报》第558期。

事，因为这些叛军不可能占领任何我们已经建立的市场，同时又不严重地伤害我们的商业利益。而采取手段避免他们的运动与我们的事业之间的冲突，是非常必要的。①

其中寓意自然非常明白，而它也确实强化了李秀成进攻汉口的审慎态度。但是，巴夏礼不仅止于就进攻汉口的后果而做出提醒，他甚至还暗示了进军湖北一事的惨淡前景。巴夏礼说，他尚未从九江得到太平军进入江西的消息，那么如果李秀成失期不至，陈玉成就将独自面对武昌的守军，以及后翼从安徽追来的强大的皖军。（实际上，此时的李秀成正在江西攻打潜江，而武昌的守备也不足三千正规军，李秀成可以在任何安徽的援军赶到之前就轻易将其击败。②）陈玉成此时年仅二十五岁，也没有任何外交经验，很容易就受到了这位外国外交官的影响，最终决定推迟向汉口进军。他将和巴夏礼会谈的内容写成报告，上奏天王，并要求得到下一步行动的指示。但是，在洪仁玕要他依照计划继续进攻汉口的命令返回之前，陈玉成已然转回皖北。陈玉成放弃进攻湖北的计划，可以说是受到了巴夏礼的影响，这自然是一个非常严重的错误，也成为安庆保卫计划中第一个受挫的环节。

在此后折回皖北之前的几周内，陈玉成一直举棋不定，他始终期待着李秀成的到来。因此，他分出一小部分部队，由赖文光率领，留守黄州，主力则继续向北，沿途占领了德安和随州。但是到了4月中旬，李秀成迟迟未来，陈玉成便留下他的叔父陈仕荣及两万部队留守德安和随州，自率其余的部队返回皖北，最终独自与包围安庆的湘军交战，以解救被困其中的母亲、妻子、孩子以及其他亲属。③而太平军总体作战计划所要尽力避免的，正是这种孤立无援地与围困安庆的清军交锋的情况。

---

① 呤唎书第一卷第348页。关于此份报告更全面的摘录，见牟安世《太平天国》第286页。值得注意的是巴夏礼在同一份报告中对陈玉成军中军纪的描述："在我们进入的营门上，我看见一份由英王签署的告示，申明对百姓的保护，还邀请他们到营中来和军队进行自由的贸易。另一份告示则面向军人，从张贴之日起禁止他们入村闲逛，劫夺乡民。第三份告示上还挂着两名士兵的人头，表明他们因在为部队征粮时抢夺百姓衣物而遭到处决。"
② 王定安书第四卷第七章。
③ 曾国藩咸丰十一年二月二十二（1861年4月1日）致其兄长家书，及王定安书第三卷第六章第33丁右所引曾国藩奏折。

陈玉成返回皖北极大地减轻了湘军的压力。此前胡林翼为了保护湘军的总部基地,迅速调度了李续宜的后备部队、舒保的鄂军以及彭玉麟的水师回援协防。而且直到4月中旬,清廷还要求此时正受命负责四川军务,应对石达开来犯的骆秉章紧急返回,襄助武昌防务。现在危机已经过去,湘军可以再次集中精力收复安庆。

瓮中捉鳖

李秀成于1860年11月初由天京直接进入皖南,虽然在途中遭遇了湘军水师的抵抗,但是在刘官方率军进攻南陵的消息传来时,他的部队已经到达繁昌。[①] 李秀成决定经芜湖靠近,向刘官方提供支援,但是他到达后就发现,南陵已然落入太平军手中,于是便继续向南进军,于12月7日占领黟县。接下来,为了解救堂弟李世贤留下来驻守休宁的部队,李秀成便前往切断围攻那里的鲍超及张运兰的补给线。鲍、张二将在休宁渐入窘境,便掉转兵锋,在一次短暂的战斗之后收复了黟县。同时,李秀成兵至战略要隘羊栈岭,距离曾国藩在祁门的大本营仅六十余里。曾国藩也意识到太平军占领该处对自己的致命威胁,分别在12月2日和6日两次写信给他的弟弟们,认为自己将会命丧祁门。但是这一局面最终被鲍超和张运兰扭转,他们通过一场大胜迫使太平军退至婺源。这一战对太平军打击甚大,此后李秀成一直试图避免与鲍超正面交锋。

李秀成向皖南的渗透,大抵与李世贤和杨辅清相同步。李世贤在于10月12日占领休宁之后,首先回师浙江,意图吸引清军的注意力,掩护李秀成和刘官方在皖南的行动。他在战胜张玉良,占领严州之后(此后严州驻军赶赴救援休宁,严州又被张玉良收复),进军攻略临安和富阳。李世贤还

[①] 作为佣兵和业余历史学家的呤唎,也以炮兵指挥官的身份参加了此战。照其在关于太平天国历史的书中所说,他于1859年夏天到达香港(第一卷第1页),然后由于是老兵,便开始作为英军上官服役(第二卷第428页)。他是在1860年秋天在苏州与李秀成交谈之后,下定决心加入太平军的(第一卷第71页及第78页)。呤唎在正式成为李秀成的幕僚之前,曾于10月底至11月初短暂地去过上海(第一卷第247页)。呤唎详尽地描述了他返回天京之前太平军在上海的作战,另外,他还记述了一场颇令人怀疑的太平军在江西湖口战胜五万清军(其中三分之一还是骑兵),而取得大捷的战斗。呤唎对这场他返回天京之前的最后一场战斗的描述栩栩如生(第一卷第255—265页),但是,李秀成的供状以及其他的史料均未提及曾经有过这场战斗。实际上,根据笔者对东征历史的重建,李秀成从来就没有靠近过湖口。

从富阳向浙府杭州发起过进攻，但是以失败告终，此后又向北攻湖州，也不成功。12月7日，他转向西再入皖南，执行安庆战役第四路部队的既定任务。

第三路杨辅清的部队在12月上旬从宁国出发，于12月8日开始进攻建德（今至德）。黄文金此时也从芜湖赶来参战，二将联军于是攻克建德和东流，从而切断了曾国藩与安庆之间的联系。但是这种情况引来了湘军的疯狂反扑，两周之后，他们便收复了建德。杨辅清此后返回驻防宁国，而黄文金及其副将李远继继续战斗，进入赣北，占领了彭泽和浮梁，再次切断了曾国藩的联络线。太平军进而攻克湖口，但是此后杨载福和彭玉麟的水师再度控制长江水面，与曾国藩恢复联络。隔绝曾国藩的计划受挫，黄文金和李远继转向饶州，并且轻而易举地占领了那里，然后于1861年1月5日从饶州出发，向左宗棠在景德镇的大本营发起进攻。在此后的数周之内，太平军三遭挫败，他们在浮梁被左宗棠的部队击退之后，又于2月18日惨败在由休宁来援助左宗棠的鲍超手上。黄文金在战斗中负伤，黄、李二将向彭泽和建德撤退，鲍超及皖军紧随追击。这次撤退最终变成了溃败，太平军丢盔弃甲，死伤惨重（据曾国藩1861年5月9日家书）。就这样，挽救安庆总体战略中的第三路部队失去了作战能力。

但是，恢复了经由彭泽与外界的联系，只是部分缓解了曾国藩所陷入的险恶困境，他在祁门的大本营仍然被太平军重重包围：东边是李世贤，北边是刘官方，南边是李秀成，西边是黄文金。虽然杨辅清已于12月回师宁国，婺源的李秀成以及建德的黄文金其实也在撤退，但是李世贤和刘官方的部队却步步逼近，这使曾国藩陷入了绝望。李世贤的主力于12月26日由浙江而来，与留守在休宁的守军会合，然后直扑祁门，并且摧毁了几处湘军的哨站。同时，刘官方也由黟县出兵，经羊栈岭逼近祁门。从12月30日开始，鲍超和张运兰的部队经过一系列的战斗，阻击了第一拨太平军（李世贤部）的进攻，又在1861年2月15日击退了第二拨刘官方部的正面进攻，当时刘的部队杀到了距离曾国藩大本营六十里的地方。几周之后的3月19日，湘军诸营又对刘官方取得了第三场胜利，这一次还夺取了刘在休宁的行动基地。4月2日，刘官方毫无畏惧地分八路同时出击，再次进攻祁门，大战三日之后，湘军再度获胜，刘被迫撤至黟县。

留下刘官方正面直接骚扰祁门的曾国藩，李世贤于3月初忽然开始执行大战略中的既定任务——消灭赣东左宗棠的部队。他的部队途经婺源，在3月16日到达景德镇左宗棠的大本营。在此后三周多的时间里，他们和湘军及一部赣军展开了看似毫无胜算的战斗。4月9日，战况急转，左宗棠败退乐平，太平军终于进占景德镇。左宗棠既已败退，李世贤便在安排景德镇的防务之后，动身再次加入对祁门的进攻。

景德镇的失守令曾国藩再度与外界断绝联系，而此后三十天，他在祁门的三万部队都没有得到新的粮草补给。① 对于身陷绝境的曾国藩而言，唯一避免在祁门被慢慢饿死的办法，似乎就是全力杀出一条由徽州至浙江的退路。② 如此打定主意后，曾国藩于4月12日将大本营迁至休宁，第二天便派出两路共一万人的部队进攻徽州，左路由张运兰指挥（有一部分鲍超的部队），右路由唐义训指挥。而李世贤留在徽州的守军很多都装备有西洋步枪，两次击退了湘军的进攻，最终还在4月20日趁夜悄然出城，放火烧毁了湘军大营。在此后的白刃战中，湘军的二十二个营中有八个溃散，其余的部队败退到休宁，而此战也迫使曾国藩继而撤回祁门。③

曾国藩和他在皖南的亲兵部队的命运再次如履薄冰，但是，就当曾国藩快要放弃所有希望的时候，收复景德镇的捷报突然传来。似乎是左宗棠迅速地重新集结整编了部队，于败给李世贤两天之后的4月15日反攻景德镇得手。李世贤在赶往祁门的路上听闻此事，即刻火速向乐平发起了进攻，但这一次他吃了大败仗，太平军伤亡一万有余。④ 由于左宗棠部已经收复景德镇，李世贤的败军只得退往浙南，无法再参与进攻祁门的行动。

在一封1861年5月3日的家书中，曾国藩把这一次脱险说成是死里逃生，还说他这次又可以"安枕而卧"了。他此番愉悦快乐是绝不夸张的，据他估计，五路太平军总人数约有四十万（每路七万至十万人），是他在皖赣全部

---

① 王闿运书第五卷第六章。
② 咸丰十一年三月初四（1861年4月13日）曾国藩家书。
③ 咸丰十一年三月十四（1861年4月23日）曾国藩家书。
④ 李秀成状。

部队的十倍之多。[1] 他这支弱小的部队能够免遭覆亡，是太平军至 1861 年已经全面衰退的佐证。新入伍的太平军士兵训练不足，又缺乏早期圣兵那种严格的纪律，在战场上并不可靠，而由此对太平军军事实力的削弱，从一个很重要的方面为太平天国革命运动敲响了丧钟。

曾国藩移营东流

曾国藩在祁门深陷重围的时候，仍然一直担心在安庆的弟弟曾国荃，而此刻，陈玉成忽然孤注一掷地往援安庆，正在对曾国荃的进攻部队完成包围，曾国藩便对此忧念愈重。当地并无足够的湘军援军，这使得曾国荃的隔绝处境更为危险，但是，曾国藩并不想就此放弃收复安庆的机会。他在 5 月 3 日给弟弟的家书中明白地写道："此次安庆之得失，关系吾家之气运，即关系天下之安危。"他认定曾国荃可以再坚持半月，便派五百人防守安庆城内壕沟，同时命令鲍超率五千人，向北阻截太平天国的援军。[2]

这样布置下去之后，曾国荃反而开始担心在祁门的曾国藩的安全。最后，他写了长达数千字的长信，请求曾国藩离开那个极为危险的大本营，说抵命株守一隅对战事全局无益，不如移营长江河畔，统括全局。[3] 此信中真挚的兄弟之情最终感动了曾国藩，使他改变了坚持留在祁门的固执念头（曾国藩甚至随时准备牺牲，他写过一份两千多字的遗嘱，在希望最为渺茫的时候托人送回老家）。[4] 而这个建议在军事方面的可行性，是使曾国藩的态度发生转变的另一个因素。曾国藩认为皖南若有失，将来仍能克复，他首要的任务应该是夺取安庆，这无疑才是最有效的镇压起义之策略的关键。因此，牺牲自己的性命坚守祁门既无用又愚蠢，而且又有兄弟如此真诚又有智略的请求，曾国藩只能接受，以使兄弟放心，毕竟他的精力应该专注于安庆攻略之上。[5]

曾国藩既然已经做出了移营的重大决定，他便于 1861 年 5 月 5 日带着一千亲兵，由东线取一条直接北上长江的道路，赶往长江南岸的东流。在

---

[1] 咸丰十一年三月二十四（1861 年 5 月 3 日）曾国藩家书。
[2] 咸丰十一年三月二十四（1861 年 5 月 3 日）曾国藩家书。
[3] 咸丰十一年三月二十一（1861 年 4 月 30 日）曾国藩家书。
[4] 《曾文正公大事志》，第一卷。
[5] 咸丰十一年三月二十一（1861 年 4 月 30 日）曾国藩家书。

东流附近，曾国藩于江中的旗舰上设立了新的大本营，现在他的周围有湘军水师拱卫，固若金汤。

虽然曾国藩在皖南的部队仍然把守着许多城市和战略关口，但是他本人的离开，使得刘官方于6月又发起了新的攻势。经过黟县和祁门附近两周的交战后，湘军大获全胜。刘官方丢了黟县，被迫退往池州，而徽州的太平军因为失去了刘官方的策应，也不得不向东撤退。具有讽刺意味的是，与湘军的全面获胜相对，当曾国藩离开赶往东流的时候，他刻意地盼咐手下的部将不要发动进攻，如果遭到攻击，只要防守阵地即可。曾的离开给了他的部将在行动中一些回旋的余地，于是他们便迅速而且高效地收复了皖南失地。这也成为证明曾国藩在军事指挥上缺乏能力的第三个（此前有湖南靖港和江西湖口之例），也是决定性的一个例证。曾国藩也明智地意识到了自己的弱点，从此以后，都避免亲自直接指挥作战。

李秀成转战四省

1860年12月30日从黟县撤退至婺源之后，李秀成又由皖南转战江西，开始执行安庆战役的既定计划，沿长江南岸一路行进，最终和陈玉成一起进攻武昌和汉口。但是在向江西进发之前，李秀成率部短暂地进入了浙江境内，于1861年1月10日占领常山，吸收了之前脱离石达开部、正在辗转回天京途中的汪海洋一部。此后，他把汪海洋留在常山，自己率主力加速西进。在沿途绕过一些城市之后，李秀成在4月4日占领新淦，次日开始寻找渡过赣江的合适地点，并占领樟树镇。（此时已于3月18日到达黄州的陈玉成不认为李秀成可以赶来，便转而进入鄂北。）但是，此时樟树镇附近的赣江由于春潮而水流湍急，李秀成全军不得不沿江南下，又走了几天才最终渡江，到达吉安。在临江附近，他们击败了清军部队的阻击，总共击溃清军十个营，还生擒了主将李金旸。在和李金旸面谈之后，李秀成被他的勇猛所感动，于是便将他释放。李金旸返回了南昌，不久后就因为此败被曾国藩处死。①

---

① 李秀成状中提到了他无条件释放李金旸的事情。

6月上旬，太平军分三路进入湖北，占领了武昌附近的一些乡县。在那里，正如前一年那些乡绅代表在苏州所许诺的一样，数千湖北百姓纷纷加入了李秀成的队伍，他的部队很快就壮大到五十万人之众。

虽然到现在，与李秀成之约已经失期三月有余，之前被陈玉成留在黄州以便联络李秀成的赖文光，于6月15日写信给在兴国州的李秀成，全面地介绍了江北的军事形势。与此同时，李秀成还接到了堂弟李世贤在乐平战败、紧急求援的消息，还有刘官方在黟县以及陈玉成在安庆受挫的战报。他意识到自己已经孤军深入，也不会有援军相助，而仅靠这支部队要在武昌和汉口取得胜利恐非易事。他认为，首要的任务是解救李世贤和皖南战场上其他的将领，使他们不至于被消灭。于是，李秀成决定放弃原有的安庆战役计划，带领他扩编后的大军返回江西。①

这是李秀成军事生涯中最为重大的失策。他之前与陈玉成相约失期的错误，正因他没有直接进攻武昌而变得更为严重。武昌城的防备仍然相当脆弱，在李秀成指挥的这支规模庞大的军队面前毫无防守之力。另外，陈玉成留在鄂北德安、随州和黄州的，由陈仕荣和赖文光指挥的三万部队，已经在这里等待了三个月，准备在李秀成进攻武昌时一同向汉口发难。即便攻取两城毫无希望，但是如果将它们紧密地包围起来，就能迫使湘军从包围安庆的部队中分兵回援（曾国藩在家书中如是说，其幕僚赵烈文在其日记中也如此记载）。李秀成离开了湖北，陈仕荣和赖文光也别无选择，只能放弃所有的一切，返回皖北。原有的安庆战役计划至此完全失效，从此之后，双方角力的重点便以安庆为中心。安庆的最终失陷归咎于陈玉成和李秀成没有按计划完成任务，而李秀成之过似大过陈玉成。至少，洪仁玕是这样判定的。②

返回江西时，李秀成并没有从瑞州选择南线行军，而是直接向西扑向赣府南昌，与南昌隔赣江相望驻扎下来。曾国藩已经由皖北调鲍超来对付李秀成，李秀成得知这一消息后，随即下令拔营，领全军向南至临江，在

---

① 李秀成如此决定的部分原因在于，他得到了鲍超的部队已经抵达黄州，而胡林翼的部队正在靠近武昌的假情报。如李秀成在其供状中所说，他部队中大量的新兵极端缺乏战斗经验，不能和鲍超正面交锋。
② 洪仁玕的第一份供状。

那里渡过赣江，于8月27日在樟树镇扎营。李秀成没有想到，鲍超的部队居然这么快就赶到了赣江东岸（实际上，鲍超此时正在南昌与樟树镇之间的丰城）。李秀成命令他的两个堂弟分三路进攻赣府，结果使他不得不在8月29日直接与他最为惧怕的对手鲍超在丰城一战。李秀成很快便调军向东逃窜，围攻抚州。[①] 鲍超追至抚州，发现李秀成已于9月8日解围东去，自己便转而向北返回安庆。鲍超在北上途中得知安庆已于9月5日失守，便急行回军抚州。面对安庆失利的消息，李秀成则开始与已在那里开辟新战场的李世贤一起攻略浙江。

安庆之战

争夺安庆控制权的长期军事斗争的最高峰（如果从清军于1858年试图收复安庆却最终失败的战斗开始算起，这场斗争长达三年之久），便是从1860年6月初开始的长达十四个月的艰苦又残酷的关键战役。鉴于这场战斗对太平天国革命运动史的重要影响，我们将详尽地介绍整个战役的经过。

在李秀成的东征军高歌猛进地开赴苏州之时，曾国荃（当时为道台）就奉曾国藩之命，开始率部进攻安庆。他一万人的湘军部队以及朱洪章的贵州军，于1860年8月8日到达安庆城西的战略要冲集贤关，并从那里开始包围安庆城。朱洪章的部队被派到城西侧，在干涸的河岸上扎营，负责挖掘围城的壕沟。此后，朱洪章又得到命令，派一部分部队驻防在城东北的菱湖岸边。就这样，曾国荃的主力在集贤关，朱洪章的部队在城西和东北部署就位，杨载福水师的数百艘炮艇已在长江南岸待命，安庆城已经被紧密地包围了起来。除此之外，不久之后，二曾之弟曾贞幹在湖南新组建的湘军部队也进入了战场。

由于太平军守将张朝爵（爵位天义）和叶芸来（爵位天安）及其两万人的部队得到命令，婴城固守直到援军到来的战略方案付诸实施，因此在数

[①] 李秀成状、郭廷以书第二卷第806页。而王定安书第七卷及第九卷中所录曾国藩在咸丰十一年八月初二（1861年9月6日）的奏折中的记述与之有所不同，曾说鲍超在丰城取得大胜，太平军死亡八千余人，当不足信。

月之间，安庆城外几乎没有发生任何战斗。[①]到了1861年春天，随着陈玉成出人意料地由湖北返回，情况发生了转变。原先在大战略中部署的各路太平军不得不纷纷转而前来救援安庆的陈玉成，导致双方战事随之激增。长达四个半月的惨绝战斗由此拉开了序幕。

陈玉成率领三万人的部队于1861年4月27日到达集贤关，立刻便从背后发动了进攻。两日之后，第二支太平军部队出现在战场上，李秀成的部将吴定彩、黄金爱和朱兴隆奉陈玉成之命，从天长、六合率大军赶来襄助。吴定彩受命带着一千人冲进安庆襄助城防，陈玉成和叶芸来则指挥部队在菱湖南北两岸建设十七处围栏。[②]湖上小船往来联系城内外的太平军，而陈玉成的家人也终于通过一座浮桥来到了陈的大营之中。[③]为了应对太平军的这些举措，曾国藩命令杨载福将二十艘炮艇及一些小船通过陆路搬运至湖中，用于防卫壕沟。[④]

在此期间，越来越多的太平军出现在战场上，其中也包括洪仁玕亲领的大军。自2月中旬（农历新年刚过）开始，洪仁玕便奉天王之命，动员皖南和浙江一切可以调动的守备部队，准备保卫安庆。（洪仁玕在此行途中所作的诗歌文章，在他1861年春天返回天京之后结集，以《军次实录》为题刊行，这些作品比他其他的作品更生动地体现了他的民族精神、对百姓的热爱、对军纪的重视以及对社会改革的热情。）但是，当洪仁玕返回天京后，原定的战略计划因为陈玉成仓促的行为而难以实现，必须迅速制定一个新的计划，来应对这种出乎意料的紧急状况。当然，最为紧迫的是增援陈玉成，于是他下令给所有的驻防将军们，命令他们将尽可能多的部队调援安庆。（根据一份资料，洪仁玕的侄女嫁给了陈玉成。如果这是真的，洪仁玕如此积极的反应除了出于军事考虑，也有家庭的因素在其中。[⑤]）然后，洪

[①] 太平守军两万人的数据是由吟唎的预估而来，他说太平军的人数不及攻方的一半，而笔者认为太平军也有可能人数更多一些。
[②] 吴奉陈命进入安庆城一事，在李秀成状中有所提及。
[③] 朱洪章自传。
[④] 王定安书第四卷第七章。
[⑤] 吟唎书第一卷第350—354页讲述了陈玉成此前将洪仁玕的母亲、妻子和侄女从广州救出，护送她们回到天京，并最终娶了他侄女的浪漫又戏剧性的故事。陈玉成与洪仁玕侄女的婚姻可能是事实，但这个故事的其他部分则纯属编造。陈玉成自1850年十四岁时加入太平军起，一直跟随部队在北方战斗。另外，洪仁玕在其第二份供状中说其母死于广州，而其他亲属是由外国友人护送至天京的（萧一山《清代通史》第三卷第285—286页）。

仁玕在林少璋（章王）的陪同下，率领一万人于5月1日渡过长江到桐城，在那里与吴如孝会合。到这时，太平军在安庆的援军总人数已经达到了两万。①

但是，在洪仁玕和陈玉成之间还隔着清军多隆阿的部队，他于此前一天到达战场，并在桐城以南、安庆以北的地带扎营。从这时起，双方部队交错包围着对方，安庆的军事形势日益复杂。5月1日，新的一轮战斗在菱湖沿岸重新打响，但是到了第二天，多隆阿就成功击退了洪仁玕、林少璋和吴如孝的联军，迫使他们再次撤回桐城。

第四支到达安庆的太平军是黄文金的部队，这之前黄一直在芜湖养伤，并且重新整编自己受到重创的部队。（他的副将李远继在他们受挫之后的一个月内，在江西发动了反攻，但是也被左宗棠的部队击退。）黄文金可能是奉洪仁玕的命令，于4月下旬带着他七千人的部队来到安庆，在那里与林少璋和捻军会合，形成了一支人数超过三万的联军。陈玉成此时也为和洪仁玕建立联络又做出了一次努力，5月5日，他从南线进攻湘军，而次日，洪仁玕、林少璋、吴如孝、黄文金和捻军的联军从北线也发起了总攻，但是多隆阿又一次击退了太平军的双线攻势。

数日之后的5月13日，陈玉成得知清军鲍超和成大吉的部队正在赶来安庆的途中，于是再一次向曾国荃的围攻部队发动了攻击，但是仍然没能取胜。他越来越担心一旦鲍、成的部队发现他的部队仍然在曾国荃和多隆阿南北两线的夹击之中，自己的命运将危在旦夕，于是便留下刘玱林和其他的将官驻防集贤关附近的十七处营垒（四处在关内，十三处在关外），然后带着六千精锐步兵和骑兵，试图从一条人迹罕至的小道向北冲向桐城。这一动向被多隆阿侦知，他立刻组织追击。追兵最终只追上了殿后的黄金爱，黄在一条小河边遭遇兵败，但是成功地趁着夜色，带着数百残兵冲破封锁，最终到了桐城。

桐城此时有太平军和捻军联军超过三万人，在5月23日，他们又发起了新一轮的攻势。这一次，由黄文金在山谷内布设埋伏，其他的部队分

---

① 郭廷以书第二卷第769页。

三路由挂车河出击。这三路中，陈玉成领四千人为左翼，洪仁玕带七千人为中路，而林绍璋和捻军约一万人为右翼。按照计划，三路将于次日会师，但是当多隆阿将自己的全军分为五路准备迎击的时候，陈玉成的左翼失期未至，只剩下中路和右翼面对敌军，缺乏左翼的策应和掩护。战斗的结果是太平军惨败，战死千余人（据曾国藩家书）。[1] 洪仁玕第一次亲自率兵出师指挥作战，就遭此等惨败，感到颜面扫地，不久之后就返回了天京。虽然在桐城的失败是由陈玉成造成的，一度自信满满的洪仁玕和他的对手曾国藩一样，都不得不承认自己在直接的战地指挥能力上的不足。因为要对这次惨败承担责任，天王把洪仁玕贬为又副军师。陈玉成后来也受到了应有的处分。

陈玉成离开集贤关之后，那里又发生了两个重要的事件。一是5月30日陈玉成的先锋主将、勇猛与能力兼备的桐城人程学启投降湘军。程学启后来在清军一方大有作为。[2] 第二件事发生在三日之后，鲍超和成大吉猛攻集贤关关外四垒，经过苦战，于6月8日和9日将其相继占领。四垒的守将全部阵亡，另有超过两千太平军也牺牲于此役。值得一提的是最后失守营垒的老将刘玱林，他先是被俘，然后被清军处死。[3] 同一日，李秀成的部队在鄂南前往武昌道中占领兴国州，而鲍超也接到命令赶赴湖北，阻截李秀成（见前文）。

太平军在菱湖上设置的其他的营垒，也于7月8日被湘军攻克。朱洪章在其自述中记录了自己亲历的事件详情：

> 忽侦来报，贼昨三更时已放火遁。九帅（指总指挥曾国荃）即派队出追杀。章（指朱洪章本人）收队时，听莲湖边有枪炮声，问其故，乃知逆首带四五百人出来窥探……次日，该贼忽在营外喊，章往禀九帅。九帅曰："贼情狡谲，勿可轻许，如果投诚，看有无器

---

[1] 郭廷以书第二卷第777页。
[2] 王闿运书第五卷第13丁及陈继聪《忠义纪闻录》第十四卷。
[3] 刘玱林是陈玉成手下最得力的干将。他是广西人，也是最初加入拜上帝会的信众之一。他在太平天国革命运动中长期的突出表现，为他赢得了革命同道和作战对手的一致尊敬。在刘玱林英勇就义的两天后，曾国藩在家书中称他为"玱林先生"和"玱翁"，还评价说："敬其人，故称先生；爱其人，故称翁。"见咸丰十一年五月初四（1861年6月11日）曾国藩家书。

械。"……贼次日缴来龙旗三千余杆、洋枪六千余、长矛八千余、抬枪千余、明火枪八百余、骡马两千余。章专弁往请九帅来营面商。言曰:"悍贼甚多,如何筹之?"章曰:"惟有杀最妙。"九帅曰:"杀亦要设法。"章曰:"营门缓开,将逆首十人一次唤进,只半日可以杀完。"九帅曰:"我心不忍,交子办之。"章当时回营预备。自辰至酉,万余贼尽行歼戮,乃往销差。

朱洪章的记述有两个方面的重要意义。首先,它证明清代官方关于这些营垒战斗的记述是不真实的。证据便是,大量太平军在7月7日趁着夜色悄悄地撤退到了别的地方(很可能是安庆城内),剩下的万余人于次日清晨向湘军投降。湘军收占营垒的时候,没有遇到任何的抵抗,而屠杀则发生在第三天。其次,朱洪章再现了他与曾国荃的对话,这段对话暴露了曾国荃本人对屠杀负有责任,而他叫朱洪章动手执行,则体现了他的虚伪。事后,曾国荃给他的哥哥写信,表明对杀人过多的懊悔和自责,得到的却是曾国藩更为冷酷的对他的行为的赞许和认同:

既已带兵,自以杀贼为志,何必以多杀人为悔?[①]

安庆陷落

在安庆城内,英勇无畏的太平军在彻底孤立隔绝了一年多之后,仍然坚守着城池,他们的米、油、盐,甚至是枪械弹药,全仰仗外国人走私进来。这些走私者受到与太平军交易可获高额利润的诱惑,从上海通过外国蒸汽船或悬挂外国国旗的中国船只沿江往返,而由于《天津条约》赋予的在开埠港口之间的航行自由,他们不受任何外国巡逻舰船或湘军封锁舰队的阻拦。这种情况让曾国藩非常失望,他在这一时期的家书中,一次次地用绝望的口吻提及这种交通情形:"自下可虑之端,第一洋船接济,安庆永无

[①] 咸丰十一年六月十二(1861年7月19日)曾国藩致曾国荃书。

图7 安庆之战

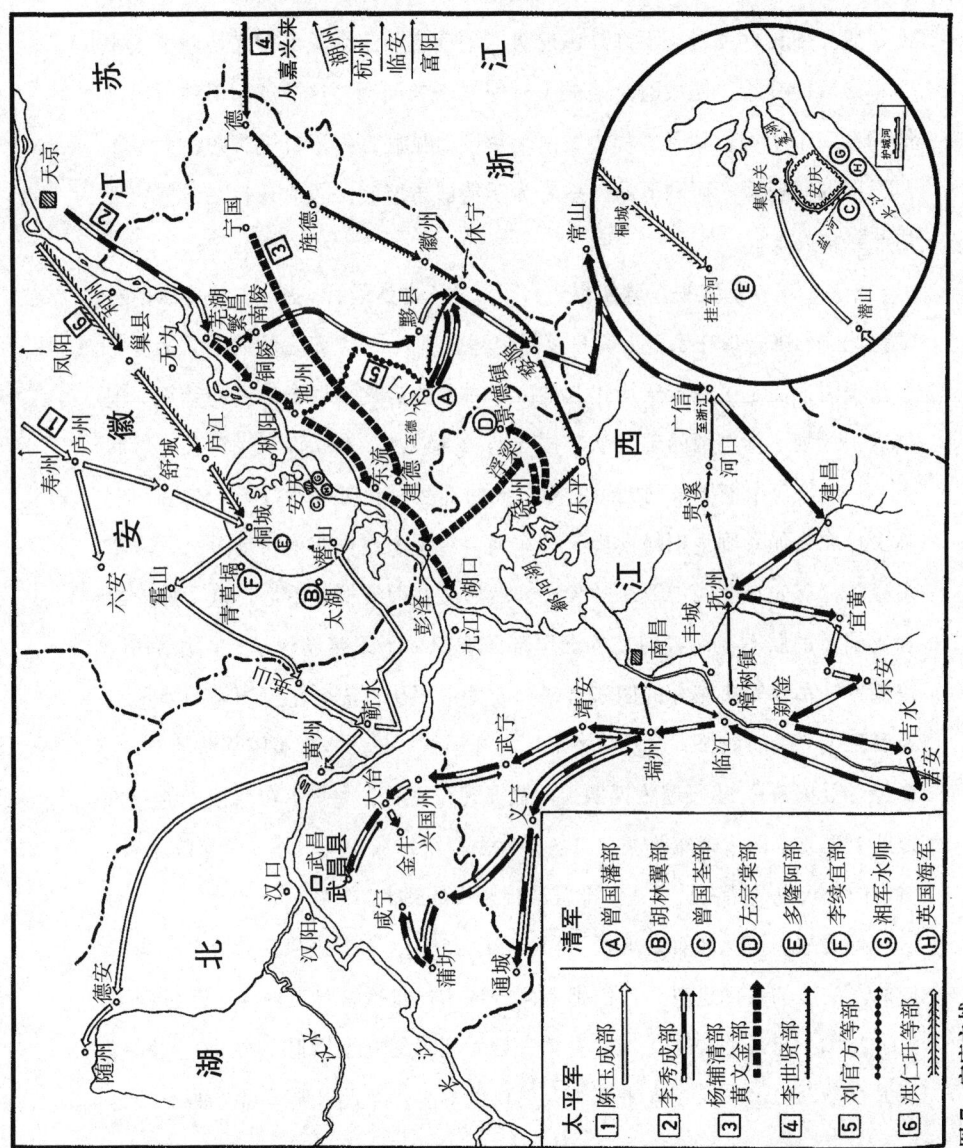

克复之期。"①

1861年7月,经过恭亲王的一些交涉,上海英国领事馆的公使卜鲁斯下令,禁止所有外国商人再向安庆提供补给。从那之后,在长江巡逻的英海军舰只便设立关卡,不许外国船只靠泊安庆。这个关卡彻底切断了太平守军最后的补给,使城池沦陷成了时间早晚的问题。这是英国干涉中国内战的又一个实例。到了8月,城内粮草已然见底,由于饥饿难耐,太平军成股向湘军投降,而剩下的一些人为了能够再坚守一段时日,在绝望之下居然靠食人度日。②

8月,城外的太平军确实也进行了一次(也是最后一次)救援安庆的行动。此前,陈玉成在亲自向天京求援之后,于6月27日在皖北的无为会见了杨辅清,商定了在安庆周边其他太平军的配合之下联合出击的计划。根据这一计划,杨辅清的部队从宁国向西长途跋涉,渡长江至太湖县,然后于8月7日与由桐城来到太湖的陈玉成的部队一起向东进军。③与此同时,林少璋和吴如孝则由桐城向南至挂车河,黄文金也由东面移动过来。清军多隆阿部首先在北线击败了林少璋,然后又在西线桐城附近打退了陈玉成和杨辅清的联军。而曾国荃的湘军部队在原太平军将领程学启的协助下,攻克太平军在安庆城外的四座营垒,使太平军从安庆向北至桐城的消息沟通受到了严重的威胁。这使得太平军展开了新一轮的救援被困部队的努力,在经过了从8月21日起为期四天的紧急建设之后,太平军在通往集贤关的道路上建成了四十余座营垒。当各路太平军纷纷在安庆城外扎营布阵之后,城内的守将也开始鼓足勇气,准备迎接援军的到来。

但是战场情况却对太平军不利。8月25日,陈玉成和杨辅清亲率全军向湘军的壕沟发动进攻,他们把部队分成不同批次,日夜冲锋。但是到了8月28日,守军占据了上风,并迫使陈、杨最终鸣金撤退。次日,湘军战船又在菱湖之上收缴了太平军剩余的供给船只。至此,旷日持久的安庆之

---

① 咸丰十一年四月二十及二十六(1861年5月29日及6月4日)曾国藩家书。另见郭廷以书第二卷第778页,及《东华续录》(咸丰朝)第一百卷中所录官文咸丰十一年六月初六(1861年7月13日)的奏折。
② 呤唎书第一卷第358页。
③ 郭廷以书第一卷第800页。

战大局已定。①

在安庆城陷前后发生的残暴屠杀事件实在让人震惊。在最后的几天里，三股太平军因不堪忍受饥饿出城投降，他们事先得到许诺说不会有性命之忧，但是他们刚一到湘军的大营便被杀死。他们的无头尸首被丢进了长江。②城内的太平军士兵有的试图渡河逃亡，其中一些溺毙水中，一部分人确实侥幸逃走，但是更多的人被湘军水师的巡逻船只击杀。根据一份现存的资料，吴定彩便在此时溺亡。至于叶芸来，李秀成的供状中说他被"逼死城内"。虽然有人说守军主将张朝爵通过一条小船逃亡返回天京，还被晋封为王，但是李秀成状中说他也与英勇无畏的同道们一同在城内壮烈牺牲，这一说法更为可信。这种大屠杀中的唯一例外是9月4日，湘军忽然允许城内最后的太平守军离开安庆，撤退至庐州。③ 9月5日（咸丰十一年八月初一）清晨，湘军进占收复了已经没有任何太平军防守的安庆城。④但是湘军即刻开始了对留在城内的无辜百姓的大屠杀，在屠杀中有超过一万人殒命，其中包括很多妇女和儿童。曾氏兄弟的奏折中谎称所杀者为约一万六千名叛贼，但官方的记录却证明了这些受害者真实的身份。⑤至于太平军的援军，陈玉成、林绍璋、杨辅清、黄文金和捻军均撤退至各自原来的大本营，都因太平天国占据九年之久的安庆失守而有一定程度的士气低落。

双方对于战后新局势的分析结论相当一致。大喜过望的曾国藩称收复安庆为"肃清东南之始"。编撰《钦定剿平粤匪方略》的清廷史家也同意曾的说法："安庆不克，则皖北何由平？皖北未平，则金陵何由复？……遂能克复名城，扫除凶焰，为东南军务一大转机。"从太平天国的角度而言，洪仁玕在其供状中说："我军最重大之损失，乃是安庆落在清军之手。此城为天京之锁钥而保障其安全者。一落在妖手，即可为攻我之基础。安庆一失，沿途至天京之城相继陷落，不可复守矣。安庆一日无恙，则天京一日

---

① 曾国藩在奏折中提到了一次有十万太平军参与的最后反扑，但是《钦定剿平粤匪方略》第二百七十三卷中提到的官方数据更为真实可信，当时太平军约有四万至五万人。
② 白伦《中国太平叛党志》第319—320页，引自《北华捷报》。
③ 呤唎书第一卷第359页。朱洪章在其自述中说，最后的太平军通过隧道逃跑。这种说法很可能是参照太平军弃城而去时的惯用做法而来。
④ 朱洪章详细地记述了事件的经过。另见呤唎书第一卷第358—359页，及威尔逊书第74页。这些记载均可说明官方文件记述的安庆是通过爆破城墙而被攻克的说法是不真实的。
⑤ 占领安庆的官方记录，见《全史》第三卷第1894—1897页。

无险。"

战后局势

8月22日,在清军收复热河仅仅十三天之前,咸丰帝在热河驾崩。他的继承人(同治帝载淳)登基即位,新皇帝的叔父恭亲王(咸丰帝的弟弟)在两宫太后的监督下议政。新的年号定为"同治",以次年元月为同治元年之始。因此,克复安庆的捷报奏折被递送到了新皇帝的手上,从曾国藩至以下所有立功的官员都即刻且有序地得到了应得的晋升,以表彰他们在大捷中做出的贡献。

最高的荣誉授予了鄂抚胡林翼,曾国藩在1861年9月11日的奏折中非常公正且谦逊地将首功推给了胡林翼,而不是他的弟弟曾国荃。用曾国藩自己的话说:"楚师(即湘军)围攻安庆已逾两年,其谋始于胡林翼一人……前后布置规模,谋剿援贼,皆胡林翼所定。"但是,胡林翼还未等到亲自领赏,就于9月30日在武昌去世(死于"咯血",疑似肺痨),享年五十五岁。清军上下都为他的去世而致哀。对曾国藩而言,胡的死让他深感悲恸:"可痛之至!从此共事之人,无极合心者矣。"无论从任何角度衡量,胡林翼的才干和睿智,在所有参与镇压太平天国的人中,可谓仅稍逊于曾国藩而已。他的过人才华不仅体现在部队运筹和战略规划方面,还体现在调和湘军诸将之间的矛盾纠纷,尤其是杨载福和彭玉麟之间的矛盾上。[①] 除了作为军事战略家和矛盾调停者为湘军的胜利做出了杰出的贡献,他还运用机敏的识人眼光以及卓越的行政能力,为湘军助益不少。正是胡林翼首先举荐鲍超,也是他劝说左宗棠在决定上京赶考之前先面会曾国藩。更重要的是,他赢得了总督官文的完全信任,这使他在实现自己的政治意愿时不会受到掣肘,因此才可以通过改革行政管理体制、增加政府税收等手段,将湖北打造成曾国藩军事行动稳固的大后方。在这一方面,胡林翼对曾国藩军事胜利的重要性丝毫不亚于湘抚骆秉章。因此,在胡林翼去世时,曾国藩的悲恸程度远远超过他之前在塔齐布、罗泽南和李续宾去世之

---

① 王闿运书第六卷第10丁,及《全史》第二卷第1142—1143页。

时表现出来的悲伤。

胡林翼死后，鄂抚一职由皖抚李续宜担任，彭玉麟则被任命接替李出任安徽巡抚。但是彭玉麟以不熟悉当地政情为由，拒不受命，最终获得清廷的同意。此后，清廷调李续宜回安徽，任命严树森为安徽巡抚。

9月11日，曾国藩把他的大本营移到了安庆，在与弟弟曾国荃协商之后，他们决定下一步的任务目标是收复所有长江以北的失地，以巩固他们在安庆的基地。① 在此之后，大部分皖北的城市相继被清军收复。兵败的陈玉成前往湖北德安，为他已被打垮的部队再招收些人马，但是他部下的将军一致反对，认为士兵已经过于疲劳，无法立刻开始新的长途征程，陈玉成被迫转而前往庐州。此后，陈玉成发现他在庐州被彻底与天京和其他太平天国的据点隔离开来，而他从此再也没有和外界取得联络。同时，德安、随州和黄州等仍然在太平军手中的鄂北城市，也相继被清军攻克。到年末，清廷克复了湖北全境。

10月23日，曾国荃的湘军部队占领了皖北小城无为，而无为正是天京粮草供给的关键枢纽所在。时间由此站在了湘军一边，他们可以让士兵得以休养，同时坐等天京城的粮草开始不断减少。此后曾国荃返回湖南，为最终的天京一战扩充人马。同时，曾国藩专务攻略皖南。他的计划便是收复那里的所有城市，为进军天京扫平障碍。作为计划的一部分，鲍超正准备率其全军攻取宁国州。

此时清廷在刚经历过慈禧太后和恭亲王联合发动的政变之后，局势逐渐稳定。到1861年冬天，新帝同治已经坐稳了他的宝座。曾国藩此时的处境非常有利，之前因嫉妒和怀疑对他颇有微词，阻碍他升迁的官僚已经失势，他现在得到了清廷的完全信任。更重要的是，清廷上下汉、蒙、满大员中，已经没有人比他更适合指挥对太平军的作战了，而且清廷也没有在规模和效率上能够和湘军相比的部队了。清廷除了信赖他的忠诚，把将来的命运交托给他，已经别无选择。因此，清廷也竭尽全力来巩固曾国藩的忠诚，给曾国藩和他的家人上下几代都加上了高官厚誉，还不断地向他提

---

① 咸丰十一年九月十一及二十三（1861年10月14日及26日）曾国藩家书。

醒儒家忠君的核心理念。曾国藩现在除了两江总督之衔，还全权负责浙江军务，他满怀信心地将精力集中在先打浙江、再挥师天京的"两步走"的计划上。

第三部分

天国衰亡

第十九章

由浙江向上海

（1861—1862年）

李世贤在江西乐平被左宗棠击败后返回浙江，而他的部队也因吸收了陈荣、周春和谭星的部队而有所加强，这三将本是广东天地会的领袖，现在从石达开的远征军中出走，投靠正规的太平军。① 李世贤现在显然无法和仍然在湖北按照既定的安庆大战略进军的族兄李秀成取得联系，于是便决定先攻略浙江。1861年5月3日，他攻占常山，5月4日占江山。自江山起，他将部队分为三路，并驾向东。北路先占领了寿昌，同时李世贤率作为中路的主力部队过衢州，并于5月27日攻克汤溪，5月28日留李尚扬守汤溪，自率部队扑向金华府。②（天地会随即先后占领了兰溪、武义及其他的附近乡县。③）与此同时，黄呈忠和范汝增的南线虽然先后攻占数城，但很快就被清军驱逐。

为了应对太平天国的新攻势，曾国藩任命左宗棠代表他办理浙江军务。7月初，左宗棠赶赴浙江，沿途击溃了刘官方的部下、正在帮助浙江的天地会试图再犯皖南的赖文鸿的部队。此后数月之间，浙江李世贤的部队有过

---

① 本章为《全史》第三卷第1909—2024页之概述。
② 许瑶光，《谈浙》第二卷，《金华失守事略》。
③ 谭星和周春领导的天地会在这一地区的斗争，因当地百姓暴虐无道而广被恶名。见郭廷以书第二卷第780页引《兰溪县志》。何德润在《武川寇难诗草》（未发表作品，笔者个人收藏）中创作了六十首关于周春率军途经武义之事的诗，其中二十首收录于《通考》第一卷第445—451页。

一些小的军事行动，其中包括9月中旬，范汝增和黄呈忠围攻李世贤此前得而复失的严州（今建德）。①但是，随着李秀成从江西赶来，浙江的战事重新变得激烈起来，而接下来的几个月，对太平天国而言至关重要。

忠王弃皖

安庆被攻克之后，李秀成手上尚有大量在皖南和皖北地区活动的太平军（他本人指挥的部队就至少有五十万人），他有足够的人力组织一次反击，也可以阻止或者至少拖延湘军向东直至天京郊外收复长江流域的步伐，从而争取宝贵的时间。但不幸的是，李秀成缺乏这样敏锐的战略观察力。他决定放弃安徽，转而攻略浙江以挽回损失的做法，可能是出于他近乎病态地畏惧和湘军交战，正是这支湘军在安庆成功又惨痛地击溃了所有太平军的部队。现在，又有什么可以保证他的部队在与湘军长期的交战中能够取胜呢？他这样的思路和行动倾向遭到了洪仁玕最强烈的反对，洪给他写了一封措辞严厉的信，这样劝说并告诫他：

> 自古取江山，屡先西北而后东南，盖由上而下，其势顺而易，由下而上，其势逆而难。况江之北、河之南，古称中州鱼米之地。前数年，京内所恃以无恐者，实赖有此地屏藩资益也。今弃而不顾，徒以苏、杭繁华之地，一经挫折，必不能久远。今殿下云有苏、浙，可以高枕无忧，此必有激之谈，谅殿下高才大志，必不出此也。夫长江者，古号为长蛇，湖北为头，安省为中，而江南为尾。今湖北不得，倘安徽有失，则蛇既中折，其尾虽生不久。而殿下之言，非吾所敢共闻也。②

但是，固执又任性的李秀成没有听取洪仁玕的建议。他对安庆失守抱有深刻的惋惜之情，但从未承认自己存在错误。而他的族弟李世贤在临死之时回忆道："上年我军不守安省，而走入浙江，是第一失着。"③

---

① 许瑶光书第三卷《严州四次失守》。
② 洪仁玕第一供状。
③ 牟安世《太平天国》第33页及王崇武《太平天国史料译丛》所引密信。此信英文译文所属日期为1862年8月7日，收录于英国《蓝皮书》（1863年）《有关中国叛乱的文章》第109页。

两路出击

先前，1861年9月8日，李秀成在鲍超进军之前就忽然解除了对江西抚州的包围，向东朝浙江省界而去。途中，他绕路至湖口，接收一部自广西从石达开的远征军中出走的部队，这支部队由童荣海、黄添理、朱衣点、吉庆元、汪海洋等将军领导，有二十万之众，全部加入了李秀成的部队。①这使得他的大军扩充到七十五万人，再加上已经在浙江作战的李世贤部约十万人，对于攻略浙江一省而言，其规模已然足够庞大。

9月22日，在试图攻占广信不果之后，李秀成最终经常山进入浙江。李秀成此后先攻衢州（常山以北）后又解围而去，经汤溪、兰溪（二城均被李世贤攻克）到达了当时仍在太平军围攻之下的严州。在那里，兄弟二人喜又重逢，还商议制定了一个两路出击的战略。按照这一战略，李世贤集中精力攻取严州和南线的其他城市，同时，李秀成由北路最终攻取浙府杭州。李世贤的部队此前刚刚占领了遂昌和松阳，又于10月20日攻取了严州和处州（南线）。北线的李秀成部到10月26日已经先后攻占了新登、临安、余杭，正在围攻杭州。②在进攻中，李秀成先后派出三股分别由陆顺德、李容发（次养子）、李容椿（侄子）和吉庆元所领的部队，夺取省府南面诸县，以切断杭州对外联络，阻绝援军。③10月27日，陆顺德攻占萧山，然后从那里向北，在诸暨包围了包括饶廷选和林福祥部在内的清军部队，使他们被迫撤回了杭州。到此时为止，李世贤军中的范汝增部已经由严州出发，于10月29日在当地地下武装何文庆一伙的协助下占领了空城诸暨，控制了杭州以南地区。④根据可靠的史料，诸暨县此后被纳入太平天国治下，由当地百姓选出的官员管理地方政府，其行政务实高效，百姓安居乐业，共

---

① 李秀成状。另见郭廷以书第二卷第811页。
② 郭廷以书第二卷第818页。
③ 吉庆元及其同侪上呈天王的奏折。
④ 许瑶光书第二卷《金华失守事略》以知县的独特视角记录了太平军的动向。何文庆在诸暨是个有影响、有抱负的人物，他先因组织团练声名鹊起，后来又秘密结成莲蓬党。该秘党很快就在各县招收了五千余会众，而遭到了官方的镇压，因此暂时蛰伏。太平军到来时，何文庆抓住机会，重新集合他的会众，投靠太平天国运动，从而重新建立了组织，对清军发动了反击。在协助太平军占领诸暨之后，何文庆和他的儿子何松泉都成了太平天国运动的狂热追随者，最终得到了天王封赏的爵位。

享繁荣。①

在杭州附近，素来仁慈爱民的李秀成准备将他在苏州的善政也搬到杭州来，于是便向天王请求，赦免城内所有八旗守军的性命（可与攻占南京后屠杀满族守军相比），并在计划的 10 月 26 日正式攻城之前，用箭支将消息射入城内，允诺不会进行屠杀，而且无论军民志愿加入太平军与否，均不加滋扰，这为和平占领杭州助益不小。②但是，城内官员拒绝放弃城池，于是双方开战。而之后几日，浙江提督饶廷选和布政使林福祥从诸暨归来，战事便越发激烈。八旗守军也积极地参与了城防。由于杭州所有的十座城门均已关闭，而且被紧密地封锁，城内与周边诸县的联络尽断，城中存粮日渐稀少。唯一在战区附近救援的张玉良部也被击退。后来，11 月 1 日，陆顺德占领了绍兴府，从而封锁了杭州东向，浙江省府的命运由此已经注定。

至于绍兴的陷落，比起太平军的围攻而言，更多是由于官员、团练、百姓和士兵间爆发的争斗不和而引起的士气瓦解所致。当太平军靠近之时，绍兴城无人防备，而占领城池之后，又有数千团练民兵投降太平军。虽然由于零星的巷战和自杀，有一些人死亡，但是陆顺德在李秀成的养子和侄子的协助下有效地施政，很快就恢复了社会秩序。③

下一个目标便是宁波，而早在李秀成围攻杭州之时，李世贤就已经指挥着部下的将军们提前开始行动了。从绍兴来的范汝增与从诸暨来的黄呈忠会师，先后攻克新昌与嵊县，然后又分军，范汝增在南线，黄呈忠在北线，两路出击。11 月 23 日，黄呈忠占领上虞，三天后范汝增占奉化。两天后，黄进兵慈溪，随后至镇海。太平军将宁波彻底包围。④与此同时，在浙南，李世贤亲率部队从金华出兵，先后攻克了仙居、台州、黄岩和宁海。

---

① 太平天国在该县的行政管理细节，见郭廷以书第二卷第 822—823 页引《诸暨县志》，另见《通考》第一卷第 431 页。
② 李秀成状。
③ 关于占领绍兴的记录，见许瑶光书第二卷《绍兴失守事略》。关于太平军在绍兴的行政，见鲁叔容《虎口日记》、佚名《越州志略》（向达《资料》第六卷）、冯氏《花溪日记》、萧一山《太平天国书翰》所录李秀成给其养子和侄子的信件。
④ 许瑶光书第三卷《宁波失守事略》。

占领宁波

宁波位于长江东南岸边，是《南京条约》五口通商后向外国人开埠的城市之一。1861年4月中旬，太平军占领其周边乡县，可以被理解为是对外国利益的威胁，实际上外国人也确实是如此认为的。驻在上海的英国海军少将何伯当时正在日本，他闻讯立刻就把保持中立的伪装抛在一边，下令皇家海军"争胜"号的舰长刁乐克（Roderick Dew）进驻宁波，命他"设置种种障碍，防止太平军拿下该城"。[①]刁乐克在6月16日与道台张景渠举行会议，商定了八个可能的守城计划，然后在城墙上设置了十二门大炮。[②]根据恭亲王1861年8月3日的奏折，宁波当地官员向英国和法国代表支付了白银共五十万两，以换取外国势力协防宁波。[③]

太平军日渐逼近宁波，何伯于10月28日返回上海，并立刻命令皇家海军"苏葛"号前往宁波，部署就位。同一天，一个由英、美、法三国领事，一名英国海军舰长及英国领事馆翻译侯雅芝（A. R. Hewlett）组成的使团，在余姚与太平军指挥官黄呈忠进行会晤，再次确认了诸国的中立立场，并得到了太平军保护外国人定居区内人员和财产安全的保证。黄呈忠立即无条件地允诺，不会对宁波城内外国人的定居区造成任何伤害。12月2日，范汝增也接待了这一使团，同样做出了类似的保证，还进而同意推迟一周占领该城。黄呈忠和范汝增二将此后又分别向与会的使团代表发出了官方照会，确认会谈的内容。[④]整整一周之后的12月9日（咸丰十一年十一月初八），黄、范二人的部队进入宁波城，由于文武官员及军队士兵已经全部逃走，他们花了不到一个小时就占领了宁波。当英国战舰"苏葛"号在当天晚些时候到达港口的时候，太平军已经完全控制了宁波城。

由于太平军对宁波的占领是和平有序的，因此大部分当地居民都欢迎

[①]《蓝皮书》中《关于长江开埠通商的通讯》（1861年）第16页。
[②] 同前注第49—50页，其中有刁乐克计划的细节，第64页有卜鲁斯关于设置十二门大炮的报告。
[③] 郭廷以书第二卷第800页。王先谦《东华续录》（咸丰朝）第一百卷（咸丰十一年六月二十七，1861年8月3日）记载，根据威妥玛（Thomas F. Wade）向恭亲王做的口头报告，"城内官员并未对防卫宁波做任何准备，但是愿意雇用外国舰船为其防卫城市。他们向百姓募得白银五十万两，作为雇用外军之开销"。
[④] 侯雅芝的使团日志，见《关于长江开埠通商的通讯》第86—87页及第91—92页。

他们的到来（就连外国军队的人员都抢上前去，和这些革命军交易弹药和粮食）。而第二天，外国领事要求所有的清军和太平军均不能进入外国人的定居区，大约有七千名中国难民涌入了定居区请求庇护。但是据许多外国的观察家证实，太平军保持了良好的纪律，没有发生屠杀、劫掠或者破坏财产的事件。[1]在得知宁波失守后，海军少将何伯如此评价防守宁波的清军，借此来发泄怨气：

> 为了防守那个城镇，除了直接动武交战，我们向清方提供了他们想要的所有可能的帮助。（通过这件事，）他们的统治者也应该能够意识到，正因为有这些胆小又无能的满族人，我们采取的所有手段都变得完全没有效果。

而在同一篇报告中，还有下面的文字：

> 迄今为止，叛军（指太平军）的表现良好，他们也以实际行动表明了与外国人保持良好关系的强烈愿望。[2]

关于太平军对宁波施加管辖治理，黄呈忠和范汝增在进城之后立刻在该州的五个县设立了县级和地方政府，其组成人员部分由当地百姓选出，部分由当地公开同情支持革命事业的乡绅或名士出任。他们还立即设立战时税所，虽然直到占领宁波三个月之后，他们才正式开始征收进出口税。由于太平天国并没有统一的土地分配制度，也没有统一的人头税征收标准，黄、范二人便和他们在其他地方工作的同侪一样，依照自己的判断，选择施行各项政策的最佳方式。[3]对于宁波而言，这就意味着它需要一套特别的税务制度，将税务负担加在富人头上，而不是向穷人征税。因此，在宁波，

---

[1] 同前注第92—96页所录巴夏礼的报告、1861年12月14日《北华捷报》第594期上的文章。关于英、法士兵向太平军兜售弹药一事，及难民涌入外国人居住区一事，见郭廷以书第二卷第833页。
[2] 《关于长江开埠通商的通讯》，第90—91页。
[3] 郭廷以书第二卷第834页。

虽然土地私有制依然如旧,但是持有可耕种土地少于五亩的人便可以免于交税。人头税也照类似办法办理,穷人的税额要低于富人的税额。当太平天国在这里的治理稳定下来之后,地方商业和对外贸易便恢复如常。①

宁波对于太平天国而言,在很多方面都具有极为重要的战略价值。首先,宁波作为海港,为太平军提供了一个长期的提供军事供给的港口,尤其是最为需要的弹药补给,现在他们可以直接从外国商人、走私者以及外国陆海军人员那里直接获得这些补给。第二,战时税所的设立可以带来足够的收入,至少可以用于抵消高价购买走私的外国军火的支出。第三,占领宁波使得太平军建立一支海洋舰队成为可能,这样,他们可以到外海作战,或者更有可能的是在南至广东、北至天津的海岸线上往来巡逻,施行控制。现在的太平军对清军乃至外国军队都形成了潜在的海上威胁,因此反抗太平天国革命运动的活动越发激烈,也就是毫不意外的事了。

攻占杭州

到了1861年秋季,浙江所有地区都已在太平天国的控制之下,唯一主要的例外便是省府杭州。李秀成此时正紧密地包围着那里,11月初,张玉良曾带着援军杀到城郊,但是被李秀成击退。到了11月21日,不知道是偶然还是故意为之,张玉良被城墙上的清军哨兵射杀于自己大营的门口。他的部队此后被一名已经被褫夺了官职的无能之将接收管带。②张玉良现在群龙无首的部队很快就丧失了战斗意志,除了一次在一名满将的指挥下试图冲破太平军阵线的努力,杭州城外的战场陷入了僵局。在两个月的围困之后,城内的军民(约六十万居民以及数千派来增援的守军)已经缺乏粮食补给,但是李秀成并未发现这一点,他只注意到太平军的粮食供给也正在减少,而包围已经难以持续下去,于是他决定从杭州撤退,带部队返回苏州,度过太平天国的第十二个新年(1862年2月10日)。③这时,他最喜欢也最为得力的干将陈炳文恰好来到他的营中,使他改变了原来的计划。陈从

---

① 关于占领宁波的更多史料,藏于剑桥大学怡和档案馆,严中平于《史学周刊》中引用了这些资料,《全史》第三卷第1943—1948页也有转引。
② 许瑶光书第二卷《杭州府县》。
③ 许瑶光书第二卷,另见许光烈《辛酉记》。

一些杭州城逃出的难民口中得知，城内已有粮食危机，并以此情报为基础，劝说李秀成发动了新的一轮进攻。①

此时杭州城内已然陷入一片混乱，士兵与百姓之间互相抢夺散碎粮食，打成一团，或者到处游荡，寻找树叶和皮革充饥，甚至发生了吃人的现象。巡抚王有龄毫无选择，只能坐视清军一股股地投降，首先是驻扎在城外的一部清军向太平军投降，接着在12月28日，一些饥饿难耐的士兵攀爬翻越城墙，这带动了大量的士兵离开杭州城。到了第二天（咸丰十一年十一月二十八）的清晨，整个杭州城几乎已经没有守城清军和乡勇士兵了。当天早晨，一些太平军士兵攀爬上已经无人防守的城墙，穿过了城市的街道（在一些居民的帮助之下，据沈梓日记记载，他们对士兵和官员产生了对立的情绪），打开了四座城门，放其余的太平军入城，终于占领了杭州外城（汉人聚居区）。②

李秀成敬佩王有龄爱民如子，以及他坚守城池的刚毅勇敢，因此城门一开，李秀成便独自一人骑着一匹黑马，赶往王有龄的衙门。但是，王有龄已经在衙门后花园上吊殉城。李秀成见王有龄的尸首身着全套官服，不禁为这位英勇的巡抚悲伤感怀，便按照满人传统将他收敛入棺。③至于城内的其他文武官员，有些在入城的混乱中被杀，有些则被抓为俘虏。而仍然坚守的士兵和民众也有一定的死伤。但是居民总体上没有受到伤害，正如沈梓的日记所记载：

> 因忠王有令不许伤百姓一人，故百姓并不加兵。然百姓之自尽者亦多，而所存者，皆鹄免骨立，数日不食者，长毛亦不忍杀之矣。故百姓皆不苦长毛，反以官兵为病。④

因在城外仍然和清军的零散部队尚有战斗，李秀成暂时推迟了对内城（满城）的进攻，期望能够等到天王赦免内城满人的命令。与此同时，在给

---

① 许瑶光书第二卷。
② 同前注。
③ 李秀成状。
④ 沈梓的记录与牟安世《太平天国》第35页所引许立德（William M. Hewlett）的报告相符。

内城驻防将军瑞昌的信中，李秀成要求满人从内城中和平离开，而他保证他们将通过船只从水路到达镇江（当时由清军控制），而且太平军负责他们的路费，保证内城所有人以及他们的金银细软等私人财产的安全无虞。此后不久，天王赦令到来，其赦免内城满人的内容也被转达给了瑞昌。但是这位固执的满将显然意欲坚守直至最后，因此三日之后，李秀成命令发动总攻。1861年12月31日下午，在经历了惨烈的战斗，牺牲了千余人之后，内城也终于被攻克。①

瑞昌和他的部将以及万余名满族男女自杀而亡。②破城之时，内城其他满人也都深感恐惧，看到李秀成的部队遵守他严格的禁止杀伤的命令，和平地俘虏幸存的满族士兵，并对满族居民的去留不加干涉之后，他们的恐惧感才逐渐减轻。驻防的武将文员也被允许带着他们的私人物品离开杭州，太平军还负责支付盘缠。李秀成对亡者也表达了同样的关怀，他购置了万余口棺材，用于埋葬敌方阵亡的兵将。③至于王有龄的尸首，李秀成赠银三千两、船十五艘，遣五百名亲兵护送这位巡抚的棺椁返回他的老家。

据估计，在这场战斗中，杭州原有的六十万人口中约有半数被饿死，而现在城内迫切地需要粮食补给。李秀成从嘉兴调拨了一万担米（一担约合60.4千克）分发给城内百姓，还打开了周围两县的谷仓，向需要种子的乡民开放，以供他们进行春耕。④与粮食一起，李秀成还从嘉兴调来了大量的银钱，无息借贷给那些需要资金的商人，供他们开设买卖。⑤太平天国对杭州和周边乡县的行政治理与在其他地方相似，但是他们还在这里依照早年天京的模式设立了女馆，李秀成这样做的目的，可能是为了给阵亡满族士兵的女眷提供住房和照料。李秀成以及在他离开之后接替他的将军花了两个月的时间，在杭州采取亲善的恢复工作，直到杭州恢复了往日的状况。

现在，浙江和江西的大部都已经在太平军的手中（清军在杭州陷落几日后又丢了海宁，这使得浙江省内只有湖州仍然他们的掌握之中），而太平军

---

① 李秀成状。但郭廷以书第二卷第840页给出了超过三千人死亡的数据。
② 陈学绳《两浙庚申纪略》第7丁。
③ 李秀成状。
④ 同前注。情况与李圭《思痛记》中所述吻合。
⑤ 李秀成状中所说数字不详，他只说"二百千千"，这可以理解为两亿，而如果把后一个"千"理解为"钱"，便成了"二十万钱"。

也就因此控制了整个帝国最为富庶，人口也最为密集的地区。这一情况使得曾国藩着重强调地宣称，较之湘军，太平军"财力五倍，人数十倍"。曾国藩还说，太平军通过占据宁波，获得了得到外国武器和汽船的新通道，这意味着他们可能在技术上占据了新的优势，从而抵消了湘军计划中的顺长江而下的战略优势。曾国藩只将国内的军事形势纳入他的计算，因此对他来说最终太平军取胜也是有可能的，而占领浙江的重大胜利，毫无疑问地把太平天国的气数又延长了三年半。但是，内战的局势将会因为外国势力的干预而产生变化，而太平军已然错失了他们最初赢得外国信任和支持的机会。不幸的是，另一场外交挫败也即将到来。就在完全占领杭州刚刚一周之后，李秀成将浙江东南的治权交给他的族弟李世贤，并安排了一些将军防守和管理杭州附近的区域，然后就率领部队的主力北上松江，准备第二次进攻上海。

对外关系与革命事业①

无论从外交层面还是从军事层面上说，第二次进攻上海都是太平天国的重大决策失误。从我们现在的角度转回头看，也许是因为经验不足以及与大世界的隔绝，使得李秀成以及其他的太平天国领袖误判了英国、法国和美国对进攻上海这座外国商业利益核心城市的反应。1853年，英国和法国先后表明了在中国内战中的中立立场。美国则一直保持着事实上的中立。而太平军没有意识到的一点是，中立只是西方国家临时的权宜政策，决定其真正的总体政策的因素则仅仅是保护并扩展其商业特权。

当时英国驻华公使卜鲁斯爵士在一篇文章中，用简洁明了的方式表达了英方的立场："我们永恒的利益在于贸易利益，而贸易利益的繁荣则与秩序和安定息息相关。"②英国的政策一直是法国和美国的样板，而英国一直不断地向清政府施压，通过1842年的《南京条约》、1858年的《天津条约》以及1860年的《北京条约》，从清政府那里榨取更多的特权。因此，清朝政权

---

① 本节为《通考》第二卷第873—895页、第936—943页、第956—962页、第978—986页、第992—999页、第1025—1028页及第1162—1186页之概述。
② 1861年6月23日致罗素爵士的信，见《蓝皮书》中《关于中国叛乱和长江通商的文章》(1862年) 第51—53页。

的持续存在对英国和其他西方列强有着显而易见的好处。

但是，无论他们如何希望中国国内恢复和平，驻在上海的外国政府代表们出于各种各样的原因，都不可能直接主动地干预中国的内战。尽管确实有一些零星的证据表明，他们曾与清廷暗通款曲，答应为其对付太平军提供军事协助。①事实上，一开始外国人普遍对太平天国的基督信仰和革命热情持有同情的态度，丁韪良记录的这样一件怪事便是一个例证：

> 有一段时间，额尔金伯爵非常厌恶清政府的行径，提议和南京的朝廷建立关系。法国公使则表示拒绝合作，部分原因是叛军们尚没有对罗马天主教堂中使用的形象和其他异教庙宇使用的形象加以仔细的区分。而更主要的原因是他们反对新教影响力的崛起，也害怕失去从罗马天主教团的摄政官那里得来的权力。②

正如前文所说，很多时候，英国人与太平天国之间互换信件，还派遣使团来获取关于太平天国组织形式及革命运动未来潜能的第一手资料。这些直接的接触显然影响了额尔金伯爵和他的继任者卜鲁斯，使他们认为这些起义军很难推翻清朝政权，获得胜利。③而事实证明，太平天国之所以最终失去了赢得外国支持的机会，正是由于后来英国对于革命运动态度的微妙转变。

另外一个其重要性被许多历史学家否认或者低估的因素，便是太平天国从最开始就一直坚持的一个核心原则——禁止吸食鸦片。④虽然众所周知，这一禁令在太平天国治理的地区并未获得有效的执行。《天津条约》将

---

① 陈恭禄《中国近代史》第一卷第125页提到了法国人向恭亲王做出的保证。总督何桂清在其奏折中提及的英国人于1860年6月7日在上海做出的许诺，已在第十八章中论及。薛焕（《筹办夷务始末》（咸丰朝）第七十一卷）和曾国藩（《曾文正公奏稿》第十八卷）在向朝廷递交的关于外国代表所做军事计划提案的奏折中提到，所有类似的提案都须首先得到各外国政府批准，方能施行。
② 丁韪良《中国人之觉醒》第161页。另见其《花甲记忆》第240页。
③ 施嘉士《旅华十二年》第二十四章及第二十六章提出，额尔金伯爵的判断受到了他的两名翻译官李泰国（Horatio N. Lay）和威妥玛的影响，而这二人出于个人利益的考虑，均支持清廷。
④ 例如格雷戈里《英国对太平天国的干预》《亚洲研究期刊》第19期（1959年）第11—24页。尽管格雷戈里反对杜文澜说英国干预的核心实质是保护鸦片贸易，但他仍然总结说，干预政策出于英国人对纯粹自身利益的衡量（第24页）。而英国人的确在鸦片贸易中获得了利益。

鸦片贸易合法化是英国的重大胜利,而当时英国人从上海购买丝绸和茶叶的资金,越来越多地依靠从印度走私鸦片而来。我们有理由相信,英国人害怕太平天国将好不容易通过武力以及外交交涉得来的与清廷关于鸦片贸易的协定作废。鸦片贸易在决定西方当时在华行动立场,疏离太平天国与驻上海各国势力方面发挥的决定性作用,以及鸦片贸易对太平天国最终覆亡的影响,关于这些问题的全面研究不在本书的研究范畴之内,不过,欢迎读者参阅笔者对此问题的详尽研究。①我完全可以说,我同意卡希尔(Holger Cahill)的评论:"1858年满族人接受鸦片贸易,这意味着太平天国末日的到来。"②

但是,太平天国丝毫没有察觉到在中国北方发生的,外国势力与清廷之间的一系列外交动作。如果他们对大战略环境中所发生的这些事件能有更好的认识,便不可能认为外国势力会允许他们第二次进攻上海,而实际上,太平天国的领袖们确实就是这样认为的。他们仍然沉浸在这种幻想之中,这可以从他们对1861年英国措辞严厉的照会所做的狂慢回应中得到证明。1861年3月28日,英国海军司令何伯爵士向太平天国发出了一份照会,警告英国绝不会允许在距离上海或吴淞两日行程的距离(约一百里)之内出现任何太平军的部队。③天王先是气愤地拒收这份照会,但是经过几番思量之后,最终决定接受关于太平天国和外国势力保持和平的共同协议。④他在给上海附近的太平军的命令中提到,"占领吴淞和上海不在本年的作战计划之内",暗示该协议的有效期为一年。

英国放弃中立政策早有很多征兆,其中之一便是派出刁乐克舰长的部队协防宁波。在太平军占领那里之后,12月27日,何伯向太平天国发出照会,要求对所有在太平天国控制区内被夺取和毁坏的英国财产进行赔偿,表明中国籍船只悬挂英国国旗即为英国船只,希望太平军严格遵守距离上

---

① 《通考》第二卷第978—986页、第1165—1170页及第1183—1186页。
② 《美国冒险家》第284页。鸦片贸易合法化给太平天国带来的灾难性后果,在以下文献中亦有提及,见希克斯《中国的太平天国叛乱》序言第1页,呤唎书第一卷第209—210页(记白伦之观点)、第231页、第339—400页,及第二卷455页、第555—556页、第560—561页、第691—693页及第791页,范文澜《中国近代史》第96—98页、第139页、第150—152页,及费子智(Charles P. Fitzgerad)《中国文化简史》第583—584页。
③ 《蓝皮书》中《关于中国叛乱的文章》第23—33页。
④ 郭廷以书第二卷第759页中记录该协议之日期为1861年4月4日。

海不少于一百里的协议,并将双方的和平协定适用范围扩展至九江、汉口以及银岛(英国驻镇江领事官邸)。太平天国认为前两项要求是完全无理和傲慢的,未予理睬,就第四项要求,他们对为什么太平军不能受到与上海协议类似的束缚做出了解释:

> 的确,在今年春季,我们达成了类似的协议。但是,如果我们以严格的原则标准进行审视的话,那么普天之下,没有哪处地方不是上帝所造,而我们所肩负的使命,便是以我们的力量为上帝收复整个中国的领土,而在领土的问题上,我们也实难做出任何的让步,我们寸土不让。我们此前之所以达成那样的协议,是考虑到贵国与我国同出一源之故……但是,我们的圣兵有义务诛杀妖孽,无论他们出现在哪里,我们的天兵怎么可以被禁止完成这项使命呢?如果上海和吴淞没有那些妖魔的势力,忠王(李秀成)和侍王(李世贤)自然不会派出部队占领那里。如果贵国愿意驱逐那些妖兵,那么我圣朝就将派出官员安抚当地,不仅会保护民众,而且也同样会保护贵国的贸易。①

太平天国的回函继续说道,基于同样的原则,他们排除了将和平协定用于其他城市的可能,也不能向英方真正保证在发动进攻前通知他们:

> 我国不会拒绝在发动进攻之前向贵国提前告知,但是我国担心我们之间的通信可能受到妖兵大营的阻碍,而当我国将它们扫除干净,届时将没有足够的时间完成告知的工作。而这种疏漏将会制造很多麻烦。②

这一回函于1862年1月1日(咸丰十一年腊月初二、太平天国十一年十一月二十二)送达英方,太平天国和英国之间的外交交流就此终止。三天之前,李秀成已经在杭州开始集结兵力,准备第二次进攻上海。

---
① 呤唎书第一卷第421页引《关于中国叛乱的文章》。
② 呤唎书第一卷第422—425页。

对忠王计划的内部讨论

除了在青浦、金山、松江、宝山和远至镇江及扬州的一些地方发生过零星的遭遇战，太平军可以说忠实地履行了1861年为期一年的和平协定所规定的义务（尤其是在靠近上海一百里的区域内）。李秀成认为协定即将到期，考虑到清军士兵（王韬给太平军的信中说只有八千人）和外国士兵人数都非常少，重新展开攻略上海计划的时机到来了。

显然，在天京有很多颇具影响力的官员都支持李秀成的计划（对何伯的回函以及对王韬来信的批注均可证明这一点），但是也绝非只有洪仁玕一个人反对这次的行动。陈玉成和他的部将们可能表明了反对的态度，数年之后作为陈玉成亲信的赖文光在自述状中强烈地谴责了李秀成，说他错误地进攻上海，招致了外国势力的对抗，还将太平天国的覆亡也归咎于此。当然，洪仁玕此前也写信给李秀成（见前文），向他建议首要的任务是收复安徽，而并非攻略江苏或浙江。而在给何伯的回函中，洪仁玕的名字也被刻意地隐去（可能也有洪仁玕因安庆失守而被降职的原因）。洪仁玕一改第一次进攻上海时全力支持的态度，也反映出他认识到了局势的转变，外国势力的坚固防守使情况完全不同于前次。李秀成没有看清这种转变的真正意义，一是因为他执迷于恢复在上海施行真正的华人统治的革命目标，二是他坚信与外国势力之间达成的和解和协定。[①]

现在仍然在名义上采取中立的开埠通商国家不太可能主动进攻，但是，如果李秀成能够理解他们在与清廷的军事和外交战中作为胜利者的心情，他便完全可以预测到这些国家会奋力保卫上海。如果说从太平天国的角度而言，保持既有状态是最明智之举，那么能够说服李秀成，避免第二次进攻上海的最有力论据便是，在占领宁波之后，占领上海的战略紧迫性已经没有那么强了。外国的军事补给可以在任何一个开埠城市买到，而且走私者们愿意将大量的弹药从香港甚至是新加坡运到宁波来，卖给太平军。[②] 但是李秀成心意已决，而且无论别人的劝说多么有理，他都绝不会放弃自己

---

① 见萧一山《清代通史》第三卷第289页李秀成的另一份供状。
② 徐萨斯《历史上的上海》第145页说，直到1862年4月，来自上海的外国走私者仍然给太平军运来了大量的弹药。

的计划。

第二次上海之战

李秀成的计划是避免直接进攻，而是从各个方向包围上海，直到"内中自变，方可乘机计取"。① 为此，他调各路太平军前来上海会师，并且亲率自己的部队分五路从杭州返回。李秀成还期望得到城内支持者（可能又是小刀会）在恰当时候的响应。但是，当太平军开始包围上海的时候，外国居民尤其警觉，他们迅速在城内官员的协助下组织起防御。1862年1月7日，李秀成在城外张贴了一份公告。② 五天之后，两名之前被抓获的英国水手得到释放，被送回城内，并随致太平天国公函一封，通知英国主将太平军将要对上海展开进攻，这也是遵守了之前在进攻前通知外国当局的承诺。③ 英国和法国的主将何伯少将和卜罗德（Auguste Léopold Protet）少将在与英、法领事协商之后复函，其函最后声明："倘林、何二人（太平军将领）及其同党胆敢进犯该地（上海周边，包括吴淞），将自蹈险境。"④ 而此时上海城内只有九百名英国士兵和水兵，以及不到一千法军，于是他们决定：将所有的士兵都部署在外国人居住区及这座中国城市的城墙之上；委任志愿者帮助警察，保证城内秩序；将舰队布置在吴淞；最后将城市其他部分的防御交给清廷的官员道台吴煦。

接着，在将近1月中旬时，李秀成返回苏州度过太平历新年，把战事指挥权交给慕王谭绍光之后，情况发生了转变。到这个时候，太平军已经击败或击溃了驻在战区的四五万清军中的绝大部分，而且正在切断上海城与外国人定居区以及周边县镇的联络，从而制造了城内的粮食危机。英国和法国当局鉴于这种严峻的局势，准备重新审视他们被动防御的政策，而这时他们恰好又接到了清廷新的请求。⑤ 为了不惜一切代价保住城市，清廷官员协同乡绅一起接触外国代表，请求军事援助。而允许进行相关交涉的

---
① 李秀成状。
② 公告原文见《太平天国文书》及《通考》第二卷第1003页。
③ 徐萨斯书第117—118页中录有英文译本。
④ 呤唎书第二卷第447页。
⑤ 徐萨斯书第124—125页。

谕饬以及相关指导原则，也于 1862 年 1 月 26 日发到了总理衙门。此前巡抚薛焕上奏称，江苏及浙江乡绅请许"借"英、法军队包围上海，而作为回应，谕饬命恭亲王与英、法公使协商该事，同时令薛焕领导乡绅为军事合作安排部署。① 就这样，外国势力开始与清廷合作，共同镇压太平天国革命运动。

外国人的军事准备

当外国势力与清廷达成协定的时候，英国与法国需要比驻扎在城内的部队更多的人手来防御上海，但是随着英国陆军司令迈克尔（John Michel）带着他之前占领了天津和北京的部队由中国北方赶来，所有类似的焦虑都烟消云散了。② 而第二天，何伯又带着华飞烈去会见了卜罗德，卜罗德同意将华飞烈的部队也加入到外国军事防御的序列中来，这确保了守方获得足够的力量。③

华飞烈在法国治好了伤，于 1861 年春天再次出现在上海，现在他率领着一支经过重新整编，由外国军官领导中国雇佣兵，并配有外国装备的部队。在和吴煦和杨坊重新确认了他们之间的协定之后，1861 年 5 月 19 日，华飞烈来找何伯，以寻求英国的支持。但是，他立刻被何伯逮捕，并被扭送到美国领事馆，接受违背其国家中立政策而行事的惩罚（何伯对英军士兵逃散加入他的非正规部队一事感到愤怒）。但是，当华飞烈向美国领事馆表明自己已归化入中国国籍之后，美国领事馆不得不将他释放。何伯立即又命令将他重新逮捕，但是华飞烈机智地逃离了他的旗舰，返回了松江的大本营。当英国的立场由防御转向进攻后，他最终得到了何伯的注意和支持。在接受了诸如禁止招收英军逃兵等条件的前提下，华飞烈的部队正式被认可成为外国势力的盟友，并获得他们在军备上的支持（他甚至得到了从香港军火库运来的弹药）。在与卜罗德会面时，华飞烈的部队有超过一千名中国

---

① 郭廷以书第二卷第852页。根据董恂《洋兵纪略》，巴夏礼曾与乡绅进行了非官方的交涉，然后让薛焕向朝廷申请特别许可，作为一切官方协议的前提条件。
② 郭廷以书第二卷第859页。
③ 徐蔚南《上海在太平天国时代》第39—40页，其描述基于梅朋（Charles B. Maybon）及富立德（Jean Fredet）的《上海法租界史》（巴黎，1929年）第211页。

士兵、一些外籍军官、一伙菲律宾保镖以及一艘适合在湖面和河道中作战的全副武装的蒸汽船。①

当外国势力正在集结部队时，太平军则两次试图夺回镇江。第一次进攻发生在2月上旬，由天王的两位兄长指挥；第二次是在2月15日，由护王陈坤书带着常州的部队发起进攻。从这两次进攻动用的兵力来看，其目的是将清军的注意力从李秀成在上海的行动上转移开。与此同时，谭绍光指挥部队向上海郊外的宝山、浦东、吴淞、闸北和高桥大规模开进，最终于2月14日在浦东击败了上海县令刘郇膏率领的清军和民兵部队。第二天（何伯、卜罗德和华飞烈会晤一天之后），太平军再次给刘以痛击，取得了第二场胜利，使得上海从此暴露在太平军的直接攻击之下。

五天之后，外军展开反击。三百五十名英国水兵、一百六十名法军步兵、六百名华飞烈的雇佣兵以及一些清军部队，在何伯的指挥下向高桥进兵。但是谭绍光驻防的约一万太平军大多数是未经训练且只配备了竹矛的新兵，因此，三天之后的2月24日，谭绍光撤退至萧塘。2月27日，在萧塘，谭绍光指挥六千名老兵轻松地击溃了何伯和华飞烈率领的一百人的侦察队，但是他们立刻分别向上海和松江请求支援。他们的求援招来了两百四十九名英国水兵、一百名法军步兵以及三十余名炮兵，次日又有七百六十名华飞烈的士兵赶到。3月1日清晨，何伯和华飞烈发起猛烈的进攻，一小时后就大胜装备落后的太平军。外国军队共造成太平军死亡千余人，并俘虏了三百多人。但是在高桥，外国军队在获胜后开始大肆屠杀，并破坏财产，恶行包括破坏稻田以及烧毁房屋。②清廷满怀感激地晋升华飞烈为参将，他的部队从此被称为"常胜军"。对于英方的行为，至少倾向于政府的《上海时报》是这样进行抗议的：

> 我们认为海军司令何伯，是本世纪第一位采用不宣而战这种不合战场礼节之行为的英国军官。既然已然承认太平军是一个交战实体，

---

① 卡希尔书第六章。徐萨斯书第128页开始，依照法国炮兵上尉达尔第福（Tardiff de Moidrey）手下的炮兵营指挥官的命令，开始记录这个军团的行动。
② 上海之战这一阶段的主要史料出自徐萨斯书第130—133页、吟唎书第二卷第450—453页、郭廷以书第二卷第862页、1862年3月8日《北华捷报》第606期文章及董恂《洋兵志略》。

根据文明国家的固有做法，他应该给予他们在撤退、投降和尽遭屠戮之间进行选择的机会，然后再执行最后的选项。他并没有这样做——如果荣誉的典章未曾改变，那么最近两次对太平天国的进攻便是对它重大的违背。[1]

3月14日，华飞烈在英国战舰的协助下，于上海西南某镇再一次击败谭绍光，并因此被清廷正式晋升为副将。太平军方面，3月14日，陈炳文的部队占领了金山卫，将那里纳入太平军治下，然后进兵松江。而李秀成此时也从苏州归来，并亲自指挥所有战区的太平军，兵分四路，向上海发动总攻。

李秀成似乎完全没有意识到，外国势力的战略已经发生了致命的转变。2月22日，何伯已然向卜鲁斯提交了一份剿清上海周边一百里内所有市镇之太平军的作战计划，卜鲁斯在3月19日由清廷复件认可，并于同日向罗素勋爵递交关于其行动的报告。（罗素勋爵于6月2日回复认可，使这一任意的行为获得了英国的正式认可。这份回复直到9月才被送抵中国，但是我们可以把英国与清廷正式结为联盟，共同镇压太平天国的时间认定在3月19日。在这一天，恭亲王向卜鲁斯发函，对英国及法国在上海方面的协助表示感谢。两周后的3月31日，外军获得正式授权，可以在开埠港口周边及长江上游地区采取军事行动。）

四度出击

依照卜鲁斯的命令，英将士迪佛立（Charles W. D. Staveley）率领驻天津的英军分遣队——年轻又有志向的少校戈登（Charles Gordon）恰在军中——来到上海，帮助何伯针对战区内太平军据点的军事行动。他们的第一次进攻在1862年4月3日发动，共有两千零二十七名外籍及清军士兵、十三门大炮参加了行动。部队直接开赴距离上海三十余里，有大约七千名太平军士兵驻防的罗家港。在紧邻当地的王家沙驻防的一支规模较小的太

---

[1] 吟唎书第二卷第467页引1862年3月15日《上海时报》。

平军，在第二天遭到炮击之后，撤退至七宝。但是罗家港的太平军也装备有外国火炮，他们坚守不退，以惨痛的代价连续三次击退了华飞烈和何伯的进攻，直到何伯亲临前线，命令撤军。虽然何伯一条腿负伤，但是次日早晨，在带着法国水兵和更多大炮赶来助战的卜罗德的协助下，他又发起了新的攻势。到夜幕降临之时，太平军的营垒被彻底夷平，守军败退。①

在4月17日，士迪佛立带着由两千四百二十人及十四门大炮组成的部队从上海出发后，七宝成了他的第二个目标。而他的部队依靠火力优势，很快就取得了战斗的胜利，驻防的八千太平军中死亡六百人，被俘三百人，余下的大部分逃往川沙。战胜之后，清军开始屠戮无助的太平军战俘，而外籍士兵则在七宝大肆劫掠，争先恐后地抢夺战利品。②他们抢夺战利品过于激烈，以至于士迪佛立、何伯及卜罗德在4月22日的战略会议上不得不特别讨论这个问题，此后他们还就这一问题毫无廉耻地发表了这样的声明：

> 在从叛军手中攻克嘉定及其他城镇之前，须合理安排收集所有高价财产的工作，以确保公平地分配给各部队。在行动开始之前，此项工作须报知各部。③

由于何伯的伤势尚未恢复，士迪佛立负责指挥第三次出击。这一次他总共带了三千八百八十四人及三十门大炮，于4月27日开赴嘉定。为外军提供支援的，仍然是清军李恒嵩五千人的部队。4月29日，战斗正式打响。两天后，他们将三十门大炮部署在三座城门外，并开始炮击，留下第四座城北门则不予攻击，意图使太平军下意识地从此门沿路向北逃窜，再由埋伏在那里的清军进行伏击。城中大约有五六千太平军，仅靠自制武器和弹

---

① 吟唎书第二卷第504—506页、徐萨斯书第133—136页、1862年4月12日《北华捷报》第611期。在太平军撤退到七宝之后，清军发现了一封某位文人写给李秀成部将刘肇均的信，信中规划了许多间接占领上海的方式。这个文人叫王韬，他在外国传教士友人的帮助下逃到了香港，此后成为一名著名作家。他这封信的原文见《太平天国文书》，亦见《全史》第三卷第1966—1972页。对于这封信的重要性，诸多学者都有论述，见谢兴尧《太平天国史事论丛》第186—211页、罗尔纲《太平天国史丛考》第63—90页及邓嗣禹《太平天国起义的新见解》第31—34页。笔者的结论见《逸经》第33期。
② 徐萨斯书第136页及吟唎书第二卷第506—507页。
③ 《蓝皮书》中《关于中国叛乱的更多文章》（1863年）第28—29页。另见郭廷以书第二卷第885页及吟唎书第二卷第509页。

药来对付敌人的大炮，实力被碾压的守方决定撤退。他们留下一百三十名太平军（大部分是衣着尚好的年轻男子），继续用当地自制的火炮还击，其余的人由北门冲出，正中清军下怀。在这条出城向北的道路上，有超过两千名太平军士兵被清军屠杀，另有一千人被俘（后亦被杀），约有五百人在守城时殒命城中。外军并无伤亡，他们冲入嘉定，劫掠了价值二十万元的战利品，这一行为也遭到了《德臣西报》的恶评：

> 试问，在人类的整个战争史上，是否还记有另一场和现在这场何伯将军正在参与的战斗相同的，抛却了，彻底抛却了所有应有的礼节，尽情搜刮战利品的战斗吗？……除非中国的事务依照前文所述之指导而行，我们有完全的理由相信，英国的骑士精神在中国将不会为人所知。[①]

5月6日，外军又一次从上海出击，这一次的矛头指向青浦。12日，随着四十门大炮的轰炸响动划破了当日清晨的宁静，两千六百一十三名英法士兵、一千八百名华飞烈的士兵，以及数千李恒嵩指挥的清军共同发起了进攻。防守的太平军约有四千人，除了五百名老兵，其余均是缺乏战斗经验的新兵，他们英勇奋战了将近一个小时，直到城墙被轰出破口。在随后的败退中，有超过两千名太平军被俘（抓至上海后被清军屠杀），其余的太平军逃散，另外在守城时还有千余人阵亡。在被外军和清军洗劫一空之后，青浦成了华飞烈新的大本营。[②]

李鸿章的崛起

就是在这一时期，将来在镇压太平天国运动中发挥领导作用的李鸿章，奉曾国藩之命带着一支新军来到了上海。至于曾国藩为什么想要建立这样一支新的军队，李鸿章又是如何获得了这样的任命，了解这些事情的缘由，能够帮助我们认识到清廷对曾国藩以及外国军队的依赖。1861年秋季，湘

[①] 1862年5月15日《中国邮报》。关于嘉定之战更多的文献，见呤唎书第二卷第509—512页、徐萨斯书第136—138页、郭廷以书第二卷第888—889页及1862年5月3日《北华捷报》第614期。
[②] 呤唎书第二卷第513—515页、徐萨斯书第138—139页及1862年5月17日《北华捷报》第616期。

军刚刚顺利地完成了收复安庆的任务,而就在这时,上海的官员和乡绅的代表来到了曾国藩的大本营,他们带来了巡抚薛焕和其他官员的信件,言辞悲痛地请求湘军救助,抵御李秀成即将展开的进攻。曾国藩看了这封信,还听取了代表们对在严重局势下清军脆弱无能这一情况的介绍,最终同意提供帮助。然而,此时他意识到,向上海派遣部队本来并不在他围攻天京的战略计划之内。而在天京的东侧再增加一支军队,配合正在向浙江移动并部署就绪的曾国藩本人率领的军队,以及曾国荃奉命回湖南组建的新军,就可以从三面包围天京。

在这个紧要的关口,能够襄助曾国藩的就是李鸿章。他此前于1860年秋天在祁门时曾经离开过曾国藩的幕府,但是他在江西赋闲了九个月之后,又重新回来做曾的幕僚。李鸿章此时认识到,成就个人事业功名的绝佳机会终于到来,便自告奋勇地要求指挥这支新军,并且如愿以偿。[①]当天冬天,李鸿章在他的老家皖北淮河流域招募组建新军,曾国藩则在一份奏折中推荐李鸿章担任江苏巡抚,另荐左宗棠为浙江巡抚。至于新军,曾国藩调拨了四个营的湘军(其中两营为曾国藩自己指挥的部队,另两营为新近从太平军倒戈而来的程学启的部队),以及四个刚从湖南招募的新兵营给李鸿章,让他以此为基础,根据湘军的组织形式和规约条律,组建起归他本人指挥的新军。与此同时,李鸿章也在皖北淮河流域动员了原来便有相识的五个营的兵力,其中大部分为民兵。到了1862年年初,他已经组建了十三个营规模的远征部队(确切地说应该叫"湘淮军"),准备从安庆出发。[②]此后曾国藩的幕僚郭松林、杨鼎勋以及另外两名鲍超的部下也加入了李鸿章部,

---

[①] 据欧阳兆熊《水窗春呓·曾文正公事》记载,李鸿章因为当年在曾国藩在祁门被太平军包围的那些最暗淡的日子里离他而去,让曾国藩很是不满。李鸿章在江西事,可参见薛福成《庸庵笔记》第一卷第8丁《李传相入曾文正公幕府》。据王尔敏《淮军志》,李鸿章离开皖北后,首先于1859年1月在江苏镇江加入曾国藩幕府,6月景德镇之战时,被配属曾国荃部,但是不到两个月后,因心中多有不满,而返回了曾国藩的大本营。此后,李鸿章一直在曾国藩幕下,直至祁门(第31—35页)。1860年12月,李鸿章在祁门请辞,主要的原因是他因曾国藩责备李元度在1860年10月9日丢失徽州一事,与曾发生了激烈的争执(第45页注)。1861年7月13日,在收复安庆一个半月之前,李鸿章返回了曾国藩的大本营,这是因为曾国藩亲自邀请他回营效力(第38页及第45页注)。至于去上海的任务,曾国藩本来想让他的弟弟曾国荃全权指挥,这样则为曾国荃亲率湘军,李鸿章领淮军,黄翼升领水师。但是,曾国荃表示比较愿意在天京附近进行指挥,因此李鸿章得到了前往上海的任务(第66—61页及第71页注)。
[②] 王定安《湘军志》第十卷;王尔敏《淮军志》第115—118页、第126页、第132页注、第133页注及第136页注。

另外，他还吸收了在上海招收组建的几营新兵。4月8日至5月2日，依照上海官员与英国海军司令何伯的协商安排，六千五百名李鸿章的士兵分三批，由七艘持英国执照的蒸汽船，在英国海军战舰的护送下被运往上海。①李鸿章本人于4月8日跟随第一批士兵到达上海，5月13日正式接任江苏巡抚，而薛焕则改任办理五口通商事宜。②

新一轮攻势

5月中旬，何伯、卜罗德和华飞烈又率领约四千六百人的部队及三十余门火炮，进攻上海以南的奉贤，李鸿章的几营士兵也在附近部署，等待从北面予以配合。在途中，外军进攻了仅有千余名装备极差的太平军驻守，但是防御工事完备的南桥。5月17日，在将近两个小时的猛烈轰炸之后，部分城墙倒塌而守军则毫无动静。但是，当外军士兵准备从缺口涌入的时候，太平军士兵突然从隐蔽处冲出，用自制的武器与外军展开肉搏战，当场击杀卜罗德少将，打伤英、法士兵十六名。由于被意外击退，外军重新开始报复性炮击，直到大量太平军被炸死为止。紧接着，他们"组成了掠夺队，法军抢夺了（南桥）一半的财产，英国人夺走了另一半"。③

代理海军司令格尔森（de Kersauson）接替了阵亡的卜罗德，并参加了于5月19日展开的对柘林的作战。当地驻防的少量太平军坚守了两天，英勇奋战直至最后一人。此后，在因卜罗德阵亡而被激怒的法军士兵的带领下，外军对当地平民展开了屠杀，用最凶暴的手段劫掠财物，然后放火烧毁了整个城市。④太平军对外军的凶残暴虐开始感到恐惧，5月21日，奉贤的太平军选择逃跑，而就在同一天，李鸿章的部队在周浦附近也击败了另一支太平军部队。如果不是士迪佛立接到情报说，李秀成率大军扑向嘉定，须全军立刻回防上海，他们对上海外围太平军据点的清扫活动恐怕还将持续下去。

---

① 徐蔚南书第34页。
② 姚济，《小沧桑记》第二卷。
③ 呤唎书第二卷第516—517页。
④ 呤唎书第518—520页援引《德臣西报》《中国内陆贸易报告》及《北华捷报》。

再攻上海

自1月中旬开始,李秀成就一直留在天京,而他此时却接到了前线嘉定及青浦先后失守的战报。1862年5月12日,他率领一万人的部队抵达苏州(其中包括黄文金部),并开始亲自指挥反击。① 但是,他的策略并不是直接正面进攻,而是夸示其军队的实力,以吓退外军。第一步便是散布谣言,说他的大军已部署就位,准备直接进攻上海。紧接着,他派遣一定规模的部队佯攻嘉定、南翔以及其他外军驻防的地方,在各处都多立大旗,装作人数众多,虚张声势,取得了一定的效果。②

5月14日,李秀成从太仓派听王陈炳文向南进攻青浦,自己亲率部队前往嘉定,途中遭遇李庆琛率领的数千清军,由嘉定附近而来,准备进攻太仓。5月15日至17日的三日间,太平军数次击败清军,直到将其击溃,李庆琛及数百士兵逃亡,其余清军战死。③ 太平军一直追杀清军败兵至吴淞,而在吴淞,英军战舰已然部署就位,准备为驻防的清军提供掩护。太平军怏怏而归,但在撤退途中遇到一支英军供给部队,劫夺了一些弹药,失落之情才稍感慰藉。④

与此同时,李秀成继续进军,到5月18日,他的部队包围了嘉定,而此时嘉定仅有戴洛(Taylor)上校及四百名外军士兵以及一些清军部队,防备并不严密。围攻开始四天后,士迪佛立从柘林返回上海,亲自指挥嘉定解围之战,并于5月24日领一千士兵及十三门火炮开赴战场。次日,他们与人数众多的太平军在南翔相遇,而顾虑到干预中国内战的限度问题(青浦与松江仍然被围困),士迪佛立和法军指挥官格尔森决定保持克制。因此,5月26日,他们分给施丹理(Stanley)五百人及四门火炮,命他前往嘉定救援戴洛。施丹理完成了任务,外军在嘉定放火,然后与其余的部队一起撤退至上海,太平军则重新占领了该城。⑤

在李秀成率领两万五千大军从嘉定赶来,继续向上海进军之前,陈炳

---

① 李秀成状。
② 呤唎书第二卷第543页。
③ 姚济书第二卷及郭廷以书第二卷第897页。
④ 徐萨斯书第141—142页。
⑤ 李鸿章于1862年6月5日上奏给清廷的奏折,转录于牟安世《太平天国》第354页。其中说:"嘉城复失……西兵为贼所慑,从此不肯出击贼。"

文在青浦于 8 月 15 日和 22 日两次战胜了李恒嵩的清军部队。但是当大军占领泗泾，逐渐逼近港城上海时，南汇（黄浦江对岸、上海以东的浦东城市）太平军守将因与李秀成的继子李容发发生口角，于 5 月 28 日带领部下一万太平军举城投降清军。（这支部队中大部分都为安徽人士，而安徽正是李鸿章的老家。）几日之后，李鸿章的淮军攻克川沙，完全收复了浦东地区。

5 月 29 日，李秀成在青浦击退了华飞烈的进攻，此后太平军便集中精力进攻华飞烈以及英国特遣队的大本营松江。5 月 30 日，太平军冒险试图翻越城墙，行动中，一名法国军官被杀，李秀成的继子李容发受伤。① 次日，黄文金指挥了新一轮的进攻，而 6 月 2 日，李秀成本人抵达战区，并在广富林击溃英军蒙甘茂（Montgomerie）部，缴获四百支步枪及三十六箱火药。② 对青浦的围攻仍在持续，而 6 月 3 日，李秀成又重新占领了奉贤。但是，此时的太平军受到清军程学启和李鸿章部的骚扰，向上海的进军陷入停滞。

此后，李秀成的一名部将主动请缨，要指挥对上海发起最后的冲击，战事也因此发生了新的转变。当时，谭绍光在围攻湖州五个月之后，终于占领了浙北最后一座未被攻克的城市。（负责城防已有数年之久的赵景贤被俘，此后在苏州被处死。在围攻之时，城内大量百姓或被饿死，或是在太平军进城之前自杀而亡。③）李秀成本已决定派谭绍光回防正在被曾国荃围攻的天京，但是在同意了他的部将指挥最后一次进攻以后，他便改派谭绍光出击，帮助陈炳文进攻青浦。虽然在最后一刻，华飞烈和英军军官率部从松江紧急驰援，进行最后的努力，但是 6 月 2 日，青浦还是被攻克。但是，驻防的包括英国士兵及华飞烈的部队在内的六百名守军，在城内放火之后被顺利营救出来。（就在这时，常胜军副都统华尔思德重新进入青浦，想要拿回一些被丢弃的战利品，但是被谭绍光抓住。华尔思德被关押在浙江乍浦，后来华飞烈用大量的鸦片和弹药把他交换出来。④）

---

① 呤唎书第二卷第 544 页及徐萨斯书第 143 页。
② 呤唎书第二卷第 545 页及李秀成状。
③ 姚谌，《湖变纪略》。
④ 呤唎书第二卷第 546 页。卡希尔书第 189—193 页引述了华尔思德自述的其被捕及后来被释放的经过。

受到占领青浦的鼓励，李秀成于 6 月 17 日解除了对松江的包围，加入陈炳文和谭绍光的行动，准备第三次进攻上海。他亲率五六万大军，分十二路逼近上海郊外及外国人定居区。6 月 19 日，在那里，他们与李鸿章的部队展开了一场决定性的战斗，结果太平军损失三千余人，落荒而逃。心境烦躁的李秀成将这次失败归咎于天王接连不断地召他速速回援陷入包围的天京，因而分散了他的精力。① 李秀成确实在安排好嘉定、青浦、太仓以及上海周边其他城市的防务之后，于 6 月 22 日返回苏州。然后，他立即召集所有待命的将领召开了军事会议，商议如何解除天京的包围。

谭绍光指挥的第四次进攻

7 月 7 日，李鸿章的湘淮军收复奉贤，17 日，又在华飞烈的协助下收复金山卫。他们的联军继而转向青浦，并最终在 8 月 10 日，以华飞烈部阵亡两百六十人（约占其兵力的十分之一）以及数目不详的清军士兵的代价，最终收复了那里。谭绍光闻讯立即于 8 月 15 日发动反击，但是又被击败，而这一次打败他的是刚刚率一支小规模的舰队到来，帮助李鸿章的曾国藩水师指挥官黄翼升。此后，谭绍光返回上海，到达了距离法国租界仅十几里的地方。此时太平军在另外两个方向上也在集结，而上海的驻防清军仅有约三千人，谭绍光的逼近引起了清军足够的警觉。李鸿章火速从其部队中调兵回援，并请求常胜军和外国军队的协助。英军海军及陆军官员波勒斯（Borlase）及戈登参与了上海的防卫。面对这样的阵势，谭绍光取胜的机会很小，在 8 月 27 日及 29 日连续两次失败后，他被迫撤退至嘉定。② 谭绍光之后一直驻扎在那里，直到 10 月 26 日，数量庞大的外军与清军联合向他发起了进攻。这支联军共有两千二百名英军及法军士兵，并配有十六门大炮，他们接受士迪佛立将军、海军司令固伯（Augustus L. Kuper，何伯的继任者）及法军司令伏恭（Faucon）的指挥，另外还有白齐文（华飞烈在浙江战死后继任指挥权，见第二十一章）指挥下的一千五百名常胜军，以及一部分湘淮军。太平军坚守两天，最终于 10 月 24 日投降。此后英军与法军

---

① 李秀成状提到，天王曾一日三诏命他回援。
② 郭廷以书及徐蔚南书。

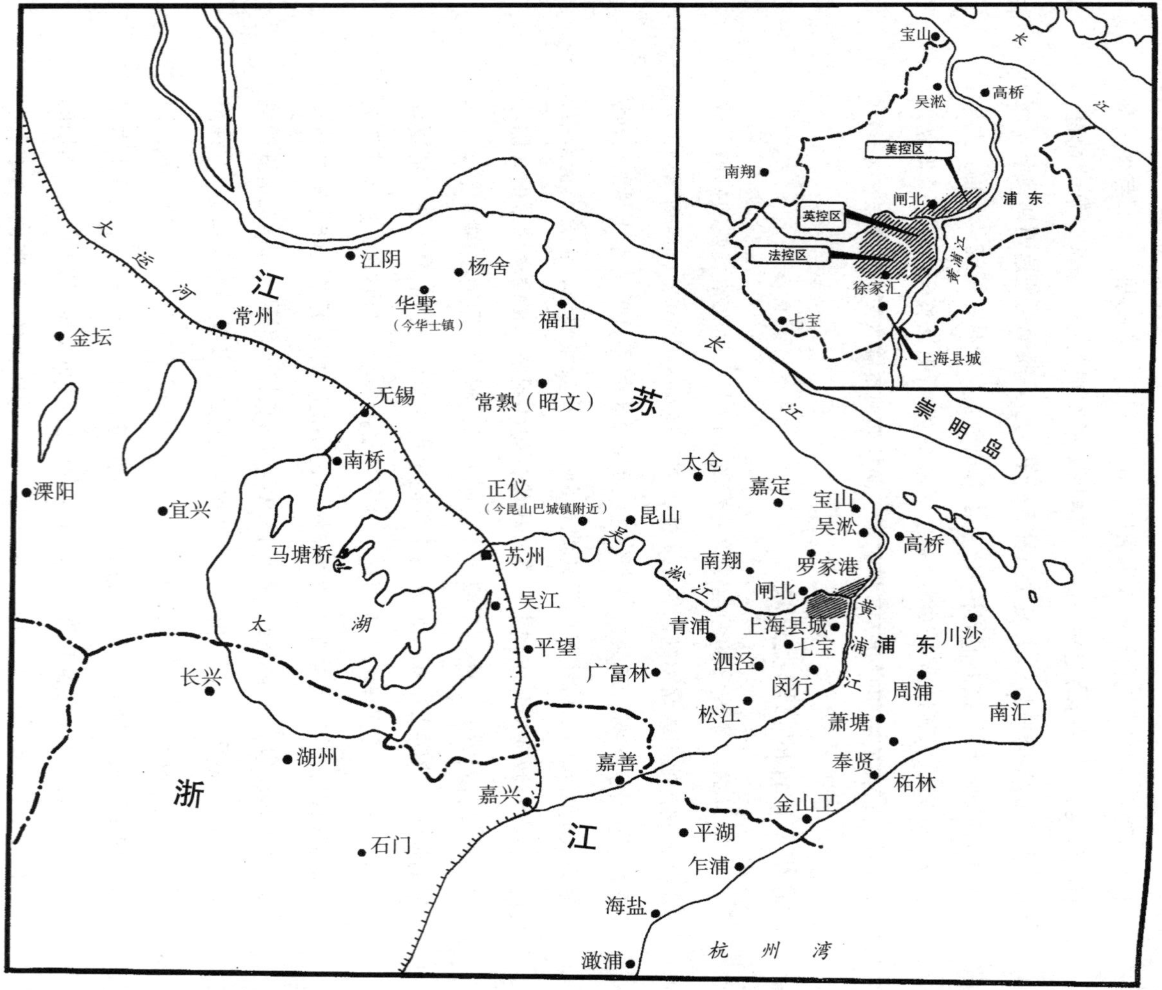

宝山
吴淞
高桥
长江
美控区
英控区
法控区
南翔
闸北
浦东
黄浦江
徐家汇
七宝
上海县城
太运河
江
江阴
杨舍
华墅
（今华士镇）
福山
常州
金坛
无锡
常熟（昭文）
苏
崇明岛
南桥
太仓
嘉定
正仪
（今昆山巴城镇附近）
昆山
溧阳
宜兴
马塘桥
苏州
吴淞江
罗家港
川沙
吴江
太湖
青浦
平望
广富林
泗泾
闵行
周浦
长兴
松江
萧塘
南汇
奉贤
柘林
湖州
嘉善
浙
嘉兴
金山卫
平湖
石门
乍浦
海盐
澉浦
杭州湾

图 8　上海与苏福省战场

撤回上海，此后未再主动地参与对太平军的战争。①

中央区军政

　　从1861年10月上旬开始，太平军便为在长江北岸那块1860年被他们划作天浦省的地方争取一块立足之地而进行战斗，但是进展并不顺利。先是对王洪春元（洪秀全的侄子）、天王兄长信王洪仁发及勇王洪仁达出师镇江不果。此后不久，又有一支太平军的部队进攻那里，也没有取得成功。12月下旬，三王又卷土重来，包围了镇江，但是在清军守将冯子材面前只取得了几场小胜，最终在1862年2月上旬又被击退。除了这些失利，使天京情势更加危急的是江北三城先后向实力更为强大的清军（李世忠部）投降：六合于1月21日，天长于1月24日，江浦于2月2日投降。而唯一的援军，即陈坤书受李秀成之命，从其驻防地常州带来的部队，也在镇江附近遭到阻截并被击溃。

　　一心想重新占领天浦省的洪仁玕，立即安排数千士兵乔装成清兵模样，潜伏渗透到那里，为太平军的归来做内应，而天王已经下令从江苏和浙江调来部队，准备反攻。②由于李秀成转于上海之战无法分军，而陈玉成在庐州也麻烦不断（他向陈坤书请求了援助），因此唯一响应的便是陈坤书和三王的部队，他们于3月27日兵分三路，分别进攻浦口、六合和扬州。而太平军的反攻被清军李世忠和多隆阿的部队击退，从此之后，江北地区被清军牢牢地掌控。此役之后，陈坤书返回了他的驻防地常州。③

　　从政治层面而言，1861年也许是波澜不惊的一年，但是标志着太平天国进入最后时光的管理乱象已经明显地显现出来。其中之一便是突然且毫无意义的滥封王爵的现象，而前些年这还只是加给为数不多的功臣的殊荣（也有因父辈的功勋而承袭为幼王者，如杨秀清、萧朝贵、冯云山及胡以晄之子等）。④打破太平天国这个传统的第一例是1862年年初，陈坤书成功贿赂腐败的天京贵

---

① 战斗报道见1862年10月25日《北华捷报》第639期。
②《钦定剿平粤匪方略》第二百九十六至二百九十七卷。
③ 郭廷以书各处与此役相关的记录。
④ 到1861年年底为止，太平天国至少有大小王共计十七名（根据巴夏礼的报告为十六名）：干王洪仁玕、信王洪仁发、勇王洪仁达、翼王石达开、幼东王（杨秀清子）、幼西王萧有和（萧朝贵子）、幼南王（冯云山子）、幼豫王胡万胜（胡以晄子）、英王陈玉成、忠王李秀成、辅王杨辅清、赞王蒙得恩（1861年去世后，其子蒙时雍袭为"幼赞王"）、侍王李世贤、章王林绍璋、沃王张洛行、顾王吴如孝、秦王苗沛霖。

族，最终加封"护王"。他的成功有一部分原因是出于"政治嫉妒"（陈坤书的目的是通过和李秀成同级，从而不用因自己在苏福省施行的极其恶劣的暴政而向李秀成负责，另有其他一些嫉妒李秀成的官吏，也希望借这个机会削弱其权威），但是如此便为后来者立下了不好的先例。[1] 到1862年年底，太平天国诸王便已超过百人，而且王爵很快被随意加封，完全丧失了其真正的价值。

滥封王爵的先例一开，便有人要求在下层也设立更多的特别爵位，而天王也同意并设置了一套新的爵位体系，它在王爵之下，又在1856年设计施行的六爵（天义、天安、天福等，见第十四章）之上。这些爵位包括天将、朝将、主将（旧有的太平军衔现在升级为爵位）、神将以及神使。随着中央政府随意增设的高级官署，旧有的层级体系已经变得几无价值。[2]

如果说这些初期的管理混乱预示了太平天国革命运动的衰落和最终覆亡，另一个征兆便是罗孝全在热情推进了太平天国事业十五个月之后，终于在1862年1月20日愤然离开天京。出于某些原因，罗孝全和洪仁玕之间产生了矛盾，而矛盾最终演变为一场口角，当时罗孝全指责洪仁玕将一名仆役打死，而洪仁玕大概是掌掴了罗孝全。罗孝全回到上海之后，在《北华捷报》上发表了两篇文辞尖刻的稿件，成为反对太平天国的声浪中强有力的新声。[3]

---

[1] 李秀成状。
[2] 关于王爵，见《通考》第一卷第36—48页，其他爵位见同书第97—109页。
[3] 罗孝全的稿件刊登于《北华捷报》1862年2月8日第602期及1862年3月8日第606期。而此时《北华捷报》的社评原则已然转向，以配合英国官方的政策（《蓝皮书》1862年第5页），而他们也为罗孝全的稿件配发了以强烈反对太平天国为中心论调的社论。后来在广州，罗孝全得知当时那名仆役并未被打死，因此又发文撤销了那一部分对洪仁玕的指控（《蓝皮书》1863年第5页）。但是，这不足以挽回呤唎在其书中一处关于此事的注脚（第二卷第566页）对罗孝全的性格和作为做出的恶评。

第二十章

二次北伐
（1861—1868年）

1861年9月，陈玉成的士气低落到了极点。①他在安庆的肆意任性彻底打乱了太平军的防御战略，成为城池失陷最主要的原因。认识到这一点使陈玉成的内心非常沉重，而这种心情并没有因为他成功解救了自己的家眷而稍有缓解。5月太平军在挂车河决战的失败，也是因为他在允诺作战计划之后又失期未至而造成的。已经堕入消沉和自责的陈玉成，现在还要承受天王因挂车河失利而对他严词斥责之辱。在陈玉成看来，未来之路也是一片黯淡，他的败军现在陷入隔绝，无法与其他太平军建立联系。但是，意志坚定的陈玉成继续在这一地区展开牵制和对抗地方团练以及清军部队的任务。在此期间，他期许最大的一次冒险行动是1861年10月上旬，他试图在三河阻止曾国藩东进的部队，但是湘军在庐江将他阻截并击退，这次尝试以陈玉成灰溜溜地逃走而告终。

就在这时，陈玉成收到两份洪仁玕在8月底咸丰帝驾崩后发出的热情洋溢的诛妖檄文。就像之前外军入京时，洪仁玕敏锐地发现北京发生的骚乱一样，而这一次皇位的传承，他也认为是太平天国的一个机会。因此，

---
① 本章为《全史》第三卷第二十四章之概述。

在历数了清廷野蛮镇压汉人的罪行之后，洪仁玕号召各地举行武装起义，彻底推翻清政府。① 这一次起义的号召对陈玉成产生了极大的影响，他抛却了一切顾虑，决定"为国家而战"，发起第二次北伐远征，准备攻占北京。② 如此不切实际的幻想，加上1855年第一次北伐的惨痛结局，使他手下的将军们都有畏缩之情。但是，对于陈玉成这个真正的革命者而言，他又借此重新找到了目标和方向，因此也就完全顾不上其他了。

先锋军的行动

在这一决定冲动的外表下，陈玉成其实早有准备。他在此前一年，向北方的直隶和山东都派出过密使，四处联络太平天国的支持者。在山东，有两千多人报名加入，而且其中的数百人已经成功地以士兵的身份潜伏到了清军之中。而他们已经将中国的农历新年（同治元年正月初一，1862年1月30日）作为配合陈玉成军队到来而举行大起义的日期。③ 陈玉成此时便迅速展开行动，以配合这一计划。

他的大军共分四路出击。第一路为中路，主将马融和率领一部向皖北之颍上，与张洛行的捻军会师，共同进攻颍州（今阜阳）。第二路扶王陈德才、启王梁成富、遵王赖文光及祜王蓝成春由西路过颍州入河南。第三路为原团练指挥，后入清军又降太平军的奏王苗沛霖受命向北取道寿州往蒙城。第四路为陈玉成本军，计划北上，虽然在最开始的时候，陈和他的叔父导王陈仕荣准备先留在庐州，作为机动支援力量。④

在中路，马融和和张洛行依照计划于1862年1月14日包围颍州，而清廷的新任钦差大臣胜保从直隶率兵驰援。太平军包围胜保的军队达月余，但是到了3月底，一支由巡抚胡林翼派来救援的强大的湘军部队到达了战场，改变了战场的形势，迫使马融和和张洛行于4月1日解围而去。他们撤向颍上，转而执行新的计划，即向西入河南，走2月陈德才行军的路线。而陈德才则试图在地方捻军的帮助下占领新蔡，后又向西过确山，于3月

---

① 《诛妖檄文》（太平天国刊行小册子），其文收录于《全史》第三卷第2029—2033页。
② 陈玉成状。转录于罗尔纲《太平天国史料考释集》第201—202页。
③ 据《钦定剿平粤匪方略》第二百九十一章及山东巡抚谭廷襄奏折。
④ 罗尔纲书第201—202页。

10日开始围攻南阳。与此同时，苗沛霖按照陈玉成的计划，带领他的团练部队向北经寿山，到了2月16日，他开始围攻蒙城。但是，他的部队开始采取不合作的态度，一部分士兵还在颍上向胜保投降。在这种情况下，苗沛霖解除了对蒙城的包围，于4月25日带着剩下的部队也投降了胜保。

不幸的是，到此时，陈玉成与三路先锋军的联系因为清军对庐州包围的加强而被彻底切断。如果河南的先锋不知道陈玉成已被困死在庐州，那么陈玉成也不知道他所信任的盟友苗沛霖已经投降了清军，而这对他的影响是致命的。

陈玉成的悲惨结局

在第二次北伐刚刚开始，陈玉成正在准备3月开拔前往庐州时，他于2月16日得到一份密使送来的天王命令，让他与陈德才一起为天京寻找一片新的粮食供给地。[①]为此，他马上秘密联络陈德才，安排于3月中旬在正阳关再度会面，讨论这件事。但是，消息并未传达出去。三天之后，新任的湖北荆州将军多隆阿（接替都兴阿，后者改任金陵将军，准备收复天京的工作）从舒城带来的大批清军抵达战场，清军随即收紧了对庐州的包围。陈意识到自己的处境艰难，便竭尽全力，先后派出三批人马，到中、西两路先锋军中求援，但是这些外出求援的部队也都被半路阻截。[②]

3月2日，钦差大臣袁甲三新派来一支部队，准备从北面发起进攻。巡抚李续宜也将大本营移至安庆，以便坐镇指挥，从南向发起进攻。而这个时候，多隆阿已经占领了庐州周围的几处战略要地。此后的两个月间，陈玉成婴城固守，完全没有意识到自己其实已经陷入绝境。而各路太平军都遇上了强劲的对手，自顾不暇。李秀成正在上海对阵李鸿章和外国军队；李世贤在浙江与左宗棠纠缠；杨辅清和黄文金在皖南承受着鲍超和其他湘军将领的压力；而数支庐州求援的人马试图与之建立联络的陈坤书，正在和成功收复江北地区的李世忠等人周旋。5月上旬，陈玉成在庐州城外两度受挫，城内又粮草殆尽，这种情况终于迫使陈玉成决定弃城逃走。5月13日，

[①] 陈玉成之前的计划是3月离开庐州，随一军去与马融和会合。事见《太平天国文书》。
[②] 三批人马携带之求援信件，收录于《太平天国文书》。

陈玉成及其叔父陈仕荣领其大部，向北冲破三处清军大营，多隆阿则率军冲入庐州城，杀死了被困在那里的大约一千名太平军士兵。①

也许是命运对他的作弄，陈玉成选择向苗沛霖现在的大本营寿州撤退。苗沛霖许诺对陈玉成提供庇护，虽然陈玉成在庐州的幕僚们很多都对苗的忠诚心怀疑虑，但是已入绝境的陈玉成还是带着他的两位叔叔、妻子、幼子以及四千名老兵出发，前往投靠苗沛霖。②苗托辞生病，叫他的侄子、一些官员以及陈玉成的联络官（此时也已投降清军）在城门迎接陈玉成一行入城，当时还按照传统行了跪拜之礼。至此，陈玉成仍然相信苗沛霖，于是带着家人和部分卫兵以及随从二十余名官员入城。然后这些人便被包围、逮捕，并严加看护地扭送到了胜保在颍上的大本营。③苗沛霖把随陈玉成来到寿州的四千名士兵，收编到了自己的队伍之中。④

马融和与张洛行的队伍此时仍在颍上地区，他们通过某种途径得知陈玉成被捕的消息，于是便率军前来，准备武装解救，但是为时已晚。他们到达时，陈玉成已经在三天之前被转移至颍州。张洛行对失去指挥官感到沮丧绝望，便带着捻军部队回了老家；马融和由于没有根据地，便向西悲愤可怜地继续执行原计划分配的任务。

胜保在刚开始审问这位重要的俘虏时，开出了相当优厚的条件来劝降，而陈玉成则笑面相对，满怀讥讽地历数过去二人阵前相逢时屡次挫败胜保的故事。然后，毫不畏惧的陈玉成开始做他的自叙状，其中详述了他从十四岁开始参加太平天国革命事业的经历，然后总结道："我受天朝圣恩，不能投降；败军之将，无颜求生。"⑤胜保于是安排将他押解进京。解差一行行至河南延津时收到圣旨，命令将陈玉成就地正法。就这样，1862年6月4日，陈玉成在延津为太平天国革命事业英勇就义，年仅二十六岁。至于在颍上一同被捕的他的亲属，胜保可能是在与陈玉成的妻子几番交涉之后，

---

① 雷正绾《多忠勇公勤劳录》详细地介绍了庐州之战的情形，但其中许多细节多有夸张。
② 关于陈玉成与其幕僚进行商议一事，见牟安世《太平天国》第329页、薛福成《庸庵笔记·苗沛霖之反复》。
③ 《钦定剿平粤匪方略》中胜保的奏折。还有一份稍有出入的描述，见薛福成书及王闿运《湘军志》第五卷第11丁。
④ 王定安，《求阙斋弟子记》第八卷，第十五章。
⑤ 陈玉成状。

释放了陈玉成的叔父陈仕荣、他的两个哥哥及幼子，但是把陈的妻子纳为小妾。①

这件事给了太平天国革命运动沉重的打击，因为陈玉成和李秀成当时已经成为在长江南北两岸保卫天京安全的两根架海金梁。陈玉成被捕就义之后，天京城一夜之间失去了北方的屏障，而随着此后湘军的乘虚而入，又失去了最主要的粮食供给来源。没有人比洪仁玕更了解这件事与太平天国最终覆亡之间悲剧又必然的联系：

> 如若英王不死，天京之围必大不同。因为若彼能在江北活动，令我等常得交通之利便，可获得仙女庙及其附近之源源接济也。英王一去，军势军威，同时堕落，全部瓦解，因此清军便容易战胜。②

在被捕之后，陈玉成也知道他本人对太平天国的重要性，正如他在自叙状中所说："太平天国去我一人，江山也算去了一半。"③

苗沛霖和胜保的末日

剿灭了陈玉成之后，太平天国对皖北的威胁骤减，这是因为忠王原有的部队都已四散分离：马融和的部队去往了河南，张洛行的捻军暂时蛰伏安静了下来，而苗沛霖的团练民兵已经投诚清军。唯一造成麻烦的是一支陈玉成的残部窜入陕西，但是1862年6月上旬，多隆阿因与曾国荃有个人恩怨，拒绝参加围攻天京的战斗。因此，清廷便命令他留五千士兵在庐州驻防，然后率余下的部队驰援陕西。

此后不久，苗沛霖与李续宜（及其继任者唐训方）手下的湘军诸营失和，而当张洛行和他的捻军再次与清军开战的时候，大家都开始怀疑胜保对这个贰臣贼子可靠程度的判断。面对这种新的局势，清廷任命科尔沁郡王僧格林沁为钦差大臣，主理山东、河南及皖北军务，负责镇压捻军，同

---

① 关于胜保逼迫陈玉成妻子一事，见郭廷以书第二卷第895—896页，及《东华续录》（同治朝）第十六卷载1863年1月6日圣旨。
② 洪仁玕第一份供状的结尾处（见笔者在《逸经》第20期上的译本）。
③ 罗尔纲书引《陈玉成被擒记》。

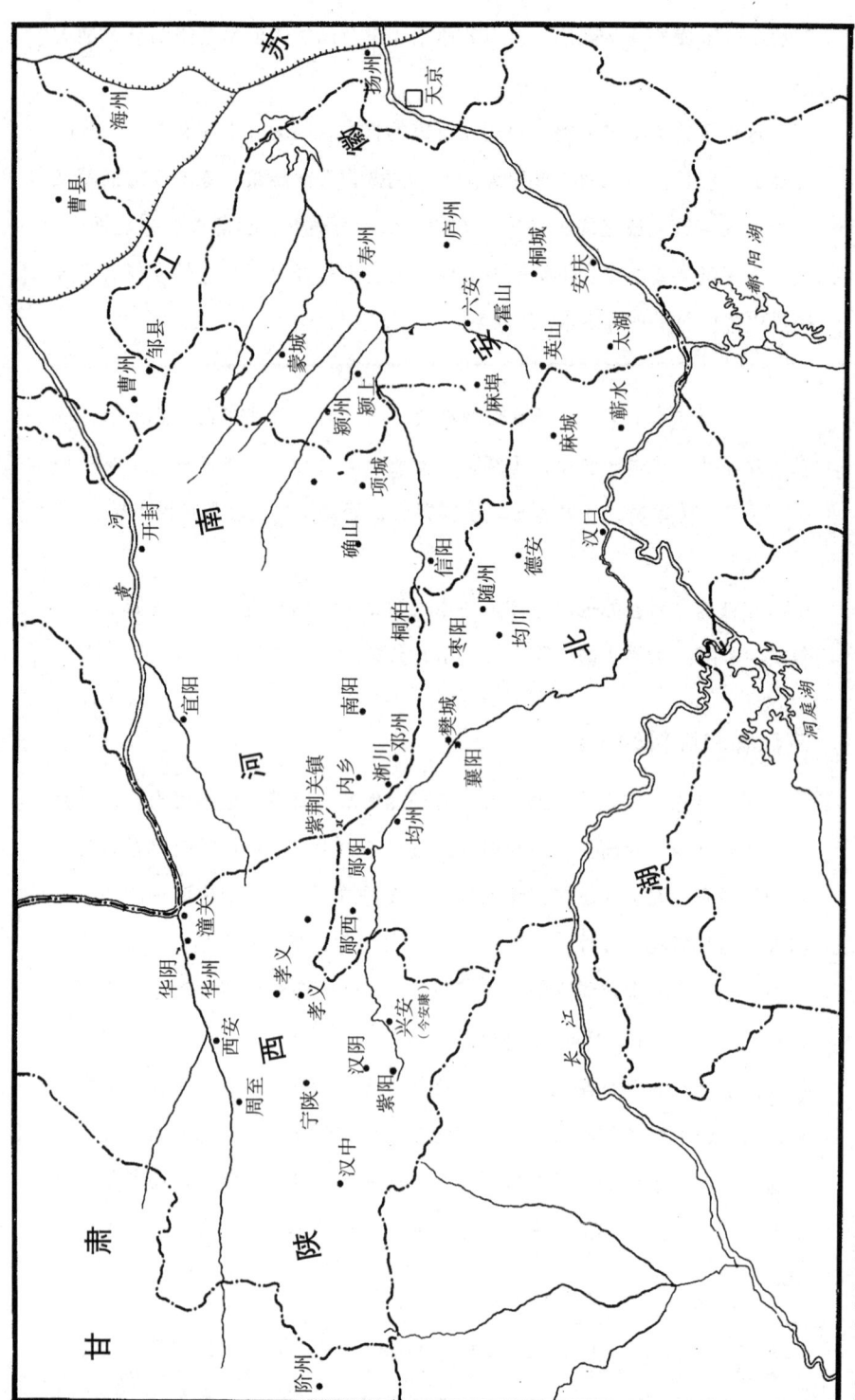

图 9 二次北伐示意图

时调胜保入陕西,负责应对那里的陕甘回民起义。看到保护伞胜保被调走,苗沛霖开始讨好僧王,此间还引发了与曾国藩的矛盾,导致曾率湘军从寿州附近撤走,避免进一步发生摩擦。之后,1863年1月3日,清廷降旨褫夺了胜保的一切职衔,并将其逮捕,等候对其欺君索贿以及行为有伤风化等罪的审判。多隆阿则被任命为钦差大臣,接管他负责的陕西事务。

而此时的苗沛霖正掌管着数县境内的团练民兵(据称有五十万人之多),忙着以抄收税据等腐败堕行中饱私囊。而李世忠也在自己的地盘干着类似的勾当。1863年3月中旬,两伙人因盐税问题终至火并。由于李世忠是正规军人,且为一方提督,军衔较高,苗沛霖害怕若因骚乱而被处罚,恐怕李会在审问时得到偏袒,因此善变的苗沛霖随即再次反水,举事暴动。[1]

此时,皖北其他地区的捻军均已被僧王击溃。一些捻首认为可以立功受赏,便于5月23日抓住了张洛行和他的儿子,秘密地把他们交给了僧格林沁。僧王不仅立即将张洛行和他的儿子处死,还同时将抓他们而来的人以及所有投诚清军的捻首一并处死。张洛行的侄子张宗禹带着剩下的捻军逃亡河南,而完成任务的僧格林沁凯旋北上。苗沛霖此时在皖北孤身一人,没有友军,自己还成了太平军、湘军和李世忠共同的敌人,也无法指望在押之中的胜保的庇护。而他刚因为捻首被杀一事深感震怖而再行叛乱,也就更不能指望着僧王来保护他。

苗沛霖只能自己把握自己的命运。4月上旬,他开始进攻寿州,虽然有巡抚唐训方派来的皖军、湘军一部及一千僧王的军队前来救援,但他还是于1863年7月19日攻占了该城。曾国藩对苗的实力大为吃惊,赶忙命李世忠和都兴阿从扬州调兵往援。当苗沛霖接下来又围攻蒙城的时候,当时身在山东的僧格林沁派原太平军将领陈国瑞领三千精兵驰援,并且他本人也于12月上旬赶来,以蒙城为大本营,亲自指挥作战。面对这种绝无胜算的状况,苗沛霖部队的士气终于崩溃。在一场惨败之后,在陈玉成被这个叛徒诱捕杀害后,被收编入其部队的四千旧部中的一人,终于得到了为陈玉成报仇的机会。[2]到了12月中旬,寿州和周边的地区均被清军收复。

---

[1] 关于苗沛霖暴乱之细节,见王闿运书第九卷。
[2] 薛福成书及王闿运书第九卷。

这个时候，胜保已经死去。1863年8月31日，就在曾受他庇护的苗沛霖暴乱士气正旺的时候，震怒的清廷降旨要求胜保在北京的监狱中自裁，他的罪名是荒淫、贪污、骄纵、欺罔（关于军务的奏折）、奢侈以及私纳敌妇（陈玉成妻）。① 他是清军将领中晚境最为凄惨的一个。

转战四省

当然，从某个层面来讲，陈玉成被处决标志着第二次北伐的失败，但是忠王部下的将领们仍然不断克服困难，向北开进。他们时而合成一股共同作战，时而分散入皖北、河南、陕西及湖北分别行动。在本书这样一部太平天国的简史中详细追踪每一路部队直至覆亡的情况，会显得过于任性，本节后文将简要勾画诸路部队各自行动的大概情况。②

西路的四王（陈德才、梁成富、赖文光和蓝成春）于1862年4月9日进攻豫西南的南阳不果，而他们当时并不知道陈玉成在庐州被困，因此便转而向西，两天之后，经内乡进入陕西境内。在陕西，他们与自称文王的蓝二顺指挥的，从云南长途辗转前来投靠太平军的回族革命军会合之后，于4月22日攻占山阳，然后又与蓝军分开，继续向西去占领镇安及孝义。③ 5月11日在孝义，张宗禹率领的捻军溃散逃兵赶了上来，随后他们便一起于5月17日向省府西安发起了进攻。他们的进攻被西安守将托明阿击退，此后四王及张宗禹又向西至华州和华阴，5月28日过潼关入河南，然后向西南，6月18日军过宜阳时，庐州危急的消息终于传来。

中路的马融和在率领其部队及其他捻军部队营救陈玉成失败之后，便离开颍上，继续按照原计划先向西移动，后转而向北。6月20日，他的部队到达河南项城，然后又向西及西南方向行军，之后便遇到了从潼关而来的另一路陈德才指挥的太平军。两路太平军共同行至河南省界上的小城桐柏时，又先后遇见并接受了从鄂北而来的蓝二顺的回族起义军及陈大喜指挥的捻军败兵，从而迅速地壮大了队伍。但是，这并不是一支正常的军队，

---

① 李慈铭，《越缦堂笔记》（《孟学斋日记》甲集首集上），第43页。
② 本节内容之详尽叙述，见《全史》第三卷第2058—2080页。
③ 这支回民革命军在四川未能与石达开的远征军取得联系（见第十四章）。

它缺乏统一的指挥，7月27日进攻南阳及9月2日围攻淅川均无成果。一周之后，张宗禹的捻军脱离，向南进入湖北，而太平军则向北攻占紫荆关。清军多隆阿先前经紫荆关入陕，而此关正是他补给线上的要害关节，因此多隆阿迅速回援，从太平军手中收复了紫荆关，而太平军则分两路逃往湖北。

9月30日陈德才和马融和（由枣阳而来）攻占随州之后，与张宗禹的捻军部队合成一股，并同意一同经德安回援天京。他们决定将部队分为两股，陈为东路，马、张为西路，向东开进。两路部队都遭到了清军的阻截，捻军在受挫之后返回皖北，马融和返回了湖北，而陈德才转而去与梁成富合军。他们的联军后来由另一路进入湖北，向西到达樊城和襄阳一带。奉旨在湖北展开反击作战的多隆阿在鄂军的配合下，于11月30日将他们击败，陈德才及其他三王穿越省界，逃入河南。四王仍然一路同行，又从郧阳重新入鄂。但是，当他们围攻郧阳的部队被一部鄂军击溃后，他们的部队被切成了两股，一股由陈德才、赖文光和蓝成春指挥，向西逃往陕西，另一股由梁成富等指挥，逃至湖北均州。

1863年1月9日，陈德才的一股太平军占领了陕西兴安府的两座城池，而到了2月底，梁成富一股也从湖北绕回来，军至紫阳及汉阴，在那里又与陈德才一股会师，合力围攻具有一定规模和重要性的汉中府城。围攻开始的时候，太平军还意外地得到了蓝大顺（自称端王）和蓝二顺（文王）指挥的回民起义军的增援。

这个时候，张宗禹（现已自称梁王）及其他捻首已从安徽行军至湖北，并且在1862年秋天受其叔父张洛行之命，去河南援救捻首陈大喜而与马融和分军之后，再一次与他取得了联系。1863年3月23日张洛行被杀之后，陈大喜便与张宗禹一起返回湖北，准备和马融和再次会师。于是，太平军和捻军的联军于5月上旬过桐城，一路向东行进。而这时他们得到消息说，李秀成的部队正在六安，于是便前往那里与李相会。李秀成本想亲自带着马融和和其他诸王回援被围困的天京，但是他们在六安吃了败仗。在估量了一下在安徽确保足够粮食补给的困难之后，他们决定两军应当分军而行，李秀成直接返回天京，而马融和则先绕道去河南（见第二十三章）。

梁成富的太平军和回族革命军盟友围攻汉中长达半年之久，到了1863年10月2日（同治二年八月二十），太平军终于取得胜利。汉中成为四王临时的大本营，蓝大顺此后则带着回族革命军向北占领了盩厔（今周至），同时派他的弟弟蓝二顺入豫，与马融和和张宗禹会师。次年春天，钦差大臣多隆阿率军从西安发兵进攻盩厔。3月30日，多隆阿在战斗中面部受伤，最终于1864年5月18日不治身亡。他在四十八岁时不幸去世，意味着清军失去了一位与太平军作战十年、久经战阵的将军，也意味着曾国藩失去了继1855年战死的塔齐布之后最为得力的干将。多隆阿的负伤激起了其部队的报复情绪，当日下午他们就攻入县城，只有少数守军免遭屠戮，逃亡者中便包括蓝大顺，尽管后来这位逃亡的回民起义领袖还是被清军抓到，并于4月11日在陕西安康被处决。

马融和和张宗禹想要冲过清军防线进入陕西，与那里的部队会师。为此，他们从1863年7月底开始直至年尾都不断地尝试经湖南入陕，但是无论他们走到哪里，都会遇到清军的阻截。最终，捻军彻底放弃，只剩下太平军经潼关入陕，因此便从豫西的战事中消失了一段时间。

东归受挫

马融和和他的部队最终确实进入了陕西，并且和在汉中的其他四王建立了联系，发现那里的太平军部队正准备全军长途跋涉赶回天京。梁成富和其他三王此间招收了大量的新兵，并收集了足够的军需补给，他们刚从密使那里接到李秀成叫他们尽快回援的命令。而出于对革命事业的忠诚，执行这道命令自然优先于其他任何可能选项。1864年2月，这支革命大军从汉中开拔，分三路东归：北路为陈德才、赖文光和蓝成春；中路为梁成富和回民起义领袖蓝二顺（在他的哥哥于盩厔战败被杀之后，他便与太平军结盟）；南路则是马融和的部队。他们的计划是分三路行进，最终在豫南再合成一军，共同跨过省界进入湖北。①

2月16日，北路军到达宁陕，在那里遇到了郑永和指挥的翼王远征军

---

① 如果梁成富等人的中路径直向东穿越河南，然后再向南经苏北返回，他们便有更大的可能成功地返回天京。

残部，并按照计划，于3月26日与南路马融和部在内乡会师。而1863年春季从河南返回的陈大喜指挥的捻军，不久也来到了内乡，然后全军向湖北枣阳进发。他们半路被鄂军阻截击退，便转向随州，而当时张宗禹在河南与僧格林沁数次交锋，最终不敌，也撤退到了那里。

张宗禹的捻军和梁成富的部队此前在中路相遇，然后便一同进军，但是在被僧格林沁击败之后，他们又被打散。梁成富首先和原马融和军中邱远才的部队一起撤至湖北最北端的郧西，然后接着向西，重新逃入了陕西。在那里，他们与蔡昌荣（自称昭武王）领导的回民革命军残部相遇。此后，梁成富继续向西撤退，进入甘肃，最终丢下了殿后的淮王邱远才，邱则率军进入了河南（见后文）。

1864年夏天，湖北境内的其余太平军也都被赶到河南，而陈德才、赖文光、蓝成春、张宗禹和马融和指挥的所有部队也都在信阳集结。他们仍然寄希望于能够经湖北返回天京，于是便分三批，先后从信阳开拔：第一批是蓝成春和陈大喜；第二批是赖文光和张宗禹；第三批是陈德才和马融和。到了5月下旬，联军开始向东艰难地前行，并在各处均被鄂军击败。有一小段时间，联军将麻城作为大本营，向周围的地区四处出击，但是最终又从那里被驱逐，分为两股，各自行军（见后文）。

英王旧部之覆亡

继李开芳和林凤祥的北伐以及石达开的西征之后，陈玉成的北伐是太平天国第三个大胆的，却又最终归于全军覆灭之悲剧结果的战略构想。三次失败都使太平天国折损了卓越将才，远征军都经历了漫长而痛苦的最后征程，每一次也都有大量的士兵不幸牺牲。虽然在陈玉成就义之后，李秀成接替他指挥了第二次北伐的战斗，但他为这支四处亡命的军队提供的指挥和救援，也就仅限于让在汉中的陈德才东归而已。① 李秀成留给这支部队两年的时间，用于补充新兵、收集补给及从陕西赶回江苏，而就在这两年的期限将至的时候——几乎就是在约定的那一天，即1864年7月19日，

---

① 李秀成在其供状中提及指挥陈玉成的部队及命令陈德才东归之事。

天京陷落。而仍在不断奋战以求生存的英王旧部从此之后，重新把他们的使命定为"复国"（赖文光状语），而这种英勇无畏的精神，为整个太平天国革命运动史增添了一抹光辉的色彩。这些部队究竟是如何度过他们最后的岁月的，这个问题必然成为太平天国运动史不容或缺的注脚。

梁成富、郑中和以及回民革命领袖蓝二顺及蔡昌荣一起从鄂北启程，于1864年6月1日（天王死去的日子）到达陕西西安，但是在那里军前受挫。此后的几个月间，他们四处遭遇清军，而且接连惨败。郑中和陷入绝望，最终投降清军；梁成富和在蓝二顺死后接替领导回族革命军的蔡昌荣手下的将军们，也有一些选择了投降。余下的部队继续向前推进到甘肃，并在9月18日占领了阶州。此后，清军屡次发动进攻，意图收复该城，均告失败。1865年2月13日，钦差大臣萧庆高到达战场指挥作战，此后，清廷又派四川提督胡中和负责指挥。（胡中和本在湘军萧启江营中，萧后来与骆秉章一起入川与石达开会战，死于途中。）太平军婴城固守，直到1865年6月6日，蔡昌荣战死营中，梁成富及其他太平军的将军同时被捕。他们在被处决和放弃效忠太平天国之间，都选择了前者。

1864年8月，湖北蒙城的太平军也开始败退。其中一路由陈德才、蓝成春和马融和指挥，在鄂军的追赶之下跑到了皖北，另一路由赖文光和捻首张宗禹指挥逃往河南，僧格林沁在后紧追不舍。有一段时间，陈、蓝、马的部队基本抵挡住了鄂军的攻势，而赖文光一路也在豫南击败过僧格林沁，甚至还返回湖北与另一路太平军会师。但是，当10月5日他们再一次大胜鄂军部队时，太平军发现僧王已然带着他最为精锐的部队返回，而他们已无获胜的希望。他们在蕲水被迫再度分军，以便更为迅速地逃亡：陈德才和张宗禹向北逃往皖北颖上，赖文光也逃至皖北，带着他的士兵及一些捻军部队到了太湖。这两支太平军此后便再也没有相遇。

僧王追击陈德才一路，于11月5日在皖北府军的协助下，在霍山赢得了对这路太平军决战的胜利。这场战斗中，除了邱远才向北跑到麻埠，与刚在那里建立大本营的张宗禹及其捻军会合（邱、张二人随后北上河南，此后再未分军），其余的太平军因军情之绝望及粮草之匮乏，而开始分崩瓦解。11月7日，马融和率七万余人投降，可能是想借此挽救其忠诚的部下，使其免遭无情的杀戮,他自己则被僧格林沁斩首。其他的将军也照马融和的做法,带领着十一万四千余名士兵来到清军大营请降。但是,陈德才拒绝投降,而是通过自杀的方式英勇就义。蓝成春被俘获,并于11月8日被他之前手下的一名将官押解到僧王的面前,随后被处死。就这样,除了一小部分零散的士兵逃走,最终找到了北面的赖文光,太平天国全军二十五万人全部覆没。

赖文光和捻军

到此时为止,原来的北伐军中唯一幸存下来的便是赖文光、邱远才的太平军以及张宗禹的捻军。在与驻扎在麻埠的张宗禹(麻埠是其在湖北的大本营)商议之后,邱远才动身去寻找赖文光。此后他一路冲杀,终于在1864年11月25日与太平军在德安会师。此后,两股太平军共同扑向枣阳。12月初,他们在随州接收了从河南溃散逃亡而来的太平军之后,大军掉头,出其不意地给追击的僧格林沁一记痛击,大大鼓舞了士气,使很多僧王部队中原来的太平军士兵又重新转投革命军一方。但是赖文光清醒地意识到,他们是不可能再获得同样的大胜的。于是他决定离开湖北,进入河南,加入正在那里集结的捻军张宗禹和陈大喜的部队。

这场胜利使得赖文光队伍的规模变得相当强大,但是艰难的处境使他们的目标已经从发动革命战争,转变为在绝境中求生存。1864年12月初,清军正从四面八方袭来,这支前途惨淡的队伍只能向北流窜至豫西南省界之上的邓州,一个月之后又过境省府开封,并从那里曲折向东北行军,于4月初由曹县进入山东。僧格林沁则由湖北步步紧逼,一路追来,直至江苏海州,迫使太平军不停地行军转移。(清廷心怀忧虑地建议僧王暂停追击,让疲惫不堪的部队得到休整,并令曾国藩和李鸿章各从所部派发新军,来支援僧王。)他们从曹县出走之后,先向东北至邹县,再南入江苏,后来又返回山东,5月中旬在曹县时,一些逃亡的太平军也找到并加入了他们。这些逃亡的太平军由首王范汝增和奏王赖世就指挥,他们是此前在左宗棠收复浙江一战中败退逃走的。除此之外,还有一伙宋景诗领导的白莲教会众赶来投奔赖文光。

5月18日，实力大大扩充的太平军又一次大胜僧格林沁，而且这一次，他们把这位科尔沁博多勒噶台亲王围困在曹州附近的一座堡垒里。是夜，僧王率众冒险试图突围逃亡，却被手下一个名叫桂锡桢的与赖文光早有密谋的原太平军士兵刺死。[1] 在乱军之中，僧王的一些将官也被杀死，其手下干将陈国瑞受重伤（侥幸逃脱）。而僧王所剩的骑兵也被赖文光收编。战后，张宗禹短暂地离开了赖文光的队伍，返回皖北老家，招收更多的捻军士兵。

1866年10月，张宗禹带着相当规模的援军归来，还带来了已经就义的捻首张洛行的幼子张禹爵。张宗禹和赖文光决定，将他们的大军分为两路，分别行进。根据这个安排，赖文光、范汝增及赖世就率领余下的太平军及一部捻军为东路，而其余的捻军在张宗禹、张禹爵和邱远才（出身于太平军）的带领下为西路，两路大军各称"东捻"与"西捻"，从组织和行动上都无法再说是太平军的部队了（最后一支太平军的部队于1866年2月在广东被击溃）。而这两路大军自此分开之后，再也没有相见。

他们此后的战斗与太平天国所发动或参与的战争已不再相关，因此本书也不再过多介绍，但是出于完整性的考虑，对在太平天国史上影响重大的将军的战死，尚应做一介绍。赖文光此后屡战屡败，最终不得不在战死和投降之间做出选择，而他最终选择向他最为敬重的清军将领投降。[2] 他的这次投降发生在1868年1月5日的江苏扬州。在写完了自己的自叙状，并在结尾强烈地要求赴死，以无愧于其革命意愿之后，遵王赖文光英勇就义，时年四十一岁，他也是最后一位为太平天国的荣誉英勇牺牲的太平诸王。[3] 邱远才最终也向清军投降。而捻首张宗禹在决战失利之后，于1868年8月16日在山东自溺而死。[4]

---

[1] 朱洪章《中兴名臣事略》中僧格林沁传。僧王以勇猛及残暴闻名，而他的军队素有军规不整的恶名，各个地方的百姓均对其既惧怕又忌恨。他的部队为了能够进行迅速机动，并不随军携带粮食补给，而是随处征收所有能找到的各地百姓家的粮食。而且其部队所犯下的累累罪行，与捻军所放任的恶行相比，有过之而无不及。见陈恭禄《中国近代史》第一卷第203页。
[2] 王闿运书第十四卷。
[3] 赖文光状，收录于罗邕《太平天国诗文钞》。
[4] 郭廷以书第二卷第1189页确认了这件事，批驳了邱于6月8日战死的说法。关于捻军及其被镇压的过程，见邓嗣禹《捻军及其游击战》及罗尔纲《捻军的运动战》。

第二十一章

浙江失守
（1862—1864年）

  1861年9月5日，清军收复安庆。五天后，曾国藩便将他的大本营移到那里，开始集中全力为进攻天京进行谋划部署。这是他平定太平天国大战略的第四步，也是最后一步。[①]他已经决定由他的弟弟曾国荃负责直接进攻天京，但是为了防止太平军的援军大部队靠近，就必须另外进行一场平定浙江的战役。曾国藩很清楚，顺利进行这样一场战役的关键便是，他能否找到一名大将坐镇指挥，能否部署相应的作战力量和优秀的将官，以及能否为其筹措足够的军饷。

  对于第一个问题，曾国藩心中早有人选。当曾致信问询，而左宗棠干脆利落地回答可以时，总指挥的问题便迎刃而解。在一份11月中旬曾国藩起草的奏折中，他正式建议将收复浙江的任务交给左宗棠处理。随即，左便接到清廷的命令，要他全权处理浙江军务。至于浙江之战的作战部队，除了左宗棠自己的九千人，以邻近的皖南地区为大本营的湘军张运兰部、

---

① 本章为《全史》第三卷第2081—2122页之概述。关于本章所述事件的时间、地点及详细经过，见秦湘业、陈钟英《平浙纪略》及杜文澜《平定粤匪纪略》，尽管与这种半官方文献中常见到的情形一样，其中描述多有夸张并带有偏见，读者须审慎对待。郭廷以《太平天国史事日志》第二卷第858—1096页忽略了一些细节，简洁明了地概括了从曾国藩进入浙江至湖州陷落之间的事件。

一支有小型舰队支援作战的赣军部队、广西臬司蒋益澧所辖的六千湘军、由湖南而来的刘培元的新募湘军以及已在浙江部署的李元度及李定太两部各八千人，均被选编入作战计划之中。因此，左宗棠所指挥的浙江之战的部队具有相当的规模，而唯一所剩的问题便是筹措足够的军饷。为此，曾国藩上折清帝，请求从广东税收月调白银十三万两，外加赣东税收及朝廷分配给湘军之厘金，配给左宗棠的部队。虽然曾国藩此前出于谦逊而婉拒了清廷让他管理浙江军务的命令，其职权也仅限于江苏、安徽和江西，但是随着天京战略计划的实施变得越来越现实，曾国藩出于情况之必要而施行的实际职权也相应地变得更大了。

1861年12月29日太平军攻陷扬州之后，浙抚王有龄的去世更使左宗棠声名鹊起，平步青云。1862年1月底，清廷依照曾国藩的举荐，任命左宗棠为浙江巡抚。而曾的另一名大将蒋益澧，也随之被任命为浙江布政使，这件事也更能证明这些任命的背后都有曾国藩的助力。[①] 由此，由曾国荃和左宗棠从两面夹攻天京的计划最终确定了下来，而曾国藩又在关键时刻派李鸿章到上海，于苏东再注入一股力量，以便从第三个方向进攻天京。现在，粉碎太平天国的战略已定，只待实战的最终检验。

左宗棠入浙

当1862年2月13日，左宗棠就任浙江巡抚，并率其全军从皖南经开化进入浙江时，该省几乎所有的地区都在太平天国的控制之下：浙南由李世贤坐镇，而浙北归正在进行上海之战的李秀成管辖。在半路击溃了杨辅清的一部分部队之后，左宗棠直接前往清军仍在坚守的衢州。[②] 对此，到了3月上旬，李世贤才开始做出反应，他率军直奔开化，迫使左宗棠迅速回援他的这个后方基地。左不仅在开化大胜太平军，而且在返回衢州之前顺便收复了遂安。[③] 李世贤试图阻截左宗棠继续前进收复遂安的努力也宣告失败。此后，从4月1日至4月23日，双方在江山附近大战，李世贤的部队（还

[①] 曾国藩计划兵分两路，进攻浙江：左宗棠进攻严州，而蒋益澧则从衢州进军。
[②] 左与杨辅清半路相遇一事，见毛淦《粤寇窜遂纪略》，该文为笔者个人收藏，并未发表。
[③] 同前注。

有一部分原来广东天地会的会众)逐渐失利。唯一的例外便是李世贤在从北面前来增援的洪春元的配合之下,击败了左宗棠军左翼的刘典部。但是,李世贤与洪春元不合,洪随后便撤军返回了天京。到此时,左宗棠已经选定了两个城市作为浙江作战牢固的基地,两城此前都一直由清军驻守,不曾陷落,即李定太驻守的衢州和李元度驻守的江山。

在浙江的其他地区,还有三支不受左宗棠节制的部队各自独立地与太平军作战。一些浙东南的乡县由仙居、台州、黄岩和天台的地方官员及乡绅组织的民兵收复,这些民兵名义上接受闽浙总督庆端的指挥。而庆端也亲自率一部闽兵,收复了浙江南部的温州和处州两府,并成功地防御了太平军对其他一些城市的进攻。第三支部队也是实力最强的一支,其中大多为外国人,他们不久便将太平军从宁波击退。

宁波失守

从开埠通商诸国的角度来看1861年12月太平军占领宁波一事,无论他们的占领如何平稳,无论他们的管理如何有序,都是其扩大在华贸易的阻碍。① 在这种背景之下,1862年4月22日,在太平军欢迎刚在天京晋封为首王的副守将范汝增回城的盛大仪式上,因火枪走火,子弹落入外国租界,打死了一名或两名中国人,英海军司令何伯立即命令刁乐克船长带领"争胜"号前往宁波。但是,在刁乐克于4月26日到达宁波之前,他和英、法两国的领事都收到了太平天国发出的信件,其中一封对此事件进行了解释,另一封是驻防将军黄呈忠发出的正式的道歉信。显然是出于尽快化解矛盾的目的,次日,刁乐克便复信太平军称:

> 我们对贵方发来的解释和道歉的函件深表满意,并对贵方与我国及法国保持友善关系的意愿印象深刻。请允许我向贵方表明,我方此时并不坚持要求贵方撤除炮阵,但我们仍然坚持要求贵方撤去其中火炮……我方再次向贵方申明,我方官长诚挚地希望保持中立,并在宁

---

① 呤唎书第二卷第522—526页引述的1862年3月20日夏福礼领事给卜鲁斯公使的报告。

波与贵方和平相处。直至上次事件发生之前，他们对贵方的行为均表示满意，请放心，我方不会破坏我们之间的友好关系。①

但是，就在刚刚发完了这封表示和解的信之后，刁乐克又于4月28日发出了最后通牒，其部分内容如下：

我率领大军前来，要求贵方（对前日之事）表示严正的道歉……我已经认定你们正在城墙之外建造一个大型炮阵，而它已经严重地威胁到外国人定居区的安全……因此，我要求贵方立刻停止建设该阵地，并将所有城墙上指向我们的定居区的火炮全部拆除。②

刁乐克接着说，如果火炮和驻军不能在二十四小时内撤除，英国和法国的部队将摧毁该阵地，并占领宁波城。

对于"洋弟兄"突然而来的敌意，太平军感到措手不及，守将黄呈忠和范汝增在一封签署日期为29日的信中诚心诚意地解释说，火炮和阵地是保护守军免受攻击的必要预防措施，不会从任何层面上对双方之间的信赖关系和友谊产生任何影响：

我们并没有任何进行威胁的想法，我们也不可能忍受背弃自己所立下的和平之宣言。我们不能够撤除阵地或其中之火炮，如果贵方坚持之前的态度和要求，便说明贵方意图挑起与我方之矛盾。如果您愿意，自可领兵攻城；如果您愿意，可以向我方发起进攻；我们将默默地进行防御。③

刁乐克对太平军的解释并不满意，也未因他们表示的善意友好而稍做缓和，于5月2日再次提出了要求：（一）严正道歉（尽管之前已经收到了

---

① 希克斯《中国的太平天国叛乱》第37页引1862年4月27日刁乐克致太平军信。
② 希克斯书第38页引1862年4月28日刁乐克致太平军信。
③ 希克斯书第40页引1862年4月29日黄、范复刁乐克信。

道歉信);(二)从炮阵中撤除所有火炮;(三)所有人员撤离城墙和炮阵。在次日的回信中,黄、范二人为表明对外国人的和平立场,做出了新的让步,允诺"将所有面向江北岸(外国人定居区)的火炮堵塞炮口……撤除所有火炮和枪械的弹药,并以此来表达我们愿意继续维持长久的友善关系"。对于第三点要求,太平军已然按照刁乐克的要求,严禁任何人登上城墙。①

这些新的允诺是否使局势缓和,我们无从知晓,希克斯(W. H. Sykes)不无讽刺地评论说:"就算这两位将军把火枪都扔到水里,他们也还是会接到别的要求。"②而且此时,原宁波道台张景渠和一支原来广东的水贼船队进攻宁波,这使得局势忽然发生了变化。5月5日,张景渠通知英国领事夏福礼(Frederick E. B. Harvey)说自己准备攻城,并请求英、法两军之援助。根据呤唎所说,当天晚上,刁乐克找到了张景渠,两人便开始密谋计划。③到了5月9日,张景渠和他的舰队到达了外国人定居区和英国舰队驻锚人员登陆地点之间的某个地方,如果太平军向清军舰船开火,便会有击中英舰的风险。而前一天,刁乐克还向太平军发出了一封措辞严厉的照会,声明任何从邻近外国人定居区的炮阵射向清军的炮弹,都会对定居区内的人员生命安全构成威胁,因此将遭到英舰对宁波城的回击。④数小时之后,黄、范二人就以长信回复刁乐克,言明他们将遵守约定,将面向外国人定居区的火炮堵塞炮口。但是他们坚持说,防御清军的进攻意味着会向任何敌人攻来的方向进行射击,宁波不可能让与清军,外国势力应当通过阻止清军进攻的方式来保护自己的利益。⑤

双方的通信到此为止。1862年5月10日,张景渠的舰队自由地在英、法舰船的驻泊地周边进行布置,并且开始向宁波城开火。一开始,太平军只以火枪回射,直到四艘英舰及两艘法舰开始轰炸城市之后,才以炮火还击。有人说,外国人还击是对两枚太平军的子弹击中英舰"茶隼"号船尾的报复;但中国也有一种传言说,这是英领事馆通事、曾受英国人之命招募

---

① 希克斯书第41—42页引1862年5月2日刁乐克致太平军信。
② 希克斯书第42页。
③ 呤唎书第二卷第533页。
④ 希克斯书第44页引1862年5月8日刁乐克致太平军信。夏福礼在其1862年5月9日向卜鲁斯公使递交的报告中说,清军舰队的到来是"意外又幸运的巧合",而且"机会难得,不容错失"。此事见希克斯书第43页及呤唎书第二卷第533页。
⑤ 回信的原文,见罗邕《太平天国诗文钞》,《通考》第二卷第1055—1056页亦收录此信。

绿头军的郑同春（化名阿福），与清军这支原水贼舰队的指挥张景渠勾结密谋，让张在战时悄悄地向英国舰船打了几枪。①

无论如何，英军获得了交战借口，于是他们毫不松懈地对宁波进行了长达五个小时的轰炸，直至所有太平军的火炮和防御工事都被彻底摧毁。黄呈忠和范汝增此后率军迎战，英勇地与借助云梯攀爬城墙的绿头军以及张景渠指挥的原水贼展开肉搏。战斗中，数百太平军战死，其中上百人横尸城头，黄和范也都身负重伤，最后太平军被迫放弃，撤出城外。外军有三人死亡，二十六人受伤，其中包括两名英军船长，而法军船长耿尼（Kenny）上尉在随攻城士兵冲锋登城之时受伤身亡。②

宁波城后来被转交给原道台张景渠，而他手下的原水贼和绿头军则肆意地在街巷之上抢劫和杀戮。③由松江被派来支援宁波的华飞烈的五百常胜军，直到5月11日才赶来，比进攻宁波城晚了一天。但是这启发了刁乐克，他为郑同春招募了一千人的新军，由英国军官训练，并配备英式武器，以备将来在浙江的作战。

虽然英军在收复宁波这座开埠城市时所扮演的角色，在一定程度上受到了欢迎，但是也有很多外国的观察家对这样专横的行动进行了尖锐的批评。《中国内陆贸易报告》如此评论道：

> 无论是用光明正大的手段还是邪恶肮脏的伎俩，何伯司令是决心收复这个地方的。而完成这个计划所采取的模式，成为大英帝国的荣耀之上无法洗刷的耻辱。④

《香港每日快报》的一篇长文是如此开篇的：

> 没有比同盟国从太平军手中夺取宁波更加错误、更加无理或者更

---

① 许瑶光《谈浙》第三卷《克复宁波》。
② 呤唎书第二卷第534—536页、希克斯书第44—45页、郭廷以书第二卷892—893页。另见剑桥大学怡和档案馆所藏格林致香港怡和洋行信，由严中平译为中文，发表于《大公报》(1951年8月3日)之《史学周刊》第30期，亦收录于《全史》第三卷第2094—2095页。
③ 《德臣西报》，1862年5月22日。
④ 呤唎书第二卷第538页引《中国内陆贸易报告》。

为不合道理的事情了。公平地讲，这应该是皇家海军"争胜"号的刁乐克船长永远的耻辱。①

浙东的其他战事

在追击太平军的过程中，左宗棠于 1862 年 5 月 31 日将大本营从江山移至衢州，并在那里与刘培元三千二百人的新募湘军部队合兵一处，分别在 6 月 8 日及 11 日取得了对战区内太平军的两场胜利，迫使李世贤退回金华。由于此时李世贤接到命令，让他迅速救援被围攻的天京，这更让他迫切地想要在离开之前先使左宗棠这支规模较小的部队丧失战斗能力。李世贤首先计划骚扰左宗棠在衢州或遂安的补给线，但是在苦战一月毫无建树之后，他只能于 7 月 18 日再次撤回金华附近，并开始从周围乡县集结兵力，据守金华，确保自己离开之后，左宗棠也无法向东移动。

而后来被文士学者们反复谈论描写的发生在诸暨包村的奇怪事件，大约就是在这个时候发生的。② 1861 年 10 月 29 日太平军占领诸暨的时候，该村的百姓拒绝接受新政权的管理，于是便以本村年轻农民包立身为首，拥兵自卫。而村民都认为包立身具有神力，于是数千人从附近的乡县赶来这个戒备森严的村落，很快便组织起一支强大的团练民兵力量。1862 年 5 月底，梯王练业坤及来王陆顺德包围了村庄，但是他们数次进攻，均被包立身指挥的大约一万民兵击退，损失惨重。1862 年 7 月 27 日，该村地下发生了巨大的火药爆炸，沉寂的村庄瞬间火光冲天，炸死了二十九岁的包立身及一万四千名村民，将在太平军面前坚守九个月之久的村庄夷为平地。

1862 年 8 月 2 日，另一队华飞烈的常胜军到达宁波，由英军指挥官马惇（Morton）带领。到达后，他立刻与掌管宁波税所的法国人日意格（Prosper M. Giquel）组建、训练并指挥的四百人的部队联合，向黄呈忠和范汝增撤退的目的地余姚发动进攻。黄与范坚守一天，直至第二日，联军方面有莫得理（Tardiff de Moidery）属下之中法混编联合炮队，在与张景渠及法国指挥官勒伯勒东（A. É. Le Brethon de Caligny）一同而来的刁乐克船

---

① 呤唎书第二卷第 538 页引《香港每日快报》。
② 如薛福成《庸庵笔记》及许瑶光《谈浙》。文学作品中的版本均夸大了该村的人口数目。

长的亲自指挥下前来增援，迫使黄、范从余姚出逃。

太平军也曾经两次试图重新夺回宁波，而规模庞大的敌军势力只是最终使他们退却的原因之一。在宁波被占一月后又从余姚被赶出来的黄呈忠和范汝增，在张景渠原水贼船队的叛将的帮助下，于9月18日占领慈溪，并反攻宁波。但是，与此同时，华飞烈也从上海来到了宁波，还带了一千新兵，与城内华尔思德早先带来的两千人合军。（华飞烈与华尔思德均受李鸿章之指派，而李鸿章因为左宗棠不在而正代理浙东军务，并开始战略性地扩展其在上海的军事行动。）21日，华飞烈率兵进攻慈溪，在英国皇家海军"哈代"号的船长波格勒（Bogle）的助阵之下，占领了慈溪，但是华飞烈阵亡于是役。三十七岁的华飞烈先是因重伤被抬出战场，于次日拂晓之前在"哈代"号上死去。① 另一方面，太平军于9月20日占领奉化，然后在9月24日，练业坤率军进兵宁波，也被清洋联军击败，撤回奉化。他在奉化坚守了一段时间，甚至在10月9日还取得了一场胜利，但是最终于10日撤出了该城。

奉化一战之后，华飞烈的部队被召回上海。几周之后，在与法国公使协商之后，清廷任命法国指挥官勒伯勒东以总兵衔代理驻防宁波将军。② 勒伯勒东此后又联合了一千五百人的部队及日意格的炮队立即进军，于11月18日收复了余姚（黄、范逃亡之所），并协助张景渠于22日收复了上虞。③

左宗棠在浙西

浙东激战正酣的时候，左宗棠也向太平军在浙西的据点发起了攻势。但是太平军在这里经营已有七个月之久，又有人数上的优势，他们将左宗棠的部队限制在其衢州大本营附近。1862年9月26日，蒋益澧率领八千人的新募湘军从广西而来，扭转了整个局面。左宗棠安排蒋益澧的部队作为自己的左翼，于一周之后重新开始发动进攻。这一次他收复了寿昌，并击垮了太平军在汤溪以西的一处辅助据点。而此时一直想迅速战胜左宗棠

---

① 卡希尔，《美国冒险家》，第213—220页。
② 召回华飞烈之部队一事，见1982年10月18日《北华捷报》第638期。
③ 郭廷以书第二卷第943—944页。1862年11月29日《北华捷报》第644期报道说，收复上虞的日期为11月27日，但是郭廷以所录的11月22日似乎是正确的日期。

的李世贤也认识到，回援天京一事再也没有拖延下去的正当理由了。因此，在命令各处防将不惜一切代价坚守四十天（他认为回援天京的任务可能需要如此长的时间）之后，李世贤带着自己的大部队向北而去。事实证明，此后他再也没有返回浙江。李世贤离开浙江固然是由于他须遵从天王命令，但是如此做法在军事层面上的后果是十分严重的，而且不久就已经显现出来。缺少了李世贤的领导，留守该省的十万太平军无法抵挡左宗棠充满战意、跃跃欲试的新军。李世贤长期缺阵，使得其军心全面涣散，随之而来的便是逃亡、反叛和太平天国领土的逐渐失陷。

虽然在10月20日，太平军确实曾在汤溪和龙游击退过清军的进攻，但是不久之后，天地会出身的严州守将就向左宗棠一部投降。另一个重大的挫折发生在1863年1月，蒋益澧在汤溪和龙游击溃了由东面而来的黄呈忠、范汝增及练业坤率领的太平军援军。此后的2月27日，汤溪守军中一名年轻将官背叛了守将李尚扬，他关押了李和其他七位将官，然后带着这些囚徒，举城向蒋益澧投降。这使得太平军的西线防御被打开缺口，导致太平军全线后撤，先后弃守金华、龙游和大部分李世贤此前控制的城市。黄、范、练三人带领着剩下的太平军继续向东，经富阳撤往杭州。同时，左宗棠将其大本营前移至严州，并命蒋益澧先行出兵，攻打省府杭州城。

绍兴失守

绍兴位于杭州以东不远处，那里的太平军成功地抵御了1862年12月28日由法将勒伯勒东指挥的清洋联军从上海发起的攻势，而勒伯勒东也在战斗中身负重伤。1863年2月，莫得理接替勒伯勒东，率领联军重新对绍兴展开进攻。2月11日，刁乐克及负责指挥一门大炮和绿头军的定龄（Tinling）也前来助阵。联军发起了猛烈的进攻，莫得理和定龄双双阵亡，但是最终在3月14日，太平军被彻底击溃。① 太平军此后撤退至萧山，浙东地区又重归清军手中，而外军撤回宁波休整，并由德克碑

---

① 1863年3月20日《北华捷报》第661期。试与杜文澜书第十五卷比较。

（Paul d'Aiguebelle）接替莫得理，负责指挥工作。①

杭州之战

左宗棠在浙江经过一整年的战斗所迎来的胜利，仍然仅仅局限于李世贤所控制的区域。而对杭州的进攻，将是对李秀成所管辖区域的第一次作战，而这一役，左宗棠在克服了诸多使人灰心丧气的内部困难之后，最终取得了胜利。从1862年夏天开始的六个月间，他的部队受到了流行病的困扰（可能是疟疾），军中有四千人死亡，而且数倍于此的人丧失了战斗能力。除此之外让士兵们更加痛苦的是，在连续七八个月没有如常得到足够的军饷之后，他们被迫暂时施行减薪。但是到了1863年3月，随着蒋益澧在前为先锋，刘典在后殿后，左宗棠的部队终于又恢复如常，于是他开始谋划攻克扬州的战略。

距离杭州约一百里的富阳县，是他的第一个目标。蒋益澧已经率他的部队及其他一众步兵赶往那里，参与杨政谟的水师对那里已经展开的攻势。杨政谟此前受曾国藩之命率军进入浙江，而且在到达之后还建造了一些舰船，编入了自己的队伍。而负责防守富阳的是原来石达开的部下、有勇有谋的汪海洋，他已经固守城池一月有余，终于等来了听王陈炳文和归王邓光明从北线前来助阵的援军。由于左宗棠进军杭州对整个地区都构成了极大的威胁，甚至每年为太平天国提供数百万元厘金税入的嘉定也受到威胁，因此陈与邓这次所带来的部队数量也极为庞大。从5月18日开始，陈炳文的部队和现在已经在人数上失去优势的左宗棠部在富阳和新城一带展开激战，双方互有胜负，直到5月24日清军直接从水路进攻杭州城，迫使陈炳文抽身援救省府。随后对富阳的围攻整整持续了整个夏天，而且令左宗棠倍感挫折。他刚刚被任命为闽浙总督，并代理浙江巡抚（代曾国荃职），急于建立功勋，以匹配自己新的职权。为此，1863年9月8日，左宗棠在富

---

① 之后成为海军上将的英海军司令固伯（何伯的继任者）指责刁乐克说，他在绍兴的行动已经超越了其职权范围（《蓝皮书》1864年第71—72页）。1863年2月20日《中国内陆贸易报告》做出了一针见血的评论："我们不知道刁乐克船长和他的船员们为什么能够肆意妄为。显然，他谋杀了他所屠杀的每一个人。他违反了世间的或是非世间的所有法律，他的罪行已经严重到任何人都不能无视的程度。"刁乐克此后便被召回英国。

阳向法国人德克碑（现为浙江某总兵衔）请求协助，而德克碑便带着他装备有火炮的一千五百人的中法混编军赶赴富阳。外军的火炮很快就摧毁了太平军于城外设置的堡垒，到了9月20日，驻防将军汪海洋率军撤退至余杭。获胜的蒋益澧（左宗棠前锋）命魏喻义与湘军水师一起追击败退的太平军，而自己和中法混编军则直接挥师杭州城。

9月24日，余杭的苦战开始，但是到了1864年1月，汪海洋在陈炳文和邓光明（受伤致残）部队的帮助下，与追军陷入暂时的僵持状态。而1864年1月24日驻守海宁的守将会王蔡元隆，则向蒋益澧投降（同时改名为蔡元吉）。另外，左宗棠在2月下旬还以弱胜强，把前来进攻其大后方供给基地遂州的李世贤的两位族人谭星及林正扬的部队，从浙江驱赶到了江西。（这支军队是李秀成派入江西寻粮的四支部队之一，详见第二十三章。）

对杭州城最后的进攻于1864年3月的第一天打响，德克碑的部队在3月3日至20日之间先后四次轰炸了杭州城。经历了六个月的包围之后，城内补给殆尽，军兵士气低落。28日的第五轮炮击，击毁了一部分城墙以及郊外的一些碉堡。三天之后（同治三年二月二十三），蒋益澧和德克碑的大部队开始冲击城门，最终击破了太平军的防线。当清军和外军的士兵在城内肆意劫夺时，陈炳文则率军向西北撤退至德清，而恰好在同一天，汪海洋（新近晋封为康王）也从余杭败退到那里。①

4月7日，左宗棠本人来到了被损毁得面目全非的杭州城（历经两年战事之后，城中人口仅剩十分之一，约八万人），他试图阻止其部队肆意破坏劫掠的行为，但并不成功。不过，在这里必须提到的是，与曾国藩兄弟或李鸿章相比，左宗棠很少有屠杀太平军降兵的行径。克复杭州的功绩使左宗棠和他的属下都获得了晋升。德克碑也被赏授头等功牌及白银一万两，此后他还经左宗棠举荐，被加赏提督衔。左宗棠此次的功勋和江苏的李鸿章以及安庆的曾氏兄弟一样，都大大仰赖外国盟友的助力。

---

① 对杭州的劫掠事，见陈恭禄《中国近代史》第二卷第199页。

湖州失守

杭州被攻取后的数日之内，太平军又弃守了武康和石门两城（石门由邓光明降清而失，他先前在余杭的战斗中受伤致残），而城中的太平军则向德清转移，与正在那里集结的太平军各路败军会合。此时在德清，除了陈炳文和汪海洋，还有李世贤（由江西转战归来）、杨辅清、陆顺德、范汝增和黄呈忠等久经战阵的老将。但是，所有这些太平军部队在1864年4月10日左宗棠追兵逼近之前，都已撤退逃亡。

1864年1月至3月，李鸿章的部队收复了嘉善、宜兴和嘉兴。于是，湖州就成了太平军在浙江境内唯一的根据地。有趣的是，太平军据守这里的时长竟然超过天京。4月中旬，左宗棠在中外混编军及一艘铁甲蒸汽船的支援之下，开始猛攻湖州，而守将黄文金也在杨辅清及其他刚刚从德清撤来的将领的协助下，奇迹般地守住了城池。此后，越来越多四散逃亡的太平军士兵来到湖州，请求庇护（其中包括刘官方），每个人都为城防做出了自己的绵薄贡献，因此即便是天京于7月19日陷落之时，清军仍未能克复这座城市。（正是由于这个原因，左宗棠在攻克天京后的一轮封赏中推辞了对自己的嘉奖。）

6月1日天王去世，7月29日幼天王被从天京偷送出来，到达湖州。随着包括德克碑的部队及李鸿章的湘淮军在内的清军援军不断到来，战事越发激烈，8月4日，黄文金安排将幼天王及李秀成幼子护送至皖南的广德，还选了昭王黄文英、首王范汝增、养王吉庆元及李秀成的哥哥扬王李明成这样绝对可靠的人选保驾。此后，黄文金在此时才来到湖州的洪仁玕的帮助下，专务对付清军于8月8日发动的新一轮更为猛烈的攻势。但是到了8月28日，黄、洪二人终于绝望，率军撤退至广德。①当其他的太平军退向广德的时候，杨辅清只身乔装前往上海，并成功逃脱了清军的抓捕，直到1874年在台湾被发现。②另一个在此时侥幸逃脱的是范汝增，据说他此后投靠了北方赖文光的捻军。

---

① 试比较吟唎书第二卷第777—778页对湖州之战的另外一种描述，吟唎于其中援引了伦敦《泰晤士报》及《中国友人》（在香港刊行的英文期刊）。
② 郭廷以书第二卷第23页。

黄文金和洪仁玕的部队在广德又遭到了李鸿章部队的进攻，他们首先把幼天王护送至宁国，然后成功转移到浙江淳安及昌化，而勇将"黄老虎"也在昌化受伤战死。洪仁玕继续带着幼天王逃入江西，而这次漫长的旅程也在 10 月底宣告结束，他们一行人在石城被捕（见第二十三章）。其他太平军余部也不断地被左宗棠和李鸿章部（包括外国军队）追击，直到浙江全省彻底回归清廷统辖。这时，左宗棠才最终接受清廷给他的一等伯爵的封赏。

第二十二章

苏福陷落
（1862—1864年）

太平天国将苏州以东至上海之间的地区称为"苏福省"，自1862年秋季李秀成返回天京之后，该地区的防务就被交给了他最信任的将军、最早的拜上帝会教众之一慕王谭绍光。① 至于他的对手，由于所有外军均于10月26日由嘉定撤回上海，清军在这一地区的战斗全部交由李鸿章指挥，而李与在浙江的左宗棠一样，此时正着力于防止太平军的援军增援曾国荃正在围攻的天京，即完成曾国藩第三步战略计划中自己的任务。在这一时期，李鸿章的部队主要有其自己的湘淮军（带有水师）、一些地方兵勇，以及已故的华飞烈组建的、现由美国人白齐文指挥的常胜军。谭绍光面对这些敌军毫不惧怕，于1862年11月3日向他们发起进攻，同时进军嘉定和南翔。在新由浙江嘉兴而来的陈炳文部队的配合下，太平军曾紧密地包围了黄翼升的湘军水师，但是当李鸿章率部出现，亲自指挥其本部与白齐文的部队救援后，太平军随即被击退。这是李鸿章来到上海以来的第一场胜利，而他的部队此后也一直都保持着这样的势头。

---

① 本章为《通史》第三卷第2123—2183页之概述。关于这场战事半官方的文献记录，见钱勋《吴中平寇记》。钱曾在李鸿章的幕府中供职。

重编常胜军

由于对拖欠军饷一事的怨气与失望，白齐文从一开始就对李鸿章的指挥感到不满。到了 10 月，两人的不和终于升级为公开的口角。此前，曾国藩曾命李鸿章派程学启到天京增援曾国荃（程曾在曾国荃手下供职一年多），抵御李秀成勤王大军的猛攻。而李鸿章认为，程学启留在东线更为有用，便改派白齐文的四千常胜军前往增援。① 而让李鸿章气愤的是，白齐文提出只有付清拖欠的巨额军饷之后才肯动身。他的条件未得到满足。而此前，经海军司令何伯推荐，士迪佛立将军批准，英国海军军官奥伦（J. Y. Holland）被任命为常胜军参谋长。白齐文对这一任命表示不满，而且他还发现，程学启在克复嘉定之战中被推为首功，因此怨气愈重。

12 月初，李鸿章与士迪佛立接触，商讨是否有可能将这个桀骜不驯的美国人改换为一名英国军官，士迪佛立答应李鸿章，会请示英国驻北京的公使卜鲁斯以及伦敦政府，寻求他们的意见（从 1862 年 8 月 30 日起，英国允许其官员接受清军的官职任命）。李鸿章期望通过这种方式来加强和英国的联系，同时重新掌控常胜军。② 一个月后，白齐文鲁莽地在其松江大本营发动兵变，正中李鸿章的下怀。白齐文的部队已有两个月未发军饷（白齐文用个人财产筹措了军粮），他的这支常胜军的军官和士兵们在 1863 年 1 月 3 日关闭了城门，威胁要劫掠城池，杀死所有的清廷官吏，然后投诚太平军。白齐文向部下们保证三日之内发齐军饷，然后便冲到上海，去见他的出资人杨坊。杨坊对这个突如其来的要求沉着应对，命令立刻将全部欠款通过汽船运送至松江。但是，运送这笔饷银的汽船从港口出发后，在下一个港口便停泊靠岸，饷银在那里被卸下船来，又运回交给了杨坊。白齐文被如此低劣的欺诈手段弄得恼羞成怒，第二天便再一次找到杨坊，在与他的出资人一阵纠缠之后，他从银库中抢夺了四万元洋银，留下收据后就

---

① 董恂，《洋兵纪略》。
② 濮兰德（John O. P. Bland）《李鸿章》第 45 页详细记述了李鸿章通过接触英国人，间接挤走白齐文的策略。借此，李鸿章机智地将美国人在内战爆发后对清廷的帮助划归为零。克里米亚战争之后，在中国的利益对于俄国而言变得越发重要，因此其外交活动越发积极，还做出了相应的军事姿态。据董恂所说，1862 年俄国曾提出将三艘大型军舰驻扎在上海，以备清军之用。而俄国与英国存在矛盾，因此在李鸿章需要的时候，他便可以完全依赖英军的帮助。而且，在尽快解除美国人白齐文的职务一事上，他也选择向英国人寻求帮助。

离开了。此后，松江的士兵得到了军饷，也收回了之前的恐吓。但是李鸿章却抓住了机会，立即将白齐文解职，并逮捕关押了起来。①

在白齐文急忙赶往北京（他去北京试图恢复自己的职务，但是并未成功）之后，士迪佛立向李鸿章推荐了英国陆军少校戈登担任新的指挥官。由于戈登正在负责上海地区的测绘工作，想完工之后再行就职，于是士迪佛立在征求何伯的同意之后，任命奥伦在此期间暂时代理指挥工作。李鸿章不仅接受了这一建议，他甚至还和士迪佛立制定了十六条协议，详细规定了重组一支仅有三千士兵的部队，由李鸿章提供军饷，并向李负责。②这次重组影响到了这支部队自由军的本质，造成了其军伍内部很多的不满情绪，甚至还影响到了华尔思德，他此后便辞职返回了美国。③整个事件还有意料之外的结果，李鸿章以挪用军饷的罪名成功弹劾了原来常胜军的资助人。吴煦和杨坊此后都遭到了清政府的重责。

湘淮军的早期战斗

1863年1月中旬，李鸿章展开了攻势，他命令程学启和郭松林至太仓，并让他的弟弟李鹤章前往常熟。而李鹤章刚开始攻打常熟，太平军守将骆国忠便于1月16日领着万余人的部队举城投降。这使得李秀成急忙布置陈炳文驻防苏州，让蔡元隆赶往太仓接管防务，然后亲自和谭绍光从苏州回援，想要重新夺回城池。④反攻常熟之战进行得旷日持久，后来连陈炳文也被从苏州叫来，李秀成和谭绍光在布置好对常熟的包围之后，便返回苏州度过农历新年。

太仓的情况与常熟不同。虽然太仓原来的守将带着两千太平军士兵向程学启投降，但是蔡元隆及时赶到，保证了太仓仍在太平军手中。2月14日，李鸿章部约七千人及奥伦部两千三百名常胜军展开了一次猛攻。在用二十二门重炮连续轰炸五小时之后，他们将城墙炸出缺口，向太平军发动了冲锋。

---

① 卡希尔书第248—250页。白齐文及当时在场相助的勒德伦（Joseph K. Ludlum）船长后来说，杨坊是自觉地把钱交给他们的，虽然后来白齐文也曾表示后悔，并承认曾经冲动地打了杨坊。见卡希尔书第250页，及《关于中国叛乱的更多文章》（《蓝皮书》，1863年）第19—20页。
② 《关于中国事务的文章》（《蓝皮书》，1864年），第21—22页。
③ 卡希尔书第254—255页。
④ 《钦定剿平粤匪方略》第三百三十一卷李鸿章奏折，及郭廷以书第二卷第959页。

他们迎来的是太平军（现在包括一些从常熟来的援军）的枪林弹雨，共有两千余进攻部队的士兵被击毙、击伤或打散，奥伦绝望地撤回了松江。[①] 既然此刻松江暂时仍在手上，李秀成便把全部的精力再次集中于常熟及邻近的福山一线，因为李鸿章正在那里集结他手下的各路步兵及水师部队，还有勃兰（Brennan）少校的五百人及得浦（Tepp）少校的六百人，这两支常胜军部队也在那里集结。带着谭绍光从苏州而来的李秀成，现在亲自接管了收复常熟的指挥工作，直到22日为止，太平军连战连胜，几乎已经收复了该城。

但是之后的一周半时间里，清军重整旗鼓，战事陷入了僵局。在此期间的24日，戈登少校正式接过了常胜军的指挥权。[②] 他在接管指挥后的第一个行动便是整肃军务。他的部队现在有五千人，来自不同国家，有一支实力强大的炮兵部队，装备有许多英国陆军司令柏郎（Brown）特别供给他们的火炮。[③] 戈登随即找到他的顶头上司李鸿章，建议先切断太平军的联络线，然后再把岸边的太平军逼入内陆，以便形成包围之势。[④] 李鸿章批准了这一计划。4月3日，戈登率领两千二百五十人从松江出发。两天后，戈登取得了对太平军的第一场军事胜利，谭绍光和陈炳文在毁灭性的炮火打击之下，被迫从阵线撤退。李鸿章对这位新任指挥官成功击破太平军对常熟和福山的包围圈而感到欣喜，立即建议将他晋升为总兵。[⑤]（第二十一章已提到，陈炳文此时撤回浙江，协助防卫富阳。）

随着太平军在常熟地区的败退，太仓附近也正要发生戏剧性的一幕。几位蔡元隆手下的将军对取胜不抱希望，便秘密勾结，想要以太仓向李鸿

[①] 关于此战的详细描述，见卡希尔书第252—253页、呤唎书第二卷第603—606页及郭廷以书第二卷第963—964页。在得到士迪佛立的同意之后，奥伦率领两千二百名士兵及二十二门重炮由松江出发，参加了2月14日的战斗。在连续五日残酷无情的轰炸之后，一部分城墙崩坏，于是他的士兵便发起冲锋。但是奥伦对陆战并不熟悉，并不知道要架设桥梁或用其他方式渡过护城河，而他的士兵冲到那里之后几乎停了下来，然后便在那里遭到了太平军的伏击，枪林弹雨中还有太平军童子军从城墙上投下的石头和砖块。奥伦在太仓一战中损失了大部分的部队（还有六名军官战死，十六名负伤），此后便撤回了松江，并决心辞职。
[②] 戈登于3月24日接到了李鸿章的任命状（郭廷以书第二卷第975页），但是直到3月27日才赶到战场进行指挥。
[③] 呤唎书第二卷第606—607页评论说，戈登的进攻策略就是利用射程较远的火炮从远处击垮敌军，而这一过程中他自己的部队通常没有风险，因为太平军几乎没有大炮。
[④] 沃瑟姆（Hugh E. Wortham），《中国人戈登》，第73—74页。
[⑤] 呤唎书第二卷第607—608页，及《钦定剿平粤匪方略》第三百三十七卷中的李鸿章奏折。

章的弟弟李鹤章及程学启投降。但是蔡元隆及时侦知了这一诡计，便请李秀成派遣了一支两千人的部队，急速驰援太仓。害怕受到处罚的叛乱者们随即提议给清军下个圈套，这个建议立刻就得到了蔡元隆的同意。就这样，在商定投降的那一天，他们为李鹤章及其一千五百名随从士兵打开了一处城门。但是，当最后一股清军进入城门后，太平军便从埋伏的地方跃起进攻，当场抓住五百人，杀掉了其余几乎所有的士兵。李鹤章脚上受到重创，据说是靠着割断马缰才侥幸逃脱。在另一处城门的程学启不知出于什么原因，迟疑未敢进城，而当埋伏的太平军冲杀出来的时候，他的部队反而将这股革命军打得四散逃亡。[①]

李鸿章对这种几乎要了自己弟弟性命的背叛行为大为光火，于是命令戈登前往襄助。戈登于 4 月 29 日带着两千八百名常胜军士兵，在一个重炮营、殿后的五百五十名全副武装的英国士兵以及"海生"号蒸汽船的配合下来到太仓，当日便部署部队参加了战斗。三天后的 5 月 2 日，在炮兵营以及"海生"号对太仓城西门和北门连续四个半小时的密集轰炸之后，戈登的部队通过一处城墙的裂口，发起了最后的冲锋。一开始，太平军暂时击退了敌人，但是当第三次冲锋的敌军士兵冲过城墙的裂口，并重伤蔡元隆之后，所有的抵抗便告停止。可能是戈登比较仁慈，依照他的命令，幸存的太平军被允许带着妇女、儿童和伤员离开城市，虽然也有一些太平军士兵和平民及外军的俘虏留在城内，遭到湘淮军和常胜军的劫夺和屠杀。[②] 在将城防转交给程学启之后，戈登便返回了松江，而他对本部仅四十人战死、四十二人受伤的损失也还比较满意。

李鸿章的下一个目标是刘肇均驻守的昆山，而程学启和戈登已于 5 月 3 日对那里展开了攻击。昆山一城是至关重要的必争之地，原因之一在于它是联系苏州与松江、太仓等东线城市的战略交通枢纽，另外该处有一座由两名英国人开设的军火工厂，其产品供给整个太平军。但是在进攻失败

[①] 1863 年 7 月 11 日《北华捷报》第 676 期通讯，及杜文澜《平定粤匪纪略》第十五章。
[②] 沃瑟姆书第 78 页及吟唎书第二卷第 609—612 页。另外，卡希尔书第 257—258 页援引了维多利亚大主教对李鸿章及戈登军队暴行的批判，及柏郎将军和威尔逊对此事的辩解。如威尔逊就做出过如此奇怪的评论："我们常常因为自己对痛苦超常的敏感，而更倾向于夸大中国式刑罚的残忍程度，这就像对于神经脆弱的欧洲人而言的残酷折磨，对迟钝的图兰人而言就没有那么严酷一样。"

之后，戈登必须首先抽身处理自己部队中的不满情绪。他部队中的许多人仍然忠于白齐文，认为戈登篡夺其位，而对他怀恨在心，而且所有的士兵都希望在新的战斗到来之前，先拿出时间来分配在松江堆积着的那些战利品。[①] 戈登趁着于5月7日返回松江的机会，又裁撤了一些白齐文原来的军官，并换上英国人代替他们，由此加强了对这支部队的控制。然后，当李鸿章再次要求他们返回昆山战场的时候，他已经完全做好准备，并马上同意了。[②]

防卫昆山的太平军因为谭绍光和陆顺德的增援，暂时将湘淮军的攻势控制住。但是随着戈登率三千九百名士兵到来，以及此后李鸿章亲临前线，李鸿章手下那些久未建功的将军们异口同声地要求展开一场猛烈的直接进攻。戈登对此表示反对，他认为在进攻前首先切断该城与苏州之间的联系，方为上上之策。李鸿章表示同意，随后戈登部及"海生"号开始沿苏州河向西突袭正义镇，然后迅速回师，与李鸿章一起围攻昆山。谭绍光与撤退的太平军以及一些平民试图通过大路撤回苏州，但是"海生"号和数百艘清军舰艇沿着大运河追赶他们，并用炮火猛烈地进行轰击；他们不得不掉头往回逃跑，最后被彻底击溃。到了6月1日，昆山和邻近的阳新附近的太平军已被剿平，李鸿章凯旋返沪。[③]

随着清军的战线不断向西推进，昆山成了新大本营的最佳场所，因此戈登决定将他的基地转移到那里去。另外一个原因是，戈登认为他的部队久居松江一隅之地，战斗士气已然降低。而这一点也随之得到了印证，他的部队中有两千人拒绝转移至昆山，戈登只能从太平军俘虏中调取士兵，替换他们。还有一个原因是戈登与程学启之间突然爆发了矛盾。程学启找了个微小的借口，直接向常胜军的驻地开火，随即戈登下令报复性还击，准备一举歼灭程学启全军。李鸿章无法失去两位将军中的任何一位，便立刻请当时的英使秘书马格里（Samuel H. McCartney）出面调停，事后程学启

---

① 沃瑟姆书第80—82页。贺翼柯《戈登在中国》第67页指出，事件的起因是戈登试图改变佣兵在攻占城池后可以自行掠夺财物作为战利品的习惯做法。
② 沃瑟姆书第82页。
③ 沃瑟姆书第83—87页、1862年6月6日《北华捷报》第671期、杜文澜书第十五卷。

正式道歉,戈登离开松江前往昆山。①

苏福诸城相继陷落,使天王变得郁郁寡欢,他降旨提醒所有的将军们,太平天国已经不再像之前一样光辉荣耀。他接着说,当下这些不好的运数必须归罪于他们不洁的行径以及与真理的背离,他们的行为使得天王在宫中为胜利而进行独自祷告变得徒劳无功。他特别指出,将军和士兵们将钱财据为己有,并且违背了绝不在占领区欺压百姓的命令,这些都是重大的罪过。因此,天国现在的堕落必不可免,但是从此以后,太平军全体要再一次勇敢无畏地与敌人和他们的外国盟友作战。②

血战苏州

1863年7月初,李鸿章终于将他的精力全部投入江苏之战中的最后一个目标——收复苏州。他的计划是分三路进军:程学启为中路,从昆山直扑苏州城;李鹤章和刘铭传为北路,经常熟至江阴和无锡一带部署;李朝斌(湘军水师指挥官,此时尚未抵达)为南路,其水师舰队在平望、吴江一带的运河上巡逻游弋。除了这三路进攻部队,李鸿章还令黄翼升的湘军水师及戈登的部队在昆山待命,一方面作为后备军随时驰援,另一方面为三路湘军保卫苏南边界,防止太平军从浙江嘉兴、湖州方向而来的援军到达苏州。③

而面对即将到来的进攻,正从西征军归来的李秀成(此次西征情况详见第二十三章)命令李世贤、林绍璋和陈坤书等将领一起驻扎在附近的乡县,向谭绍光提供一切可能的帮助。7月7日,李秀成抵达苏州,与谭面议军情,随后谭仍负责防守苏州,而李秀成则迅速返回已被围困的天京城。即便除去李秀成本部的一万八千名士兵(可被视为后备军),太平军防守苏州的总兵力也有六万人,其中四万在苏州城内,两万在无锡。而他们的对手则是程学启一万两千人左右的部队、戈登三千一百人的常胜军、四百人的中法混编营,以及正在逼近常熟的李鹤章两万五千人的部队。但是,清军在军

---

① 郭廷以书第995页。
② 1863年7月11日《北华捷报》第676期。
③ 郭廷以书第二卷第1001页引李鸿章1863年7月9日奏折。

事上占有优势,他们装备更优,尤其还编配有炮兵,而且部署更为考究,且有水师支援。① 于是,当战斗在江阴和杨舍打响之后,丹阳和无锡的太平军守将便开始溃逃。这表面上是出于他们对陈坤书残暴统领的不满,但可能也出于他们对胜利感到无望。他们的溃逃迫使陈坤书弃守杨舍。

此前,根据戈登的建议,戈登和程学启的部队被派往收复吴江这个太湖东岸东西交通的必经之地,从而进一步隔绝苏州及天京。而7月25日,他们的部队在大运河上三艘蒸汽船的跟随掩护之下来到了这里,并展开进攻。7月29日,吴江城在浙江嘉兴和湖州的太平军援军到达的两天之前陷落。

程学启不仅击溃了太平军的援军,还下令屠杀了在城内被俘的三千多太平军士兵。而戈登认为屠杀没有任何意义,而且他仍然对此前与程的矛盾受到的调停感到不满,也对李鸿章拖欠军饷觉得愤怒,便带人返回了上海,威胁说如果程学启不受到惩罚,就会辞职。对于李鸿章而言,这种草率做出的威胁是戈登抗拒命令的又一个例证,而当戈登于8月8日突然决定返回昆山,继续指挥部队战斗的时候,两人的矛盾终于爆发。其原因是白齐文的再次出现。白齐文因在北京谋求重新指挥常胜军的努力失败而倍感挫折,于是他于8月2日在上海劫夺了"高桥"号蒸汽船,并跑到苏州去帮助谭绍光。几日之后,他就和太平军的部队一起从嘉兴反攻吴江。戈登由此担心,常胜军中仍然忠于其之前指挥官的官兵会临阵倒戈。②

8月18日,江阴战事再起,虽然有陈坤书带着数万人的太平军援军从常州赶来助战,李鸿章的部队仍然于9月13日收复了那里。李鸿章亲自到江阴,与他的部将们商定下一步进攻无锡的计划,而其他的清军部队则进一步对苏州收紧包围。在苏州帮助谭绍光的是另一位早期加入革命运动的老将郜永宽。江西出身的谭绍光与湖北出身的郜永宽早年在李秀成军中相识,结为金兰,此后历经战阵,成为李秀成手下最为勇猛忠诚的将军。尤其是谭绍光,他英勇无畏地坚持太平天国的革命理想,直到生命的最后一

---

① 牟安世《太平天国》第371页援引马士(Hosea B. Morse)《太平天国纪事》及贺翼柯书。
② 威尔逊书第十章;郭廷以书第二卷第1005页、第1007页、第1010页及第1017页。

刻。①现在苏州太平守军约有四万人,而围攻的清军,除了程学启的部队及黄翼升、李朝斌的湘军水师,还有采用西式装备的常胜军及法、英部队约六千人,总人数达到了六七万。即便如此,太平军还是击退了程学启于8月22日展开的第一轮试探性进攻,而太平军在湖岸上修筑的一些堡垒被清军摧毁。从9月23日开始,戈登率领两千九百人的部队展开了连续十天的强攻,而同一天,刚带着李世贤从天京返回的李秀成就亲自指挥部队,将他击退。

也是在此战之中,谭绍光发现白齐文与其说是助力,不如说是个骗子。他的部队毫无军事纪律,难堪大用;而他给白齐文大量的钱,叫他去上海购置军火,结果白齐文却带回来大量的葡萄酒。白齐文此时也意识到他失去了谭的信任,便试探性地接触戈登,意图返回常胜军。在此期间,白齐文仍然以太平军的身份行动,还于10月9日随李秀成一起前往无锡。四天之后的10月13日,李秀成被迫从无锡撤回苏州(同一天,嘉兴的太平军曾短暂地在吴江战胜了戈登的部队)。10月15日,三十三岁的白齐文声明转投戈登。三天之后,李秀成和谭绍光正式允许白齐文及其从属离开苏州,从此结束了他们为期仅仅十周的合作。②(有证据表明,戈登当时与李秀成和谭绍光均有联络,可能是他影响了李、谭的决定。③)

当从无锡而来的清军逐渐逼近苏州时,李秀成试图召集更多的援军,但是并不成功。唯一让人振奋的消息是从上海传来的,太平天国忠诚的伙伴及盟友呤唎于11月13日劫夺了"萤火"号武装蒸汽船。呤唎对白齐文无情地背叛太平军深感震惊,他提议组建一支忠信军,由外国军官指挥,装配西式武器,并由两艘蒸汽船提供支援,置于李秀成军中,以对抗戈登的常胜军。12月初,当呤唎及一些军官从上海穿过敌人的防线,向无锡附近

---

① 呤唎书第一卷第二十四章(尤其是第322—323页),其中引谭绍光所做的训道,主张推翻清朝统治,并以此作为太平天国革命运动的崇高目标。
② 1863年10月24日《北华捷报》第691期白齐文的报道。试与呤唎书第二卷第642—647页比较。白齐文和戈登之间古怪的对立关系,见沃瑟姆书第96—97页及威尔逊书第十章。
③ 萧一山在大英博物馆收藏的戈登的文件中找到了两封信件的原稿,并收录于《太平天国书翰》。笔者对于此事的评价,见《通考》第二卷第716—719页,其中一封信的内容收录于该书第762页。阅读这一期间李、谭与戈登的个人信件,会令人有更深的体悟:"如果你有步枪、火炮以及外国的产品,请仍然和平常一样过来和我们进行贸易。"善于经营的戈登既与太平军交易,又和他们作战,从中获益。

的李秀成报告时，他们仅找到了一艘蒸汽船（改名为"太平"号），并招募了部分外国军官。李秀成给了呤唎一大笔钱，并调一千名太平军建立新军。11月19日，戈登试图占据苏州城外的几处战略要地，来阻截"太平"号到达战区，但是呤唎并没有走运河，而是将"太平"号驶入太湖，再沿一条小河来到无锡。①

清军方面，李鸿章于11月22日来到前线，亲自指挥对苏州的作战，而戈登在诱使谭绍光献城投降不成之后，准备开始发起进攻。11月27日，戈登对城外的一处石制防御工事发起了猛烈的夜袭，但是令他感到意外的是，谭绍光赤着双脚，和一队怒气冲冲的太平军早就在那里严阵以待，他们随即冲进了进攻者的队伍里，左冲右突，杀死敌军两百人（包括几名军官），使戈登遭遇了军事生涯从未有过的惨败之耻。从那一刻起，戈登决心不惜一切手段攻克苏州。②

一场胜利无法打消城内守军对注定失败的命运的忧虑。11月28日，李秀成带着四百亲兵从城郊一处军营进入苏州城，同时，城内以郜永宽为首的一些将军也派代表出城，接洽向程学启投降一事。郜永宽与谭绍光因苏州未来防务而产生分歧，建议在次日谭绍光出城与戈登交战的时候，关闭他身后的城门，然后据守城池准备投降。③这个提议被接受了。戈登按照计划发起进攻，并成功击退李、谭二将，但是不知出于什么原因，郜永宽并未关闭城门。但是，到这时为止，城外所有的战略要地都已被清军占领或摧毁，苏州城的陷落只是时间问题。

李秀成于11月30日离开。当时他察觉到，郜永宽并不在驻防的岗位上，于是认为不能再信任他了。郜永宽试图说服谭绍光也离开，但是谭绍光誓与苏州共存亡，拒绝离开。让郜永宽有所忌惮的李秀成走后，再也没有人能束缚他了。当天晚上，郜永宽便和其他七名同谋者潜出城外，密会戈登。戈登保证，如果郜永宽能够打开一座城门，便可以保证他的性命无虞。④戈登还表示，要生擒那个传奇人物谭绍光。然后，他便把郜永宽一行

---

① 呤唎书第二卷第647—649页、第671—672页。
② 贺翼柯书第203页、呤唎书第二卷第707—709页引《太平军是如何从江浙被驱逐的》译文。
③ 李秀成状中提到，郜永宽与谭绍光之间早因一场口角而互有芥蒂。
④ 贺翼柯书第128页。

转送至程学启营中，商定具体的细节。

与此同时，谭绍光已经完全确定郜永宽等将军正在与程学启商定投降一事，他于12月4日把这八名谋反者叫入府中赴宴。吃过饭后，几人在大厅里激烈地争吵起来，激动之下，当时在场的汪安钧突然拔刀，将谭绍光刺死。① 第二天，郜永宽将谭绍光的人头送至程学启的大营，打开两座城门，投降清军。

刺杀谭绍光一事激怒了五千多广东和广西籍的太平军，他们把怒火发到了郜永宽和他的部下头上。但是湘淮军正冲入城来，因此谭绍光的旧部立刻集结妇女和儿童，准备撤退至无锡。他们被清军一路追击，这些老兵在被清军追杀的同时，还不断砍杀随行的妇女与儿童，以免她们落入敌军之手再受凌辱。只有不到三分之一的人侥幸活了下来。②

无论在军事还是外交上，戈登当之无愧为克复苏州之首功，在他的部队开赴无锡之前，他立即要求为自己的部队赏发两个月的军饷。李鸿章听到这一请求后强压怒火，当天晚些时候便派程学启前往戈登处，对他说将会多支付一个月的饷银，而且保证遵守他与太平降军商定的条款。③ 第二天，1863年12月6日（同治二年十月二十六），戈登带着他的常胜军离开，返回昆山大本营。

背叛的屠戮

苏州投降的同一天，李鸿章命令将前来正式投降的郜永宽及他的七名同谋就地问斩。程学启和其他的将军同时进入苏州城，包围了郜的队伍，屠杀了两万人，抓捕了另外大约一千名广东籍士兵，并在得到他们各回本乡的许诺之后，将其释放。④ 至于手无寸铁的苏州百姓，他们的命运是钱财细软被劫夺，房屋被放火烧毁，自己流离失所。⑤

戈登听闻八名投降的太平军将领被处决后勃然大怒，第二天便拿着手

---
① 呤唎书第二卷第711—717页所引1863年12月12日《中国友人》上发表的戈登备忘录。
② 呤唎书第二卷第671页。
③ 贺翼柯书第132页。
④ 陈恭禄《中国近代史》第二卷第197页提到，李鸿章密信致广东巡抚，叫他处决所有返乡的太平军士兵。
⑤ 沈梓，《养拙轩日记》。

枪冲到李鸿章的大本营，只是当时李不在军营之中。戈登留下了写有"奸恶无信"的纸条之后，便带着郜永宽的儿子回到昆山。7日，他发表公开声明，要求李鸿章离开苏州，并辞去江苏巡抚的职务，否则常胜军将夺回所有攻占的土地，交还给太平军。李鸿章又派马格里前往安抚戈登，而戈登一怒之下将指挥权转交给了柏郎。李鸿章对自己的屠杀行径丝毫未觉不安，实际上，李鸿章还因收回苏州，得到了清廷的嘉奖。① 但是，上海的外国人中间，尤其是1863年12月16日外国领事会晤时所发出的声音则截然不同。野蛮的屠杀使外国的观察家们大为震惊，除此之外，他们还意识到清廷无法信守投降的协定，使戈登的名誉大受折损。② 当消息传达至伦敦，自由党奋声攻讦保守党，迫使首相巴麦尊（Henry J. T. Palmerston）于1864年5月31日承认其对华政策宣告失败。③ 1864年3月，英国撤销英军官可以在清军供职的命令。但是当几个月后，这一命令传达到中国的时候，戈登已经给太平军致命的一击，而且也准备随时离开他的常胜军了（见后文）。

对于自己的屠杀行为，李鸿章在给弟弟的信中做出了辩解。他说八名太平军的投降领袖拒绝解散他们两万人的部队，还要求得到总兵或副将等高级军职，并坚持占据苏州城的一半，驻扎他们的部下。他们毫无道理的要求揭露了其寻求和平的伪饰，他这才决定处决这八名太平军的领袖，并派程学启进城消灭他们的军队。④ 同样的理由，也出现在1864年2月14日李鸿章对戈登的指责进行解释的公开声明之中。李鸿章希望通过这样的做法，一方面缓和戈登的情绪，另一方面表明自己在太平军败将提出要求，"复萌叛逆"的"极紧极险"的情况下采取屠杀手段的必要性。

他的辩解至少有五个方面的谬误：第一，城内只有两万太平军，而不是二十万，而清军是其三倍之多，他们很难对清军构成军事上的威胁；第

---

① 呤唎书第二卷第711—717页所引1863年12月12日《中国友人》上发表的戈登备忘录。另见《关于中国事务的文章》（《蓝皮书》，1864年）第195—196页戈登对1863年11月28日至12月6日所发生事件的报告。
② 会晤的备忘录（《蓝皮书》，1864年，第193页）中记载了全员一致通过的如下结论："本会议代表所有驻华外国人，对府台（指李鸿章）此前在苏州的行为表示一致的谴责，该行为是一种违反人性的极端背信之举，导致西方国家对清政府所行之事业不再采取支持之态度，也将撤回为其提供帮助的勇敢的（外籍）军官。"另见呤唎书第二卷第717—718页引1863年12月12日《中国之友》社评。
③ 呤唎书第二卷第760—766页。
④ 笔者数年之前在广西发现了此信的原件，其文已收入《金田之游》。

二，八名叛将提出的官职"要求"，说是出于其"个人野心"更合逻辑，而绝非"复萌叛逆"；第三，要求城市的一部分用于驻扎军队，也可以很容易地被理解为避免对抗冲突；第四，任何对他们在投降时仍怀叛意的怀疑都站不住脚，因为他们只身来到李鸿章的大营，很容易就被抓捕成为人质；第五，以程学启屠杀其军之前，先处决八位叛将，这会引起比他声称需要使用这种极端处理方式的情况更为"极紧极险"的情况。由于缺乏为其野蛮行径开脱的军事上的合理借口，李鸿章的动机只能被理解为贪婪。两份当时的历史文献证明了这种假设：在记述湘军的历史时，王闿运写道："复苏州城时，主将所斥卖废锡器至二十万斤，他率以万万数。"毕业于耶鲁大学的容闳此后估计，李鸿章所聚敛之钱财超过四千万元。①

弃守无锡及委任吟唎

驻防无锡的太平军在李鸿章湘淮军（无外国军队）的重重围困之下，坚持了三个月。虽然李秀成和他手下的将领们，以及劫夺了"太平"号并开入太湖的吟唎及其忠信军都奋力冲杀，试图突破包围圈，但无锡还是日益陷入孤立无助的境地。② 1863年12月12日，苏州陷落六天之后，李秀成决定弃守无锡。当清军开进城池时，太平军已经撤退，清军在城内便无情地屠杀了六千名当地居民。③ 与此同时，程学启和李朝斌所率领的大规模的陆军与水师，于1864年1月3日占领苏州以南的平望，准备进入浙江。李鸿章已经命令他们攻取嘉兴、嘉善和湖州，认为这三个地方对于防守刚刚从太平军手中夺回的江苏领地，具有战略性的意义。但是这意味着，李鸿章要在自己职权之外的地区采取军事行动，而浙江巡抚左宗棠也正因为这个原因，对李鸿章的"越权"感到愤怒。

太平军方面，苏州和无锡的失守使革命事业最终胜利的希望更加渺茫，也使李秀成开始寻找新的挽救革命事业的方法。吟唎由于身体原因告假，并未参加无锡之战，现在他也急于返回英国进行治疗。李秀成巧妙地利用

---

① 王闿运《湘军志》第十六卷第4丁；容闳《我在中国与美国的生活》第142页。
② 吟唎书第二卷第672—677页，其中有水师交锋的示意图。
③ 施建烈《纪（无锡）县城失守克复本末》第三卷，及吟唎书第二卷677页。

这个时机，委托给呤唎一项使命，用呤唎的话说便是："对外人宣扬太平革命之目的，各领袖之愿望及意见，（太平天国）由英国所受之（不公正的）待遇，及于此运动有关之各事。"1866年，呤唎在英国出版了两卷本的著作《太平天国亲历记》，完成了自己的使命。①

戈登回营

李鸿章派刘铭传去收复常州，而自1863年12月19日起，两天之内，刘似乎大有战胜太平军陈坤书部的势头。在轰炸中，太平军新获得的"太平"号蒸汽船中弹起火后报废，船上的部队与其他的太平军一起撤退至丹阳。但是，李秀成、李世贤和林绍璋带着援军赶来，此后的一个月之内，刘铭传只能维持围攻的态势而已。

此时的李鸿章比任何时候都更需要戈登的帮助，便找到新任的海关总税务司赫德（Robert Hart），请他说服戈登，重新指挥常胜军。赫德便去找戈登，一方面轻描淡写地处理李鸿章在苏州的问题，另一方面恭维戈登，甚至说他是"掌握中国命运的人"。②根据一份报道，赫德还给了戈登五万两白银，可以记在英国任何一家银行的账上。③戈登的怒气稍有平复，又渴望参加军事行动，于是便于三天后的1864年2月2日去见李鸿章，当面争论其公开承担苏州屠杀之责任（前文所提李鸿章宽慰戈登的声明起到了效果），

---

① 引文为呤唎书原文（第二卷第677页）。学习太平天国史的学生们倾向于把呤唎看成一个宣传家，认为他对太平天国史的记录是基于外国参与者的偏见而成，因此忽略了其文献的重要性。但是，这低估了这份一手材料的巨大价值，其中记录的事件以及对事件的感想，固然是出于同情太平军的角度，但是作者亲身参与了太平天国革命运动，这是这份文献无可争辩的优点。不幸的是，呤唎从未学会汉语，只能依靠一个只会说中英混杂语的广州翻译进行交流，因此在其历史叙述中无心地混入了一些错误的事实和风传的谣言，这些都需要通过对比同时期的其他文献，认真加以甄别。同时，呤唎竭尽全力收集各种太平天国的文献和记录，为后人保存了大量有关太平天国组织和理想的文献和信息，使它们免于亡佚。在评价呤唎所做的工作时，戴德华（George Taylor）在《太平天国》中指出："呤唎所引之材料是可信的，他还尝试模拟和还原历史中的情形和观点。他的论述通常与其他观察家一致。"（《中国社会及政治学报》第16期，1933年，第600—611页）戴德华还褒赞呤唎，说他进行了"一次绝好的关于外国干预及其意见的讨论"。解维廉（William J. Hail）也承认，呤唎"收集了他能找到的所有有帮助的意见表述，其中很多本来分散于难于寻见的文献之中，而现在我们可以读到它们……他的文献需要仔细甄别再加以使用，但是一旦他所叙述的事情能够得到确认，那么那件事情一定是极具价值的"（《曾国藩与太平天国》第380—381页）。郭廷以书第二卷第1023页中说，除了一些史实上的差错及参与者的偏见，呤唎的文献"并无大错"。
② 沃瑟姆书第112页及威尔逊书第213页。
③ 呤唎书第二卷第736页引1864年10月《香港日报》。

并要他遵守国际战争法中禁止屠杀战俘的条款。戈登随即恢复了原职,然后写信给卜鲁斯解释其中原因,并请求得到批准。①

到这个时候,太平军不仅在天京和杭州被强大的清军包围(分别被曾国荃和左宗棠包围),他们在浙江与天京之间的补给线也变得相当脆弱。狡猾的戈登看到了在太湖以西的宜兴、溧阳一线威胁这条补给线的机会,便于1864年2月19日动身赶往宜兴。虽然当地的太平军顽强地抵抗住了郭松林的湘淮军部队的进攻,但是在戈登军重炮的轰炸之下,驻防的将军终于感到不支,于3月1日撤离宜兴。而次日,剩下的太平军士兵全部投降。郭松林与戈登又迅速赶往溧阳,使得该城也在3月8日向他们投降。李世贤带着他的部队从溧阳撤退,却没有时间带上他在城内的一家老小。戈登又一次展现了充满人性关怀的姿态。他首先命令将李世贤一家护送至昆山,后来还叫人把这一家人带到浙江,交还给了李世贤本人。

陈坤书意图分散围攻常州的清军,便和其他几名将军占领了江阴,并开始向常熟发起进攻。这一计策果然有效。面对西侧翼的新威胁,李鸿章被迫分军,令戈登和郭松林驰援常熟。他们在进军途中路过金坛,郭松林在该处遭到了阻击,而戈登于15日到达那里的时候,得到消息说常胜军的大本营昆山已被围攻。这使得戈登在21日更加积极地发起进攻,想要一举攻占此城,完成任务,再尽快向东救援昆山。据守城池的刘官方造成了戈登部一百人死亡,还击伤了戈登本人及其他十五名军官。此后常胜军撤退以保存实力,应对东面更为严峻的局势。②(4月25日,曾国藩从皖南调来的鲍超部收复了金坛。)

3月24日,黄翼升和郭松林攻克了常熟,戈登也从金坛撤退至溧阳。3月31日,在未等到其炮队赶上的情况下,戈登率一千人的部队进攻华墅。这次进攻又被太平军挫败,太平军共击杀戈登部队两百五十二人(包括八名军官),打伤六十二人,并缴获四百支步枪,迫使戈登灰溜溜地退往无锡。4月11日,戈登卷土重来,但是这次他在溧阳方面湘淮军的配合下成功拿下了

---

① 呤唎书第二卷第728页。在中国和英国都有很多英国人反对戈登复职,见呤唎书第二卷第729—730页、第735—736页及沃瑟姆书114—115页。
② 呤唎书第二卷第744—748页,及郭廷以书第二卷第1055页。

华墅。有超过九千名太平军士兵被俘,其中大部分后来也被李鸿章的部队屠杀。李鸿章于同一日来到华墅,第二天亲自指挥了针对常熟、江阴一带至丹阳这一区域太平军的扫荡行动。①

常州陷落

坚韧不拔的常州守将陈坤书从1863年12月底开始,就一直与刘铭传和黄翼升的清军僵持不下。但是4月14日,戈登的部队部署就位,李鸿章也于次日到达战场,另有一支由英国军官备雷(Bailey)指挥的独立炮兵营于3月25日参与收复嘉兴之后从那里赶来(见后文)。陈坤书发现这些情况后,心中开始感到不安。

虽然八千人的守军在人数上远逊于城外的攻方部队,但是陈坤书仍然率军勇猛地抵挡住了清军于4月22日展开的猛攻。此后两天,太平军一次次地击退由戈登及备雷的炮兵轰炸出的城墙裂口中涌入的一队队清军士兵,双方伤亡人数均不断攀升。②太平军人数逐渐减少,许多堡垒也被清军击毁,他们便撤退至城内,但仍然在亲自冲锋陷阵的陈坤书带领下,以肉搏白刃击退敌方的攻势。但是,轰炸不断使城墙形成新的缺口,而新的缺口就需要士兵防守。终于在5月11日,城墙被炸出两个巨大的缺口,而太平军已经没有足够的兵力进行布防。清军部队冲入城中,发现陈坤书仍在血战,一圈忠诚的太平军士兵将他围住,正用自己的身体保卫着他的生命。他们一个个地倒下,最后就只剩下陈坤书一个人。由于已有严令要生擒陈坤书,清军士兵只能小心地接近他们的目标,在几个士兵都被他手刃之后,最终十名士兵一起才将这位勇猛的老将按倒在地,将他抓捕。他被带到李鸿章面前后,拒绝向抓捕他的人下跪,还傲慢地嘲讽说,若不是外国军队的介入,仅凭李鸿章的部队是不可能从他的手里夺取常州城的。③他的自叙状的最后一句话是:"欲保常州以为金陵犄角,奈事不成,只有尽忠。"④陈坤书确实如其风评所说的一样,是个贪婪、霸道和残忍的军人,但是他的军事生

---

① 沃瑟姆书第117—118页,及郭廷以书第二卷第1059页、第1061页。
② 贺翼柯书第220—221页、第236页,及郭廷以书第1064—1065页。
③ 关于常州之战的详尽描述,见吟唎书第二卷第752—759页。
④ 《李文忠公全书·奏稿》第六卷1864年5月12日(同治三年四月初七)李鸿章奏折。

涯也因其作战的勇猛，以及最终让他英勇就义的对革命理想的忠诚，而变得格外与众不同。

收复常州之后，李鸿章和他的部下都得到了清廷慷慨的封赏。戈登也因其对战斗做出的突出贡献被晋升为提督，并获得功牌旗帜。而此役也成为他在中国内战中参加的最后一场战斗。

解散常胜军

在复职之后，戈登先后参加了无锡、宜兴、华墅和常州四个城市的收复之战，每次战胜之后都会发生屠杀战俘、降兵和城市中平民的事件，而这些都赤裸裸地违背了李鸿章对他做出的许诺。如在常州，除了数千战死的太平军，还有一万两千余人被清军屠杀。戈登对此感到厌恶，却又无力阻止这种毫无人性的流血事件，甚至无法禁止他自己的人参加入城之后的掠夺。常胜军的品格、军纪和战斗力均已经堕落到无可救药的地步。同时，军事上的局势也发生了变化：苏东地区（即太平天国苏福省）的收复，使得天京完全成为孤岛，破城克复指日可待。即便没有外国军队向清军提供帮助，太平天国革命运动的覆亡也已经是大势所趋。[1] 由于李鸿章在提供军需补给和军饷时不断采取拖延的态度，而且有时为太平军服务反而获利更高，这种诱惑使得其部队越来越难以维持原有的秩序，戈登看不出他的部队将来能堪当何用。也许在攻陷常州四日之后的 5 月 16 日，当他的军队返回昆山驻地时，他就已经下定决心要解散常胜军。[2] 也许是出于历史的巧合，正在这个时候，伦敦关于撤销允许英国军官接受清军职务委托的命令传达到了中国。[3] 戈登衷心地欢迎这个命令，并立即于 1864 年 5 月 31 日解散了常胜军。

---

[1] 陈坤书认定，清军只有在外军援助之下才能取得战争的胜利（呤唎书第二卷第758页），而洪仁玕和李秀成的供状中也都提到了这一点。
[2] 试比较郭廷以书第二卷第1073页提到的威尔逊书第243—244页。
[3] 《关于中国事务的文章》（《蓝皮书》，1864年）第199页，英国议会于1864年3月1日撤回1862年8月13日及1863年1月9日授权海军及陆军军官接受清政府军事委任的命令。

李鸿章在浙北的行动

前文提及，在1863年11月无锡和苏州激战正酣之时，李鸿章派出三支部队进入浙江（未得到浙抚左宗棠的同意而擅自进入），去攻占几处对防御江苏具有战略价值的城市。到了12月，这些部队已经占领了平湖、乍浦、海盐和澉浦，并且已经包围嘉善。在收复无锡和苏州之后，1864年1月，李鸿章命程学启部与备雷的炮兵队一起前往嘉善，指挥最后的进攻。面对这样的强敌，嘉善的太平军无能为力，只能献城而降。此后所有湘淮军部队合兵一处，开始围攻嘉兴。

嘉兴三面被围，英勇的守将廖发寿（继任陈炳文成为守将）通过仍然畅通的西侧路线，向驻防湖州的黄文金求援。这个时候，至少有十八位太平天国诸王在湖州避难，他们竭尽全力试图靠近被围困的嘉兴，但是湘淮军不断移动，干扰和阻截靠近的援军，同时程学启和备雷集中火力轰炸嘉兴，迫使其投降。最后，在3月25日，一发炮弹击中了城内的军火库。在爆炸引发的混乱中，清军士兵没有受到丝毫阻碍就翻过了城墙，城内太平军在惊慌之中从西门逃走，最终逃到了湖州。廖发寿被俘，随后英勇就义。[①] 其他被困城中的太平军士兵皆惨遭屠杀。[②] 程学启在激战中头部左侧受到重创，被抬往苏州医治。这位原太平军将领终于在4月15日不治身亡，时年三十五岁。

嘉兴的失守使杭州暴露了出来，迫使太平军于3月31日弃守杭州城（前文已述），至此，太平军只有湖州一城在手。虽然左宗棠从其军中派出多支部队协助李鸿章，但是这座太平军最后的堡垒仍然坚守了五个月之久。其中一个原因便是郭松林和李朝斌的湘淮军失期未至。在收复常州之后，郭、李二将受命在备雷的炮兵队的帮助下，夺取太湖东南岸边的长兴。6月27日，太平军由守将刘官方带队逃走（也有报告说刘官方战死于是役）。一个月之后，郭、李二将才与湖州方面的部队会师，共同发起进攻，并在1864年8月27日逼走湖州城中的太平军领袖。

[①] 冯氏，《花溪日记》第二卷。
[②] 关于清军不人道地对待克复城市的百姓，见呤唎书第二卷第740—741页引《祺祥英字新报》。

次日，在占领湖州城之后，除了一些与太平军残部的小规模战斗，李鸿章和左宗棠都完成了自己在曾国藩收复天京的大战略中分配到的任务。

第二十三章

天国覆亡
（1862—1866年）

　　曾国藩早在 1862 年春季就谋定的总体战略计划，即先步步为营地夺取太平天国战略基地，最后克复天京，无论是其概念设计还是操作实施，在战争史上都鲜有能与之比肩者。[1] 从中国古典军事学的基本原则来看，曾国藩所依靠的是一套经过长期历史验证的准则，即凡是裂土封王的叛乱，必会紧守其"根"，因此要先剪其"枝叶"，再剿其"老巢"，这样才能最终将之肃清。[2] 如果面对流窜的盗匪，就必须采取守势，或通过在重点区域将其驱逐，或通过不断地截击和包围，最终将其困死。[3]

　　1862 年 3 月下旬，当曾国荃动身围攻天京时，曾国藩在剿平太平天国战争中的战略部署大致如下：

南路

　　左宗棠：由皖南进军浙江。

---

[1] 本章为《全史》第三卷第 2185—2318 页之概述。
[2] 笔者对曾国藩军事战略的详细讨论，见《全史》第三卷第 2185—2189 页。
[3] 《剿平粤匪方略》第二百二十六卷，曾国藩奏折。

东路

　　李鸿章：由苏东入上海。

　　黄翼升：湘军水师指挥官，顺长江而下，协助李鸿章。

中路

　　曾国荃：准备从皖北直接进攻天京。

　　杨载福及彭玉麟：湘军水师指挥官，将周转、通讯及支援部队沿长江而下，送抵天京。

　　曾贞幹：领一军部署于皖南（占领芜湖后，率军加入曾国荃部，一同进攻天京）。

　　鲍超：率其霆军，进军皖南之青阳、宁国。

后翼

　　张运兰、唐义训和朱品隆：各带数营湘军，戒备皖南后方。

北路

　　多隆阿：率其部及鄂军进攻庐州。

　　李续宜：驻扎皖北，作为后备力量。

除了这十路由曾国藩直接指挥的部队，还有另外四支部队，其行动调配也出自曾国藩的大本营：

　　袁甲三：由皖北协助进攻庐州。

　　李世忠（原捻军及太平军）：驻守长江北岸之江浦。

　　都兴阿：亦在江北，驻防扬州。

　　冯子材：驻防长江南岸之镇江。

这一时期，胜保和僧格林沁在河南和山东与捻军交战的部队，其作战指挥则完全与曾国藩无关。但是很明显，清廷剿平太平天国战争的胜败系于曾国藩一人，而现在曾国藩不仅被授予了巨大的军事职权，实际上还拥有从上海（海关）、广东、四川、湖北、湖南及广西而来的取之不尽的粮草、装备、弹药和资金补给。后来，英国和法国的介入更为曾国藩带来了实力强大的外国军队，以及他们的重炮及装甲舰艇。

剿平皖南[①]

即便对太平军已经占有了绝对的优势,曾国藩仍然小心谨慎。在左宗棠进入浙江作战不久之后,李鸿章和曾国荃分别动身赶往上海和天京之前,他就派湘军的步兵及水师,以3月3日芜湖以西的水战为开端,扫荡皖南,剿平那里的太平军,拱卫李、曾二人的后翼。此后,曾贞幹率五千人的部队由安庆渡过长江,一路向东作战,并在水师的帮助下阻截了黄文金的部队,然后继续向西,于4月19日收复繁昌。

与此同时,鲍超(1861年11月自向西与李秀成的战斗中返回)也率部向东,其目标是最终收复宁国。1862年4月14日,在经历一番苦战之后,鲍超占领了青阳,到了月底,他又先后克复石埭和泾县。这一地区的太平军由古隆贤指挥,但是他手下的几名军官已经投降清军。旗开得胜的鲍超随即开始围攻宁国。

5月20日,曾贞幹收复了具有重大战略意义的河港城市芜湖,胜利地结束了他东向的作战任务。此后,他便转向追赶他的哥哥曾国荃,参加向天京最后的进军。多隆阿也于5月13日攻克皖北的庐州,完成了自己的任务。

另一方面,鲍超围攻宁国,迫使杨辅清、童荣海及其他地方的将领于5月初率军从徽州经浙江来援。后来,洪仁玕也与刘官方和魏超成一起抵达宁国,襄助防御。但是,在鲍超于7月4日开始攻城之后,洪仁玕的增援部队(洪仁玕和魏超成此后返回天京)及其他的援军在杨辅清的指挥之下,于7月11日在两场决定性的战斗中战败,被迫撤退。当杨辅清撤退至广德时,鲍超轻松地击溃了城内为数不多的守军,拿下了宁国。

宁国一战的失利,首责当属童容海。他率领六万大军驻扎在附近,只因与杨辅清先有口角而作壁上观。童容海此前自广西从石达开军中叛走,转随李秀成攻占杭州,后来与天王之兄洪仁达合谋,意欲攫夺李秀成军权不成,曾以不忠之罪擅杀部将十余人。眼看自己在太平天国中的地位不保,童容海故意制造自己与杨辅清之间的矛盾,声称要向鲍超投降。但是在投

[①] 本节为《全史》第三卷第2189—2196页之概述。

降一事尚未安排妥当之时，杨辅清便被迫放弃宁国。这时，童容海反而率军追赶杨辅清，占领了广德，使得杨辅清不得不向更远的江苏境内撤退。此后，童容海想要献广德城及其全军投降鲍超。但是，他军中的大部分士兵发起了哗变，其中三分之一出走转投杨辅清，另外三分之一重新掌控了广德，效忠太平天国，只有大约一万人追随童容海来到宁国，加入了鲍超军。童容海此后仍统旧部，但是后来，曾国藩削减了他部队的人数，只给他留下了不到一半的部队。

清军方面发生的其他事件还包括，湘军水师统帅杨载福改名为杨岳斌（避新帝载淳讳），以及流行病（可能是疟疾）肆虐行伍，军官士兵均有罹患，使得清军战力受损。而湘军医疗系统尚不健全，无法与太平军相比，情况因此更为严重。张运兰、杨岳斌和李续宜均不幸染病，包括左宗棠军在内的大半湘军均受影响，曾国荃围攻天京的部队中也有超过一万名病号。曾国藩在一封奏折中说，单鲍超一军便有包括鲍超在内的一万人感染发病，每天都有数十人病死。

黄文金抓住这个机会，于10月10日联合杨辅清及其他几名将领，经江苏高淳及东坝，对宁国发动了一次反攻。由于鲍超在芜湖休养，仍未痊愈的张运兰前往宁国主持防御。而黄文金反攻宁国，也是李秀成刚刚付诸实施的全面进攻曾国荃围困天京部队的大战略中的一环。为了切断天京与宁国之间的联络，进而隔绝孤立曾国荃，黄文金等将率军直扑宁国，同时陈坤书的四万部队及水师舰船从常州经太平府向西移动。太平军的动向使曾国藩感到忧虑，他部队中大量的步兵失去战力，只能急调杨岳斌和彭玉麟前往应对陈坤书的威胁。从10月10日开始，陈坤书不断坚持苦战，直到11月20日才被迫承认失败而撤退。

宁国方面，鲍超返回接替生病的张运兰。从11月下旬开始，他指挥进攻泾县及其他城外的乡县，与黄文金与杨辅清率领的太平军对阵。在此期间，鲍超的部队曾三次遭遇挫败，而且还有一次，他对曾国荃的补给路线被太平军切断，但是太平军始终未能占领宁国，此后便转而进攻皖西南地区的乡县去了。而大约在同一时间，即11月26日，李秀成也被迫放弃进攻曾国荃的计划。

在南线，刘官方、古隆贤和赖文鸿的太平军由石棣进军，于1863年1月23日占领青阳。但是到了2月中旬，他们便又从青阳离开，协同广东天地会蓝仁得的大军进攻泾县。此役中，正当鲍超军及另一营湘军就要将攻方击退时，黄文金和其他的将领率领着十万大军赶来增援。此后，在宁国和芜湖之间还发生了很多次战斗，但是最终，太平军被迫撤出了这一区域。

曾国荃开赴天京[①]

皖南剿平之时，曾国荃的部队已经在水师的支援之下包围天京数月，但是曾从安庆挥师金陵之事也须交代清楚。

1862年春，在分别派遣左宗棠、李鸿章、曾贞幹和鲍超执行收复天京战略中其各自的任务之后，曾国藩终于让他的弟弟曾国荃展开行动（曾国荃此时为江苏布政使），即率军直扑天京，准备最后一举破城。曾国荃远征天京的部队总共约有两万人，其中包括他从湖南新招募的八千湘军，以及一部由朱洪章指挥的贵州雇佣兵。随行的水师由彭玉麟指挥，接替病退的杨岳斌。

3月24日，大军开始经皖北向东进军，前锋营在水师舰船的配合下，先后攻克了一些长江北岸的小城市；曾国荃率全军于5月18日渡江来到南岸，占领了太平府。到了5月30日，大军在天京城外的雨花台山脚下扎营。这次行军直插太平天国的心口要害，风险极大，就连曾国荃都难以相信，他居然仅仅经历了一些小战，在七十天之内就完成了行军。[②]当然，他之所以能有这样好的运气，是因为太平军所有的主力当时都在其他战场苦战，使得天京防备空虚脆弱。

雨花台之战

雨花台山是长江南岸、天京郊外的著名景点，而自曾国荃部队扎营开始，太平军已据守山顶石堡长达一年之久（直至1863年6月13日），但是

[①] 本节及下节为《全史》第三卷第2211—2226页之概述。
[②] 见朱洪章《从戎纪略》中关于此次进军的详细描述。

曾国荃则在山下的广阔地面上设置了大本营，由战壕围绕，固若金汤，以及无数营寨。6月4日，曾国荃对天京发动了一次奇袭，但是被击退，之后一个月左右的时间内，双方并无大战。但是，曾国荃的包围引起了天王洪秀全足够的警觉，他紧急派出信使，甚至一日三次发信给当时正在指挥松江和上海战斗的李秀成，请求他即刻回援。李秀成随即解除对那两座城市的围困，率军赶回苏州，并于6月22日在那里和所有尚无作战任务的将军们召开军事会议。他们确定了作战计划，并且在休会之后，李秀成的弟弟李明成便先行赶往天京，并向雨花台山的清军发动了两次前期攻势。虽然两军不分胜负，但是曾国荃手下最勇猛的战将张胜禄在激战中重伤身亡，湘军因此蒙受了巨大的损失。① 此后，洪春元由浙江带来的四万援军及洪仁玕、杨辅清从皖南宁国撤退归来的两万部队也相继赶到。他们的进攻都被已挖设深沟战壕的湘军击退。

8月6日，李秀成在苏州召开了第二次军事会议，这次他带来了更多的将军与会。李秀成在会上说，"如欲奋一战而胜万战，先须联万心而作一心"（此句出现在公开的会议报告的开头部分），以此激发了将军们众志成城、大举援救天京的热情。② 会后，将军们都决定，无论自己被分配在哪里作战，都要完成任务，齐心协力地保卫天京。

李秀成再一次接到洪秀全紧急的催促，这一次他于9月14日返回了深陷重围的天京城，而且还带着全家人（包括他的老母），以表示对太平天国的忠诚。太平天国援军纷纷赶来勤王，而曾国荃的部队则由于之前提到的流行病，战力已经减弱到不足平常的三分之一。③ 这似乎正是对包围的清军全面展开进攻的好时机。

李秀成现在掌握着太平天国十三王的共二十万大军，驻扎在雨花台山南，他决定从东、西两面同时夹击曾国荃的大营。这场战斗从10月13日开始，双方激战了整整一周的时间，天京城内的太平军和水师也都参加了

---

① 《家书》1862年7月19日（同治元年六月二十三）曾国藩致曾国荃书。
② 这次会议的内容以《会议辑略》为题发布。曾国藩在其1862年11月11日（同治元年九月二十）的日记中曾提到此文。文前序中李秀成慷慨激昂的话语，也被收录在许瑶光《谈浙》第三卷《浙江筹防事略》中（原文已佚）。
③ 1862年10月曾国荃致郭昆焘函。

战斗。虽然曾国荃本人在战斗中左颊被榴弹击伤，但是他的大营始终岿然不动。① 曾国荃取得了辉煌的胜利，他的一万精兵面对的是二十倍于己的太平军，且太平军拥有两万支步枪和许多重炮的装备优势。② 面对这样的劣势，就连他的哥哥曾国藩也无能为力，当时所有的湘军部队都在皖北或皖南执行作战任务。当程学启（随李鸿章在东线作战）和多隆阿的部队都明显无法前往支援的时候，曾国藩派出的是一支由王可升指挥的两千七百人的部队，并为曾国荃提供了从火炮弹药到粮食钱饷的一整套大量且稳定的必要补给。曾国藩还准备从湖南招募新勇赴前线支援，但得知这需要十个月的时间之后，只得作罢。随着太平军进攻日久，曾国藩越来越担心他的弟弟，在这段晦暗的日子里，曾国藩一度考虑让曾国荃解除对天京的包围，率全军返回。③ 即便是曾国荃的顽强固守已见转机之时，曾国藩还是试图劝说弟弟从天京撤退，帮助刚刚在皖南遭受三连败的鲍超。

10月23日，太平军对曾国荃发动了第二轮进攻。刚刚从浙江率军来增援的李世贤，加入了李秀成的东线作战。这一次，双方鏖战十二天，虽然太平军对清军造成了大量的伤亡，但是雨花台仍然牢牢地掌握在清军手中。11月3日，第三轮进攻打响，太平军用火药炸开了三营湘军的营寨墙壁，分成两股，每股数千人，冲上雨花台山。曾国荃亲自指挥防御，战斗激烈之时，朱洪章甚至点燃整桶火药，将其滚落山下。无数太平军葬身于烈火之中，这次攻势最终再次失败。④

在此后的几周内，太平军曾有几次试图挖掘地道进行爆破，或切断清军供给线，但是战场的平衡终于还是扭转过来。11月26日，太平军进攻的第四十六天，太平军各将自领其兵，纷纷退去。太平军这次战斗仅损失约六七千人，可谓相当之少，因此这次失败多少让人费解。李秀成后来将其归咎于粮食匮乏以及冬衣不足。⑤ 但是，很多当时的史家认为，这次失败是由于太平军品格的堕落，这种堕落虽扩散到了士兵行伍之中，但在高层领

---

① 《家书》1862年11月15日（同治元年九月二十四）曾国藩家书。
② 1862年10月曾国荃致郭崑焘函。如果按照太平军声称参加雨花台之战的六十万人计算，两军实力悬殊更大。
③ 《家书》1862年12月12日（同治元年十月二十一）曾国藩家书。
④ 朱洪章书。
⑤ 李秀成状。关于湘军方面的叙述，见王闿运《湘军志》第五卷及王定安《湘军记》第九卷。

导中则更为显著。他们长期待在全国最为富有的地区，这使得他们的革命精神受到了腐化。对革命事业的奉献与牺牲，被互相之间的口角与对自己的放纵所取代，太平军失去了战斗的目标。此战中，太平军的人数是敌人的二十倍之多，而据曾国荃所说，武器装备的优势更是百倍之多。太平军在雨花台的失败，已经预示着太平天国的覆亡。

这场战役还有颇具讽刺意味的另一面。李秀成和李世贤动员了所有的兵力到天京勤王，导致浙江和江苏守备空虚，使得在那里作战的左宗棠和李鸿章占了便宜。正如曾国藩在其家书中所说，在浙江和江苏的作战本来是想牵制太平军，使之无法驰援天京，但是曾国荃在雨花台战胜了大量敌军，反而帮助了左宗棠和李鸿章，而这也是曾国荃的"无形之功"。①

忠王新湖北远征军前锋的行动②

双方经历苦战，均已疲劳，几月之内，天京战事陷入僵局。在此期间，天王命令李秀成率军经皖北向西远征，最终占领湖北。这次远征的战略目的很可能与1860年时相同，即佯攻汉阳和武昌，迫使曾国藩分军救援，以解天京之围。然而两年之间，时移势易。曾国藩和其他的清军部队早已在其后方驻防，以防备这种情况，因此李秀成的这次远征在刚开始之时就已经注定失败。而在天京城内，没有人真正知道清军集结在什么地方。

在出发之前，李秀成于12月1日派遣林绍璋、洪春元和郜永宽沿长江北岸先行，而令李世贤沿南岸西进。到了1863年1月6日，李世贤领其全军及水师部队开始进攻天京西南的金柱关。他的进攻接连遭到湘军部队及水师的挫败，但还是于3月中旬在皖南对湘军部队赢得了三场胜利，其中便包括曾国荃手下朱洪章的贵州军。4月27日，在完成了自己的任务之后，李世贤返回江苏溧水。

与此同时，林绍璋、洪春元和郜永宽在刚刚渡过长江之后，就与李世忠在浦口的军队相遇。由于林绍璋返回天京，不在军中，洪春元率军规避与李世忠的接触，带领部队过江浦，在1862年年底，先后占领皖北的含山、

---

① 《家书》1863年7月1日（同治二年五月十六）曾国藩家书。
② 本节为《全史》第三卷第2197—2205页及第2226—2237页之概述。

巢县及和州。这时曾国藩也意识到，太平军正试图骚扰其后方，便急令萧庆衍和彭玉麟率部赶赴战区，阻止太平军西进，同时告诫弟弟曾国荃，要倍加小心谨慎。[①]洪元春和他的部队在无为遭到了阻截。

2月上旬，李秀成完成了他亲自经皖北进行西征的最后准备，并向所有在皖南的太平军将领发令，叫他们向西进军，以牵制南线清军的行动。按照他的命令，三支部队分别出击：第一支由刘官方、蓝仁得诸将率领，从宁国及徽州出发；第二支由杨辅清、古隆贤和赖文鸿率领，从太平县和祁门出发；第三支由黄文金及其诸将率领，从青阳和石棣西进。湘军部队对这三支部队都予以了迎头痛击，到了6月中旬，已彻底将他们以及一些由浙江而来的援军一并击溃。其中一支残部被左宗棠追赶进入江西，在江西境内的饶州、浮梁、都昌、彭泽以及最后至安徽芜湖一带，都奋勇地与左宗棠及省抚沈葆桢召集的部队作战。最后，这支部队于8月底被迫撤回皖南。而在皖南，由于清军的不断骚扰，太平军士气低落。1863年10月31日，古隆贤带领其部分部队献三县而降清军，其余的士兵则倔强不屈地转投广德的太平军。古隆贤投降清军之后，蓝仁得的部将也暗杀了他们不愿屈服的长官，带着他的部队投降了清军。湘军此后在收复余下的乡县时未遇到任何困难，到了12月便将这三支太平军彻底从这一区域肃清。

李秀成西进

直到1863年2月27日，李秀成远征的大军才开始开进皖北。他的这支规模庞大的部队人数超过了三十五万人，其中李秀成本部二十万人，另有陈坤书的部队八万人及吴如孝等部共七万人。为了牵制清军的注意力以掩护主力部队，陈坤书过境江浦，直扑含山及和州，同时吴如孝进攻浦口和江浦，并最终占领了江浦。李秀成则从另一路进军，沿途几乎没有遇到阻碍，甚至还在巢县暂驻，安排购买粮食，赈济了许多濒临饿死的当地饥民。[②]在无为，李秀成与两股清军接战，并将其击退。但是此后的两周之内，他数次尝试攻取石涧，均告失败。李秀成收到消息说，他的劲敌鲍超正率

---

① 《家书》1862年12月28日（同治元年十一月初八）曾国藩家书。
② 李秀成状。

军赶来，便迅速拔营，于5月4日解围西去。

先前抵达庐江的太平军先锋洪元春部苦战两日，毫无战果，太平军于5月8日转攻舒城，又被清军击退。面对前后两路清军部队（鲍超先后收复了无为、巢县、和州、含山以及所有太平军后方的地区），李秀成转而向西，竭尽全力想要完成既定的目标，即与湖北的北伐军陈德才部及诸将会合。5月11日，李秀成返回六安，在那里与马融和及张宗禹的北伐军部队会师。但是他们意识到，他们不可能在这一地区征集到粮食，于是这支规模硕大的太平军部队不得不于5月19日解除对六安的包围，迅速回师寿州。但是在寿州，搜集军粮的条件较周围乡县更差，当地的土地已被之前反叛的苗沛霖毁坏殆尽，所有的稻田都已荒芜不堪。

不幸的事件一桩接着一桩，而李秀成心里最清楚，是时候带着这支大军放弃远征湖北，转而东返了。[①]马融和部队的任务大概是四处收编其他的北伐军部队，并带领他们返回天京，于此转而向北，而李秀成剩下的部队则向偏北的方向迂回快速行军，绕过敌人的驻地。6月2日，这支疲弱不堪的太平军到达天长的时候，已因饥饿、溺水以及敌人不断的炮火而严重减员。而在天长，李秀成收到了天王紧急召他回去的命令。于是，幸存下来的这些士兵又重新打起精神，沿长江北岸艰难地向前进发。太平军在清军枪炮的骚扰之下渡过长江，死伤惨重，而李秀成本人则于6月20日在呤唎的护送下乘坐"太平"号过江。[②]忠王返回时，全军人数不及出发时的一半，这证明了1863年皖北土地已完全荒芜的情况。曾国藩在一封家书中评论道："由巢县进兵，数千里内，寸草不生。"[③]

收紧对天京的包围[④]

返回天京之后不到一周，李秀成就必须火速赶往苏州，那里在李鸿章及戈登部队的进攻之下已经摇摇欲坠。几乎与此同时，鲍超和萧庆衍的湘军也从现在已经彻底安全无虞的长江北岸渡江到南岸，增援曾国荃围攻天

---

① 李秀成状。
② 关于这次撤退及渡江的具体情况，见呤唎书第二卷第617—625页。
③ 《家书》1863年5月27日曾国藩家书。
④ 本节为《全史》第三卷第2238—2241页之概述。

京的部队。但是，在攻占钟山附近的太平军堡垒（被太平天国命名为天保城）之后，鲍超便率军撤退至河边，表面上是希望让仍然饱受疾病困扰的军队再稍加休养，其实是为了避免和对他军纪松散颇有指摘的曾国荃发生冲突。①

李秀成于 8 月中旬由苏州返回，重新亲自指挥天京防务，他率军进攻包围他们的清军（也包括鲍超的部队），但是被清军击退。在此期间还有印子山之战，也使太平军蒙受了重大损失。印子山是天京东南的一处防御据点，8 月 20 日陷落，太平军坚决反攻，试图重新占领那里，最终也遭失败。战斗中，曾随李世贤在浙江征战的练业坤阵亡。到了 9 月，曾国藩又给他的弟弟派遣了大量的援军，使他的部队增至四万人，于是曾国荃决定尝试进攻天京城。双方就此大战十日，不分胜负。此后一个月内，双方休兵未战（李秀成再次赶往苏州）。10 月底，情况开始发生变化。湘军重新采取攻势，这一次他们成功击毁了太平军在天京城外的几处堡垒。10 月 31 日，清军占领城西南的小镇博望。对于太平军而言更具灾难性的是，清军还在博望俘获了太平军的运粮队，五万石大米被截获，还有一千名士兵及约一千匹驴马也被清军俘获。②紧接着，印子山一带的太平军也被肃清。就这样，到了 11 月 25 日，当曾国荃和萧庆衍将他们的大本营移到孝陵卫之后，天京城东一百五十里内的地区已经被湘军牢牢掌控。曾国荃现在已经完成了对天京彻底的包围，下令沿城东和城南的边缘挖掘一道又深又宽的壕沟。而当四十八个营、共计一万多名湘军士兵进驻这条壕沟之后，天京城的陷落已成定局。③

天京对走私贸易的禁绝④

曾国藩攻克天京策略的核心要点，从一开始便是将天京彻底包围，并切断其供给线，然后再展开最后的进攻。他的弟弟曾国荃也一直坚持这个策略，而且获得了值得嘉许的成果。但是，正如曾国藩在 1863 年 6 月 29

---

① 朱洪章书。
② 同前注。
③ 同前注。
④ 本节为《全史》第三卷第 2241—2243 页之概述。

日的一封家书中所抱怨的，外国走私者一直在长江之上往来，将食品和弹药运送到天京对岸的九洑州，"接济不断，不能克金陵"。① 数日之后，收复九洑州为断绝走私一事带来了转机。7 月 12 日，曾国藩向清帝上折陈述军情，同时请求联络在京之英、法公使，限制天京地区的外国贸易，直至将其收复。在经过一个月的协商之后，总理衙门于 8 月 17 日上奏皇帝，称外国公使已经同意命令其商人停止向天京供应一切补给；8 月 26 日，李鸿章授命就此事之实施，与在上海的英、法、美三国领事进行磋商。② 这次禁运切断了天京的粮食供给，天京自此只能通过驴车，从江苏的几处地方偷运少许粮食而已。在此事上，曾国藩又一次在关键的节点上仰赖了外国势力的帮助。

天京城困苦绝望的最后岁月 ③

曾国荃的部队现在已经足够接近天京的城墙，能够挖掘地道，埋设炸药。12 月 15 日的第一次爆破，就把城墙炸开了一道缺口，但是太平军迅速对缺口进行防御，杀死了三百名湘军士兵。④ 这次失败令曾国荃灰心丧气，两个月之内都没有新的举动。与此同时，李秀成在苏州和无锡大败之后，于 12 月 20 日经由丹阳回到天京，他认定保住天京已然无望，而且太平天国的朝廷已经必须随全军转移到更有利于防守的地方去了。天王坚决反对这个提议，而且抗议说，李秀成这种对"妖"的恐惧，让他这个受上帝与基督圣命成为人间唯一真主的天王感到意外，还藐视和羞辱李秀成说："尔怕死，便是会死。"第二天，天王彻底意识到自己对这位忠诚追随者的傲慢无礼，便赠一身龙袍来宽慰和安抚李秀成。⑤ 李秀成接着又劝说天王，至少把幼王送出城外，交由陈德才及其北伐军保护。但是，这个提议也被拒绝了。⑥ 太平天国的朝廷此后一直都留在被围困的天京城中，一个值得注意的例外便是洪仁玕。用他自己的话说，他是以集结援军为名被"推出"城外

---

① 《家书》1863 年 6 月 29 日（同治二年五月十四）曾国藩家书。另见同书 1863 年 6 月 6 日家书。
② 郭廷以书第二卷第 1007 页及 1009 页。
③ 本节为《全史》第三卷第 2243—2255 页之概述。
④ 《家书》1863 年 12 月 22 日曾国藩家书。
⑤ 李秀成状。
⑥ 郭廷以书第二卷第 1040 页引郜永宽状及黄子隆状。

的，此后便再也没能够进城。

1864年1月初，李秀成为挽救天京周边的乡县做出了最后一次努力。他曾离开至常州一个月，但此后便专注于天京城的防务。粮食问题成为天京城的当务之急，于是李秀成在李世贤的帮助之下，制定了一个兵出四路、至江西收集粮草的大型计划（后文详述）。而近期，则只能靠偶然而来的粮草护送队来供给所需。2月27日，便有这样一支护送队到达郊外，这是李荣发及其手下的数千太平军，他们从仅剩的陆路可达的丹阳和句容带来三千石米。但是，在粮食未及趁夜色偷运入城之时，朱洪章得到当地人的线报，派出部队截获了所有的粮食及运输用的骡马。朱洪章前后数次截获想要偷运进入天京的粮食，一共约有四万石之多。[①] 为了缓解饥荒，太平军还在天京城内割划小块土地种植稻米，这也是他们在这种紧迫局势下无可奈何的权宜之计。

2月28日，李秀成由钟山南麓（天保城）发起了一次冲锋，也告失败。此后，湘军部队占领了整个钟山，其战略价值便是清军自此可由钟山之上从东侧观察城内全貌。3月14日，曾国荃试图通过云梯登城未果，尽管当时及之后数月中，他心中盘算的是等待援军到来再一锤定音。[②] 而这些援军也正依照曾国藩的命令陆续到达，共有湘军二十四个营，共一万两千人，这将使曾国荃部的总人数达到五万人。5月，太平军又进行了一次突袭，这也导致湘军攻占了紫荆山上的堡垒，而随着丹阳、句容、溧水、金坛、常州及太平天国在江苏的其他领土先后被清军收复，天京已然陷入完全的孤绝无助之中。被日益险恶的情势变化逼入绝境的李秀成，向在湖州的他的血亲李世贤和黄文金写信，请求他们即刻增援。他得到的回信是三个月之内会派出援兵，但是湖州的部队根本无法凑齐足够的粮草来支持这样的远征。

在曾国荃包围天京的两年中，清廷一直耐心等待，且越来越急迫地想得到天京克复的消息。随着1864年夏天的临近，清廷决定加速获取这一胜利，于是在曾国荃认为自己的五万人已经足够的情况下，仍然命令李鸿章

---

① 朱洪章书。
② 《曾文正公奏稿》第216页及218页。

从其凯旋之师中分出一部，调往天京支援。李鸿章意识到，自己参战可能会抢夺曾国荃克复天京的独功，也认为这是一次向曾国藩答谢知遇之恩的好时机，遂借口其部队征战两年，急需休养方能再战，连续五次拒绝了清廷的命令。而这种情况也促使曾国荃再一次对天京城墙进行爆破。于是在此后的两个月之内，他的部队又挖掘了十多条地道，但是所有的地道都被太平军从城内破坏，这也使湘军折损了将近四千名士兵。[①]

另一方面，随着那些自私又腐败的贵族因洪仁玕不在而变得畏缩怯战（洪仁玕在浙江的征粮之战不久就彻底失败），天京城内的情况迅速恶化。天王整日不理朝政，继续将自己关在宫殿里，向上帝祷告，求他拯救自己的王国。而到这个时候，太平天国最有实力和影响力的领袖李秀成已经放弃外围城市的防守，而改为专务天京城本身的城防。政府也陷入了混乱之中。民众忍受饥荒，李秀成便向百姓放粮，而由于圣库已经枯竭，李秀成便从自己的配给中调拨发放，直到自己的配给也全部用完。最后，李秀成恳求天王放百姓离开天京城，而得到的回应却是一道严令，要求所有的官员和百姓食用"甜露"（草团）为生。显然，太平天国的臣民们被命令效法《旧约》中的以色列人，在穿越沙漠时靠天赐甘露而活。虽然李秀成本人以及宫内的所有人都曾食用"甜露"度日，但是这道命令给民众带来了非人道的负担，因此，李秀成对他们的逃亡离开也采取了默许的态度。大约有十三万居民逃离了天京城，此后城内陷入混乱，军民各为生存而互相争斗，劫夺流血事件不断。[②]

4月上旬，天王罹患疾病，且可能由于营养不良，病情愈重。他虽然已经虚弱得二十天无法离开床榻，但是拒绝服用任何药物，完全信赖上帝能治好他的疾病。他的病情也曾有短暂的好转，但是5月30日，他还是降下最后一道旨意，宣布现在正是天王前往天堂向天父和天兄祈求，保佑天京不被攻陷的时候。[③] 1864年6月1日（同治三年四月二十七，太平天国十四年四月十九），太平天国革命运动的开创者洪秀全，在建国登基十三年半之后终

---

① 《剿平粤匪方略》第三百七十九卷载曾国藩奏稿。
② 李秀成状。
③ 郭廷以书第二卷第1072页。

于病故，时年五十一岁（虚岁五十二）。① 虽然洪秀全发动的革命最终失败了，但是他无疑是中国历史上伟大的爱国英雄。② 他的儿子幼主天贵福于1864年6月6日继位登基。

天京陷落

6月18日，李秀成指挥了一场对曾国荃围攻部队的猛烈进攻，曾几乎已经败退，但最终还是坚持了下来。两周之后的7月3日，湘军占领龙脖子山（太平军改称地保城）。现在，曾国荃以掌握龙脖子山和钟山（太平军改称天保城）这两处天京城太平门之外关键的优势位置，便可以进一步逼近城墙。但是，他发起的新一轮意图最终夺取城池的进攻再次被击退，且湘军伤亡惨重，尽管在此后的7月8日，曾的部队又痛击了李秀成的部队。曾国荃现在已经非常清楚，天京城不可能仅靠进攻便能拿下，便重新开始进行爆破城墙的尝试。朱洪章和李臣典负责重新挖通一条之前已被太平军破坏的大型地道，他们令工人日夜赶工，还派部队驻防，以防被太平军偷袭。7月18日，当李秀成在黎明之前袭来时，地道才刚刚竣工。如果不是

---

① 在1962年真正的李秀成手书自叙状影印本（《李秀成亲供手迹》，台湾世界书局，由曾国藩湖南老家收藏的原文手稿影印而成）发表之前，学界一致认同李秀成状之前版本中所说，天王见天京不保，于绝望之下服毒自杀身亡。但是，1962年影印本中的两节文字（第65丁左至第66丁右）均明白地表明，天王是由于长期食用"甜露"以致重病，且拒绝服药，而自然死亡。对比李秀成供状的两个版本便可以发现，曾国藩（或是其幕僚赵烈文）故意隐去此两节文字，并加入三十三个字，伪造天王自杀一说。（关于笔者对李秀成状版本的进一步分析，见笔者于《思想与时代》1963年2月24日第103期发表的《忠王亲笔供词之初步研究》第7—8页，以及收录于《浸会书院学报》1964年3月第二辑第1期第141—142页的《太平天国新文献》。另外有三份文献与李秀成状中之叙述相符：一、幼天王状（发表于《逸经》第22期）中说："老天王病死了。"二、洪仁玕状（发表于《逸经》第20期）前半部分包含如下内容："我主老天王卧病二旬升天。"后文中所暗示的自杀之意，实为清史篡改以附会曾国藩修改的李秀成状。三、赵烈文于其1864年6月9日的日记中也写道，根据线报，洪秀全"病亡"。
在此前数十年中采用了曾国藩修改版的史家（及作品）有：郭廷以《日志》第二卷第1075—1076页、罗尔纲《太平天国史料考释集》第8页及第10页、范文澜《中国近代史》第185页、牟安世《太平天国》第382页、萧一山《清代通史》第三卷第274页、邓嗣禹《太平天国起义的新见解》第70页、解维廉《曾国藩与太平天国》第290页、拙著《全史》第三卷第2252页，及《清史》第八卷第6131页第五百四十六章《洪秀全载记》。笔者在《全史》的修订本中修正了之前的结论，并阐述了理由（第673—676页）。李滨《中兴别记》第六十一卷第11丁是唯一否定自杀说的清代文献。
② 笔者坚定地认为，洪秀全是中国历史上伟大的爱国者之一。他的作品中有大量证据，可以证明他对革命民族主义的热情。对他全心全意的爱国精神最为戏剧化的证明，可能是李秀成状所记录的一件事（手书自叙状第73丁右，本节也被曾国藩删改）："一些妖人（外国人）来到天京与天王协商。他们希望天王割让（中国）领土以换取（外军的）援助。但是天王拒绝了。"洪秀全甘愿冒革命失败的风险，也不愿与外国人共享中国的土地，想必令"妖首"感到震惊，他们随即威胁说："如果你不和我们合作，你的天国就不会长久。"但洪秀全不为所动。

朱洪章及时地对李发动伏击，新竣工的地道又将不保。当天夜里，曾国荃在朱洪章的大营召开会议，商定爆破城墙及早已做过诸多准备的全面进攻的操作细节。诸事均已商定，唯有讨论到谁将领军率先冲入城墙缺口的关键问题时，与会诸将陷入了尴尬的沉默，就连衔级最高的萧孚泗和李臣典也都默不作声。最后，朱洪章与刘连捷自告奋勇，分别带领第一波及第二波冲锋。

次日，即1864年7月19日（同治三年六月十六）的中午，巨大的爆炸声响起，靠近太平门约六十米处的城墙轰然倒塌。李秀成亲率太平军，拼命抵挡涌入城来的朱洪章的士兵。朱洪章率领冲锋的一千人中有四百人当场阵亡，而紧跟在后面的是刘连捷的士兵。太平军被彻底击溃，开始混乱无序地撤退逃亡，而其他的湘军部队则用云梯登上城墙，锁定胜局。[①] 城外的太平军士兵见到天京城已然陷落，或是投降湘军，或是四散逃亡。随后，曾国荃进入天京城，简要地巡视了一番，然后就回到了他的大本营，派遣使者将捷报送至北京的朝廷及在安庆的兄长曾国藩处。[②]

天京城的每条路上都堵满了涌进城来肆意放火的湘军士兵。朱洪章直接来到了天王府，那里仍然完好，但已经空无一人。朱便派一队士兵驻防保卫，等待曾国荃亲自详细检查。但是，太平天国的其他宫殿和大堂都被放火焚烧，大火烧了整整一夜。[③] 大约有三分之一的官员府邸是由太平天国官员自行焚毁的，他们自己也在火海中殉国自尽，而其他的府邸在被劫掠一空之后，也都被湘军烧毁。[④] 天王宫也只是侥幸多保存了一晚而已，第二天中午也陷入火海，据说是萧孚泗在仔细搜查贵重物品之后放火将其烧毁的。[⑤] 而对天王府的搜刮与焚毁，是出于曾国荃的授意，这一点几乎可以确定，因为只有曾国荃才有可能命令朱洪章留下保卫王府的部队撤离。而且，

---

① 关于天京最后一战的生动详细的描述，见朱洪章书（转录于《全史》第三卷第2270—2273页）。该描述在许多方面都与曾氏兄弟的奏折所述不同，但是他的描述最终得到了曾国荃的认可。
② 以笔者所见，曾国荃之所以马上返回其大本营，也有其贪婪的动机，即默许其手下的将领更为放肆地搜刮，任由他们中饱私囊。同时，他还可以向朝廷上奏说，太平军在城破四散之时带走了宫中所有值钱的物件。而此后朝廷对他在天京治理不利的责难，与其说是因他在指挥占领时的冷酷无情，不如说是因为怀疑他因掩盖私掠而不断虚与委蛇。
③ 《年谱》1864年8月8日（同治三年七月初七）记录道："贼所造宫殿行馆皆为官军所毁。"
④ 向达《太平天国》第八卷第747—748页引赵烈文《能静居日记》。
⑤ 关于萧孚泗的行动，同前注。关于对天京大火的描述，见朱洪章书。

战后曾国荃与其大将们的巨额财富,其来源除此之外别无他解。仅就土地而论,战后曾国荃的财富便足以购置十万亩,而他手下上百员将官每人新入的财富都有十万元之多。①

至于占领天京的其他细节,湘军在全城的肆意屠杀持续了整整三天。根据曾国藩的奏折,超过十万"叛匪"被杀死,当然这个数字必然有夸张的成分。而可靠的数据认为,天京陷落之前城内人口最多约三万,其中大约半数为士兵,再减去战死者、随幼天王或以其他方式逃亡者(关于幼天王逃亡事,后文详述)、自杀者以及被俘者(均为年轻女子),被湘军杀死的"叛匪"总数不超过一万。②赵烈文的日记中的描述则更为可信:

> 计城破后,精壮长毛除抵抗时被阵杀外,其余死者寥寥……城上四面坠下老广贼匪不知若干。沿街死尸十之九皆老者。其幼孩未满二三岁者,亦斫戮以为戏,匍匐道上。妇女四十岁以下者一人俱无。③

湘军对妇女的诱拐不仅限于太平军,就连在郊外居住的民家妇女也遭到毒手,大多数被诱拐的妇女随后都被送到了湖南。④其中一个被拐走的便是天王长兄洪仁发的妻子,许多年后,她讲述了自己及其幼子的悲惨故事。⑤

天王的两个哥哥都被抓捕(次兄洪仁达被朱洪章所擒)。据曾国藩说,8月5日他们被处决行刑之时,仍在向上帝祷告。

幼天王逃亡及李秀成被捕

幼天王从天王府的一处高楼内观察城墙上的战斗,他知道一切都结束了,于是立刻带着他的两个弟弟光王和明王,从天王府大门逃出。他们在

---

① 王闿运,《湘军志》第十六卷,第2丁。
② 关于当时城内人口,见李秀成自叙状的补充《忠王供辞别录》,收录于《逸经》第29期、《全史》第三卷第2280页。郭廷以书第二卷第1086页引威尔逊《常胜军》第331页估计,只有七千人被杀。
③ 赵烈文,《能静居日记》,1864年7月26日(同治三年六月二十三)。
④ 罗尔纲《太平天国史考证集》第58页引邹弢《三借庐笔谈》第二卷、金和《秋穗吟馆诗钞》中的纪事诗《烈女行》。关于湘军在攻占天京后暴行的记录,见《通考》第三卷第1531—1538页。
⑤ 见笔者发表于《逸经》第2期的文章《新史料》。

那里遇到了李秀成，李即刻护送这几位沦为难民的皇室贵胄来到自己的府邸，把自己的好马与幼天王的马匹交换骑乘。当晚，李秀成带领约一千名忠诚的士兵，试图从某座城门杀出一条血路，却发现所有的城门都被湘军紧密地把守着。最后，李秀成、幼天王和其他一行人（很可能包括光王、明王及李秀成的家眷）乔装打扮成清军模样，穿过太平门附近被炸开的城墙废墟，逃出城外。时间已过子夜，却没有哪条路对他们来说是安全的。不知为何，也许是他们的马匹忽然受到惊吓而狂奔，一行人等忽然陷入混乱之中，向淳化而去，而骑着幼天王的劣等马的李秀成落在了后面。① 一发现他们逃亡，曾国荃便派一队骑兵追击，而这队骑兵在淳化追上并杀死了一些逃亡的太平天国贵族，但是幼天王及先锋军的数百亲兵侥幸逃脱，跑到了相对较为安全的皖南广德。

到了拂晓时分，李秀成的马已经疲惫不堪，他便徒步爬上方山，在一座破庙中躲藏。一些当地的乡民困住了这个陌生人，并因分配忠王身上的珠宝和黄金而发生争执，最后失败的一方为了得到补偿，便将忠王扭送到萧孚泗的大营，换取奖赏。② 让村民们失望的是，萧孚泗不仅没有给予奖赏，还把他们抓捕，派士兵把他们的家人也抓来，并搜查所有从被俘的李秀成那里夺来的财宝。实际上，在给曾国荃的报告中，萧说自己派兵抓住了李秀成，独占了功劳。③

李秀成被送到了曾国荃的面前。曾国荃面对这个对手，愤怒难以自制，用尖锐的锥子不断戳刺李秀成，如果不是幕僚赵烈文阻拦，他恨不得一直刺下去，直到把李秀成戳得稀碎方肯罢休。④ 李秀成随后被投入大牢，等候曾国藩的审问。⑤ 7月28日，曾国藩抵达天京。两日后，他派两名幕僚会审李秀成，并编成了一份供状。李秀成花了八天半的时间写完了他的自叙状，这是一部长达三万六千一百字的关于整个革命运动的总史。⑥ 8月7日，忠王被处决。曾国藩在朝廷要求尽快将这位太平天国领袖押解进京受审的

---

① 《逸经》第22期载幼天王状及李秀成状。
② 李秀成状。
③ 向达《太平天国》第八卷第748页引赵烈文书。
④ 谢兴尧《太平天国史事论丛》第158页引曾国荃致李鸿章书。
⑤ 向达书第八卷第749页引赵烈文书。
⑥ 李秀成手书自叙状。曾国藩、赵烈文删掉其中七千二百字后，方成官方的版本。

情况下，下令迅速将他处决，原因之一毫无疑问是害怕李秀成在北京揭露湘军（尤其是曾国荃）在天京中饱私囊的情况。①为了进一步掩饰弟弟的罪行，曾国藩还毫不掩饰地扯谎说，天京城在收复之时已经是一片废墟，而叛匪已然将全城财物洗劫一空，只留下金印一枚和玉玺两方。这话说来令人难以置信，却又无证据足以反驳，清廷只能听任曾国藩所说。

天京大捷的参与者们都得到了清廷丰厚的奖赏：赐封曾国藩一等侯爵，其弟曾国荃一等伯爵，李臣典一等子爵，萧孚泗一等男爵。但是，最应当受到特别嘉奖的将军朱洪章，因为并非湘军嫡系，不得不让位，居于李臣典与萧孚泗之后，被晋升为提督。其他远近各处官员也次第受封，庆祝扫平太平天国革命，主要有湖广总督官文、李鸿章及克复浙江之后才受赏的左宗棠，三人都被晋封为伯爵。

即便是曾国荃在北京作为英雄受到欢迎的时候，当地的百姓及很多与曾国荃共事的同僚之间就开始流传他在天京大肆搜刮的传闻。多隆阿、鲍超、杨岳斌和彭玉麟都公开与曾国荃划清界限，而其他的将军们也都如此效仿。②唯一仍然支持曾的便是李鸿章，虽然他心中究竟做何判断，我们无从知晓，但他仍然把曾国藩对自己的恩情放在首位。而曾国藩也感到风头不好，便劝他的弟弟以生病为由立即离开天京。此后，曾国藩上奏清廷，请求遣散两万五千名湘军士兵，并多次做出这样的姿态，以示对朝廷的忠诚，直到曾国荃引起的公愤逐渐缓解。③

天京百姓所遭受的苦难，可以由湖南出身的著名学者及改革家谭嗣同的感想中一窥究竟，他在收复天京三十二年之后来到这里，并这样写道：

> 顷来金陵，见满地荒凉气象。本地人言发匪据城时并未焚杀，百姓安堵如故……不料湘军一破城，见人即杀，见屋即烧，子女玉帛，扫数入于湘军，而金陵遂永穷矣。至今父老言之，犹深愤恨。④

---

① 王闿运书第五卷第25丁。
② 同前注第23丁。
③ 关于曾氏兄弟就收复天京一事的奏折及其他文献，见《全史》第三卷第2266—2280页。
④ 《独立评论》第102期载谭嗣同《北游访学记》（转引自罗尔纲《太平天国史考证集》）。

幼天王与洪仁玕的命运[①]

从天京逃亡的幼天王一行人在被湘军骑兵追上之后,当场被杀的有林绍璋、萧朝贵子、冯云山子、洪仁发幼子及洪仁达幼子,而人数不断减少的幼天王一行继续前行,经溧水最终到达了东坝。洪仁玕及一支部队在那里出现,并把筋疲力竭的幼天王一行人等于7月24日护送回了皖南的广德。此后的两个月内,洪仁玕保护着幼天王四处往返,寻找其他的太平军部队,他们的行程大致如下:

7月29日	由广德到浙江湖州
8月4日	由湖州回广德
8月29日	至皖南宁国(与两日前弃守湖州的黄文金一道)
9月2日	至浙江昌化(一路遭到清军追击)
9月20日	至浙西开化(在黄文金死后)
9月21日	至江西省界附近之常山
9月22日	至江西玉山
9月24日	至江西广丰
9月25日	至江西铅山
9月29日	至江西泸西(自此黄文英率部别走福建)
10月4日	至浙江新城(与黄文英部重逢)[②]

进入江西后,洪仁玕的计划是去抚州找李世贤和汪海洋,然后合军向西北入湖北,再与陈德才和石达开会师(显然洪仁玕还不知道石达开部已经败亡),接着再以陕西西安为基地占领西北地区,重新扭转天国的颓势。[③] 令他倍感失望的是,李世贤和汪海洋都在向南方败退,这使得洪仁玕和他大约一万人的部队别无选择,也只能跟着向南撤退。他们在各处均遭到江

[①] 本节为《全史》第三卷第2280—2288页之概述。
[②] 关于全部的行程,见《全史》第三卷第2119—2121页及第2280—2284页。
[③] 洪仁玕状及《沈文肃公政书》第三卷第103页载1864年11月1日(同治三年十月初三)沈葆桢奏折。

西按察使席宝田湘军部队的围困，干王这支毫无士气的军队由新城跑到了石城，在那里遭到清军夜袭，彻底溃散。在各自逃命时，洪仁玕也与幼天王失散，于10月9日与洪仁政和黄文英一起被捕，并被解送南昌。①

幼天王在一众亲兵的保护下暂时免于遭到逮捕的厄运，但是最终沦落到独自一人在石城附近的山谷一带躲藏，最终被席宝田手下的士兵抓获。②在南昌经过省抚沈葆桢的审问之后，十六岁的幼天王于1864年11月18日被处决。③

对洪仁玕的审问更为繁复，他因而留下了数份供状。在审问结束之后，洪仁玕也于1864年11月23日与和他同时被抓的洪仁政及黄文英一起被处刑，时年四十三岁。④在临刑之前，洪仁玕想到了南宋文天祥的民族主义情怀，赋绝命诗一首，表达自己对太平天国事业至死不渝的忠诚信念：

> 临刑复一语，
> 快然诉心声。
> 我国祚虽斩，
> 有日必复生。⑤

确实，洪仁玕的一生经历、他的成就以及他的英勇就义，在很多方面都可以与文天祥和史可法相比。那两位英勇不屈的宰相都以他们对中华的强烈热爱与忠诚，为南宋与南明的故事增添了壮丽的色彩。洪仁玕同时也

---

① 幼天王状及洪仁玕状。洪仁玕的长子洪葵元侥幸逃脱，先逃往广东，在东莞一所教会学校停留一阵之后，最终与其家人移民至美国。关于此番过程及其生涯之细节，见笔者《太平天国杂记》第232—233页。
② 幼天王状及《剿平粤匪方略》第三百九十五卷载沈葆桢奏折。
③ 李秀成四岁大的幼子李其祥也被捕，并被送到南昌，但是因为未到年龄，便得到缓刑，直至其十六岁时再行刑。一位名叫陈宝箴的官员将他带回家中，监护抚养。李其祥后来娶妻，并育有两子一女。其中一子李余庆成为民国官吏，长期供职于山矿局，于1941年出任滇缅公路的建设顾问。关于李秀成子嗣的更多信息，见拙著《金田之游》第155—158页，关于李余庆，见《全史》第三卷第2285—2286页基于对陈宝箴之孙陈寅恪的访谈而成的报告，陈寅恪修订并增加了很多细节。天王的儿子光王和明王也免于被杀，后来辗转到了香港，又从那里到了印度的加尔各答。在那里，他们的身份被其他洪氏族人确认。见《太平天国杂记》第230—232页。
④ 见参考文献中对洪仁玕状的说明。
⑤ 1865年3月25日《北华捷报》第765期（英文全诗见《全史》第三卷第2287页）。虽然附诗原文已经亡佚，但是原诗前三节收录于萧一山《清代通史》第三卷第296—297页。

是具有预见性的，因为太平天国革命精神不久就在孙中山发动的革命中涅槃重生。

江西征粮军的溃散[①]

在收复天京之后，清军又花了一年半的时间，才扫清李秀成和李世贤于1864年2月向江西派出的为被困的天京征收粮食的四支大军，而直至战争最后平息，双方的战事都异常激烈，甚至还波及了福建和广东。江西相较于周边的省份，受战争之苦并不算严重，因此当天京因粮草匮乏陷入饥荒的时候，李秀成便认为如果太平军想要做长久的坚持，入赣征粮势在必行。[②]根据他与李世贤制定的计划，大军将在江西寻找稻谷直至9月，然后转回天京，如有可能，再沿途额外收集皖南和苏南的粮食补给。

第一支征粮军由谭星、林正扬（原捻军）及李世贤的两位族人指挥，由浙江出发，发现至江西的各处道路已被清军席宝田和刘于浔的部队（府军或湘军）封堵，于是便短暂地转入福建行军，至5月中旬，从南丰、石城一带转回入赣。第二支征粮军是陈炳文和汪海洋在1864年3月31日杭州陷落之后从那里撤退的队伍。当时，他们先败退到了德清，然后又转入皖南。5月初，这支部队进入了赣东地区，并在贵溪和抚州初战告捷。第三支征粮军实为李世贤、陆顺德和黄呈忠的合军，他们从浙江进入江西，与第一支征粮军在南丰会师，此后遭到赣军阻截，转攻抚州，亦不成功，到5月初及此后不久，攻占了宜黄及崇仁。第四支征粮军由李秀成最为信赖的干将刘肇均指挥，共约三万人，由江苏丹阳出发入赣。他们路经皖南，不断与湘军遭遇且一路败退，但刘肇均终究还是带着他的部队于6月1日抵达江西弋阳，并在那里与李世贤的部队会师。在此后的行军中，他们的联军又在崇仁附近三尝败绩。

到了7月，天京陷落，入赣征粮的任务已不复存在，这几支太平军的基本部署安排仍然大体不变。曾国藩迅速调兵遣将，准备压制并最终消灭这些大批的太平军残部，委任杨岳斌（已被任命为陕甘总督，尚未履职）

[①] 本节为《全史》第三卷第2205—2210页之概述。
[②] 李秀成附状中曾提及征粮之战的总体计划（《逸经》第29期）。

负责江西与皖南的全部军务。杨岳斌调鲍超的部队，于 7 月 27 日开始向抚州陈炳文的部队发动猛攻。太平军不敌鲍超，在抚州附近节节败退，到了 8 月 13 日，陈炳文及其大部分部队（超过六万人并配备七千支步枪）向鲍超投降，其余的部队在汪海洋的带领下逃跑。与此同时，席宝田的赣军配合左宗棠军中的刘典一部，集中进攻李世贤的部队，李被迫于 8 月 14 日由宜黄跑到南丰，然后在 9 月又从南丰撤入广东。到此为止，只有汪海洋带领一众残部留在江西境内。

福建战事[①]

转入福建作战的四股太平军中的第一股，便是李世贤和陆顺德带入该省的部队。他们在江西战败之后，于 1864 年 9 月 17 日进入粤北地区，经嘉应、平远及镇平，最终到达大埔。10 月 9 日，陆顺德跨过省界占永定，又于 15 日占领龙岩。李世贤率领第二股太平军于 10 月 14 日大胜清军，攻克漳州。[②] 李世贤由此志气稍涨，便致信英国、法国及美国领事，表达了对太平天国革命终将胜利的信心，并请求他们的援助。但是他的信并未得到回复。[③]

进入福建的第三股太平军是原天地会的丁太阳部。9 月，他于李世贤败退广东之前，在江西与其分军。在那之后，丁率部从零都至瑞金，并在那里与林正扬合军。10 月 11 日，丁、林联军击败了曾国藩旧湘军的老将、江西按察使张运兰，占领武平，张被俘获，三日后被处决。此后，方耀率粤军把丁、林从武平赶出，迫使他们越过省界，撤至永定。第四股，也是最后一股入闽作战的太平军，是汪海洋、谭体元及其他将军在江西各处收编的太平军残部，他们并未投降清军，而是继续作战，在宁都败于鲍超之后，曾短暂地占领瑞金，最终于 10 月 15 日由汀州进入福建。

关于在福建的太平军兵力，目前并无确切的数据，但是估计至少有

[①] 本节为《全史》第三卷第 2289—2318 页之概述。
[②] 关于李世贤占领漳州别有一文，收录于《全史》第三卷第 2290—2293 页。
[③] 呤唎书第二卷第 784—787 页。呤唎提到，李世贤的部队在漳州时仍然纪律严明，他还引用了 1865 年 1 月 1 日《中国内陆贸易报告》（第二卷第 779—782 页），及 1865 年 4 月 10 日和 5 月 26 日亲眼见证的倪为霖（William McGregor）牧师所写的两封信作为证据。

三十万人，甚至更多。其中包括李世贤本部十万人，汪海洋等人的部队约九万人，以及陆顺德、丁太阳和林正扬部各数万人。即便如此，清军还是很快就占据了上风，而太平军缺乏统一的指挥，诸路部队各自为战，随着处境越发困难，有时甚至互相开战，因而战斗效能大受损失。

左宗棠入闽作战

由于太平军的残部被各路围堵逼入福建，因此剿灭他们的任务自然落在了闽浙总督左宗棠的肩上。1864年11月26日，他亲率本部大军从杭州出发，经浦城开赴福建。他的策略是将其部队分为三路：西路为刘典的新军八千人，外加将由江西入汀州的王德榜部两千五百人；中路为黄少春部四千人，由浦城向南入闽；东路为高连升率其部由宁波经海路至福州，再从那里转道兴全。为左宗棠的部队提供增援的是西路康国器的粤军（康是广东人，当时在福建任道台），他的任务是在龙岩切断太平军互相交通的中枢。而其他粤军也不时加入战斗，提供援助。①

双方于11月30日正式接战，陆顺德的太平军部队在龙岩被康国器击败，而同日，李世贤在漳州大胜福建提督林文察，林阵亡，双方因此不分胜负。数日之后，李世贤再次成功地击退了高连升发起的第二轮进攻。12月中旬，太平军又获得了另外一场胜利，丁太阳和汪海洋接连数次击败刘典的新军，并一直追杀败退的清军至连城。左宗棠对接连失利感到不满，便于12月25日将大本营从浦城向前移动至延平（今南平），并在那里得到了浙江巡抚蒋益澧为他准备好的三千人的援军。②

从1865年2月开始，战场的形势开始转而对太平军不利。2月19日，康国器终于收复了龙岩府，陆顺德及守军逃往漳州，从而切断了李世贤与汪海洋之间的联系。③从此以后，西路的清军便迫使陷入孤立的丁太阳与汪海洋的部队经汀州、连城及龙岩，一路且战且退。李世贤方面，除了在2月25日与闽军交战得胜，也不得不在高连升接二连三的胜利面前采取守势。

---

① 王定安《湘军记》第十二章。关于康国器的更多情况，见康有为《康公事状》及《南海县志》中康国器传（《全史》第三卷第2104—2105页对两份文献均有概述）。
② 王定安书第12丁左。
③ 康有为书第17丁左、右。

值得一提的是，在这一时期，李世贤还招募了十六名外国人为其提供服务，其中包括一个爱尔兰人，在漳州的兵工厂中为他制造火枪。[1]（同样，黄呈忠在占领漳浦时，也有外国人积极地为他提供弹药。[2]）1865 年 1 月 29 日，原常胜军指挥官白齐文从日本来投靠李世贤，他此后一直留在漳州，直到 5 月 13 日被湘军中的英国官员逮捕。（至于白齐文此后在被押解返沪途中于浙西兰溪坠河溺亡一事，至今尚无令人满意的解释。[3]）

福建的战事使得左宗棠感觉人手不足，而为了加快推进福建的战事，清廷于 4 月命李鸿章派郭松林所领的七营湘军及杨鼎勋的六营淮军前往助阵。这些部队共有八千人，全部装备了步枪，经海路入闽，随时准备攻取漳州。另外，福州税务司法国人美里登（Baron de Meritens）也携重炮前来襄助。如此配置的部队轻而易举地就在 4 月 11 日击溃了李世贤在漳州的外层防御，杀死了三千名太平军士兵。5 月 15 日，他们发动了第二轮进攻，迫使李世贤带着他未被屠戮的部队向西南逃亡。第二天，陆顺德和林正扬也把南靖让给刘典，去与李世贤再次会合。

在收复漳州的同时，刘典与康国器于 5 月 6 日展开的联合行动也颇见成效，成功逼迫汪海洋跨过广东省界，逃至大埔。但是，5 月 15 日，汪又在方耀粤军的追击下重新进入福建，开始围攻永定。5 月 19 日，汪海洋和他的部将们率七万人大举进攻康国器的部队，但是被击退。两天之后，康发动了猛烈的反击，杀死太平军超过六千人，解除了永定之围，使汪海洋率军向西北逃走。另一股由林正扬指挥的太平军于数日后抵达，襄助汪海洋，但也被击退。康国器此役以八千人的部队击溃十倍于己的太平军，因此深得左宗棠的赞许，左举荐康国器为福建布政使。[4]汪海洋的部队于 6 月 14 日逃至广东省界，然后继续向镇平逃窜。林正扬则与陆顺德合军。

左宗棠此时又把大本营移至漳州，着力清缴福建境内残余的几股太平军。5 月 21 日，郭松林收复漳浦，太平军守将刘肇均因不愿投降而自杀（黄

---

[1] 郭廷以书第二卷附录第 177 页。
[2] 郭廷以书第二卷第 1120 页及第 1123 页。
[3] 1865 年 9 月 2 日《北华捷报》第 788 期、呤唎书第二卷第 801 页及徐萨斯《历史中的上海》第 186 页注释。有人怀疑李鸿章密谋害死了白齐文，以此来避免与外国使节之间出现尴尬的局面。
[4] 康有为书第 23 丁右。

呈忠可能也是如此，在漳浦城破之后，再也没有关于他的记录）。同一天，李世贤的败军及忠王之弟李明成的部队遭到了高连升和黄少群的攻击，逃亡到了永定。陆顺德及其残部的境遇更糟，他们先被左宗棠的部队赶到广东大埔，然后又逃到永定，与李世贤合军。双方最后的决战于5月26日展开，刘典和康国器的部队在永定的塔下村包围了李世贤全军，一场恶战之后，太平军有一万人或阵毙或溺亡，其余的士兵当场投降清军。李世贤抛弃家眷资财，仅以身免。① 陆顺德和林正扬也率残部侥幸逃脱，于6月2日占领镇平。

汪海洋在广东

6月15日，汪海洋占领了四天前被陆顺德和林正扬转奔平远前弃守的粤北镇平，随他而来的还有一些愿意一直奋战到最后一刻的将领。他手下其他的将领见到局势急转直下，一个个地都投降了清军，尚未投降的也有很多只是在等待机会而已。让这些坚守的将领感到喜出望外的是，有十八个营的鲍超军中的原太平军士兵来镇平投靠他们。这些部队因反对镇压陕甘回民起义的命令而叛走，并在欧阳辉的带领下长途跋涉，经湖南来到广东，来投靠正在苦战的太平军余部。清廷对如此大规模的叛逃感到震惊，立刻降旨命令正在四川家中养病的鲍超即刻南下。②

而卓兴所领的粤军整个6月都保持着对汪海洋、陆顺德和林正扬的军事压力，诱使越来越多的太平军将领放弃抵抗而投降。但是汪仍然固守镇平。8月19日，李世贤带着一众永定之战中幸存的太平军艰苦跋涉，来到了汪的大本营。汪海洋热情地招待了李世贤，但是数日之后，就开始对李世贤的存在感到不悦，害怕级别和声望都比他高的李世贤会夺取自己的指挥权。为了根除这种可能性，8月23日，汪派刺客将李世贤及其所有随行人员全部暗杀。③ 8月29日，林正扬和陆顺德占领长乐，但是到9月20日，林正扬便献城向清军投降，同时还抓捕了陆顺德及许多他手下的

---

① 康有为书第23丁左。
② 王定安书第17丁左。
③ 关于时年三十二岁的李世贤被杀一事的官方记载，见《剿平粤匪方略》第四百一十卷。

将官。①

此时，鲍超已经赶到广东，并与康国器一起展开对汪海洋的作战。9月3日，康大胜汪海洋，杀死数千太平军士兵，汪海洋也在战斗中左臂负伤。②而左宗棠的本部部队也在高连升和黄少春的指挥下迅速不断地展开攻势，使越来越多的太平军投降。最后，9月28日，汪海洋被迫下令向西北方向的平远撤退。

最后一战

到了1865年10月，战火已经蔓延至沿江西省界一带。10月3日，汪海洋在兴宁突袭高连升和康国器的部队。此役中，高损失了数千人马及大量弹药。而康国器的部队早已因瘟疫减员至半数，而此次又损失数百人，被迫暂时从与太平军的作战中撤出，招募新员。③汪海洋则带着他获胜的部队跨过省界，进入江西，但是又于11月底折回广东，占领和平。此后，1865年12月8日，汪攻占嘉应，而嘉应也成了最后一个被太平军占领的城市。④

大量清军随即出现在附近地区，各做部署，准备进行长期的围攻。首先到达的是鲍超的部队，他在左宗棠的指挥下在城北部署。1866年1月15日，左宗棠将大本营移至大埔，为这场战斗的最后一个阶段做准备，他的策略是按照康国器的建议，将城市彻底包围，瓮中捉鳖。这个策略要求鲍超由城北，康国器和高连升由城南，刘典由城东，左宗棠亲率黄少春及王德榜部由城西南，配合助阵的粤军由城西及城南，同时发起冲锋。⑤正当1月底整个战略部署刚刚完成的时候，汪海洋于1月28日向城东发起突袭，小胜刘典和王德榜的部队。受到这场战斗挫败的刺激，高连升、黄少春、康国器及其他的将领一怒之下发动了攻击，从各个方向全面打击汪海洋的太平军。

汪海洋的末日不久就降临了。他的习惯是在身着特制的五彩制服的

---

① 陈坤《粤东剿匪纪略》第二卷第35丁右至第36丁右。在参加太平天国运动之前，陆顺德是广东的一个戏子，但是加入运动之后，他很快就成了李秀成信赖的干将。
② 康有为书第27丁右。
③ 康有为书第29丁左。
④ 陈坤书第二卷第41丁左至第42丁左。
⑤ 康有为书第30丁及郭廷以书第二卷第1147页。

一万精英部队的护卫之下,亲自冲入战场,在最近的优势位置设立指挥点。这一战中,汪海洋也像平常一样,在许多大旗之间指挥战斗。新近叛逃至清军的丁太阳立即向王德榜指认了他之前的上级指挥官,王立即命令向汪海洋所在的位置射击。汪海洋随即中枪倒地。2月1日,皖北全椒出身的汪海洋伤重不治,时年三十五岁(一说三十六岁),他勇猛无畏的战斗为倾颓覆亡之中的太平天国革命运动增添了壮丽的光辉。汪海洋历尽磨难的部队,被太平天国最后一位英勇不屈的偕王谭体元接管。[①]

1866年2月4日,对嘉应的总攻开始。随着清军从七个方向同时扑来,谭体元意识到如果不想坐等被歼灭,只能赶紧逃跑。他迅速反应,趁着清军未及完全将城市封锁,于2月5日命令一部忠诚的太平军士兵牵制鲍超军,自己率领嘉应城内剩下的部队由西南城门溜出城区,直奔黄沙嶂,准备由此最终逃往湖南丰顺。太平军的撤退并未引起清军的注意,在为其他部队的撤退提供掩护长达一天一夜之后,受命牵制鲍超军的部队也撤退逃往黄沙嶂。2月7日早晨,清军收复了一座空城,鲍超和其他的将领这才开始全力追击逃亡的太平军。[②]

黄沙嶂是一条崎岖狭窄、穿过陡峭群山的通道,而此时,这里很快就挤满了太平军,他们艰难地向前,试图逃避后面数以万计的追兵。太平军逃入山林后,清军也四散搜寻,绝大部分太平军士兵被当场杀死(仅2月8日及9日两天,就有约一万太平军被杀),还有很多人被俘,其中就包括带人从鲍超军叛逃的起事者。也有大量的太平军向清军投降,约有四万人向王德榜投降,另有一万人向康国器投降。[③]但是谭体元并未怯懦,也没有放弃,他将追来的清兵一个个地杀死,直到体力不支,滑落山崖,不省人事。谭体元后来被黄少春找到,恢复了意识,但是因重伤无法动弹,终于被俘。他随后被清军处决,也成为为太平天国牺牲的最后一位王。[④]太

---

① 康有为书第31丁右、《东华续录》(同治朝)第五十二卷载左宗棠奏折、《嘉应州志》第三十一卷、张眉叔《谈梅》及王定安书第十二卷第18丁。
② 康有为书第32丁左及郭廷以书第二卷第1149页。
③ 陈坤书第二卷第44丁右至第48丁左。
④ 《左文襄公全集·奏稿》第十七卷第20—21页载1866年4月24日左宗棠奏折。谭体元是广西象州人,是最初参加拜上帝会的会众之一。他十五岁加入太平军,参与了许多早期的战斗,后来追随石达开至广西,最终又返回加入李世贤帐下,为太平天国牺牲时年仅二十九岁(一说三十岁)。

平天国被镇压之日,几乎正是他们以热诚的革命激情在金田发动起义的整整十五年之后(1851年1月至1866年2月,道光三十年腊月至同治四年腊月)。

天国的遗产

太平天国这场满怀革命热情的大起义,在其施政的岁月里播下了新一轮反清运动的种子。具有讽刺意味的是,就在清朝政权将这场大起义镇压下去的同一年,后来的革命领袖孙中山于1866年12月诞生。太平天国为推翻清朝统治而进行的英勇无畏又艰苦卓绝的斗争,唤醒了国人的反清意识,使他们不再沉沦于老辈安分守己的成规,毅然扛起那些阵亡的英雄们的大旗。爱国者不断地涌现出来,呼吁国人重新夺回自己的国家。正如历史所记载的那样,他们不懈的奋斗终于迎来了1911年10月10日武昌起义的决定性胜利。我们扩展性地掌握了太平天国革命运动的志向和成就,从而能更深刻地理解它与辛亥革命之间的革命性关系,并因此明白了二者之间的直接历史渊源。也许这种延续性最好的体现,就是1912年1月1日结束了长达两百七十六年之久的清朝统治的清帝逊位一事。中华民国临时大总统孙中山接受了溥仪(宣统帝)的逊位,而孙中山幼时最喜欢自称"洪秀全第二"。

大事年表

本年表特为配合本书使用,以笔者所编的更为详尽的中文年表(未发表)以及《太平天国全史》第一卷第543—555页、第二卷第1407—1419页及第三卷第1923—1933页所载的简要年表为基础编成,同时参考了郭廷以《太平天国史事日志》,作为修正与补充。表中中国传统纪年均提供了对应的公历日期。

1814年(嘉庆十八年)

1月1日　　(嘉庆十八年腊月初十)太平天国天王洪秀全出生于广东花县官禄㘵。

1828年(道光八年)

洪秀全十六岁,初次在广州应试秀才未第。

1829年(道光九年)

洪秀全同友人前往广州学习一年。

1830年(道光十年)

洪秀全在故里官禄㘵做私塾先生。

1836年（道光十六年）

    洪秀全二十四岁，结婚。在广州第二次应试未中，短暂地在朱次琦门下学习。从梁发处得到九份宣传册。

1837年（道光十七年）

3月— 洪秀全在广州三试不中，返乡。精神病发作四十日，幻想升入天堂，宣称得到授命，统御中华。改名洪秀全。

1843年（道光二十三年）

    洪秀全早春在广州四试不果，这也是他最后一次参加考试。满心愤恨，发誓颠覆清朝。

6月— 洪秀全仔细研读梁发的宣传册，认为其中所载基督教教义与其幻想相符，自行受洗为基督徒，决心消灭"妖魔"。

1844年（道光二十四年）

4月— 洪秀全因捣毁孔子牌位被村中长老制裁，与冯云山前往广西。

9月13日 冯云山离开广西桂县，前往广东。洪秀全在协助处理王氏一案后也随即出发。

1845年（道光二十五年）

    洪秀全在官禄埗教书，并开始著录、发展早期革命理想。冯云山在紫荆山区做苦工，同时为革命寻找军事根据地。

1846年（道光二十六年）

    洪秀全仍在官禄埗。冯云山成为曾氏家师，着手组织拜上帝会。

1847年（道光二十七年）

3月— 洪秀全与洪仁玕一起在广州面见美国传教士罗孝全。

4月—	洪秀全独自返回广州从罗孝全学习,并准备由他受洗。但是双方关系因误解而破裂,受洗一事未能达成。
4月27日	洪秀全在紫荆山区与冯云山会合,亲自掌管已在两广设立许多分支的拜上帝会。在此期间,洪、冯二人选定杨秀清、萧朝贵、韦昌辉、石达开、秦日纲和胡以晄共同参与指挥革命运动。
12月28日	冯云山被王作新逮捕,后被一股拜上帝会教众成功营救。

1848年(道光二十七年十一月二十五至二十八年腊月初六)

1月	冯云山与卢六一起被王作新抓捕,被解送至桂平县衙,卢六在那里殉难。
3月26日	洪秀全前往广州,为冯云山的开释而努力,未果。
4月6日	杨秀清宣称代表神权。
4月—	冯云山获释,被护送前往广东,途中说服解差加入太平天国运动。
10月5日	萧朝贵宣称代表神权。
11月—	洪秀全与冯云山几经辗转,终于在故里官禄㘵重聚。

1849年(道光二十八年至二十九年)

6月或7月	洪秀全与冯云山返回紫荆山区,是时已有详尽的计划,将拜上帝会改造为一个革命性的军事组织。

1850年(道光二十九年至三十年)

2月或3月	洪秀全表侄王为正在狱中被折磨致死。
5月—	杨秀清诈病不出,攫取更大的权力。
6月—	洪秀全派人去广东护送家人入桂。
7月—	洪秀全令拜上帝会教徒在广西桂平金田村发动全面起义,并在那里建立太平军的指挥中心。
11月4日	杨秀清获得最高军事领导权。

11月—	洪秀全、冯云山和萧朝贵转移至平南花洲的胡以晄家中，是时太平军与地方武装的第一场战斗正在紫荆山区和金田展开。
12月25日	贵州总兵周凤岐及地方兵勇在平南花洲向太平军发起攻势，但被杨秀清从金田派来的援军蒙得恩部击退。

1851年（道光三十年十一月二十九至咸丰元年十一月初十）

1月1日	洪秀全返回金田，带领太平军及他县来投的四股新进拜上帝会教徒击退贵州官军。
1月11日	在金田正式开国，洪秀全为天王，整编太平军军制。
2月—	太平军在江口重创围困他们的向荣部，钦差大臣李星沅移营柳州，对江口太平军发动总攻。
3月10日	约三万太平军撤退至新墟、金田，并向西往武宣移动。
5月3日	满将乌兰泰率广州援军至武宣，完成对太平军的包围。
5月14日	太平军突围，抵达象州，与当地的拜上帝会教徒会合。
6月—	太平军击破向荣、乌兰泰、周天爵及周凤岐部的合围。
7月2日	太平军再从象州突围，返回金田。新任钦差大臣赛尚阿抵达桂林，数日之内便在金田集结了三万人的部队。
9月11日	太平军突围，转向平南县。
9月25日	太平军先锋罗大纲部占领永安州（今蒙山）。
10月—	杨、萧、冯、韦为军师，太平天国的政府结构形成。乌兰泰组织进攻永安州未果。
12月—	最高层的五位领袖封王。

1852年（咸丰元年十一月十一至二年十一月二十一）

4月5日	太平军突破清军对永安州的紧密包围，经古苏涧至龙寮岭。
4月8日	乌兰泰追击，被太平军在山道伏击，损失两千人，掉落悬崖，险些丧命。

4月18日	太平军开始包围桂林。
4月—	洪仁玕避难香港,与韩山明结交。
5月19日	太平军解桂林之围后北上。
5月24日	太平军途经兴安县,冯云山被全州守兵重伤。
6月3日	太平军采取报复行动,攻占全州,屠杀大量居民。
6月10日	太平军从全州出发,在蓑衣渡遭遇江忠源截击,被迫撤退。冯云山去世。
6月12日	太平军向东撤退至湘南道州重新整顿,推迟攻取长沙的计划。
8月12日	太平军新老军兵十万余人弃道州,占领湘南郴州。
9月11日	萧朝贵、李开芳及林凤祥发动突袭,经长沙东部诸县攻至城下。萧朝贵受伤,不久去世。
10月13日	洪秀全、杨秀清、韦昌辉及石达开率其余的太平军由郴州抵达长沙前线。
11月30日	太平军多次爆破城墙未果,遂解长沙之围北上。在益阳征募数千船只。
12月9日	太平军从湘阴渡洞庭湖。
12月13日	太平军占领岳州(今岳阳)。
12月23日	太平军占领汉阳,连舟成桥,包围武昌。
12月29日	太平军占领汉口。

1853年(咸丰二年十一月二十二至三年腊月初二)

1月8日	曾国藩受命协助湖南巡抚办理团练,并搜寻组织地方兵勇。
1月12日	太平军占领武昌。
2月10日	太平军弃守武昌、汉阳及汉口,沿长江向东而下。向荣克复武昌。
3月20日	太平军占领南京(后改称天京),杀钦差大臣陆建瀛。
3月31日	罗大纲、吴如孝占领镇江。

4月1日	李开芳、林凤祥占领扬州。
4月27日	英国全权代表文咸乘"赫尔梅斯"号抵达天京。
5月13日	北伐军从浦口分三路进军北伐。
5月15日	北伐军东线在六合受挫。
6月19日	北伐军包围开封。
6月24日	西征军开始进攻南昌。
6月27日	北伐军渡黄河,向怀庆移动。
7月18日	罗大纲、吴如孝防卫镇江,击退前来合围的清军邓绍良部。
9月1日	北伐军解怀庆之围,转入山西。
9月24日	西征军攻南昌不克,退至湖口。
9月25日	石达开抵达安庆,全面指挥西征军。
9月29日	北伐军入直隶。
9月—	西征军继续向西入鄂。
10月20日	西征军过蕲州与黄州,攻占汉阳、汉口。
10月30日	北伐军攻至距天津不过十里处。
11月6日	西征军从汉阳撤至黄州、蕲州。
12月6日	法使蒲步龙乘"卡西尼"号至天京。
12月26日	太平军弃守扬州,北上增援北伐军。

1854年(咸丰三年腊月初三至四年十一月十二)

1月15日	太平军胡以晄部占领皖北庐州。
2月5日	北伐军开始从天津附近的三镇撤退。
2月16日	西征军第三次攻占汉阳、汉口,开始包围武昌。
2月27日	太平军石贞祥、林绍璋部占领岳州。
3月21日	湘军迫使太平军从岳州撤退入鄂。
4月3日	张炳垣欲献城与向荣,事发后在天京被处决。
4月22日	北伐军援军从临清撤退,后被剿灭。
4月28日	湘军在湘潭击败太平军林绍璋部。曾国藩在靖港为太平军所败。

5月5日	北伐军从阜城突围，在山东连镇驻防。
5月27日	美使麦莲乘"萨斯喀那"号至天京。
5月29日	北伐军指挥官李开芳占领高唐，留林凤祥守连镇。
5月—	太平军林绍璋部退至湖北。
6月26日	西征军韦俊部第二次占领武昌。
7月25日	塔齐布光复4月时被太平军重新占领的岳州。
10月14日	太平军弃守武昌及汉阳，湘军将其收复。
11月23日	湘军突破太平军对长江的封锁。
12月8日	湘军开始进军九江。

1855年（咸丰四年十一月十三至五年十一月二十三）

1月29日	石达开、罗大纲大破曾国藩亲自指挥的湘军，彻底压制洞庭湖的湘军轻舟水师。
2月17日	江苏巡抚吉尔杭阿镇压上海小刀会起义，此后进而指挥收复镇江。
2月23日	太平军秦日纲、陈玉成部第四次占领汉阳。
3月7日	太平军将领林凤祥自杀，僧格林沁收复连镇。
4月3日	太平军第三次占领武昌。
5月31日	李开芳在冯官屯投降，北伐军彻底覆灭。
8月1日	八次易手的芜湖最终被清军邓绍良部收复。
10月—	在芜湖反击战中受伤的罗大纲因伤在天京去世。
11月11日	和春、福济收复庐州。
11月24日	石达开由鄂入赣。

1856年（咸丰五年十一月二十四至六年腊月初五）

1月29日	由秦日纲、陈玉成、李秀成等将领率领的太平军援军从天京出发，前往镇江。
1月—	随着胡林翼、李续宾及杨载福包围武昌，钦差大臣官文及李孟群包围汉阳，湘军开始收复湖北。

3月24日	石达开于常熟击败湘军周凤山部，经皖南返回天京，留下太平军及三合会众驻守江西五十余县。
4月1日	秦日纲成功缓解镇江之围，并渡长江至扬州。
4月5日	太平军再度占领扬州。
6月1日	秦日纲返回镇江，击退清军，击杀吉尔杭阿。
6月13日	石达开部抵达天京以南。
6月20日	太平军击破清军江南大营，迫使向荣、张国梁逃往丹阳。
7月—	杨秀清派秦日纲往丹阳，韦昌辉往江西，石达开往湖北，准备在天京夺权。
7月29日	韦昌辉进兵天京城外。
8月9日	钦差大臣向荣在丹阳去世。
8月—	秦日纲返回天京解救天王，将军队留在金坛，由陈玉成和李秀成指挥。
9月1日	韦昌辉率三千士兵到达天京，将其余部队留在江西，由黄玉昆指挥。
9月2日	秦日纲、韦昌辉暗杀杨秀清。
9月5日	石达开在武昌附近击败胡林翼，同日启程返回天京。
9月—	石达开抵达天京，在与韦昌辉会面之后逃亡。李秀成负责指挥防守皖北桐城。
11月11日	手握重兵的石达开要求处死韦昌辉和秦日纲，否则威胁要进攻天京。
11月29日	太平军将江西袁州让与刘长佑、萧启江。
11月—	李秀成与皖北捻军达成同盟。韦昌辉与秦日纲被处决。石达开主政。
12月19日	太平军从武昌与汉阳撤退，湘军控制湖南、湖北及长江上游。

1857年（咸丰六年腊月初六至七年十一月十六）

| 1月4日 | 李续宾率一万湘军包围九江。 |

1月15日	曾国藩由南昌抵达九江。
1月—	李秀成与陈玉成在枞阳召开会议，协商桐城防卫计划。
2月24日	李秀成、陈玉成于桐城击退合围的郑魁士、秦定三，并向北出击。
3月3日	李秀成占领六安。
4月27日	陈玉成占领英山，转向湖北。
5月17日	陈玉成分兵五路进犯湖北，在蕲州设立大本营。
5月—	石达开率其所有部众从天京出走。
8月18日	陈玉成在湖北广济击败李续宾。
8月20日	陈玉成在湖北黄梅取得了对多隆阿和鲍超的决定性胜利。
9月2日	湘军光复江西瑞州，结束了太平军对那里为期十四个月的占领。
9月11日	陈玉成被迫由湖北退入皖北。
10月5日	石达开入江西，企图占领四川。
10月26日	湘军在湖口取得胜利，解救了被困于鄱阳湖内的水军。
11月8日	湘军光复彭泽，为进攻九江清理了最后的障碍。
12月27日	钦差大臣和春及张国梁收复镇江。
12月30日	陈玉成、韦俊分两路第二次进军湖北。
12月—	石达开于江西抚州拒绝了天王对他返回天京、继续执政的请求。

1858年（咸丰七年十一月十七至八年十一月二十七）

1月8日	钦差大臣和春及张国梁开始包围天京。
1月22日	驻扎在江西临江的太平军向刘长佑投降。
2月5日	陈玉成和韦俊进入河南。
3月26日	石达开离开江西抚州，前往浙江。
3月—	李秀成和李世贤在皖南芜湖会面，谋划保障天京长江南北两岸的作战。
4月15日	石达开过浙西入福建。

4月24日	陈玉成占领湖北麻城。
5月19日	李续宾收复九江,转向皖北。
6月1日	湘军从石达开部守将余子安的手中收复赣东抚州。
6月14日	陈玉成和韦俊从湖北撤退至皖北。
7月17日	曾国藩复职,离开湖南赶赴江西。
8月15日	石达开进入福建,杨辅清出走,返回江西。
8月23日	陈玉成、李世贤及吴如孝攻占皖北庐州。
8月—	李秀成在枞阳召开军事将领大会。
9月21日	曾国荃收复太平军在江西最后的据点吉安。
9月27日	陈玉成和李秀成在浦口彻底击退德兴阿的部队,恢复天京与长江北岸的联系。
10月9日	李秀成重新占领扬州。
10月13日	指挥收复安徽的将领李续宾占领潜山、桐城。
10月15日	曾国藩、曾国荃在江西建昌会晤。
10月18日	石达开再次进入江西,占领瑞金。石镇吉留在福建,此后脱离太平军,独自行动。
11月1日	原捻军将领李昭寿向胜保投降,献出在长江北岸与天京相望的滁州与全椒。
11月15日	陈玉成、李秀成保卫三河,大败湘军,击杀李续宾、曾国华等官员。
11月24日	陈玉成、李秀成重新占领桐城,并继续南下,迫使都兴阿、多隆阿及鲍超解安庆之围而去。
12月15日	李世贤击破邓绍良宁国大营,击杀邓绍良。

1859年(咸丰八年十一月二十八至九年腊月初八)

1月3日	石达开占领赣西南的南安。
2月22日	石达开击退萧启江对南安的进攻,转向湖南。
2月28日	原捻军将领薛之元向李世忠投降,献出长江北岸与天京相望的江浦。

3月4日	石达开入湖南。
3月9日	钦差大臣德兴阿被撤职。天京附近长江南北岸统归钦差大臣和春节制，和春令李若珠驻守北岸的六合。
3月15日	李秀成在浦口反击战中被张国梁击败。
3月20日	陈玉成占领庐州，生擒代巡抚李孟群。李拒不投降，被处死。曾国藩受命收复江西及皖北，移营至江西抚州。
4月22日	洪仁玕至天京，开始执政。
5月24日	石达开开始围攻湖南宝庆。
7月14日	曾国荃等湘军将领收复景德，迫使杨辅清退走皖南，至此肃清江西境内太平军。
8月5日	曾国藩离开抚州至湖北，安排收复安庆。
8月14日	石达开数次败于李续宜及刘长佑部，解湖南宝庆之围，转向南欲走广西。
8月27日	石镇吉军过广东及湖南之后，开始围攻广西桂林。
10月5日	石镇吉解除对桂林的包围，转向南而去。
10月15日	石达开占领广西庆远。
10月29日	韦俊向杨载福投降，献皖南池州。
11月1日	陈玉成、李秀成于六合击退钦差大臣和春部将李若珠。
11月21日	陈玉成、李秀成再次攻占浦口及江浦，击杀湖北总兵周天培。
12月14日	杨辅清从韦俊手中收回池州。

1860年（咸丰九年腊月初九至十年十一月二十）

1月16日	陈玉成及捻军在皖北小池进攻鲍超，迫使湘军来援，延缓了湘军进军安庆。
1月28日	洪仁玕与李秀成议定天京解围计划，计划佯攻和春的供给后方浙江，同时主攻清军江南大营。
2月24日	根据天京解围计划，李秀成占领浙江广德。
3月10日	和春派遣主力加强浙江防备。

3月19日	李秀成占领杭州。
4月6日	石镇吉在广西百色全军覆没,兵败被俘,在桂林被处决。
4月8日	李秀成及其他太平军将领占领建平,并制定攻击江南大营的最终计划。
4月29日	陈玉成由全椒进军至长江岸边。
5月6日	清军江南大营被击破。和春及张国梁逃往镇江。
5月16日	天王批准洪仁玕的东征计划,命令李秀成占领苏州、常州及上海。
5月19日	李秀成的东征军占领丹阳。张国梁溺毙,和春逃往常州。
5月21日	两江总督何桂清逃往常州。
5月25日	和春在常州附近的浒墅关自杀。
5月26日	李秀成东征军占领常州。
5月29日	李秀成东征军占领无锡。石达开弃守广西庆远,向南移动。
5月—	天王将与天京隔江相望的北岸地区命名为天浦省。
6月2日	李秀成东征军占领苏州。巡抚徐有壬自杀。华飞烈开始招募佣兵。
6月8日	曾国藩被任命为代两江总督,代替何桂清的职务。
6月9日	何桂清在上海协调外国代表的军事援助事宜。
6月15日	东征军李世贤部占领浙江嘉兴。
6月23日	英国浸理会使团抵达苏州,协商使太平军不进攻上海一事。抱有类似目的的伦敦传道会的使团也于几日后抵达。
6月—	天王将苏州附近的太平天国领地命名为苏福省。
7月1日	东征军陆顺德部占领江苏松江。
7月3日	东征军黄文金部占领江苏江阴。
7月15日	李秀成向上海诸外国使节发送通告,表达太平军和平进驻的意愿。
7月16日	华飞烈收复松江。
7月28日	曾国藩将大本营移至皖南祁门,指挥曾国荃、多隆阿、胡

	林翼、李续宜及本部共五路湘军收复安庆。
8月2日	华飞烈在青浦受挫负伤。
8月6日	作为在浙江佯装进行的军事行动,陈玉成进攻杭州。
8月8日	曾国荃开始包围安庆。
8月9日	陈玉成撤出杭州,浙江诸城尽待被清军收复。
8月10日	曾国藩被任命为两江总督,兼钦差大臣,节制四省军务。
8月19日	李秀成东征军抵达上海城外徐家汇。
8月20日	英军向太平军开炮,太平军撤退至徐家汇。
8月23日	英法联军占领天津。
8月24日	李秀成的东征军从上海撤退,转向浙江。
9月8日	李秀成协防张玉良的进攻,为嘉兴守军解围。
9月22日	英法联军逼近北京,清帝移驾热河。
9月26日	李世贤从清军手中重夺宁国。
9月—	李秀成和陈玉成在苏州谋定,李负责管理苏福政务,陈则开始对皖北的曾国藩展开反击。
10月13日	英法联军占领北京。罗孝全抵达天京,后出任洪仁玕的外务顾问。
10月14日	根据安庆保卫计划,陈玉成包围皖北寿州。
10月24日	清廷与英国及法国(25日)在北京签约议和。
11月10日	李秀成抵达皖南芜湖,准备进军武昌。

1861年(咸丰十年十一月二十一至十一年腊月初一)

1月10日	李秀成占领浙江常山,随后依照安庆防卫计划,开始转经江西入湖北。
2月18日	鲍超击退包围景德镇左宗棠大本营的黄文金及其他太平军将领的部队。
3月18日	陈玉成占领湖北黄州,准备扑向汉口。
3月22日	英使巴夏礼迫使陈玉成放弃进攻汉口。
3月28日	天王与英国海军上将何伯达成一致,保证太平军在一年内

	不进入上海方圆百里之内。
4月9日	李世贤在景德镇击败左宗棠，切断曾国藩祁门大营的供给线。
4月15日	左宗棠从李世贤手中重新夺回景德镇，李退往浙江。
4月21日	陈玉成率军返回皖北，准备独力进攻围攻安庆的清军。
4月23日	李世贤在江西罗平再次败给左宗棠，撤回浙江。
5月2日	洪仁玕及安庆增援部队在桐城遭遇多隆阿截击。
5月6日	多隆阿力却洪仁玕及陈玉成对安庆清军的进攻。
5月10日	曾国藩移营东流，指挥对安庆的最后进攻。
5月19日	陈玉成从安庆退往桐城。
5月23日	由于陈玉成未能完成分兵三路的进攻计划，洪仁玕和黄文金被多隆阿在桐城击败。
5月28日	李世贤攻略浙江，远至金华。
6月20日	湘军收复徽州，完全收复皖南。
6月—	李秀成入湖北，逼近武昌，但是月末之前便前往救援皖南的李世贤，使安庆防卫计划受挫。
7月8日	湘军突破安庆菱湖太平军防线，三日后屠杀投降的太平军。
7月23日	英使布鲁斯（额尔金伯爵）下令停止长江上外商对安庆城提供的供给。
8月22日	咸丰帝在热河驾崩。
8月30日	李秀成在江西丰城被鲍超所败，向东逃窜。
9月5日	曾国荃收复安庆。
9月11日	曾国藩移营安庆。
9月18日	石达开带领重新编制的部队离开广西，进入湖南。
9月20日	李世贤开始围攻浙江严州。
9月22日	李秀成率二十五万大军由常山入浙江。
10月10日	陈玉成试图阻止曾国荃东入皖北，在庐江为湘军所败。
10月13日	李秀成与李世贤在严州举行会议，商讨浙江攻略计划。

10月20日	李世贤攻占严州。
10月26日	李秀成开始围攻浙江省府杭州。石达开入湖南。
11月28日	何伯完成英舰整备，开赴宁波。外国使节开始接洽商议外国人居住区不受攻击一事。
12月9日	李世贤部将黄呈忠和范汝增和平占领宁波。
12月29日	李秀成占领杭州。浙江巡抚王有龄自杀殉城。

1862年（咸丰十一年腊月初二至同治元年十一月十一）

1月6日	陈玉成分兵四路，开始第二次北伐。
1月7日	李秀成到达上海城外，布告外国诸使准备进军上海。
1月14日	二次北伐军马融和、张洛行部开始围攻皖北颍州。钦差大臣胜保来救。
1月20日	罗孝全与洪仁玕意见相左，离开天京。
1月26日	总理衙门授权外军协助上海防卫。
1月31日	石达开入鄂，李福猷及其贵州兵勇加入。
2月13日	英陆军及炮兵司令迈克尔由北京返回，与法国海军上将卜罗德及美国雇佣兵华飞烈共同防卫上海。左宗棠进兵浙江，准备从李世贤及李秀成手中收复浙江。
2月15日	太平军进攻镇江不果。谭绍光进军上海。
2月17日	石达开率二十万军队进入四川。
2月22日	何伯向布鲁斯提交了肃清上海周边太平军的军事计划。
2月24日	谭绍光在外军压力下被迫从上海撤退。
3月10日	二次北伐军陈德才、赖文光部包围河南南阳。
3月19日	布鲁斯批准了何伯的计划，英国彻底放弃中立政策。
3月24日	曾国荃开始率领新整编的湘军从安庆下天京。
3月27日	太平军在浦口、六合及扬州败于李世忠及都兴阿，太平天国失去对江北天浦省的控制。
4月1日	二次北伐军马融和、张洛行部解颍州之围，撤至颍上。
4月3日	外军开始清剿上海周边的太平军，并进攻罗家港。

4月8日	李鸿章率其新组的湘淮军抵达上海。
4月11日	陈德才、赖文光经内乡入陕西。
4月23日	李世贤数次败于左宗棠，由浙江江山撤退。
4月25日	二次北伐军苗沛霖部在颍上向胜保投降。
5月9日	石达开由川入黔。
5月10日	英法联军占领宁波。
5月12日	外军攻占青浦，完成对上海周边太平军的清剿。
5月13日	陈玉成在皖北庐州避开了多隆阿的围攻，撤退至寿州苗沛霖营地。
5月15日	陈玉成被苗沛霖解送至胜保处。
5月17日	二次北伐军陈德才部及捻军进攻陕西省府西安，但被击退。
5月22日	外军匆忙从周边地区返回上海，与正在逼近上海的李秀成大军对峙。
5月26日	石达开再度入川。
5月30日	曾国荃在雨花台山设立大本营，开始包围天京城。
6月4日	清廷下旨，陈玉成在解赴北京途中于河南延津被处决。
6月12日	多隆阿受命入陕，压制二次北伐军陈德才部及当地的回民起义军。
6月18日	陈德才逼近河南宜阳。
6月19日	李秀成及其军队在上海被李鸿章的湘淮军决定性地击退。
6月20日	马融和抵达河南项城，与陈德才会合。
6月22日	李秀成在苏州召开军事会议，安排天京防务。
7月11日	胜保经略平定皖南，收复宁国。
7月18日	左宗棠迫使浙江的李世贤进一步撤退至金华。
8月3日	常胜军与英、法军队占领余姚，迫使黄呈忠、范汝增从宁波再度后退。
8月6日	李秀成再次于苏州召开军事会议，安排天京防务。
8月15日	石达开再度进入贵州。

9月8日	二次北伐军马融和部、陈德才部、蓝二顺的回民起义军及陈大喜的捻军攻河南淅川不果，此后四路人马分兵行动。
9月14日	李秀成将家眷送入天京。
9月18日	黄呈忠、范汝增占领慈溪，第二次试图夺回宁波。
9月21日	黄呈忠、范汝增被华飞烈的常胜军赶出慈溪，华飞烈受重伤，不治而亡。
9月30日	陈德才、马融和占领湖北随州，并与张宗禹的捻军会合，共同经德安赴天京。
10月10日	杨辅清、黄文金部及其他太平军部队反击皖南宁国，未果。
10月11日	由广西而来的湘军蒋益澧部在汤溪击溃太平军，李世贤布防浙西太平军诸据点后动身返回，协防天京。
10月24日	上海外军帮助李鸿章的湘淮军消灭谭绍光的进攻部队。
10月30日	石达开由黔入滇。
11月3日	防守苏州以东至上海这一地区的谭绍光在嘉定及南翔被李鸿章及白齐文的常胜军击败。
11月18日	石达开由滇返川。
11月26日	李秀成的大军在连续四十六天反击天京城外雨花台曾国荃大本营未果后撤退。
12月1日	李秀成展开新西征，派军沿长江南北两岸并进。
12月7日	多隆阿击破陈德才和梁成富对湖北郧阳的包围。陈西退入陕，梁东走至湖北均州。

1863年（同治元年十一月十二至二年十一月二十一）

1月16日	太平军常熟守军向湘淮军投降。
1月31日	石达开被骆秉章由四川赶回云南。
2月14日	常胜军在江苏太仓被太平军击退。
2月27日	汤溪太平守军向蒋益澧献城投降，使浙西的太平军其他据点形势更加危急。李秀成率军渡江过皖北，同时皖南三路

	太平军向西行进，牵制湘军。
3月14日	英法军队将太平军赶出杭州以东的绍兴，帮清廷彻底收复浙东地区。
3月15日	石达开兵分两路进攻四川，赖裕新为东路由云南入四川，石达开向西康地区迂回。
3月26日	太平军陈德才、马融和部及捻军陈大喜、回民义军蓝二顺部开始围攻陕西汉中。
4月5日	戈登掌管常胜军，击破谭绍光、陈炳文对江苏常熟的包围。
5月12日	李秀成与马融和、张宗禹在安徽六安会合，开始围攻该城。
5月14日	石达开到达大渡河南的紫打地，被清军包围。
5月19日	李秀成解六安之围，放弃西征，返回天京。
6月1日	湘淮军与常胜军收复昆山，赶走谭绍光的部队，肃清苏州至上海的区域。
6月16日	石达开走入杨应刚的营地。
6月20日	李秀成至天京，指挥天京及苏州防卫。
7月7日	李秀成赶往苏州，指挥当地防卫。
7月12日	曾国藩上奏清帝，要求外国停止与太平天国的交易。
8月6日	石达开在四川成都被处决。
8月17日	恭亲王上奏清帝，议要求外国停止与太平天国交易事。
9月20日	太平军汪海洋部在遭到蒋益澧数次进攻之后，弃守杭州西南之富阳。蒋随即包围省府杭州。
10月2日	太平军、捻军、回民义军占领陕西汉中。
11月13日	吟唎在上海夺取"飞而复来"号，赶往苏州，协助李秀成。
11月30日	李秀成离开苏州。
12月5日	谭绍光被刺杀，湘淮军与常胜军收复苏州。
12月6日	僧格林沁在蒙城击溃苗沛霖，彻底收复皖北。苗在战斗中被刺杀。李鸿章处决了八位投降的太平军将军，震惊了戈

登和上海的外国人士。

12月12日　　李秀成弃守苏州附近的无锡。

1864年（同治二年十一月二十二至三年腊月初三）

2月10日　　陈德才、赖文光、马融和部及捻军、回民义军分三股离开陕西汉中，回援天京。

3月2日　　曾国荃完成对天京的合围。常胜军与湘淮军收复宜兴，威胁天京的供给线。

3月25日　　浙江嘉兴的太平军被湘淮军及外军的炮火击退，退守湖州。

3月31日　　湘军蒋益澧部及法军收复杭州。

4月10日　　汪海洋、陈炳文及在德清会合的其他浙江太平军将领逃往湖州。

4月12日　　李鸿章消灭了江苏常熟及江阴地区的所有太平军。

5月11日　　湘淮军及常胜军收复江苏常州，结束了太平天国对苏福省的控制。天京成为孤城。

5月17日　　陈德才、赖文光、张宗禹及马融和在河南集结，进攻信阳。

6月1日　　天王洪秀全在天京病逝。

6月6日　　幼天王天贵福即位。

7月19日　　天京陷落。

7月21日　　湘军生擒并击杀了护卫幼天王逃离的太平军。

7月22日　　李秀成被捕，被解送至曾国荃处。

7月24日　　已离开天京的洪仁玕找到幼天王，并带领部队进入皖南。

8月7日　　曾国藩在天京将李秀成处决。

8月13日　　陈炳文及其征粮部队在浙江向鲍超投降。

8月28日　　湘军蒋益澧部及外军收复太平军在浙江最后的据点湖州。

9月18日　　太平军、回民义军、二次北伐军梁成富余部及其他部队占领甘肃阶州。

10月9日	洪仁玕与黄文英被擒。
10月25日	幼天王被擒。
11月7日	僧格林沁在皖北霍山剿灭二次北伐军余部陈德才及马融和部。
11月18日	幼天王在南昌被处决。
11月23日	洪仁玕及黄文英在南昌被处决。
11月25日	在僧格林沁的追击下，赖文光部及其他二次北伐军余部在湖北德安会合。

1865年（同治三年腊月初四至四年十一月十四）

5月18日	赖文光部及其他二次北伐军余部在山东曹州击败僧格林沁。僧王被其营中旧太平军刺死（这股二次北伐军余部于1866年10月分裂为东捻与西捻）。
5月26日	左宗棠的部队将李世贤及陆顺德余部围困在福建漳州塔下村（李世贤与陆顺德并未被捕，前者于8月23日被汪海洋刺杀，后者于8月29日在长乐献城中被捕）。
6月6日	太平军、回民义军、二次北伐军梁成富余部及其他部队在甘肃阶州被四川湘军剿灭。
12月8日	汪海洋占领广东嘉应。

1866年（同治四年十一月十五至五年十一月二十五）

2月1日	汪海洋头部负伤而亡。
2月5日	谭体元接替汪海洋，指挥部队从嘉应经狭窄的山道撤退。
2月9日	太平军于山道被截击，或被杀或被俘。太平天国革命运动彻底结束。

参考文献

本书可以被视为我之前关于太平天国革命运动的著作的精编，因此本书此处所列的文献，也是我毕生从事此项研究之参考文献的精编。本书并未试图列出我所参考和使用过的数以千计的文献条目，我在此处主要是想列出我认为对太平天国史研究而言最为核心或者特别有用的文献。诸多的专题性文献或者价值较为次要的文献，就不在此处罗列。这些文献通过索引，在我的相关中文著作中可以找到。

对于现存的众多文献有很多种分类系统，其中最为著名的是朱谦之、邓衍林、郭廷以、张秀民和王会庵在中国发表作品时采用的，以及解维廉（William J. Hail）、濮友真（Eugene P. Boardman）、邓嗣禹在西方发表作品时采用的系统。这些系统与我之前所采用的分类系统各有优势，但均是基于传统的直接与间接素材的区分。在研究中我逐渐意识到，这种区分与我的核心研究重点，即发现并印证曾经晦暗不明的太平天国历史中的事实并不相关。任何材料都可能成为大拼图中的一块。同时，任何史料，即便是货真价实的太平天国出版物，都有可能包含谬误。我希望我的材料分类方法更为简洁、方便，所以才最终发明了本书所采用的新系统。它由七大类组成，每一类又以类别、史料源头、日期或语言进行区分，具体如下：

I. 书目和史料
    A. 英文
    B. 中文

II. 文献丛书
    A. 英文
    B. 中文

III. 太平天国方面的史料
    A. 书籍
    B. 供状
    C. 其他文件及遗留物

IV. 清代中文文献
    A. 官方与半官方文献
    B. 私人文献

V. 近代中文文献
    A. 书籍
    B. 论文

VI. 地方志与地图
    A. 地方志
    B. 地图

VII. 外文文献
    A. 书籍
    B. 《北华捷报》上的文章、编者按及信件
    C. 其他文章

I. 书目和史料
A. 英文

Cordier, Henri, *Bibliotheca Sinica*, Paris, vol. 1(1904)and vol. 5(1922-24).

Teng, Ssu-yu, *New Light on the History of the taiping Rebellion*, Cambridge, Harvard University Press, 1950

Teng, Ssu-yu, *Historiography of the Taiping Rebellion*, Cambridge, Harvard University Press, 1962

Yuan, Tung-li, *China in Western Literature*, New Haven, Yale University Press, 1958.

Further bibliographies on Taiping studies, very useful up to the time of their publication, will be found in W. J. Hail, *Tseng Kuo-fan and the Taiping Rebellion* (New Haven, Yale University Press, 1927), E. P. Boardman, *Christian Influence upon the Ideology of the Taiping Rebellion* (Madison, University of Wisconsin Press, 1952) and Teng, S. Y, *The Taiping Rebellion and the Western Powers: A Comprehensive Survey* (Oxford University Press, 1971).

B. 中文

张秀民、王会庵，《太平天国资料目录》，上海人民出版社，1957年。

朱谦之，《太平天国史料及其研究方法》，《现代史学》第五卷第一期（中山大学）。

简又文，《五十年来太平天国史之研究》，《香港大学五十周年纪念论文集》，香港大学中文系，香港新兴书局，1964年（单行册）。

邓衍林，《关于太平天国史料史籍集目》，《北平国立图书馆季刊》第九卷第一期（1935年3月）。

王重民，《剑桥文献新录》，《国文周报》第十三卷第四十一期（1936年）。

余秉权，《中国史学论文引得》，香港新兴书局，1963年。

II. 文献丛书
A. 英文

Cheng, J. C., *Taiping Rebellion*, Hong Kong, Hong Kong University Press, 1963.

本书为译文合集，其中包括《东华实录》中记载的清廷诏书、李鸿章的奏稿和信件及太平军方面的文献。以官方和半官方文件作为史料素材，需要仔细审查，太平军方面的文件则皆可信（第62—63页杨秀清的檄文是个例外，那其实是三合会的檄文）。

Michael, Franz, *The Taiping Rebellion: History and Documents*, 3 Vol. Seattle and

London, University of Washington Press, 1966-71.

这是一部新编的多卷本著作，其第二、三卷收录了四百余份文件的译文，对西方读者而言是独具价值的材料。但需要注意的是，我在细读目录时发现，第一卷中至少有十份文件并非真正的太平天国文件，它们或是三合会的，或是故意伪造的，包括第33、35、78、110、183、185、187、200、212及342号文件。我质疑这些文件真实性的原因，可以参见我在《广东文物》上关于伪造太平天国文献的论文，以及《全史》中的相关章节。

B. 中文

《掌故丛编》，北平，故宫博物院。

程演生，《太平天国史料》（第一集），北京，北京大学出版社，1926年。

静吾、仲丁等，《吴煦档案中的太平天国史料选集》，三联书店，1958年。

向达等，《太平天国》，《中国近代史资料丛刊》八卷，上海，神州国光社，1950年。

萧一山，《太平天国谕诏》，北平，1935年。

萧一山，《太平天国丛书》（第一集），上海，商务印书馆，1936年。

萧一山，《太平天国书翰》，北平，1937年。

谢兴尧，《太平天国丛书》（十三种），北平，1938年。

简又文，《太平天国杂记》，上海，商务印书馆，1935年。其中收录了一些文章的原文及译文，其中包括韩山明的 *The Vision of Hung-siu-tshuan, and Origin of the Kwang-si Insurrection*，重命名为《太平天国之意志》。

简又文，《浙江文献展览会中之太平天国文献》，《逸经》第二十期，1936年；第二十四期，1937年。

简又文，《太平天国文物》第三卷第十章，《广东文物》，香港中国文化进步会，1940年。

简又文，《吴中文献展览会之太平天国文物》，《逸经》第二十九期，1937年。

罗尔纲，《太平天国诗文选》，中华书局，1960年。

罗邕、沈祖基，《太平天国诗文钞》，上海，商务印书馆，1934年（新版）。其中收录了一些伪文献。

《上海小刀会起义史料汇编》，人民出版社，1958年。

《太平天国艺术》，南京，江苏人民出版社，1959年。

《太平天国革命文物图录》，太平天国起义百年纪念展览会编，上海，上海出版公司，1953年。

《太平天国革命文物图录》（续篇），郭若愚，上海，上海出版公司，1953年。

《太平天国革命文物图录》（补篇），郭若愚，上海，上海出版公司，1955年。

《太平天国史料》，北京图书馆，开明书店，1950年。

《太平天国史料丛编简辑》，六卷，南京太平天国历史博物馆编，上海，中华书局，1961—1963年。

《太平天国文书》，北平，故宫博物院，1933年。

《太平天国印书》，二十卷，南京太平天国历史博物馆编，南京，江苏人民出版社，1961年。

丁氏，《庚申泣杭录》，十六卷，1895年。其中收录了有关1860年及1861年太平军占领杭州时的文章和诗作。

左舜生，《中国近百年史资料》（初、续篇），二卷，中华书局，1926年、1933年。

王重民，《太平天国官书十种》，《广东丛书》第三集，简又文序，四卷，广州，1949年。

王崇武、黎世清，《太平天国译丛》，神州国光社，1954年。

《文献丛编》，北平，故宫博物院。

吴相湘等，《中国近代史论丛》，第一集第四卷，台北，正中书店，1956年。

《粤匪杂录》，三卷，常熟图书馆。笔者的藏品中有手抄副本。

III. 太平天国方面的史料

A. 书籍

以下为太平天国所有官方书籍的列表，以时间先后为序。

《天父上帝言题皇诏》，1852 年；新版，1853 年。

《天父下凡诏书》，1852 年。

《天命诏旨书》，1852 年；新版，1853 年。

《天条书》(十诫)，1852 年。

《太平诏书》，1852 年；新版时间不详。

《太平礼制》，1852 年；新版，1858 年。

《太平军目》，1852 年。

《太平条规》(包括"定营规条"和"行营规矩")，1852 年。

《颁行诏书》，1852 年。

《幼学诗》，1852 年。

《旧遗诏圣书》，二卷，1853 年(《钦定旧遗诏圣书》六卷)。

《新遗诏圣书》，一卷，1853 年(《钦定新遗诏圣书》五卷)。

《太平救世歌》，1853 年(续版《太平救世诰》)。

《建天京于金陵论》，1853 年。

《贬妖穴位罪隶论》，1853 年。

《诏书盖行颁行论》，1853 年。

《天朝田亩制度》，1853 年。

《三字经》，1853 年。

《颁行历书》(太平历)，1853 年、1854 年、1858 年、1861 年。

《天理要论》(根据麦都思 Doctrine of God 中文版前八章改编)，1854 年；《天理要论全篇》(重印麦都思全文)。

《天情道理书》，1854 年。

《御制千字诏》(洪秀全)，1854 年。

《行军总要》，1855 年。

《天父诗》，1857 年。

《醒世文》，1858年。

《王长次兄亲目亲耳共证福音书》，1860年。

《资政新篇》（洪仁玕），1859年。

《己未九年会试题·干王宝制》，1859年。

《干王洪宝制》，年代不详。

《士阶条例》，1861年。

《幼主诏书》，年代不详。

《英杰归真》，1861年。

《军次实录》，1861年。

《诛妖檄文》，1861年。

《太平天日》，1862年。

B. 供状

陈玉成（英王）状。此供状作为胜保奏折的附件，由金陵大学收藏，罗尔纲《太平天国史料考释集》也有收录。英王的口头供述首先由一名官员记录，后由胜保的副将裕庚修改，才公布传阅。虽然此供状中有几处明显增添的文字，以夸大胜保的功绩，但总体而言，这份供状是对陈玉成军事生涯的忠实记录，且证明了他忠贞不渝的革命精神。

黄生才（丞相）状。收录于《山东近代史料集》（山东人民出版社，1959年）。作者是第一次北伐援军的主将。

黄文英（昭王）状。副本收录于《逸经》第二十二卷，及向达《太平天国》第二卷。

洪仁政（恤王）状。

洪仁玕（干王）状。现存四份供状，均为无价的直接史料。

第一份供状是洪仁玕1864年10月9日被捕之后写于席宝田营中，此后与囚犯一起被送至南昌巡抚沈葆桢处（见沈葆桢奏折）。本状当时被江西官吏修订之后，于南昌刊印，随后其英译本也于1865年7月至8月在《北华捷报》上刊登出来，但缺少了最后的部分。《逸经》中可以找到本状的两个版本：第9期中笔者基于《北华捷报》删节版的译本，以及第20期中笔者于南昌入手的手写原版副本，虽然该版最后部分也缺少了几行。

第二份供状是口述简版，于1864年10月27日在南昌府衙由官员记录。萧一山《清代通史》第三卷第287页录有副本。

第三份供状也为口述，于第二份记录的次日在衙门笔录。只有一部分文本留存下来（见萧一山书第三卷第287页）。

第四份供状亦为口述，是洪仁玕1864年11月4日在沈葆桢衙门受审时所录，萧一山书第三卷第285页收录了副本。

除此之外，还有一份在府衙录下的口供，虽然从其内在证据来看颇为可信（见萧一山书第三卷第287—289页），但其真实性由于其所录的日期1864年11月26日而仍存疑点。这一天是洪仁玕被处刑之后的第四天，不过这也许只是个小讹误而已。洪仁玕仍留下一份经过几处修改的对于李秀成供状的书面评述，以及他在临近行刑时所作的诗文。这份评述与诗文原本皆亡佚。除附录外的诗文文本收录于萧一山书第三卷第296—297页，《北华捷报》刊登了诗文的英译本，亦收录于《全史》第三卷第2287页。

洪大全（焦亮，自封天德王）状。据称他有三份供状。

第一份被附在钦差大臣赛尚阿的奏折中，最终被保存在宫中。该状当为洪大全于永安被捕之后随即口录。除了个别几处，供状内容过于符合清廷对太平天国粗陋而充满错误的认识，因而几乎可以认定全为伪造。

第二份口述供状疑为伪造，收录于奏章合集《钦定剿平粤匪方略》第十二卷。两份口供均收录于《全史》第一卷第340—344页、罗尔纲《太平天国史料辨伪集》第13—17页及向达《太平天国》第二卷。

第三份为书面供状，形式为向清帝递交的奏折，收藏在清廷档案中。罗尔纲《太平天国史事考》第120—125页。罗判断该状为押解洪大全上京的丁守存伪造，这个判断当属无误。

洪天贵福（幼主）状。他的口述供状刊载于《逸经》第二十二期，及向达《太平天国》第二卷。另外，萧一山书第三卷第290—291页也有收录。

赖文光（遵王）状。罗邕、沈祖基《太平天国诗文钞》及向达书第二卷收录了书面供状，该状书显然为真。

李秀成（忠王）状。忠王真实手书供状约有36000字，其摹本于1962

年由世界书局在中国台湾刊行。原文本虽然和其他的此类供状一样，不免有错误之处（见《思想与时代》发表的拙文《忠王亲笔供述之初步研究》），但确实是研究太平天国史的重要材料，其可信度超越其他所有的版本。此后所有的版本都是基于曾国藩于1864年公布的删改版而来，曾国藩及其副官赵烈文删除了至少7200字，并增加了约160字的内容。罗尔纲、梁岵卢、吕集义等人的诸多版本均不完整，且多有新增的讹误。

W. T. Lay 将曾国藩删改的版本翻译成英文，以 The Autobiography of Chang[Chung] Wang 为题，从1864年10月22日开始在《北华捷报》上连载，后由上海长老会结集出版。

此外还有一份以问答形式记录的补充供状，是李秀成在南京受审时所录。该状首先登载于《逸经》第29期，后收录于向达书第二卷等处。

李尚扬（天将）状。杭州胡宗藩《存斋偶编》中记载其口述状，题为《李逆亲供》。

石达开（翼王）状。其口供状由清廷官员笔录，首先收入《骆文忠公奏议·四川奏稿》第六章。向达书第二卷亦加收录。

《粤匪起手根由》（某太平军士兵发表，英文版 An Account of the Taiping Revolt 收藏于大英博物馆，编号 Or.3543 C.b.4B）。由被戈登俘虏的太平军士兵录于其营中，为了解太平天国的史事提供了极具价值的信息。但是，其中大量的错字说明此人受教育的水平不高。

C. 其他文件及遗留物

包括数以百计得以留存下来的太平天国文件，很多是最近才被发现和公布的，其中包括从天王和幼天王颁布的命令文书、通信文书、奏章、诗歌，到从商许可、通行路牌、门牌、税据、结婚证书和地契在内的多种文献。其作为第一手资料的重要性和独特性是无与伦比的，若有人想从中删减次要材料，也绝无可能。其中一些史料，本书注释中做了详尽的索引。其他许多史料的名目及关于它们的描述，也可在本书参考文献中找到对应的条目。

虽然从严格意义上来说，随着文献一起被找到的太平天国遗留物并不属于文献，但是也值得在此一提，因为对史学家而言，它们有着同样重要的意义。这些遗留物在我的其他作品及他人的著作中也有描述，其中包括太平天国的印章、钱币（铜币、银币、金币）、旗帜、腰牌、作战工具、壁画、瓦片、篆刻、石碑及其他类似的物品。

IV. 清代中文文献
A. 官方与半官方文献

张仲远，《楚寇纪略》，南京国学图书馆书稿副本。作者本名曜孙，湖北官吏。

张德坚，《贼情汇纂》，六卷，1932年。作者为曾国藩幕府的核心幕僚。

贾桢、宝鋆等，《筹办夷务始末》，北平，故宫博物院，1930年。

陈昌，《霆军纪略》，六卷。

陈庆年，《张忠武公事略》，四卷，1904年。

陈坤，《粤东剿匪纪略》，二卷，1871年。

钱勋，《吴中平寇记》，二卷。作者为李鸿章幕僚。

秦湘业、陈钟英，《平浙纪略》，四卷，1873年。

周长森，《六合纪事》，第五卷。收入向达等《太平天国》。作者在清廷谋差，协防六合。

向荣，《向荣奏稿》。收入向达书第七、八卷。

谢山居士（夏燮），《粤氛纪事》，八卷，1869年。作者是一名官员，参与了在江西对抗太平军的战斗。这是记录双方截至1860年战事的最佳文献，其记述根据地点进行分类。

许瑶光，《谈浙》，四卷，1888年。收入向达书第六卷。作者为浙江官吏。

胡林翼，《胡文忠公遗集》，八卷，1901年。

江忠源，《江忠烈公遗集》，二卷，1864年。

过铸，《向张二公传中录》，一卷。

劳光泰，《鄂城褒忠录》，一卷。

珍品文献（见笔者收藏）。作者为湖北官吏。

雷正绾，《多忠勇公勤劳录》，四卷，1875年。作者为多隆阿手下将官。

李淮，《金坛守城日记》，一卷，1881年。

李鸿章，《李文忠公全书》，第二版，商务印书馆，1921年。

李元度，《国朝先正事略》，1886年。这是一本非常有用的关于参与镇压太平军的清军将领的传记。作者常年在曾国藩手下做幕僚和将军。

李元度，《天岳山馆文钞》，十六卷，1878年。

缪德芬，《庚申浙变记》。收入丁氏《庚申泣杭录》。作者是杭州官吏之子。

彭玉麟，《彭刚直公全集》，六卷，1891年。

卞乃绳，《从军纪事》，第五卷。收入向达书。作者为浙江清军幕僚。

沈葆桢，《沈文肃公政书》，七卷，1880年。

苏凤文，《股匪总录》，一卷，1889年。作者为广西官吏。

苏凤文，《广西昭忠录》，四卷，1889年。

苏凤文，《平桂纪略》，一卷，1889年。

苏凤文，《堂匪总录》，二卷，1889年。

唐训方，《从征图记》，一卷，1891年。作者为曾国藩手下将官。笔者收藏的这份作战蓝图的副本，是从广东省图书馆处复制而来。

曾国藩，《手书日记》，十卷，1909年。

曾国藩，《曾文正公全集》，四十卷，1903年。这是曾国藩奏稿、书札、家书、年谱和大事记的总集。

曾国藩，《曾国藩未刊信稿》，中华书局，1959年。江世荣搜集的曾氏未公布书信。

左宗棠，《左文襄公全集》，一百零七卷，1888—1897年。包括《骆文忠公奏稿》。

杜文澜，《江南江北大营纪事本末》，一卷，1869年。作者为清军人员。

杜文澜，《平定粤匪纪略》，十卷，1870年。

王先谦，《东华录》。

王闿运，《湘军志》，四卷，1886年。本书包含鲜有的史料，是整个战役质量最好的史料集。本书的编撰与印行一开始得到了曾氏兄弟及相关人士的支持，但是当他们发现书中含有对曾氏兄弟，特别是对曾国荃的尖锐批评后，王闿运和这本书便成为他们仇恨报复的对象。

王国均,《沧城殉难录》。

王定安,《求阙斋弟子记》,十六卷,1876年。本书全面地记录了曾国藩的事业,由曾国荃的手下编撰,将其事业条分缕析地进行叙述。

王定安,《湘军记》,十二卷,1889年。作者奉命撰写一部史著,以抗衡王闿运的《湘军志》。该书记录了曾氏兄弟在战役中作为的更多细节,但是非常不全面。

姚莹,《中复堂遗稿》。作者在早期的广西战事中为清军偏将。本书包含关于当时战斗的大量颇具价值的第一手材料。

尹耕云,《豫军纪略》,1872年。

袁甲三,《袁侍御奏稿》。

奕䜣(恭亲王)、朱学勤,《钦定剿平粤匪方略》,四百二十卷,1872年。

B. 私人文献

张鉴,《子遗集》。笔者所藏手抄副本。

张汝南,《金陵省难纪略》。

张瑞墀,《两淮勘难记》,一卷,1909年。

章寿麟,《铜官感旧图》。作者在此书中通过图画,描述了他挽救曾国藩性命的情形,即1854年曾国藩在湖南首遭挫败,想要自溺而亡之时。

赵烈文,《能静居日记》。

陈继聪,《忠义纪闻录》,八卷,1882年。

陈其元,《庸闲斋笔记》,六卷,1889年。

陈学绳,《两浙庚申纪略》。

陈徽言,《武昌纪事》。

陈善均,《癸丑中州罹兵纪略》。

陈云章,《劫灰集》。

强汝询,《金坛见闻记》。

知非,《吴江庚申纪事》。收入《近代史资料》第一期。

金和,《秋蟪吟馆诗钞》,1917年。

镜穉轩,《自怡日记》。

周邦福，《蒙难述钞》。

朱洪章，《从戎纪略》，一卷，1893年。本书记载了曾国藩与太平天国作战的全过程，作者为一名将领，几乎是从最开始就参与其中，并且在整个过程中战绩辉煌，甚至最终攻占了天京。但是在论功行赏的时候，曾国藩偏向湖南出身的爱将旧部，而忽视了贵州籍的将领。后来，朱洪章撰写了这部战争年代的自述，虽然对曾国藩的不公待遇仍存介怀，但他还是将文稿交给曾审阅。曾国藩无法否认文稿记述的准确性，甚至还在所作的序中对该书赞赏有加。笔者在核对时发现，该书略去了一些失败的战斗，夸大了某些胜绩，某些地方在事件的时间和地点上也混淆不清。但是这本书仍然具有其独特的价值，它既是值得信赖的直接史料，也可以为我们提供另一种描述，以便与曾国藩官方报告中的记述进行比对。

朱孔彰，《中兴名臣事略》，1898年。

朱用孚，《摩盾余谈》。罗尔纲藏手稿之附件。

褚枝芙，《皖樵纪实》。罗尔纲藏手稿之附件。

冯氏，《花溪日记》，二卷。

海虞学钓翁（夏燮），《粤匪纪事诗》。

何德润，《武川略难诗草》。

萧盛远，《粤匪纪寇》。作者为钦差大臣和春之幕僚，后又追随两江总督何桂清。因此本书中对太平天国战事的记载大多为一手史料，且被证明可信。

谢介鹤，《金陵癸甲纪事略》。与谢稼鹤《金陵癸甲摭谈》（1856年）相同。

谢濂，《劳谦斋公余随笔》。

许奉恩，《转徙余生记》。方濬颐笔录。

徐珂，《清稗类钞》，上海，商务印书馆，1917年。

薛福成，《庸庵海外文编》，1887年、1889年，收入《庸庵全集》。

薛福成，《庸庵笔记》，三卷，1921年。

胡长龄，《俭德斋随笔》。

胡潜甫，《凤鹤实录》。

胡恩燮，《患难一家言》。笔者所藏手稿附件，新题为《白下愚园集》。

华翼纶，《荔雨轩文集》，二卷，1883年。

黄均宰，《金壶七墨》，四卷，1873年、1912年。

柯悟迟，《漏网喁鱼集》，中华书局，1959年。

顾森，《虎穴生还记》。收入向达书第六卷。

顾汝钰，《海虞贼乱志》。收入向达书第六卷。

李汝昭，《镜山野史》。收入向达书第三卷。

李圭，《金陵兵士事略》，四卷，1887年。

李圭，《思痛记》，上海，1914年。此版为1886年版的重印本，较前版删去了一些描述太平军士气高昂的重要段落。

李伯元，《南亭笔记》，四卷，1923年。

李滨，《中兴别记》，十二卷，1910年。这是一部以两百多本著述为基础的学术专著，依照时间顺序从始至终描述了太平天国运动的历史进程。郭廷以认为，这是"对太平天国历史而言最为全面的著作"。书中收录了一些稀有的史料，但是其中并非毫无讹误，这是这种规模巨大的史学著作无法避免的。本书对太平天国史的研究至关重要。

李慈铭，《越缦堂笔记》，六十四卷，商务印书馆，1920—1936年。

梁发（梁阿发，学善居士），《劝世良言》。收入《梁发传》，香港，基督教文学会，1955年（影印本，台湾，学生书局，1965年）。

鲁叔容，《虎口日记》。收入向达书第六卷。

马振文，《粤匪陷临清纪略》。收入向达书第五卷。

毛淦，《粤寇鼠遂纪略》。笔者所藏手抄副本。

倪在田，《扬州御寇录》。收入向达书第五卷。

欧阳兆熊，《水窗春呓》，二卷。

潘钟瑞，《苏台麋鹿记》。收入向达书第五卷。

沈懋良，《江南春梦庵笔记》。收入向达书第四卷。

沈梓，《避寇日记》。笔者所藏原版手抄副本，另有笔者的批注。本书对太平天国在浙江嘉兴附近乡村的地方管理的描述非常可信，颇具价值。

沈梓，《养拙轩笔记》。笔者所藏手抄副本。

施建烈，《纪（无锡）县城失守克复本末》。收入向达书第五卷。

涤浮道人，《金陵杂记》。收入向达书第四卷。

段光清，《镜湖自撰年谱》，中华书局，1960年。

董恂，《洋兵纪略》。收入向达书第四卷。

汪堃（樗园退叟），《盾鼻随闻录》。多种版本，作者自抄本。

汪士铎，《乙丙日记》，一卷，北京，1936年。

王韬（天南遁叟），《瓮牖余谈》，四卷，1875年。

魏秀仁（魏子安），《咄咄录》。笔者所藏手抄副本，原本藏于福建省图书馆。

《武昌兵燹纪略》，作者不详。

邬西野叟，《蛮氛汇编》，1867年。

姚济，《小沧桑记》，二卷，1916年。收入向达书第六卷。

姚宪之，《粤匪南北滋扰纪略》，同治版。

姚谌，《湖变纪略》。收入向达书第六卷。

《越州纪略》，作者不详。

V．近代中文文献
A．书籍

张延禧，《见闻录》。笔者的收藏中有其未发表手稿的手抄副本。该手稿根据作者亲见的太平军及三合会在广西的活动写成，其中部分内容被收入《全史》。

陈恭禄，《中国近代史》，上海，1935年。第一卷第四、第五部分涉及太平天国、捻军和苗族起义。作者的描述虽然形象生动，但是大量新史料的发现，证明其说法已经过时。同样，对大多数中国通史或现代史著作也都应做如此批评。

周邨，《太平军在扬州》，上海人民出版社，1957年。

范文澜，《中国近代史》，新华出版社，1949年。第三章专门叙述太平天国，另有关于曾国藩的附录。

何贻焜，《曾国藩评传》，台北，正中书店，1937年。

萧一山,《清代通史》,五卷,商务印书馆,1963年。第三卷有篇幅为400页的关于太平天国历史的部分,题为《太平天国始末》。

谢兴尧,《太平天国史事论丛》,上海,商务印书馆,1935年。简又文序。

谢兴尧,《太平天国前后广西的反清运动》,三联书店,1950年。

徐蔚南,《上海在太平天国时代》。这是《上海通志馆期刊》刊发的单行册(第二、第四集,1933年)。

华岗,《太平天国革命战争史》,北京,1949年、1950年。

简又文,《金田之游及其他》,上海,商务印书馆,1944—1946年。

简又文,《中国基督教的开山事业》,香港,基督教文学会,1959年。

简又文,《洪秀全载记》(增订本),香港,1967年。

简又文,《太平天国全史》,三卷,香港,私人印刷,1962年。

简又文,《太平军广西首义史》,上海,商务印书馆,1944—1946年。

简又文,《太平天国典制通考》,三卷,香港,私人印刷,1958年。

简又文,《太平天国与中国文化》,香港,1968年。

郭廷以,《太平天国历法考订》,商务印书馆,1937年。

郭廷以,《太平天国史事日志》,商务印书馆,1946年。这是一本以二百余种中外文献资料为基础,记录太平天国战争中每天发生的主要事件的著作和面向历史学家的工具书。它也确实成为研究太平天国史必不可少的指南。作者对太平天国的评价是其不仅包含着政治因素,而且是当时宗教、经济和社会因素的体现(引言),这一评价是可取的。

李渔叔,《鱼千里斋随笔》,中国台北,1958年。

凌善清,《太平天国野史》,上海,1923年。

凌惕安,《咸同贵州军事史》,1932年。

刘成禺(汉公),《太平天国战史》,第一卷,东京,1903年;第二卷,东京,1906年;第三卷,旧金山,1911年。

罗家伦,《国父年谱》,第二版,中国台北,1959年。

罗尔纲,《忠王李秀成自传原稿笺证》,开明出版社,1951年;第三版,新华出版社,1954年;第四版,1957年。

罗尔纲,《湘军新志》,商务印书馆,1939年。

罗尔纲,《捻军的运动战》,商务印书馆,1939年。

罗尔纲,《太平天国史稿》,开明出版社,1951年。

罗尔纲,《太平天国史考证集》,北京,三联书店,1956年。

罗尔纲,《太平天国史事考》,北京,三联书店,1956年。

罗尔纲,《太平天国史丛考》,上海,1947年。

罗香林,《国父家世源流考》,商务印书馆,1942年。

牟安世,《太平天国》,上海人民出版社,1959年。

彭泽益,《太平天国革命思潮》,商务印书馆,1946年。

《太平天国起义调查报告》,广西省太平天国文史调查团编,三联书店,1956年。

董作宾,《天历发微》。收入罗尔纲《太平天国史考证集》。

王尔敏,《淮军志》,台湾商务印书馆,1967年。

B. 论文

张祝龄,《太平天国干王题壁大字之新发现》,《逸经》第八期(1936年)。

章群,《李秀成供词原稿及投降问题之研究》,《香港浸理会学报》第三卷第一期(1968年8月)。

何烈,《李秀成亲笔手迹订误》,《香港时报》1968年10月13日及20日。

任乃强,《记石达开被擒就死事》,《康导》(四川成都)第五卷第7—8期(1943年)。

简又文,《忠王(李秀成)亲笔供辞之初步研究》,《思想与时代》(台北)第103期(1963年2月)。

简又文,《忠王亲笔供辞考误》,《大陆杂志》第三十五卷第11—12期(1967年12月)。

简又文,《游洪秀全故乡所得到的太平天国新史料》,《逸经》第2期(1936年)。

麦应荣,《广东五县迁海事略》,《广东文物》第二卷。

商承祚,《石达开等在四川公布文件五件》,《说文月刊》(重庆)第三卷第 11 期。其中最长的一件不应归于石达开。

仓景恬，《守长沙记》（出自《逸叟自述》，由罗尔纲贡献并复制），《大风》第 83 期。

都履和，《翼王石达开峨江被困记》，《新中华》（重庆）第三卷第 9 期。

吴曼公，《庚申常州守城日记》，自佚名日记复制而来并加编辑，《逸经》第 21 期。

VI. 地方志与地图

A. 地方志

此处仅列出笔者能够入手参考的地方志。至于为数众多的其他相关地方志，见郭廷以《太平天国》附录第 230—252 页。

《新融县志》，广西。

《新贵县志》，广西。

黄履泰，《永安县志》，广西，1894 年。

《湖南省志》，第一卷第一部分《湖南近百年大事记述》，湖南人民出版社，1959 年。

《宜山县志》，广西。

《广西通志》。

《临桂县志》。

孙葆田，《山东通志》，1911 年。

王竹斋，《新全县县志》。

魏笃，《浔州府志》。

俞樾，《上海县志》，同治版。

B. 地图

除了广西行政与军用地图、广西省府刊印的广西区县图以及桂平、桂县、蒙山及全州各地刊行的府县地图，下列地图也具有重要的参考价值：

张其昀，《中华民国地图集》，第一卷第五部分，1962 年。

中国邮政总局，中国邮政地图及各省中英文邮政地图。

谭其骧、屠烈暄,《太平天国革命运动图》及补充注释,大中国图片出版社,1955年。

吴嘉猷,《平定粤匪功臣图》《平定粤匪战绩图》,1894年。

VII. 外文文献
A. 书籍

Blakiston, Thomas W., *Five Months on the Yang-tze*, London, Murray, 1862.

Bland, J. O. P., *Li Hung-chang, London, Constable*, 1917.

Boardman, Eugene P., *Christian Influence upon the Ideology of the Taiping Rebellion,1851-1864*, Madison, University of wisconsin Press, 1952

Brine, Lindesay, *The Taeping Rebellion in China, London*, Murray, 1862.

Cahill, Holger, *A Yankee Adventurer: The Story of Ward and the Taiping Rebellion*, New York, Macaulay, 1930.

Columbel, Aug. M., S. J., *Histoire de la mission du Kiang-nan,* Shanghai, 1899.

Cornaby, W. A., *A String of Chinese Peach-stones,* London, Kelly, 1895 (reprint, Shanghai, 1925).

Dennet, Tyler, *Americans in Eastern Asia,* New York, 1922.

Fairbank, John King, *The United States and China,* Cambridge, Harvard University Press. 1948.

Fishbourne, Edmund G., *Impressions of China, and the Present Revolution: Its Progress and Prospects,* London, Seeley, Jackson, and Halliday, 1855.

Fitzgerald, C. P., *China: A Short Cultural History*, London, 1950.

Foster, John W., *American Diplomacy in the Orient,* Boston and New York, Houghton, Mifflin, 1903.

Gillespie, William, *The Land of Sinam: China and the Christian Missions,* Edinburgh, 1854.

Gordon, Charles G, *Private Diary,* amplified by S. Mossman, London, 1885.

Gregory, John S., *Great Britain and the Taipings,* New York, F. A. Praeger, 1969.

Hail, William J, *Tseng Kuo-fan and the Taiping Rebellion,* New Haven, Yale University Press, 1927.

Hake, A. E., *Events in the Taiping Rebellion,* London, Allen, 1891.

Hake, A. E., *The Story of Chinese Gordon,* London, Remington, 1884-85.

Hamberg, Theodore, *The Visions of Hung-siu-tshuen, and Origin of the Kwang-si Insurrection,* Hong Kong, *China Mail,* 1854. (Reprinted with my Chinese translation, Peiping, Yenching University Library, 1935.)

Hummel, Arthur W., ed, *Eminent Chinese of the Ch'ing Period,* 2 vols. Washington, U. S. Government Printing Office, 1943-44.

Inaba Iwakichi, *Manshi hattatsu shi* (Complete History of the Ch'ing Dynasty), Tokyo, 1942.

Jardine Archive, Cambridge University.

de Jesus, Montaldo, *Historic Shanghai,* Shanghai, *Mercury,* 1909.

Latourette, Kenneth Scott, *A History of Christian Missions in China,* New York, Macmillan, 1929.

Lindley, Augustus F. (Lin-le), *Ti-ping Tien kwoh: The History of the Ti-ping Revolution, Including a Narrative of the Author's Personal Adventures,* 2 vols. London, Day, 1866.

Martin, W. A. P., *The Awakening of China,* New York, Doubleday, Page, 1907.

Martin, W. A. P., *A Cycle of Cathay,* New York, Revell, 1900.

Meadows, Thomas T., *The Chinese and Their Rebellions*, London. Smith, Elder, 1856. (Reprinted by Stanford University Press, 1953)

Michael, Franz, *The Taiping Rebellion: History and Documents, I* (History), Seattle and London, University of Washington Press, 1966.

Morse, Hosea Ballou, *The International Relations of the Chinese Empire*, 3 vols. London, Longmans, Green, 1910-18.

Morse, Hosea Ballou, *In the Days of the Taipings, Salem, Mass.,* Essex Institute, 1927.

Nashimoto Yūhei, *Taihei tengoku kakumei* (The Taiping Tienkuo Revolution), Tokyo, 1942.

Oehler, Wilhelm, *Die Taiping-Bewegung Geschichte eines Chinesisch-Christlichen*

Gottefreiehs, Gutersloh, C. Bertelsmann, 1923.

Parliamentary Papers (Blue Books), Great Britain: Papers Respecting the Chinese Civil war, 1852-53.

Correspondence Respecting the Opening of the Yang-Tze-Kiang River to Foreign Trade, 1861.

Papers Relating to the rebellion in China, and Trade in the Yang-Tze-Kiang River 1862.

Further Papers Relating to the Rebellion in China, 1863.

Papers Relating to the Affairs of China, 1864.

Scarth, John, *Twelve Years in China: The People, the Rebels, and the Mandarins*, Edinburgh, Constable, 1860.

Serviere, J. de la, *Histoire de la mission du Kiangnan*, Shanghai, 1914.

Shih, Vincent Y. C., *The Taiping Ideology: Its Sources, Interpretations, and Infuences,* Seattle and London, University of Washington Press, 1967.

Spector, Stanley, *Li Hung-chang and the Huai Army*, Seattle and London, University of Washington Press, 1964.

Speer, Robert E., *Missions and Modern History*, 2 vols. New York, Westminster Press, 1904.

Sykes, W. H., *The Taeping Rebellion in China: Its Origin, Progress and Present Condition*, London Warren Hall. 1863.

Teng Ssu-yü, *The Nien Army and Their Guerrilla Warfare*, Paris, 1961.

Teng Ssu-yü, *The Taiping Rebellion and the Western Powers: A Comprehensive Survey,* Oxford University Press, 1971.

Williams, Samuel Wells, *The Middle Kingdom*, London, Allen, 1883.

Wilson, Andrew, *The Ever Victorious Army*, London, Blackwood, 1898.

Wolseley, Garnet J., *Narrative of the War with China in 1860*. London, Longmans, 1862.

Wortham, H. E, *Chinese Gordon*, Boston. Little Brown. 1933.

Wright, Mary Clabaugh, *The Last Stand of Chinese Conservatism: The T'ung-Chih*

Restoration, 1862-1874, Stanford, Stanford University Press, 1957.

Yung Wing, *My life in China and America*, New York, Holt, 1909.

B.《北华捷报》上的文章、编者按及信件

下列内容均出自 1852—1865 年的《北华捷报》，因与太平天国史密切相关，故依时间顺序排列于此，以便参阅。

Bonham, Sir George, letter to the Taiping leaders, No 147, May 21, 1853.

Lo Ta-kang, letter to the English"brethren"per Dr Charles Taylor, being the English translation, No. 157, July 30, 1853. (The original Chinese text was reprinted in *Taiping t'ien-kuo shih-liao*, Peking Library, 1950)

Roberts, I. J., letter relating the connection between foreign missionaries and the Kwangsi insurrection, originally published in the *Chinese and General Missionary Gleaner* (London), October 1852, with comments by the Rev. W. H. Medhurst, No. 160, August 20, 1853.

Medhurst, W. H., critical review of the books of the insurgents, No. 162, September 3, 1853.

"A. B. C.," letter about the uprising of the Triads in Shanghai, No. 163, September 10, 1853.

"Pax," correspondence, No. 164, September 17, 1853.

Editorial, No. 174. November 26, 1853.

Medhurst, W.H., a report of his conversation with a Taiping soldier and an editorial, No. 174. November 26. 1853.

Editorial, No. 178, December 24, 1853.

"Anon.," a visit to Nanking on the *Cassini* by M. de bourboulon, No. 178, December 24, 1853.

"Anon.," trip of the *Susquehanna* to Nanking and Wuhu, McLane's visit, No. 202, June 10, 1854, and No. 204, June 24, 1854

Bridgman, E. C., a description of Taipingdom based on personal observations, No. 208, July 22, 1854.

Marshal, Humphrey, dispatches to the U. S. State Department, No. 247, April 21, 1855.

Martin, W. A. P., five letters to C. Cushing, U. S. Attorney General, clarifying the state and prospect of the situation in China and advocating the recognition of the Taiping government: No. 301, May 3, 1856; No 306, June 7, 1856; No. 351, April 18, 1857; No. 359, June 13, 1857; No. 360, June 20, 1857. (There was also a letter to the editors, No. 323, October 4, 1856).

"Ole Cathay," death of a true patriot (Lo Tse-nan), No. 309, June 28, 1856

"T.,"letter reporting some facts of the Taiping administration, No. 319, August 16, 1856.

Bridgman, E. C., affairs at Nanking, No. 320, September 13, 1856.

Martin, W. A. P., dominion of the Taiping dynasty in Nganhwui and Kiangsi, No. 323, October 4, 1856.

Macgowan, J., correspondence, No. 333, December 12, 1856.

Bridgman, E. C., report on the internal strife in Nanking, No. 336, January 3, 1857.

Macgowan, J., two reports on the internal strife in Nanking, No. 352, April 25, 1857, and No. 354, May 9, 1857.

Macgowan, J., rebel invasion of Chenkiang, No. 410, June 5, 1858.

"Anon.," taking of Soochow, No. 518, June 30, 1860.

Hartwell, J. B., letter reporting his visit to the Taipings at Soochow with other missionaries, No. 518, June 30. 1860.

Edkins, Joseph and Griffith John, visit to the insurgent chief at Soochow, No. 519, July 7, 1860.

Edkins, Joseph and Griffith John, further notes on the insurgents, editorial, No. 520, July 14, 1860

John, Griffith, supplement, a full exposition of Taiping Christianity, No. 520, July 14, 1860.

Editorial, No. 522, July 28, 1860.

John, Griffith, letter, an exposition of Hung Jen-kan,'s religious concepts, No. 522,

July 28, 1860.

Editorials, No. 523, August 4, 1860, and No. 524, August 11, 1860.

"C.," correspondence, No. 525, August 18, 1860, and No. 526, August 25, 1860.

Editorial and Mill's account, No. 526, August 25, 1860.

Holms, Rev. J., letter denouncing Taiping Christianity, with a supplementary paper, No. 527, September 1, 1860. (Holms' letter was rebutted in a long editorial in the *Overland Register*, September 11, 1860).

Li Hsiu-ch'eng, letter to the foreign consuls in Shanghai, English translation by John A.T. Meadows, No 527, September 1, 1860.

Roberts, I. J., his reception in Nanking and his translation of Li Hsiu-ch'eng's letter to Lord Elgin, No 535, October 27, 1860.

"Anon.," correspondence, some missionaries' reactions to Roberts' pro-Taiping attitude, No. 536, November 3, 1860.

Editorial, a summary of the war situation in the year 1860, No 540, January 12, 1861.

"H.," correspondence, expressing an unfavorable view of Taipingdom, No. 556, March 23, 1861.

Roberts, I. J., letter, a brief description of Taipingdom, No. 557, March 30, 1861.

"H.," meeting with Ying Wang (Ch'en Yu-cheng), No. 558, April 6, 1861.

"Anon.," Soochow to Nanking, No 564, May 18, 1861, and No. 567, June 8, 1861.

"Q.," correspondence on the Taipings' customs decree, No 593, December 7, 1861.

Reprint of "Ning-po Captured by the rebels" from the *Daily Shipping & Commercial News*, and letter from "G.," No. 594. December 14. 1861.

Editorial, "Progress of the rebellion," a summary of the war situation in 1861, No. 597, January 4, 1862.

"Anon.," correspondence, the Taiping chiefs in public and private, No 598, January 11,1862.

Editorial, turning against the Taipings, No. 602, February 8, 1862.

Roberts, I. J., letter denouncing the Taipings upon his departure from Nanking, No. 602, February 8, 1862.

"Anon.," the Taiping rebels at Nanking, No. 602, February 8, 1862.

Correspondence about Nanking, No. 604, February 22, 1862.

"Anon.," the fight with the rebels near Ming-hong, No. 606, March 8, 1862.

Roberts, I. J., letter, "Further Disclosures on Taipingism," No. 606, March 8, 1862.

"Anon.," the Taiping rebels near Sung-kiang, No. 608, March 22, 1862.

"Anon.," correspondence on Nanking, No. 608, March 22, 1862.

Reports of combined naval and military expeditions against the Taipings: issues of April 2, 19, and May 3, 17, 1862

"Anon.," correspondence on Nanking, No. 612, April 19, 1862.

"G.E.," correspondence, "The Rebels in the Ning-po District," No. 615, May 10, 1862.

"Anon.," correspondence: No. 617, May 24, 1862; No. 619, June 7. 1862: No. 620, June14, 1862; No.622, June28, 1862.

"Anon.," recapture of Fung-hua, No 638, October 18, 1862.

"Anon.," recapture of Kah-ding, No. 639, October 25, 1862.

"Anon.," recapture of Shang-yu, No. 644, November 29, 1862.

Editorial, "The Taiping Rebellion," a summary of the war situation in 1862, No. 649, January 3, 1863.

"Anon.," correspondence, "Domestic Tyranny of the Tien Wang," No. 654, February 7,1863.

"Anon.," correspondence, "The Siege of Shao-shing," No.661, March20, 1863.

"Anon.," correspondence, "Capture of Quinsan," No.671, June6, 1863.

"Anon.," correspondence, "A Voice from Soochow and Proclamation by Tien Wang," No. 676, July 11. 1863.

"Anon.,"correspondence,"A Voice from Nanking," No 678, July 25, 1863.

"A Voice from Soochow," No. 682, August 22, 1863.

Burgevine, H. A., "A Statement," after leaving the Taipings, No. 691, October 24,1863.

Gordon, Charles G., report, No. 698, December 12, 1863.

"Anon.," correspondence, "A Voice from Nanking," No. 699, December 19, 1863.

Editorial, "Retrospect of the Year 1863," No. 701, January 2, 1864.

Statement of Mark Conroy, No. 746, November 12, 1864.

Editorial, "Retrospect of Events in the North of China during the Year 1864," No. 753, January 7, 1865.

Editorial, a summary of the war situation in 1864, No 755, January 14, 1865.

Burgevine, H. A., report, No. 788, September 2, 1865.

C. 其他文章

Alcock, Rutherford (Consul), two confidential dispatches to Sir George Bonham, British Plenipotentiary, February 26, 1853 and March 3, 1853, File FO 228/161, Public Record Office (in the Land Registry), British Government.

Bain, Chester G., "Commodore Matthew Perry, Humphrey Marshall, and the Taiping Rebellion," *Far Eastern Quarterly, 10* (May 1951).

Fairbank, John K., "Meadows on China: A Centennial Review," *Far Eastern Quartery, 14* (1955), 365-71.

Forrest, Robert James, "The Christianity of Hung Hsiu Tsuen: A Review of Taeping Books," *Journal of the Royal Asiatic Society* (*North China Branch*), December 1867, pp. 187-208.

Foster, John, " The Christian Origins of the Taiping rebellion," *International Review of Missions, 40* (1951), 156-67.

Gregory, John S., "Britsh Intervention against the Taiping Rebellion," *Journal of Asian Studies, 19* (1959), 11-24.

Hamberg, Theodore, report to the basle Evangelical Society in Switzerland (in German), Hong Kong, January 1854.

Hoberecht, Ernest, "Russian Moves in China Predicted 100 Years ago," *Hong Kong Standard* (daily), october 23, 1953.

Jen Yu-wen, "New Sidelights on the Taiping Tienkuo," *T'ien HSia* (Hong Kong), *I* (November 1935).

Jen Yu-wen, "The Marxian Interpretation of Taiping Tienkuo," *International Association of Historians of Asia, Second Biennial Conference Proceedings* (Taipei, 1962), pp. 745-77.

John, Griffith, "Letter to Dr. Tidman,," *Home and Foreign Record, 5* (1860).

Legge, James, " Long Letter to the London Missionary Society," *Missionary Magazine*, October 1862.

Levenson, Joseph R., "Confucian and Taiping 'Heaven': The Political Implications of Clashing Religious Concepts," *Comparative Studies in Society and History* (The Hague), July 1962.

Michael, Franz, "Taiping Tienkuo," in "Documentary Collection on Chinese History," *Journal of Asian Studies, 17* (November 1957).

Shih, Vincent Y. C., "Interpretation of Taiping Tienkuo by Non-Communist Chinese Writers," *Far Eastern Quarterly, 10* (May 1951).

Shih, Vincent Y. C., "The Ideology of the Taiping T'ien-Kuo," *Sinologica, 3* (1951), 1-15.

So Kwan-wai and Eugene P. Boardman, " Hung Jen-kan, Taiping Prime Minister," *Harvard Journal of Asiatic Studies*, 20 (1957).

Taylor, George E., "The Taiping Rebellion: Its Economic Background and Social Theory, " *Chinese Social and Political Science Review*, 16 (1933), 545-614.

Uhalley, Stephen, Jr., "The Controversy over Li Hsiu-ch'eng," *Journal of Asian Studies*, (February1966), 305-17.

Wilhelm, Hellmut, "The Background of Tseng Kuo-fan's Ideology," *Separatdruck aus Asiatische Studien Zeitschrift der schweizerischen Gesellschaft fuir Asiankunde, 3*.

Yap, Pao Ming, "The Mental Illness of Hung Hsiu-ch'uan, Leader of the Taiping Rebellion," *Far Eastern Quarterly*, 13 (1954), 287-304.

Yuan Chung Teng, "Rev. I. J. Roberts and the Taiping Rebellion," *Journal of Asian Studies, 23* (November 1963).

出版后记

简又文先生是著名的太平天国运动史学者，从20世纪20年代开始致力于太平天国研究，直至70年代末他去世，他的整个学术生涯几乎都围绕着太平天国运动史而展开，著有《太平天国典制考》（三卷）、《太平天国全史》（三卷）等经典著作。本书英文版（*The Taiping Revolutionary Movement*）正是对上述中文著作的精粹和修订，荣获1975年美国费正清东亚研究奖。

要从浩如烟海的文献细节中，梳理、重建一场规模宏大的社会运动是非常困难的。作者在研究之初，就曾因未能及时发现清廷官史中的篡改讹误而推翻已有十余万字的手稿，从头开始进行史料搜集工作。清廷和太平军无疑是这场运动中的主角，清廷的立场决定了其记载必定是有偏颇的，而太平军往往无暇记录或根本不通文墨，这就导致了双方在史料中的地位极不平衡。为了能够从太平军的角度重构这场运动，简又文先生多次实地寻访考察，收集了包括手稿、宣传单、印章、拓本、钱币等太平军的文物，使读者能够从太平军领袖的角度了解他们的行动和动机。

全书的研究囊括了整个太平天国运动，揭示了太平天国运动兴起之初的现实基础，从日常军事行动和长期战略目标两方面来考察太平军的军事行动，分析了太平军的主要战略错误，以及后期洪仁玕的贡献。

不同于很多标榜客观写作的历史书，作者并不掩饰自己对洪秀全等人的同情。这也是一本有立场的书，作者不认为太平天国运动是叛乱，而认为其是革命的。从某个层面看，这本书讲述的是清中后期，不同阶层的群体如何追求各自摆脱困境的方法。当然，简又文先生的作品也面临不少批评，例如过于相信外文资料、强调宗教因素的作用、夸大运动失败的外因等。但如何评价一本书的价值，却需要读者亲身阅读后才能有更深切的感受。

图书在版编目（CIP）数据

太平天国革命运动史 / 简又文著；王然译. —— 北京：九州出版社，2020.11（2024.4 重印）
ISBN 978-7-5108-9346-9

Ⅰ. ①太… Ⅱ. ①简… ②王… Ⅲ. ①太平天国革命—研究 Ⅳ. ① K254.07

中国版本图书馆 CIP 数据核字 (2020) 第 140657 号

The Taiping Revolutionary Movement by Jen Yu-Wen
©1973 by Jen Yu-Wen
Originally published by Yale University Press
Simplified Chinese translation copyright © 2020 by Ginkgo (Beijing) Book Co., Ltd.
Published by arrangement with Yale Representation Limited through Bardon-Chinese Media Agency.
All rights reserved.

著作权合同登记号：图字：01-2020-4590
审图号：GS（2019）5541 号

太平天国革命运动史

作　　者	简又文 著　王然 译
出版发行	九州出版社
地　　址	北京市西城区阜外大街甲 35 号（100037）
发行电话	（010）68992190/3/5/6
网　　址	www.jiuzhoupress.com
电子信箱	jiuzhou@jiuzhoupress.com
印　　刷	北京盛通印刷股份有限公司
开　　本	655毫米×1000毫米　16开
印　　张	35.5
字　　数	528千字
版　　次	2020年11月第1版
印　　次	2024年4月第5次印刷
书　　号	ISBN 978-7-5108-9346-9
定　　价	110.00元

★ 版权所有　　侵权必究 ★